# Entscheidungen der Verfassungsgerichte der Länder

## Berlin, Brandenburg, Mecklenburg-Vorpommern, Sachsen-Anhalt, Thüringen

Herausgegeben
von den Mitgliedern der Gerichte

1996

Walter de Gruyter · Berlin · New York

Entscheidungen der Verfassungsgerichte der Länder
Berlin, Brandenburg, Mecklenburg-Vorpommern,
Sachsen-Anhalt, Thüringen

# Entscheidungen der Verfassungsgerichte der Länder

Berlin, Brandenburg, Mecklenburg-Vorpommern,
Sachsen-Anhalt, Thüringen
LVerfGE

2. Band
1. 1. bis 31. 12. 1994

1996

Walter de Gruyter · Berlin · New York

## Zitierweise

Für die Zitierung dieser Sammlung wird die Abkürzung LVerfGE empfohlen,
z. B. LVerfGE 1,70 (= Band 1 Seite 70)

∞ Gedruckt auf säurefreiem Papier, das die US-ANSI-Norm über Haltbarkeit erfüllt.

*Die Deutsche Bibliothek – CIP-Einheitsaufnahme*

**Entscheidungen der Verfassungsgerichte der Länder Berlin,
Brandenburg, Mecklenburg-Vorpommern, Sachsen-Anhalt,
Thüringen** = LVerfGE / hrsg. von den Mitgliedern der Gerichte. –
Berlin ; New York : de Gruyter.

NE: LVerfGE

Bd. 2. 1. 1. bis 31. 12. 1994. – 1996
   ISBN 3-11-015368-8

Satz: Satz-Rechenzentrum Berlin. Druck: H. Heenemann GmbH & Co, Berlin.
Buchbinderische Verarbeitung: Lüderitz & Bauer-GmbH, Berlin.

# Inhalt

Entscheidungen des Landesverfassungsgerichts Sachsen-Anhalt

# Abkürzungsverzeichnis

| | |
|---|---|
| AH-Drs. | Abgeordnetenhaus-Drucksachen |
| AK | Alternativ-Kommentar |
| AKB | Allgemeine Bedingungen für die Kraftfahrtversicherung |
| AmtsO | Amtsordnung |
| AöR | Archiv des öffentlichen Rechts |
| AS | Amtliche Sammlung |
| AU | Amtlicher Umdruck |
| AuslG | Ausländergesetz |
| BayVBl. | Bayerische Verwaltungsblätter |
| BayVerfGH/BayVfGH | Bayerischer Verfassungsgerichtshof |
| BbgIngkamG | Brandenburgisches Ingenieurkammergesetz |
| BbgKWahlG | Brandenburgisches Kommunalwahlgesetz |
| BbgNatschG | Brandenburgisches Naturschutzgesetz |
| BbgWBG | Brandenburgisches Weiterbildungsgesetz |
| BezVerwG/BezVG | Bezirksverwaltungsgesetz |
| BFH | Bundesfinanzhof |
| BFHE | Sammlung der Entscheidungen des Bundesfinanzhofs |
| BGBl. | Bundesgesetzblatt |
| BNatSchG | Bundesnaturschutzgesetz |
| BRAGO | Bundesgebührenordnung für Rechtsanwälte |
| BRAO | Bundesrechtsanwaltsordnung |
| BSchG | Brandschutzgesetz |
| BSchHLG | Brandschutz- und Hilfeleistungsgesetz |
| BT-Drs. | Drucksachen des Deutschen Bundestages |
| BVerfG | Bundesverfassungsgericht |
| BVerfGE | Entscheidungen des Bundesverfassungsgerichts |
| BVerfGG | Gesetz über das Bundesverfassungsgericht |
| BVV | Bezirksverordnetenversammlung |
| BWaldG | Bundeswaldgesetz |
| BW-GO | Gemeindeordnung für Baden-Württemberg |
| DDR-GBl. | Gesetzblatt der DDR |
| DemGO | Demokratische Gemeindeordnung |
| DemOrgG-LSA | Gesetz über die weitere Demokratisierung des Aufbaus und der Arbeitsweise der staatlichen Organe Sachsen-Anhalt 1952 |
| DGO | Deutsche Gemeindeordnung |
| DJT | Deutscher Juristentag |
| DÖV | Die Öffentliche Verwaltung |

| | |
|---|---|
| Drs. | Drucksache(n) |
| DVBl. | Deutsches Verwaltungsblatt |
| EA | Einstweilige Anordnung |
| EGGVG | Einführungsgesetz zum Gerichtsverfassungsgesetz |
| ElbElstG | Elbe-Elster-Gesetz |
| ESVGH | Entscheidungssammlung des Hessischen Verwaltungsgerichtshofs und des Verwaltungsgerichtshofs Baden-Württemberg |
| EuGRZ | Europäische Grundrechte-Zeitschrift |
| EWGV | Vertrag zur Gründung der Europäischen Wirtschaftsgemeinschaft |
| FraktG | Fraktionsgesetz; Gesetz über die Rechtsstellung der Fraktionen des Abgeordnetenhauses von Berlin |
| GBl. DDR | Gesetzblatt der DDR, s. a. DDR-GBl. |
| GemVerfG-33 | Gemeindeverfassungsgesetz 1933 |
| GerOrgG-ProvSAn | Gerichtsorganisationsgesetz in der Provinz Sachsen-Anhalt |
| GerZustV | Gerichtszuständigkeits-Verordnung |
| GewG | Gewerbegesetz |
| GewO | Gewerbeordnung |
| GG | Grundgesetz für die Bundesrepublik Deutschland |
| GK-AuslR | Gemeinschaftskommentar zum Ausländerrecht |
| GKG | Gerichtskostengesetz |
| GKG-LSA | Gesetz über die kommunale Gemeinschaftsarbeit Sachsen-Anhalt |
| GOAvB | Geschäftsordnung des Abgeordnetenhauses von Berlin |
| GOBVerfG | Geschäftsordnung des Bundesverfassungsgerichts |
| GO-LSA | Gemeindeordnung Sachsen-Anhalt |
| GO-NW | Gemeindeordnung Nordrhein-Westfalen |
| GVBl. | Gesetz- und Verordnungsblatt |
| GVABl. | Gesetz-, Verordnungs- und Amtsblatt |
| Hdb | Handbuch |
| HdbStR | Handbuch des Staatsrechts |
| HessStAnz | Hessischer Staatsanzeiger |
| HRG | Hochschulrahmengesetz |
| Hs. | Halbsatz |
| InfAuslR | Informationsbrief Ausländerrecht |
| JöR | Jahrbuch des öffentlichen Rechts der Gegenwart |
| JR | Juristische Rundschau |
| JurBüro | Das Juristische Büro |
| JZ | Juristenzeitung |
| KG | Kammergericht |
| KGNGBbg | Kreis- und Gerichtsneugliederungsgesetz Brandenburg |
| KNGBbg | Kreisneugliederungsgesetz Brandenburg |
| KK | Karlsruher Kommentar zur StPO |
| KommVerf | Kommunalverfassung DDR |

| | |
|---|---|
| KostO | Kostenordnung |
| KostRÄndG | Kostenrechtsänderungsgesetz |
| KrsGebRefG-LSA | Gesetz zur Kreisgebietsreform |
| LAbgG | Gesetz über die Rechtsverhältnisse der Mitglieder des Abgeordnetenhauses von Berlin |
| LdEinfG | Ländereinführungsgesetz DDR |
| LdTgDrs | Landtagsdrucksache |
| LdTg-StenBer | Landtag, Stenografische Berichte |
| LHO | Landeshaushaltsordnung |
| LKO-LSA | Landkreisordnung Sachsen-Anhalt |
| LSA-GABl. | Gesetz- und Amtsblatt Sachsen-Anhalt |
| LSA-GVBl. | Gesetz- und Verordnungsblatt Sachsen-Anhalt |
| LT | Landtag |
| LV | Landesverfassung |
| LVerf-LSA | Verfassung des Landes Sachsen-Anhalt |
| LVerfGG-LSA | Landesverfassungsgerichtsgesetz Sachsen-Anhalt |
| LVfG-LSA | Landesverfassungsgericht Sachsen-Anhalt |
| LWahlG, LWG | Landeswahlgesetz |
| LWahlO | Landeswahlordnung |
| LWaldG | Waldgesetz des Landes Brandenburg |
| MDR | Monatsschrift für Deutsches Recht |
| MinBl. | Ministerialblatt |
| MRK | Konvention zum Schutze der Menschenrechte und Grundfreiheiten |
| MüKo | Münchener Kommentar zum Bürgerlichen Gesetzbuch |
| NdsGVBl. | Niedersächsisches Gesetz- und Verordnungsblatt |
| NdsStGH | Niedersächsischer Staatsgerichtshof |
| NdsStGHE | Entscheidungen des Nds. Staatsgerichtshofes |
| NGO | Niedersächsische Gemeindeordnung |
| NJ | Neue Justiz |
| NJW | Neue Juristische Wochenschrift |
| NRW | Nordrhein-Westfalen |
| NStZ | Neue Zeitschrift für Strafrecht |
| NVR | Nationaler Verteidigungsrat |
| NVwZ | Neue Zeitschrift für Verwaltungsrecht |
| NVwZ-RR | Neue Zeitschrift für Verwaltungsrecht – Rechtsprechungsreport |
| NW | Nordrhein-Westfalen |
| NW-GO | Gemeindeordnung Nordrhein-Westfalen |
| OLG | Oberlandesgericht |
| OLG-NL | OLG-Rechtsprechung Neue Länder |
| OVG | Oberverwaltungsgericht |
| OVGE | Entscheidungen des Oberverwaltungsgerichts für das Land Nordrhein-Westfalen in Münster sowie für die Länder |

|            |                                                                                         |
|------------|-----------------------------------------------------------------------------------------|
|            | Niedersachsen und Schleswig-Holstein in Lüneburg (1. 1950 ff.)                          |
| ParteiG    | Gesetz über die politischen Parteien                                                    |
| PreußVerf  | Verfassung des Freistaates Preußen                                                      |
| Pr-GS      | Preußische Gesetzessammlung                                                              |
| Prot.      | Protokoll                                                                                |
| ProvSAn-GABl. | Gesetz- und Verordnungsblatt Sachsen-Anhalt                                          |
| PrVG       | Gesetz über die Anerkennung der politisch, rassisch oder religiös Verfolgten des Nationalsozialismus vom 20. 3. 1950 |
| RefEntw    | Referentenentwurf                                                                       |
| RegVorl    | Regierungsvorlage                                                                       |
| RettGBbg   | Brandenburgisches Rettungsdienstgesetz                                                   |
| revDGO     | revidierte Deutsche Gemeindeordnung                                                      |
| revStO     | revidierte Städte-Ordnung für die preußische Monarchie                                   |
| RGBl.      | Reichsgesetzblatt                                                                        |
| ROLVG-LSA  | Vorschaltgesetz zur Raumordnung und Landesplanung Sachsen-Anhalt                        |
| RPfleger   | Der Deutsche Rechtspfleger                                                               |
| RWahlG     | Reichswahlgesetz                                                                         |
| SächsVBL   | Sächsische Verwaltungsblätter                                                            |
| SchlHA     | Schleswig-Holsteinische Anzeigen                                                         |
| SH-GO      | Gemeindeordnung Schleswig-Holstein                                                       |
| SH-GVOBl.  | Gesetz und Verordnungsblatt Schleswig-Holstein                                          |
| SpkAV      | Sparkassenanpassungsverordnung                                                          |
| SRG        | Schulreformgesetz                                                                       |
| StGB       | Strafgesetzbuch                                                                         |
| StGH       | Staatsgerichtshof                                                                       |
| StPO       | Strafprozeßordnung                                                                      |
| StRehaG    | Strafrechtliches Rehabilitationsgesetz                                                  |
| st. Rspr.  | ständige Rechtsprechung                                                                  |
| StV        | Strafverteidiger                                                                        |
| UWG        | Gesetz gegen den unlauteren Wettbewerb                                                   |
| WKKG       | Wahlkampfkostenerstattungsgesetz                                                        |
| VAGBbg     | Volksabstimmungsgesetz Brandenburg                                                      |
| VerfGBbg   | Verfassungsgericht des Landes Brandenburg                                               |
| VerfGGBbg  | Verfassungsgerichtsgesetz Brandenburg                                                   |
| VerfGH     | Verfassungsgerichtshof                                                                   |
| VerfGHG    | Gesetz über den Verfassungsgerichtshof                                                   |
| VerfGrdsG  | Verfassungsgrundsätzegesetz                                                             |
| Verf-ProvSAn | Verfassung der Provinz Sachsen-Anhalt                                                 |
| VfGBbg     | Verfassungsgericht Brandenburg                                                          |
| VfGH       | Verfassungsgerichtshof                                                                   |
| VG         | Verwaltungsgericht                                                                      |
| VGH        | Verwaltungsgerichtshof                                                                   |
| VvB        | Verfassung von Berlin                                                                    |

| | |
|---|---|
| VVDStRL | Veröffentlichungen der Vereinigung der Deutschen Staatsrechtslehrer |
| VwGO | Verwaltungsgerichtsordnung |
| VwVfG | Bundesverwaltungsverfahrensgesetz |
| VwVfGBbg | Verwaltungsverfahrensgesetz Brandenburg |
| VwVfG-LSA | Verwaltungsverfahrensgesetz Sachsen-Anhalt |
| WahlDG | Wahldurchführungsgesetz |
| WV | Weimarer Verfassung |
| ZfP | Zeitschrift für Politik |
| ZGB | Zivilgesetzbuch der DDR |
| ZPO | Zivilprozeßordnung |

# Entscheidungen
## des Verfassungsgerichtshofs
## des Landes Berlin

Die amtierenden Richter
des Verfassungsgerichtshofs des Landes Berlin

Prof. Dr. Klaus Finkelnburg,   Präsident

Dr. Ehrhart Körting,   Vizepräsident

Veronika Arendt-Rojahn

Renate Citron-Piorkowski

Hans Dittrich

Prof. Dr. Hans-Joachim Driehaus

Klaus Eschen

Dr. Cornelia Hoene

Prof. Dr. Philip Kunig

## Nr. 1

1) Wer sich durch die öffentliche Gewalt des Landes Berlin in einem sowohl im Grundgesetz als auch in der Verfassung von Berlin inhaltsgleich geschützten Recht verletzt fühlt, kann wählen, ob er sich unter den Voraussetzungen der §§ 90 ff. BVerfGG an das Bundesverfassungsgericht oder unter den Voraussetzungen der §§ 49 ff. VerfGHG an den Verfassungsgerichtshof wendet.

2) Bei Anrufung des Bundesverfassungsgerichts begründet § 49 Abs. 1 VerfGHG ein Zulässigkeitshindernis für die Verfassungsbeschwerde zum Verfassungsgerichtshof. Dieses Zulässigkeitshindernis ist endgültig und unabänderlich. Es besteht auch, wenn die Verfassungsbeschwerde zum BVerfG unzulässig ist, vom BVerfG nicht zur Entscheidung angenommen oder zurückgewiesen oder sie vom Beschwerdeführer zurückgenommen wird.

Verfassung von Berlin Art. 72 Abs. 2 Nr. 4

Gesetz über den Verfassungsgerichtshof §§ 14 Nr. 6, 49 Abs. 1

Beschluß vom 12. Januar 1994 – VerfGH 6/93 –

in dem Verfahren über die Verfassungsbeschwerde des Herrn O. W. gegen den Beschluß des Landgerichts Berlin vom 12. November 1992 – 13 O 403/92 –, den Beschluß des Kammergerichts vom 18. Dezember 1992 – 9 W 7064/92 –.

Entscheidungsformel:

Die Verfassungsbeschwerde wird zurückgewiesen.
Das Verfahren ist gerichtskostenfrei.
Auslagen werden nicht erstattet.

Gründe:

I.

Der Beschwerdeführer ist Eigentümer des unter anderem mit einem mehrgeschossigen Wohngebäude, einem Parkhaus und einer Autoreparaturwerkstatt bebauten Grundstücks S. Straße/A. Straße in Berlin-Kreuzberg Parkhaus und Autoreparaturwerkstatt sind derzeit von der A. Straße über das im Eigentum des Landes Berlin stehende Grundstück A. Straße zu erreichen. Das Land Berlin beabsichtigt, das letztgenannte Grundstück zu veräußern. Der Beschwerdeführer befürchtet, daß eine Veräußerung des Grundstücks A. Straße an einen Dritten und seine anschließende Bebauung die Straßenanbindung seines Grundstücks und insbesondere der im Hinterland liegenden Gewerbebetriebe beseitigen und zu einer Hinterhofsituation für sein Wohngebäude führen werde. Er habe im Falle einer Verkaufsabsicht des Landes Berlin einen Anspruch darauf, daß an ihn veräußert werde.

Seinen Antrag, dem Lande Berlin im Wege einstweiliger Verfügung zu untersagen, Erklärungen oder Rechtshandlungen abzugeben, die einen Anspruch eines Dritten auf Erwerb des Grundstücks A. Straße begründen oder verstärken könnten, hat das Landgericht Berlin mit Beschluß vom 12. November 1992 – 13 O 403/92 –, bestätigt durch den Beschluß des Kammergerichts vom 18. Dezember 1993 – 9 W 7064/92 – zurückgewiesen.

In nahezu gleichlautenden Schreiben vom 28. Januar 1993 hat der Beschwerdeführer gegen diese Beschlüsse sowohl zum Bundesverfassungsgericht als auch zum Verfassungsgerichtshof des Landes Berlin Verfassungsbeschwerde erhoben und die Verletzung seines Rechtes auf Eigentum, auf ein korrektes Verfahren und des Gleichheitsgrundsatzes gerügt.

Das Bundesverfassungsgericht hat die Verfassungsbeschwerde durch Beschluß vom 30. März 1993 – 1 BvR 154/93 – nicht zur Entscheidung angenommen.

Die Senatsverwaltung für Finanzen hatte gemäß § 53 VerfGHG Gelegenheit zur Stellungnahme. Sie hält die Verfassungsbeschwerde für unzulässig.

## II.

Die Verfassungsbeschwerde ist unzulässig, weil der Beschwerdeführer in derselben Sache eine Verfassungsbeschwerde zum Bundesverfassungsgericht erhoben hat.

Nach Art. 72 Abs. 2 Nr. 4 VvB i. V. m. §§ 14 Nr. 6, 49 Abs. 1 VerfGHG entscheidet der Verfassungsgerichtshof über Verfassungsbeschwerden, soweit nicht Verfassungsbeschwerde zum Bundesverfassungsgericht erhoben ist oder wird. Der Beschwerdeführer besitzt mithin ein Wahlrecht, sich wegen der Verletzung eines sowohl im Grundgesetz als auch in der Verfassung von Berlin inhaltsgleich geschützten Rechtes durch die öffentliche Gewalt des Landes Berlin nach Maßgabe der §§ 90 ff. BVerfGG an das Bundesverfassungsgericht oder gemäß §§ 49 ff. VerfGHG an den Verfassungsgerichtshof zu wenden. Erhebt er Verfassungsbeschwerde zum Bundesverfassungsgericht, ist sein Wahlrecht verbraucht. Für die Einlegung oder Weiterverfolgung der Landesverfassungsbeschwerde wird dadurch ein endgültiges und unabänderliches Zulässigkeitshindernis geschaffen. Diese Auslegung des Art. 72 Abs. 2 Nr. 4 VvB und der zu seiner Konkretisierung geschaffenen §§ 14 Nr. 6, 49 Abs. 1 VerfGHG entspricht der aus dem insoweit klaren Wortlaut der Vorschriften sowie der Entstehungsgeschichte der Normen zum Ausdruck gekommenen Absicht des Berliner Gesetzgebers, eine zusätzliche Befassung des Verfassungsgerichtshofs mit beim Bundesverfassungsgericht anhängiger oder anhängig gewesener Verfassungsbeschwerden insbesondere auch zur Vermeidung divergierender Entscheidungen nicht zuzulassen (vgl. hierzu Beschluß vom 13. Oktober 1993 – VerfGH 90/93[*] m. w. N. zur Entstehungsgeschichte des Gesetzes über den Verfassungsgerichtshof), und ist der Rechtslage nach Einlegung der Sprungrevision zu vergleichen, die eine Berufung in derselben Sache nicht (mehr) zuläßt (vgl. § 134 Abs. 5 VwGO und § 566 a Abs. 4 ZPO).

Eine Sachentscheidung des Verfassungsgerichtshofes ist danach auch dann ausgeschlossen, wenn die zum Bundesverfassungsgericht erhobene Verfassungsbeschwerde unzulässig sein sollte, das Bundesverfassungsgericht die dort erhobene Verfassungsbeschwerde zunächst im allgemeinen Register und nicht im Verfahrensregister (vgl. §§ 60, 61 GO BVerfG) erfaßt, die Verfassungsbeschwerde – wie im vorliegenden Falle – nicht zur Entscheidung annimmt oder zurückweist oder der Beschwerdeführer seine Verfassungsbeschwerde zum Bundesverfassungsgericht später zurücknimmt.

Die Entscheidung über die Kosten folgt aus den §§ 33 und 34 VerfGHG.
Dieser Beschluß ist unanfechtbar.

# Nr. 2

1) **Das Grundrecht des Art. 21c VvB gewährt demjenigen, der eine zulässige Petition einreicht, ein Recht darauf, daß die Stelle, an die er sich gewandt hat, die Petition entgegennimmt, sachlich prüft und ihm die Art der Erledigung und, soweit nicht untunlich, die hierfür maßgebend gewesenen Gründe zumindest kurz schriftlich mitteilt.**

2) **Art. 21c VvB gewährt keinen Anspruch auf Erledigung der Petition im Sinne des Petenten.**

Verfassung von Berlin Art. 21c

[*] LVerfGE 1, 152

Beschluß vom 12. Januar 1994 – VerfGH 16/93 –

in dem Verfahren über die Verfassungsbeschwerde des Herrn A. O., gegen das Urteil des Oberverwaltungsgerichts Berlin vom 5. Januar 1993 – OVG 8 B 115/92 –.

Entscheidungsformel:

Die Verfassungsbeschwerde wird zurückgewiesen.
Das Verfahren ist gerichtskostenfrei.
Auslagen werden nicht erstattet.

Gründe:

I.

Im Juni 1992 versuchten Polizeibeamte einer Funkstreife, den Beschwerdeführer in seiner Wohnung in Berlin-W. aufzusuchen, trafen aber nur dessen Ehefrau an. Auf seine Anfrage nach dem Grund für diesen Besuch teilte ihm der Polizeipräsident mit Schreiben vom 10. Juli 1992 mit, dies sei auf Ersuchen des Bezirksamts W. geschehen, um ihn zu bitten, beim Sozialpsychiatrischen Dienst des Bezirks vorzusprechen. Der Beschwerdeführer, dem diese Auskunft nicht ausreichte, wandte sich daraufhin mit der Bitte um „Stellungnahme mit lückenloser Erklärung" an die Senatsverwaltung für Inneres. Diese lehnte unter Hinweis darauf, daß das Schreiben des Polizeipräsidenten vom 10. Juli 1992 das Auskunftsverlangen des Beschwerdeführers in hinreichender Deutlichkeit und Vollständigkeit beantwortet habe, eine weitergehende Auskunft ab. Hiergegen erhob der Beschwerdeführer Klage im Verwaltungsrechtsweg, die das Verwaltungsgericht Berlin mit Gerichtsbescheid vom 8. Oktober 1992 abgewiesen hat. Seine Berufung hat das Oberverwaltungsgericht mit dem mit der Verfassungsbeschwerde angefochtenen Urteil zurückgewiesen. Beide Gerichte sind der Auffassung, der Beschwerdeführer habe keinen Anspruch auf eine weitergehende als die ihm bereits erteilte Auskunft.

II.

Die zulässige Verfassungsbeschwerde ist nicht begründet.

Das Petitionsrecht des Art. 21c der Verfassung von Berlin (VvB), auf das der Beschwerdeführer seine Verfassungsbeschwerde allein stützen kann und bei sachgerechter Auslegung seines Begehrens auch stützt, gewährt jedem das Recht, sich mit schriftlichen Anträgen, Anregungen oder Beschwerden an die zuständigen Stellen zu wenden. Die Stelle, an die eine Petition zulässigerweise gerichtet wird, ist verpflichtet, diese entgegenzunehmen und, wie sich zwar nicht aus dem Wortlaut des Art. 21c VvB, wohl aber aus Sinn und Zweck des Petitionsrechts ergibt, sachlich zu prüfen und dem Petenten die Art der Erledigung (so zum Petitionsrecht des Art. 17 GG BVerfG, Beschluß vom 22. April 1953 – 1 BvR 162/51 –, BVerfGE 2, 225) und, falls nicht im Einzelfall untunlich, die für die Erledigung maßgebend gewesenen Gründe zumindest kurz schriftlich mitzuteilen (ähnlich OVG Bremen Urteil vom 13. Februar 1990 – OVG 1 BA 48/89 – JZ 1990, 965 mit zustimmender Anm. *Lücke*; ferner *Rauball* in: v. Münch/Kunig, Grundgesetzkommentar, 4. Aufl. 1992, Rdn. 14 zu Art. 17 GG m. w. N.; *Jarass/Pieroth*, Kommentar zum Grundgesetz, 2. Aufl. 1992, Art. 17 Rdn. 6). Einen Anspruch auf Erledigung der Petition im Sinne des Petenten gewährt Art. 21c VvB nicht (ähnlich BVerfG, Beschluß vom 11. Juli 1961 – 2 BvG 2/58, 2 BvG 1/59 – BVerfGE 13, 54, 90).

Das Oberverwaltungsgericht hat diese Grundsätze nicht verkannt und demgemäß das Grundrecht des Beschwerdeführers aus Art. 21c VvB nicht verletzt. Es hat festgestellt, daß die Senatsverwaltung für Inneres das Begehren des Beschwerdeführers nach „Stellungnahme und lückenloser Erklärung" entgegengenommen, sachlich geprüft und beschieden hat. Die sachliche Prüfung sieht das Oberverwaltungsgericht, ohne dies in den Urteilsgründen ausdrücklich hervorzuheben, darin, daß die Senatsverwaltung für Inneres die Auskunft des Polizeipräsidenten für hinreichend deutlich und erschöpfend gehalten hat, was eine inhaltliche Befassung der Senatsverwaltung mit dem Auskunftsersuchen und der erteilten Auskunft voraussetzt. Sie hat dies dem Petenten mitgeteilt und damit die Gründe zu erkennen gegeben, die für ihre Entscheidung, es bei der Auskunft des Polizeipräsidenten bewenden zu lassen, maßgebend gewesen sind. Mehr als dies gewährt Art. 21c VvB dem Beschwerdeführer nicht.

Die Entscheidung über die Kosten folgt aus den §§ 33 und 34 VerfGHG. Dieser Beschluß ist unanfechtbar.

## Nr. 3

1) Eine Verfassungsbeschwerde, die bei einer unzuständigen Stelle – hier: Justizbehörden Moabit – eingereicht wird, wahrt die Beschwerdefrist des § 51 Abs. 1 Satz 1 VerfGHG nur, wenn sie an den Verfassungsgerichtshof weitergeleitet wird und innerhalb der Beschwerdefrist bei ihm eingeht.

2) Eine Verfassungsbeschwerde, die fristgerecht statt bei dem Verfassungsgerichtshof bei der Gemeinsamen Briefannahmestelle Charlotten-

burg oder der Gemeinsamen Briefannahme Justizbehörden Mitte eingereicht wird, wahrt die Frist des § 51 Abs. 1 Satz 1 VerfGHG.

Gesetz über den Verfassungsgerichtshof § 51 Abs. 1

Beschluß vom 17. Februar 1994 – VerfGH 106/93 –

in dem Verfahren über die Verfassungsbeschwerde des Herrn W. B., gegen 1. den Beschluß des Amtsgerichts Tiergarten vom 8. März 1993 – (326) 1 St 213/90 (65/91) –, 2. den Beschluß des Landgerichts Berlin vom 14. Mai 1993 – 514 Qs 10/93 –.

Entscheidungsformel:

Die Verfassungsbeschwerde wird verworfen.
Das Verfahren ist gerichtskostenfrei.
Auslagen werden nicht erstattet.

Gründe:

I.

Das Amtsgericht Tiergarten hat gegen den Beschwerdeführer im Mai 1991 einen Strafbefehl wegen Steuerhinterziehung in Tateinheit mit Urkundenfälschung erlassen, den der Beschwerdeführer mit dem Einspruch angefochten hat. Eine Hauptverhandlung hat bisher nicht stattgefunden, da der Beschwerdeführer fünfmal nach Terminsanberaumung privatärztliche Atteste vorlegte, die ihm Reise- und Verhandlungsunfähigkeit bescheinigten. Durch den mit der Verfassungsbeschwerde angegriffenen Beschluß des Amtsgerichts Tiergarten vom 8. März 1993 ordnete dieses an, daß der Beschwerdeführer amtsärztlich auf seine Verhandlungsfähigkeit untersucht werden solle. Die dagegen gerichtete Beschwerde hat das Landgericht Berlin durch den mit der Verfassungsbeschwerde ebenfalls angegriffenen Beschluß vom 14. Mai 1993 als unzulässig verworfen. Die unter dem Datum des 23. Mai 1993 erhobene Verfassungsbeschwerde ist an die „Justizbehörde Berlin-Moabit, Turmstraße 91, 1000 Berlin 21", adressiert und ausweislich des Eingangsstempels am 25. Mai 1993 bei den Justizbehörden Berlin-Moabit eingegangen. Die Staatsanwaltschaft hat die Verfassungsbeschwerde mit Schreiben vom 28. September 1993 an den Verfassungsgerichtshof weitergeleitet, bei dem sie am 8. Oktober 1993 eingegangen ist.

## II.

Die Verfassungsbeschwerde ist als unzulässig zu verwerfen, da sie verspätet ist. Nach § 51 Abs. 1 VerfGHG ist die Verfassungsbeschwerde binnen zweier Monate nach Zustellung oder formloser Mitteilung der in vollständiger Form abgefaßten Entscheidung zu erheben. Diese Frist hat der Beschwerdeführer nicht gewahrt.

1. Der Beschluß des Amtsgerichts Tiergarten vom 8. März 1993 ist dem Beschwerdeführer nach seinen eigenen Angaben am 15. März 1993 zugestellt worden. Da gegen diesen Beschluß nach § 305 Satz 1 StPO ein Rechtsmittel nicht gegeben war, hätte er bis spätestens 15. Mai 1993 Verfassungsbeschwerde erheben müssen. Die von ihm unter dem Datum des 23. Mai 1993 abgefaßte und am 8. Oktober 1993 bei dem Verfassungsgerichtshof eingegangene Beschwerde war daher verspätet.

2. Der Beschluß des Landgerichts Berlin vom 14. Mai 1993 ist dem Beschwerdeführer spätestens am 23. Mai 1993 zugegangen. Die Verfassungsbeschwerde hätte daher spätestens am 23. Juli 1993 erhoben werden müssen. Dies ist nicht geschehen. Die am 25. Mai 1993 bei den Justizbehörden Berlin-Moabit eingegangene Beschwerdeschrift wahrt die Frist nicht. Die Justizbehörden in Berlin-Moabit sind, anders als die Gemeinsamen Briefannahmestellen in Charlottenburg und Mitte, nicht berechtigt, für den Verfassungsgerichtshof bestimmte Sendungen entgegenzunehmen. Daher wahrt eine bei den Justizbehörden in Berlin-Moabit eingereichte, für den Verfassungsgerichtshof bestimmte Beschwerdeschrift die Frist des § 51 VerfGHG nur, wenn sie an den Verfassungsgerichtshof weitergeleitet wird und dort innerhalb der Beschwerdefrist eingeht. Da die Beschwerdeschrift erst am 8. Oktober 1993, also nach Ablauf der am 23. Juli 1993 endenden Beschwerdefrist beim Verfassungsgerichtshof eingegangen ist, ist auch die gegen den Beschluß des Landgerichts Berlin vom 14. Mai 1993 gerichtete Verfassungsbeschwerde unzulässig.

Die Entscheidung über die Kosten folgt aus §§ 33, 34 VerfGHG.

Dieser Beschluß ist unanfechtbar.

## Nr. 4

**Zur verfassungsgerichtlichen Überprüfung einer mietrechtlichen Entscheidung.**

Verfassung von Berlin Art. 9 Abs. 1, 15 Abs. 1 Satz 1, 19 Abs. 1, 62

Beschluß vom 17. März 1994 – VerfGH 139/93 –

in dem Verfahren über die Verfassungsbeschwerde des Herrn U. K. und der Frau A. H. gegen 1. das Urteil des Amtsgerichts Schöneberg vom 7. Januar 1993 – 10 C 222/92 – und 2. das Urteil des Landgerichts Berlin vom 30. September 1993 – 67 S 47/93 –.

Entscheidungsformel:

Die Verfassungsbeschwerde wird zurückgewiesen.

Das Verfahren ist gerichtskostenfrei.

Auslagen werden nicht erstattet.

Gründe:

I.

Die Beschwerdeführer bewohnen seit 1987 eine Mietwohnung. Nach einem Eigentümerwechsel hatte die nunmehrige Vermieterin im Jahre 1992 zugunsten ihres Sohnes Eigenbedarf an der Wohnung geltend gemacht. Durch Urteil des Amtsgerichts Schöneberg vom 7. Januar 1993 – 10 C 222/92 – wurden die Beschwerdeführer zur Herausgabe der Wohnung verurteilt. Im Berufungsverfahren, das mit Urteil des Landgerichts Berlin vom 30. September 1993 – 67 S 47/93 – rechtskräftig endete, hatten die Beschwerdeführer insofern teilweise Erfolg, als die Klägerin – auf Widerklage – verurteilt wurde, ihnen Auskunft über in ihrem Eigentum stehende Grundstücke und Wohnungen zu erteilen; die Verurteilung der Beschwerdeführer zur Herausgabe der Wohnung blieb bestehen. Den Beschwerdeführern wurde eine Räumungsfrist bis zum 30. Juni 1994 gewährt. Das Urteil wurde den seinerzeitigen Prozeßbevollmächtigten der Beschwerdeführer nach Versicherung ihres jetzigen Prozeßbevollmächtigten in dem vorliegenden Verfahren am 14. bzw. 15. Oktober 1993 zugestellt.

Im Rahmen des bezeichneten Berufungsverfahrens hatte das Landgericht am 3. Mai 1993 einen Beweisbeschluß des folgenden Wortlauts gefaßt: „Es soll Beweis erhoben werden über die Behauptung der Beklagten, der Zeuge W. R. habe am 6. Juli 1991 ihnen gegenüber geäußert, daß das Anwesen B...pfad insgesamt veräußert werden soll, es lägen schon Angebote von mehr als 1 Mio vor, durch Vernehmung des Zeugen W. R. ..." Die Vernehmung des Zeugen – des Sohnes der Klägerin und mithin der Bedarfsperson – fand in der mündlichen Verhandlung vom 20. September 1993 statt. In dieser Verhandlung haben die Beschwerdeführer beantragt, selbst als Parteien zu dem vorgenannten Beweisthema vernommen zu werden. Diesem Antrag wurde von dem Landgericht jedoch nicht entsprochen. Der Prozeßbevollmächtigte der Klägerin sei, so tragen die Beschwerdeführer nunmehr vor, nicht befragt worden, ob er sich der Parteivernehmung widersetze.

Mit der Verfassungsbeschwerde rügen die Beschwerdeführer unter Bezugnahme auf Art. 62 VvB i. V. m. Art. 6 VvB eine Verletzung ihres Anspruchs auf rechtliches Gehör wegen des „Übergehens des statthaften und zulässigen Beweisantritts auf Parteivernehmung durch das Urteil des Landgerichts und/oder das Verhalten des Gerichts in der Verhandlung am 20. September 1993". Das Landgericht habe das Zivilprozeßrecht in willkürlicher Weise angewandt. Insbesondere dadurch, daß es die Beschwerdeführer in den Urteilsgründen als beweisfällig angesehen und dennoch den angebotenen Beweis nicht erhoben habe, überschreite das Gericht die „Grenzen der Verletzung einfachen Gesetzesrechts" und erreiche die „Ebene des Verfassungsverstoßes". Zudem seien die Beschwerdeführer durch das Urteil des Landgerichts auch in ihrem Grundrecht auf Eigentum aus Art. 15 Abs. 1 Satz 1 VvB, das entsprechend der neueren Rechtsprechung des Bundesverfassungsgerichts zu Art. 14 Abs. 1 GG auch den Besitz schütze, sowie in dem Recht auf Wohnraum (Art. 19 Abs. 1 VvB), dies jeweils in Verbindung mit dem Gleichheitssatz sowie mit dem Grundrecht auf die Freiheit der Person (Art. 9 Abs. 1 VvB), verletzt.

Die Akten des Verfahrens haben dem Verfassungsgerichtshof vorgelegen.

## II.

Die Verfassungsbeschwerde hat keinen Erfolg.

1. Zum einen ist die Verfassungsbeschwerde unzulässig, soweit sich die Beschwerdeführer auf Art. 19 Abs. 1 VvB berufen, denn sie tragen insoweit keine Tatsachen vor, aus denen sich mit der von § 49 Abs. 1 VerfGHG vorausgesetzten Nachvollziehbarkeit eine Rechtsverletzung ergeben könnte. Dabei mag dahinstehen, ob Art. 19 Abs. 1 VvB überhaupt ein mit der Verfassungsbeschwerde rügefähiges subjektives Recht darstellt (ablehnend etwa *Schwan* in: Pfennig/Neumann, Verfassung von Berlin, 2. Aufl., 1986, Art. 19 Rdn. 1 m. w. Nachw.) und in welchem Verhältnis die Vorschrift zu dem bundesrechtlich geordneten bürgerlichen Recht steht, welchem Herausgabeansprüche an Wohnraum nicht fremd sind. Denn jedenfalls könnte Art. 19 Abs. 1 VvB subjektivrechtlich – und also über seine Qualität als Programmsatz hinaus – allenfalls vor Obdachlosigkeit schützen. Er gibt kein allgemeines Behaltensrecht für eine bezogene Wohnung, und er ist insofern auch nicht als Auslegungsmaßstab für diesbezügliches einfaches Recht geeignet.

Daß auch die Rüge einer Verletzung von Art. 9 Abs. 1 VvB – der inhaltlich dem Grundrecht aus Art. 2 Abs. 2 Satz 2 GG entspricht und mithin die körperliche Bewegungsfreiheit schützt (vgl. VerfGH, Beschluß vom 23. Dezember 1992 – 38/92* – NJW 1993, 513) – unzulässig ist, bedarf keiner weiteren Begründung. An der Inanspruchnahme ihrer so verstandenen Bewegungsfreiheit werden die Beschwerdeführer durch das Urteil des Landgerichts nicht gehindert.

2. Die Rüge, das Landgericht habe Art. 15 Abs. 1 Satz 1 VvB – die landesgrundrechtliche Eigentumsgewährleistung – verletzt, geht fehl. Dabei kann dahinstehen, ob der Auslegung, die das Bundesverfassungsgericht neuerdings dem Eigentumsgrundrecht im Blick auf den Schutz des Besitzrechts des Mieters gegeben hat (BVerfG, NJW 1993, 2035; ablehnend *Depenheuer*, NJW 1993, 2035 und *Rüthers*, ebenda, 2587; zuvor offengelassen bis BVerfGE 83, 82, 88) auch für Art. 15 Abs. 1 Satz 1 VvB zu folgen ist. Denn die angegriffene, in Auslegung des die Eigentumsgarantie konkretisierenden Mietrechts ergangene Gerichtsentscheidung trägt der – denkbaren – Bedeutung des Eigentümergrundrechts auch für den Schutz des Mieters durchaus Rechnung. Die Beschwerdeführer tragen dazu vor, die Nichterhebung des angebotenen Beweises (Parteivernehmung) beruhe auf einer fehlenden (oder fehlerhaften, jedenfalls nicht begründeten) Abwägung des Erlangungsinteresses (der Bedarfsperson) mit dem Erhaltungsinteresse (der Beschwerdeführer). Gerade diese Abwägung nimmt das Landgericht jedoch der Sache nach im Rahmen des maßgeblichen Verfahrensrechts vor. Das zeigen die Ausführungen im angefochtenen Urteil, einem Mieter dürfte es im Regelfalle schwerfallen, ggf. die Unredlichkeit der Absichten seines Vermieters nachzuweisen, und die nachfolgende Überlegung, ob angesichts dieser Beweisnot von Amts wegen nach § 448 ZPO die beantragte eigene Parteivernehmung in Betracht zu ziehen sei. Von einer Verkennung verfassungsrechtlicher Maßstäbe zu Lasten der Beschwerdeführer kann deshalb insoweit nicht gesprochen werden.

3. Das angegriffene Urteil des Landgerichts beruht auch nicht auf einem Verstoß gegen das nach der Rechtsprechung des Verfassungsgerichtshofs vornehmlich Art. 62 VvB zu entnehmende Grundrecht auf rechtliches Gehör (s. zur Verbürgung dieses Grundrechts durch die Verfassung von Berlin VerfGH, Beschluß vom 15. Juni 1993 – 18/92** –, JR 1993, 519). Etwas anderes käme nur in Betracht, wenn das Landgericht verfassungsrechtlich verpflichtet gewesen wäre, die seitens der Beschwerdeführer beantragte eigene Parteivernehmung durchzuführen. Daß dies unterblieb, steht jedoch im Einklang mit dem Grundrecht auf rechtliches Gehör und stellt sich als jedenfalls

---

  *   LVerfGE 1, 44
 **   LVerfGE 1, 81

vertretbare und damit willkürfreie Anwendung einfachen Rechts dar. In diesem Zusammenhang ist zu betonen, daß der Verfassungsgerichtshof keine zusätzliche gerichtliche Instanz, sondern gegenüber Entscheidungen der Fachgerichte in seinem Prüfungsmaßstab auf die Feststellung von Verfassungsverstößen beschränkt ist. Die Gestaltung des Verfahrens, die Feststellung und die Würdigung des Tatbestandes, die Auslegung des einfachen Rechts und seine Anwendung auf den Einzelfall sind Sache der dafür allgemein zuständigen Gerichte und insoweit der Nachprüfung durch den Verfassungsgerichtshof entzogen (vgl. zuletzt etwa den Beschluß vom 2. Dezember 1993 – VerfGH 89/93* –, NJW 1994, 436, 438). Vor diesem Hintergrund ist ein – von den Beschwerdeführern als willkürlich und als Ursache für einen Gehörsverstoß gerügter – „innerer Widerspruch" in dem Urteil des Landgerichts nicht erkennbar, wenn dieses einerseits die Beschwerdeführer für beweisfällig gehalten und andererseits ihrem Beweisangebot nicht entsprochen hat.

Verfassungsrechtlich nicht zu beanstanden – und auch von den Beschwerdeführern nicht angegriffen worden – ist zunächst die von dem Landgericht vorgenommene Verteilung der Beweislast betreffend den Einwand mißbräuchlicher Eigenbedarfskündigung. Das Landgericht bürdet diese Last grundsätzlich dem Mieter auf, hält es andererseits aber ausdrücklich für möglich, daß es einem Mieter gelingt, Indizien darzulegen und zu beweisen, die im Einzelfall zu einer Umkehr der Beweislast für eine mißbräuchliche Inanspruchnahme des Kündigungsrechts führen. Dagegen ist verfassungsrechtlich nichts zu erinnern. Nachvollziehbar legt das Landgericht sodann dar, warum es für den vorliegenden Fall nicht von einer Beweislastumkehr ausgeht.

Ebenso nachvollziehbar und unter eingehender Würdigung des Grundrechts der Beschwerdeführer begründet das Landgericht schließlich, weshalb seines Erachtens eine Parteivernehmung von Amts wegen (§ 448 ZPO) nicht in Betracht kam und die Voraussetzungen der vereinbarten Parteivernehmung nach § 447 ZPO nicht gegeben waren. Der Prozeßbevollmächtigte der Klägerin hatte sich hierzu nach dem eigenen Vortrag der Beschwerdeführer nicht erklärt. Daß das Landgericht dieses Schweigen nicht als Einverständnis gewertet hat, begegnet keinen verfassungsrechtlichen Bedenken. Insbesondere folgt auch aus dem Anspruch der Beschwerdeführer auf rechtliches Gehör nicht, daß das Gericht von sich aus die Gegenseite um die von § 447 ZPO vorausgesetzte Erklärung des Einverständnisses zu ersuchen hätte.

Die Entscheidung über die Kosten beruht auf den §§ 33 und 34 VerfGHG.

Dieser Beschluß ist unanfechtbar.

---

* LVerfGE 1, 169

## Nr. 5

Auch ein Antrag auf Erlaß einer einstweiligen Anordnung beim Bundesverfassungsgericht führt nach § 49 Abs. 1 VerfGHG zur Unzulässigkeit einer anschließenden Verfassungsbeschwerde zum Verfassungsgerichtshof des Landes Berlin, weil das durch Art. 72 Abs. 2 Nr. 4 VvB und § 49 VerfGHG begründete Wahlrecht mit der Anrufung des Bundesverfassungsgerichts verbraucht ist (im Anschluß an den Beschluß vom 13. Oktober 1993 – VerfGH 90/93).

Verfassung von Berlin Art. 72 Abs. 2 Nr. 4

Gesetz über den Verfassungsgerichtshof § 49 Abs. 1

Beschluß vom 17. März 1994 – VerfGH 29/94 –

in dem Verfahren über die Verfassungsbeschwerde der Frau J. S. gegen die Beschlüsse 1. des Amtsgerichts Wedding vom 15. November 1993 – 30 K 1/93 –, 2. des Landgerichts Berlin vom 20. Dezember 1993 – 81 T 695/93 –, 3. des Kammergerichts vom 30. Dezember 1993 – 1 W 8343/93 –.

Entscheidungsformel:

Die Verfassungsbeschwerde wird verworfen.
Das Verfahren ist gerichtskostenfrei.
Auslagen werden nicht erstattet.

Gründe:

I.

Die Beschwerdeführerin und der Beteiligte sind im Grundbuch eingetragene Miteigentümer zu je 1/2 des Grundstücks P. Pfad in Berlin. Auf Antrag der Beschwerdeführerin wurde das Grundstück durch das Amtsgericht Wedding zum Zwecke der Auseinandersetzung zwangsversteigert und im Versteigerungstermin vom 28. Oktober 1993 bei einem festgesetzten Verkehrswert von 733.200 DM zu einem Gebot von 367.200 DM dem Beteiligten zugeschlagen.

Der hiergegen gerichteten Erinnerung wurde mit Beschluß des Amtsgerichts Wedding vom 15. November 1993 nicht abgeholfen. Sie wurde dem Landgericht Berlin als Beschwerde zur Entscheidung vorgelegt, das sie mit Beschluß vom 20. Dezember 1993 zurückwies. Die weitere Beschwerde der Beschwerdeführerin wurde mit Beschluß des Kammergerichts vom 30. Dezember 1993 als unzulässig verworfen.

Mit ihrer Verfassungsbeschwerde vom 2. März 1994 macht die Beschwerdeführerin die Verletzung des rechtlichen Gehörs und einer ausreichenden Eröffnung eines Rechtsweges geltend. Die Beschwerdeführerin hat gleichzeitig den Erlaß einer einstweiligen Anordnung beantragt, mit der sie die Eintragung des Beteiligten als alleinigen Eigentümer im Grundbuch verhindern will. Das Verfahren wird unter dem Geschäftszeichen VerfGH 28/94 geführt.

Auf Verfügung des Verfassungsgerichtshofs hat die Beschwerdeführerin mitgeteilt, daß eine Verfassungsbeschwerde zum Bundesverfassungsgericht nicht erhoben worden sei. Ein gestellter Antrag auf Erlaß einer einstweiligen Anordnung sei zurückgenommen worden.

Der Verfassungsgerichtshof hat dem Beteiligten gemäß § 53 Abs. 2 VerfGHG Gelegenheit zur Stellungnahme gegeben.

II.

Die Verfassungsbeschwerde ist unzulässig, weil die Beschwerdeführerin in derselben Sache das Bundesverfassungsgericht angerufen hatte (Art. 72 Abs. 2 Nr. 4 VvB, §§ 49 Abs. 1 a. E., 14 Nr. 6 VerfGHG). Diese Vorschriften begründen ein absolutes Zulässigkeitshindernis für ein paralleles Verfassungsbeschwerdeverfahren vor dem Verfassungsgerichtshof, soweit ein Beschwerdeführer Verfassungsbeschwerde zum Bundesverfassungsgericht erhoben hat (oder noch erhebt). Das gilt nach dem eindeutigen Sinn der Vorschriften auch für einen Antrag auf Erlaß einer einstweiligen Anordnung. Der Antrag auf Erlaß einer einstweiligen Anordnung soll bis zu einer Entscheidung über eine eingelegte oder noch einzulegende Verfassungsbeschwerde die vorläufige Regelung eines Zustandes herbeiführen (§ 31 Abs. 1 VerfGHG). Der Sache nach ist der Antrag auf Erlaß einer einstweiligen Anordnung ein erster Schritt im Verfassungsbeschwerdeverfahren. Es kommt danach auch nicht darauf an, daß die Beschwerdeführerin den Antrag auf Erlaß einer einstweiligen Anordnung zum Bundesverfassungsgericht zurückgenommen hat. Denn auch dadurch wird eine Anrufung des Verfassungsgerichtshofs nicht wieder zulässig. Art. 72 Abs. 2 Nr. 4 VvB und § 49 Abs. 1 VerfGHG begründen ein Wahlrecht, das mit seiner Ausübung verbraucht ist (vgl. Beschluß vom 13. Oktober 1993 – VerfGH 90/93* – Umdruck S. 4).

---

* LVerfGE 1, 152

Dem Verfassungsgerichtshof ist danach eine Entscheidung in der Sache über die Verfassungsbeschwerde versagt.

Damit erübrigt sich eine Entscheidung über den Antrag auf Erlaß einer einstweiligen Anordnung (VerfGH 28/94).

Die Entscheidung über die Kosten folgt aus dem §§ 33, 34 VerfGHG.

Dieser Beschluß ist unanfechtbar.

## Nr. 6

**Eine gerichtliche Entscheidung verletzt nicht den allgemeinen Gleichheitssatz aus Art. 6 Abs. 1 Satz 1 VvB in seiner Bedeutung als Willkürverbot, wenn sich das Gericht in ihr mit der Rechtslage auseinandersetzt und seine Auffassung nicht schlechthin jedes sachlichen Grundes entbehrt.**

Verfassung von Berlin Art. 6 Abs. 1 Satz 1, 11

Beschluß vom 25. April 1994 – VerfGH 34/94 –

in dem Verfahren über die Verfassungsbeschwerde des Notars E. H. gegen den Beschluß des Kammergerichts vom 30. November 1993 – 1 W 6804/92 –.

Entscheidungsformel:

Die Verfassungsbeschwerde wird zurückgewiesen.

Das Verfahren ist gerichtskostenfrei.

Auslagen werden nicht erstattet.

Gründe:

I.

Der Beschwerdeführer beurkundete als Notar am 10. Mai 1991 einen Vertrag mit der Treuhandanstalt Berlin, durch den diese als alleinige Gesellschafterin einer Gesellschaft mit beschränkter Haftung ihren das gesamte Stammkapital ausmachenden Geschäftsanteil an dieser Gesellschaft verkaufte und abtrat. Abgesehen von den sonstigen Vereinbarungen übernahm der Käufer in § 5 dieses Vertrages die Garantie, bestimmte Investitionen vorzunehmen, und in § 9 verpflichtete er sich zu bewirken, daß die Gesellschaft für eine bestimmte Zeit eine bestimmte Anzahl von Arbeitnehmern beschäftigt und keine wesentlichen Betriebsgrundlagen veräußert.

Der Beschwerdeführer erteilte dem Käufer am 8. Juli 1991 eine über 18.810 DM lautende Kostenberechnung für seine Beurkundungstätigkeit. Der Käufer erhob Einwendungen gegen die Kostenberechnung, daraufhin legte der Beschwerdeführer sie dem Landgericht zur Überprüfung vor. Das Landgericht hat die Kostenberechnung des Beschwerdeführers durch Beschluß vom 14. Oktober 1992 bestätigt. Auf die weitere Beschwerde des Käufers hat das Kammergericht durch Beschluß vom 30. November 1993 die Entscheidung des Landgerichts teilweise aufgehoben und die Kostenberechnung in Höhe von 13.543,20 DM bestätigt.

Gegen diese Entscheidung richtet sich die vorliegende Verfassungsbeschwerde. Mit ihr macht der Beschwerdeführer geltend, durch den angegriffenen Beschluß sei er in seinen durch Art. 6 Abs. 1 und Art. 11 der Verfassung von Berlin (VvB) geschützten Grundrechten verletzt. Dem Gleichheitsgebot des Art. 6 Abs. 1 Satz 1 VvB sei das sogenannte Willkürverbot zu entnehmen. Gegen dieses Verbot verstoße eine gerichtliche Entscheidung, die bei verständiger Würdigung nicht mehr verständlich erscheine und wenn sich deshalb der Schluß aufdränge, sie beruhe auf sachfremden Erwägungen. Das treffe hier zu. Das Kammergericht habe die in § 9 des Vertrages übernommene Verpflichtung zur Schaffung und Erhaltung von Arbeitsplätzen schlichtweg willkürlich nicht nach § 30 Abs. 1 KostO als vermögensrechtliche, sondern nach § 30 Abs. 2 KostO als nichtvermögensrechtliche Angelegenheit bewertet und insoweit 1.000.000 DM angesetzt. Da die willkürliche Entscheidung des Kammergerichts einen Teil der gesetzlich zustehenden Kosten versage, sei er zugleich in seinem durch Art. 11 VvB gewährleisteten Grundrecht auf freie Berufsausübung verletzt.

## II.

Die Richterin H. ist im Hinblick auf § 16 Abs. 1 Nr. 1 VerfGHG von der Mitwirkung an dem Verfahren ausgeschlossen.

Die Verfassungsbeschwerde hat keinen Erfolg.

Richtig ist, daß sich aus Art. 6 Abs. 1 Satz 1 VvB ein auch zugunsten des Beschwerdeführers wirkendes Willkürverbot ergibt (vgl. Beschluß vom 23. Februar 1993 – VerfGH 43/92[*] –) und daß Art. 11 VvB das Grundrecht der Berufsfreiheit gewährleistet. Richtig ist ferner, daß diese als verletzt gerügten Grundrechte inhaltsgleich mit den in Art. 3 Abs. 1 GG und Art. 12 GG enthaltenen bundesrechtlichen Verbürgungen sind und daher nach der ständigen Rechtsprechung des Verfassungsgerichtshofs (vgl. zuletzt Beschluß vom

[*] LVerfGE 1, 68

2. Dezember 1993 – VerfGH 89/93* – NJW 1994, 436) durch die öffentliche Gewalt des Landes Berlin zu beachten sowie im Verfassungsbeschwerdenverfahren beim Verfassungsgerichtshof selbst dann rügefähig sind, wenn die angegriffene Maßnahme – wie im vorliegenden Fall – in Anwendung von Bundesrecht ergangen ist. Entgegen der Annahme des Beschwerdeführers verletzt die angegriffene Entscheidung die bezeichneten Grundrechte nicht.

Ein Richterspruch verletzt das landesverfassungsrechtliche Willkürverbot ausschließlich, wenn er „unter keinem denkbaren Aspekt rechtlich vertretbar ist und sich daher der Schluß aufdrängt, daß er auf sachfremden Erwägungen beruht" (so zum Bundesrecht BVerfG, u. a. Beschluß vom 26. Mai 1993 – II BvR 208/93 – BVerfGE 89, 1, 14). Eine fehlerhafte Auslegung eines Gesetzes allein macht eine Gerichtsentscheidung nicht willkürlich. Willkür liegt vielmehr erst dann vor, wenn die Rechtslage in krasser Weise verkannt worden ist, d. h. wenn bei objektiver Würdigung der Gesamtumstände die Annahme geboten ist, die vom Gericht vertretene Rechtsauffassung sei im Bereich des schlechthin Abwegigen anzusiedeln. Davon kann nicht gesprochen werden, wenn das Gericht sich mit der Rechtslage eingehend auseinandersetzt und seine Auffassung nicht jedes sachlichen Grundes entbehrt. So liegen die Dinge im vorliegenden Fall.

Das Kammergericht hat die Ansicht vertreten, der Geschäftswert u. a. der im Vertrag aufgenommenen Verpflichtung, für eine bestimmte Zeit eine bestimmte Anzahl von Arbeitnehmern zu beschäftigen, sei nach § 30 Abs. 3 und 2 KostO zu bestimmen, weil es sich insoweit um eine nichtvermögensrechtliche Angelegenheit handele. Maßgebend für die Abgrenzung zwischen einer vermögensrechtlichen und einer nichtvermögensrechtlichen Angelegenheit sei das Interesse desjenigen, dem gegenüber die Verpflichtung abgegeben werde. Das Interesse der Treuhand an der in Rede stehenden Verpflichtung sei nichtvermögensrechtlicher Art. Die Treuhandanstalt erstrebe insoweit keine eigenen vermögensrechtlichen Vorteile, vielmehr sollte die mit den Maßnahmen der Treuhand verbundenen wirtschaftlichen Auswirkungen der Allgemeinheit zugute kommen. Soweit die Maßnahme der Treuhand zu erhöhten Steuereinnahmen der Gemeinde führten, handele es sich um mittelbare Auswirkungen, denen keine eigenständige Bedeutung zukäme und die nicht die Einordnung als vermögensrechtliche Angelegenheit rechtfertigten. Die Verträge der auch hier gegebenen Art seien denen vergleichbar, mit denen die öffentliche Hand Grundstücke veräußere und den Erwerbern Bauverpflichtungen abverlangt habe, mit denen Länder und Gemeinden wohnungsbaupolitische Zwecke verfolgt hätten. Als Grundlage für die Bestimmung des Wertes dieser Bauver-

---

* LVerfGE 1, 169

pflichtungen habe der Senat § 30 Abs. 3 und 2 KostO angenommen (Senat, JurBüro 1968, 725, zustimmend OLG Hamm Rpfleger 1982, 315; vgl. auch *Korintenberg/Lappe/Bengel/Reimers*, KostO, 12. Aufl., § 20 Rdn. 26). Der Auffassung des Landgerichts Fulda (JurBüro 1992, 480), daß das Interesse der Treuhand als wirtschaftliches Interesse zu werten sei, könne deshalb nicht gefolgt werden.

Es kann dahingestellt bleiben, ob diese Ausführungen im einzelnen zu überzeugen vermögen. Darauf kommt es in diesem Zusammenhang nicht an, weil das eine Frage des einfachen Rechts ist, die sich der Beurteilung des Verfassungsgerichtshofs entzieht. Jedenfalls kann keine Rede davon sein, die Auffassung des Kammergerichts entbehre jeder sachlichen Grundlage, sei unter keinem denkbaren Aspekt rechtlich vertretbar und müsse deshalb als willkürlich qualifiziert werden.

Auch eine Verletzung des Grundrechts der Berufsfreiheit (Art. 11 VvB) liegt nicht vor. Der Beschwerdeführer hat hierzu substantiiert nichts vorgetragen, so daß die Zulässigkeit seiner Verfassungsbeschwerde insoweit immerhin zweifelhaft ist. Doch mag das auf sich beruhen. Denn seine Rüge geht schon deshalb fehl, weil sie auf der – wie gesagt: unbegründeten – Annahme aufbaut, die Entscheidung des Kammergerichts sei willkürlich, ihm werde durch einen willkürlichen Akt ein ihm gesetzlich zustehender Kostenanspruch versagt.

Die Entscheidung über die Kosten beruht auf den §§ 33 f. VerfGHG.

Dieser Beschluß ist unanfechtbar.

## Nr. 7

1) Im Umfang des bundesrechtlichen Mindeststandards des Art. 2 Abs. 1 GG bleibt die in Art. 11 VvB landesverfassungsrechtlich verbürgte Freizügigkeit als Prüfungsmaßstab in landesverfassungsrechtlichen Verfassungsbeschwerdeverfahren erhalten; in diesem Umfang dient Art. 11 VvB als Grundlage zur Überprüfung der Einhaltung des Grundsatzes der Verhältnismäßigkeit in ausländerrechtlichen Streitigkeiten.

2) Der Verfassungsgerichtshof ist befugt, bei der Kontrolle von auf Bundesrecht beruhenden Entscheidungen der Berliner Verwaltungsbehörden und Gerichte am Maßstab der mit den Grundrechten des Grundgesetzes inhaltsgleichen Grundrechte der Verfassung von Berlin inzident die Übereinstimmung der entscheidungserheblichen bundesrechtlichen Bestimmungen mit dem Bundesverfassungsrecht zu prüfen.

3) Es ist mit dem verfassungsrechtlich verbürgten Grundsatz der Verhältnismäßigkeit nicht unvereinbar, eine Ausweisung nach §§ 45 f. AuslG auf eine vorsätzliche Straftat zu stützen, um andere Ausländer vor vergleichbaren Straftaten abzuschrecken.

4) Es widerspricht nicht dem aus dem Grundrechtsschutz abgeleiteten verfassungsrechtlichen Gebot effektiven Rechtsschutzes, eine Ausweisung, die infolge einer vorsätzlich begangenen Straftat angeordnet wird, durch eine generalpräventiv motivierte Anordnung der sofortigen Vollziehung unmittelbar durchsetzbar zu machen.

Verfassung von Berlin Art. 11

Grundgesetz Art. 2 Abs. 1, 11 Abs. 1, 31 und 142

Ausländergesetz §§ 45 ff.

Beschluß vom 12. Juli 1994 – VerfGH 94/93 –

in dem Verfahren über die Verfassungsbeschwerde des Herrn V. D. Q. gegen 1. den Bescheid des Landeseinwohneramtes Berlin vom 17. Februar 1993 – IV A 14 –, 2. den Beschluß des Verwaltungsgerichts Berlin vom 14. Juni 1993 – VG 30 A 506/93, 3. den Beschluß des Oberverwaltungsgerichts Berlin vom 14. Juli 1993 – OVG 8 S 205/93 –.

Entscheidungsformel:

Die Verfassungsbeschwerde wird zurückgewiesen.
Das Verfahren ist gerichtskostenfrei.
Auslagen werden nicht erstattet.

Gründe:

I.

Der im Jahre 1961 geborene Beschwerdeführer ist vietnamesischer Staatsangehöriger. Er ist verheiratet und Vater eines sechsjährigen Kindes. Seine Ehefrau und sein Kind leben in Vietnam und werden von ihm finanziell unterstützt.

Der Beschwerdeführer reiste im Oktober 1988 in die seinerzeitige Deutsche Demokratische Republik (DDR) zur Arbeitsaufnahme ein und erhielt aufgrund des Abkommens zwischen der Regierung der DDR und der Regierung der Sozialistischen Republik Vietnam vom 11. April 1980 über die zeitweilige Beschäftigung und Qualifizierung vietnamesischer Werktätiger in Betrieben der DDR eine Aufenthaltsgenehmigung. Diese Aufenthaltsgenehmigung übertrug das Landeseinwohneramt Berlin in eine bis zum 17. November 1993 befristete Aufenthaltsbewilligung.

Mit Urteil vom 6. Oktober 1992 verurteilte das Amtsgericht Tiergarten den Beschwerdeführer wegen gewerbsmäßiger Steuerhehlerei zu einer Freiheitsstrafe von fünf Monaten, deren Vollstreckung zur Bewährung ausgesetzt wurde. Nach den Feststellungen des Amtsgerichts verkaufte der Beschwerdeführer in der Zeit vom 26. Oktober 1990 bis zum 25. September 1991 in fünf Fällen unversteuerte und unverzollte Zigaretten. Bei den jeweiligen Überprüfungen hatte er noch insgesamt 4.045 Zigaretten bei sich, deren hinterzogener Abgabenwert insgesamt 886,10 DM betrug.

Mit Bescheid vom 17. Februar 1993 lehnte das Landeseinwohneramt Berlin einen Antrag des Beschwerdeführers auf Erteilung einer Aufenthaltsgenehmigung ab, wies den Beschwerdeführer unter Anordnung der sofortigen Vollziehung aus und drohte ihm die Abschiebung nach Vietnam oder in einen anderen Staat an, in den er einreisen dürfe oder der zu seiner Rücknahme verpflichtet sei, sofern er nicht innerhalb eines Monats nach Zustellung des Bescheids freiwillig ausgereist sei. Zur Begründung führte das Landeseinwohneramt aus, der Beschwerdeführer habe über einen längeren Zeitraum hinweg einen umfangreichen Handel mit unverzollten und unversteuerten Zigaretten betrieben und damit gegen Abgabengesetze verstoßen. Sein Verhalten zeige, daß er nicht gewillt sei, die zum Schutz der Allgemeinheit erlassenen Gesetze zu beachten, so daß zu befürchten sei, daß er unter Ausnutzung der aufschiebenden Wirkung von Rechtsbehelfen gegen diesen Bescheid die rechtswidrige Handelstätigkeit fortsetzen werde. Im übrigen habe die Ausweisung den Zweck, andere Ausländer vor vergleichbarem rechtswidrigen Verhalten abzuschrecken. Gegen diesen Bescheid hat der Beschwerdeführer Widerspruch erhoben, über den noch nicht entschieden worden ist.

Seinen Antrag auf Gewährung vorläufigen Rechtsschutzes hat das Verwaltungsgericht Berlin durch Beschluß vom 14. Juni 1993 mit der Begründung abgelehnt, der Antragsteller habe nicht nur vereinzelt oder geringfügig gegen Rechtsvorschriften verstoßen und damit einen Ausweisungsgrund gemäß §§ 45 Abs. 1, 46 Nr. 2 AuslG gesetzt. Das Landeseinwohneramt habe die Ausweisung zulässigerweise mit generalpräventiven Erwägungen begründet. Die gegen diesen Beschluß erhobene Beschwerde hat das Oberverwaltungsgericht Berlin durch Beschluß vom 14. Juni 1993 im wesentlichen aus den Gründen des angefochtenen verwaltungsgerichtlichen Beschlusses zurückgewiesen. Ergänzend hat das Oberverwaltungsgericht dargelegt: Die Ausweisung sei ermessensfehlerfrei selbständig tragend auf generalpräventive Gründe gestützt.

Dem massenhaften illegalen gewerbsmäßigen Zigarettenschmuggel mit seiner Begleitkriminalität könne nur wirksam durch eine kontinuierliche Ausweisungspraxis begegnet werden, von der auch Kleinhändler von Schmuggelgut nicht ausgenommen seien.

Mit seiner Verfassungsbeschwerde rügt der Beschwerdeführer, der Bescheid des Landeseinwohneramtes sowie die beiden diesen Bescheid im einstweiligen Rechtsschutzverfahren bestätigenden Beschlüsse des Verwaltungs- und des Oberverwaltungsgerichts verletzten Art. 11 VvB in Verbindung mit dem Verhältnismäßigkeitsprinzip. Er macht im wesentlichen geltend:

Die Verfassungsbeschwerde sei schon vor Abschluß des Hauptsacheverfahrens zulässig. Da ihm die Abschiebung drohe, könne das Hauptsachverfahren der verfassungsrechtlichen Beschwer nicht abhelfen, vielmehr sei zu befürchten, daß die Grundrechtsverletzung bereits jetzt eintrete.

Die angegriffene Ausweisung verletze ihn in seinem Grundrecht aus Art. 11 VvB. Dies folge schon daraus, daß die Ausweisungsverfügung auf § 45 Abs. 1 AuslG gestützt sei, der seinerseits wegen Verstoßes gegen das rechtsstaatliche Bestimmtheitsgebot nichtig und deshalb als Rechtsgrundlage untauglich sei. § 45 Abs. 1 AuslG nenne nämlich die Voraussetzungen, unter denen eine Ausweisung erfolgen könne, derart ungenau, daß kein Ausländer mit der erforderlichen Bestimmtheit erkennen könne, wann er mit dieser schwersten ausländerrechtlichen Maßnahme zu rechnen habe.

Sowohl der angegriffene Bescheid des Landeseinwohneramtes als auch die ihn im vorläufigen Verfahren bestätigenden Entscheidungen des Verwaltungs- und Oberverwaltungsgerichts beruhten im übrigen auf einer fehlerhaften Auslegung der §§ 45, 46 Nr. 2 und 47 AuslG. Die Ausländerbehörde und ihr folgend die Verwaltungsgerichte hätten verkannt, daß der Handel mit unverzollten und unversteuerten Zigaretten nicht zum Bereich der schweren oder mittleren Kriminalität gehöre. § 46 Nr. 2 AuslG scheide damit als Rechtsgrundlage aus; bei dieser Sachlage sei ein Rückgriff auf § 45 AuslG ausgeschlossen.

Zumindest verletzten die Ausweisungsentscheidung und die in Rede stehenden gerichtlichen Entscheidungen das verfassungsrechtlich verbürgte Verhältnismäßigkeitsprinzip. Obwohl § 45 Abs. 1 AuslG die Ausweisung in das Ermessen der Behörde stelle, habe diese im vorliegenden Fall von ihrem Ermessen keinen ordnungsgemäßen Gebrauch gemacht. Vielmehr habe die Ausländerbehörde zur Verfolgung generalpräventiver Zwecke ganz schematisch in jedem Fall des Handels mit unversteuerten und unverzollten Zigaretten die Ausweisung verfügt, ohne der persönlichen, sozialen und wirtschaftlichen Situation eines einzelnen Vertragsarbeitnehmers zur Zeit der Straftaten Rechnung zu tragen. In diesem Zusammenhang sei insbesondere zu berücksichtigen, daß es sich bei den ihm – dem Beschwerdeführer – und mehreren seiner

Landsleute vorgeworfenen Straftaten um solche aus der Wendezeit der staatlichen Vereinigung Deutschlands handele, in bezug auf die ihnen seinerzeit das Unrechtsbewußtsein gefehlt habe. Bei einer solchen Situation könne eine Ausweisung nicht schematisch auf generalpräventive Erwägungen gestützt werden. Auch enthalte die Ausweisungsentscheidung keine Ermessenserwägungen zur Geeignetheit und Erforderlichkeit der Ausweisung, obwohl die Behörde dazu verpflichtet gewesen wäre. Ausländerbehörde, Verwaltungs- und Oberverwaltungsgericht hätten ferner nicht hinreichend beachtet, daß die Ausweisung der betroffenen vietnamesischen Vertragsarbeitnehmer nicht zu einer Eindämmung des Handels mit unverzollten und unversteuerten Zigaretten führen könne, weil dieser Personenkreis lediglich während des Zeitraums der staatlichen Vereinigung Deutschlands illegal mit Zigaretten gehandelt habe, nunmehr aber der illegale Zigarettenhandel ausschließlich von vietnamesischen Asylbewerbern betrieben werde, die im Hinblick auf ihren besonderen Schutz als Asylsuchende wegen dieser Delikte weder ausgewiesen noch abgeschoben werden könnten. Überdies fehle es an der Verhältnismäßigkeit im engeren Sinne, weil der An- und Verkauf von unversteuerten und unverzollten Zigaretten völlig außer Verhältnis zu der für ihn – den Beschwerdeführer – existenzvernichtenden Ausweisung nach einem mehrjährigen rechtmäßigen Aufenthalt in Deutschland stehe.

Das Landeseinwohneramt Berlin und die Senatsverwaltung für Inneres haben gemäß § 53 VerfGHG Gelegenheit zur Stellungnahme erhalten.

II.

Die Verfassungsbeschwerde hat keinen Erfolg.

1. a) Nach § 49 Abs. 1 VerfGHG kann jedermann mit der Behauptung, durch die öffentliche Gewalt des Landes Berlin in einem seiner in der Verfassung von Berlin enthaltenen Rechte verletzt zu sein, die Verfassungsbeschwerde zum Verfassungsgerichtshof erheben. Soweit, wie hier, Gegenstand der Verfassungsbeschwerde die Anwendung von Bundesrecht ist, besteht die Prüfungskompetenz des Verfassungsgerichtshofs in den Grenzen der Art. 142, 31 GG allein mit Blick auf solche Grundrechte der Verfassung von Berlin, die mit vom Grundsatz verbürgten Grundrechten übereinstimmen (st. Rspr., u. a. Beschluß vom 2. Dezember 1993 – VerfGH 89/93* – NJW 1994, 437).

---

\* LVerfGE 1, 169

Vor diesem Hintergrund beruft sich der Antragsteller zu Recht auf Art. 11 VvB. Dieses Grundrecht gewährleistet neben der Berufsfreiheit (vgl. Beschluß vom 10. November 1993 – VerfGH 78/93 –) die freie Wahl des Wohnsitzes als ausdrücklich genannten Unterfall einer umfassend zu verstehenden Freizügigkeit. Das damit von der Berliner Verfassung verbürgte Grundrecht schützt der Sache nach – positiv – namentlich das Recht des freien Zuges, und zwar – dem räumlichen Anwendungsbereich dieser landesrechtlichen Bestimmung entsprechend – des freien Zuges in den Grenzen des Landes Berlin, d. h. das Recht, ungehindert durch die Staatsgewalt sowohl von einem Berliner Bezirk in den anderen zu ziehen, als auch innerhalb dieser Bezirke nach eigener Wahl Aufenthalt und Wohnsitz zu nehmen. Überdies begründet dieses Grundrecht sozusagen als Kehrseite der positiven Freizügigkeit das Recht, nicht ziehen zu müssen, das Recht, innerhalb Berlins dort zu bleiben, wo man ist (sog. negative Freizügigkeit). Geschützt wird in diesem Rahmen das Recht, den gegenwärtigen Lebenskreis beizubehalten (vgl. ebenso zu Art. 11 GG im einzelnen *Randelzhofer*, Bonner Kommentar, Art. 11 Rdn. 55 ff., siehe dazu auch *Dürig* in: Maunz/Dürig, GG, Art. 11 Rdn. 39, und *Kunig* in: von Münch/Kunig, GG, Art. 11 Rdn. 18 m. w. N.), also beispielsweise einen bestimmten Berliner Bezirk nicht gegen seinen Willen verlassen zu müssen. Ohne Belang ist in diesem Zusammenhang, ob insoweit (auch) ein Zwang zum Ziehenmüssen über die Grenzen Berlins oder gar über die Grenzen der Bundesrepublik hinaus in Rede steht. Denn ein solcher Zwang berührt denknotwendig das von Art. 11 VvB geschützte Recht auf Beibehaltung des gegenwärtigen Lebenskreises, d. h. das Recht, in dem Berliner Bezirk zu bleiben, in dem man Aufenthalt und Wohnsitz genommen hat. Mit diesem Inhalt deckt sich (zwar nicht der räumliche, aber doch) der sachliche Schutzbereich des Art. 11 VvB im wesentlichen mit demjenigen des Art. 11 Abs. 1 GG. Allerdings beschränkt sich Art. 11 VvB abweichend von Art. 11 Abs. 1 GG nicht auf den Schutz von Deutschen i. S. des Art. 116 GG, sondern enthält ein Menschenrecht (*Schwan* in: Pfennig/Neumann, Verfassung von Berlin, 2. Aufl., Art. 11 Rdn. 2; *Landsberg/Goetz*, Verfassung von Berlin, Art. 11 Anm. 1). Insoweit muß er sich jedoch einfügen in die bundesstaatliche Ordnung. Denn das aufgrund des Art. 73 Abs. 3 bzw. des Art. 74 Nr. 4 i. V. m. Art. 72 Abs. 1 GG bundesrechtlich geordnete Ein- und Auswanderungsrecht bzw. das Aufenthalts- und Niederlassungsrecht der Ausländer steht wegen Art. 31 GG der Inanspruchnahme eines landesrechtlichen Freizügigkeitsschutzes für Ausländer weitgehend entgegen. In welchem Umfang dies zutrifft, ergibt sich nicht schon aus den dem Bund vom Grundgesetz in dem hier in Rede stehenden Bereich verliehenen Gesetzgebungskompetenzen. Maßgebend ist vielmehr, ob und ggf. wieweit der einfache (Bundes-)Gesetzgeber von dieser Kompetenz in einer Art und Weise Gebrauch gemacht hat, die die Fortgeltung des einschlägigen Landesgrundrechts ausschließt (vgl. *Jutzi*, DÖV 1983, 836, 839), d. h. dieses Grundrecht – ungeachtet des Art. 142 GG – gemäß Art. 31 GG bricht. Das Gesetz über die Einreise und den Aufenthalt von Ausländern im Bundesgebiet (Ausländergesetz) – AuslG – vom 9. Juni 1990 (BGBl. I S. 1354, 1356) ist nicht so auszulegen, daß die Verbürgung der Freizügigkeit für Ausländer durch die Verfassung von Berlin schlechthin ausgeschlossen ist. Nach überwiegender Meinung in der Literatur und insbesondere der Rechtsprechung des Bundesverfassungsgerichts können sich Ausländer, die sich in der Bundesrepublik aufhalten, neben den durch das Ausländergesetz selbst geschaffenen subjektiven Rechten auf die allgemeine Handlungsfreiheit des Art. 2 Abs. 1 GG berufen und so im Ergebnis einen Anspruch auf die Einhaltung des Grundsatzes der Verhältnismäßigkeit bei Entscheidungen haben, die ihre Aufenthaltsrechte betreffen (vgl. dazu z. B. *Hailbronner* in: Isensee/Kirchhof, HdbStR. VI, § 131 Rdn. 45; *Kunig* in: von Münch/Kunig, Grundgesetzkommentar, Band I, 4. Aufl., Art. 11 Rdn. 9; BVerfGE 35, 382, 399; 38, 52, 57; 50, 166, 175; anders etwa *Erichsen* in: Isensee/Kirchhof, Handbuch des Staatsrechts, Bd. 6, 1989, § 152 Rdn. 47 ff.). Angesichts dessen bedürfte es konkreter Anhaltspunkte, um annehmen zu dürfen, das Ausländergesetz ziele (auch) darauf ab, den Ausländern einen landesverfassungsrechtlichen Grundrechtsschutz zu nehmen, der ihnen bundesrechtlich zusteht, nämlich den Mindeststandard des Art. 2 Abs. 1 GG. Derartige Anhaltspunkte sind indes nicht ersichtlich. Das drängt die Annahme auf, in diesem Umfang, d. h. hinsichtlich des Anspruchs auf Einhaltung des Grundsatzes der Verhältnismäßigkeit, bestehe mit der Folge eine Identität des Ausländern durch Art. 2 Abs. 1 GG und durch Art. 11 VvB gewährleisteten Grundrechtsschutzes, daß Art. 11 VvB insoweit als Prüfungsmaßstab in landesverfassungsrechtlichen Verfassungsbeschwerdeverfahren erhalten bleibt. Art. 11 VvB vermittelt – mit anderen Worten – in solchen Verfahren eine Grundlage für die Überprüfung ausländerrechtlicher Entscheidungen auf die Einhaltung des Grundsatzes der Verhältnismäßigkeit.

Insoweit ist die Entscheidung mit fünf zu vier Stimmen ergangen.

b) Der Rechtsweg ist i. S. des § 49 Abs. 2 Satz 1 VerfGHG jedenfalls insoweit erschöpft, als es um die Anordnung der sofortigen Vollziehung des Ausweisungsbescheides und die Ablehnung vorläufigen Rechtsschutzes durch das Verwaltungs- und das Oberverwaltungsgericht geht. Diese Entscheidungen enthalten für den Beschwerdeführer eine selbständige Beschwer, die sich nicht mit derjenigen deckt, die Gegenstand des Hauptsacheverfahrens ist. Das trifft regelmäßig zu, wenn – wie hier – die Verletzung von Grundrechten namentlich durch Entscheidungen im vorläufigen Rechtsschutzverfahren gerügt wird (vgl. zum inhaltsgleichen § 90 Abs. 2 Satz 1 BVerfGG BVerfGE 59, 63,

84; 65, 227, 233; 77, 381, 401 f.; 80, 40, 45). In derartigen Fällen verlangt § 49 Abs. 2 Satz 1 VerfGHG im Ergebnis nur, daß der Rechtsweg des Eilverfahrens erschöpft ist.

Die vom Beschwerdeführer behauptete Grundrechtsverletzung kann durch das Widerspruchs- und ein sich ggf. anschließendes verwaltungsgerichtliches Hauptsacheverfahren nicht rechtzeitig ausgeräumt werden. Denn aufgrund der sofort vollziehbaren Ausweisungsentscheidung und der Abschiebungsandrohung darf die Ausländerbehörde die gemäß § 42 Abs. 1 und Abs. 2 AuslG vollziehbare Ausreisepflicht des Beschwerdeführers alsbald durchsetzen. Dem steht nicht entgegen, daß derzeit eine Abschiebung gegen den Willen des Beschwerdeführers nach Vietnam ausgeschlossen erscheint, weil die vietnamesischen Auslandsvertretungen keine Einreisevisa erteilen. Nach den Mitteilungen des Landeseinwohneramts Berlin und der Senatsverwaltung für Inneres wird gegenwärtig zwischen der Bundesrepublik Deutschland und der Sozialistischen Republik Vietnam über eine Rückreiseberechtigung in Deutschland lebender (abzuschiebender) Vertragsarbeitnehmer verhandelt. Mit einem Vertragsabschluß ist vor einer Beendigung des möglicherweise mehrere Jahre dauernden Hauptsacheverfahrens zu rechnen; eine Abschiebung des Beschwerdeführers mit ihren schwerwiegenden Folgen für die Rechtsverteidigung im Hauptsacheverfahren und eine soziale Wiedereingliederung im Erfolgsfall ist deshalb nicht auszuschließen. Bei dieser Sachlage ist dem Beschwerdeführer eine Verweisung auf die Durchführung des Widerspruchs- und des verwaltungsgerichtlichen Hauptsacheverfahrens nicht zuzumuten.

c) Dem Beschwerdeführer fehlt nicht etwa deswegen das Rechtsschutzbedürfnis für seine Verfassungsbeschwerde, weil unabhängig von der angegriffenen Ausweisungsverfügung die befristete Aufenthaltsbewilligung inzwischen durch Fristablauf unwirksam geworden ist. Gemäß § 3 Abs. 1 AuslG bedürfen Ausländer zur Einreise und zum Aufenthalt in der Bundesrepublik Deutschland einer Aufenthaltsgenehmigung. Läuft diese ab, sind sie verpflichtet, unverzüglich auszureisen (§ 42 Abs. 1 AuslG), und können notfalls abgeschoben werden (§§ 49 ff. AuslG). Der Beschwerdeführer bedarf deshalb für einen weiteren Aufenthalt in der Bundesrepublik Deutschland einer neuen oder verlängerten Aufenthaltsgenehmigung, die er im vorliegenden Verfahren nicht erhalten kann. Dennoch besteht sein Rechtsschutzbedürfnis an der begehrten Entscheidung schon deshalb, weil seine Rechtsstellung im Verfahren über die Neuerteilung oder die Verlängerung einer Aufenthaltsgenehmigung durch die ihm drohende Abschiebung unmittelbar verschlechtert würde. Denn nach § 8 Abs. 2 Satz 1 AuslG darf einem Ausländer, der abgeschoben worden ist, keine Aufenthaltsgenehmigung erteilt werden. Der Beschwerdeführer hat daher gerade auch im Hinblick auf die Erteilung der Aufenthaltsgenehmigung ein Rechtsschutzinteresse daran, daß die nach seiner Ansicht verfassungswidrige Abschiebung, die ihm droht, unterbleibt, damit sein Rechtsschutz im Hauptsacheverfahren nicht durch seine Entfernung aus der Bundesrepublik Deutschland beeinträchtigt wird (vgl. dazu BVerfGE 35, 382, 388 f.).

d) Es kann dahinstehen, ob die Verfassungsbeschwerde zulässigerweise auch gegen die Ausweisungsverfügung selbst vor Durchführung des Widerspruchsverfahrens und Erschöpfung des Rechtswegs vor den Verwaltungsgerichten im Hauptsacheverfahren gerichtet werden durfte. Denn jedenfalls ist die Verfassungsbeschwerde (auch) insoweit unbegründet.

2. Die mit der Verfassungsbeschwerde angegriffene, unter Anordnung der sofortigen Vollziehung ergangene Ausweisungsverfügung verletzt den Beschwerdeführer ebensowenig in seinen Grundrechten aus Art. 11 VvB wie die die Rechtmäßigkeit der Anordnung der sofortigen Vollziehung bestätigenden Eilentscheidungen der Verwaltungsgerichte.

a) Die Rüge des Beschwerdeführers, die angegriffenen, auf § 45 Abs. 1 AuslG gestützten Entscheidungen verletzten ihn schon deshalb in seinem Grundrecht aus Art. 11 VvB, weil diese Vorschrift nichtig sei, ist unbegründet.

Der Verfassungsgerichtshof ist befugt, bei der Überprüfung der auf Bundesrecht beruhenden Entscheidungen der Berliner Verwaltungsbehörden und Gerichte am Maßstab der mit den Grundrechten des Grundgesetzes inhaltsgleichen Grundrechte der Verfassung von Berlin inzident die Übereinstimmung des entscheidungserheblichen Bundesrechts mit dem Bundesverfassungsrecht zu überprüfen. Er ist wie jedes andere Gericht gemäß Art. 100 Abs. 1 GG verpflichtet, ein für seine Entscheidung erhebliches Bundesgesetz auf dessen Bundesverfassungsmäßigkeit hin zu überprüfen und dann, wenn er dieses für bundesverfassungswidrig hält, sein Verfahren auszusetzen und das Gesetz dem Bundesverfassungsgericht zur Prüfung vorzulegen (vgl. Beschluß vom 23. Dezember 1992 – VerfGH 38/92* – NJW 1993, 513). Ein solcher Fall ist hier jedoch nicht gegeben; § 45 Abs. 1 AuslG verstößt nicht gegen Bundesverfassungsrecht.

aa) Ein Verstoß gegen das rechtsstaatliche Bestimmtheitsgebot liegt nicht vor. Das Rechtsstaatsprinzip verlangt, daß die Voraussetzungen der Ausweisung hinreichend bestimmt geregelt sind. Das ist in den §§ 45 bis 48 AuslG geschehen. § 45 Abs. 1 AuslG darf nicht isoliert betrachtet werden. Denn er regelt in sachlicher Übereinstimmung mit seinem Vorgänger, dem § 10 Abs. 1

---

* LVerfGE 1, 44

Nr. 11 AuslG 1965, lediglich den Grundtatbestand der Ermessensausweisung bei einer Gefährdung der öffentlichen Sicherheit und Ordnung oder sonstiger erheblicher Interessen der Bundesrepublik Deutschland und wird durch die in § 46 AuslG aufgeführten Regelbeispiele ergänzt (BT-Dr. 11/6321, S. 49 ff.). Darüber hinaus enthält das Ausweisungsrecht des Ausländergesetzes vom 9. Juni 1990 gegenüber dem früheren Rechtszustand, der in § 10 Abs. 1 AuslG 1965 nur einen einheitlichen Ausweisungstatbestand mit verschiedenen Regelbeispielen kannte, neben dem Grundtatbestand des § 45 Abs. 1 und den Regelbeispielen in § 47 AuslG einerseits eine erweiterte Eingriffsmöglichkeit für die Ausländerbehörde (zwingend vorgeschriebene bzw. Regelausweisung) sowie in § 48 AuslG andererseits eine gesetzliche Normierung des besonderen Ausweisungsschutzes bestimmter Ausländergruppen, der über die allgemein bei einer Ausweisungsentscheidung zu beachtenden Interessen jedes Ausländers nach § 45 Abs. 2 AuslG hinausgeht. Damit ist gegenüber dem früheren Rechtszustand, den das Bundesverfassungsgericht in ständiger Rechtsprechung für verfassungsrechtlich unbedenklich gehalten hat (vgl. hierzu BVerfGE 35, 382, 400 f.; 50, 166, 173 f.; 51, 386, 398 f.), eine Klarstellung der gesetzlichen Ausweisungstatbestände verbunden mit einem erhöhten Ausweisungsschutz integrierter Ausländer eingetreten (vgl. hierzu BVerwG, Beschluß vom 30. Dezember 1993 – 1 B 185/93 – Abdruck S. 5 f.). Berücksichtigt man weiterhin, daß der Gesetzgeber mit § 45 Abs. 1 und den Regelbeispielen des § 46 AuslG an die bisherigen Regelbeispiele und die Generalklausel des § 10 Abs. 1 Nr. 11 AuslG 1965 angeknüpft hat, so kann zur Konkretisierung der einzelnen Ausweisungsvorschriften auf die bisherige Rechtsprechung, insbesondere des Bundesverwaltungsgerichts, zur Auslegung der Ausweisungsnormen zurückgegriffen werden. Damit ist für den einzelnen wie für die Verwaltungsbehörde das erforderliche Maß an Rechtssicherheit und Bestimmtheit erreicht (in diesem Sinne GK-AuslR § 45 AuslG Rdn. 134 ff.; *Kloesel/Christ/Häußer*, Deutsches Ausländerrecht, 3. Aufl., § 45 Rdn. 31; a. A. *Heldmann*, Ausländergesetz 1991, § 45 Rdn. 2 f.; *Huber*, InfAuslR 1990, 41 f.; *Rittstieg*, InfAuslR 1990, 221, 222).

bb) Zu Unrecht glaubt der Beschwerdeführer, eine Verfassungswidrigkeit des § 45 Abs. 1 AuslG daraus herleiten zu können, daß die Norm in ihrem Tatbestand für eine Ausweisung allein an einen objektiven Gesetzesverstoß anknüpft und ein Verschulden nicht berücksichtigt. Ein Verstoß gegen die in Art. 1 Abs. 1 GG grundgesetzlich geschützte Menschenwürde liegt insoweit nicht vor. § 45 Abs. 1 AuslG ist keine Strafvorschrift, sondern eine Norm des Ordnungsrechts; er soll keine Sanktion für vorangegangenes Handeln anordnen, sondern Gefährdungen oder Störungen der öffentlichen Sicherheit oder Ordnung beseitigen. Das aber setzt keinen schuldhaften

Rechtsverstoß voraus. Überdies übersieht der Beschwerdeführer, daß die Fassung des § 46 Nr. 2 AuslG zu der Annahme zwingt, eine Ausweisung aufgrund einer Ordnungswidrigkeit oder Straftat dürfe nur erfolgen, wenn der Täter schuldhaft gehandelt hat; insoweit reicht der bloße Verstoß gegen den Tatbestand einer Ordnungswidrigkeit- oder Strafnorm gerade nicht aus. Damit ist in Fällen der vorliegenden Art ausgeschlossen, daß der Staat einen Ausländer bei seiner Ausweisung gemäß § 45 Abs. 1 AuslG zum bloßen Objekt seines Handelns macht.

cc) § 45 Abs. 1 AuslG ist auch nicht wegen eines Verstoßes gegen Art. 6 Abs. 2 MRK nichtig. Die Europäische Menschenrechtskonvention ist in der Bundesrepublik Deutschland dem einfachen Bundesrecht zuzuordnen und besitzt keinen Verfassungsrang (vgl. in diesem Zusammenhang auch Beschluß vom 16. Dezember 1993– VerfGH 51/93* –). Im übrigen ist zwar die Ausweisung wegen einer Straftat schon vor einer strafgerichtlichen Verurteilung möglich. Doch verstößt § 45 Abs. 1 AuslG damit nicht gegen die Unschuldsvermutung, die nach dem Grundgesetz Teil des Rechtsstaatsprinzips ist und von dort in die allgemeine Handlungsfreiheit des Art. 2 Abs. 1 GG einfließt. Denn die Unschuldsvermutung als verfassungsrechtliches Prinzip soll sicherstellen, daß keine Strafe ohne Schuld verhängt werden darf und der Strafanspruch des Staates in einem justizförmig geordneten Verfahren durchzusetzen ist, das eine wirksame Sicherung der Grundrechte des Beschuldigten gewährleistet (vgl. hierzu BVerfGE 74, 358, 370 f.). Die Ausweisung eines Ausländers ist indes nicht als Sanktion einer Straftat zu verstehen; sie ist auch nicht Bestandteil eines Strafverfahrens, sondern als Maßnahme dem Ordnungsrecht zuzurechnen. Aus diesem Grunde unterliegt sie nicht den formellen und materiellen Anforderungen der Unschuldsvermutung an die Schuldfeststellung im Strafverfahren.

b) Die angegriffene, sofort vollziehbare Ausweisung und die verwaltungsgerichtlichen Eilentscheidungen verletzen den Beschwerdeführer nicht in seinem aus Art. 11 VvB abzuleitenden verfassungsrechtlichen Anspruch auf Einhaltung des Grundsatzes der Verhältnismäßigkeit.

Der Gesetzgeber hat selbst für den Fall des Vorliegens der Tatbestandsvoraussetzungen der §§ 45 Abs. 1, 46 AuslG eine Ausweisung nicht zwingend vorgeschrieben, er hat sie vielmehr in das durch § 45 Abs. 2 AuslG geleitete Ermessen der Ausländerbehörde gestellt. Dadurch ist dieser genügend Raum gelassen, dem Grundsatz der Verhältnismäßigkeit Rechnung zu tragen. Sie hat bei der Anwendung der Tatbestände der §§ 45 und 46 AuslG nach Maßgabe der jeweiligen Umstände das durch die betreffende Vorschrift geschützte öffentliche Interesse abzuwägen gegen die privaten Belange des betroffenen Ausländers, d. h. etwa gegen die Folgen der Ausweisung für dessen wirtschaftliche, berufliche und persönliche Existenz. Ohne Belang ist in diesem Zusammenhang, ob das von ihr gefundene und durch die Fachgerichte bestätigte Ergebnis in allen Einzelheiten der durch das einfache Recht bestimmten Rechtslage entspricht und ob dieses Ergebnis mehr oder weniger zu überzeugen vermag. Denn der Verfassungsgerichtshof ist keine zusätzliche gerichtliche Instanz; er ist vielmehr gegenüber den Entscheidungen der Fachgerichte in seinem Prüfungsmaßstab auf die Feststellung von Verfassungsverstößen beschränkt. Maßgebend ist dementsprechend allein, ob bei der Anwendung des einfachen Rechts im Einzelfall ein verfassungsrechtlich verbürgtes Recht – hier aus Art. 11 VvB – grundlegend verkannt worden ist (st. Rspr., vgl. zuletzt Beschluß vom 17. März 1994 – VerfGH 24/94 –), d. h. ob das vom Fachgericht gefundene Ergebnis – hier – im Lichte des Verhältnismäßigkeitsgrundsatzes als schlechthin unhaltbar zu qualifizieren ist.

Unter dem Blickwinkel des Verfassungsrechts stellt es keinen Verstoß gegen den Grundsatz der Verhältnismäßigkeit dar, eine Ausweisung nach §§ 45 und 46 AuslG auf eine vorsätzliche Straftat zu stützen, um andere Ausländer vor vergleichbaren Straftaten abzuschrecken. Die Ausweisungstatbestände des Ausländergesetzes bezwecken jedenfalls auch, Ausländer, die im Bundesgebiet leben, zu veranlassen, die in diesen Tatbeständen genannten Belange der Bundesrepublik Deutschland nicht zu beeinträchtigen, insbesondere keine Straftaten zu begehen (vgl. hierzu u. a. GK-AuslR, § 45 Rdn. 463). Ein Ausländer, der sich trotz der Ausweisungsandrohung in den §§ 45 ff. AuslG von der Begehung einer Straftat nicht abhalten läßt, setzt selbst die Voraussetzung für seine Ausweisungsverfügung. Er gibt durch sein Verhalten die Veranlassung für eine generalpräventive Maßnahme (vgl. BVerwG, Beschluß vom 30. Dezember 1993 – BVerwG 1 B 165/93 – Abdruck S. 3 f.). Wenn als Folge seines Handelns die im Gesetz angedrohte Ausweisung angeordnet wird, um andere Ausländer von der Begehung von Straftaten abzuhalten, ist dies eine geeignete und erforderliche Maßnahme, um die Beachtung der Ausweisungstatbestände gegenüber allen in Deutschland lebenden Ausländern durchzusetzen und die generalpräventive Wirkung dieser Normen auch für die Zukunft zu sichern.

Einzuräumen ist, daß ein generalpräventives Motiv nicht zu einer (Über-)Reaktion führen darf, durch die der Grundsatz der Verhältnismäßigkeit zwischen Mittel und Zweck verletzt wird. Die Beachtung dieses Verfassungsgrundsatzes erfordert eine Gesamtwürdigung und Abwägung aller Umstände des Einzelfalls. Doch hindert dieser Grundsatz die Ausländerbehörde nicht daran, sich in einem Fall wie dem vorliegenden, der sich rechtlich von Fällen der Ausweisung anderer vietnamesischer Vertragsarbeitnehmer wegen des Handels mit unverzollten und unversteuerten Zigaretten weder hinsichtlich der Tatbegehung und des Unrechtsgehaltes der Straftaten noch hinsichtlich der persönlichen, sozialen und wirtschaftlichen Situation der betroffenen Ausländer – insbesondere ihres Alters, ihres Familienstandes, ihrer Aufenthaltszeiten und ihres Aufenthaltsstatus – wesentlich unterscheidet, auf eine kontinuierliche, generalpräventiv motivierte Ausweisungspraxis zu beziehen. Darin liegt keine verfassungsrechtlich unzulässige, schematische und dem Einzelfall nicht gerecht werdende Verwaltungspraxis. Da nach den Ermittlungen der Ausländerbehörde der Handel mit unverzollten und unversteuerten Zigaretten unter wesentlicher Beteiligung ausländischer Staatsangehöriger stattfindet, zu bedeutsamen Einnahmeverlusten des Staates und überdies zu einer erheblichen und schwerwiegenden Begleitkriminalität gerade unter einigen beteiligten ausländischen Tätern geführt hat, ist es verfassungsrechtlich unbedenklich, strafgerichtliche Verurteilungen wegen Steuerhehlerei bzw. von Betroffenen zugegebene Verstöße gegen Abgabevorschriften grundsätzlich zum Anlaß generalpräventiv motivierter Ausweisungen zu nehmen, sofern der betroffene Ausländer keine verfassungsrechtlich beachtlichen schützenswerten Belange geltend machen kann.

Im vorliegenden Fall sind die Ausländerbehörde und die Verwaltungsgerichte in verfassungsrechtlich nicht zu beanstandender Weise davon ausgegangen, daß beachtliche Interessen des Beschwerdeführers der von der Behörde getroffenen Entscheidung nicht entgegenstehen. Der Beschwerdeführer war von vornherein nur zu einem zeitlich befristeten Aufenthalt zu Arbeits- bzw. Fortbildungszwecken in die DDR eingereist, und er hat sowohl von der DDR als auch von der Bundesrepublik Deutschland nur für diesen begrenzten Zeitraum und diesen Zweck eine Aufenthaltsgenehmigung in Form einer Aufenthaltsbewilligung erhalten. Aus diesem Grunde hat sein knapp fünfjähriger rechtmäßiger Aufenthalt nicht zu einer verfassungsrechtlich beachtlichen verfestigten Aufenthaltsposition geführt. Hinzu kommt, daß die Familie des Beschwerdeführers in Vietnam lebt, so daß familiäre Gründe keine Bindungen an die Bundesrepublik Deutschland erzeugen, die im Rahmen des verfassungsrechtlichen Verhältnismäßigkeitsprinzips zugunsten des Beschwerdeführers Beachtung finden müßten.

c) Die grundrechtliche Gewährleistung des Grundsatzes der Verhältnismäßigkeit im Rahmen des Art. 11 VvB verlangt unter dem Gesichtspunkt eines Grundrechtsschutzes die Gewährung eines angemessenen und effektiven Rechtsschutzes gegen Rechtsverletzungen durch die öffentliche Gewalt; sie begründet – mit anderen Worten – besondere verfahrensrechtliche Anforderungen. Ihnen wird namentlich bei irreparablen Maßnahmen nur genügt, wenn sichergestellt ist, daß die Rechtmäßigkeit dieser Maßnahme überprüft ist, bevor die Verwaltung sie durchführt. Die nach § 80 Abs. 1 VwGO für den Regelfall vorgeschriebene aufschiebende Wirkung von Widerspruch und verwaltungsgerichtlicher Anfechtungsklage ist eine adäquate bundesrechtliche Ausprägung dieser verfassungsrechtlichen Rechtsschutzgarantie, die sich nicht nur aus Art. 19 Abs. 4 GG ableiten läßt, sondern jedem Freiheitsgrundrecht und damit auch Art. 2 Abs. 1 GG und Art. 11 VvB immanent ist. Mit Blick auf die hier in Rede stehende sofortige Vollziehung eines Verwaltungsakts bedeutet dies, daß eine entsprechende Anordnung grundsätzlich ein besonderes öffentliches Interesse erfordert, d. h. ein öffentliches Interesse, das über jenes hinausgeht, das den Verwaltungsakt selbst rechtfertigt. Dieses öffentliche Interesse muß um so gewichtiger sein, je schwerwiegender die dem Betroffenen auferlegte Belastung ist und je mehr die Maßnahme der Verwaltung Unabänderliches bewirkt (vgl. in diesem Zusammenhang BVerfGE 35, 382, 402). Auch unter dem damit angesprochenen Blickwinkel sind die Entscheidung der Ausländerbehörde und die diese Entscheidung bestätigenden Beschlüsse des Verwaltungs- und Oberverwaltungsgerichts verfassungsrechtlich nicht zu beanstanden.

Die Behörde hat die Anordnung der sofortigen Vollziehung im vorliegenden Fall u. a. auf spezialpräventive Gründe gestützt. Sie hat ausgeführt, der Beschwerdeführer habe mehrfach mit unverzollten und unversteuerten Zigaretten gehandelt, so daß zu befürchten sei, er werde unter Ausnutzung der aufschiebenden Wirkung eines Rechtsbehelfs gegen den Ausweisungsbescheid seine rechtswidrige Handlungstätigkeit fortsetzen. Das begegnet auf der Grundlage der zuvor dargelegten verfassungsrechtlichen Grundsätze unter Berücksichtigung der Umstände des Einzelfalls (von vornherein beschränktes und inzwischen erloschenes Aufenthaltsrecht des Beschwerdeführers, Aufenthalt seiner Familie in Vietnam und besondere Bedeutung der begangenen Straftaten für die öffentliche Sicherheit und Ordnung) keinen verfassungsrechtlichen Bedenken.

Im Ergebnis Entsprechendes gilt, soweit die Ausländerbehörde und vor allem die Verwaltungsgerichte die Anordnung der sofortigen Vollziehung auch als durch generalpräventive Gründe gerechtfertigt angesehen haben. Es widerspricht nicht dem aus dem Grundrechtsschutz abgeleiteten verfassungsrechtlichen Gebot effektiven Rechtsschutzes, eine Ausweisung, die aus Anlaß einer vorsätzlich begangenen Straftat angeordnet wird, um andere Ausländer vor vergleichbarem Verhalten abzuschrecken, durch eine entsprechende generalpräventiv motivierte Anordnung der sofortigen Vollziehung unmittelbar durchsetzbar zu machen. Denn es ist nicht zu verkennen, daß die Abschreckungswirkung einer Ausweisung voraussetzt, daß sie möglichst bald nach der ausländerbehördlichen Ausweisungsentscheidung zur tatsächlichen Aufenthaltsbeendigung führt, und zwar selbst dann, wenn von dem betroffenen Ausländer eine Wiederholung des Rechtsverstoßes nicht droht. Kann eine solche ausländerbehördliche Verfügung hingegen erst nach Eintritt der Bestandskraft mehrere Jahre nach ihrem Erlaß durchgesetzt werden, geht von ihr eine allenfalls eingeschränkte abschreckende Wirkung auf andere Ausländer aus, zumal die Ausländerbehörde vor einer Abschiebung zwischenzeitlich eingetretene Abschiebungshindernisse berücksichtigen muß (vgl. hierzu § 50 AuslG).

Dem damit in Zusammenhang stehenden Einwand des Beschwerdeführers, zwischen Straftat bzw. strafrechtlichem Urteil und Ausweisungsverfügung sei so viel Zeit vergangen, daß er darauf habe vertrauen dürfen, seine Tat werde ausschließlich strafrechtlich geahndet, kommt verfassungsrechtlich keine Bedeutung zu. Denn schon zur Bildung eines insoweit beachtlichen Vertrauens hätte es eines darauf gerichteten Verhaltens der Ausländerbehörde bedurft. Daran fehlt es hier schon deswegen, weil die Ausländerbehörde dem Beschwerdeführer keinerlei Anlaß zu einer entsprechenden Vertrauensbildung gegeben hat, sondern im Gegenteil durch ihre Weigerung, die Aufenthaltsgenehmigung zu verlängern, den Aufenthaltsstatus bis zur Ausweisungsentscheidung bewußt in der Schwebe gehalten hat. Im übrigen schafft ein Zeitraum von 17 Monaten zwischen Straftat und Ausweisung einerseits und vier Monaten zwischen Verurteilung und Ausweisung andererseits keine Grundlage für verfassungsrechtliche Bedenken an der Eignung der Ausweisung zur Abschreckung anderer Ausländer oder an einem öffentlichen Interesse an der sofortigen Vollziehung. Solche ergeben sich schließlich auch nicht aus der Tatsache, daß der Beschwerdeführer zur Zeit gegen seinen Willen nicht nach Vietnam abgeschoben werden kann. Denn zum einen führt dieser Zustand für ihn mit Blick auf Art. 11 VvB zu keiner Beschwer, weil er sich (vorläufig) weiterhin in Deutschland aufhalten darf. Zum anderen beseitigt das durch die vietnamesischen Behörden verursachte Abschiebungshindernis nicht das besondere öffentliche Interesse an einer sofortigen Beendigung des Aufenthalts des Beschwerdeführers in Deutschland, auch wenn dieses erst nach Abschluß eines Rücknahmeabkommens zwischen Deutschland und Vietnam zur zwangsweisen Durchsetzung der Ausreiseverpflichtung des Beschwerdeführers führen kann.

Die Kostenentscheidung folgt aus §§ 33 f. VerfGHG.

Diese Entscheidung ist unanfechtbar.


Sondervotum des Richters Körting

Die Entscheidung wird von mir im Ergebnis mitgetragen.

I.

Ich halte die Verfassungsbeschwerde allerdings für unzulässig, soweit sich der Beschwerdeführer auf eine Verletzung des in Art. 11 VvB gewährleisteten Rechts auf Freizügigkeit beruft.

Schon die Stellung einer Landesverfassung innerhalb eines Bundesstaates legt nahe, daß der Verfassungsgeber mit der Bestimmung nur Freizügigkeit innerhalb des Territoriums des Landes Berlin gewährleisten wollte. Zwar geht das Freizügigkeitsrecht nach Art. 11 VvB weiter als dasjenige nach Art. 11 GG, weil das Freizügigkeitsrecht der Verfassung von Berlin nicht nur auf Deutsche beschränkt ist, sondern auch Ausländer umfaßt. Eine „grenzüberschreitende" Freizügigkeit für Ausländer kann jedoch auch dem Berliner Grundrecht nicht entnommen werden.

Sowohl aufenthaltsbegründende Maßnahmen, wie die Erteilung von befristeten oder unbefristeten Aufenthaltsgenehmigungen oder die Verlängerung derartiger Genehmigungen, wie auch aufenthaltsbeendende Maßnahmen für Ausländer, dazu zählt auch die Ausweisung, fallen nicht unter den Begriff der Freizügigkeit, sondern unter den Begriff der Einwanderung im weiteren Sinne bzw. unter den Begriff der allgemeinen Handlungsfreiheit im verfassungsrechtlichen Sinne. Die Entscheidung darüber, „ob" ein Ausländer Aufenthaltsrechte in Berlin erhält und damit auch in der Bundesrepublik Deutschland erhält oder ob er sie behält, ob er einreisen oder einwandern kann oder ob er wegen Nichterteilung von einer Aufenthaltsgenehmigung oder wegen einer Ausweisung ausreisen muß, berührt nicht die Freizügigkeit innerhalb Berlins.

Dies entspricht dem Begriff der Freizügigkeit in Art. 73 Nr. 3 des Grundgesetzes, das die Freizügigkeit neben das Paßwesen, die Ein- und Auswanderung und die Auslieferung setzt. Auch im GG wird Freizügigkeit als Bewegungsfreiheit innerhalb eines Territoriums verstanden. Grenzüberschreitende Bewegungsfreiheiten werden vom Freizügigkeitsbegriff nicht umfaßt. Das Grundgesetz knüpft damit an Art. 111 der Verfassung des Deutschen Reiches vom 11. August 1919 an, der den Genuß der Freizügigkeit „im ganzen Reiche" gewährleistete. Auch die Weimarer Reichsverfassung ordnete die grenzüberschreitende Bewegungsfreiheit dem Begriff der Freizügigkeit nicht zu, sondern sah für das Auswanderungsrecht eine gesonderte Vorschrift in Art. 112 vor.

Ähnlich enthielt schon die Verfassung des Deutschen Reiches vom 16. April 1871 in Art. 4 Nr. 1 eine Abgrenzung des Begriffs der Freizügigkeit vom Paßwesen und von der Fremdenpolizei sowie von der Auswanderung nach außerdeutschen Ländern.

Im einzelnen:

1. Die Begrenzung des Verfassungsrechtsbegriffs der Freizügigkeit auf eine Freiheit innerhalb eines bestimmten Territoriums ergibt sich aus der verfassungsgeschichtlichen Entwicklung dieses Begriffs.

Ursprünglich wurde mit dem Begriff der Freizügigkeit das Wegzugsrecht bezeichnet. So war im Mittelalter Freizügigkeit ein Recht des Freien, unbehindert zu gehen, wohin er wollte, d. h. es folgte ihm kein Herr nach, der ihn zurückverlangen durfte (vgl. *Jacob Grimm*, Deutsche Rechtsaltertümer, Nachdruck 1983 der 4. Auflage von 1899, S. 399). *Grimm* führt aus, daß die Befugnis zu wandern angesehen werden muß als ein ursprünglicher Ausfluß der Freiheit, und verweist auch auf das Auswandern bedrückter Leute (aaO).

War die Freizügigkeit im Mittelalter begründet im Recht des Freien im Gegensatz zu Unterworfenheit des Knechtes, so tauchte mit der Reformation und dem Bedürfnis nach Glaubensfreiheit im 16. Jahrhundert eine Erweiterung des Begriffs auf. Im Abschied der Römischen Königlichen Majestät und gemeiner Stände auf dem Reichs-Tag zu Augsburg, aufgerichtet im Jahre 1555, wurde unter dem Religions-Frieden in § XXIV geregelt:

„Wo aber unsere auch der Churfürsten, Fürsten und Stände Unterthanen der alten Religion, oder Augspurgischen Confession anhängig, von solcher ihrer Religion wegen, aus unsern, auch der Churfürsten und Ständen des H. Reichs, Landen, Fürstenthumen, Städten oder Flecken, mit ihren Weib und Kindern, an andere Ort ziehen, und sich nieder thun wollten, denen soll solcher Ab- und Zuzug auch Verkauffung ihrer Haab und Güter, gegen zimlichen billichen Abtrag der Leibeigenschafft und Nachsteuer wie es jedes Orts von Alters anhero üblichen herbracht, und gehalten worden ist, unverhindert männiglichs zugelassen und bewilligt, auch an ihren Ehren und Pflichten allerdings unentgolteten seyn."

Die mittelalterliche Freizügigkeit des Freien wurde im Rahmen der Reformation und mit zunehmender Einbindung des einzelnen Bürgers in modernere staatliche Ordnung durch eine Freizügigkeitsrecht aus Glaubensgründen gegenüber dem jeweiligen Territorialherren ersetzt, wobei auch jetzt die Freizügigkeit in erster Linie das Recht des Wegzuges beinhaltete. Diese Freizügigkeit war keine Wanderungsfreiheit von außen oder nach außen, sondern betraf die Religionsfreizügigkeit innerhalb des „Heiligen Römischen Reiches deutscher Nation".

Im 19. Jahrhundert wurde die Freiheit des Wegziehens allgemein als Bürgerrecht gewährt, das den freien Wegzug aus einem deutschen Bundesstaat (zumindest in einen anderen) ermöglichte.

In der deutschen Bundesakte vom 8. Juni 1815 wurde in Art. 18 b) 1) geregelt, daß die verbündeten Fürsten und freien Städte übereinkommen, den

„Unterthanen der teutschen Bundesstaaten" folgendes Recht zuzusichern, nämlich

„des freien Wegziehens aus einem teutschen Bundesstaate in den anderen, der sie erweißlich zu Unterthanen annehmen will".

Das Wegzugsrecht war ein Auswanderungsrecht innerhalb des Bundes. Die erste deutsche Verfassungsurkunde im 19. Jahrhundert, die des Königreichs Baiern vom 26. Mai 1818, sah in Titel IV, „Von allgemeinen Rechten und Pflichten", in § 14 vor, daß es den Baiern gestattet ist, in einen anderen Bundesstaat, welcher erweißlich sie zu Unterthanen annehmen will, auszuwandern, auch in Civil- und Militaire-Dienste desselben zu treten, wenn sie den gesetzlichen Verbindlichkeiten gegen ihr bisheriges Vaterland genüge geleistet haben. Ebenso sah die Verfassungsurkunde des Großherzogtums Baden vom 22. August 1818 unter II. „Staatsbürgerliche und politische Rechte der Badener", in § 12 ausdrücklich vor, daß das Gesetz vom 14. August 1817 über die Wegzugsfreiheit als Bestandteil der Verfassung angesehen wurde. In der Verfassungsurkunde für das Königreich Württemberg vom 25. September 1819 wird im Kapitel III, „Von den allgemeinen Rechts-Verhältnissen der Staats-Bürger", in § 24 jedem Bürger durch den Staat die Freiheit der Person, die Gewissens- und Denk-Freiheit, die Freiheit des Eigenthums und die Auswanderungs-Freiheit zugesichert.

Diese Entwicklung setzt sich in den Verfassungen der Folgezeit fort. In der Verfassungsurkunde des Großherzogthums Hessen vom 17. Dezember 1820 wird unter dem Titel III, „Von den allgemeinen Rechten und Pflichten der Hessen", in Art. 24 jedem Hessen das Recht der freien Auswanderung nach den Bestimmungen des Gesetzes zugestanden. Die Verfassungsurkunde des Königreichs Sachsen vom 4. September 1831 sah in Abschnitt III, „Von den allgemeinen Rechten und Pflichten der Unterthanen", in § 29 vor: „Jedem Unterthane steht der Wegzug aus dem Lande ohne Erlegung einer Nachsteuer frei, soweit nicht die Verpflichtung zum Kriegsdienste oder sonst Verbindlichkeiten gegen den Staat oder Privatperson entgegenstehen."

Bemerkenswert ist die Neue Landschafts-Ordnung für das Herzogtum Braunschweig vom 12. Oktober 1832. Sie enthält in § 35 des Zweiten Capitels nicht nur ein ausdrückliches Auswanderungsrecht für jeden Landeseinwohner. Sie enthält in § 28 auch eine Bestimmung für „Fremde": „Fremde während ihres Aufenthalts im Staatsgebiete genießen den Schutz der Gesetze und sind zu deren Beachtung verpflichtet. Die Verwaltungs-Behörden entscheiden, ob und wie lange ihnen der Aufenthalt zu gestatten sei." In Übereinstimmung mit den im ersten Drittel des 19. Jahrhunderts ergangenen Verfassungen sieht das Landesverfassungsgesetz des Königreichs Hannover vom 6. August 1840 im Zweiten Kapitel, „Von den Rechten und Verbindlichkeiten der Unterthanen" im Allgemeinen", in § 43 das Auswanderungsrecht für jeden Landeseinwohner vor. Ebenso enthält das Revidirte Staatsgrundgesetz für das Großherzogthum Oldenburg vom 22. Oktober 1852 im II. Abschnitt, „Von den staatsbürgerlichen Rechten und Pflichten im Allgemeinen", in Art. 55 § 1 die Bestimmung: „Die Auswanderungsfreiheit kann von Staatswegen nur gesetzlich und nur in Bezug auf die Wehrpflicht beschränkt werden."

In der Verfassungs-Urkunde für den preußischen Staat vom 31. Januar 1850 wurde (wie auch schon in der Verfassungs-Urkunde vom 5. Dezember 1848: „der Staat legt der Auswanderung kein Hindernis in den Weg") in Art. 11 geregelt, daß „die Freiheit der Auswanderung von Staatswegen nur in Bezug auf die Wehrpflicht beschränkt werden" kann.

Allen genannten Verfassungsurkunden des 19. Jahrhunderts liegt die Unterscheidung zwischen Bürgerrechten (Menschenrechten) innerhalb eines Staates und dem grenzüberschreitenden Recht auf Auswanderung zugrunde. Die Freiheitsrechte innerhalb eines Staates und das Recht auf Lösung von dem Staat werden unterschieden.

Die Verfassungsurkunde des Deutschen Reiches vom 16. April 1871 enthielt in Art. 3 die Regelung, daß für ganz Deutschland ein gemeinsames Indigenat mit der Wirkung bestehe, daß der Angehörige (Unterthan, Staatsbürger) eines jeden Bundesstaates in jedem anderen Bundesstaate als Inländer zu behandeln und demgemäß zum festen Wohnsitz, zum Gewerbebetriebe, zu öffentlichen Ämtern, zur Erwerbung von Grundstücken, zur Erlangung des Staatsbürgerrechtes und zum Genuß aller sonstigen bürgerlichen Rechte unter denselben Voraussetzungen wie der Einheimische zuzulassen war. Art. 4 enthielt die eingangs schon zitierte Regelung, daß der Beaufsichtigung seitens des Reichs und der Gesetzgebung die Bestimmungen über Freizügigkeit, Paßwesen und Fremdenpolizei wie auch die Auswanderung nach außerdeutschen Ländern unterlagen. Schon hier wurde der Begriff der Freizügigkeit vom Begriff der Fremdenpolizei und vom Begriff der Auswanderung getrennt.

Die Freizügigkeit selber war schon vor Gründung des Deutschen Reiches durch das Gesetz über die Freizügigkeit vom 1. November 1867 für den Norddeutschen Bund gesetzlich geregelt worden. Als Freizügigkeit verstand dieses Gesetz in § 1 Satz 1:

> „Jeder Bundesangehörige hat das Recht, innerhalb des Bundesgebietes:
> 1) an jedem Orte sich aufzuhalten oder niederzulassen, wo er eine eigene Wohnung oder ein Unterkommen sich zu verschaffen imstande ist;
> 2) an jedem Orte Grundeigenthum aller Art zu erwerben;
> 3) umherziehend oder an dem Orte des Aufenthalts, beziehungsweise der Niederlassung, Gewerbe aller Art zu betreiben unter den für Einheimischen geltenden gesetzlichen Bestimmungen."

Der Begriff der Freizügigkeit umfaßte damit bis zum Ende des Kaiserreiches den „freien Zug" als umfassendes Freiheitsrecht, aber nur innerhalb des Reichsgebiets.

Dem folgt auch die erste republikanische Verfassung Deutschlands. Die Weimarer Reichsverfassung vom 11. August 1919 unterschied bei den Grundrechten und Grundpflichten der Deutschen zwischen Freizügigkeit und Auswanderung. Art. 111 der Weimarer Verfassung bestimmte, daß alle Deutschen Freizügigkeit im ganzen Reiche genießen. Art. 112 der Weimarer Verfassung legte fest, daß jeder Deutsche berechtigt war, nach außerdeutschen Ländern auszuwandern. Die Auswanderung konnte nur durch Reichsgesetz beschränkt werden.

Das Freizügigkeitsrecht war nach der herrschenden Staatsrechtsauffassung der Weimarer Republik nur ein Recht innerhalb des Reichsgebietes und selbst dort nicht für Ausländer anwendbar (vgl. *Anschütz/Thomas*, Handbuch des Deutschen Staatsrechts, Erster Band, 1930, S. 279: „ist es also gewiß richtig, daß dem Ausländer in der Regel alle Rechte zustehen, die in dem Grundrechtskatalog enthalten sind [wovon allerdings die wichtige Freizügigkeit mangels Staatsvertrags ab initio auszunehmen ist] ...“; *Anschütz*, Die Verfassung des Deutschen Reiches, 3. Aufl., 1929, Anm. 3 zu Art. 111).

Der Begriff der Freizügigkeit hat sich vom Wegzugsrecht des 16. Jahrhunderts aus einem Territorium dahingehend verändert, daß er die Bewegungsfreiheit innerhalb eines Gebietes gewährleistet. Das Recht auf Freizügigkeit des Art. 11 Abs. 1 GG und das Recht auf Freizügigkeit des Art. 11 VvB ist bei Zugrundelegung dieser Begrifflichkeit als ein Abwehrrecht gegenüber Beschränkungen der Freizügigkeit innerhalb des jeweiligen Staatsgebietes aufzufassen.

Die Einwanderung oder Auswanderung sind nicht Gegenstand des Rechts auf Freizügigkeit, sondern des Rechts der allgemeinen Handlungsfreiheit oder besonderer verfassungsrechtlicher Bestimmungen, die weder das Grundgesetz noch die Verfassung von Berlin enthalten, die aber in einigen Landesverfassungen ausdrücklich als Rechte gewährt werden (so in Art. 109 Abs. 2 der Verfassung des Freistaates Bayern, in Art. 18 der Landesverfassung der Freien Hansestadt Bremen und in Art. 9 Abs. 2 der Verfassung des Saarlandes das dort jeweils verbürgte Recht auf Auswanderung).

Daß der Begriff der Freizügigkeit nur die innerstaatliche Freizügigkeit und nicht die Ausreisefreiheit und die Einwanderungsfreiheit umfaßt, wird auch nicht durch die Rechtsprechung des Bundesverfassungsgerichts in Frage gestellt, die Deutschen außerhalb der Bundesrepublik Deutschland die Einreisefreiheit auch über Art. 11 Abs. 1 GG zugesprochen hat. Art. 11 Abs. 1 GG sichert das Recht auf Freizügigkeit innerhalb des gesamten Bundesgebietes nicht nur den hier bereits Wohnenden zu, sondern enthält eine Zusicherung für „alle Deutschen", insofern geht Art. 11 Abs. 1 GG weiter als die Verbürgung des Freizügigkeitsrechts in Art. 11 VvB. Durch die Ausdehnung auf „alle" Deutschen wird auch den Deutschen außerhalb des Bundesgebiets das Recht der Einreise, um das Freizügigkeitsrecht überhaupt wahrnehmen zu könne, zugesichert (vgl. BVerfGE 2, 266, 272 f; 43, 203, 211). Durch die Erstreckung auf alle Deutschen wird das Freizügigkeitsrecht in Art. 11 Abs. 1 GG erweitert. Es umfaßt auch die Einreise von Deutschen in das Bundesgebiet, nicht die Einwanderung, die als Begriff neben der Freizügigkeit auf Nichtdeutsche zugeschnitten ist (vgl. *Kunig* in: von Münch/Kunig, Grundgesetz-Kommentar, Band I, 4. Aufl., Art. 11, Rdn. 16). Ein Rückschluß dergestalt, daß durch die Erweiterung der innerstaatlichen Freizügigkeit in Art. 11 Abs. 1 GG auf die Einreisefreiheit für „alle" Deutschen der Begriff Freizügigkeit allgemein erweitert und folgerichtig in der Verfassung von Berlin automatisch die Einreisefreiheit für jedermann bedeuten würde, ist nicht möglich. Vielmehr ist Freizügigkeit in Art. 11 VvB im Sinne der bis zur Weimarer Verfassung reichenden Entwicklung des Freizügigkeitsbegriffs zu verstehen (a. A. *Schwan* in: Pfennig/Neumann, Kommentar zur Verfassung von Berlin, 2. Aufl., Art. 11, Rdn. 2: Einreise- und Ausreisefreiheit für Ausländer).

2. Aus dem Zusammenhang des Freizügigkeitsrechts in Art. 11 VvB mit anderen Verfassungsbestimmungen der Verfassung von Berlin läßt sich ebenfalls nichts entnehmen, was für eine Ausdehnung des Begriffs der Freizügigkeit über die eben dargestellte Entwicklung dieses verfassungsrechtlichen Begriffs als Bewegungsfreiheit innerhalb der Gebietskörperschaft hinaus sprechen würde.

Auch die Entstehungsgeschichte der Verfassung von Berlin gibt für eine derartige, über den allgemeinen Verfassungssprachgebrauch hinausgehende Interpretation nichts her. Im Gegenteil belegt die Entstehungsgeschichte der Verfassung von Berlin, daß eine grenzüberschreitende Deutung dieser Verfassungsbestimmung mit dem Willen der „Verfassungsväter" jedenfalls nicht zu vereinbaren ist.

Nachdem in der 36. Sitzung des Verfassungsausschusses vom 4. Februar 1948 die Frage aufgeworden wurde, ob durch den bisher erarbeiteten Verfassungsentwurf auch das Recht der freien Wohnungswahl gewährleistet sei, und diese Frage verneint wurde, wurde die bisher vorliegende Bestimmung erweitert. Der Ursprungstext der Verfassungsbestimmung lautete:

„Das Recht der freien Berufswahl und das Recht der freien Wahl des Arbeitsplatzes ist gewährleistet, findet aber seine Grenze in der Verpflichtung, bei Überwindung öffentlicher Notstände mitzuhelfen."

Der Ausschuß hat sich dann auf die Fassung verständigt:

„Das Recht der Freizügigkeit und der freien Wahl des Berufes und des Arbeitsplatzes ist gewährleistet, findet aber seine Grenze in der Verpflichtung, bei Überwindung öffentlicher Notstände mitzuhelfen."
Die jetzige Fassung ist eine redaktionelle Überarbeitung der am 4. Februar 1948 gefundenen Grundfassung. Es hat in der Sitzung des Verfassungsausschusses am 4. Februar 1948 eine ausführliche Debatte über die Freizügigkeit gegeben. Der Stadtverordnete Peters hatte sich dagegen gewandt, das Recht der Freizügigkeit aufzunehmen, denn in Berlin bestehe keine Freizügigkeit. Demgegenüber hat der Vorsitzende des Verfassungsausschusses, Suhr, ausgeführt, daß alle Gesetze nur für das Gebiet von Groß-Berlin Geltung hätten. Das Recht der Freizügigkeit beziehe sich selbstverständlich nicht auf ganz Deutschland. Die Verfassung gelte nur für Berlin. Peters ist dann dabei geblieben, daß die Zuzugserlaubnis Voraussetzung der Freizügigkeit sei. Suhr hat demgegenüber festgestellt, daß Einmütigkeit darüber bestehe, daß der Zuzug nach Berlin gar nichts mit der Freizügigkeit innerhalb Berlins zu tun habe. Die Frage der Zuzugssperre sei sozusagen eine außenpolitische Maßnahme, während die Freizügigkeit innerhalb Berlins eine innenpolitische Maßnahme darstelle. Die Frage des Zuzugs sei der gesamtdeutschen Verfassung vorbehalten. Die Stadtverordnete Lucht-Perske fragte, ob das Recht, Berlin zu verlassen, in der Freizügigkeit enthalten sei. Darauf hat Suhr geantwortet, daß dieses Recht ebensowenig darin enthalten sei wie das Recht des Zuzugs. Nachdem der Stadtverordnete Schöpke ausgeführt hat, daß es ein Grundrecht des Menschen sei, die Stadt seiner Väter zu verlassen, und die Stadtverordnete Wissel meinte, dieses Recht sei im Begriff der Freizügigkeit enthalten, hat Suhr festgestellt, daß das Recht auf Freizügigkeit nur den Wechsel des Wohnsitzes innerhalb der Gebietskörperschaft Berlin betreffe. Abwanderung und Zuwanderung würden durch die Freizügigkeit in der Berliner Verfassung nicht erfaßt, sie würden erst durch die Freizügigkeit innerhalb der deutschen Verfassung erfaßt. Im Verlauf der weiteren Debatte hat man dann zwischen Auswanderung und Abwanderung unterschieden und gemeint, daß das Recht der Abwanderung aus dem Gebiet Berlins keinen Beschränkungen unterworfen sei. Der Stadtverordnete Pamperrin meinte, das Zuzugsrecht könne nicht ein Bürgerrecht der Menschen sein, die innerhalb Berlins wohnten; es sei auch kein Grundrecht. Die freien Völker in Übersee, die sich alle Grundrechte gäben, hätten für die Fremden das Recht der Einwanderung beschränkt. Man brauche nur an die Vereinigten Staaten zu denken. Im vorliegenden Falle handele es sich um die Grundrechte der Menschen, die in Berlin wohnten, nämlich vor allem um das Recht, aus Berlin abzuwandern. Der Ausschuß hat dann vorgeschlagen, ein entsprechendes Abwanderungsrecht gesondert festzuhalten, was im Laufe der Verfassungsberatung aber wieder fallengelassen wurde (vgl.

*Reichhardt*, Die Entstehung der Verfassung von Berlin, 1990, Bd. I, Dok. 123, S. 1183 ff.).

## II.

Bezieht sich nach allgemeinem Verfassungssprachgebrauch und nach der Entstehungsgeschichte der Verfassung von Berlin der in Art. 11 VvB gebrauchte Begriff der Freizügigkeit nur auf die Bewegungsfreiheit innerhalb des Gebietes des Landes und der Stadt Berlin, so schützt diese Bestimmung Deutsche und Ausländer gleichermaßen nur in ihrer Bewegungsfreiheit innerhalb Berlins, für „grenzüberschreitende" Entscheidungen wie z. B. über die Begründung oder die Beendigung von Aufenthaltsrechten von Ausländern besagt Art. 11 der Verfassung von Berlin nichts. Ebenso enthält die Verfassung von Berlin übrigens keine Bestimmung über ein Auslieferungsverbot von Deutschen (vgl. die Diskussion in der 9. Sitzung des Verfassungsausschusses der 2. Wahlperiode am 7. Dezember 1949 – abgedruckt bei *Reichhardt*, aaO, Dok. 192, S. 2203 bis 2206). Grundrechtlicher Schutz kommt deshalb bei der Ausweisung von Ausländern oder bei der Auswanderung von Deutschen nur über Art. 2 Abs. 1 GG und bei der Auslieferung von Deutschen über Art. 16 Abs. 2 Satz 1 GG durch die Bundesverfassung zum Tragen. Bis zu einer gegebenenfalls erfolgenden Erweiterung der Verfassung von Berlin (im Schlußbericht der Enquete-Kommission „Verfassungs- und Parlamentsreform" des Abgeordnetenhauses von Berlin vom 18. Mai 1994 – Drucksache 12/4376 – ist eine Ergänzung des Grundrechtskataloges der Verfassung von Berlin um ein Art. 2 Abs. 1 GG entsprechendes Recht auf freie Entfaltung der Persönlichkeit ausdrücklich vorgesehen) ist eine Prüfungskompetenz des Verfassungsgerichtshofs des Landes Berlin bei aufenthaltsbegründenden oder aufenthaltsbeendenden Maßnahmen nicht aus Art. 11 VvB herleitbar. Einem Beschwerdeführer bleibt natürlich die Möglichkeit, gegebenenfalls die Verletzung anderer in der Verfassung von Berlin enthaltener subjektiver Rechte bei aufenthaltsbegründenden oder aufenthaltsbeendenden Maßnahmen von Berliner Behörden oder Gerichten geltend zu machen.

Sondervotum des Richters Finkelnburg

Ich stimme der Entscheidung im Ergebnis zu, nicht jedoch in der Begründung. Nach meiner Auffassung ist die Verfassungsbeschwerde unzulässig, da der Beschwerdeführer nicht geltend machen kann, durch die Ausweisung aus der Bundesrepublik Deutschland in einem in der Verfassung von Berlin enthaltenen Recht verletzt zu sein. Die Verfassung von Berlin enthält entgegen der Mehrheitsmeinung kein gegenüber auf Bundesrecht gestützten aufenthaltsbeendenden Maßnahmen wirkendes (Landes-)Grundrecht. Der räumliche Geltungsbereich von Grundrechten einer Landesverfassung beschränkt sich auf das Gebiet des Landes. Dies bedeutet, daß Art. 11 VvB nur die Freizügigkeit – und darin eingeschlossen das Recht des Aufenthalts – im Land Berlin gewährleistet. Dies sieht auch die Mehrheitsmeinung so. Zusätzlich muß jedoch berücksichtigt werden, daß Berlin ein Land der Bundesrepublik ist (Art. 1 Abs. 1 VvB) und daß es innerhalb des Bundesgebiets keine Grenzen der Freizügigkeit gibt. Wer sich in Berlin aufhalten darf, darf dies auch im übrigen Bundesgebiet. Wer kraft einer landesverfassungsrechtlichen Verbürgung berechtigt ist, sich in einem Bundesland, in welchem auch immer, aufzuhalten, besitzt damit zwangsläufig Freizügigkeit im ganzen Bundesgebiet, wie es Art. 11 GG den Deutschen und die allgemeine Handlungsfreiheit des Art. 2 Abs. 1 GG auch den Ausländern gewährleistet. Dies zwingt dazu, die Freizügigkeit, die Art. 11 VvB innerhalb des Landes Berlin gewährleistet, auf diejenigen Personen zu beschränken, die sich befugt im Bundesgebiet aufhalten. Anderenfalls würde das Landesgrundrecht des Art. 11 VvB de facto über das Gebiet des Landes Berlin hinauswirken, indem es mangels die Freizügigkeit innerhalb des Bundesgebietes beschränkender Regelungen tatsächlich Freizügigkeit im ganzen Bundesgebiet vermitteln würde. Die Beschränkung der Gewährleistung des Art. 11 VvB auf Personen, die sich berechtigt im Bundesgebiet aufhalten, bedeutet zugleich, daß Art. 11 VvB nicht als Maßstab herangezogen werden kann, um auf Bundesrecht beruhende aufenthaltsversagende oder aufenthaltsbeendende Maßnahmen daran zu messen. Da die Verfassung von Berlin, wie hier nicht vertieft werden soll, auch kein Art. 2 Abs. 1 GG entsprechendes Grundrecht der allgemeinen Handlungsfreiheit gewährt, fehlt es somit in der Verfassung von Berlin an einem ein originäres Aufenthaltsrecht gewährleistenden Grundrecht. Art. 11 VvB beschränkt sich vielmehr darauf, Deutschen und Ausländern Freizügigkeit innerhalb des Landes Berlin zu gewährleisten, sofern sie sich, was bei Deutschen kraft Verfassungsrechts (Art. 11 GG) immer und bei Ausländern nach Maßgabe der ausländerrechtlichen Bestimmungen der Fall ist, berechtigt im Bundesgebiet aufhalten. Dies bedeutet insgesamt, daß Verfassungsbeschwerden zum Verfassungsgerichtshof des Landes Berlin, die sich gegen auf Bundesrecht beruhende aufenthaltsversagende oder aufenthaltsbeendende Maßnahmen richten, generell unzulässig sind. Verfassungsrechtsschutz vermittelt hier nur das Bundesverfassungsgericht.

## Nr. 8

1) Eine Parlamentarische Gruppe im Sinne der Geschäftsordnung des Abgeordnetenhauses von Berlin ist zur Geltendmachung ihrer parlamentarischen Rechte im Organstreitverfahren parteifähig.

2) Die Einführung einer Fraktionsmindeststärke steht mit der Verfassung von Berlin in Einklang.

3) Zur Ausgestaltung der Rechtsstellung einer Parlamentarischen Gruppe durch die Geschäftsordnung des Abgeordnetenhauses von Berlin.

Verfassung von Berlin Art. 25 Abs. 3 und 4, 27 Abs. 1, 87 b

Geschäftsordnung des Abgeordnetenhauses von Berlin §§ 7 Abs. 1, 9 a,
20 Abs. 4, 39, 52 Abs. 3

Urteil vom 28. Juli 1994 – VerfGH 47/92 –

in dem Organstreitverfahren der Parlamentarischen Gruppe Neues Forum/ Bürgerbewegung im Abgeordnetenhaus von Berlin gegen das Abgeordnetenhaus von Berlin.

Entscheidungsformel:

Die Anträge werden zurückgewiesen.
Das Verfahren ist gerichtskostenfrei.
Auslagen werden nicht erstattet.

Gründe:

A.

Die Antragstellerin wendet sich im Organstreitverfahren dagegen, daß ihr durch Art. 27 Abs. 1 VvB und § 7 Abs. 1 der Geschäftsordnung des Abgeordnetenhauses der Status einer Fraktion vorenthalten wird. Hilfsweise begehrt sie eine Verbesserung ihrer Rechtsstellung als parlamentarische Gruppe.

I.

An der am 2. Dezember 1990 durchgeführten Wahl zum ersten Gesamtberliner Abgeordnetenhaus nahm u. a. die Listenvereinigung Bündnis 90/ Grüne/UFV teil, der die politischen Gruppierungen Demokratie Jetzt, Initiative Frieden und Menschenrechte, Neues Forum, Unabhängiger Frauenverband (UFV) sowie die Partei Die Grünen Ost angehörten. Sie erhielt im Gebiet der Wahlkreise in Berlin (Ost) 9,7 % und im Gebiet der Wahlkreise in Berlin (West) 1,3 % der gültigen Zweitstimmen bzw., bezogen auf das gesamte Wahlgebiet, 4,4 % der Zweitstimmen und errang damit elf Mandate in dem insgesamt 241 Abgeordnete umfassenden Abgeordnetenhaus von Berlin. Von diesen elf Abgeordneten bildeten sieben Abgeordnete gemeinsam mit den über die Liste des Landesverbandes der Grünen gewählten Abgeordneten, zu denen eine Vertreterin des UFV gehört, die Fraktionsgemeinschaft Bündnis 90/ Grüne (AL)/UFV. Die verbleibenden vier Abgeordneten bildeten nach der Konstituierung des Abgeordnetenhauses eine Parlamentarische Gruppe, die Antragstellerin. Im Februar 1992 verließ der Abgeordnete Sch. die Gruppe. Ihr hat sich seit dem 1. März 1993 ein weiterer Abgeordneter, der zuvor der PDS angehörte, angeschlossen, so daß sie wieder vier Abgeordnete umfaßt.

In seiner konstituierenden Sitzung am 11. Januar 1991 beschloß das Abgeordnetenhaus, die Geschäftsordnung der vorangegangenen 11. Wahlperiode in der Fassung vom 24. Januar 1984 (GVBl. S. 401), zuletzt geändert durch Beschluß des Abgeordnetenhauses vom 5. April 1990 (– GOAvB – GVBl. S. 2287), zu übernehmen, jedoch mit einigen Änderungen, darunter § 7, dessen Abs. 1 und 2 fortan wie folgt lauteten:

„(1) Eine Vereinigung von Mitgliedern des Abgeordnetenhauses hat die Rechtsstellung einer Fraktion, wenn die Zahl ihrer Mitglieder mindestens fünf vom Hundert der Mindestzahl der Mitglieder des Abgeordnetenhauses von Berlin (Art. 25 der Verfassung von Berlin) beträgt.

(2) Fraktionen sind Vereinigungen von Mitgliedern des Abgeordnetenhauses, die derselben Partei angehören oder von derselben Partei als Wahlbewerber aufgestellt worden sind. Den Parteien stehen andere politische Vereinigungen und Listenvereinigungen (Art. 87 b der Verfassung von Berlin) gleich. Wollen Mitglieder des Abgeordnetenhauses nach der Konstituierung (§§ 10, 11) eine neue Fraktion bilden, so bedarf dies der Zustimmung des Abgeordnetenhauses."

Durch Beschluß vom 23. Mai 1991 (bekanntgemacht am 29. Mai 1991, GVBl. S. 115 f.) ergänzte das Abgeordnetenhaus zur Regelung der Rechtsstellung der Parlamentarischen Gruppen die Geschäftsordnung um mehrere Bestimmungen. So wurde durch den neu eingefügten § 9 a bestimmt, daß Parlamentarische Gruppen Vereinigungen von Mitgliedern des Abgeordnetenhauses sind, die nicht die Fraktionsmindeststärke (§ 7 Abs. 1) erreichen, aber die Voraussetzungen des § 7 Abs. 2 oder Abs. 3 erfüllen. Nach § 17 nimmt ein Mitglied einer jeden Parlamentarischen Gruppe regelmäßig an den Sitzungen des Ältestenrates teil. Darüber hinaus wurde in § 20 Abs. 4 und 5 bestimmt, daß jeder Parlamentarischen Gruppe das Recht zusteht, in von ihr zu bestimmende ständige Ausschüsse je einen ihr angehörenden Abgeordneten zu entsenden, der in den Ausschußsitzungen Rede- und Antragsrecht hat.

In seiner Sitzung vom 3. Juni 1991 beschloß das Abgeordnetenhaus das 24. Gesetz zur Änderung der Verfassung von Berlin (GVBl. S. 133). Nach dessen Art. I Nr. 1 erhielt Art. 27 der Verfassung von Berlin folgende Fassung:

„Artikel 27

(1) Eine Vereinigung von mindestens fünf vom Hundert der verfassungsmäßigen Mindestzahl der Abgeordneten bildet eine Fraktion. Das Nähere regelt die Geschäftsordnung.

(2) Fraktionen nehmen unmittelbar Verfassungsaufgaben wahr, indem sie mit eigenen Rechten und Pflichten als selbständige und unabhängige Gliederungen der Volksvertretung an deren Arbeit mitwirken und die parlamentarische Willensbildung unterstützen. Das Nähere über die Rechtsstellung und Organisation sowie die Rechte und Pflichten der Fraktionen werden durch Gesetz bestimmt."

Entsprechend den Regelungen seiner Geschäftsordnung bestellte das Abgeordnetenhaus in seiner Sitzung vom 7. Februar 1991 21 ständige Fachausschüsse mit 17 sowie den Hauptausschuß mit 27 stimmberechtigten Mitgliedern der Fraktionen der CDU, SPD, PDS, Bündnis 90/Grüne (AL)/UFV und FDP. Außerdem bildete es jeweils einen zehn stimmberechtigte Mitglieder umfassenden Ausschuß für Verfassungsschutz und für die Zusammenarbeit der Länder Berlin und Brandenburg. Die Antragstellerin ist gemäß § 20 Abs. 4 GO in den Ausschüssen für Ausländerfragen, für Inneres, Sicherheit und Ordnung, für Jugend und Familie, im Rechtsausschuß, im Ausschuß für Umweltschutz, für Verfassungsschutz, für Wissenschaft und Forschung und in dem Ausschuß für die Zusammenarbeit der Länder Berlin und Brandenburg durch ein Gruppenmitglied mit Rede- und Antragsrecht, aber ohne Stimmrecht vertreten.

Die Fraktionen und Parlamentarischen Gruppen des Abgeordnetenhauses erhielten für ihre parlamentarische Arbeit bis zum 1. Januar 1994 Zuschüsse nach dem Gesetz über die Rechtsverhältnisse der Mitglieder des Abgeordnetenhauses von Berlin (Landesabgeordnetengesetz – LAbgG –) vom 21. Juli 1978 (GVBl. S. 1497), zuletzt geändert durch das Neunte Gesetz zur Änderung des Landesabgeordnetengesetzes vom 21. März 1991 (GVBl. S. 62). Den Fraktionen wurden gemäß § 35 LAbgG zur Durchführung ihrer Aufgaben Geld- und Sachleistungen gewährt. Die Geldleistungen (Zuschüsse) setzten sich aus einem Grundbetrag und einem nach der Mitgliederzahl der Fraktionen gestaffelten Zuschlag zusammen; Oppositionsfraktionen bekamen einen zusätzlichen Betrag. Die Höhe dieser Beträge sowie die Art und den Umfang der Sachleistungen bestimmte das Präsidium des Abgeordnetenhauses. Nach § 35 a LAbgG erhielten Vereinigungen von Mitgliedern des Abgeordnetenhauses, die nicht die Fraktionsmindeststärke erreichten, aber im übrigen Fraktionsmerkmale erfüllten (Parlamentarische Gruppen), Leistungen in entsprechender Anwendung des § 35 Abs. 1 Satz 1, 2 und 3 Halbs. 1, Abs. 2 und 3. Der Grundbetrag wurde durch die Sachleistungen abgegolten. Seit dem 1. Januar 1994 werden Geld- und Sachleistungen an die Fraktionen gemäß § 8 des Gesetzes über die Rechtsstellung der Fraktionen des Abgeordnetenhauses von Berlin (Fraktionsgesetz – FraktG –) vom 8. Dezember 1993 (GVBl. S. 591 ff.) erbracht.

Mit Beschluß vom 30. April 1991 setzte das Präsidium des Abgeordnetenhauses die Höhe der der Antragstellerin gemäß § 35 a LAbgG zu leistenden Zuschüsse für das Kalenderjahr 1991 ab 11. Januar 1991 auf einen Pro-Kopf-Betrag von 30.000 DM jährlich für jedes Gruppenmitglied sowie einen Oppositionszuschlag von insgesamt 60.000 DM jährlich fest. Demgegenüber erhielten die Fraktionen des Abgeordnetenhauses im Kalenderjahr 1991 einen Fraktionsgrundbetrag in Höhe von 480.000 DM, die Oppositionsfraktionen zusätzlich einen Oppositionszuschlag von jeweils 360.000 DM; der darüber hinaus gezahlte Zuschuß je Fraktionsmitglied betrug wie bei der Antragstellerin 30.000 DM. Neben den Zuschüssen bekam und bekommt die Antragstellerin ebenso wie die Fraktionen des Abgeordnetenhauses Sachleistungen, insbesondere durch Zurverfügungstellung von Räumen, Mobiliar und kleineren Bürogeräten und durch die Übernahme der Telefon-, Reinigungs- und Energiekosten. Weitere Leistungen, wie etwa Mittel für die Beschäftigung eines hauptberuflichen Geschäftsführers sowie durch die Bereitstellung zweier Mitarbeiter des Wissenschaftlichen Beratungsdienstes des Abgeordnetenhauses, erhielt und erhält die Antragstellerin im Gegensatz zu den Fraktionen nicht. Hingegen kann sie nach einer Erklärung des Vertreters des Antragsgegners in der mündlichen Verhandlung den Wissenschaftlichen Parlamentsdienst wie eine Fraktion in Anspruch nehmen.


II.

Die Antragstellerin hält die Festsetzung einer Mindestfraktionsstärke in Art. 27 Abs. 1 VvB, § 7 Abs. 1 GOAvB für verfassungswidrig, da sie sie in ihrem Recht auf Chancengleichheit in der parlamentarischen Tätigkeit verletze. Hilfsweise macht sie geltend, daß der Antragsgegner verpflichtet sei, ihren Rechtsstatus durch Änderung der Geschäftsordnung dem einer Fraktion weitgehend anzupassen und ihr insbesondere das Stimmrecht in den parlamentarischen Ausschüssen, dieselbe Redezeit wie den Fraktionen in der Aktuellen

Stunde und das Recht einräumen müsse, Anträge in das Abgeordnetenhaus einzubringen. Außerdem sei ihre Finanzausstattung durch Gewährung des hälftigen Oppositionszuschlages, der den Fraktionen des Abgeordnetenhauses gewährt werde, ihrer Funktion als Teil der Opposition anzupassen.

Im einzelnen trägt sie vor:

Ihr Antrag sei im Organstreitverfahren zulässig. Ihre Antragsbefugnis ergebe sich daraus, daß sie geltend machen könne, durch die Schaffung von § 7 Abs. 1 GOAvB und Art. 27 Abs. 1 VvB in ihrem aus Art. 25 Abs. 3 i. V. m. Art. 87 b VvB resultierenden Recht auf politische Chancengleichheit in der parlamentarischen Tätigkeit verletzt zu sein. Denn die genannten Vorschriften verhinderten, daß sie in gleicher Weise wie die anderen Fraktionen der Opposition im Berliner Abgeordnetenhaus ihre parlamentarische Tätigkeit ausüben könne. Der Erlaß des Art. 27 Abs. 1 VvB stelle eine Maßnahme im Sinne des § 37 Abs. 1 VerfGHG dar; auch ein Verfassungsgesetz könne ein zulässiger Angriffsgegenstand im Organstreitverfahren sein, wenn es – wie hier – Wesenselemente der freiheitlich demokratischen Grundordnung, zu denen die Chancengleichheit für alle politischen Parteien mit dem Recht auf verfassungsmäßige Opposition gehöre, beeinträchtige.

Der Antrag sei begründet. Die Festsetzung einer Mindestfraktionsstärke durch § 7 Abs. 1 GOAvB und Art. 27 Abs. 1 VvB sei verfassungswidrig. Weder die Verfassung von Berlin noch die Geschäftsordnung des Abgeordnetenhauses hätten bis zur Änderung der Geschäftsordnung am 11. Januar 1991 eine Fraktionsmindeststärke gekannt. Deshalb sei es den vier Abgeordneten, die nicht mit den Grünen eine gemeinsame Fraktion gebildet hätten, möglich gewesen, noch vor der Konstituierung des 12. Berliner Abgeordnetenhauses eine eigene Fraktion zu bilden. Denn Fraktionen entstünden nicht erst durch förmlichen Zusammenschluß, sondern seien bereits in dem Augenblick latent vorhanden, in dem eine politische Partei als Ergebnis einer Wahl im Parlament vertreten sei. Die Bildung einer eigenen Fraktion hätten die vier Abgeordneten der Listenvereinigung Bündnis 90/Grüne/UFV auch bereits am 7. Januar 1991, also noch vor der konstituierenden Sitzung des ersten Gesamtberliner Abgeordnetenhauses, dessen Präsidenten mitgeteilt. Sie hätten auf das Fortbestehen dieser Verfassungsrechtslage, mindestens aber darauf vertrauen können, daß diese nicht willkürlich zu ihren Lasten geändert werde. Darüber hinaus beachte die Einführung einer Mindestfraktionsstärke nicht die besondere historische Situation bei der ersten Wahl zum Gesamtberliner Abgeordnetenhaus. Die regionalisierte Sperrklausel, die in Art. 87 b VvB unmittelbar Eingang gefunden habe und der Chancengleichheit der Parteien und politischen Vereinigungen der ehemaligen DDR gedient habe, müsse auch bei der Bestimmung der Fraktionsmindeststärke Berücksichtigung finden. Die Listenvereinigung, der die Abgeordneten der Antragstellerin angehörten, habe die regionalisierte Sperrklausel in Berlin (Ost) übersprungen. Dieser regionalisierten Sperrklausel entspreche für Berlin (Ost) eine Fraktionsmindeststärke von vier Abgeordneten; die durch Art. 27 Abs. 1 VvB dagegen festgelegte Fraktionsmindeststärke von zehn Abgeordneten entspräche ungefähr der Wirkung einer 12 %-Sperrklausel bezogen auf das Wahlgebiet in Berlin (Ost). Dies widerspreche Art. 25 Abs. 3 VvB. Es sei schon generell zweifelhaft, ob ein Parlament durch Geschäftsordnung oder verfassungsänderndes Gesetz die Fraktionsmindeststärke höher als die Sperrklausel für die Zuteilung von Parlamentsmandaten festsetzen dürfe. Im vorliegenden Falle verstoße eine solche Vorgehensweise aber deswegen gegen Art. 25 Abs. 3 VvB, weil die Antragstellerin ihren örtlichen Bezug nahezu ausschließlich im Wahlgebiet Berlin (Ost) habe. Deshalb liege in der Regelung des Art. 27 Abs. 1 VvB eine evidente Ungleichbehandlung ohne einen sachlich rechtfertigenden Grund. Demgegenüber gebiete es Art. 25 Abs. 3 VvB, der Antragstellerin den Fraktionsstatus zu gewähren, um damit die Nachteile der Opposition gegenüber den die Regierung stellenden Fraktionen auszugleichen.

Zum Hilfsantrag macht die Antragstellerin geltend: Es verstoße gegen Art. 25 Abs. 3 und 4 VvB, den Mitgliedern der Parlamentarischen Gruppe lediglich Rede- und Antragsrecht im Ältestenrat des Abgeordnetenhauses und in den ständigen Ausschüssen zu gewähren, ihnen aber das Stimmrecht vorzuenthalten. Das Recht, Große Anfragen an den Senat zu stellen oder eine Aktuelle Stunde zu verlangen, stehe nur Fraktionen oder mindestens zehn Abgeordneten zu. Dies benachteilige sie gegenüber Fraktionen ohne sachlichen Grund. Dies gelte auch hinsichtlich der Rededauer der Parlamentarischen Gruppe im Parlament. Ihre finanzielle Ausstattung ermögliche es ihr nicht, ihre Rolle in der Opposition auszufüllen. Denn sie sei gegenüber den Oppositionsfraktionen in unverhältnismäßiger Weise schlechter gestellt. Im Gegensatz zur FDP als kleinster Oppositionsfraktion, der 1991 1,38 Mio. DM aus dem vollen Fraktionsgrundbetrag, dem vollen Oppositionszuschlag und den Pro-Kopf-Leistungen zur Verfügung gestanden habe, habe die Antragstellerin in diesem Kalenderjahr nur 180.000 DM erhalten.

Die Antragstellerin beantragt
festzustellen, daß das Abgeordnetenhaus von Berlin durch die Festsetzung einer Fraktionsmindeststärke von fünf vom Hundert der verfassungsmäßigen Mindestzahl der Abgeordneten in § 7 Abs. 1 der Geschäftsordnung vom 11. Januar 1991 und Art. 27 Abs. 1 VvB in der Fassung des 24. Gesetzes zur Änderung der Verfassung von Berlin vom 3. Juni 1991 (GVBl. S. 113) gegen das Recht der Antragstellerin auf Chancengleichheit in der parlamentarischen Tätigkeit aus Art. 25 Abs. 3 i. V. m. Art. 87 b VvB verstoßen hat.

Hilfsweise begehrt die Antragstellerin festzustellen,
daß das Abgeordnetenhaus von Berlin verpflichtet ist, den Rechtsstatus der

Abgeordnetengruppe unter Zugrundelegung einer verfassungskonformen Auslegung von Art. 27 Abs. 1 i. V. m. Art. 87 b VvB durch Geschäftsordnungsregelung dem einer Fraktion weitestgehend anzupassen, indem der Gruppe folgende Rechte eingeräumt werden:

a) Stimmrechte für ihre Vertreter in den Ausschüssen,

b) gleiche Redezeit wie Fraktionen in der Aktuellen Stunde,

c) Recht, Gesetzesentwürfe, Anträge, Entschließungsanträge und Große Anfragen in das Abgeordnetenhaus einbringen zu können.

d) Anspruch auf einen hälftigen Oppositionszuschlag.

Der Antragsgegner beantragt,
die Anträge zurückzuweisen.

Er hält Haupt- und Hilfsanträge sowohl für unzulässig als auch für unbegründet.

Der Hauptantrag sei unzulässig, weil die Antragstellerin nicht antragsbefugt sei. Das 24. Gesetz zur Änderung der Verfassung von Berlin, durch das der geänderte Art. 27 Abs. 1 in die Verfassung eingefügt worden sei, sei nicht als Maßnahme im Sinne des § 37 Abs. 1 VerfGHG anzusehen. Denn Gegenstand eines Organstreitverfahrens könne grundsätzlich nur eine Vorschrift sein, die im Rang unterhalb der Verfassung stehe, weil nur dann eine Prüfung möglich sei, ob die Maßnahme einen Antragsteller in seinen ihm durch die Verfassung von Berlin übertragenen Rechten und Pflichten verletze. Soweit sich die Antragstellerin in ihrem Hilfsantrag darauf berufe, durch die Geschäftsordnung des Abgeordnetenhauses in ihren Rechten verletzt zu sein, sei dieser Antrag schon wegen Fristablaufs unzulässig.

Der Hauptantrag sei auch unbegründet. Art. 25 Abs. 3, 4 VvB verbiete nicht, die Fraktionsmindeststärke auf fünf vom Hundert der verfassungsmäßigen Mindestzahl der Abgeordneten festzulegen. Deshalb wäre der Antrag selbst dann unbegründet, wenn die Fraktionsmindeststärke nicht auch unmittelbar in der Verfassung, sondern nur in der Geschäftsordnung des Abgeordnetenhauses festgesetzt worden wäre. Das Recht des Parlaments, eine Fraktionsmindeststärke zu bestimmen, folge aus der Geschäftsordnungsautonomie, die auch in der Verfassung von Berlin in Art. 29 Verfassungsrang besitze. Die Antragstellerin berufe sich in diesem Zusammenhang zu Unrecht auf Art. 87 b VvB. Diese verfassungsrechtliche Wahlrechtsbestimmung lasse keine rechtlichen Rückschlüsse auf die spätere parlamentarische Stellung der über diese Vorschrift ins Parlament gewählten Abgeordneten zu.

Der Hilfsantrag sei jedenfalls unbegründet. Dem Abgeordnetenhaus stehe nach Art. 29 VvB das Recht zu, sich eine Geschäftsordnung zu geben, die erst die rechtlichen und praktischen Voraussetzungen dafür schaffe, daß es seine parlamentarischen Aufgaben zu erfüllen vermöge. Es habe hierbei einen weiten Gestaltungsspielraum, der durch die von der Antragstellerin angegriffenen Geschäftsordnungsbestimmungen nicht überschritten worden sei. Die Änderung der Geschäftsordnung im Mai 1991 habe der Antragstellerin die Möglichkeit eröffnen wollen, weitgehend wie eine Fraktion an der Parlamentsarbeit teilnehmen zu können. So sei ihr die Mitarbeit in den Ausschüssen des Parlaments mit Rede- und Antragsrecht eröffnet worden. Stimmrecht im Ausschuß besitze sie nicht, weil ein Ausschuß grundsätzlich ein verkleinertes Abbild des Plenums sei und nach Art. 32 Abs. 2 VvB in seiner Zusammensetzung das Stärkeverhältnis des Plenums widerspiegeln müsse. Würde der Antragstellerin ein Stimmrecht im Ausschuß zugebilligt, müßte die Ausschußstärke auf 57 Mitglieder gesteigert werden, um die Spiegelbildlichkeit zum Plenum zu wahren. Soweit die Antragstellerin gleiche Redezeit innerhalb der Aktuellen Stunde verlange, gehe ihr Antrag ins Leere, da sie in der Praxis in den Aktuellen Stunden geschäftsordnungsrechtlich mit den Fraktionen gleichbehandelt werde. Daß die Antragstellerin nach der Geschäftsordnung im Plenum Gesetzes- und sonstige Anträge nicht einbringen könne, wenn ihr Antrag nicht von mindestens zehn Abgeordneten unterstützt werde, sei verfassungsrechtlich nicht zu beanstanden. Angesichts des beträchtlichen Verfahrensaufwands, der mit einer parlamentarischen Initiative verbunden sei, sei es sachgerecht, das zumeist überlastete Parlament nur mit Beschlußanliegen zu befassen, für welches eine bestimmte Mindestzahl von Abgeordneten eintrete. Im übrigen beruhe der Status der Antragstellerin als Gruppe nicht auf der Änderung der Geschäftsordnung des Abgeordnetenhauses und der Verfassung von Berlin, sondern auf dem nach der Wahl eingetretenen Zerfall der Listenvereinigung, an welcher sich die Antragstellerin bei den Wahlen vom 2. Dezember 1990 beteiligt habe. Das Parlament treffe keine verfassungsrechtliche Pflicht, beim Zerfall einer politischen Gruppierung jede entstehende Teilgruppe als Fraktion anzuerkennen. Auch die Verkürzung des Oppositionszuschlages sei nicht zu beanstanden, weil die drei Oppositionsfraktionen des Abgeordnetenhauses, die den vollen Oppositionszuschlag erhielten, viereinhalbmal (FDP), fünfmal (Bündnis 90/Grüne) und nahezu sechsmal (PDS) so viele Mitglieder hätten wie die Antragstellerin. Mit einem Sechstel des Oppositionszuschlages sei ihr verfassungsrechtlicher Anspruch auf angemessene finanzielle Ausstattung erfüllt.

## III.

Der Verfassungsgerichtshof hat die Verwaltungsvorgänge über die Zuschüsse des Abgeordnetenhauses von Berlin an die Antragstellerin zum Kapitel 0100, Titel 68401 für die Jahre 1991 bis 1993 beigezogen. Darüber hinaus lag ihm eine „Gutachtliche Stellungnahme zu einigen Fragen der Fraktionsbildung" des Wissenschaftlichen Parlamentsdienstes des Abgeordnetenhauses von Berlin vom 3. Dezember 1990 vor.

## B.

Der Hauptantrag und die Hilfsanträge zu a) bis c) sind zulässig; der Hilfsantrag zu d) ist unzulässig.

1. Der Rechtsweg zum Verfassungsgerichtshof ist gemäß Art. 72 Abs. 2 Nr. 1 VvB, § 14 Nr. 1 VerfGHG gegeben. Nach diesen Bestimmungen entscheidet der Verfassungsgerichtshof im Organstreit über die Auslegung der Verfassung von Berlin aus Anlaß von Streitigkeiten über den Umfang der Rechte und Pflichten eines obersten Landesorgans oder anderer Beteiligter, die durch die Verfassung von Berlin oder durch die Geschäftsordnung des Abgeordnetenhauses mit eigenen Rechten ausgestattet sind. Antragsteller und Antragsgegner müssen im Organstreit in einem verfassungsrechtlichen Rechtsverhältnis zueinander stehen, aus dem sich Rechte und Pflichte ergeben, die zwischen ihnen streitig sind (so zum bundesverfassungsrechtlichen Organstreit BVerfGE 84, 290, 297 m. w. N.). Die Beteiligten streiten mit dem Hauptantrag um die Frage, ob das Abgeordnetenhaus nach der Verfassung von Berlin verpflichtet ist, die Antragstellerin als Fraktion anzuerkennen, und mit den Hilfsanträgen darüber, ob es ihr zumindest einen fraktionsähnlichen Status zugestehen muß. Streitgegenstand des Hauptantrages und aller Hilfsanträge sind somit verfassungsrechtliche Rechte und Pflichten, die zwischen der Antragstellerin und dem Abgeordnetenhaus streitig sind.

2. Die Antragstellerin ist eine von der Geschäftsordnung des Abgeordnetenhauses in § 9 a Abs. 1 anerkannte Parlamentarische Gruppe, die u. a. in §§ 17 Abs. 2, 20 Abs. 4, 40 Abs. 2 GOAvB mit eigenen Rechten ausgestattet ist. Als solche ist sie für die Geltendmachung ihrer parlamentarischen Rechte nach §§ 36, 14 Nr. 1 VerfGHG im Organstreitverfahren parteifähig. Die Parteifähigkeit des Antragsgegners ergibt sich aus seiner Eigenschaft als obersten Landesorgan.

3. Ein im Organstreit parteifähiger Antragsteller ist nach § 37 Abs. 1 VerfGHG im Einzelfall berechtigt, einen Organstreit zu führen, wenn er schlüssig behauptet, durch die von ihm beanstandete Maßnahme oder Unterlassung des Antragsgegners in seinen ihm als Beteiligten des Verfassungslebens zustehenden verfassungsmäßigen Rechten verletzt zu sein. Für den Hauptantrag und die Hilfsanträge zu a) bis c) besitzt die Antragstellerin die Antragsbefugnis. Sie fehlt ihr für den Hilfsantrag zu d).

a) Mit dem Hauptantrag macht die Antragstellerin geltend, das Abgeordnetenhaus habe sie dadurch in ihrem aus Art. 25 Abs. 3 i. V. m. Art. 87 b VvB folgenden Recht auf Chancengleichheit in der parlamentarischen Tätigkeit verletzt, daß es durch Änderungen zunächst der Geschäftsordnung (§ 7 Abs. 1) und dann der Verfassung (Art. 27 Abs. 1) eine Mindestfraktionsstärke von fünf vom Hundert der verfassungsmäßigen Mindestzahl des Abgeordnetenhauses vorgeschrieben und ihr damit die Anerkennung als Fraktion verweigert habe. Sie sieht darin auch eine Verletzung des ihren Mitgliedern als unabhängigen Abgeordneten (Art. 25 Abs. 4 VvB) zustehenden Rechts, sich zu einer Fraktion zusammenzuschließen. Zu Recht geht die Antragstellerin dabei davon aus, daß der Erlaß eines Gesetzes eine Maßnahme im Sinne des § 37 Abs. 1 VerfGHG sein kann (vgl. Beschlüsse vom 17. Juni 1993 – VerfGH 21/92* – und vom 22. November 1993 – VerfGH 18/93** –). Dies gilt gleichermaßen für die einem Gesetz im Rang nachstehende Geschäftsordnung des Abgeordnetenhauses (ebenso zu § 64 BVerfGG für die Geschäftsordnung des Bundestages BVerfGE 80, 188) wie für den durch verfassungsänderndes Gesetz neugefaßten Art. 27 Abs. 1 VvB. Da auch eine Verfassungsbestimmung nichtig sein kann, wenn sie grundlegende Gerechtigkeitspostulate, die zu den Grundentscheidungen der Verfassung selbst gehören, in schlechthin unerträglichem Maße mißachtet, kann nicht von vornherein ausgeschlossen werden, daß neben § 7 Abs. 1 GOAvB auch Art. 27 Abs. 1 VvB verfassungsmäßige Rechte der Antragstellerin aus Art. 25 Abs. 3, 4, Art. 87 b VvB verletzt, wenngleich die Wahrscheinlichkeit, daß ein freiheitlich demokratischer Verfassungsgeber verfassungswidrige Verfassungsnormen erläßt, äußerst gering ist (vgl. in diesem Zusammenhang BVerfGE 3, 225, 232 f.).

b) Hinsichtlich der Hilfsanträge zu a) bis c) folgt die Antragsbefugnis der Antragstellerin ebenfalls aus Art. 25 Abs. 3, 4 i. V. m. Art. 87 b VvB, hier mit Blick auf die den geltend gemachten Rechten entgegenstehenden Vorschriften der Geschäftsordnung.

c) Mit dem in der mündlichen Verhandlung auf die Gewährung des hälftigen Oppositionszuschlags beschränkten Hilfsantrag zu d) wendet sich die Antragstellerin gegen die Beschränkung des Oppositionszuschlags auf ein Sechstel im Haushaltsjahr 1991. Die Haushaltsjahre 1992 bis 1994 werden hingegen von dem Hilfsantrag zu d) nicht erfaßt. Dies ergibt sich zwar nicht ohne weiteres aus seiner Wortfassung, die keine zeitliche Begrenzung enthält, wohl aber daraus, daß es für die späteren Haushaltsjahre an jeglicher Begründung (§ 21 Abs. 1 VerfGHG) für diesen Hilfsantrag sowohl in den Schriftsätzen als

---

    *   LVerfGE 1, 105
  **  LVerfGE 1, 160

auch in dem Vorbringen in der mündlichen Verhandlung fehlt. Mit dem damit bezeichneten Inhalt ist der gegen das Abgeordnetenhaus gerichtete Hilfsantrag zu d) nach § 37 Abs. 1 VerfGHG unzulässig. Denn für die Festsetzung des Oppositionszuschlags der Höhe nach war in dem in Rede stehenden Zeitraum nach § 35 Abs. 1 Satz 3 LAbgG das Präsidium des Abgeordnetenhauses, nicht aber das Abgeordnetenhaus zuständig. Die Maßnahme, durch die sich die Antragstellerin in ihren verfassungsmäßigen Rechten verletzt fühlt, ist mithin keine Maßnahme des Abgeordnetenhauses. Der Beschluß des Präsidiums ist dem Abgeordnetenhaus auch nicht zuzurechnen, da das Präsidium in eigener, gesetzlich verliehener Zuständigkeit gehandelt hat, in deren Wahrnehmung es unabhängig war und keinen Weisungen des Abgeordnetenhauses unterlag. Daher ist insoweit eine Verletzung verfassungsmäßiger Rechte der Antragstellerin durch das Abgeordnetenhaus von vornherein auszuschließen.

4. Der Hauptantrag und die Hilfsanträge zu a) bis c), die den Formerfordernissen des § 37 Abs. 2 VerfGHG entsprechen, wahren die Antragsfrist des § 37 Abs. 3 VerfGHG. Nach dieser Vorschrift muß der Antrag im Organstreit binnen sechs Monaten gestellt werden, nachdem die beanstandete Maßnahme oder Unterlassung dem Antragsteller bekanntgeworden ist. Diese Frist beginnt, wenn die beanstandete Maßnahme in dem Erlaß gesetzlicher Vorschriften liegt, mit der Verkündung des Gesetzes (Beschluß vom 17. Juni 1993 – VerfGH 21/92* –). Nach Art. 2 Abs. 2 des Ersten Gesetzes zur Änderung des Gesetzes über den Verfassungsgerichtshof vom 11. Dezember 1991 (GVBl. S. 280) begann der Lauf der Frist des § 37 Abs. 3 VerfGHG erst einen Monat nach der Wahl der Mitglieder des Verfassungsgerichtshofs, also am 26. April 1992. Die am 19. Oktober 1992 bei dem Verfassungsgerichtshof eingegangene Antragsschrift wahrt daher die Frist des § 37 Abs. 3 VerfGHG. Die vom Antragsgegner dagegen vorgebrachten Bedenken, daß jedenfalls die Frist für den Hilfsantrag (Buchst. a) – c)) schon vor dem Erlaß des Ersten Gesetzes zur Änderung des Gesetzes über den Verfassungsgerichtshof abgelaufen gewesen sei und durch dieses Gesetz nicht wieder neu eröffnet werde, geht fehl. Der Gesetzgeber hat im Ersten Gesetz zur Änderung des Gesetzes über den Verfassungsgerichtshof lediglich von der Aufnahme einer Übergangsregelung abgesehen, die anordnet, daß auch vor dem Inkrafttreten des Gesetzes über den Verfassungsgerichtshof vom 8. November 1990 (GVBl. S. 2246) bekanntgewordene Maßnahmen Gegenstand eines Organstreitverfahrens sein können. Wurde die Maßnahme hingegen erst nach dem Erlaß des VerfGHG bekannt, beginnt die Frist nach dem Ersten Gesetz zur Änderung des Gesetzes über den

---

\* LVerfGE 1, 105

Verfassungsgerichtshof entsprechend dem in Art. 2 Abs. 2 genannten Zeitpunkt zu laufen (Beschluß vom 17. Juni 1993 – VerfGH 21/92* – Umdruck S. 15 und 16).

5. Das für Haupt- und Hilfsanträge im übrigen nicht zu bezweifelnde Rechtsschutzbedürfnis ist auch insoweit gegeben, als sich die Antragstellerin mit dem Hauptantrag nicht nur gegen Art. 27 Abs. 1 VvB n. F., sondern auch gegen § 7 Abs. 1 GOAvB in der seit dem 11. Januar 1991 geltenden Fassung wendet. Denn bis zum Inkrafttreten des Art. 27 Abs. 1 VvB n. F. am 14. Juli 1991 bildete ausschließlich § 7 Abs. 1 GOAvB in der Fassung vom 11. Januar 1991 die Rechtsgrundlage, um der Antragstellerin den Fraktionsstatus zu verweigern. Bei einer Feststellung der Verfassungswidrigkeit dieser Geschäftsordnungsbestimmung wäre der Antragstellerin jedenfalls für den Zeitraum bis zum Inkrafttreten des Art. 27 Abs. 1 VvB n. F. der Fraktionsstatus zuzuerkennen, was für sie zu höheren finanziellen Zuschüssen für diesen Zeitraum führen könnte.

## C.

Der Haupt- und die Hilfsanträge zu a) bis c) sind unbegründet.

## I.

Mit ihrem Hauptantrag begehrt die Antragstellerin die Feststellung, die Festsetzung einer Fraktionsmindeststärke von fünf vom Hundert der verfassungsmäßigen Mindestzahl der Abgeordneten in § 7 Abs. 1 GOAvB und Art. 27 Abs. 1 VvB verletze sie in ihren verfassungsmäßigen Rechten aus Art. 25 Abs. 3 i. V. m. Art. 87 b VvB. Dieses Begehren ist nicht begründet.

1. Das Abgeordnetenhaus von Berlin ist nach Art. 25 Abs. 1 VvB die von den Wahlberechtigten gewählte Volksvertretung. Es besteht nach der für die Wahl zum ersten Gesamtberliner Abgeordnetenhaus maßgebend gewesenen, inzwischen geänderten Fassung des Art. 25 Abs. 2 VvB aus mindestens 200, tatsächlich aus 241 Abgeordneten. Diese sind Vertreter aller Berliner, an Aufträge und Weisungen nicht gebunden und nur ihrem Gewissen unterworfen. In ihrer Gesamtheit nehmen sie die dem Abgeordnetenhaus zugewiesenen Aufgaben wahr. Seine innere Organisation und Ordnung bestimmt das Abgeordnetenhaus innerhalb des von der Verfassung vorgegebenen Rahmens durch die Geschäftsordnung, die es sich nach Art. 29 VvB selbst gibt. Die Befugnis

* LVerfGE 1, 105

der Parlamente in Bund und Ländern, ihre Angelegenheiten durch eine Geschäftsordnung zu regeln, umfaßt traditionell die Befugnis, näher zu bestimmen, in welcher Weise die Abgeordneten an der parlamentarischen Willensbildung mitwirken, welche parlamentarischen Mitwirkungsbefugnisse der gemeinschaftlichen Wahrnehmung durch eine Fraktion oder eine Gruppe von Abgeordneten vorbehalten bleiben und unter welchen Voraussetzungen sich Fraktionen bilden können (BVerfGE 84, 304, 321). Weitere Gegenstände der Geschäftsordnungen sind herkömmlich der Ablauf des Gesetzgebungsverfahrens, soweit er nicht in der Verfassung selbst geregelt ist, im Zusammenhang damit die Funktionen, Zusammensetzung und Arbeitsweise der Ausschüsse sowie die Wahrnehmung von Initiativ-, Informations- und Kontrollrechten (BVerfGE 80, 188, 219). Bei der Gestaltung der Geschäftsordnung besitzt das Parlament einen weiten Spielraum. Er gestattet es traditionell auch, Mindeststärken für Fraktionen festzulegen (BVerfGE 84, 304, 322). Bereits die Geschäftsordnung des Reichstages von 1992 verlangte in § 7 mindestens fünfzehn Mitglieder für eine Fraktion. Die Geschäftsordnung des Bundestages überließ es in § 10 Abs. 1 Satz 1 zunächst jedem Bundestag, die zur Bildung einer Fraktion notwendige Mitgliederzahl festzusetzen. Der Bundestag der ersten Wahlperiode verlangte in seiner Geschäftsordnung für eine Fraktion mindestens zehn Mitglieder und erhöhte die Zahl durch Beschluß vom 16. Januar 1952 auf fünfzehn. Bei dieser Mindestzahl ist es bis zur Änderung des § 10 der Geschäftsordnung durch Beschluß vom 27. März 1969 geblieben. Die darin enthaltene Festlegung der Mindestmitgliederzahl auf fünf vom Hundert der Mitglieder des Bundestages orientiert sich an der Fünf-Prozent-Klausel des Bundeswahlgesetzes (vgl. *Troßmann*, Parlamentsrecht des Deutschen Bundestages, Kommentar, § 10 Rdn. 1 und 2). Daran knüpft § 7 Abs. 1 GOAvB i. d. F. vom 11. Januar 1991 an und kehrt damit zur Bestimmung der Fraktionsmindeststärke des § 7 Abs. 1 GOAvB vom 4. Juli 1974 (GVBl. S. 1684) zurück, die erst durch die Geschäftsordnung des Abgeordnetenhauses vom 24. Januar 1984 (GVBl. S. 401) aufgegeben wurde.

2. Die Verfassung von Berlin steht der Einführung einer Fraktionsmindeststärke durch die Geschäftsordnung nicht entgegen. Dies belegt nachdrücklich der durch Gesetz vom 3. Juni 1991 neu gefaßte Art. 27 Abs. 1 VvB, der nunmehr auch von Verfassungs wegen für Fraktionen eine Mindeststärke von fünf vom Hundert der verfassungsmäßigen Mindestzahl der Abgeordneten vorschreibt. Verfassungsrechtliche Bedenken sind gegen diese Verfassungsbestimmung nicht zu erheben. Denn es kann keine Rede davon sein, daß die Einführung einer Mindestfraktionsstärke grundlegende Gerechtigkeitspostulate, die zu den Grundentscheidungen der Verfassung selbst gehören und auch eine Verfassungsbestimmung als nichtig erscheinen lassen können, in

schlechthin unerträglichem Maße mißachtet. Dies erweisen namentlich die erwähnten Beispiele aus der Geschäftsordnung des Deutschen Bundestages und früheren Geschäftsordnungen des Abgeordnetenhauses. Dem Art. 27 Abs. 1 VvB kann überdies nicht mit Erfolg das in Art. 25 Abs. 3 VvB verankerte Prinzip der Chancengleichheit der Opposition und auch nicht Art. 87 b VvB entgegengehalten werden. Eine Verfassung ist grundsätzlich als Einheit zu verstehen. Ihre Bestimmungen sind prinzipiell einander gleichwertig mit der Folge, daß grundsätzlich keine Verfassungsbestimmung an der anderen zu messen ist, vielmehr jede Verfassungsbestimmung in der Lage ist, andere Verfassungsbestimmungen einzuschränken oder Ausnahmen von ihnen zu begründen. Deshalb wäre Art. 27 Abs. 1 VvB auch dann verfassungsrechtlich nicht zu beanstanden, wenn er, wie die Antragstellerin allerdings zu Unrecht meint, im Widerspruch zu Art. 25 Abs. 3 VvB oder Art. 87 b VvB stünde.

3. Bei Schaffung des § 7 Abs. 1 GOAvB durch Beschluß des Abgeordnetenhauses vom 11. Januar 1991 war die Mindeststärke der Fraktionen allerdings noch nicht in der Verfassung verankert, da Art. 27 Abs. 1 VvB erst durch Gesetz vom 3. Juni 1991 seine heutige Fassung erhalten hat. Gleichwohl sind auch für diesen Zeitpunkt verfassungsrechtliche Bedenken gegen § 7 Abs. 1 GOAvB nicht zu erheben, da die Einführung einer Fraktionsmindeststärke durch die Geschäftsordnung weder das in Art. 25 Abs. 3 VvB verankerte Recht der Opposition auf politische Chancengleichheit verletzt noch gegen Art. 87 b VvB verstößt.

a) Nach Art. 25 Abs. 3 VvB ist die Opposition notwendiger Bestandteil der parlamentarischen Demokratie. Sie hat das Recht auf politische Chancengleichheit. Diese in Anlehnung an Art. 23 a der hamburgischen Verfassung, in fast wörtlicher Übereinstimmung mit Art. 12 Abs. 1 Satz 3 der schleswig-holsteinischen Verfassung und Art. 25 Abs. 2 der von der Stadtverordnetenversammlung beschlossenen Verfassung für die Ostberliner Bezirke vom 11. Juli 1990 (GVABl. S. 1) formulierte Verfassungsbestimmung sichert die Funktion der Opposition innerhalb der parlamentarischen Demokratie und ihre Chance, selbst parlamentarische Mehrheit zu werden. Eine bestimmte innerparlamentarische Organisationsform ist mit dieser Gewährleistung nicht verbunden. Sie kommt gleichermaßen allen zugute, die in Opposition zur Regierung stehen, gleichgültig, ob es sich um einen einzelnen Abgeordneten oder eine in ihrer Größe der Parlamentsmehrheit nahekommende Gruppe handelt. Daß Rolle und Funktion der Opposition unabhängig von der innerparlamentarischen Organisationsform ist, wird auch dadurch bestätigt, daß die Einführung einer Mindestfraktionsstärke zu Lasten jedweder Parlamentarischen Gruppe gehen kann, gleichgültig, ob sie die Regierung unterstützt oder zu ihr in Opposition steht. Es kann daher aus dem Recht der Opposition auf politische

Chancengleichheit kein Recht abgeleitet werden, unter allen Umständen eine Fraktion bilden zu können. Notwendig ist allerdings, daß die geschäftsordnungsmäßigen Rechte, die eine Gruppe von Abgeordneten besitzt, welche keine Fraktion bilden, ausreichend sind, um ihr, wenn sie der Opposition angehört, Chancengleichheit zu gewähren.

b) Auch Art. 25 Abs. 4 VvB, der bestimmt, daß die Abgeordneten Vertreter aller Berliner, an Aufträge und Weisungen nicht gebunden und nur ihrem Gewissen unterworfen sind, gewährleistet nicht jeder Gruppe von Abgeordneten unabhängig von ihrer Größe den Fraktionsstatus. Zwar folgt aus der verfassungsrechtlich gewährleisteten Unabhängigkeit des Abgeordneten sein Recht, sich mit anderen Abgeordneten zusammenzuschließen. Welche parlamentarische Rechtsform ein solcher Zusammenschluß besitzt, ist indes der Willensbestimmung der einzelnen Abgeordneten entzogen. Dies unterliegt ausschließlich der Bestimmung durch das Abgeordnetenhaus, das sie in der Geschäftsordnung trifft. Sie allein regelt innerhalb des von der Verfassung vorgegebenen Rahmens, auf welche Weise und in welcher innerparlamentarischen Organisationsform die Abgeordneten an der parlamentarischen Willensbildung mitwirken. Zur Gewährleistung eines ordnungsgemäßen Geschäftsgangs und eines unter Zweckmäßigkeitsgesichtspunkten rationell gestalteten parlamentarischen Verfahrens kann die Geschäftsordnung, wie dargelegt, auch eine Mindestfraktionsstärke vorschreiben.

c) Zu Unrecht beruft sich die Antragstellerin für die Verfassungswidrigkeit des § 7 Abs. 1 GOAvB auf Art. 87 b VvB. Schon ihrem Wortlaut nach enthält diese Verfassungsbestimmung ausschließlich Regelungen, die die Wahl zum ersten Gesamtberliner Abgeordnetenhaus betreffen, indem sie für diese Wahl für Parteien und andere politische Vereinigungen mit Sitz in den damaligen Ostberliner Bezirken gemeinsame Wahlvorschläge als Listenvereinigung zuließ und die Sperrklausel von 5 % der Wählerstimmen nicht auf das gesamte Wahlgebiet, sondern getrennt auf die Ost- und Westberliner Bezirke bezieht. Darin erschöpft sich die Bedeutung dieser Vorschrift. Sie bezweckt nicht, nach der Wahl zum Abgeordnetenhaus auch auf die innerparlamentarischen Rechtsverhältnisse, zu denen die Bildung der Fraktionen gehört, einzuwirken. Dies wird außer durch den Wortlaut auch durch die Entstehungsgeschichte des Art. 87 b VvB bestätigt. Die Vorschrift ist im Anschluß an das Urteil des Bundesverfassungsgerichts vom 29. September 1990 – BVerfGE 82, 322 ff. – geschaffen worden, um bei der Wahl zum ersten Gesamtberliner Abgeordnetenhaus den im Zusammenhang mit den politischen Veränderungen in der DDR entstandenen Parteien und anderen politischen Gruppierungen möglichst gleiche Startchancen gegenüber den anderen Parteien zu gewähren. Ein Recht der vornehmlich im Ostteil der Stadt gewählten Parteien und politi-

schen Gruppierungen, im Abgeordnetenhaus unter allen Umständen und
ohne Rücksicht auf die Zahl der von ihnen errungenen Mandate den Fraktionsstatus zu erhalten, läßt sich Art. 87 b VvB daher nicht entnehmen.

d) Ohne Erfolg bleibt auch der Einwand der Antragstellerin, die Einführung einer Fraktionsmindeststärke verstoße gegen den Grundsatz des Ver-
trauensschutzes, weil sie bereits vor der Konstituierung des ersten Gesamtberliner Abgeordnetenhauses eine Fraktion gebildet habe. Sie verkennt, daß Fraktionen als ständige Gliederungen des Parlaments erst mit dessen Konstituierung und der Verabschiedung einer Geschäftsordnung auf deren Grundlage
entstehen können (in diesem Sinne zum Bundesrecht *Clemens* in: Umbach/
Clemens, Bundesverfassungsgerichtsgesetz, Kommentar 1992, §§ 63 und 64,
Rdn. 78 m. w. N. sowie *Pietzcker*, Schichten des Parlamentsrechts, in: *Schnei-*
*der/Zeh*, Parlamentsrecht und Parlamentspraxis, 1989, S. 333 Rdn. 27 ff.). Daher konnte die Antragstellerin vor der Konstituierung des Abgeordnetenhauses und dem Erlaß der Geschäftsordnung am 11. Januar 1991 keine Fraktion
bilden. Die an diesem Tag beschlossene Geschäftsordnung des Abgeordnetenhauses enthält bereits § 7 Abs. 1 in seiner heutigen Fassung, der die Anerkennung einer Gruppe von Abgeordneten als Fraktion von dem Erreichen der angegriffenen Mindeststärke abhängig macht. Eine Fraktionsbildung der Antragstellerin hat daher aus Rechtsgründen nicht stattgefunden. Damit entfällt
die Berufung auf Vertrauensschutz.

## II.

Die Hilfsanträge zu a) bis c) sind ebenfalls unbegründet. Die Ausgestaltung der Rechtsstellung der Antragstellerin als Parlamentarische Gruppe in
der Geschäftsordnung des Abgeordnetenhauses, gegen die sie sich mit ihren
Hilfsanträgen wendet, ist verfassungsrechtlich nicht zu beanstanden.

1. Mit dem Hilfsantrag zu a) begehrt die Antragstellerin die Einräumung
des Stimmrechts für ihre Vertreter in den Ausschüssen des Abgeordnetenhauses. Nach § 20 Abs. 4 GOAvB ist die Antragstellerin berechtigt, in von ihr zu
bestimmende ständige Ausschüsse je einen ihr angehörenden Abgeordneten
mit Rede- und Antragsrecht, aber ohne Stimmrecht zu entsenden. Von diesem
Entsendungsrecht hat sie für sechs ständige Fachausschüsse des Abgeordnetenhauses Gebrauch gemacht. Darüber hinaus entsendet sie je ein Mitglied mit
Rede- und Antragsrecht in die gemäß § 20 Abs. 5 GOAvB eingerichteten Son-
derausschüsse für Verfassungsschutz und für die Zusammenarbeit der Länder
Berlin und Brandenburg. Daß die Vertreter der Antragstellerin in den Ausschüssen gemäß § 20 Abs. 4 GOAvB kein Stimmrecht besitzen, ist verfassungsrechtlich nicht zu beanstanden. Zwar kommt der Ausschußarbeit eine

besondere Bedeutung zu. Ein wesentlicher Teil der Arbeit des Parlaments wird nicht im Plenum, sondern in den Ausschüssen geleistet. Diese bereiten die Verhandlungen und Beschlüsse des Plenums vor (§ 21 Abs. 1 Satz 1 GOAvB). Insbesondere die Gesetzgebungsarbeit wird durch die Ausschüsse bis in die Formulierung des Gesetzestextes hinein vorbereitet und beraten. Darüber hinaus wird ein erheblicher Teil der Informations-, Kontroll- und Untersuchungsaufgaben des Parlaments an dessen Stelle durch die Ausschüsse wahrgenommen. Jeder Ausschuß muß deshalb ein verkleinertes Abbild des Parlaments sein und in seiner Zusammensetzung die Zusammensetzung des Plenums widerspiegeln (vgl. zum Grundgesetz und zur Geschäftsordnung des Bundestages u. a. BVerfGE 80, 188, 221; 84, 304, 323). Daher bestimmt Art. 32 Abs. 2 VvB, daß die Fraktionen in den Ausschüssen nach den Grundsätzen der Verhältniswahl vertreten sein müssen. Dies zieht der Beteiligung der einzelnen Abgeordneten ebenso wie der Beteiligung von Gruppen von Abgeordneten Grenzen. Sie dürfen jedoch angesichts der Bedeutung der Ausschußarbeit für die parlamentarische Willensbildung nicht ohne gewichtige, an der Funktionsfähigkeit des Parlaments orientierte Gründe gänzlich von der Mitarbeit in den Ausschüssen ausgeschlossen werden (vgl. dazu zum Bundesrecht ebenso BVerfGE 80, 188, 222).

Diesen Grundsätzen tragen die Geschäftsordnung des Abgeordnetenhauses und die parlamentarische Praxis des Antragsgegners hinreichend Rechnung. Die vier Mitglieder der Antragstellerin arbeiten in insgesamt acht Ausschüssen des Abgeordnetenhauses mit Rede- und Antragsrecht (§ 20 Abs. 4 GOAvB) mit. Jedes Gruppenmitglied gehört damit zwei Ausschüssen an. Es hat die Möglichkeit, auf Sachgebieten parlamentarisch mitzuwirken, denen sein besonderes Interesse gilt.

Gerade diesem Umstand kommt in der praktischen parlamentarischen Arbeit besondere Bedeutung zu. Insoweit sind die Mitglieder der Antragstellerin anderen fraktionsgebundenen Abgeordneten gegenüber in der Regel im Vorteil, die nach Maßgabe der Entscheidung ihrer Fraktion oftmals Ausschüssen angehören müssen, denen nicht von vornherein ihr Interesse und ihre Neigung gilt, die jedoch im Interesse der vollzähligen Repräsentation der Fraktion in allen Ausschüssen notgedrungen besetzt werden müssen. Die Zuerkennung eines Stimmrechts für die der Antragstellerin angehörenden Abgeordneten im Ausschuß wäre dagegen unvereinbar mit dem in Art. 32 Abs. 2 VvB enthaltenen Gebot, die Ausschüsse entsprechend den Grundsätzen der Verhältniswahl zu besetzen. Angesichts der Größe der Ausschüsse mit in der Regel 17 stimmberechtigten Mitgliedern würde das von der Antragstellerin geforderte Stimmrecht zu einer überproportionalen Repräsentation der Antragstellerin in den Ausschüssen führen. Nur wenn die Ausschüsse auf 57 Mitglieder vergrößert würden – was ihre Arbeitsfähigkeit entscheidend beeinträchtigen und damit die Funktionsfähigkeit des Parlaments gefährden würde –, würde das einem zur Antragstellerin gehörenden Abgeordneten zuerkannte Stimmrecht nicht überproportional wirken. Eine Mitgliedschaft im Ausschuß nur mit Rede- und Antragsrecht ist der Antragstellerin auch zumutbar, da es ihre parlamentarische Arbeit nicht mehr beschränkt, als es angesichts des Art. 32 Abs. 2 VvB unvermeidbar ist. Ziel der Arbeit in den Ausschüssen ist die auf eingehender Sachdiskussion beruhende Erarbeitung von Beschlußempfehlungen. In sie ist die Antragstellerin einbezogen, und auf sie kann sie durch ihr Rede- und Antragsrecht (§ 20 Abs. 2 GOAvB) Einfluß nehmen. Lediglich eine Einflußnahme durch Stimmabgabe ist ihr verwehrt. Im Plenum des Abgeordnetenhauses, das letztlich über die Beschlußempfehlungen entscheidet, stimmen die der Antragstellerin angehörenden Abgeordneten wie jeder Abgeordnete mit.

2. Mit dem Hilfsantrag zu b) begehrt die Antragstellerin die Gewährung gleicher Redezeit wie Fraktionen in der Aktuellen Stunde. § 52 Abs. 3 GOAvB beschränkt die Aussprache in der Aktuellen Stunde auf grundsätzlich eine Zeitstunde. Dem ersten Redner jeder Fraktion steht eine Redezeit bis zu zehn Minuten zu; die übrigen Redner dürfen nicht länger als fünf Minuten sprechen. Die Parlamentarische Gruppe wird in § 52 GOAvB nicht erwähnt. In der Praxis der Aktuellen Stunde wird die Antragstellerin jedoch, wie der Antragsgegner unwidersprochen vorgetragen hat, mit den Fraktionen gleichbehandelt. Da der Antragsgegner somit in der parlamentarischen Praxis bei Auslegung und Handhabung des § 52 Abs. 3 Satz 3 GOAvB dem Anliegen der Antragstellerin Rechnung trägt, ist eine Verletzung verfassungsmäßiger Rechte nicht festzustellen.

3. Mit dem Hilfsantrag zu c) erstrebt die Antragstellerin das Recht, Gesetzentwürfe, Anträge, Entschließungsanträge und Große Anfragen in das Abgeordnetenhaus einbringen zu können. Nach § 39 Abs. 1 Sätze 1 und 3 GOAvB müssen Anträge einschließlich solcher auf Annahme von Entschließungen schriftlich eingebracht und begründet werden. Sie müssen entweder namens einer Fraktion oder von mindestens zehn Abgeordneten unterzeichnet sein, sofern nicht die Verfassung, ein Gesetz oder die Geschäftsordnung etwas anderes vorschreibt. Dies konkretisiert für die Gesetzesinitiative Art. 45 Abs. 2 VvB, der das Recht, Gesetzesvorlagen in das Abgeordnetenhaus einzubringen, nicht jedem einzelnen Abgeordneten verleiht, sondern bestimmt, daß Gesetzesvorlagen „aus der Mitte des Abgeordnetenhauses", also von einer in der Verfassung nicht näher festgelegten Anzahl von Abgeordneten, eingebracht werden. § 39 Abs. 1 Satz 3 GOAvB begründet für dieses und die anderen Initiativrechte kein Fraktionsmonopol, sondern läßt die Unterstützung von zehn Mitgliedern des Abgeordnetenhauses ausreichen. Entsprechende Regelungen finden sich in den Geschäftsordnungen des Bundestages und sol-

chen der Parlamente der Länder. Damit soll im Interesse der Funktionsfähigkeit des Parlaments vermieden werden, daß durch Anträge, die von vornherein keine nennenswerte Unterstützung finden, das aufwendige parlamentarische Verfahren – Herstellung der entsprechenden Drucksache, Einbringung in das Plenum und die Ausschüsse, Beratung in den Fraktionen, geschäftsordnungsmäßige Behandlung im Präsidium – in Gang gesetzt wird und daß das Parlament seine Zeit Anträgen widmen muß, von denen mit an Sicherheit grenzender Wahrscheinlichkeit feststeht, daß sie abgelehnt werden. Alle Mitglieder des Abgeordnetenhauses sind diesem Quorum unterworfen, gleichgültig, ob sie großen oder kleinen Fraktionen angehören, Opponenten innerhalb ihrer Fraktionen oder fraktionslos sind. Auch der einer Regierungsfraktion angehörende Abgeordnete ist nicht in der Lage, ohne die Unterstützung seiner Fraktion oder von neun weiteren Abgeordneten einen Antrag in das Parlament einzubringen. Es würde ein Verstoß gegen die dieser Regelung zugrundeliegende formale Gleichheit aller Abgeordneten darstellen, der Parlamentarischen Gruppe ein Initiativrecht ohne Quorum zuzubilligen und ihr damit geschäftsordnungsmäßige Möglichkeiten einzuräumen, die anderen ähnlich großen Gruppierungen, die nicht der Opposition zuzurechnen sind, nicht zustehen. Selbst der Grundsatz der Chancengleichheit der Opposition, den Art. 25 Abs. 3 Satz 2 VvB gewährleistet, reicht nicht so weit, jeder sich der Opposition zurechnenden Gruppe von Abgeordneten, und sei sie auch noch so klein, geschäftsordnungsmäßige Rechte einzuräumen, die anderen Abgeordneten gleicher Zahl nicht zustehen. Die verfassungsrechtlich verbürgte Chancengleichheit der Opposition besteht nur innerhalb der im Interesse der Funktions- und Arbeitsfähigkeit des Parlaments allen Abgeordneten durch die Geschäftsordnung auferlegten Beschränkungen, sofern diese sachgerecht und nicht von der Absicht getragen sind, die Opposition zu diskriminieren und zu beschränken. Dies ist ersichtlich bei der Regelung des § 39 GOAvB nicht der Fall, da sie alle Gruppierungen von weniger als zehn Abgeordneten trifft und da die Bindung des parlamentarischen Antragsrechts an die Unterstützung durch eine Mindestzahl von Abgeordneten seit jeher nach den Geschäftsordnungen der Parlamente des Bundes und der Länder parlamentarisch üblich ist.

Die Kostenentscheidung folgt aus §§ 33 ff. VerfGHG.

Diese Entscheidung ist unanfechtbar.

## Nr. 9

**Ein Antrag auf Erlaß einer einstweiligen Anordnung ist unzulässig, wenn eine Verfassungsbeschwerde in der Hauptsache zulässigerweise nicht mehr erhoben werden könnte.**

Gesetz über den Verfassungsgerichtshof §§ 31, 49 Abs. 2, 50

Beschluß vom 7. September 1994 – VerfGH 51 A/94 –

in dem Verfahren über den Antrag auf Erlaß einer einstweiligen Anordnung des Assessors H. H. gegen die Rechtsanwaltskammer Berlin.

Entscheidungsformel:

Der Antrag wird zurückgewiesen.
Das Verfahren ist gerichtskostenfrei.
Auslagen werden nicht erstattet.

Gründe:

I.

Der im Jahr 1939 geborene Antragsteller war in der Zeit von 1967 bis 1979 Rechtsanwalt in Berlin. Durch Verfügung des Senators für Justiz vom 22. Dezember 1979 wurde die Zulassung des Beschwerdeführers zur Rechtsanwaltschaft wegen Vermögensverfalls zurückgenommen. Die hiergegen eingelegten Rechtsmittel blieben erfolglos. Zwei Anträge des Beschwerdeführers auf Wiederzulassung zur Rechtsanwaltschaft aus den Jahre 1985 und 1990 wurden unter Hinweis auf den Versagungsgrund des § 7 Nr. 5 BRAO zurückgewiesen. Am 10. Januar 1992 stellte der Beschwerdeführer einen weiteren Antrag auf Zulassung zur Rechtsanwaltschaft. Die Rechtsanwaltskammer Berlin befürwortete in ihrem Gutachten gegenüber der Senatsverwaltung für Justiz auch diesen Antrag unter Hinweis auf den Versagungsgrund des § 7 Nr. 5 BRAO nicht. Gegen dieses Gutachten beantragte der Beschwerdeführer am 30. April 1992 gerichtliche Entscheidung gemäß § 9 Abs. 2 BRAO bei dem Ehrengerichtshof Berlin. Durch Beschluß des Ehrengerichtshofs vom 7. Juni 1994, dem Prozeßbevollmächtigten des Beschwerdeführers zugestellt am 9. Juni 1994, wurde der Antrag auf gerichtliche Entscheidung als unbegründet zurückgewiesen. Zugleich wurde festgestellt, daß der von dem Vorstand der

Rechtsanwaltskammer Berlin in seinem Gutachten vom 18. März 1992 angeführte Versagungsgrund des § 7 Nr. 5 BRAO vorliegt.

Mit seinem Antrag vom 7. Juni 1994, bei dem Verfassungsgerichtshof eingegangen am 10. Juni 1994, beantragt der Beschwerdeführer, im Wege einstweiliger Anordnung festzustellen, daß die in dem Gutachten der Rechtsanwaltskammer Berlin vom 18. März 1992 angegeben Versagungsgründe zur Zulassung des Beschwerdeführers zur Rechtsanwaltschaft nicht bestehen.

Die Entscheidung des Ehrengerichtshofs vom 7. Juni 1994 hat der Beschwerdeführer seither weder mit der sofortigen Beschwerde (§ 42 Abs. 4 BRAO) angefochten, noch mit der Verfassungsbeschwerde innerhalb der Frist von § 51 VerfGHG angegriffen.

## II.

Der Antrag auf Erlaß einer einstweiligen Anordnung ist unzulässig.

Zwar kann der Verfassungsgerichtshof nach § 31 Abs. 1 VerfGHG einen Zustand durch einstweilige Anordnung vorläufig regeln, sofern dies zur Abwehr schwerwiegender Nachteile dringend geboten ist. Voraussetzung ist jedoch, daß eine Verfassungsbeschwerde zulässigerweise noch erhoben werden könnte. Sofern bereits die Zulässigkeit eines Verfahrens in der Hauptsache ohne weiteres zu verneinen wäre, kommt auch der Erlaß einer einstweiligen Anordnung nicht mehr in Betracht (vgl. für das Verfahren vor dem Bundesverfassungsgericht BVerfGE 3, 267, 277; 7, 367, 371; 16, 236, 238).

Im vorliegenden Fall hat der Beschwerdeführer die Entscheidung des Ehrengerichtshofs nicht mit der sofortigen Beschwerde (§ 42 Abs. 4 BRAO) angefochten, so daß der Rechtsweg von ihm nicht ausgeschöpft wurde. Nach ständiger Rechtsprechung des Verfassungsgerichtshofs zu § 49 Abs. 2 VerfGHG ist der Rechtsweg nicht erschöpft, wenn der Beschwerdeführer von einem ihm zur Verfügung stehenden Rechtsmittel keinen Gebrauch macht (seit VerfGH 1/92*). Denn es entspricht den allgemeinen Rechtsgrundsätzen des Prozeßrechts, daß derjenige sein Recht verliert, der es verabsäumt, die ihm vom Gesetzgeber gestellten Fristen zu beachten. Danach wäre eine gegen die Entscheidung des Ehrengerichtshofs nach Ablauf der zweiwöchigen Rechtsmittelfrist erhobene Verfassungsbeschwerde schon aus diesem Grunde unzulässig gewesen. Hinzu kommt, daß der Beschwerdeführer die Entscheidung des Ehrengerichtshofs auch nicht innerhalb der Frist des § 51 VerfGHG mit der Verfassungsbeschwerde angegriffen hat, so daß eine Verfassungsbeschwerde nun auch aus diesem Grunde nicht mehr erhoben werden könnte.

---

\* LVerfGE 1, 68

Die Entscheidung über die Kosten beruht auf den §§ 33 f. VerfGHG.
Dieser Beschluß ist unanfechtbar.

## Nr. 10

§ 50 VerfGHG setzt für die Zulässigkeit einer Verfassungsbeschwerde
voraus, daß die vorgetragene ursächliche Verknüpfung zwischen dem beanstandeten Verhalten der öffentlichen Gewalt des Landes Berlin und dem
geltend gemachten Rechtsnachteil nachvollziehbar ist. Dazu muß der Lebenssachverhalt, aus dem die vermeintliche Verletzung eines subjektiven
Rechts hergeleitet wird, aus sich heraus verständlich wiedergegeben werden. Bruchstückhafte Ausführungen, pauschale Hinweise auf Anlagen
oder die Aneinanderreihung wörtlich wiedergegebener gerichtlicher oder
behördlicher Entscheidungen bzw. von Schriftsätzen aus früheren Verfahren reichen dazu grundsätzlich nicht aus (im Anschluß an den Beschluß
vom 13. Oktober 1993 – VerfGH 43/93 – und den Beschluß vom 11. August
1993 – VerfGH 64/93 –).

Gesetz über den Verfassungsgerichtshof §§ 49 Abs. 1, 50

Beschluß vom 7. September 1994 – VerfGH 69/94 –

in dem Verfahren über die Verfassungsbeschwerde des Herrn T. T. N. gegen
den Beschluß des Oberverwaltungsgerichts Berlin vom 2. Juni 1994 – OVG 8 S
47/94 –.

Entscheidungsformel:

Die Verfassungsbeschwerde wird zurückgewiesen.
Das Verfahren ist gerichtskostenfrei.
Außergerichtliche Kosten werden nicht erstattet.

Gründe:

I.

Der Beschwerdeführer wendet sich mit der Verfassungsbeschwerde gegen
einen Beschluß des Oberverwaltungsgerichts Berlin, mit dem sein Antrag abgelehnt worden war, die aufschiebende Wirkung eines Widerspruchs herzustellen, der von ihm gegen einen Ausweisungsbescheid eingelegt worden war.

Die Ausweisungsverfügung wiederum war im Blick auf einen Strafbefehl des Amtsgerichts Tiergarten vom 17. Oktober 1991 und ein Urteil des Schöffengerichts Tiergarten vom 6. Oktober 1993 ergangen. Beide strafgerichtlichen Entscheidungen sind rechtskräftig.

## II.

Die Verfassungsbeschwerde ist unzulässig. Sie genügt nicht den Anforderungen, welche die §§ 49 Abs. 1, 50 VerfGHG an die Beschwerdebefugnis bzw. die Ordnungsgemäßheit der Begründung einer Verfassungsbeschwerde stellen.

Die Zulässigkeit einer Verfassungsbeschwerde setzt gemäß § 49 Abs. 1 VerfGHG voraus, daß der Beschwerdeführer die Verletzung eines (auch) zu seinen Gunsten von der Verfassung von Berlin begründeten Rechts geltend macht (Beschluß vom 3. September 1992 – VerfGH 34/92 –). Hieran fehlt es, soweit sich der Beschwerdeführer auf Art. 1, Art. 2, Art. 3 Abs. 1 und Abs. 3 sowie Art. 103 Abs. 1 GG beruft. Diese Bestimmungen gehören dem Bundesrecht an. Sie sind für sich genommen nicht Maßstab des Verfassungsgerichtshofs im Verfahren der Verfassungsbeschwerde. Auch auf Art. 1 Abs. 3 VvB (Bindung des Grundgesetzes und der Bundesgesetze für Berlin) und auf Art. 64 VvB (Gesetzesbindung der Richter) kann eine Verfassungsbeschwerde nicht gestützt werden, wie der Verfassungsgerichtshof bereits entschieden hat (Beschluß vom 11. August 1993 – VerfGH 64/93 –). Gleiches gilt für Art. 23 Abs. 1 VvB (Beschluß vom 13. September 1993 – VerfGH 73/93 –).

Die Rüge einer Verletzung des Art. 7 VvB, der die Wahrnehmung staatsbürgerlicher Rechte und öffentlicher Ehrenämter schützt, ist im vorliegenden Zusammenhang von vornherein nicht nachvollziehbar und einer sachlichen Würdigung unzugänglich.

Soweit sich der Beschwerdeführer auf Art. 6 Abs. 1, Art. 11, Art. 62 und Art. 71 VvB beruft, entspricht die Begründung der Verfassungsbeschwerde ebenfalls nicht den gesetzlichen Erfordernissen. Das gilt im übrigen auch im Blick auf solche Grundrechte der Verfassung von Berlin, die der Beschwerdeführer nicht ausdrücklich nennt, aber durch seinen Hinweis auf Parallelgewährleistungen des Grundgesetzes möglicherweise ebenfalls als verletzt rügen möchte, wie den Schutz der Menschenwürde und das Recht auf Gehör vor Gericht.

§ 49 Abs. 1 und § 50 VerfGHG setzen voraus, daß der Beschwerdeführer die Möglichkeit darlegt, er könne durch die beanstandete Maßnahme der öffentlichen Gewalt des Landes Berlin, hier also den Beschluß des Oberverwaltungsgerichts, in einem seiner Rechte verletzt sein (vgl. Beschluß vom 23. Februar 1993 – VerfGH 43/92* –). Insbesondere die Aufzählung einer Reihe von Verfassungsartikeln genügt den Anforderungen nicht. Vielmehr ist ein Sachverhalt darzulegen, aus dem sich die konkrete Möglichkeit der Rechtsverletzung ergibt (vgl. Beschluß vom 13. Oktober 1993 – VerfGH 43/93 – und Beschluß vom 11. August 1993 – VerfGH 64/93). § 50 VerfGHG verlangt darüber hinaus, daß die in einer Beschwerdeschrift vorgetragene ursächliche Verknüpfung zwischen dem beanstandeten Verhalten des Hoheitsträgers und dem geltend gemachten Rechtsnachteil nachvollziehbar sein muß. Insbesondere muß der Lebenssachverhalt, aus dem die vermeintliche Verletzung eines subjektiven Rechts hergeleitet wird, aus sich heraus verständlich wiedergegeben werden (vgl. für das Bundesrecht BVerfGE 81, 208, 214). Ausführungen, aus denen sich kein geschlossener Geschehensablauf ergibt, genügen ebensowenig wie pauschale Hinweise auf Anlagen (vgl. auch BVerfGE 80, 257, 263). Es ist nicht die Aufgabe des Verfassungsgerichtshofs, sich den entscheidungserheblichen Sachverhalt „selbst zusammenzusuchen und zusammenzustellen" (so für das Bundesrecht *Kley* in: Umbach/Clemens, Bundesverfassungsgerichtsgesetz, Kommentar, 1992, § 92 Rdn. 15).

Die vorliegende Beschwerdeschrift enthält hingegen nach einer Aufzählung der oben genannten Verfassungsbestimmungen des Grundgesetzes bzw. der Verfassung von Berlin zunächst eine wörtliche Abschrift des angegriffenen Beschlusses (S. 2 bis S. 4). Es folgt eine wörtliche Abschrift der Beschwerdeschrift vom 25. Januar 1994 aus jenem Verfahren (S. 4 bis S. 7), sodann eine wörtliche Abschrift des vorangegangenen Beschlusses des Verwaltungsgerichts Berlin vom 12. Januar 1994 (S. 8 bis S. 10). Im Anschluß wird in wörtlicher Rede der Antrag des Beschwerdeführers vom 9. November 1993 an das Verwaltungsgericht Berlin wiedergegeben (S. 10 bis S. 12). Es folgt in wörtlicher Wiedergabe ein Bescheid des Landeseinwohneramts Berlin vom 28. Oktober 1993 (S. 12 bis S. 15), sodann der Wortlaut des gegen diesen Bescheid erhobenen Widerspruchs des Beschwerdeführers vom 9. November 1993 (S. 15 bis S. 17). Danach wurde das gegen den Beschwerdeführer ergangene Urteil des Amtsgerichts Tiergarten vom 6. Oktober 1993 abgeschrieben (S. 17 bis S. 20). Diese Aneinanderreihung gerichtlicher bzw. behördlicher Entscheidungen genügt den oben genannten Anforderungen offensichtlich nicht. Daran ändert auch nichts, daß die Beschwerdeschrift schließlich auf den S. 20 bis 22 nach den Zitaten noch Rechtsausführungen enthält. Denn diese sind ebenfalls nicht hinreichend nachvollziehbar, weil sie sich im wesentlichen in Hinweisen auf „das Verfassungsrecht" erschöpfen. So wird nicht deutlich, inwiefern die von dem Beschwerdeführer behauptete Verletzung des Einigungsver-

---

* LVerfGE 1, 68

trages zugleich die Verletzung der Verfassung von Berlin bedeute. Ebensowenig ist unter verfassungsrechtlichen Gesichtspunkten die Behauptung nachvollziehbar, das Oberverwaltungsgericht Berlin habe das Urteil des Amtsgerichts Tiergarten vom 6. Oktober 1993 „grob verkannt", insofern das Amtsgericht den Beschwerdeführer wegen Beihilfe zur Steuerhehlerei – und nicht als Täter – verurteilt habe.

Der weitere Hinweis, die Begründung des Ausweisungsbescheides und des Beschlusses des Verwaltungsgerichts träfen den Fall des Beschwerdeführers nicht, sondern andere Fälle, über die die Presse berichtet habe, macht nicht deutlich, inwiefern sich hieraus eine Verfassungsverletzung durch den angegriffenen Beschluß des Oberverwaltungsgerichts ergeben soll. Denn es bleibt unerfindlich, auf welche „Fälle" der Beschwerdeführer sich bezieht bzw. um welche Unterschiede es ihm geht.

Weiter trägt der Beschwerdeführer vor, es sei „entgegen der Frist des § 75 VwGO" nicht über einen Widerspruch vom 9. November 1993 entschieden worden, und meint, deswegen habe das Oberverwaltungsgericht „aus dem Gesichtspunkt prozessualer Fairneß" die aufschiebende Wirkung des Widerspruchs herstellen müssen. Auch dieser Vortrag deutet nicht auf einen Verfassungsverstoß hin. Sollte ohne zureichenden Grund i. S. des § 75 Satz 1 VwGO vorliegend nicht in angemessener Frist über den Widerspruch entschieden worden sein, so hätte dies gemäß der Vorschrift zur Folge, daß eine Klage des Beschwerdeführers abweichend von § 68 VwGO zulässig wäre. Eine Verpflichtung des Oberverwaltungsgerichts zur Herstellung der aufschiebenden Wirkung des Widerspruchs ergibt sich hieraus jedoch nicht.

Auch die Behauptung des Beschwerdeführers, es verstoße „gegen die von Verfassungs wegen garantierten Rechte", „wenn ihm durch die Ausweisung nach Vietnam angesichts der räumlichen Entfernung ..., die Möglichkeit genommen wird, ... seine Rechte wahrzunehmen", kann schließlich nicht zur Zulässigkeit der Verfassungsbeschwerde führen, denn sie ist nicht hinreichend spezifiziert.

Die Entscheidung über die Kosten beruht auf den §§ 33, 34 VerfGHG. Dieser Beschluß ist unanfechtbar.

## Nr. 11

**Das in Art. 62 VvB hervorgehobene soziale Verständnis bei der Ausübung der Rechtspflege begründet kein Grundrecht des einzelnen, sondern lediglich eine richterliche Verhaltens- und Auslegungsregel.**

Verfassung von Berlin Art. 6 Abs. 1, 62, 63, 64

Beschluß vom 12. Oktober 1994 – VerfGH 68/94 –

in dem Verfahren über die Verfassungsbeschwerde des Herrn H. G. gegen das Urteil des Arbeitsgerichts Berlin vom 16. November 1992 – 20 Ca 18194/91 – und das Urteil des Landesarbeitsgerichts Berlin vom 11. April 1994 – 16 Sa 4/94 –.

Entscheidungsformel:

Die Verfassungsbeschwerde wird zurückgewiesen.

Das Verfahren ist gerichtskostenfrei.

Auslagen werden nicht erstattet.

Gründe:

I.

Der Beschwerdeführer stritt vor dem Arbeitsgericht Berlin und dem Landesarbeitsgericht Berlin gegen seinen früheren Arbeitgeber, die Deutsche Forschungsanstalt für Luft- und Raumfahrt e. V. in Berlin-Charlottenburg über die Frage, ob sein infolge des Mauerbaus 1961 ruhendes Arbeitsverhältnis fortbestehe. Der Beschwerdeführer war seit 1956 bei dem Rechtsvorgänger der Deutschen Forschungsanstalt für Luft- und Raumfahrt e. V. als wissenschaftlicher Mitarbeiter beschäftigt. Durch die Errichtung der Berliner Mauer am 13. August 1961 war er gehindert, seine Tätigkeit weiter auszuüben, weil er seinen Wohnsitz im Ostsektor in Berlin hatte. Er war dann ab September 1961 im Zentrum für wissenschaftlichen Gerätebau der Akademie der Wissenschaften der DDR beschäftigt. Nach der Öffnung der Mauer im November 1989 kam es Anfang 1990 zwischen beiden Institutionen zu wissenschaftlichen Kontakten. Im Mai 1990 bewilligte der Vorstand der Deutschen Forschungsanstalt für Luft- und Raumfahrt e. V. ein Projekt mit einer Gastwissenschaftlerstelle. Diese erhielt der Beschwerdeführer, der sie am 1. September 1990 angetreten hat.

Der Beschwerdeführer erhielt nach seinen Angaben erstmals im Oktober 1990 Kenntnis davon, daß es ein Gesetz zum Schutze der Rechte aus Arbeitsverhältnissen von Arbeitnehmern mit Wohnsitz im Sowjetsektor von Berlin oder in der sowjetischen Besatzungszone gebe, und wandte sich mit Schreiben erstmals am 20. Dezember 1990 an die Deutsche Forschungsanstalt für Luft- und Raumfahrt e. V., um auch nach Ablauf seiner Beschäftigung als Gastwissenschaftler eine Dauerbeschäftigung aufgrund seines früheren Arbeitsverhältnisses zu erhalten, was die Forschungsanstalt ablehnte. Die beim Arbeitsgericht Berlin erhobene Klage auf Feststellung, daß das Arbeitsverhältnis des Beschwerdeführers zur Deutschen Forschungsanstalt für Luft- und Raumfahrt e.V. fortbestehe, wies das Arbeitsgericht Berlin mit Urteil vom 16. November 1992 zurück. Die dagegen erhobene Berufung des Beschwerdeführers wurde mit Urteil des Landesarbeitsgerichts Berlin vom 11. April 1994 zurückgewiesen.

In den Entscheidungen des Arbeitsgerichts und des Landesarbeitsgerichts Berlin wird darauf abgestellt, daß der Beschwerdeführer nach dem Gesetz zum Schutze der Rechte aus Arbeitsverhältnissen von Arbeitnehmern mit Wohnsitz im Sowjetsektor von Berlin oder in der sowjetischen Besatzungszone vom 8. November 1961 (GVBl. 1961, S. 1611) zwar dem Grunde nach einen Anspruch auf Fortsetzung des Arbeitsverhältnisses habe, weil dieses Gesetz das Ruhen der Arbeitsverhältnisse von Beschäftigten aus dem Osten aufgrund des Mauerbaus angeordnet habe, daß aber das Arbeitsverhältnis erloschen sei, weil sich der Beschwerdeführer nicht entsprechend § 1 Abs. 2 des Gesetzes nach Wegfall der Behinderung unverzüglich zur Wiederaufnahme der Arbeit zurückgemeldet habe. Für den Streitfall bedeute dies nach Auffassung des Landesarbeitsgerichts Berlin, daß der Beschwerdeführer sich entweder unverzüglich nach Wegfall des Hindernisses Mauer oder aber spätestens nach Wirksamwerden des ersten Staatsvertrages zwischen der Bundesrepublik Deutschland und der Deutschen Demokratischen Republik zum 1. Juli 1990 hätte zurückmelden müssen. Der Beschwerdeführer habe dies nicht getan, sondern sich erstmals im Dezember 1990 bei dem früheren Arbeitgeber bzw. dessen Rechtsnachfolger gemeldet und den Anspruch auf Fortsetzung des Arbeitsverhältnisses geltend gemacht. Bis zu diesem Zeitpunkt habe er, auch in seiner Funktion als Gastwissenschaftler, sich nach außen als Beschäftigter der Akademie der Wissenschaften der ehemaligen DDR dargestellt. Sein früheres Arbeitsverhältnis sei deshalb wegen nicht unverzüglicher Geltendmachung seiner früheren Rechte gemäß § 1 Abs. 2 des Gesetzes vom 8. November 1961 erloschen.

Das Landesarbeitsgericht hat in seinem Urteil die Revision zum Bundesarbeitsgericht nicht zugelassen. Das Urteil wurde dem Prozeßbevollmächtigten des Beschwerdeführers am 1. Juni 1994 zugestellt. Mit seiner am 29. Juli 1994 beim Verfassungsgerichtshof des Landes Berlin eingegangenen Verfassungsbeschwerde rügt der Beschwerdeführer eine Verletzung des Art. 62 der Verfassung von Berlin, weil das Urteil des Landesarbeitsgerichts nicht im Geiste der Verfassung von Berlin ergangen sei. Auch verstoße das Urteil gegen Art. 62 VvB, weil es nicht im Geiste eines sozialen Verständnisses ergangen sei. Das Urteil verstoße auch gegen Art. 63 Abs. 1 und Art. 64 VvB, da die Rechtsprechung dem Gesetz verpflichtet und damit dem Willen des Gesetzgebers verpflichtet sei. Insofern komme es bei der Auslegung des Gesetzes vom 8. November 1961 darauf an, was der Gesetzgeber seinerzeit mit der Dauer der Behinderung durch den Mauerbau und dem Wegfall der Behinderung gemeint habe. Diese Behinderung sei frühestens mit dem 1. Juli 1990 entfallen. Nach Auffassung des Beschwerdeführers hätte seine unbefristete Wiedereinstellung schon durch seinen früheren Arbeitgeber bzw. dessen Rechtsnachfolger erfolgen müssen. Von seinem früheren Arbeitgeber bzw. dessen Rechtsnachfolger sei selber in einem Schreiben vom 8. Mai 1990 darauf hingewiesen worden, daß er, der Beschwerdeführer, bis zum 13. August 1961 wissenschaftlicher Mitarbeiter gewesen sei. Hier hätte aus dem Gesichtspunkt der Fürsorgepflicht eine Wiedereinstellung erfolgen müssen. Insoweit beruft sich der Beschwerdeführer auch auf den Gleichheitssatz des Art. 6 Abs. 1 VvB.

Der Verfassungsgerichtshof hat die Gerichtsakten des Arbeitsgerichts Berlin und des Landesarbeitsgerichts Berlin beigezogen.

## II.

Die Verfassungsbeschwerde hat keinen Erfolg.

Gemäß § 49 Abs. 1 VerfGHG kann jedermann mit der Behauptung, durch die öffentliche Gewalt des Landes Berlin in einem seiner in der Verfassung von Berlin enthaltenen Rechte verletzt zu sein, die Verfassungsbeschwerde zum Verfassungsgerichtshof erheben.

Die Verfassungsbeschwerde ist unzulässig, soweit der Beschwerdeführer vorträgt, durch die Urteile des Arbeitsgerichts Berlin und des Landesarbeitsgerichts Berlin werde gegen Art. 62 VvB und die darin enthaltene Bindung der Rechtspflege an den Geist der Verfassung und an das soziale Verständnis verstoßen. Die Verfassungsbeschwerde ist ferner unzulässig, soweit der Beschwerdeführer vorträgt, durch die Entscheidungen des Arbeitsgerichts Berlin und des Landesarbeitsgerichts Berlin werde gegen die Bestimmungen der Art. 63 Abs. 1 VvB (Unterwerfung der richterlichen Gewalt unter das Gesetz) und Art. 64 VvB (Bindung der Richter an die Gesetze) verstoßen.

Die in Art. 64 Abs. 1 VvB enthaltene Bindung der Richter an die Gesetze begründet kein subjektives Recht des einzelnen Bürgers, sondern beinhaltet eine rechtsstaatliche Aussage mit objektivrechtlichem Gehalt. Demzufolge kann die Einhaltung dieser Vorschrift nicht mit der Verfassungsbeschwerde eingefordert werden (vgl. Beschluß vom 9. Juni 1993 – VerfGH 49/92 –). Das gleiche gilt für die Bestimmung des Art. 63 Abs. 1 VvB, nach der die richterliche Gewalt durch unabhängige, nur dem Gesetz unterworfene Gerichte im Namen des Volkes ausgeübt wird (vgl. Beschluß vom 13. September 1993 – VerfGH 73/93 –).

Nichts anderes gilt auch für die Bestimmung des Art. 62 VvB, soweit es um das darin hervorgehobene soziale Verständnis bei der Ausübung der Rechtspflege geht. Mit der Aufgabe, die Rechtspflege im Geist des sozialen Verständnisses auszuüben (vgl. auch Art. 69 Abs. 1 Satz 1 VvB), korrespondiert gerade im Hinblick auf ihre Gesellschaftsbezogenheit kein entsprechendes subjektives Recht des einzelnen. Art. 62 VvB bietet vielmehr insoweit lediglich eine richterliche Verhaltens- und eine Auslegungsregel, wie sie sich auch dem Sozialstaatsprinzip des Grundgesetzes entnehmen lassen (vgl. hierzu *Schnapp* in: von Münch/Kunig, Grundgesetzkommentar, 4. Aufl., 1992, Art. 20, Rdn. 20; vgl. auch *Pfennig* in: Pfennig/Neumann, Verfassung von Berlin, 2. Aufl., 1987, Art. 62, Rdn. 3). Ein grundrechtlicher Anspruch läßt sich aus diesem Gebot, soweit es für sich allein genommen wird, nicht herleiten.

Zulässig ist die Verfassungsbeschwerde nur, soweit sich der Beschwerdeführer auf Art. 6 Abs. 1 Satz 1 VvB und das darin enthaltene Gleichbehandlungsgebot, in dem ein auch zugunsten des Beschwerdeführers wirkendes Willkürverbot enthalten ist (vgl. Beschluß vom 23. Februar 1993 – VerfGH 43/92\* –), beruft.

Insoweit ist die Verfassungsbeschwerde jedoch unbegründet. Eine gerichtliche Entscheidung verletzt das verfassungsrechtliche Willkürverbot ausschließlich, wenn die gerichtliche Entscheidung unter keinem denkbaren Aspekt rechtlich vertretbar ist und sich daher der Schluß aufdrängt, daß die gerichtliche Entscheidung auf sachfremden Erwägungen beruht. Hierbei ist eine fehlerhafte Auslegung eines Gesetzes oder die fehlerhafte Würdigung eines Tatbestandes allein noch nicht willkürlich. Willkür liegt erst dann vor, wenn die Rechtslage in krasser Weise verkannt worden ist, d. h. wenn bei objektiver Würdigung der Gesamtumstände die Annahme geboten ist, die vom Gericht vertretene Rechtsauffassung sei im Bereich des schlechthin Abwegigen anzusiedeln (vgl. Beschluß vom 25. April 1994 – VerfGH 34/94\*\* –). Ein derartiger Fall ist beim Beschwerdeführer nicht gegeben.

Das Arbeitsgericht Berlin und das Landesarbeitsgericht Berlin gehen in den angefochtenen Entscheidungen davon aus, daß das Arbeitsverhältnis des Beschwerdeführers nach dem Mauerbau geruht habe. Sie gehen ferner davon aus, daß der Beschwerdeführer sich nach Wegfall der Behinderung nicht unverzüglich zur Wiederaufnahme der Arbeit zurückgemeldet habe, so daß das Arbeitsverhältnis nach § 1 Abs. 2 des Gesetzes vom 8. November 1961 (GVBl. 1961, S. 1611) erloschen sei.

Hierbei läßt das Landesarbeitsgericht in seiner Entscheidung offen, ob der Wegfall der Behinderung bereits mit der Öffnung der Mauer am 9. November 1989 oder spätestens mit den Regelungen des ersten Staatsvertrages zwischen der Bundesrepublik Deutschland und der Deutschen Demokratischen Republik ab 1. Juli 1990 anzunehmen sei. Der Beschwerdeführer habe sich jedenfalls nicht unverzüglich nach Wegfall zur Wiederaufnahme der Arbeit zurückgemeldet. Die erste Kontaktaufnahme durch seine Dienststelle im Februar 1990

---

\*   LVerfGE 1, 68
\*\*  Siehe Seite 16

sei keine Rückmeldung gewesen. Der Beschwerdeführer sei bei den entsprechenden Gesprächen nicht als Arbeitnehmer des früheren Arbeitgebers aufgetreten, sondern als Mitglied einer Delegation der Akademie der Wissenschaften der DDR. Dies sei auch nach dem 1. Juli 1990 der Fall gewesen. Der Beschwerdeführer habe ab September 1990 als Gastwissenschaftler gearbeitet und sich weiter als Beschäftigter der Akademie der Wissenschaften der DDR angesehen. Erst ab 14. Dezember 1990 habe er Ansprüche aus dem alten Arbeitsverhältnis geltend gemacht. Selbst dann, wenn man das Vorbringen des Beschwerdeführers als richtig unterstelle, daß er erst im Oktober 1990 davon Kenntnis erhalten habe, daß er aufgrund des Gesetzes vom 8. November 1961 einen Anspruch auf Weiterbeschäftigung habe, habe er sich nicht unverzüglich zurückgemeldet, sondern dies frühestens mit Wirkung vom 14. Dezember 1990 getan. Er habe nach seinem eigenen Vorbringen ab Kenntnis von der Gesetzeslage fast zwei Monate verstreichen lassen, bevor er gegenüber seinem früheren Arbeitgeber bzw. dessen Rechtsnachfolger Ansprüche angemeldet habe.

Nichts anderes folge aus vom Beschwerdeführer vorgetragenen Gesprächen im April und Mai 1990 mit einem – nicht zu Personalentscheidungen befugten – Abteilungsleiter der Deutschen Forschungsanstalt, bei denen er als Mitglied seiner zur Akademie der Wissenschaften gehörenden Forschungsgruppe, nicht aber als sich zur Arbeit zurückmeldender Arbeitnehmer aufgetreten sei.

Die Ausführungen des Landesarbeitsgerichts Berlin, daß der Beschwerdeführer sich nicht unverzüglich um seine Weiterbeschäftigung nach Wegfall des Hindernisses seiner früheren Beschäftigung, die durch den Mauerbau am 13. August 1961 unterbrochen wurde, bemüht habe, sind jedenfalls nicht als willkürlich anzusehen. Ob die Ausführungen des Landesarbeitsgerichts mehr oder weniger überzeugen, ist vom Verfassungsgerichtshof des Landes Berlin nicht zu entscheiden, der kein Rechtsmittelgericht ist, sondern nur über Verfassungsverstöße zu befinden hat. Die Rechtsausführungen des Landesarbeitsgerichts und die darin getroffenen Wertungen der tatsächlichen Vorgänge einschließlich der vom Beschwerdeführer vorgetragenen Gespräche mit einem Mitarbeiter des Rechtsnachfolgers des früheren Arbeitgebers sind nachvollziehbar. Letztlich geht es dem Beschwerdeführer mit seiner Verfassungsbeschwerde um eine Überprüfung der Anwendung und Auslegung des einfachen Rechts, nämlich des Gesetzes vom 8. November 1961, auf seinen Fall. Diese Anwendung und Auslegung einfachen Rechts durch die Fachgerichte ist der Überprüfung durch den Verfassungsgerichtshof des Landes Berlin entzogen.

Die Kostenentscheidung beruht auf den §§ 33, 34 VerfGHG.

Die Entscheidung ist unanfechtbar.

## Nr. 12

In der Verfassung von Berlin ist ein Grundrechtsschutz körperlicher Unversehrtheit – oder Gesundheit – nicht ausdrücklich enthalten. Auch für die Annahme entsprechenden ungeschriebenen Grundrechtsschutzes ist kein Raum.

Verfassung von Berlin Art. 1 Abs. 3

Grundgesetz Art. 2 Abs. 2 Satz 1

Beschluß vom 12. Oktober 1994 – VerfGH 79/94 –

in dem Verfahren über die Verfassungsbeschwerde der Frau M.V.

Entscheidungsformel:

Die Verfassungsbeschwerde wird zurückgewiesen.
Das Verfahren ist gerichtskostenfrei.
Außergerichtliche Kosten werden nicht erstattet.

Gründe:

I.

Gegen die Beschwerdeführerin ist von der Staatsanwaltschaft bei dem Landgericht Berlin wegen „Bedrohung pp., Körperverletzung und Beleidigung" ermittelt worden. Ausweislich der Akten, die dem Verfassungsgerichtshof vorgelegen haben, ist das Verfahren mit Verfügung vom 24. November 1993 eingestellt worden. Hierüber war die Beschwerdeführerin von der Staatsanwaltschaft schriftlich unterrichtet worden. Mit ihrer Verfassungsbeschwerde vom 31. August 1994, die sie mit Schreiben vom 9. September 1994 ergänzt hat, trägt sie vor, das Ermittlungsverfahren sei in Wahrheit nicht eingestellt worden. Daraus habe sich eine erhebliche Beschädigung ihrer Gesundheit (Depressionen, schwere Schlafstörungen) ergeben. Die Beschwerdeführerin rügt, sie sei hierdurch unter Verstoß gegen Art. 2 Abs. 2 GG in ihrer körperlichen Unversehrtheit verletzt worden, und beantragt, die Staatsanwaltschaft bei dem Landgericht Berlin zu verpflichten, das erwähnte Ermittlungsverfahren unverzüglich einzustellen. Sie begehrt ferner den Erlaß einer einstweiligen Anordnung entsprechenden Inhalts.

II.

Die Verfassungsbeschwerde ist unzulässig.

Gemäß § 49 Abs. 1 VerfGHG setzt die Zulässigkeit einer Verfassungsbeschwerde zum Verfassungsgerichtshof des Landes Berlin voraus, daß ein Beschwerdeführer die Verletzung eines (auch) zu seinen Gunsten von der Verfassung von Berlin begründeten Rechts geltend macht (vgl. den Beschluß vom 3. September 1992 – VerfGH 34/92 –). Die Beschwerdeführerin beruft sich demgegenüber allein auf ein im Grundgesetz enthaltenes Grundrecht, nämlich auf das in Art. 2 Abs. 2 Satz 1 GG enthaltene Recht auf körperliche Unversehrtheit. Es ist zwar nicht auszuschließen, daß die Rüge eines im Grundgesetz verbürgten Grundrechts – das für sich genommen nicht Maßstab des Verfassungsgerichtshofs im Verfahren der Verfassungsbeschwerde sein kann – aufgrund der Gesamtwürdigung einer Beschwerdeschrift in tatsächlicher wie rechtlicher Hinsicht zugleich als Rüge einer etwaigen inhaltsgleichen Grundrechtsverbürgung nach der Verfassung von Berlin verstanden werden kann. Das scheidet hier jedoch von vornherein aus, denn die Verfassung von Berlin beinhaltet keinen Grundrechtsschutz der körperlichen Unversehrtheit. Derartiges ergibt sich insbesondere nicht bereits aus Art. 1 Abs. 3 VvB, wonach das Grundgesetz auch für Berlin bindend ist. Diese Vorschrift bedeutet nicht, daß die im Grundgesetz enthaltenen Grundrechte sämtlich auch zusätzlich landesrechtlich verbürgt und damit dem Schutz durch den Verfassungsgerichtshof anvertraut sind (Beschluß vom 13. September 1993 – VerfGH 73/93 –).

In der Verfassung von Berlin ist ein Grundrechtsschutz körperlicher Unversehrtheit – oder Gesundheit – nicht ausdrücklich enthalten. Auch für die Annahme entsprechenden ungeschriebenen Grundrechtsschutzes ist kein Raum. Denn es fehlt jedenfalls an den – für eine derartige Ableitung erforderlichen – konkreten normativen Anhaltspunkten im Text der Verfassung (vgl. dazu den Beschluß vom 16. Juni 1993 – VerfGH 19/93* – JR 1994, 126). Die Entscheidung der Berliner Verfassung, nur einen Teil der im Grundgesetz enthaltenen Grundrechte auch landesverfassungsrechtlich zu verbürgen und dadurch den verfassungsrechtlichen Rechtsschutz auch auf der Ebene des Landesrechts zu eröffnen, ist für den Verfassungsgerichtshof bindend.

Aus dem Fehlen eines eigenständigen grundrechtlichen Schutzes der körperlichen Unversehrtheit im Verfassungsrecht des Landes Berlin könnte allerdings nicht der Schluß gezogen werden, daß ein Verhalten staatlicher

---

\* LVerfGE 1, 99

Stellen, das bundesrechtlich innerhalb des Schutzbereichs des Art. 2 Abs. 2 Satz 1 GG liegt, nach der Verfassung von Berlin keinerlei grundrechtlichen Schutz durch andere Grundrechte genösse. So kommt etwa in Betracht, daß ein staatlicher Eingriff in die körperliche Unversehrtheit sich zugleich als Verstoß gegen die Würde eines Menschen darstellt. Dafür gibt es vorliegend nach dem Vorbringen der Beschwerdeführerin jedoch keinerlei Anhaltspunkt.

Es kann danach dahinstehen, ob die Verfassungsbeschwerde sich überdies im Blick auf weitere Anforderungen als unzulässig darstellt, welche die §§ 49, 50 VerfGHG an die Zulässigkeit einer Verfassungsbeschwerde stellen.

Damit erledigt sich der Antrag auf Erlaß einer einstweiligen Anordnung. Die Entscheidung über die Kosten beruht auf den §§ 33 f. VerfGHG. Dieser Beschluß ist unanfechtbar.

## Nr. 13

1) Eine Verfassungsbeschwerde gegen ein Berliner Landesgesetz, das wirksam geworden ist, bevor das Gesetz über den Verfassungsgerichtshof vom 2. Dezember 1990 in Kraft getreten ist, ist auch dann unzulässig, wenn das betreffende Gesetz nach dem genannten Zeitpunkt geändert wird, es sei denn, aus dieser Änderung ergibt sich eine gesonderte Belastung des Beschwerdeführers (im Anschluß an den Beschluß vom 11. August 1993 – VerfGH 34/93 –).

2) Auch wenn eine Verfassungsbeschwerde gegen ein Landesgesetz aus Fristgründen nicht mehr in Betracht kommt, bleibt sie gegen auf das Gesetz gestützte Vollzugsakte möglich.

Verfassung von Berlin Art. 6 Abs. 1 Satz 1, 11

Gesetz über den Verfassungsgerichtshof § 51 Abs. 2

Gesetz über die Anerkennung der politisch, rassisch oder religiös Verfolgten des Nationalsozialismus vom 20. März 1950  § 10

Beschluß vom 10. November 1994 – VerfGH 90/94 –

in dem Verfahren über die Verfassungsbeschwerde des Herrn W. S. wegen § 10 des (Berliner) Gesetzes über die Anerkennung der politisch, rassisch oder religiös Verfolgten des Nationalsozialismus vom 20. März 1950.

Entscheidungsformel:
Die Verfassungsbeschwerde wird zurückgewiesen.
Das Verfahren ist gerichtskostenfrei.
Auslagen werden nicht erstattet.

Gründe:

I.

Der Beschwerdeführer, der im Jahre 1955 durch das Landesverwaltungs-
amt als rassisch Verfolgter nach dem Gesetz über die Anerkennung der politisch, rassisch oder religiös Verfolgten des Nationalsozialismus vom 20. März
1950 (PrVG) anerkannt worden war, hatte nach dem Krieg zunächst in Berlin
Rechtswissenschaft studiert, sich danach in Hamm als Rechtsanwalt niederge-
lassen und – im Jahre 1956 – seinen Erstwohnsitz in Berlin aufgegeben. Nach
Vollendung des 65. Lebensjahres beantragte er im Dezember 1985 die Gewährung einer Rente nach dem PrVG. Dieses Begehren wurde durch das Landes-
verwaltungsamt und sodann im gerichtlichen Verfahren durch das Landgericht Berlin und das Kammergericht Berlin zurückgewiesen; die Revision blieb
erfolglos. Im Jahre 1991 begründete der Beschwerdeführer einen – weiteren –
Wohnsitz in Berlin und beantragte im Hinblick hierauf erneut die Gewährung
von Versorgungsleistungen nach dem PrVG. Diesen Antrag wies das Lan-
desverwaltungsamt mit der Begründung zurück, nach dem PrVG in der nunmehr geltenden Fassung müsse der Kläger nicht nur seinen Wohnsitz, sondern
auch seinen ständigen Aufenthalt in Berlin haben. Mit der hiergegen gerichteten Klage blieb der Beschwerdeführer vor dem Landgericht und sodann vor
dem Kammergericht erfolglos, das seine Berufung mit Urteil vom 16. Juni
1994 unter Hinweis auf § 10 Abs. 1 Satz 1 PrVG zurückwies, wonach die nach
Teil I des Gesetzes anerkannten Personen (zu denen der Beschwerdeführer gehöre) eine Versorgung nur erhalten, wenn sie ihren Wohnsitz und ihren ständigen Aufenthalt im Lande Berlin haben. In den Entscheidungsgründen des
Urteils setzte sich das Kammergericht mit dem Vorbringen des Beschwerdeführers auseinander, die in Rede stehende gesetzliche Regelung verstoße gegen
das in Art. 11 Abs. 1 GG und in Art. 11 der Verfassung von Berlin gewährleistete Recht auf Freizügigkeit und sei auch im übrigen verfassungsrechtlich be-
denklich.

Mit seiner am 7. Oktober 1994 eingegangenen Verfassungsbeschwerde
beantragt der Beschwerdeführer, § 10 PrVG Abs. 1, 2. Halbs. für verfassungswidrig zu erklären und die Sache zur erneuten Verhandlung zurückzuweisen,
hilfsweise, die Anwendung des § 10 PrVG in der derzeitigen Fassung im vor-

liegenden Falle für unanwendbar zu erklären und die Sache zur erneuten Verhandlung zurückzuweisen.

## II.

1. Die Verfassungsbeschwerde ist unzulässig, soweit sie sich unmittelbar gegen die angegriffene landesgesetzliche Vorschrift wendet.

Richtet sich eine Verfassungsbeschwerde gegen eine Rechtsvorschrift, so kann sie nur binnen eines Jahres seit dem Inkrafttreten dieser Rechtsvorschrift erhoben werden (vgl. § 51 Abs. 2 VerfGHG). Diese Möglichkeit, eine landesverfassungsrechtliche Verfassungsbeschwerde gegen Rechtsvorschriften des Berliner Landesrechts zu erheben, ist erst durch das am 2. Dezember 1990 erfolgte Inkrafttreten des Gesetzes über den Verfassungsgerichtshof vom 8. November 1990 eröffnet worden.

Von der Aufnahme einer Übergangsregelung, die anordnet, selbst vor Inkrafttreten dieses Gesetzes wirksam gewordene Rechtsvorschriften des Berliner Landesrechts könnten mit einer Verfassungsbeschwerde angegriffen werden, hat der Gesetzgeber abgesehen. Um eine solche Übergangsregelung handelt es sich auch nicht bei Art. II Abs. 2 des Ersten Gesetzes zur Änderung des Gesetzes über den Verfassungsgerichtshof vom 11. Dezember 1991 (GVBl. S. 280). Denn diese Vorschrift läßt zwar die zur Geltendmachung von Rechten aufgrund des Gesetzes über den Verfassungsgerichtshof einzuhaltenden Fristen erst einen Monat nach der Wahl der Mitglieder des Verfassungsgerichtshofs beginnen, setzt aber eine der Überprüfung durch den Gerichtshof unterliegende landesrechtliche Rechtsvorschrift voraus, betrifft mithin keine Rechtsvorschriften, die vor dem 2. Dezember 1990 in Kraft getreten sind (vgl. den Beschluß vom 11. August 1993 – VerfGH 34/93 – und in diesem Zusammenhang auch den Beschluß vom 30. Juni 1992 – VerfGH 4/92* – sowie das Urteil vom 17. Juni 1993 – VerfGH 21/92** –).

Der Antrag des Beschwerdeführers ist danach aus Gründen des Fristablaufs unzulässig, soweit er darauf gerichtet ist, der Verfassungsgerichtshof möge § 10 Abs. 1 PrVG insoweit für verfassungswidrig erklären, als die Vorschrift auf das Erfordernis des ständigen Aufenthalts in Berlin abstellt. Denn das in Rede stehende Erfordernis ist mit Wirkung vom 1. Juni 1973 in § 10 Abs. 1 Satz 1 PrVG eingefügt worden (s. GVBl. 1973, 714). Nichts anderes ergibt sich daraus, daß das PrVG nunmehr in der Fassung vom 21. Januar 1991 (GVBl. 1991, 38) gilt, denn der neu eingefügte § 10 Abs. 1 Satz 2 PrVG belastet den Beschwerdeführer nicht gesondert. Diese Gesetzesänderung betrifft Per-

---

\* LVerfGE 1, 6
\*\* LVerfGE 1, 105

sonen, welche zu einem früheren Zeitpunkt eine Versorgung nach dem PrVG bezogen und im Anschluß daran ihren Wohnsitz bzw. dauernden Aufenthalt an einen Ort außerhalb des Landes Berlin verlegt haben, was auf den Beschwerdeführer nicht zutrifft. Es kann auch keine Rede davon sein, daß der Gesetzgeber durch die Neufassung vom 21. Januar 1991 den Neubeginn der Frist hinsichtlich der unverändert gelassenen Anforderungen bewirkt hätte, wie es sich im Verfahren der konkreten Normenkontrolle bei der Unterscheidung von vorkonstitutionellem und nachkonstitutionellem Gesetzesrecht darstellen kann (vgl. für das Bundesrecht BVerfGE 6, 55, 65), wenn sich bei einer Gesetzesänderung erweist, daß ein jüngerer Gesetzgeber ältere Gesetze in seinen Willen aufgenommen hat (vgl. etwa BVerfGE 64, 217, 220 ff.). Derartige Gesichtspunkte sind auf die Fristbestimmung bei einer gegen ein Gesetz gerichteten Verfassungsbeschwerde nicht übertragbar (vgl. für das Bundesrecht BVerfGE 11, 255, 259; 80, 137, 149). Im übrigen wäre die unmittelbar gegen das Gesetz in der Fassung vom 21. Januar 1991 gerichtete Verfassungsbeschwerde ebenfalls nicht fristgerecht erhoben.

2. Dem Vorbringen des Beschwerdeführers ist allerdings weiterhin zu entnehmen, daß er sich unmittelbar durch die Entscheidung des Kammergerichts vom 16. Juni 1994 im Sinne des § 49 Abs. 1 VerfGHG in seinen ihm in der Verfassung von Berlin eingeräumten Rechten verletzt fühlt. Darauf deutet vor allem, daß der Beschwerdeführer ausdrücklich eine erneute Verhandlung nach einer Zurückverweisung an das Kammergericht anstrebt und auch den § 10 PrVG für im vorliegenden Falle unanwendbar erklärt wissen möchte. Der Umstand, daß das Gesetz, wie dargelegt, aus Fristgründen als tauglicher Beschwerdegegenstand nicht in Betracht kommt, schließt nicht aus, daß eine Verfassungsbeschwerde – in diesem Sinne mittelbar – gegen Vollzugsakte gerichtet wird, die aufgrund eines solchen Gesetzes erlassen werden (vgl. nur *Pestalozza*, Verfassungsprozeßrecht, 3. Aufl., 1991, § 12 Rdn. 53). Insoweit ist die Verfassungsbeschwerde teilweise unzulässig, im übrigen aber jedenfalls unbegründet.

a) In Betracht kommt zum einen die Rüge, das Kammergericht habe in seinem Urteil vom 16. Juni 1994 bei der Anwendung des einfachen Rechts subjektive Rechte verletzt, die dem Beschwerdeführer nach der Verfassung von Berlin zustehen. Soweit der Antrag in diese Richtung zielen sollte, ist er unzulässig, denn der Beschwerdeführer verfehlt insoweit die Anforderungen, welche § 49 Abs. 1 VerfGHG an die Begründung einer gegen eine gerichtliche Entscheidung gerichteten Verfassungsbeschwerde stellt. Dabei ist zu berücksichtigen, daß der Verfassungsgerichtshof keine zusätzliche gerichtliche Instanz, sondern gegenüber Entscheidungen der Fachgerichte in seinem Prüfungsmaßstab auf die Feststellung von Verfassungsverstößen beschränkt ist (vgl. Beschluß vom 30. Juni 1992 – VerfGH 9/92* –). Deshalb müßte der Beschwerdeführer darlegen, daß das Kammergericht – etwa – das in Art. 6 Abs. 1 Satz 1 VvB enthaltene Willkürverbot oder auch das Freizügigkeitsgrundrecht des Art. 11 VvB gänzlich übersehen oder im Rahmen der Auslegung des einfachen Rechts und seiner Anwendung auf den Einzelfall in seiner Tragweite verkannt hätte, hier vor allem dadurch, daß es eine etwa gebotene oder auch nur mögliche grundrechtskonforme Auslegung des einfachen Rechts unterlassen hätte. Hierzu äußert sich die Beschwerdeschrift nicht. Unabhängig davon ergibt sich aus dem Urteil des Kammergerichts unzweifelhaft, daß dieses die Tragweite der genannten Grundrechte für seine Entscheidung eingehend – und nachvollziehbar – erwogen hat.

b) Zulässig mag die Verfassungsbeschwerde sein, soweit sie vorbringt, das Kammergericht habe seiner Entscheidung ein insbesondere wegen Verstoßes gegen Art. 11 VvB nichtiges Gesetz zugrunde gelegt. Auch mit dieser Rüge hat der Beschwerdeführer aber keinen Erfolg.

Das in Art. 11 VvB verbürgte Recht der Freizügigkeit gewährleistet zunächst jedem einzelnen, sich in Berlin frei zu bewegen und niederzulassen, Berlin aufzusuchen und es zu verlassen. Ob und welche Schutzgehalte das Grundrecht der Freizügigkeit darüber hinaus beinhaltet, mag im einzelnen unterschiedlich gesehen werden. Auch wenn dem Grundrecht, wie es für das Bundesrecht (Art. 11 GG) vertreten wird (vgl. etwa *Rittstieg*, Alternativkommentar, 2. Aufl., 1989, Art. 11 Rdn. 42 f.), für gewisse Fälle ein Schutz vor der Ausübung ökonomischen Zwanges durch den Staat innewohnen sollte, so ergäben sich daraus keine Bedenken gegenüber der Verfassungsmäßigkeit der Anknüpfung des § 10 Abs. 1 PrVG an den ständigen Aufenthalt. Denn ein solcher Schutz könnte sich nur auf ökonomischen Zwang beziehen, der einem staatlichen Zuzugsgebot in der Wirkung gleichkäme (wie es auch das Kammergericht nicht verkannt hat). Ein derartiger „Zuzugszwang" geht von der Vorschrift nicht aus. Auch der Beschwerdeführer macht nichts Derartiges geltend.

Im übrigen hindert das Freizügigkeitsgrundrecht den Landesgesetzgeber innerhalb seines Kompetenzbereichs nicht prinzipiell daran, Einwohner des Landes – auch verstanden im Sinne ständigen Aufenthalts – im Ergebnis stärker zu belasten oder zu begünstigen als Bewohner anderer Länder der Bundesrepublik. Insofern führt Art. 11 VvB jedenfalls bei einer Fallgestaltung wie der vorliegenden nicht weiter als der allgemeine Gleichheitssatz (vgl. in diesem Zusammenhang BVerfGE 33, 303, 352). Welche Anforderungen Art. 6 Abs. 1

---

* LVerfGE 1, 7

Satz 1 VvB insoweit an den Gesetzgeber des Landes Berlin richtet, hat der Verfassungsgerichtshof bisher nicht entschieden. Auch der vorliegende Fall bietet keine Veranlassung, dem weiter nachzugehen, denn das Anliegen des Gesetzgebers, den in Berlin lebenden Verfolgten des Nationalsozialismus Betreuungsleistungen zu erbringen, verbleibt gerade auch im Hinblick auf den Umstand, daß andere Länder (wie etwa Nordrhein-Westfalen, vgl. das Gesetz über die Anerkennung der Verfolgten und Geschädigten der nationalsozialistischen Gewaltherrschaft und über die Betreuung der Verfolgten vom 4. März 1952, GVBl. NW, 39) vergleichbare Regelungen getroffen haben, offensichtlich im Rahmen der Gestaltungsfreiheit des Gesetzgebers des Landes Berlin. Dabei ist zu berücksichtigen, daß diese Gestaltungsfreiheit bei gewährender Staatstätigkeit grundsätzlich größer ist als bei Eingriffen in die Rechtssphäre des einzelnen (vgl. dazu für das Bundesrecht BVerfGE 49, 280, 283; *Jarass/ Pieroth*, Grundgesetz, 2. Aufl., 1992, Art. 3 Rdn. 16 ff.). Danach ergeben sich keine ernsthaften Bedenken gegen die Vereinbarkeit des § 10 PrVG auch mit Art. 6 Abs. 1 Satz 1 VvB.

Die Kostenentscheidung beruht auf den §§ 33, 34 VerfGHG.

Dieser Beschluß ist unanfechtbar.

## Nr. 14

1) Art. 45 Abs. 1 VvB begründet einen Gesetzesvorbehalt für die für alle verbindlichen Gebote und Verbote. Dies bedeutet, daß im Verhältnis zwischen Staat und Bürgern alle wesentlichen Entscheidungen vom Gesetzgeber, also normativ, zu treffen sind.

2) Die Verfassung von Berlin enthält keinen allgemeinen Parlamentsvorbehalt. Das Abgeordnetenhaus besitzt daher kein generelles Mitwirkungsrecht bei grundlegenden Entscheidungen der Regierung (hier: Schließung der Staatlichen Schauspielbühnen).

3) Der Senat von Berlin ist bei der Wahrnehmung der ihm von der Verfassung übertragenen Aufgaben an keine Vorgaben oder Weisungen des Abgeordnetenhauses gebunden, sofern nicht die Verfassung im Einzelfall etwas anderes bestimmt.

4) Der Senat ist berechtigt, von den vom Abgeordnetenhaus gebilligten Richtlinien der Regierungspolitik ohne Zustimmung des Abgeordnetenhauses abzuweichen.

5) Der Senat ist nach der Verfassung von Berlin und den sie konkretisierenden Bestimmungen der Landeshaushaltsordnung lediglich ermächtigt, nicht jedoch verpflichtet, die im Haushaltsplan für einen bestimmten Zweck veranschlagten Mittel tatsächlich aufzuwenden.

6) Das Budgetrecht des Abgeordnetenhauses wird nicht verletzt, wenn die für die Erfüllung einer bestimmten Aufgabe im Haushaltsplan vorgesehenen Mittel bei Nichtweiterführung dieser Aufgabe zur Deckung der mit den Haushaltstiteln übereinstimmenden Abwicklungskosten verwandt werden.

Verfassung von Berlin Art. 43 Abs. 2, 45 Abs. 1, 73, 74

Beschluß vom 6. Dezember 1994 – VerfGH 65/93 –

in dem Organstreitverfahren der Fraktion der Freien Demokratischen Partei im Abgeordnetenhaus von Berlin, beigetreten: Fraktion Bündnis 90/Grüne (AL)/UFV im Abgeordnetenhaus von Berlin, gegen den Senat von Berlin, vertreten durch den Regierenden Bürgermeister.

Entscheidungsformel:

Der Antrag wird zurückgewiesen.
Das Verfahren ist gerichtskostenfrei.
Auslagen werden nicht erstattet.

*Wegen des thematischen Zusammenhanges ist diese Entscheidung in vollem Wortlaut im Anschluß an das Verfahren auf Erlaß einer einstweiligen Anordnung vom 29. Juli 1993 – VerfGH 65A/93 – in derselben Sache unter Nr. 16 in Band 1 (Seite 131) abgedruckt.*

# Entscheidungen
des Verfassungsgerichts
des Landes Brandenburg

# Die amtierenden Richter
## des Verfassungsgerichts des Landes Brandenburg

# Nr. 1

Eine Verfassungsbeschwerde ist unter dem Gesichtspunkt der Subsidiarität der Verfassungsbeschwerde regelmäßig auch dann unzulässig, wenn trotz Erschöpfung des Rechtswegs im einstweiligen fachgerichtlichen Rechtsschutzverfahren effektiver Rechtsschutz auch noch im fachgerichtlichen Hauptsacheverfahren erlangt werden kann.*

Verfassungsgerichtsgesetz Brandenburg § 45 Abs. 2

Beschluß vom 17. März 1994 – VfGBbg 11/93 –

in dem Verfahren über die Verfassungsbeschwerde 1) des Herrn K., 2) des Herrn S. gegen einen Beschluß des Oberverwaltungsgerichts für das Land Brandenburg vom 16. Dezember 1993.

Entscheidungsformel:

1. Das Verfahren wird eingestellt, soweit der Beschwerdeführer zu 2) seine Verfassungsbeschwerde zurückgenommen hat.

2. Im übrigen wird die Verfassungsbeschwerde als unzulässig verworfen.

Gründe:

Der Beschwerdeführer zu 1) ist Inhaber der 1991 gegründeten Firma M. Krankentransport mit Sitz in der Stadt B.

Seinen Antrag auf Erteilung einer Genehmigung für den qualifizierten Krankentransport nach dem brandenburgischen Rettungsdienstgesetz (RettGBbg vom 8. Mai 1992, GVBl. I S. 170) hatte die Stadt B. abgelehnt. Daraufhin erhob er Klage zum Verwaltungsgericht Potsdam (VG 4 K 415/92), die bis heute noch nicht entschieden ist.

Wegen der am 31. Dezember 1992 auslaufenden Übergangsfrist des § 12 RettGBbg beantragte der Beschwerdeführer zu 1) am 4. Februar 1993 beim Verwaltungsgericht Potsdam (VG 4 L 346/92), ihm im Wege einer einstweiligen Anordnung die Teilnahme am qualifizierten Krankentransport zu genehmigen. Das Verwaltungsgericht lehnte diesen Antrag ab. Die daraufhin am

---

* Nichtamtlicher Leitsatz

18. Februar 1993 erhobene Beschwerde wies das Oberverwaltungsgericht am 16. Dezember 1993 zurück mit der Begründung, dem Beschwerdeführer zu 1) sei es zuzumuten, die Hauptsacheentscheidung abzuwarten.

Die Beschwerdeführer zu 1) und 2) haben am 29. Dezember 1993 gegen den Beschluß des Oberverwaltungsgerichts für das Land Brandenburg Verfassungsbeschwerde erhoben. Der Beschwerdeführer zu 2) hat seine Beschwerde mit Schriftsatz vom 12. März 1994 zurückgenommen.

Zur Begründung seiner Verfassungsbeschwerde trägt der Beschwerdeführer zu 1) vor:

Seine Verfassungsbeschwerde sei zulässig, insbesondere sei der Rechtsweg erschöpft. Auch der Grundsatz der Subsidiarität führe nicht zur Unzulässigkeit. Das Abwarten einer verwaltungsgerichtlichen Entscheidung in der Hauptsache sei ihm nicht zuzumuten, da dieses zum Verlust seiner wirtschaftlichen Existenz führe.

Über 68 % seiner Dienstleistungen seien 1992 auf den qualifizierten Krankentransport entfallen. Die daraus gewonnenen Erlöse stellten etwa 85 % der Unternehmenseinnahmen dar. Knapp 13 % entfielen auf Dienstleistungen im Zusammenhang mit dem kassenärztlichen Notfalldienst, hinzu seien Krankenfahrten gekommen. 1993 sei der Anteil des qualifizierten Krankentransportes auf rund 78 % zugunsten des kassenärztlichen Notfalldienstes und der Krankenfahrten zurückgegangen. Nachdem mit Bescheid vom 11. November 1993 die Stadt B. dem Beschwerdeführer zu 1) jede weitere Tätigkeit zum qualifizierten Krankentransport untersagte, habe er den qualifizierten Krankentransport eingestellt und die Zahl seiner Mitarbeiter von 20 auf 6 Personen reduziert.

Weiter trägt der Beschwerdeführer zu 1) vor, daß die Verfassungsbeschwerde darüber hinaus auch allgemeine Bedeutung habe, da bis auf zwei Unternehmen allen privaten Anbietern der Zugang zum Rettungsdienst verwehrt worden sei. Vor den Verwaltungsgerichten des Landes Brandenburg seien in diesem Zusammenhang vier weitere Verfahren anhängig.

Dem Landtag, der Landesregierung, dem Oberverwaltungsgericht Brandenburg und der Stadt B. ist Gelegenheit zur Stellungnahme gegeben worden.

## II.

Das Verfahren über die Verfassungsbeschwerde des Beschwerdeführers zu 2) war gemäß § 13 Abs. 1 Verfassungsgerichtsgesetz Brandenburg (VerfGGBbg) i. V. m. § 92 Abs. 2 VwGO einzustellen, nachdem der Beschwerdeführer zu 2) seine Beschwerde zurückgenommen hat.

Im übrigen ist die Verfassungsbeschwerde unzulässig.

Zwar ist der Rechtsweg gemäß § 45 Abs. 2 VerfGGBbg erschöpft; denn mit der angegriffenen Entscheidung des Oberverwaltungsgerichts für das Land Brandenburg sieht die Verwaltungsgerichtsordnung kein weiteres Rechtsmittel im einstweiligen Rechtsschutz vor. Der einstweilige Rechtsschutz stellt ein im Verhältnis zur Hauptsache eigenständiges Verfahren dar; denn die Ablehnung des vorläufigen Rechtsschutzes enthält für den Antragsteller eine selbständige Beschwer.

Dennoch steht der Zulässigkeit der Verfassungsbeschwerde der Grundsatz der Subsidiarität entgegen.

Dieser Grundsatz ergibt sich aus der Funktion des Verfassungsgerichts und der Verfassungsbeschwerde. Er fordert von dem Beschwerdeführer, daß dieser über die Rechtswegerschöpfung hinaus alles im Rahmen seiner Möglichkeiten Stehende getan hat, um eine Grundrechtsverletzung zu beseitigen oder zu verhindern.

Daher ist der Beschwerdeführer auf das Hauptsacheverfahren zu verweisen, in dem er im Falle einer möglichen Grundrechtsverletzung durch die Entscheidung im Verfahren des einstweiligen Rechtsschutzes grundsätzlich den Schutz seiner Grundrechte sicherstellen kann. Die Möglichkeit des Grundrechtsschutzes durch das Fachgericht der Hauptsache korrespondiert mit der Verantwortung, die diesem Gericht auch gerade insoweit zukommt.

Die Verweisung des Beschwerdeführers auf das Gericht des Hauptsacheverfahrens ist notwendig, um zu verhindern, daß ein Verfassungsgericht als „Superrevisionsinstanz" angerufen wird.

Gleichzeitig stellt die vorherige Befassung des Fachgerichts sicher, daß eine Entscheidung über eine spätere Verfassungsbeschwerde auf der Grundlage eines mehrfach geprüften Tatsachenmaterials und in Auseinandersetzung mit der jeweiligen Rechtsprechung der Fachgerichte ergehen kann.

Das Subsidiaritätsprinzip findet allerdings dort seine Grenze, wo eine Verweisung auf das Hauptsacheverfahren eine mögliche Grundrechtsverletzung nicht mehr beseitigen oder verhindern könnte. Diesem Gedanken des effektiven Grundrechtsschutzes entspricht § 45 Abs. 2 VerfGGBbg, indem er ausdrücklich eine Entscheidung schon vor Erschöpfung des Rechtsweges zuläßt, wenn dem Beschwerdeführer anderenfalls ein schwerer und unabwendbarer Nachteil entstünde.

Das Gericht verkennt nicht, daß sich der Beschwerdeführer in einer unternehmerisch schwierigen Situation befindet. Zwar ist er wirtschaftlich 1993 noch hinsichtlich seiner Umsätze ähnlich erfolgreich gewesen wie im Jahre 1992. Nach der völligen Einstellung des qualifizierten Krankentransportes Ende 1993 steht jedoch zu erwarten, daß sich das Betriebsergebnis 1994 erheblich verschlechtert.

Dennoch kann das Verfassungsgericht nicht erkennen, daß durch die Verweisung des Beschwerdeführers auf das Hauptsacheverfahren seine wirtschaftliche Existenz vernichtet würde, was in der Tat ein schwerer und unabwendbarer Nachteil im Sinne des § 45 Abs. 2 VerfGGBbg wäre. Denn die Verweisung des Beschwerdeführers auf das seit 1992 anhängige Hauptsacheverfahren schließt seinen effektiven Grundrechtsschutz nicht aus.

Im Gegenteil geht das Verfassungsgericht davon aus, daß das Fachgericht im Hinblick auf den effektiven Rechtsschutz nunmehr bald in einer Entscheidung klärt, ob das Rettungsdienstgesetz ein subjektiv-öffentliches Recht auf Zulassung zum qualifizierten Krankentransport gibt und ob die Voraussetzungen eines solchen Anspruchs hier vorliegen, so daß ein Existenzverlust, wie ihn der Beschwerdeführer fürchtet, ausgeschlossen wird. Dem Fachgericht kommt gerade in diesem konkreten Fall besondere Verantwortung zu.

Das Verfassungsgericht hat auch keinen Anlaß zu einer Vorabentscheidung gemäß § 45 Abs. 2 VerfGGBbg unter dem Gesichtspunkt der allgemeinen Bedeutung der Verfassungsbeschwerde gesehen.

Ausgehend von dem angesichts des Subsidiaritätsgrundsatzes engen Ausnahmecharakter dieser Regelung ist das Verfassungsgericht in seiner Abwägung zum Ergebnis gekommen, von der Möglichkeit einer Vorabentscheidung keinen Gebrauch zu machen, zumal eine Klärung durch das Verfassungsgericht mangels divergierender Entscheidungen auch insoweit nicht erforderlich ist.

Die Verfassungsbeschwerde ist daher als unzulässig abzuweisen.

## Nr. 2

**1) Ein rechtskräftig Verurteilter, der sich mit der Verfassungsbeschwerde gegen die unmittelbar bevorstehende Vollstreckung einer Freiheitsstrafe wendet, kann in der Regel nicht auf die vorherige Erschöpfung des Rechtsweges verwiesen werden.**

**2) Zur Frage der Vollstreckbarkeit einer von einem Strafgericht der ehemaligen DDR verhängten kurzen Freiheitsstrafe.***

Landesverfassung Brandenburg Art. 6 Abs. 2, 7 Abs. 1

Verfassungsgerichtsgesetz Brandenburg § 45 Abs. 2 Satz 2

Strafprozeßordnung § 458

* Nichtamtliche Leitsätze

Einigungsvertrag Art. 18 Abs. 1

DDR-Gesetz zum teilweisen Straferlaß § 1

Beschluß vom 17. März 1994 – VfGBbg 1/94 –

in dem Verfahren über die Verfassungsbeschwerde des Herrn H. gegen die Vollstreckung aus einem Urteil des Kreisgerichts X. vom 29. August 1989.

Entscheidungsformel:

Die Verfassungsbeschwerde wird zurückgewiesen.

Gründe:

A.

Der Beschwerdeführer wendet sich mit seiner am 1. März 1994 erhobenen Verfassungsbeschwerde gegen die Zulässigkeit der Vollstreckung des gegen ihn ergangenen Strafurteils des Kreisgerichts X. vom 29. August 1989. Hilfsweise begehrt er die Aussetzung der Vollstreckung bis zur Entscheidung über ein Gnadengesuch bzw. einen Rehabilitierungsantrag.

I.

Das Kreisgericht X. verurteilte den bis November 1989 in der vormaligen DDR lebenden Beschwerdeführer durch Urteil vom 29. August 1989 wegen mehrfachen sexuellen Mißbrauchs von Kindern gemäß §§ 148 Abs. 1, 63 Abs. 2 StGB/DDR zu einer Freiheitsstrafe von sieben Monaten.

Die gegen diese Verurteilung gerichtete Berufung verwarf das Bezirksgericht Y. mit Beschluß vom 6. Oktober 1989 als offensichtlich unbegründet. Durch § 1 des Gesetzes zum teilweisen Straferlaß vom 28. September 1990 (GBl. DDR I S. 1987) wurde die siebenmonatige Freiheitsstrafe um ein Drittel auf nunmehr vier Monate und 20 Tage ermäßigt. Das vom Beschwerdeführer eingeleitete Kassationsverfahren blieb erfolglos. Das Bezirksgericht Z. verwarf den Antrag mit Beschluß vom 20. März 1992 als offensichtlich unbegründet. Weder beruhe die Entscheidung auf einer schwerwiegenden Verletzung des Gesetzes noch sei sie im Strafausspruch gröblich unrichtig oder mit rechtsstaatlichen Maßstäben unvereinbar.

Unter dem 26. August und dem 30. August 1993 richtete der Beschwerdeführer Gnadengesuche an den Minister der Justiz und den Ministerpräsidenten des Landes Brandenburg mit dem Ziel, die gegen ihn verhängte Freiheitsstrafe zur Bewährung auszusetzen.

Der Minister der Justiz traf am 11. November 1993 eine ablehnende Gnadenentscheidung. Ein wiederholtes Gnadengesuch an den Ministerpräsidenten vom 2. Dezember 1993 lehnte der Minister der Justiz mit Schreiben vom 18. Dezember 1993 gleichermaßen ab. Gegen diese Ablehnung der Gnadenentscheidung wandte sich der Beschwerdeführer am 17. Januar 1994 mit einer Verfassungsbeschwerde sowie einem Antrag auf Erlaß einer einstweiligen Anordnung an das Bundesverfassungsgericht, das die Verfassungsbeschwerde durch Beschluß vom 2. Februar 1994 nicht zur Entscheidung annahm.

Am 11. Januar 1994 stellte die Staatsanwaltschaft Y. dem Beschwerdeführer erstmals eine Ladung zum Strafantritt zu. Unter dem 24. Januar 1994 richtete der Beschwerdeführer an das Amtsgericht X. und die Staatsanwaltschaft Y. ein Begehren auf vorübergehenden Aufschub der Vollstreckung gemäß § 456 StPO. Die Staatsanwaltschaft lehnte dies mit Schreiben vom 1. Februar 1994 ab.

Unter dem 4. Februar 1994 erhielt der Beschwerdeführer eine neuerliche Ladung zum Strafantritt, wonach er binnen 14 Tagen seit ihrer Zustellung die Strafe anzutreten habe. Am 7. Februar 1994 richtete der Beschwerdeführer ein weiteres Gnadengesuch an den Minister der Justiz, das am 10. März 1994 abschlägig beschieden wurde. Am 14. Februar 1994 folgte ein Antrag auf Rehabilitierung an das Landgericht Y. mit dem Begehren, das Strafurteil für rechtswidrig zu erklären und aufzuheben, hilfsweise, die Strafe zur Bewährung auszusetzen. Über diesen Antrag ist noch nicht entschieden worden.

## II.

Mit seiner Verfassungsbeschwerde macht der Beschwerdeführer eine Verletzung sowohl des Grundrechts der Menschenwürde als auch des Gleichheitssatzes durch das nunmehr eingeleitete Vollstreckungsverfahren geltend. Er ist der Auffassung, die Vollstreckung der inzwischen beinahe viereinhalb Jahre zurückliegenden rechtskräftigen Verurteilung verletze ihn in diesen Grundrechten. Den Grundrechtsverstoß sieht der Beschwerdeführer namentlich darin, daß die Freiheitsstrafe nach seiner Übersiedlung in das Gebiet der alten Bundesrepublik Deutschland allein infolge der Herstellung der Einheit Deutschlands vollstreckt werde. Überdies hält er die Strafvollstreckung wegen der inzwischen vergangenen Zeitspanne und der für unausweichlich gehaltenen nachteiligen Folgen für seine berufliche und private Existenz für unverhältnismäßig und rechtsstaatswidrig.

Bereits seine Verurteilung zu einer nicht zur Bewährung ausgesetzten Freiheitsstrafe stehe in grobem Mißverhältnis zu der Tat und mißachte ohnehin die Grundrechte des Beschwerdeführers auf Achtung seiner Menschenwürde wie auf Gleichbehandlung. Im Fall der Verurteilung zu einer Bewährungsstrafe, die allein der Tat angemessen gewesen wäre, hätte es wegen seines seither straffreien Lebens zu keiner Strafvollstreckung kommen können.

## B.

## I.

Die auf der Grundlage von Art. 6 Abs. 2, 113 Nr. 4 Verfassung des Landes Brandenburg (LV), §§ 45 ff. Verfassungsgerichtsgesetz (VerfGGBbg) erhobene Verfassungsbeschwerde hat keinen Erfolg.

1. Die Verfassungsbeschwerde ist unzulässig, soweit sie sich gegen das Strafurteil richtet. Mängel eines Strafverfahrens können nur mit der Verfassungsbeschwerde gegen das Urteil selbst geltend gemacht werden (BVerfGE 15, 309, 311). Der Beschluß des Bezirksgerichts Z. vom 20. März 1992, mit dem die Kassation als offensichtlich unbegründet verworfen worden ist, ist gemäß § 47 Abs. 1 Satz 1 VerfGGBbg schon mangels Einhaltung der Beschwerdefrist mit der Verfassungsbeschwerde nicht mehr angreifbar.

2. Die Verfassungsbeschwerde ist weiterhin unzulässig, soweit sie sich ersichtlich auch gegen die Zulassung der Vollstreckung von Entscheidungen der Strafgerichte der Deutschen Demokratischen Republik auf dem Gebiet der (alten) Bundesrepublik Deutschland allein in Folge der Einheit durch Art. 18 Abs. 1 i. V. m. Anlage I Kapitel III Sachgebiet A Abschnitt III Nr. 14 lit. d) des Einigungsvertrages richtet. Das Verfassungsgericht des Landes Brandenburg ist nicht berufen, die Vereinbarkeit der bundesrechtlichen Regelungen des Einigungsvertrages mit (Landes- oder Bundes-)Grundrechten zu überprüfen.

3. Die Verfassungsbeschwerde ist allerdings insoweit zulässig, als der Beschwerdeführer geltend macht, die Staatsanwaltschaft als Vollstreckungsbehörde habe bei der Durchführung des Vollstreckungsverfahrens im Rahmen ihrer eigenen Entscheidungsbefugnis Grundrechte verletzt.

Gegen die Zulässigkeit spricht nicht, daß dem Beschwerdeführer das Verfahren nach § 458 StPO (gerichtliche Entscheidung bei Strafvollstreckung) noch offen steht und er diesen Rechtsweg noch nicht ausgeschöpft hat. Im vorliegenden Fall kann zweifelhaft sein, ob im Hinblick auf Art. 18 Abs. 1 i. V. m. Anlage I Kapitel III Sachgebiet A Abschnitt III Nr. 14 lit. d) des Einigungsvertrages der Beschwerdeführer vor dem Amtsgericht mit seinem Vortrag, er werde durch die Vollstreckung in seinen Grundrechten verletzt, Gehör findet. Jedoch entstünde dem Beschwerdeführer ein schwerer und unabwendbarer Nachteil im Sinne des § 45 Abs. 2 Satz 2 VerfGGBbg, falls er zunächst auf die Ausschöpfung des Rechtsweges verwiesen würde. Denn unabhängig von der Einlegung des Antrages auf gerichtliche Entscheidung gegen die Strafvollstreckung könnte gemäß § 458 Abs. 3 Satz 2 Hs. 1 StPO mit der Vollstreckung begonnen werden. Bereits darin läge aber die vom Beschwerdeführer behauptete Grundrechtsverletzung. Eine Entscheidung des Verfassungsgerichts käme zu spät.

## II.

Die Verfassungsbeschwerde ist allerdings unbegründet. Eine vor dem Verfassungsgericht des Landes Brandenburg allenfalls zu rügende Verletzung von Landesgrundrechten bei der Anwendung der bundesrechtlichen Vorschriften der Strafprozeßordnung durch die Entscheidung der Staatsanwaltschaft ist im vorliegenden Fall nicht feststellbar.

Nach Art. 7 Abs. 1 LV ist es die vornehmste Pflicht der staatlichen Gewalt, die Würde des Menschen zu achten und zu schützen. Das Recht auf Achtung seiner Würde kann auch dem Straftäter nicht abgesprochen werden. Auch in der Strafvollstreckung ist zu beachten, daß der Täter nicht unter Verletzung seines verfassungsrechtlich geschützten Wert- und Achtungsanspruches zum bloßen Objekt der Vollstreckung herabgewürdigt wird (BVerfGE 72, 105, 115 f.).

Die Vollstreckung der Freiheitsstrafe des Beschwerdeführers fünf Jahre nach der Tat verstößt nicht gegen seine Menschenwürde. Wie die Bestimmungen der §§ 78, 79 StGB über die Verfolgungs- und die Vollstreckungsverjährung deutlich machen, läßt die geltende Rechtsordnung einen nach der Schwere der Tat und der Höhe des Strafmaßes abgestuften zeitlichen Abstand zwischen der Begehung der Straftat und der Strafverfolgung bzw. zwischen der Verurteilung und dem Strafvollzug zu. Dies ist verfassungsrechtlich unbedenklich (BVerfGE 1, 418, 423). Der vorliegende Fall des Beschwerdeführers läßt keine andere Bewertung zu. Im Hinblick auf den negativen Ausgang des Berufungs- und des Kassationsverfahrens konnte er zu keinem Zeitpunkt schutzwürdig darauf vertrauen, seine Strafe nicht verbüßen zu müssen.

Die Vollstreckung der Freiheitsstrafe des Beschwerdeführers ist auch unter Berücksichtigung ihrer Kürze von 4 Monaten und 20 Tagen verfassungsrechtlich nicht zu beanstanden. Sie verstößt auch insoweit nicht gegen seine Menschenwürde. Das Verfassungsgebot, sinn- und maßvoll zu strafen, kann die Verhängung und Vollstreckung auch einer kurzen Freiheitsstrafe in den Fällen erforderlich machen, in denen nach der Überzeugung des Strafgerichts der Täter durch eine Geldstrafe nicht nachhaltig zu beeinflussen ist oder wo um des Bestandes und der Wahrung der Rechtsordnung willen auf die Ahndung des Rechtsbruches mit einer Freiheitsstrafe nicht verzichtet werden kann (BVerfGE 28, 386, 390 f.). Das Bezirksgericht Z. hat in seiner – hier durch das Verfassungsgericht nicht mehr zu überprüfenden – Entschei-

dung den Strafausspruch des Kreisgerichts X. als mit rechtsstaatlichen Maßstäben vereinbar erachtet. Es sind für das Verfassungsgericht keinerlei Gründe erkennbar, aus denen der Beschwerdeführer infolge der Herabsetzung seiner Strafe durch das Gesetz zum teilweisen Straferlaß vom 28. September
1990 im Rahmen der Vollstreckung mit denjenigen Straftätern gleichbehandelt werden müßte, gegen die unter Anwendung des § 47 Abs. 1 StGB von
vornherein anstelle einer kurzzeitigen Freiheitsstrafe eine Geldstrafe verhängt worden ist.

## C.

Die hilfsweise gestellten Anträge sind durch die erneute Ablehnung des
Gnadengesuches bzw. durch die vorstehende Entscheidung gegenstandslos
geworden.

## Nr. 3

1) Zur Frage der Vereinbarkeit von § 26 Kreisneugliederungsgesetz
i. V. m. § 1 Sparkassengesetz mit Art. 97 Landesverfassung Brandenburg.

2) Eine Rechtsvorschrift der DDR, die laut Einigungsvertrag als Landesrecht fortgilt, kann Gegenstand einer Verfassungsbeschwerde vor dem
Verfassungsgericht des Landes Brandenburg sein, wenn der Landesgesetzgeber diese Vorschrift in seinen Willen aufgenommen hat.

3) Die Zuweisung von Aufgaben der örtlichen Gemeinschaft an Gemeinden und Gemeindeverbände in Art. 97 Landesverfassung Brandenburg ist mit Art. 28 Abs. 2 Satz 1 Grundgesetz vereinbar.

Grundgesetz Art. 28 Abs. 2 Satz 1

Landesverfassung Brandenburg Art. 100, 97

Verfassungsgerichtsgesetz Brandenburg § 51

Kreisneugliederungsgesetz Brandenburg § 26

Sparkassenanpassungsverordnung § 1

DDR-Sparkassengesetz § 1

Urteil vom 19. Mai 1994 – VfGBbg 9/93 –

in dem Verfahren über die Verfassungsbeschwerde der Stadt Schwedt, vertreten durch den Bürgermeister, betreffend § 26 des Gesetzes zur Neugliederung der Kreise und kreisfreien Städte (Art. 1 des Gesetzes zur Neugliederung der Kreise und kreisfreien Städte sowie zur Änderung weiterer Gesetze – Kreis- und Gerichtsneugliederungsgesetz, KGNGBbg) vom 24. Dezember 1992 (Gesetz- und Verordnungsblatt für das Land Brandenburg Teil I S. 546) i. V. m. § 1 des Sparkassengesetzes vom 29. Juni 1990 (Gesetzblatt der DDR I S. 567) sowie § 2 Abs. 1 der Verordnung über Maßnahmen und Verfahren zur Anpassung der Organisationsstruktur der Sparkassen an die neue Gewährträgerstruktur vom 16. November 1993 (Gesetz- und Verordnungsblatt für das Land Brandenburg Teil II S. 728).

Entscheidungsformel:

1. § 26 Kreisneugliederungsgesetz Brandenburg vom 24. Dezember 1992 (GVBl. I S. 546) i. V. m. § 1 Sparkassengesetz vom 29. Juni 1990 (GBl. DDR I S. 567) ist insoweit mit Art. 97 der Landesverfassung des Landes Brandenburg unvereinbar, als hierdurch der Beschwerdeführerin (der Stadt Schwedt) verwehrt wird, eine Sparkasse in eigener Gewährträgerschaft weiter zu betreiben.

2. § 2 Abs. 1 der Sparkassenanpassungsverordnung vom 16. November 1993 (GVBl. II S. 728) ist nichtig.

3. Das Land Brandenburg hat der Beschwerdeführerin die notwendigen Auslagen zu erstatten.

4. Der Gegenstandswert wird auf DM 80.000,– festgesetzt, für das Verfahren auf Erlaß einer einstweiligen Anordnung auf DM 40.000,–.

Gründe:

A.

Die Beschwerdeführerin wendet sich gegen die Entziehung der Gewährträgerschaft für die Stadtsparkasse Schwedt. Sie beantragt festzustellen, daß die darauf abzielenden Regelungen in § 26 des Kreisneugliederungsgesetzes des Landes Brandenburg vom 24. Dezember 1992 (KNGBbg) i. V. m. § 1 des Sparkassengesetzes vom 29. Juni 1990 sowie § 2 Abs. 1 der Sparkassenanpassungsverordnung vom 16. November 1993 gegen Art. 97 der Verfassung des Landes Brandenburg (LV) verstoßen und deshalb nichtig sind.

I.

Die Beschwerdeführerin gehörte ursprünglich zu den sechs kreisfreien Städten des Landes Brandenburg. § 16 Satz 2 KNGBbg beendete mit Ablauf des Tages der nächsten landesweiten Kreistagswahl, dem 5. Dezember 1993, diesen Status der Beschwerdeführerin, indem er bestimmt, daß mit Ablauf desselben Tages die bisherigen Kreise aufgelöst und die „Kreisfreiheit der Städte Schwedt und Eisenhüttenstadt aufgehoben" wird.

Gleichzeitig wurde die Beschwerdeführerin aufgrund des § 5 KNGBbg zusammen mit den bisherigen Kreisen Angermünde, Prenzlau und Templin sowie der Gemeinde Bölkendorf Bestandteil des neuen Landkreises Uckermark.

§ 17 Abs. 1 KNGBbg ordnet an, daß neue Landkreise Rechtsnachfolger der aufgelösten Kreise, aus denen sie gebildet worden sind, werden, daß dies jedoch nicht für die Beschwerdeführerin und die Stadt Eisenhüttenstadt gilt. Letzteres erklärt sich daraus, daß diese rechtlich selbständige, wenngleich nunmehr kreisangehörige Städte bleiben.

Die Beschwerdeführerin und die drei vormaligen Landkreise Angermünde, Prenzlau und Templin waren bisher Gewährträger je einer eigenen Sparkasse. Im Hinblick auf das Sparkassenwesen bestimmt § 26 KNGBbg:

§ 26

(1) Die Landkreise und kreisfreien Städte haben die in ihrem Gebiet ansässigen Sparkassen bis zum 1. Januar 1995 in der Weise zu vereinigen, daß ein Landkreis oder eine kreisfreie Stadt oder ein kommunaler Sparkassenzweckverband Gewährträger nur einer Sparkasse wird; Zweigstellen einer Sparkasse im Gebiet des Gewährträgers einer anderen Sparkasse sind mit ihren Aktiva und Passiva innerhalb dieser Frist mit angemessenem Ausgleich auf die Sparkasse zu übertragen, in deren Geschäftsgebiet sie liegen. Der Minister der Finanzen als Sparkassenaufsichtsbehörde kann im begründeten Ausnahmefall eine Verlängerung der Frist zulassen.

(2) Der Minister der Finanzen wird ermächtigt, Maßnahmen und Verfahren zur Anpassung der Organisationsstruktur der Sparkassen an die neue Gewährträgerstruktur im Einvernehmen mit dem Minister des Innern durch Rechtsverordnung zu regeln.

Auf der Grundlage des § 26 Abs. 2 KNGBbg hat das Ministerium für Finanzen im Einvernehmen mit dem Innenministerium am 16. November 1993 eine Rechtsverordnung über Maßnahmen und Verfahren zur Anpassung der Organisationsstruktur der Sparkassen an die neue Gewährträgerstruktur (Sparkassenanpassungsverordnung) erlassen, deren § 2 Abs. 1 folgenden Wortlaut hat:

Mit der Aufhebung der Kreisfreiheit der Stadt Schwedt wird der neugebildete Landkreis Uckermark Gewährträger der Stadtsparkasse Schwedt.

Die genannten Bestimmungen stehen im Zusammenhang mit §§ 1 und 5 des aufgrund des Einigungsvertrages fortgeltenden Sparkassengesetzes der DDR vom 29. Juni 1990.

Sie lauten:

§ 1

(1) Die Sparkassen sind als Einrichtungen der Landkreise oder kreisfreien Städte oder von ihnen gebildeten Zweckverbände rechtsfähige, gemeinnützige Anstalten des öffentlichen Rechts.

(2) Landkreise oder kreisfreie Städte oder von diesen gebildete Zweckverbände können Sparkassen errichten. Sie bedürfen zur Errichtung oder Auflösung von Sparkassen der Genehmigung der obersten Sparkassenaufsichtsbehörde. Die Genehmigung wird im Einvernehmen mit dem für die regionalen und kommunalen Angelegenheiten zuständigen Ministerium erteilt. Der Sparkassenverband ist vor der Erteilung der Genehmigung anzuhören.

(3) Haben mehrere Landkreise oder kreisfreie Städte gemeinsam eine Sparkasse errichtet, so finden die Bestimmungen über Zweckverbandssparkassen entsprechende Anwendung.

§ 5

(1) Geschäftsgebiet der Sparkassen ist jeweils das Gebiet ihres Gewährträgers, bei Zweckverbandssparkassen das Zweckverbandsgebiet. Die Sparkassen sollen sich nur in ihrem Geschäftsgebiet betätigen. ...

(2) Die oberste Sparkassenaufsichtsbehörde kann im kommunal- und wirtschaftspolitischen Interesse der Gewährträger abweichende Regelungen treffen.

Da das Ministerium der Finanzen des Landes Brandenburg als Sparkassenaufsichtsbehörde sowie die Kreise Angermünde, Prenzlau und Templin die Auffassung vertreten, mit Ablauf des 5. Dezember 1993 stehe die Stadtsparkasse Schwedt in der Gewährträgerschaft des neuen Landkreises Uckermark, wandte sich die Beschwerdeführerin unter dem 2. Dezember 1993 an das Verfassungsgericht des Landes Brandenburg und stellte einen Antrag auf Erlaß einer einstweiligen Anordnung mit dem Ziel, vorläufig festzustellen, daß die Beschwerdeführerin auch über den 5. Dezember 1993 hinaus Gewährträgerin der Stadtsparkasse Schwedt bleibe.

Das Verfassungsgericht gab daraufhin am 22. Dezember 1993 nach mündlicher Verhandlung im Wege einstweiliger Anordnung dem Ministerium für Finanzen des Landes Brandenburg auf, die Vereinigung der Sparkassen im Landkreis Uckermark nicht vor der Entscheidung des Gerichts in der Hauptsache zu genehmigen. Im übrigen wies es den Antrag zurück.

## II.

1. Die Beschwerdeführerin hält im Lichte des Art. 97 LV bereits die Auslegung des § 26 Abs. 1 KNGBbg durch das Finanzministerium für unrichtig. Entgegen der Auffassung des Ministeriums sei § 26 Abs. 1 KNGBbg dahin zu verstehen, daß mit „in ihrem Gebiet ansässigen Sparkassen" nur solche Institute gemeint seien, deren Gewährträger der neue Landkreis – hier: der Landkreis Uckermark – gemäß § 17 Abs. 1 KNGBbg durch die Gebietsreform geworden sei. § 26 Abs. 1 KNGBbg lasse somit die Gewährträgerschaft für die Stadtsparkasse Schwedt unberührt, die deshalb weiterhin der Beschwerdeführerin zustehe. Daß dies in Widerspruch zu § 1 Sparkassengesetz gerate, der Sparkassen allein als Einrichtungen von Landkreisen und kreisfreien Städten zulasse, löse zwar einen sparkassenrechtlichen Regelungsbedarf aus, stelle aber die Gewährträgerschaft der Beschwerdeführerin nicht in Frage, weil die Stadtsparkasse weiterhin auf der Grundlage ihrer nach wie vor gültigen Satzung tätig werden könne.

2. Folge man diesem Textverständnis nicht, erwiesen sich § 26 Abs. 1 KNGBbg und § 2 Abs. 1 Sparkassenanpassungsverordnung wegen Verstoßes gegen Art. 97 LV als nichtig. Nach der sogenannten „Rastede-Entscheidung" des Bundesverfassungsgerichts gehöre das Betreiben einer Sparkasse nur dann nicht zu den gemeindlichen Aufgaben der Daseinsvorsorge, wenn das Institut nicht imstande sei, die in § 2 Sparkassengesetz beschriebenen Aufgaben wahrzunehmen. Das werde aber selbst von der Landesregierung in bezug auf die Sparkasse der Beschwerdeführerin nicht geltend gemacht. Überdies werde gegen das auch im Verhältnis öffentlich-rechtlicher Körperschaften zueinander gültige Willkürverbot verstoßen. Die Ungleichbehandlung gegenüber den kreisfrei bleibenden Städten Brandenburg, Cottbus, Frankfurt (Oder) und Potsdam sei nicht gerechtfertigt.

Nicht beachtet worden sei auch das Abwägungsgebot, welches dem Gesetzgeber auferlege, in nachvollziehbarer Weise zu prüfen, ob der Eingriff in die Selbstverwaltungsgarantie geeignet, erforderlich und verhältnismäßig sei und den Geboten der Sach- und Systemgerechtigkeit entspreche. Eine Sachverhaltsermittlung, wie sie eine solche Abwägung voraussetze, habe nicht stattgefunden, ebensowenig eine Anhörung der Beschwerdeführerin zu diesem Punkt.

## III.

Für die Landesregierung hat das Ministerium der Finanzen des Landes Brandenburg Stellung genommen. Es tritt sowohl der von der Beschwerdeführerin vorgenommenen Auslegung als auch der von ihr behaupteten Verfassungswidrigkeit der genannten Normen entgegen.

1. Der Begriff „Gebiet" in § 26 Abs. 1 KNGBbg stelle auf die in §§ 1 bis 14 KNGBbg definierten Gebiete der neuen Landkreise ab. Danach sei die Beschwerdeführerin gemäß § 5 KNGBbg mit Ablauf des 5. Dezember 1993 Teil des Landkreises Uckermark geworden und habe dementsprechend gemäß § 16 Satz 2 KNGBbg gleichzeitig ihre Kreisfreiheit verloren. Damit sei die Stadtsparkasse Schwedt im Gebiet des neuen Kreises ansässig und werde folglich vom Regelungsgehalt des § 26 Abs. 1 KNGBbg erfaßt.

Eine andere Auslegung widerspreche § 1 Abs. 1 des Sparkassengesetzes, wonach Sparkassen Einrichtungen der Landkreise oder kreisfreien Städte sein müßten. Auch das in § 5 des Sparkassengesetzes niedergelegte Regionalprinzip stütze diese Auslegung. Bliebe die Beschwerdeführerin Gewährträgerin der Stadtsparkasse Schwedt, so werde letztere im Gewährträgergebiet der künftigen Sparkasse des Landkreises Uckermark tätig, was zu einer unzulässigen Überschneidung der Gewährträgergebiete führe.

2. Die Beschränkung der Sparkassenhoheit auf Landkreise und kreisfreie Städte stelle im übrigen eine historisch bedingte Besonderheit der neuen Länder dar, die der Gesetzgeber berechtigterweise habe berücksichtigen dürfen.

3. Der Landkreis Uckermark verteidigt die angegriffenen Normen auch deshalb, weil die ständig wachsenden Anforderungen an die Kreditwirtschaft es erforderten, leistungsstarke Institute zu schaffen. Sonst drohe die Gefahr, daß auch der Mittelstand mehr und mehr die Dienste der Groß- und Privatbanken auf Kosten der Sparkassen in Anspruch nehme.

## IV.

In der mündlichen Verhandlung sind der Vorsitzende des Innenausschusses des Landtages Brandenburg, der Abgeordnete Klaus Häßler, sowie die Assistentin des Innenausschusses, Frau Dr. Sieglinde Reinhardt, dazu gehört worden, wie und mit welcher Begründung es im Innenausschuß des Landtages Brandenburg zur Einstellung des § 26 KNGBbg in den Gesetzentwurf gekommen ist.

## B.

Die Kommunalverfassungsbeschwerde nach § 51 Verfassungsgerichtsgesetz des Landes Brandenburg (VerfGGBbg) ist zulässig.

1. a) Die Verfassungsbeschwerde ist auch insoweit fristgerecht i. S. von § 51 Abs. 2 VerfGGBbg erhoben, als § 1 Sparkassengesetz mit angegriffen wird. Zwar ist diese nach Kapitel III Art. 9 Abs. 2 i. V. m. Anlage II B Kapitel IV, Abschnitt I Nr. 1 des Einigungsvertrages vom 31. August 1990 als Landesrecht fortgeltende Bestimmung bereits länger als ein Jahr in Kraft. Jedoch hat die Norm durch den in § 16 Satz 2 KNGBbg bestimmten Verlust der Kreisfreiheit der Beschwerdeführerin einen zusätzlichen Anwendungsbereich im Gebiet des Landes Brandenburg bekommen. Deshalb beginnt die Frist nach § 51 Abs. 2 VerfGGBbg mit dem diesen zusätzlichen Anwendungsbereich schaffenden gesetzgeberischen Akt (vgl. BVerfGE 12, 10, 24), d. h. im vorliegenden Fall mit dem Inkrafttreten des Kreisneugliederungsgesetzes.

b) Durchgreifende Bedenken gegen die Zulässigkeit bezüglich § 1 Sparkassengesetz ergeben sich auch nicht aus § 51 Abs. 1 VerfGGBbg, der vorschreibt, daß lediglich gegen ein Gesetz „des Landes" Verfassungsbeschwerde eingelegt werden kann. Ein vor dem Entstehen des Landes Brandenburg geschaffenes Gesetz kann als Akt der Landesstaatsgewalt gelten, wenn der Gesetzgeber solch vorkonstitutionelles Recht „in seinen Willen aufgenommen" hat (so BVerfGE 66, 248, 254 m. w. N. zur Normenkontrolle nach Art. 100 GG).

So liegt es hier. Die Einfügung des § 26 KNGBbg war erkennbar von der Vorstellung bestimmt, daß die Sparkassen entsprechend der Regelung des § 1 Sparkassengesetz Einrichtungen allein der Landkreise, kreisfreien Städte bzw. von ihnen gebildeter Zweckverbände seien und deshalb für eine eigenständige Sparkasse einer kreisangehörigen Kommune kein Raum sei. Das genügt, um von einer Inkorporation des § 1 Sparkassengesetz in den Willen des Gesetzgebers des Kreisneugliederungsgesetzes auszugehen und die Norm als eine solche des Landes Brandenburg anzusehen.

c) Auch soweit § 51 Abs. 1 VerfGGBbg zu entnehmen ist, daß die beschwerdeführende Kommune durch ein Gesetz des Landes unmittelbar in ihrem Recht auf Selbstverwaltung verletzt sein muß, ist die Verfassungsbeschwerde zulässig.

§ 26 KNGBbg i. V. m. § 1 Sparkassengesetz zielt unmittelbar auf den Entzug der Gewährträgerschaft der Beschwerdeführerin ab. Nach der Regelung des § 26 Abs. 1 KNGBbg sollte ersichtlich der Grundsatz des § 1 Sparkassengesetz nicht durchbrochen werden.

§ 26 Abs. 1 KNGBbg wurde im Hinblick darauf für erforderlich gehalten, daß die kommunale Neugliederung unmittelbare Auswirkungen auf die Organisationsstruktur des öffentlich-rechtlichen Sparkassenwesens im Land haben werde und Sparkassen allein Einrichtungen der Landkreise, kreisfreien Städte oder von ihnen gebildeter Zweckverbänden seien. Damit ist man von dem rechtlichen Ist-Zustand nach § 1 Sparkassengesetz ausgegangen, der durch die Bestimmung des § 26 Abs. 1 KNGBbg nicht modifiziert, sondern auf die neuen Verhältnisse übertragen werden sollte. Diese dem Gesetz während der parlamentarischen Beratung zugrunde liegende Einschätzung kommt auch im Wortlaut des § 26 Abs. 1 KNGBbg zum Ausdruck, wenn dort die Rede davon ist, daß die Landkreise und kreisfreien Städte die in ihrem Gebiet vorhandenen Sparkassen bis zum 1. Januar 1995 zu vereinigen hätten, damit der Landkreis oder die kreisfreie Stadt Gewährträger nur einer Sparkasse sei. Dies setzt aber voraus, daß der Landkreis oder die kreisfreie Stadt Gewährträger der zu vereinigenden Sparkassen wird.

Eine Bestätigung findet dieses Normverständnis in § 26 Abs. 2 KNGBbg, wo davon die Rede ist, daß die Organisationsstruktur der Sparkassen bis zum 1. Januar 1995 an die neue – also offensichtlich mit Inkrafttreten des Gesetzes entstehende – Gewährträgerstruktur angepaßt werden muß.

Ergibt sich somit der Verlust der Sparkassengewährträgerschaft der Beschwerdeführerin unmittelbar aus § 26 KNGBbg i. V. m. § 1 Sparkassengesetz, so können diese Bestimmungen schon aus diesem Grunde unabhängig von § 2 Abs. 1 Sparkassenanpassungsverordnung Gegenstand der Verfassungsbeschwerde sein.

2. Unbeschadet dessen ist die Verfassungsbeschwerde auch in bezug auf § 2 Abs. 1 der Sparkassenanpassungsverordnung zulässig, weil diese Norm bei Nichtigkeit von § 26 Abs. 1 KNGBbg i. V. m. § 1 Sparkassengesetz ebenfalls die von der Beschwerdeführerin beanstandete Rechtslage ausweisen würde. Daß auch eine Rechtsverordnung Gesetz i. S. von § 51 Abs. 1 VerfGGBbg ist, hat das Gericht bereits ausgesprochen (VerfGBbg OLG-NL 1994, 75, 76).

C.

Die Verfassungsbeschwerde ist auch begründet.

§ 26 Abs. 1 KNGBbg i. V. m. § 1 Sparkassengesetz verletzt die Beschwerdeführerin in ihrem Recht auf Selbstverwaltung aus Art. 97 der Verfassung des Landes Brandenburg (LV).

1. Das Recht, Sparkassen zu betreiben, gehört als Teil der grundsätzlich den Gemeinden obliegenden öffentlichen Daseinsvorsorge zum Bereich der gemeindlichen Selbstverwaltung (BVerfGE 75, 192, 199; VerfGH NW, JA 1981, 124).

Es kann dahingestellt bleiben, ob das Betreiben einer Sparkasse in eigener Gewährträgerschaft sogar zum unentziehbaren Kernbereich der institutionellen Selbstverwaltungsgarantie gehört, wie dies teilweise vertreten wird. Denn betrifft, wie vorliegend, der Entzug der Sparkassengewährträgerschaft nicht die Gemeinden schlechthin, sondern insgesamt nur zwei Städte, ist lediglich die individuelle, nicht aber die institutionelle Selbstverwaltungsgarantie berührt. Nur in bezug auf letztere besteht der gesetzesfeste Kernbereich gemeindlicher Betätigung. Für eine einzelne Gemeinde besteht ein solcher gesetzesfester Kernbereich nicht (BVerfGE 76, 107, 119; *Schmidt-Aßmann*, Sendler-Festschrift, 1991, 121, 135). Eingriffe dürfen jedoch nur in bestimmten Grenzen erfolgen. Bezogen auf die individuelle Selbstverwaltungsgarantie ist ein gesetzlicher Eingriff zunächst dann unrechtmäßig, wenn er sich als eine der betroffenen Gemeinde willkürlich auferlegte Sonderbelastung im Vergleich zu anderen Kommunen erweist. Willkürlich ist der Eingriff in das Selbstverwaltungsrecht einer einzelnen Gemeinde, wenn er keinen „zureichenden Grund in der Wahrung überörtlicher Interessen" besitzt (BVerfGE 76, 107, 119). Dieses öffentliche (überörtliche) Interesse muß überdies im konkreten Fall höheres Gewicht besitzen als das Selbstverwaltungsrecht der einzelnen betroffenen Gemeinde und ist somit am Grundsatz der Verhältnismäßigkeit zu messen (BVerfGE 26, 228, 240; 56, 298, 313; 76, 107, 120). Die Anforderungen sind um so höher anzusetzen, wenn die betreffende Gemeinde bereits von einer aus dem Selbstverwaltungsrecht fließenden Rechtsposition Gebrauch gemacht hat, so wie hier die Beschwerdeführerin durch das Betreiben einer eigenen Sparkasse. Bei kommunalen Neugliederungen gilt zusätzlich, daß der Gesetzgeber die Abwägung nachvollziehbar vorgenommen und die betroffene Gemeinde angehört haben muß (BVerfGE 86, 90, 112 ff.).

2. a) Der den einzelnen Gemeinden zuzubilligende Aufgabenvorbehalt gilt nicht nur im Verhältnis zum Staat, sondern auch gegenüber den Kreisen. Diese verfügen – anders als die Gemeinden, hinsichtlich derer eine Zuständigkeitsvermutung in bezug auf alle Angelegenheiten der örtlichen Gemeinschaft besteht – über keine originären Kompetenzen (BVerfGE 79, 127, 150). Ihnen werden vielmehr vom Gesetzgeber – subsidiär – Aufgaben zugewiesen, deren ordnungsgemäße Erfüllung durch die Gemeinden nicht sichergestellt ist.

b) Dieses als Subsidiaritätsgrundsatz bezeichnete Prinzip, welches das Bundesverfassungsgericht als Norminhalt des Art. 28 Abs. 2 Grundgesetz (GG) entwickelt hat, findet auch in Art. 97 LV Niederschlag. Allerdings scheint Art. 97 Abs. 2 LV seinem Wortlaut nach auf den ersten Blick die Aufgaben örtlicher Gemeinschaft den Gemeinden und Kreisen gleichrangig zuzuweisen. Ein Zurückbleiben hinter Art. 28 Abs. 2 Satz 1 GG, welches gemäß Art. 31 GG zur Nichtigkeit der genannten Landesverfassungsnorm führen würde (Nds. StGH DVBl. 1973, 310; Brem. StGH, Entscheidungssammlung von 1950 bis 1969, Nr. 8, S. 42, 44) und das Gericht gegebenenfalls zu einer Vorlage nach Art. 100 Abs. 1 GG an das Bundesverfassungsgericht zwänge,

kann bei (bundes-)verfassungskonformer Auslegung der Vorschrift des
Art. 97 LV nicht entnommen werden. Art. 97 LV widerspricht jedenfalls insofern nicht dem Art. 28 Abs.
2 GG, als auch das Bundesverfassungsgericht Gemeindeverbände (Kreise) im Bereich
von Aufgaben mit relevant örtlichem Charakter nicht etwa völlig ausspart. So
billigt es mit Hinweis auf seine ältere Rechtsprechung den Kreisen „eine Aus-
gleichs- und Ergänzungsfunktion" im Hinblick auf örtliche Aufgaben zu
(BVerfGE 79, 127, 152). Auch stellt es klar, daß Aufgaben, die relevant örtlichen Charakter haben, trotz dieser Eigenschaft den Gemeinden entzogen und
den Kreisen zugewiesen werden können, sofern nur ein bestimmte Voraussetzungen erfüllender Gemeinwohlbezug vorliege (BVerfGE 79, 127, 153). Mit
einer solchen durch Gesetz vorgenommenen „Hochzonung" einzelner Aufgaben verlieren diese aber nicht notwendig ihren Charakter als dem Wesen nach
örtliche Aufgaben (*von Mutius*, Der Landkreis 1994, 5 f.). Unter Zugrundelegung dessen weicht Art. 97 LV, auch wenn dort die Gemeindeverbände
(Landkreise) in bezug auf die örtlichen Aufgaben mit genannt werden, von
dem durch Art. 28 Abs. 2 Satz 1 GG vorgenommenen Aufgabenverteilungs-
prinzip nicht ab.

Auch die Entstehungsgeschichte des Art. 97 LV läßt keine Anhaltspunkte
dafür erkennen, daß eine von Art. 28 Abs. 2 GG inhaltlich abweichende Regelung geschaffen werden sollte. Dagegen spricht auch schon die allgemeine Ver-
mutung, daß ein Landesverfassungsgeber das übergeordnete Bundesverfassungsrecht zu beachten bereit ist (so auch *Franke/Kneifel-Haverkamp* in:
Brandenburgisches Oberlandesgericht, Festgabe zur Eröffnung, S. 97, 110 f.).
Auch die Protokolle der sich mit dieser Frage befassenden Sitzungen des Un-
terausschusses II des Verfassungsausschusses vom 2. Mai 1991 und vom
15. November 1991 weisen aus, daß eine inhaltliche Differenz zu Art. 28
Abs. 2 GG nicht gewollt war. So wies Frau Dr. Sieglinde Reinhardt, die Assistentin des Verfassungsausschusses, in der Sitzung vom 15. November 1991
unwidersprochen darauf hin, daß das Bundesverfassungsgericht in seiner
Rechtsprechung von einer allgemeinen Kompetenzvermutung für die Gemeinden ausgehe. Als das Ausschußmitglied Martina Schlanke die Frage zur
Diskussion stellte, ob die Selbstverwaltungsrechte der Gemeinden von denen
der Gemeindeverbände abgehoben werden sollten, wurde von dem Ausschußmitglied Britta Schellin lediglich darauf hingewiesen, daß dies in die Amtsordnung gehöre. Der sich anschließenden Bemerkung des Ausschußmitgliedes
Gerlinde Stobrawa, daß das Grundgesetz in der Frage der Selbstverwaltungsgarantie hinter der geltenden Kommunalverfassung zurückbleibe, läßt sich zumindest nicht entnehmen, daß damit eine dem Grundgesetz widersprechende
Regelung befürwortet werden sollte (vgl. im einzelnen: Protokolle 15. Sitzung
Verfassungsausschuß UA II vom 15. November 1991 S. 3 f.).

3. § 26 Abs. 1 KNGBbg i. V. m. § 1 Sparkassengesetz genügt nicht den dargelegten Anforderungen, die an ein Gesetz zu stellen sind, das einer Gemeinde eine Selbstverwaltungsaufgabe entzieht. Es sind keine Gründe im Gesetzgebungsverfahren angeführt worden oder ersichtlich, die es rechtfertigen, der Beschwerdeführerin die bisher von ihr unterhaltene Sparkasse zu nehmen.

a) Das gilt auch mit Blick auf das sogenannte Regionalprinzip. Dieses beinhaltet lediglich, wie auch § 5 Sparkassengesetz zu entnehmen ist und wie es diesem herkömmlichen Grundgedanken des Sparkassenrechts entspricht (vgl. dazu OVG Koblenz, NVwZ-RR 1992, 241, 243), daß der räumliche Tätigkeitsbereich einer Sparkasse auf das Gebiet seines Gewährträgers beschränkt ist. Insoweit kann ein Verbleib der Gewährträgerschaft bei der Beschwerdeführerin ohnehin nicht mit dem Regionalprinzip kollidieren. Soweit sich die Gefahr ergibt, daß sich im Bereich der Stadt Schwedt die Geschäftsgebiete von Kreis- und Stadtsparkasse mit der Folge einer Anhaltskonkurrenz überlappen, liegt es in der Hand des Gesetzgebers, dem vorzubeugen, indem er die Frage der Teilüberschneidung regelt (vgl. dazu z. B. die Regelung in § 1 Abs. 2 Satz 2 des Sparkassengesetzes von Nordrhein-Westfalen). Daß das im Lande Brandenburg fortgeltende Sparkassengesetz eine Regelung dieser Art bisher nicht enthält, ist nicht Ausdruck des gesetzgeberischen Willens, künftig etwa eintretende Gemengelagen von vornherein zugunsten der Kreissparkassen zu entscheiden, sondern Folge der Regelung des § 1 Sparkassengesetz; wegen der Beschränkung der Gewährträgerschaft auf Kreise und kreisfreie Städte konnte es zu einer Teilüberschneidung von Gewährträgergebieten nicht kommen.

b) Auch die vom Ministerium der Finanzen des Landes Brandenburg weiter angeführten historischen Gründe haben kein hinreichendes Gewicht. Das Ministerium verweist insoweit ohne Erfolg auf die frühere Regelung des § 1 Abs. 2 Satz 1 des Sparkassenstatuts der DDR aus dem Jahre 1975 (GBl. DDR I S. 703) und darauf, daß sowohl der DDR-Gesetzgeber in seinem Sparkassengesetz vom 29. Juni 1990 als auch etwa der sachsen-anhaltinische Gesetzgeber in § 30 des Gesetzes zur Kreisgebietsreform vom 13. Juli 1993 entsprechende Regelungen getroffen haben und dieser Ansatz auch in einem Regierungsentwurf der brandenburgischen Landesregierung aufgegriffen worden ist (LT-Drs. 1/2454). Der Hinweis auf die frühere DDR-Rechtslage kann schon deshalb keine hinreichende Legitimation für die hier in Frage stehende Regelung darstellen, weil das Recht der kommunalen Selbstverwaltung in der DDR im Zuge der Entwicklung zu einem sozialistischen Staat beseitigt worden war (vgl. dazu *Mampel*, Die Sozialistische Verfassung der Deutschen Demokratischen Republik, 1982, Rdn. 2 zu Art. 41) und in Widerspruch zu dem in Art. 47 Abs. 2 der DDR-Verfassung niedergelegten Prinzip des Demokratischen Zentralismus geraten wäre. Die DDR-Sparkassen waren unselbständige Glieder der zentralen Planungsbürokratie und damit faktisch „Zweigstellen" der Staatsbank (vgl. *Nierhaus/Stern*, Regionalprinzip und Sparkassenhoheit im Europäischen Bankenbinnenmarkt 1993, S. 22 Fn. 2). Schlußfolgerungen in bezug auf die kommunale Aufgabenverteilung in der Bundesrepublik Deutschland, in der die gemeindliche Selbstverwaltungsgarantie verfassungsrechtlichen Rang hat, lassen sich daraus nicht ableiten.

c) Eine Rechtfertigung für den Eingriff in das Selbstverwaltungsrecht der Beschwerdeführerin ergibt sich auch nicht aus der grundsätzlich dem Gesetzgeber zustehenden Typisierungsbefugnis im Bereich kommunaler Selbstverwaltung (dazu BVerfGE 79, 127, 154). Die daraus folgende Einschätzungsprärogative des Gesetzgebers, die es ihm erlaubt, nicht notwendig den Interessen jeder einzelnen Gemeinde Rechnung tragen zu müssen, setzt eine überhaupt stattgefundene Einschätzung voraus, in die u. a. Maß und Gewicht der örtlichen Belange einzustellen ist. Daran fehlt es vorliegend. Der Regelung des § 1 Sparkassengesetz hatte ursprünglich die Erwägung zugrunde gelegen, kreisangehörigen Gemeinden mit Rücksicht auf ihre geringere Fläche und Bevölkerungszahl als Sparkassenerrichtungskörperschaften generell auszuschließen (vgl. so der Volkskammer-Abgeordnete Dr. Goldhahn, 19. Tagung der DDR-Volkskammer vom 29. Juni 1990, stenografisches Protokoll, S. 785). Diese Überlegung wäre im Hinblick auf die Beschwerdeführerin schon deshalb nicht tragfähig, weil ihr als einer kreisfreien Stadt die erforderliche Leistungsfähigkeit gerade zugestanden wurde. Deshalb hätte nunmehr im Gesetzgebungsverfahren dargelegt und abgewogen werden müssen, wieso mit der Gebietsreform diese Leistungsfähigkeit der Beschwerdeführerin fortfalle. Der bloße Verlust der Kreisfreiheit stellt im Hinblick auf diese Frage jedenfalls keinen ausreichenden Indikator dar. Auch anderweitige Erwägungen des Gesetzgebers, die es von der Sache her rechtfertigen könnten, der Beschwerdeführerin ihre Stadtsparkasse zu entziehen, sind nicht ersichtlich.

d) Darüber hinaus hat es im Gesetzgebungsverfahren – wie die Anhörung des Vorsitzenden des federführenden Innenausschusses in der mündlichen Verhandlung bestätigt hat – keine nachvollziehbare Abwägung zwischen überörtlichen Interessen und den Belangen der Beschwerdeführerin als kommunaler Selbstverwaltungskörperschaft gegeben, wie sie bei Eingriffen im Zusammenhang mit einer kommunalen Neugliederung geboten ist.

Auch eine Anhörung der Beschwerdeführerin, die zugleich ein Mittel der Sachverhaltsermittlung ist, hat nicht ausreichend stattgefunden. Zwar ist die Beschwerdeführerin im Hinblick auf den Fortfall der Kreisfreiheit angehört worden (vgl. dazu LT-Drs. 1/1259, S. 30 f.). Fragen im Hinblick auf die Sparkassengewährträgerschaft sind dabei jedoch nicht behandelt worden.

4. Eine Nichtigkeitserklärung der beiden angegriffenen Gesetzesvorschriften (§ 26 KNGBbg und § 1 Sparkassengesetz) kommt nicht in Betracht, weil sonst die Grundlage für das Tätigwerden aller Sparkassen entfiele. Im Hinblick darauf war im Tenor lediglich die Unvereinbarkeit der angegriffenen Vorschriften mit Art. 97 LV festzustellen, soweit sie der Beschwerdeführerin verwehren, eine Sparkasse in eigener Gewährträgerschaft weiter zu betreiben. Damit wird dem rechtlichen Anliegen der Beschwerdeführerin Rechnung getragen.

5. § 2 Abs. 1 der Sparkassenanpassungsverordnung war gemäß § 50 Abs. 4 VerfGGBbg für nichtig zu erklären, weil § 26 einschließlich seines Absatzes 2 KNGBbg mit Art. 97 LV in bezug auf die Beschwerdeführerin unvereinbar ist und deshalb für die angegriffene Norm der Sparkassenanpassungsverordnung die Ermächtigungsgrundlage fehlt.

6. Der Beschwerdeführerin sind gemäß § 32 Abs. 7 VerfGGBbg die notwendigen Auslagen zu erstatten.

## Nr. 4

1) Einem Beschwerdeführer, der mit der Einlegung einer Verfassungsbeschwerde bis zur erstmaligen Berufung der Richter des Verfassungsgerichts zugewartet hat, kann Wiedereinsetzung in den vorigen Stand gegen die Versäumung der Frist des § 47 Abs. 1 VerfGGBbg gewährt werden.

2) Art. 47 Abs. 2 der Verfassung des Landes Brandenburg beinhaltet eine grundrechtliche Gewährleistung. Zum Anwendungsbereich dieser Verfassungsbestimmung bei bundesrechtskonformer Auslegung.

Landesverfassung Brandenburg Art. 47 Abs. 2

Verfassungsgerichtsgesetz Brandenburg § 47 Abs. 1

Beschluß vom 19. Mai 1994 – VfGBbg 6/93, 6/93 EA –

in dem Verfahren über die Verfassungsbeschwerden der Eheleute 1. Herrn H., 2. Frau H. gegen Urteile des Bezirksgerichtes P.

Entscheidungsformel:
Die Verfassungsbeschwerden werden zurückgewiesen.

Gründe:

A.

Die Beschwerdeführer wenden sich mit ihren Verfassungsbeschwerden gegen zwei Berufungsurteile des vormaligen Bezirksgerichtes P.

I.

Das Gericht verurteilte die Beschwerdeführer zum einen in Abänderung der erstinstanzlichen Entscheidung, ihre Wohnung an deren Eigentümer geräumt herauszugeben (6 S 34/92). Zum anderen bestätigte das Bezirksgericht ein Urteil des Vorgerichtes, wonach die Beschwerdeführer keinen Anspruch u. a. auf Nutzung einer Kellerwohnung und eines Pavillons auf demselben Grundstück haben (6 S 23/92).

Ursprünglich waren der Beschwerdeführer zu 1. und Dr. H. als Erbengemeinschaft Eigentümer des Grundstückes.

Auf Antrag des Dr. H. wurde das Grundstück zum Zwecke der Auseinandersetzung am 23. März 1989 durch das Kreisgericht X. an diesen verkauft. Dr. H. und seine Ehefrau wurden danach als Eigentümer in das Grundbuch eingetragen. Sämtliche Rechtsmittel des Beschwerdeführers zu 1., der selbst mitgeboten hatte, blieben bisher ohne Erfolg.

Im Zuge des Eigentümerwechsels erhielten die Beschwerdeführer durch den Rat des Kreises X. eine Zuweisung für ihre Wohnung, die sie aufgrund der Eigentümerstellung des Beschwerdeführers zu 1. bewohnt hatten.

Mit Urteil vom 18. Januar 1990 wies das Kreisgericht X. eine Klage der Beschwerdeführer gegen die Eheleute H. auf Gestattung der Nutzung u. a. einer Kellerwohnung und eines Pavillons auf dem Grundstück sowie auf Feststellung eines den gesetzlichen Bestimmungen entsprechenden Mietpreises durch die zuständige staatliche Stelle ab.

Die dagegen am 9. Februar 1990 eingelegte Berufung wies das Bezirksgericht P. mit Urteil vom 5. Juli 1993, den Beschwerdeführern am 17. August 1993 zugestellt, als unbegründet zurück (6 S 23/92). Zur Begründung führte das Bezirksgericht aus, die Beschwerdeführer hätten ihr Nutzungsrecht an den streitgegenständlichen Räumlichkeiten und Flächen durch den Eigentümerwechsel an dem Grundstück verloren. Neue Vereinbarungen seien zwischen den Parteien insoweit nicht getroffen worden.

Das Kreisgericht X. wies mit einem weiteren Urteil vom 3. April 1992 eine Räumungsklage der Eheleute H. gegen die Beschwerdeführer ab und stellte fest, daß zwischen den Parteien über die von den Beschwerdeführern bewohnte Wohnung konkludent ein Mietvertrag geschlossen worden sei.

Das Bezirksgericht P. änderte diese Entscheidung auf die Berufung der Eheleute H. hin mit Urteil vom 5. Juli 1993, den Beschwerdeführern zugestellt am 12. August 1993, ab und verurteilte die Beschwerdeführer zur Herausgabe der streitgegenständlichen Wohnung (6 S 34/92). Zur Begründung führte das Gericht aus, das Zustandekommen eines Mietvertrages durch schlüssiges Verhalten könne nicht angenommen werden, da die Parteien über die Höhe des Mietzinses nicht einig gewesen seien. Dem Herausgabeanspruch stehe auch das durch den Beschwerdeführer zu 1. angestrengte Verfahren beim Amt für offene Vermögensfragen nicht entgegen, mit dem der Beschwerdeführer zu 1. die Rechtmäßigkeit des Verkaufsbeschlusses des Kreisgerichtes X. vom 23. März 1989 überprüfen lassen wolle.

Das Bezirksgericht hat die Berufungsverfahren 6 S 23/92 und 6 S 34/92 ausweislich des Protokolls der mündlichen Verhandlung vom 17. September 1992 im Einverständnis mit den Parteien gemeinsam verhandelt. Im Verlaufe des Termins wurde einem Selbstablehnungsgesuch der Richterin W. stattgegeben.

## II.

Mit ihren Verfassungsbeschwerden vom 3. November 1993, bei Gericht eingegangen am 8. November 1993, rügen die Beschwerdeführer die Verletzung ihrer Rechte aus Art. 6 Abs. 1 bis 3 der Verfassung des Landes Brandenburg (LV) und aus Art. 34 Grundgesetz (GG) durch das Urteil 6 S 23/92 sowie aus Art. 12 Abs. 1, Art. 47 Abs. 1, 2, Art. 52 Abs. 4 LV und Art. 97 GG durch das Urteil 6 S 34/92. Sie machen geltend:

Sie hätten ihre Verfassungsbeschwerden nicht früher einlegen können, da der Geschäftsbetrieb des Verfassungsgerichtes des Landes Brandenburg nach telefonischer Auskunft des Justizministeriums des Landes Brandenburg erst am 28. Oktober 1993 aufgenommen worden sei. Selbst die Anschrift des Verfassungsgerichtes sei ihnen erst kurz vorher über das Justizministerium bekanntgeworden. In der Sache selbst meinen sie, das Bezirksgericht P. habe in den angegriffenen Urteilen vorsätzlich und parteiisch den Standpunkt der jetzigen Grundstückseigentümer vertreten. Der in Art. 47 LV verankerte Mieterschutz sei nur am Rande erwähnt, aber nicht wirklich berücksichtigt worden. Im übrigen sei das Verfahren 6 S 23/92 mit einer Dauer von fast dreieinhalb Jahren durch das Berufungsgericht unzulässig lange verschleppt worden. Darüber hinaus sei in dieser Sache in der mündlichen Verhandlung vom 5. Juli 1993 nicht vollständig verhandelt worden. Das Urteil habe bereits vorher festgestanden. Das Räumungsurteil (6 S 34/92) bedeute für sie einen erheblichen finanziellen Schaden.

Mit Schriftsatz vom 26. April 1994 haben die Beschwerdeführer den Erlaß einer einstweiligen Anordnung mit dem Ziel beantragt, bis zur Entscheidung über ihre Verfassungsbeschwerden weiter in der bisherigen Wohnung wohnen zu können.

## III.

1. Für das frühere Bezirksgericht und jetzige Landgericht P. hat sich dessen Vizepräsident geäußert:

Die Verfassungsbeschwerde sei unzulässig. Die Beschwerdeführer hätten die Zwei-Monats-Frist des § 47 Abs. 1 Verfassungsgerichtsgesetz des Landes Brandenburg (VerfGGBbg) nicht eingehalten. Zum anderen fehle es an der gem. § 45 Abs. 2 VerfGGBbg notwendigen Rechtswegerschöpfung, soweit mit der Verfassungsbeschwerde eine Untätigkeit des Bezirksgerichtes gerügt werde. Die Beschwerdeführer könnten insoweit einen Amtshaftungsanspruch vor den Fachgerichten einklagen. Die Verfassungsbeschwerde sei auch unbegründet. Für die Prozeßdauer sei das Verhalten der Prozeßparteien mit ursächlich. Hinzu komme die hohe Arbeitsbelastung des Gerichtes. Für ein parteiisches Verhalten des Gerichtes gebe es nach den Verfahrensakten keinen Anhaltspunkt. Die Beschwerdeführer hätten zudem von der Möglichkeit, eine Befangenheit des Gerichtes zu rügen, keinen Gebrauch gemacht. Eine sachwidrige Ungleichbehandlung sei nicht zu erkennen.

2. Die Prozeßgegner der Beschwerdeführer in den Ausgangsverfahren, die Eheleute H., haben sich ebenfalls geäußert. Sie treten der Verfassungsbeschwerde entgegen.

## B.

Die Verfassungsbeschwerden, die das Gericht zur gemeinsamen Entscheidung verbunden hat, sind zulässig. Sie sind nicht verfristet (I.). Der Rechtsweg ist erschöpft (II.).

## I.

Der Zulässigkeit der Verfassungsbeschwerden steht die Frist des § 47 Abs. 1 VerfGGBbg nicht entgegen. Nach dieser Vorschrift ist eine Verfassungsbeschwerde gegen ein Urteil innerhalb von zwei Monaten nach dessen Zustellung zu erheben. Allerdings sind die Verfassungsbeschwerden der Beschwerdeführer erst am 8. November 1993, also mehr als zwei Monate nach der Zustellung der angegriffenen Urteile am 12. und 17. August 1993, eingegangen. Das Gericht gewährt jedoch insoweit – auf den aus dem diesbezüglichen Vorbringen der Beschwerdeführer zu entnehmenden Antrag – Wiedereinsetzung in den vorherigen Stand gem. § 47 Abs. 2 VerfGGBbg. Hiernach kann das Gericht Wiedereinsetzung gewähren, wenn ein Beschwerdeführer ohne sein Verschulden gehindert war, die Frist einzuhalten. Ein entsprechender Antrag muß innerhalb von 14 Tagen nach Wegfall des Hindernisses gestellt werden.

Da ein Teil der Mitglieder des Verfassungsgerichtes erst Ende Oktober 1993 vereidigt worden ist und sich das Verfassungsgericht anschließend noch zu konstituieren hatte, mußte beim Bürger, auch angesichts des Medienechos, der Eindruck entstehen, daß das Verfassungsgericht erst ab November 1993 seine Tätigkeit aufnehme. Zudem waren zu diesem Zeitpunkt weder Sitz noch Adresse des Verfassungsgerichtes öffentlich bekannt oder im Telefonbuch verzeichnet. Unter diesen Umständen haben die Beschwerdeführer aus ihrer Sicht alles Sachdienliche getan, um ihre Verfassungsbeschwerden zeitgerecht erheben zu können. So haben sie nach ihrem Vortrag telefonisch beim Ministerium der Justiz des Landes Brandenburg in Erfahrung gebracht, daß der Geschäftsbetrieb des Verfassungsgerichtes am 28. Oktober 1993 aufgenommen worden sei. Das Gericht behandelt hiernach die Verfassungsbeschwerde als fristgerecht eingelegt.

## II.

Der Rechtsweg ist nach Maßgabe des § 45 Abs. 2 VerfGGBbg erschöpft. Die Zivilprozeßordnung sieht keine weiteren Rechtsmittel gegen ein Berufungsurteil eines Landgerichtes vor. Ein Amtshaftungsprozeß gehört nicht zum Rechtsweg im Sinne des § 45 Abs. 2 VerfGGBbg. Bei einem Amtshaftungsanspruch handelt es sich um einen Sekundäranspruch; ein Prozeß, in dem ein solcher Anspruch verfolgt wird, hat einen anderen Streitgegenstand als der anspruchsbegründende Ausgangsprozeß (vgl. BVerfGE 20, 162, 173).

## C.

Die Verfassungsbeschwerden sind indes unbegründet. Insbesondere sind die Beschwerdeführer nicht in ihren Grundrechten auf Gleichbehandlung gem. Art. 12 Abs. 1 LV (I.), auf Eigentum gem. Art. 41 Abs. 1 LV (II.), auf Schutz bei Räumung gem. Art. 47 LV (III.) oder in ihren prozessualen Grundrechten gem. Art. 52 LV (IV.) verletzt. Ebenso geht die Rüge der Beschwerdeführer fehl, in ihren Rechten aus Art. 6 LV verletzt zu sein (V.).

Soweit die Beschwerdeführer Bestimmungen des Grundgesetzes als verletzt rügen, ist dem Gericht eine Überprüfung verwehrt.

I.

Die angegriffenen Urteile behandeln die Beschwerdeführer nicht willkürlich ungleich und verletzen sie daher nicht in ihrem Grundrecht auf Gleichbehandlung gem. Art. 12 Abs. 1 LV.

Grundsätzlich unterliegt die Nachprüfung eines Gerichtsurteils durch das Verfassungsgericht engen Grenzen. Es ist nicht die Aufgabe des Verfassungsgerichtes, ein Urteil auf die zutreffende Anwendung des einfachen Rechts hin zu überprüfen (vgl. BVerfGE 1, 82, 85). Zu prüfen ist allein, ob im Rahmen der Rechtsanwendung Grundrechte nicht oder nicht hinreichend beachtet worden sind und der Beschwerdeführer dadurch im Sinne des Art. 6 Abs. 2 LV in einem in der Verfassung gewährleisteten Grundrecht verletzt worden ist.

Weder die Entscheidungsgründe noch die Gerichtsakten enthalten jedoch einen Anhaltspunkt dafür, daß die Beschwerdeführer willkürlich ungleich behandelt worden sind. Eine willkürliche Ungleichbehandlung durch ein Gerichtsurteil liegt vor, wenn die Rechtsanwendung durch das Gericht in verfahrensmäßiger oder materiellrechtlicher Hinsicht bei verständiger Würdigung nicht nachzuvollziehen ist und es daher naheliegt, daß sie auf sachfremden Erwägungen beruht (vgl. BVerfGE 42, 64, 74). Das ist hier nicht erkennbar. Das Bezirksgericht hat sich ausweislich der Entscheidungsgründe der beiden angegriffenen Urteile, denen ein einheitlicher Lebenssachverhalt zugrunde liegt, mit allen einschlägigen Aspekten in rechtlicher und tatsächlicher Hinsicht auseinandergesetzt. Für sachfremde Erwägungen ergibt sich kein Anhaltspunkt.

II.

Desgleichen sind die Beschwerdeführer nicht in ihrem Eigentumsrecht gem. Art. 41 Abs. 1 LV verletzt.

Zwar ist das Besitzrecht eines Mieters an dem gemieteten Wohnraum grundsätzlich eine durch Art. 41 Abs. 1 LV geschützte Rechtsposition (vgl. BVerfG, NJW 1993, 2035 ff.). Voraussetzung ist jedoch, daß ein mietrechtliches Besitzrecht besteht. Daran fehlt es nach dem angegriffenen Urteil des Bezirksgerichtes P., welches insoweit der Überprüfung durch das Verfassungsgericht entzogen ist.

III.

Die Beschwerdeführer sind auch nicht in ihrem Recht aus Art. 47 Abs. 2 LV verletzt.

Nach dieser Vorschrift darf die Räumung einer Wohnung nur vollzogen werden, wenn Ersatzwohnraum zur Verfügung steht. Dabei handelt es sich um eine grundrechtliche Gewährleistung. Aus Art. 47 Abs. 2 Satz 2 LV ergibt sich, daß bei einer entsprechenden Abwägung die Bedeutung der Wohnung für ein menschenwürdiges Leben besonders zu berücksichtigen ist. Ein menschenwürdiges Leben aber ist Ausfluß der Menschenwürde, dem obersten Wert der Verfassung (vgl. BVerfGE 54, 341, 357) und mit dieser dem Grundrechtsbereich zuzuordnen. Dementsprechend ist in den parlamentarischen Beratungen zum Entwurf der Landesverfassung mehrheitlich deutlich geworden, daß es sich bei Art. 47 Abs. 2 LV um eine individuelle grundrechtliche Gewährleistung handeln sollte (vgl. etwa Abgeordneten B. während der 3. Lesung des Verfassungsentwurfes, Dokumentation zur Verfassung des Landes Brandenburg, Band 3, S. 348).

Unbeschadet dessen berührt ein Räumungsurteil als solches noch nicht den Schutzbereich des Art. 47 Abs. 2 LV. Schon nach seinem Wortlaut greift Art. 47 Abs. 2 LV erst beim Vollzug der Räumung ein, nicht schon beim Erlaß eines Räumungstitels. In den Beratungen des Verfassungsentwurfs ist die Vorschrift unabhängig von den unterschiedlichen Formulierungsvorschlägen allseits und insoweit übereinstimmend dem Vollzugsbereich zugeordnet worden (vgl. beispielsweise 1., 4. und 19. Sitzung des Verfassungsausschusses am 26. März 1991, 12. April 1991 und 26. November 1991, aaO, Band 2, S. 430, 481, 769). Bei bundesrechtskonformer Auslegung wirkt sie sich im Bereich der Zwangsvollstreckung aus, wenn und soweit die bundesrechtlichen Regelungen hierfür Spielraum lassen (vgl. *Franke/Kneifel-Haverkamp* in: Brandenburgisches OLG, Festgabe zur Eröffnung, S. 97, 118). Im übrigen sichert Art. 47 Abs. 2 LV landesverfassungsrechtlich ab, daß im Falle der Zwangsräumung von Wohnraum behördlicherseits für eine den Umständen nach angemessene anderweitige Unterbringung Sorge getragen werden muß, und gibt hierauf einen grundrechtlichen Anspruch. Die Bestimmung greift damit auf, was sich bereits aus Art. 1 i. V. m. Art. 20 GG (Menschenwürde, Sozialstaatsprinzip) ergibt. Der Bereich der Vollstreckung steht hier jedoch nicht in Frage. Eine Zwangsräumung ist, soweit ersichtlich, nicht eingeleitet.

Die Beschwerdeführer können sich auch nicht auf Art. 47 Abs. 1 LV berufen. Diese Vorschrift ist kein Grundrecht im Sinne von Art. 6 Abs. 2 LV. Nach Art. 47 Abs. 1 LV ist das Land verpflichtet, im Rahmen seiner Kräfte für die Verwirklichung des Rechts auf angemessene Wohnung zu sorgen. Bereits der Wortlaut läßt erkennen, daß Art. 47 Abs. 1 LV lediglich das Land Brandenburg verpflichtet, nicht aber den einzelnen Bürger berechtigt. Diese Intention ist auch in den Beratungen des Verfassungsentwurfes deutlich geworden (so Abgeordneter P., 1. Lesung des Verfassungsentwurfes, aaO, 3. Band, S. 97; derselbe während der 2. Lesung, aaO, Band 3, S. 208; ein Antrag der PDS-LL, Art. 47 Abs. 1 LV als individuelles Recht auszugestalten, wurde im Verfassungsausschuß am 18. März 1992 abgelehnt, vgl. dazu Ausschußprotokoll der 3. Sitzung, aaO, Band 3, S. 564).

## IV.

Auch Art. 52 Abs. 4 LV ist nicht verletzt.

Diese Vorschrift, die ebenfalls Grundrechtscharakter hat, gewährleistet das Recht auf ein faires und zügiges Verfahren vor einem unabhängigen und unparteiischen Gericht.

Weder aus dem Vortrag der Beschwerdeführer noch aus den Prozeßakten noch aus den Gründen der angegriffenen Urteile ergibt sich auch nur der geringste Anhaltspunkt dafür, daß das Bezirksgericht parteiisch verhandelt und entschieden hat. Eine Richterin des erkennenden Spruchkörpers hat sogar ihrerseits ein Selbstablehnungsgesuch gestellt, dem stattgegeben wurde. Eine Verletzung des Rechts auf rechtliches Gehör gem. Art. 52 Abs. 3 LV ist gleichfalls nicht ersichtlich.

Soweit die Beschwerdeführer vortragen, in dem Verfahren 6 S 23/92 sei nicht vollständig verhandelt worden, wird dies durch das Protokoll der mündlichen Verhandlung vom 5. Juli 1993 widerlegt. Hiernach ist die Sache in rechtlicher und tatsächlicher Hinsicht umfassend erörtert worden.

Auch aus der ca. dreieinhalbjährigen Verfahrensdauer ergibt sich keine Grundrechtsverletzung. Freilich verlangt der im Rechtsstaatsprinzip verankerte Grundsatz des effektiven Rechtsschutzes, wie ihn Art. 52 Abs. 4 LV formuliert, daß ein rechtsuchender Bürger in einem überschaubaren Zeitrahmen ein Urteil erhält. Es ist jedoch zu berücksichtigen, daß die hier in Rede stehenden Verfahren in den Zeitraum der deutschen Einigung und damit in den Auf- und Umbau der Justiz in dem neu gegründeten Bundesland Brandenburg fallen. Angesichts dieser Situation und der Arbeitsbelastung der befaßten Gerichte kann hier die Verfahrensdauer nicht als verfassungswidrig angesehen werden. Dies gilt um so mehr, als die Parteien ihrerseits – durch Nichterscheinen im Termin und einen Fristverlängerungsantrag – zu der Verfahrensdauer beigetragen haben. Ergänzend ist darauf hinzuweisen, daß die Länge des Verfahrens ein den Beschwerdeführern ungünstiges Prozeßergebnis hinausgezögert, ihnen also letzten Endes eher genutzt als geschadet hat.

## V.

Soweit sich die Beschwerdeführer auf ihre Rechte aus Art. 6 Abs. 2 und 3 LV berufen, bleibt auch dies ohne Erfolg. Art. 6 Abs. 3 LV selbst kann als Schadensersatzanspruch nicht Gegenstand einer Verfassungsbeschwerde sein. Gem. Art. 6 Abs. 2 LV kann in einem solchen Verfahren nur die Verletzung eines Grundrechtes gerügt werden. Eine Grundrechtsverletzung läßt sich indes, wie ausgeführt, nicht feststellen.

## VI.

Mit diesem Beschluß erübrigt sich eine Entscheidung über den Antrag der Beschwerdeführer auf Erlaß einer einstweiligen Anordnung.

## Nr. 5

**Die Selbstablehnung eines Verfassungsrichters des Landes Branden-burg nach § 15 Abs. 4 VerfGGBbg ist bereits dann begründet, wenn für einen am Verfahren Beteiligten bei vernünftiger Würdigung aller Umstän-de Anlaß besteht, an der Unvoreingenommenheit und objektiven Einstel-lung des Richters zu zweifeln.**

Verfassungsgerichtsgesetz Brandenburg § 15 Abs. 3, 4

Beschluß vom 15. Juni 1994 – VfGBbg 10/94 EA –

in dem Verfahren auf Erlaß einer einstweiligen Anordnung des minderjährigen Schülers F. K., vertreten durch seine Eltern, Frau Dr. K., Herrn Dr. K., wegen Aufnahme in das Gymnasium (hier: Selbstablehnung des Richters Dr. D.).

Entscheidungsformel:

Die Selbstablehnung des Richters Dr. D. wird für begründet erklärt.

Gründe:

I.

Der Antragsteller hat beim Verfassungsgericht beantragt, das Staatliche Schulamt für den Dahme-Spreewald-Kreis im Wege der einstweiligen Anord-nung zu verpflichten, ihn zum Beginn des Schuljahres 1994/95 in die Klassen-stufe 7 des Gymnasiums in der ...straße in X. aufzunehmen.

Der Richter Dr. D. vertritt als Rechtsanwalt in ca. 55 Verfahren vor dem Verwaltungsgericht P. die Interessen von Schülern, denen die Aufnahme in das Gymnasium für das Schuljahr 1994/95 durch Schulleiter und Staatliche Schul-ämter in Brandenburg verwehrt worden ist.

Der Richter hat unter Hinweis auf eine mögliche Verfassungswidrigkeit des § 36 Abs. 3 Erstes Schulreformgesetz (SRG) beim Verwaltungsgericht P. mehrere einstweilige Anordnungen erwirkt, mit denen den zuständigen Behörden untersagt worden ist, das Aufnahmeverfahren fortzusetzen. Zeitnah zu diesen Verfahren haben Informationsveranstaltungen der Schulleiter stattgefunden, in denen Eltern u. a. über die Vorteile der Gesamtschule informiert und zur Unterzeichnung einer Erklärung aufgefordert wurden, mit denen sie u. a. bei sinngemäßer Auslegung auf eine Klage gegen einen etwaigen ablehnenden Widerspruchsbescheid verzichteten.

Mit Anwaltsschreiben vom 16. Mai 1994 rügte der Richter dieses Verhalten der Schulbehörden gegenüber dem Minister in scharfer Form.

Im Hinblick auf den Briefwechsel mit dem Minister für Bildung, Jugend und Sport hat der Richter Dr. D. erklärt, es bestehe die Besorgnis der Befangenheit.

Der Antragsteller und die Beteiligten haben in der Sitzung vom 15. Juni 1994 die Gelegenheit erhalten, zur Selbstablehnung des Richters Stellung zu nehmen.

## II.

Die Selbstablehnung ist begründet.

Gemäß § 15 Abs. 4 Verfassungsgerichtsgesetz Brandenburg (VerfGG-Bbg) kann sich ein Richter selbst für befangen erklären. Über seine Selbstablehnung entscheidet gemäß § 15 Abs. 3 VerfGGBbg das Gericht unter Ausschluß des betreffenden Richters.

Für den Begriff der Befangenheit im Sinne des § 15 Abs. 4 VerfGGBbg kommt es nicht darauf an, ob der Richter tatsächlich „parteilich" oder „befangen" ist. Die Besorgnis der Befangenheit liegt nach den allgemeinen Grundsätzen des Prozeßrechts, an die § 15 VerfGGBbg erkennbar anknüpft, bereits dann vor, wenn für einen am Verfahren Beteiligten bei vernünftiger Würdigung aller Umstände Anlaß besteht, an der Unvoreingenommenheit und der objektiven Einstellung des Richters zu zweifeln.

Diese Voraussetzungen liegen vor.

Der Briefwechsel des Richters mit dem Minister für Bildung, Jugend und Sport rechtfertigt die Besorgnis der Befangenheit. Bei der Bewertung des Schreibens vom 16. Mai 1994 kommt es nicht darauf an, wie die Äußerungen verstanden werden und was sie bezwecken sollten. Vielmehr ist die Wirkung entscheidend, die die Äußerungen auf einen unbefangenen Dritten haben konnten.

Das Schreiben vom 16. Mai 1994 erweckte den Eindruck, daß das Verhalten des Ministers und seiner Bediensteten einer deutlich abwertenden Beurteilung unterzogen werden.

Bei vernünftiger Würdigung ist daher das Schreiben des Richters geeignet, bei einem Verfahrensbeteiligten die Befürchtung wachzurufen, der Richter werde an der bevorstehenden Entscheidung nicht mehr unvoreingenommen mitwirken können.

Das begründet die Besorgnis der Befangenheit.

## Nr. 6

1) Art. 52 Abs. 4 LV hat Grundrechtscharakter. Die Dauer, innerhalb derer Anspruch auf gerichtliche Entscheidung besteht, bestimmt sich nach den Umständen des Einzelfalles.

2) Das Recht aus Art. 52 Abs. 4 LV auf Durchführung eines zügigen Verfahrens ist jedenfalls dann nicht verletzt, wenn Verfahrensverzögerungen auf Maßnahmen zur einigungsbedingten Neustrukturierung der Gerichtsorganisation zurückzuführen sind.

Landesverfassung Brandenburg Art. 52 Abs. 4

Beschluß vom 14. Juli 1994 – VfGBbg 3/94 –

in dem Verfahren über die Verfassungsbeschwerden des Herrn W. u. a. wegen Nichtabschlusses eines Verfahrens durch das Amtsgericht L.

Entscheidungsformel:

Die Verfassungsbeschwerden werden zurückgewiesen.

Gründe:

A.

Der Beschwerdeführer wendet sich mit seinen Verfassungsbeschwerden, die das Verfassungsgericht zur Entscheidung verbunden hat, gegen die Dauer eines von ihm betriebenen Versteigerungsverfahrens beim Amtsgericht L., gegen mangelnde Personalausstattung dieses Gerichts durch das Ministerium der Justiz des Landes Brandenburg, das Brandenburgische Oberlandesgericht und das Landgericht Potsdam und gegen Neuordnung der Justizzuständigkeiten ohne entsprechende Personalausstattung. Er fühlt sich in seinem Recht aus Art. 52 Abs. 4 der Verfassung des Landes Brandenburg (LV) verletzt.

Der Beschwerdeführer beantragte am 20. Juni 1993 beim Kreisgericht X. im Zusammenhang mit der Auseinandersetzung einer Erbengemeinschaft die Zwangsversteigerung. Die Zuständigkeit für dieses Verfahren wechselte durch die Verordnung über gerichtliche Zuständigkeiten und Zuständigkeitskonzentrationen (Gerichtszuständigkeits-Verordnung – GerZustV – vom 3. November 1993, GVBl. II S. 689) mit Wirkung vom 1. Dezember 1993 zum Amtsgericht L.

Zur Begründung seiner Verfassungsbeschwerden trägt der Beschwerdeführer vor:

Das Zwangsversteigerungsverfahren werde durch das Amtsgericht L. im Gegensatz zu dem vor der Zuständigkeitsneuordnung befaßten Kreisgericht X. mangels qualifizierten Personals derzeit nicht bearbeitet. Das Ministerium der Justiz des Landes Brandenburg, das Brandenburgische Oberlandesgericht und das Landgericht Potsdam hätten es versäumt, das Amtsgericht L. mit dem nötigen Personal auszustatten. Der Brandenburgische Landtag habe eine Neuordnung der Gerichtszuständigkeiten vorgenommen, ohne für das notwendige Personal zu sorgen.

B.

I.

Der Beschwerdeführer ist durch die Dauer seines Zwangsversteigerungsverfahrens nicht in seinem Grundrecht aus Art. 52 Abs. 4 LV auf ein zügiges Verfahren verletzt.

Das Verfassungsgericht hat bereits entschieden, daß diese Vorschrift jedermann einen Anspruch auf eine gerichtliche Entscheidung in einem zeitlich überschaubaren Rahmen einräumt (vgl. Beschluß vom 19. Mai 1994 – VfGBbg 6/93*). Art. 52 Abs. 4 LV greift damit den bereits im Rechtsstaatsprinzip verankerten Grundsatz des effektiven Rechtsschutzes auf. Die danach angemessene Verfahrensdauer ist nach den besonderen Umständen des Einzelfalls zu bemessen (vgl. BVerfGE 55, 349, 369).

Im Falle des Beschwerdeführers ist zu berücksichtigen, daß das von ihm betriebene Zwangsversteigerungsverfahren in die Zeit des Auf- und Umbaus der Justiz in dem neuen Bundesland Brandenburg fällt. Zudem ist nach den eigenen Angaben des Beschwerdeführers die Bearbeitung durch das damals

---

\* Siehe Seite 105 ff.

zuständige Kreisgericht X. – im Zusammenwirken mit dessen „Patengericht" in Nordrhein-Westfalen – ab 20. September 1993 „perfekt angelaufen" und hat, wie sich ebenfalls aus den eigenen Angaben des Beschwerdeführers ergibt, etwa zwei Monate angedauert. Die seither verstrichene Zeit stellt sich angesichts der aufbaubedingt außerordentlich hohen Arbeitsbelastung der brandenburgischen Gerichte nicht als Verletzung des Art. 52 Abs. 4 LV dar. Die Umsetzung von Personal zur gezielten Förderung des Verfahrens des Beschwerdeführers hätte zwangsläufig Verzögerungen in den Verfahren anderer Rechtsuchender zur Folge. Dies kann der Beschwerdeführer billigerweise nicht beanspruchen.

## II.

Das Ergebnis ändert sich auch dann nicht, wenn die Verfahrensverzögerung, wie es der Beschwerdeführer vorträgt, auf den Zuständigkeitswechsel vom Kreisgericht X. zum Amtsgericht L. durch die Neuordnung der Justizzuständigkeiten zurückzuführen ist. Die Neuordnung der Zuständigkeiten verfolgt erkennbar das Ziel, eine effektive und schnelle Arbeit der Gerichte im gesamten Land Brandenburg zu gewährleisten und kommt damit der Vorgabe des Art. 52 Abs. 4 LV entgegen. Daß dabei im Einzelfall Verzögerungen auftreten können, ist unumgänglich und angesichts des Interesses an einer Neustrukturierung der Justiz hinzunehmen.

## Nr. 7

**Die Grundrechtsgewährleistung in Art. 33 Abs. 2 LV beschränkt sich auf die Freistellung zum Zwecke der Weiterbildung ohne Lohnfortzahlung. Es ist deshalb mit der Verfassung vereinbar, daß der Anspruch auf Freistellung zur Weiterbildung unter Fortzahlung des Arbeitsentgelts zufolge § 30 Abs. 1 Brandenburgisches Weiterbildungsgesetz erst ab 1. Januar 1996 besteht.**

Landesverfassung Brandenburg Art. 33 Abs. 2

Brandenburgisches Weiterbildungsgesetz § 30 Abs. 1

Urteil vom 14. Juli 1994 – VfGBbg 8/94 –

in dem Verfahren über den Normenkontrollantrag von 18 Abgeordneten des Landtages Brandenburg auf Überprüfung des § 30 Abs. 1 des Gesetzes zur Regelung und Förderung der Weiterbildung im Land Brandenburg vom 15. Dezember 1993 (Brandenburgisches Weiterbildungsgesetz – BbgWBG –, GVBl. I S. 498) hinsichtlich seiner Vereinbarkeit mit der Verfassung des Landes Brandenburg.

Entscheidungsformel:

§ 30 Abs. 1 des Brandenburgischen Weiterbildungsgesetzes ist mit der Verfassung des Landes Brandenburg vereinbar.

Gründe:

A.

Die Antragsteller, 18 Abgeordnete des Brandenburgischen Landtages, machen mit ihrem Normenkontrollantrag die Frage zum Gegenstand verfassungsgerichtlicher Überprüfung, ob § 30 Abs. 1 des Brandenburgischen Weiterbildungsgesetzes (BbgWBG) mit Art. 33 Abs. 2 der Verfassung des Landes Brandenburg (LV) vereinbar ist.

I.

§ 30 Abs. 1 BbgWBG hat folgenden Wortlaut:

(1) Der Anspruch auf Bildungsfreistellung gemäß §§ 14 bis 26 besteht ab 1. Januar 1996. ...

Die §§ 14 bis 26 BbgWBG regeln die Ausgestaltung der Bildungsfreistellung. Die wichtigsten Vorschriften lauten:

§ 14

Grundsätze

(1) Beschäftigte haben nach Maßgabe dieses Gesetzes unter Fortzahlung des Arbeitsentgeltes gegenüber ihrer Beschäftigungsstelle Anspruch auf Freistellung von der Arbeit zur Teilnahme an anerkannten Weiterbildungsveranstaltungen gemäß § 24 zum Zwecke beruflicher, kultureller oder politischer Weiterbildung.
(2) Als Beschäftigte im Sinne dieses Gesetzes gelten Arbeiterinnen und Arbeiter, Angestellte und Auszubildende, deren Arbeitsstätte im Land liegt, sowie die in Heimarbeit Beschäftigten samt der ihnen gleichgestellten Personen, die wegen ihrer wirtschaftlichen Unselbständigkeit als beschäftigte Personen anzusehen sind.

§ 15

Dauer der Bildungsfreistellung

(1) Die Bildungsfreistellung beträgt zehn Arbeitstage innerhalb eines Zeitraumes von zwei aufeinanderfolgenden Kalenderjahren.

(2) Wird regelmäßig an mehr oder weniger als fünf Tagen in der Woche gearbeitet, so erhöht oder verringert sich der Anspruch gemäß Absatz 1 entsprechend. ...

§ 22

Bildungsfreistellungsentgelt

Für die Berechnung des Bildungsfreistellungsentgeltes und im Falle der Erkrankung während der Bildungsfreistellung gelten die §§ 9, 11 und 12 des Bundesurlaubsgesetzes entsprechend. ...

Das Weiterbildungsgesetz ist am 18. Dezember 1993 in Kraft getreten. In der Begründung ihres Gesetzentwurfes hatte die Landesregierung dargelegt, daß mit dem Weiterbildungsgesetz der Auftrag der Landesverfassung zur Regelung und Förderung der Weiterbildung im Land Brandenburg erfüllt werde (vgl. LT-Drs. 1/1901, S. 1). Die Übergangsregelung des § 30 Abs. 1 BbgWBG berücksichtige die besondere Aufbausituation des Landes Brandenburg und der Weiterbildungseinrichtungen. Die Bildungsfreistellung könne mit Rücksicht auf die wirtschaftliche Situation erst ab 1. Januar 1996 in Kraft treten (vgl. LT-Drs. 1/1901, S. 21).

In den parlamentarischen Beratungen des von der Landesregierung eingebrachten Gesetzentwurfes wurde kontrovers diskutiert, ob eine solche Regelung unter verfassungsrechtlichen Gesichtspunkten überhaupt zulässig sei (vgl. Abgeordneten Petzold während der 1. Lesung des Entwurfs zum BbgWBG am 28. April 1993, Plenarprotokoll 1/67, S. 5250 f.; Protokoll der 51. Sitzung des Ausschusses für Wirtschaft, Mittelstand und Technologie, LT-Drs. 1/840, S. 20 f.; Antrag der Fraktion der PDS-LL auf Streichung des § 30 Abs. 1 BgbWBG, LT-Drs. 1/2493; Abgeordnete Reiche, Petzold und Pracht während der 2. Lesung des Entwurfs des BbgWBG am 24. November 1993, Plenarprotokoll 1/80, S. 6460 ff.) bzw. zu welchem Zeitpunkt die Bildungsfreistellung nach Maßgabe der §§ 14 bis 26 BbgWBG wirksam werden sollte (vgl. Minister für Bildung, Jugend und Sport, Resch, während der 1. Lesung des BbgWBG am 28. April 1993, Plenarprotokoll 1/67, S. 5246 f.; Frau Abgeordnete Müller, ebenda, S. 5249; Protokoll der 51. Sitzung des Ausschusses für Wirtschaft, Mittelstand und Technologie, LT-Drs. 1/840, S. 20 f.; Abgeordnete Reiche, Petzold und Pracht während der 2. Lesung des Entwurfs des BbgWBG am 24. November 1993, Plenarprotokoll 1/80, S. 6460 ff.).

## II.

Zur Begründung ihres Antrages auf abstrakte Normenkontrolle tragen die Antragsteller vor:

Art. 33 Abs. 2 LV gewährleiste für jedermann das Recht auf Freistellung zur beruflichen, kulturellen oder politischen Weiterbildung. Durch § 30 Abs. 1 BbgWBG werde dieser verfassungsrechtlich verbürgte Anspruch unzulässigerweise bis zum 1. Januar 1996 ausgesetzt. Auch ein Gesetzesvorbehalt, wie er in Art. 33 Abs. 2 LV enthalten sei, könne eine – wenn auch zeitlich begrenzte – Aussetzung eines durch die Verfassung gewährleisteten Grundrechts nicht rechtfertigen. Eine solche zeitliche Aussetzung taste den Wesensgehalt des Art. 33 Abs. 2 LV an und verletze damit Art. 5 Abs. 2 Satz 2 LV. In der mündlichen Verhandlung hat der Antragsteller Abgeordneter Petzold ergänzend vorgetragen, daß für den Bildungsausschuß des Landtages bei seiner Anregung, in dem Verfassungsartikel statt von „Urlaub" von „Freistellung" zu sprechen, im Vordergrund gestanden habe, die berufliche Weiterbildung nicht in die Nähe von Erholung und Freizeit zu rücken.

## III.

1. Für die Landesregierung hat sich der Minister für Bildung, Jugend und Sport geäußert:

§ 30 Abs. 1 BbgWBG stehe mit der Landesverfassung in Einklang. Das BbgWBG begründe einen Anspruch auf bezahlte Arbeitsfreistellung zu Weiterbildungszwecken und gehe damit über die Gewährleistung des Art. 33 Abs. 2 LV hinaus. Diese Vorschrift der Landesverfassung verbürge lediglich ein Recht auf unbezahlte Freistellung von der Arbeit zum Zwecke der Weiterbildung.

Es stelle einen ausgewogenen Ausgleich zwischen den Interessen der Arbeitnehmer einerseits und der wirtschaftlichen Situation in dem neuen Bundesland Brandenburg andererseits dar, wenn der Anspruch auf bezahlte Freistellung gem. §§ 14 ff., 30 Abs. 1 BbgWBG erst am 1. Januar 1996 rechtswirksam werde, da gerade mittelständische Arbeitgeber in der Aufbauphase nicht über Gebühr belastet werden dürften.

Der Wesensgehalt des Art. 33 Abs. 2 LV werde also nicht angetastet.

2. Dem Landtag ist Gelegenheit zur Stellungnahme gegeben worden.

## B.

Der Normenkontrollantrag auf Überprüfung der Verfassungsmäßigkeit des § 30 Abs. 1 BbgWBG ist gem. §§ 39 f. des Gesetzes über das Verfassungs-

gericht des Landes Brandenburg (Verfassungsgerichtsgesetz Brandenburg –
VerfGGBbg – vom 8. Juli 1993, GVBl. I S. 322) zulässig.

## I.

Insbesondere sind die 18 Unterzeichner antragsbefugt. Sie erfüllen das in
§ 39 VerfGGBbg verlangte Quorum von einem Fünftel der Mitglieder des
Landtages, dem 88 Abgeordnete angehören.

## II.

§ 30 Abs. 1 BbgWBG eignet sich als Prüfungsgegenstand einer abstrakten
Normenkontrolle im Sinne des § 39 VerfGGBbg und stellt sich nicht lediglich
als gesetzgeberisches Unterlassen dar, das grundsätzlich nicht tauglicher Gegenstand einer (abstrakten) Normenkontrolle sein kann (vgl. BVerfGE 18, 38,
45). Der Gesetzgeber hat bewußt und in Form eines Gesetzes, also durch ak-
tives Handeln, das Inkrafttreten der in Frage stehenden Regelungen hinausge-
schoben. Solche Entscheidungen des Gesetzgebers sind als positives Handeln
im verfassungsgerichtlichen Verfahren angreifbar (vgl. BVerfGE 15, 46, 60; 16,
332, 337 f.).

## C.

Der Normenkontrollantrag ist unbegründet.
§ 30 Abs. 1 BbgWBG ist sowohl in formeller (I.) als auch in materieller
Hinsicht (II.) verfassungsmäßig, soweit er den Anspruch auf bezahlte Freistellung von der Arbeit zur beruflichen, kulturellen oder politischen Weiterbildung erst mit Wirkung vom 1. Januar 1996 wirksam werden läßt.

## I.

§ 30 Abs. 1 BbgWBG ist formell verfassungsmäßig.
Die Gesetzgebungskompetenz des Landes ergibt sich aus Art. 70, 72
Abs. 1, 74 Nr. 12 GG. Das Recht der Arbeitnehmerweiterbildung ist durch
den Bund nicht abschließend geregelt (vgl. BVerfGE 77, 308, 328 ff.). Verfah-
rens- oder Formfehler sind weder ersichtlich noch gerügt worden.

II.

§ 30 Abs. 1 BbgWBG steht auch in materieller Hinsicht mit der LV in Einklang. Maßstab der verfassungsgerichtlichen Überprüfung ist Art. 33 Abs. 2 LV.

1. Art. 33 Abs. 2 LV verbürgt lediglich einen Anspruch auf Weiterbildungsfreistellung ohne Fortzahlung des Arbeitsentgelts. Dies ergibt sich aus der Entstehungsgeschichte des Art. 33 Abs. 2 LV. Der Verfassungsartikel sollte zunächst – als Art. 34 – folgenden Wortlaut erhalten:

> „Art. 34
> (1) ...
> (2) Jeder hat das Recht auf Urlaub zur beruflichen, kulturellen oder politischen Weiterbildung. Näheres regelt ein Gesetz."
>
> (Vgl. dazu Protokoll der 8. Sitzung des Verfassungsausschusses, Unterausschuß 1, am 27. April 1991, Dokumentation zur Verfassung des Landes Brandenburg, Band 2, S. 600).

Auf entsprechende Änderungsanträge mehrerer Fachausschüsse hin befaßte sich der Verfassungsausschuß II in seiner 2. Sitzung am 13. März 1992 erneut mit dem „Weiterbildungsartikel". Die Fachausschüsse regten übereinstimmend die Ersetzung des Wortes „Urlaub" durch „Freistellung" an. Es mag dahinstehen, welche Motive die Fachausschüsse zu diesem Vorschlag veranlaßt haben. Denn für die verfassungshistorische Auslegung sind diejenigen Gründe maßgeblich, die die Wortwahl des Verfassungsausschusses bestimmt haben. Hierbei kommt es auf denjenigen Verfassungsausschuß an, der zuletzt mit der Materie befaßt war. Dies war der sog. Verfassungsausschuß II, der als parlamentarisches Gremium dem sog. Verfassungsausschuß I, welchem auch Nichtparlamentarier angehört hatten, nachfolgte. Ausweislich des Protokolls des Verfassungsausschusses II herrschte aber dort „Übereinstimmung darüber, daß mit ‚Urlaub' eine bezahlte Freistellung gemeint ist; werde hingegen der Begriff ‚Freistellung' gewählt, könne der Landesgesetzgeber entscheiden, ob die Zeit der Weiterbildung bezahlt wird oder nicht" (vgl. dazu Protokoll der 2. Sitzung des Verfassungsausschusses II am 13. März 1992, aaO, Band III, S. 496). Die Antragstellerin Stobrawa hielt dem entgegen, „..., daß durch den Änderungsvorschlag ein Teil der Bürger des Landes Brandenburg von vornherein ausgegrenzt werde, nämlich jene, die sich die unbezahlte Freistellung nicht leisten könnten". Gleichwohl entschied sich der Verfassungsausschuß II in der anschließenden Abstimmung mehrheitlich für folgende Formulierung:

> „Jeder hat das Recht auf Freistellung zur beruflichen, kulturellen oder politischen Weiterbildung. Näheres regelt ein Gesetz."

Abgesehen von einer kleinen redaktionellen Veränderung („Das Nähere regelt ein Gesetz") ist diese Formulierung in der Schlußabstimmung des Landtags über den Verfassungsentwurf gebilligt und durch die Volksabstimmung über die Verfassung geltendes Verfassungsrecht geworden. Aus dieser Entstehungsgeschichte ergibt sich, daß Art. 33 Abs. 2 LV lediglich einen grundrechtlichen Anspruch auf unbezahlte Freistellung zur Weiterbildung in den genannten Bereichen gewährleistet.

Dieses Ergebnis bleibt auch mit dem Sprachgebrauch zwanglos vereinbar. Während man mit dem Begriff „Urlaub" in der Tat assoziiert, daß der Anspruch auf Gehalt weiterläuft, legt sich der Begriff „Freistellung" in dieser Hinsicht nicht fest.

2. Das Weiterbildungsgesetz regelt demgegenüber ausschließlich die Weiterbildungs-Freistellung unter Fortzahlung der Bezüge. Ausweislich der Begründung des Gesetzentwurfes wird das Weiterbildungsgesetz zwar als Erfüllung des Regelungsauftrages gem. Art. 33 Abs. 2 LV angesehen (vgl. LT-Drs. 1/1901, S. 1). In der Begründung zu § 14 BbgWBG wird ausgeführt: „§ 14 regelt den Anspruch der Beschäftigten, …, auf Freistellung gegenüber ihrer jeweiligen Beschäftigungsstelle. … Diese Bestimmung verwirklicht Artikel 33 der Verfassung des Landes Brandenburg. …" (vgl. LT-Drs. 1/1901, S. 16 der Begründung). Unbeschadet dessen beschränkt sich die Regelung nach dem unzweideutigen Wortlaut des § 14 BgbWBG auf die Freistellung „unter Fortzahlung des Arbeitsentgelts". Dies bestätigt sich in § 22 BbgWBG mit der Regelung über das Bildungsfreistellungsentgelt, die ebenfalls ausschließlich von der bezahlten Freistellung ausgeht. Regelungen, die die unbezahlte Freistellung zum Gegenstand haben, sind im Weiterbildungsgesetz nicht enthalten.

Betrifft das Weiterbildungsgesetz mithin über die Landesverfassung hinausgehend allein die Weiterbildung unter Fortzahlung des Arbeitsentgelts, so ergeben sich von Verfassungs wegen gegen das Inkrafttreten der Regelung erst zum 1. Januar 1996 keine Bedenken. Der Normenkontrollantrag war daher zurückzuweisen.

3. Aus dem Vorstehenden folgt, daß eine Regelung, die dem durch Art. 33 Abs. 2 LV gewährleisteten Recht auf Weiterbildung ohne Lohnfortzahlung Gestalt verleiht, bisher fehlt. Es handelt sich um ein gesetzgeberisches Versäumnis. Das Recht auch auf unbezahlte Freistellung zur Weiterbildung kann ohne einfachgesetzliche Ausgestaltung nicht wahrgenommen werden. Von daher begründet Art. 33 Abs. 2 LV einen Handlungsauftrag an den Gesetzgeber. Ob und wann er ihm nachkommt, steht dabei nicht in seinem Ermessen (vgl. BVerfGE 47, 85, 94). Er ist vielmehr aufgrund seiner Grundrechtsbindung (Art. 5 Abs. 1 LV) gehalten, ein unbedingt gewährleistetes Grundrecht unverzüglich durchsetzbar auszugestalten.

Mit diesem Urteil erübrigt sich eine Entscheidung über den Antrag auf Erlaß einer einstweiligen Anordnung.

## D.

Die Entscheidung ist mit sechs Stimmen gegen eine ergangen.

### Sondervotum des Richters Schöneburg

Dem Urteil im Verfahren VfGBbg 8/94 kann m. E. aus folgenden Gründen nicht zugestimmt werden:

1. Das Urteil legt den Art. 33 Abs. 2 dahingehend aus, daß die Verfassung des Landes Brandenburg (LV) mit diesem Artikel lediglich einen Anspruch auf unbezahlte Freistellung zur beruflichen, kulturellen und politischen Weiterbildung gewährleiste.

Richtigerweise verweist die Urteilsbegründung darauf, daß im Verfassungsausschuß I des Landtages, in dem neben 15 Parlamentariern auch 15 Nichtparlamentarier saßen, das Recht auf Weiterbildung eindeutig als Weiterbildung unter Fortzahlung des Arbeitsentgeltes geregelt war. Deshalb hieß es dort im damaligen Artikel 34:

„Jeder hat das Recht auf Urlaub zur beruflichen, kulturellen oder politischen Weiterbildung. Näheres regelt ein Gesetz".

Im Verfassungausschuß II, dem dann nur noch die 15 Parlamentarier des Verfassungsausschusses I angehörten, wurde der Begriff „Urlaub" in dem nunmehrigen Art. 33 Abs. 2 durch den Begriff „Freistellung" ersetzt. Damit sollte m. E. ein Recht auf Weiterbildung garantiert werden, das mit dem Begriff „Urlaub" vermeiden sollte, daß die Weiterbildungsrechte in die Nähe von Erholung oder Freizeitgestaltung gerückt werden. Selbst wenn dieser Auslegung nicht gefolgt wird, so lassen die Protokolle des Verfassungsausschusses II zumindest erkennen, daß die Grundrechtsgarantie der Verfassung auf Weiterbildung sowohl die bezahlte wie die unbezahlte Freistellung zur Weiterbildung ermöglichen wollte. Das Nähere sollte – wie bereits im Art. 34 der ersten Fassung – ein Gesetz regeln.

2. Das im Dezember 1993 in Kraft getretene Gesetz zur Regelung und Förderung der Weiterbildung im Land Brandenburg (BbgWBG) geht ausdrücklich davon aus, den Gesetzesauftrag des Art. 33 Abs. 2 der LV im Ganzen zu erfüllen (vgl. LT-Drs. 1/1901, S. 1). Damit bekennt sich der Landesgesetzgeber offensichtlich dazu, daß Art. 33 Abs. 2 der LV die bezahlte Freistel-

lung grundrechtlich gewährleistet, denn nur von bezahlter Freistellung ist im BbgWBG die Rede. Die von den Antragstellern geforderte Überprüfung der Vereinbarkeit des § 30 Abs. 1 BbgWBG mit Art. 33 Abs. 2 LV ist daher nicht nur zulässig, sondern auch begründet. Indem der Landesgesetzgeber mit § 30 Abs. 1 BbgWBG die gesamte Freistellung zur Weiterbildung bis zum 1. Januar 1996 aussetzt, verstößt er eklatant gegen den Wesensgehalt des Art. 33 Abs. 2 LV. Der Art. 33 Abs. 2 LV wird als „unmittelbar geltendes Recht" für 2 Jahre außer Kraft gesetzt. Damit verletzt der Gesetzgeber Art. 5 Abs. 1 und 2 der LV.

3. Hätte der Landesgesetzgeber den Inhalt des Art. 33 Abs. 2 LV als Grundrecht auf bezahlte und unbezahlte Weiterbildung aufgefaßt, so hätte er dem auch mit seinem BbgWBG vom 15. Dezember 1993 Rechnung tragen und Regelungen über die sofortige unbezahlte Freistellung zum Zwecke der Weiterbildung treffen müssen. Indem er dies unterließ, verstieß er mit diesem gesetzgeberischen Versäumnis gegen die Landesverfassung (Art. 5 Abs. 1 und Abs. 2).

## Nr. 8

1) Gemeindeverbände gelten für das Rechtsbehelfsverfahren gegen ihre Auflösung als fortbestehend. Das Gleiche gilt, wenn sie sich nicht gegen ihre Auflösung, sondern lediglich gegen die neue gebietliche Zuordnung wenden.

2) Für das Rechtsbehelfsverfahren als fortbestehend geltende Landkreise werden grundsätzlich durch ihre zuletzt amtierenden Landräte vertreten.

3) Zu den verfassungsrechtlichen Anforderungen an kommunale Neugliederungen.*

Landesverfassung Brandenburg Art. 98

Verfassungsgerichtsgesetz Brandenburg § 51

Kreisneugliederungsgesetz Brandenburg §§ 1, 2

---

* Leitsätze übernommen aus der Sache 3/93 (nachfolgend Nr. 9), dort als amtliche Leitsätze beschlossen.

Urteil vom 14. Juli 1994 – VfGBbg 4/93 –

in dem Verfahren über die Verfassungsbeschwerden 1. des Kreises Kyritz, vertreten durch den Landrat, 2. des Kreises Pritzwalk, vertreten durch den Landrat, betreffend §§ 1 und 2 des Gesetzes zur Neugliederung der Kreise und kreisfreien Städte im Land Brandenburg, Kreisneugliederungsgesetz – KNGBbg (Art. 1 des Gesetzes zur Neugliederung der Kreise und kreisfreien Städte sowie zur Änderung weiterer Gesetze – Kreis- und Gerichtsneugliederungsgesetz – KGNGBbg), vom 24. Dezember 1992 (Gesetz- und Verordnungsblatt für das Land Brandenburg Teil I S. 546).

Entscheidungsformel:

Die Verfassungsbeschwerden werden zurückgewiesen.

Gründe:

A.

Die Beschwerdeführer wenden sich mit ihren Verfassungsbeschwerden gegen ihre durch §§ 1 und 2 des Gesetzes zur Neugliederung der Kreise und kreisfreien Städte im Land Brandenburg (Kreisneugliederungsgesetz – KNGBbg vom 24. Dezember 1992, GVBl. I S. 546) bewirkte Eingliederung in die Landkreise Ostprignitz-Ruppin und Prignitz. Sie beantragen, §§ 1 und 2 KNGBbg für verfassungswidrig-nichtig zu erklären, soweit die Beschwerdeführer betroffen sind.

I.

Die Beschwerdeführer gehörten zu den ursprünglich 38 Kreisen des Landes Brandenburg. Im Rahmen der Kreisgebietsreform hat der Landtag am 16. Dezember 1992 das Gesetz zur Neugliederung der Kreise und kreisfreien Städte vom 24. Dezember 1992 beschlossen. Dieses ordnete das Land in 14 Kreise und 4 kreisfreie Städte. Durch § 1 KNGBbg wurde aus dem Kreis Perleberg und dem beschwerdeführenden Kreis Pritzwalk ohne die Gemeinden Blumenthal, Grabow und Rosenwinkel sowie den Gemeinden des Amtes Gumtow der Landkreis Prignitz gebildet. Aus dem beschwerdeführenden Kreis Kyritz ohne die Gemeinden des Amtes Gumtow, dem Kreis Neuruppin und dem Kreis Wittstock sowie den Gemeinden Blumenthal, Grabow, Rosenwinkel (Kreis Pritzwalk) und Keller (Kreis Gransee) wurde durch § 2 KNGBbg der Landkreis Ostprignitz-Ruppin gebildet. Im Landkreis Prignitz leben ca. 110.000 Einwohner auf einer Grundfläche von 2.112,87 km², im Landkreis Ostpriegnitz-Ruppin ca. 119 000 Einwohner auf 2.510,15 km².

Als Prignitz wird seit dem 12. Jahrhundert die Landschaft zwischen der Elde (im Westen), der Elbe (im Süden), der Dosse (im Osten) und der mecklenburgischen Seenplatte bezeichnet. Zentrale Orte der Prignitz sind seit alters her Perleberg, Kyritz und Wittenberge. Die Gliederung der Prignitz in Ost- und Westprignitz geht auf das Jahr 1817 zurück. Seit dieser Zeit umfaßte die Ostprignitz im wesentlichen das Gebiet der späteren Kreise Kyritz, Pritzwalk und Wittstock, die Westprignitz das Gebiet des Kreises Perleberg sowie die Gebiete um Lenzen, Havelberg (seit 1952 Verwaltungsbezirk Magdeburg, jetzt Sachsen-Anhalt) und Putlitz (seit 1952 Verwaltungsbezirk Potsdam, Kreis Pritzwalk). Die Grenze zwischen den Kreisen West- und Ostprignitz verlief in Nord-Süd-Richtung etwa entlang der Linie Putlitz – Havelberg.

Nach eher geringfügigen Grenzänderungen im 19. Jahrhundert – auch zwischen den Kreisen Ost- und Westprignitz – wurden 1946 die zur Ostprignitz gehörenden Gemeinden Flecken Zechlin, Zechlin Dorf, Zechlinerhütte, Luhme, Klein- und Großzerlang, Repente sowie Zempow in den Kreis Ruppin eingegliedert. Seit der Verwaltungsreform 1952 bis zur Schaffung der ostdeutschen Länder im Jahre 1990 im Zuge der Herstellung der Einheit Deutschlands war der Kreis Perleberg dem ehemaligen Bezirk Schwerin und waren die Kreise Kyritz – einschließlich der ehemals zum Ruppiner Land zählenden Gemeinden Wusterhausen und Neustadt/Dosse –, Pritzwalk, Wittstock und Neuruppin dem ehemaligen Bezirk Potsdam zugeordnet.

Die Landesregierung beschloß am 29. Januar 1991 die Vorbereitung der für die Durchführung der Kreisgebietsreform notwendigen Vorschriften. Im April 1991 erstellte das Ministerium des Innern einen (ersten) Vorschlag zur Neugliederung. Dieser sah einen Großkreis Gesamtprignitz, bestehend aus den Kreisen Perleberg, Pritzwalk, Kyritz und Wittstock, vor.

Die Landräte der Kreise erhielten durch den Runderlaß des Ministeriums des Innern vom 25. April 1991 Gelegenheit, zum Entwurf Stellung zu nehmen. Der Kreis Perleberg befürwortete die Aufteilung der Prignitz in eine Ost- und eine Westprignitz. Der Kreis Pritzwalk unterstützte die Bildung eines Großkreises Prignitz. Der Kreis Kyritz strebte den Zusammenschluß der Kreise Ostprignitz (Kyritz, Pritzwalk und Wittstock) an. Die Kreise Wittstock und Neuruppin schlugen ihre Verbindung mit dem Kreis Kyritz vor.

Der Minister des Innern setzte 1991 die Arbeitsgruppe „Kreisgebietsreform" ein, die im Oktober 1991 die verschiedenen Regionen Brandenburgs bereiste, öffentliche Anhörungen – u. a. in Kyritz – durchführte und die Neugliederungsvorschläge mit den Vertretern der Landkreise und kreisfreien Städte erörterte. In ihrem Abschlußbericht vom 13. Dezember 1991 empfahl die Arbeitsgruppe für den Raum der Prignitz die Verbindung der Kreise Perleberg und Pritzwalk (Kreis Westprignitz) sowie der Kreise Kyritz, Neuruppin und

Wittstock (Kreis Ostprignitz-Ruppin). Die Kreise Perleberg, Wittstock und Neuruppin stimmten in ihren Stellungnahmen gegenüber dem Ministerium des Innern dem Vorschlag der Arbeitsgruppe grundsätzlich zu. Die beschwerdeführenden Kreise Pritzwalk und Kyritz hielten an ihren bisherigen Standpunkten fest.

Die Landesregierung stellte mit Kabinettsbeschluß vom 10. März 1992 Leitlinien zur Kreisneugliederung auf. Die von der Arbeitsgruppe „Kreisgebietsreform" dargestellten Reformkriterien und Grundsätze zur Gesamtkonzeption der Gebietsaufteilungen wurden weitgehend übernommen.

Mit Erlaß vom 24. März 1992 gab der Minister des Innern den Landkreisen und kreisfreien Städten Gelegenheit, zu dem Regierungskonzept bis zum 31. Mai 1992 Stellung zu nehmen. Zur Vorbereitung ihrer Stellungnahmen führten die Kreise der Prignitz bis zum 30. April 1992 eine Bürgerbefragung durch. Von den Wahlberechtigten beteiligten sich hieran in den einzelnen Kreisen zwischen 45 % und 51 %, die sich mehrheitlich für den Erhalt des Kreises Perleberg und die Zusammenfassung der Kreise Pritzwalk, Kyritz und Wittstock aussprachen. Unter dem Eindruck der Bürgerbefragung befürworteten nunmehr auch die Kreise Pritzwalk und Wittstock, diese Kreise zu einem gemeinsamen Kreis (Ostprignitzkreis) zu verbinden; der Kreistag von Pritzwalk sprach sich hilfsweise für einen Kreis Großprignitz einschließlich des Kreises Perleberg aus. Der Kreistag von Perleberg befürwortete demgegenüber mehrheitlich den Zusammenschluß der Kreise Perleberg und Pritzwalk, während der Kreistag von Neuruppin die Zusammenlegung der Kreise Kyritz, Wittstock und Neuruppin bevorzugte.

In einer gemeinsamen Sitzung faßten die Kreistage der Kreise Kyritz, Pritzwalk und Wittstock am 26. August 1992 den Beschluß, einen aus ihren Kreisgebieten bestehenden Großkreis Ostprignitz mit dem Kreissitz Kyritz bilden zu wollen.

Am 22. September 1992 brachte die Landesregierung den Gesetzentwurf zur Neugliederung der Kreise und kreisfreien Städte (LT-Drs. 1/1259) in den Landtag ein. §§ 1 und 2 des Gesetzentwurfes sahen vor, aus den Kreisen Perleberg und Pritzwalk ohne die Gemeinden Blumenthal, Grabow, Rosenwinkel und Schönebeck einen neuen Landkreis und aus den Kreisen Kyritz, Wittstock und Neuruppin sowie den Gemeinden Blumenthal, Grabow, Rosenwinkel, Schönebeck (Kreis Pritzwalk) und Keller (Kreis Gransee) einen neuen Landkreis zu bilden.

Den Gesetzentwurf begründete die Landesregierung mit folgenden allgemeinen Reformkriterien:

Die im Land Brandenburg generell fehlende Mittelinstanz staatlicher Verwaltung und die damit verbundene weitestgehende Verlagerung der Verwaltungsaufgaben auf die kommunale Ebene verursachten auf seiten der Landkreise einen Zuwachs an Verwaltungsaufgaben. Diesen Anforderungen könnten die Landkreise nur durch Schaffung einer leistungsstarken Verwaltung gerecht werden, die eine Vergrößerung der verwaltungstechnischen Einheiten erfordere. Die neuen Landkreise sollten möglichst im Wege der Zusammenfassung mehrerer bestehender Kreise gebildet werden. Die Größe der Landkreise orientiert sich vornehmlich an einer anzustrebenden Mindesteinwohnerzahl von 150.000, in dünn besiedelten Gebieten von 120.000, ohne daß es sich dabei allerdings um einen ausnahmslos geltenden Maßstab handeln könne. Ergänzt werde das Kriterium der Mindesteinwohnerzahl um den Maßstab der Gebietsfläche in dem Sinne, daß die Landkreise nicht in eine regionale Dimension hineinwachsen dürften. Überdies gebiete die Lage Brandenburgs um die Enklave Berlin die möglichst konsequente Bildung von Sektoralkreisen, um die von dem Raum Berlin ausgehenden Entwicklungsimpulse in die Tiefe des Landes hineinwirken zu lassen und eine Verbindung zwischen starken und schwachen Wirtschaftsräumen herzustellen. Historische und traditionelle Gesichtspunkte sowie die Stellungnahmen und Anregungen der betroffenen Kreise seien berücksichtigt worden, soweit dies mit dem Gemeinwohl vereinbar gewesen sei.

Die Neugliederungsmaßnahmen im Gebiet der Prignitz seien geeignet, die Reformkriterien zu verwirklichen:

Die Einwohnerzahl der Kreise Perleberg und Pritzwalk bleibe zwar mit derzeit etwa 106.000 hinter der anzustrebenden Mindesteinwohnerzahl zurück, dies sei aber angesichts der geringen Siedlungsdichte und der Kreisgebietsfläche von immerhin annähernd 2.000 km² vertretbar. Verbindende Elemente zwischen den Kreisen Perleberg und Pritzwalk seien eine vergleichbar durchmischte Wirtschaftsstruktur und die bestehende Verkehrsinfrastruktur, die dem Zusammenwachsen der Kreise förderlich sei. Die Kreise Kyritz, Wittstock und Neuruppin erreichten in ihrer Gesamtheit die Mindesteinwohnerzahl von 120.000 auf einer Fläche von ca. 2.700 km². Diese Ausdehnung müsse in Anbetracht der geringen Siedlungsdichte hingenommen werden. Demgegenüber könnten weder eine Großkreis- noch eine Zwei-Kreis-Lösung für die Prignitz befriedigen. Ein Landkreis Westprignitz (Perleberg und Lenzen) stelle mit weniger als 77.000 Einwohnern eine zu kleine kreisliche Einheit dar. Dies gelte bei nicht einmal 90.000 Einwohnern auch für einen Zusammenschluß der Ostprignitz-Kreise Pritzwalk, Kyritz und Wittstock. Ein Großkreis, bestehend aus den vier Kreisen der Prignitz, erreiche mit einer Fläche von ca. 3.400 km² eine große Dimension. Beide Varianten lösten darüber hinaus nicht das Problem der Zuordnung des Kreises Neuruppin.

Im Anschluß an die erste Lesung des Gesetzentwurfs am 30. September 1992 war das Kreisneugliederungsgesetz Gegenstand der Beratung im Innenausschuß, der vom 15. bis 17. Oktober und am 30. November 1992 Anhörungen durchführte.

In der Anhörung vom 15. Oktober 1992 sprachen sich die Vertreter des Kreises Pritzwalk unter Berufung auf die Ergebnisse der Bürgerbefragung gegen eine Trennung der Kreise Pritzwalk, Kyritz und Wittstock aus. In einen historischen Prignitz-Kreis könne auch Perleberg einbezogen werden. Die Vertreter der Kreise Wittstock und Kyritz erläuterten den Wandel ihrer Standpunkte im Zuge der Meinungsbildung zu einer Favorisierung eines Ostprignitz-Kreises (Ausschußprotokoll 1/536 S. 19 ff.).

Die Vertreter des Kreises Neuruppin stimmten in der Anhörung vom 16. Oktober 1992 dem Gesetzentwurf zu.

In der Ausschußsitzung vom 30. November 1992, in der die Zuordnung der Ämter Gumtow und Kyritz im Mittelpunkt der Anhörung stand, wiederholten die Landräte der Kreise Kyritz und Pritzwalk noch einmal ihre Präferenz für einen dem Bürgerwillen Rechnung tragenden Zusammenschluß der Kreise Kyritz, Pritzwalk und Wittstock. Der Landrat des Kreises Perleberg befürwortete aus wirtschaftlichen Gründen die Verbindung mit dem Kreis Pritzwalk (Ausschußprotokoll 1/645, S. 3 f., 6, 9 ff.).

Der Landtag beriet den Gesetzentwurf am 16. Dezember 1992 in zweiter und letzter Lesung. Ein von der CDU-Fraktion eingebrachter Änderungsantrag, die Kreise Perleberg, Pritzwalk, Kyritz und Wittstock zu einem Landkreis zusammenzuschließen, fand keine Mehrheit.

II.

Die Beschwerdeführer haben am 21. September 1993 gegen §§ 1 und 2 KNGBbg Verfassungsbeschwerde erhoben. Sie machen geltend, die gesetzliche Neugliederungsregelung verletze sie in ihrem durch die Landesverfassung verbürgten Recht auf Selbstverwaltung.

Die Beschwerdeführer tragen vor, sie seien nicht ausreichend im Sinne des Art. 98 Abs. 3 Satz 3 LV angehört worden. Sie sehen Anhörungsfehler darin, daß ihnen nicht alle wesentlichen, die Neugliederungsentscheidung tragenden Gründe rechtzeitig und ausreichend mitgeteilt worden seien, so daß eine angemessene Sachentscheidung weder zeitlich noch inhaltlich habe stattfinden können. Zum einen vernachlässigten die pauschale Begründung des Gesetzentwurfs wie die Auseinandersetzung mit den Stellungnahmen der Beschwerdeführer die besonderen Gegebenheiten im Raum der Prignitz, zum anderen habe die Kürze des Gesetzgebungsverfahrens einer gebotenen eingehenden Erörterung entgegengestanden.

Die Beschwerdeführer rügen weiterhin, die §§ 1 und 2 KNGBbg genügten schon in ihrem Zustandekommen nicht den durch die Rechtsprechung des Bundesverfassungsgerichts aufgestellten prozeduralen Anforderungen. Insbesondere habe der Gesetzgeber zu beachtende gewichtige Alternativen zur gesetzlichen Neugliederung nicht in die vorzunehmende Abwägung einbezogen. Die Beschwerdeführer machen ferner geltend, die gesetzliche Regelung sei im Hinblick auf die Neugliederungsziele des Gesetzgebers offensichtlich ungeeignet, wegen besserer Alternativlösungen zur Kreisneugliederung im Raum der Prignitz nicht erforderlich und vor allem wegen der bestehenden wirtschaftlichen und landschaftlichen Bindungen in der Prignitz nicht verhältnismäßig und damit willkürlich. Die Zuordnung des Kreises Pritzwalk zum Kreis Perleberg und die Verbindung der Kreise Kyritz und Wittstock mit dem Kreis Neuruppin zerschneide einerseits den zusammengehörigen Wirtschafts- und Landschaftsraum der Ostprignitz und verknüpfe andererseits mit der Ostprignitz und dem Ruppiner Land nicht verwandte Landschafts- und Wirtschaftsräume, wodurch das Zusammenwachsen zu einer kreislichen Einheit verhindert werde. Die Kreise Perleberg und Pritzwalk seien infolge ihrer langjährigen Zugehörigkeit zu den Bezirken Schwerin und Potsdam durch keinerlei wirtschaftliche und infrastrukturelle Beziehungen miteinander verbunden. Die Entstehung eines leistungsfähigen Kreises sei demzufolge von vornherein ausgeschlossen.

Der Gesetzgeber habe das besondere Gewicht der Akzeptanz der Neugliederungslösung in der Bevölkerung verkannt. Die nunmehr Gesetz gewordene Lösung werde überwiegend abgelehnt.

Anstelle der gesetzgeberischen Lösung seien zwei Varianten besser geeignet, die gesetzgeberischen Neugliederungsziele in der Prignitz zu verwirklichen. Eine Variante sei die Bildung eines Westprignitz-Kreises (bestehend aus dem Kreis Perleberg und den Gemeinden der Ämter Putlitz-Berge, Groß Pankow und Plattenburg) und eines Ostprignitz-Kreises (bestehend aus den Kreisen Pritzwalk, Kyritz und Wittstock).'Als weitere Variante biete sich die Schaffung eines Gesamtprignitz-Kreises an. Diese Modelle entsprächen nach Bevölkerungszahl und Fläche den gesetzgeberischen Vorgaben, trügen dem Bevölkerungswillen Rechnung und vermieden die durch §§ 1 und 2 KNGBbg verursachten Unverträglichkeiten. Auch für die östlich angrenzenden Kreise Neuruppin, Gransee und Oranienburg ließe sich bei Verwirklichung eines der Alternativvorschläge eine mit den Neugliederungszielen verträgliche Lösung entweder mit dem Fortbestand des Kreises Oranienburg oder einer weiteren Großkreisbildung finden.

## III.

Das Gericht hat dem Landtag, der Landesregierung, den Landkreisen Prignitz und Ostprignitz-Ruppin sowie den vormaligen Kreisen Neuruppin, Perleberg und Wittstock Gelegenheit zur Äußerung gegeben.

Der Landtag hat beschlossen, von einer Stellungnahme abzusehen. Die Landesregierung, vertreten durch das Ministerium des Innern, hält die Verfassungsbeschwerde für unzulässig und unbegründet.

Die Verfassungsbeschwerde sei bereits unzulässig, da die Beschwerdeführer nicht die Verletzung eigener Rechte geltend machten. Denn sie wendeten sich nicht gegen ihre zum Rechtsverlust führende Auflösung, sondern lediglich gegen die Art der Durchführung der Neugliederung.

In der Sache sei die Argumentation der Beschwerdeführer unzutreffend; §§ 1 und 2 KNGBbg seien vielmehr formell wie materiell verfassungsgemäß. Ausweislich der Begründung des Gesetzentwurfs, des Gesetzgebungsverfahrens und der das Gesetzesvorhaben vorbereitenden Maßnahmen habe eine umfangreiche Auseinandersetzung mit den Argumenten der Beschwerdeführer – und der anderen betroffenen Kreise – stattgefunden. Gemessen an den grundlegenden Reformkriterien sei die gesetzgeberische Entscheidung gegenüber den Alternativvorschlägen der Beschwerdeführer besser geeignet. Die von den Beschwerdeführern vorgeschlagenen Varianten – Trennung in West- und Ostprignitz oder Großprignitz – gerieten sowohl im Gebiet der Prignitz als auch in den benachbarten Kreisen Neuruppin, Gransee und Oranienburg in Widerspruch zu den angestrebten Einwohnerzahlen und der annehmbaren Fläche sowie der Sektoralkreisbildung.

Die Kreise Neuruppin, Perleberg und Wittstock haben ihr Äußerungsrecht ausgeübt und treten übereinstimmend der von den Beschwerdeführern geltend gemachten Verfassungswidrigkeit der §§ 1 und 2 KNGBbg entgegen. Die Bestimmungen seien weder formellen noch materiellen Einwänden ausgesetzt.

Von Anhörungsmängeln könne angesichts der vielfältigen Gelegenheiten zur Stellungnahme im Vorbereitungsstadium des Gesetzes und auch im Gesetzgebungsverfahren keine Rede sein. Der von den Beschwerdeführern behauptete trennscharfe Grenzverlauf zwischen der West- und Ostprignitz einerseits und zwischen der Prignitz und dem Ruppiner Land andererseits bestehe weder unter historischem noch wirtschaftlichem und infrastrukturellem Aspekt. Überdies ließe sich die Wirtschaftstätigkeit durch Kreisgrenzen, die lediglich Verwaltungsgrenzen darstellten, nicht beschränken. Der Kreis Perleberg weist darauf hin, daß man mit dem Kreis Pritzwalk unterdessen eine gemeinsame Verkehrsgesellschaft gegründet habe, so daß der öffentliche Personennahverkehr bereits auf das Gebiet des Kreises Prignitz umgestellt worden sei.

## B.

Die Kommunalverfassungsbeschwerden nach Art. 100 Verfassung des Landes Brandenburg (LV), §§ 12 Nr. 5, 51 Verfassungsgerichtsgesetz des Landes Brandenburg (VerfGGBbg), die das Gericht zur gemeinsamen Entscheidung verbunden hat, sind zulässig. Die Beschwerdeführer sind beschwerdefähig, prozeßfähig und beschwerdebefugt.

## I.

Die Beschwerdeführer sind als ehemalige Gemeindeverbände gemäß § 51 Abs. 1 VerfGGBbg beschwerdefähig. Ihre Auflösung durch § 16 Satz 2 KNGBbg i. V. m. § 1 Wahldurchführungsgesetz (Art. 2 des Gesetzes über die Neuordnung des Kommunalwahlrechts im Land Brandenburg, die Änderung der Kommunalverfassung sowie die Änderung der Amtsordnung vom 22. April 1993, GVBl. I S. 110) zum 5. Dezember 1993 steht der Zulässigkeit ihrer Verfassungsbeschwerden nicht entgegen. Für die Dauer des Rechtsbehelfsverfahrens gegen den ihre Auflösung bewirkenden Rechtsakt gelten Gemeindeverbände als fortbestehend. Den Fortbestand der Rechtspersönlichkeit und damit der Beschwerdefähigkeit zu fingieren ist ein Gebot der Gewährleistung effektiven Rechtsschutzes, da anderenfalls der Existenzverlust nicht rügefähig bliebe (vgl. aus der st. Rspr. nur BVerfGE 3, 267, 279 f.; 42, 345, 355 f.; VerfGH NW OVGE 31, 309, 310; Saarl. VerfGH NVwZ 1994, 481 jeweils m. w. N.).

## II.

Vertreten werden die Beschwerdeführer durch ihre zuletzt amtierenden Landräte als ihre gesetzlichen Vertreter (§ 91 Abs. 1 Satz 2 des Gesetzes über die Selbstverwaltung der Gemeinden und Landkreise in der DDR [Kommunalverfassung] vom 17. Mai 1990, GBl. der DDR I S. 255). Ebenso wie die Beschwerdeführer kraft Fiktion als beschwerdefähig zu behandeln sind, gilt die Vertretungsfunktion ihrer Landräte, deren Amtszeit mit dem Tag des Dienstantritts des neuen Landrats, spätestens aber mit dem 5. Mai 1994 endete (§ 18 Abs. 2 Satz 2 und 3 KNGBbg, geändert durch Art. 8 der Kommunalverfassung des Landes Brandenburg vom 15. Oktober 1993, GVBl. I S. 398), gleichermaßen als fortbestehend. Da die Landräte nicht in den Diensten der neuen Landkreise stehen, ist es mangels der Gefahr eines Interessenwiderstreits nicht veranlaßt, die Prozeßfähigkeit der Beschwerdeführer über ihre Repräsentativorgane herzustellen (so aber VerfGH NW OVGE 26, 306, 310; 26, 316, 318; 31, 309, 310).

## III.

Die Beschwerdeführer sind beschwerdebefugt. Es besteht die Möglichkeit, daß sie durch §§ 1 und 2 KNGBbg in ihrem Selbstverwaltungsrecht aus Art. 97, 98 LV verletzt worden sind. Dem steht weder ihre grundsätzliche Zustimmung zu ihrer Auflösung noch ihre weitgehend geschlossene Überführung in die neugebildeten Kreise Prignitz und Ostprignitz-Ruppin entgegen. Das Selbstverwaltungsrecht der Gemeindeverbände erstreckt sich auch darauf, im Rahmen einer Neugliederungsmaßnahme geltend machen zu können, die sie betreffenden Bestands- und Gebietsänderungen entsprechen nicht dem öffentlichen Wohl im Sinne des Art. 98 Abs. 1 LV.

## C.

Die Verfassungsbeschwerden sind indessen unbegründet. §§ 1 und 2 KNGBbg verletzen die Beschwerdeführer nicht in ihrem Selbstverwaltungsrecht aus Art. 97, 98 LV.

## I.

Das Gebiet von Gemeindeverbänden kann nur aus Gründen des öffentlichen Wohls geändert werden (Art. 98 Abs. 1 LV). Vor der Entscheidung über seine Auflösung ist die gewählte Vertretung des Gemeindeverbandes zu hören (Art. 98 Abs. 3 Satz 3 LV). Mit diesen verfassungsrechtlichen Geboten kodifiziert die Landesverfassung – entsprechend der in den Beratungen des Verfassungsentwurfes erklärten Absicht (so Mitarbeiter der SPD-Fraktion Lieber in der 8. Sitzung des Verfassungsausschusses II vom 9. April 1992, Protokoll S. 17, Dokumentation zur Verfassung des Landes Brandenburg, Band 3, S. 917) – die in der Rechtsprechung des Bundesverfassungsgerichts und der Landesverfassungsgerichte aus Art. 28 Abs. 2 Grundgesetz (GG) und den entsprechenden Bestimmungen der Landesverfassungen entwickelten Anforderungen an Neugliederungsmaßnahmen. Danach steht die gesetzgeberische Verfügungsbefugnis über den Bestand und Gebietszuschnitt von Gemeinden und Gemeindeverbänden unter dem Vorbehalt, von Gründen des öffentlichen Wohls getragen und nur nach vorheriger Anhörung der betroffenen Gebietskörperschaften zulässig zu sein (vgl. nur BVerfGE 86, 90, 107 m. w. N.; VerfGH NW OVGE 26, 270, 272 f.). Bestands- und Gebietsänderungen von Landkreisen als Gemeindeverbänden (so BVerfGE 52, 95, 111 f.) berühren, sofern nur die kreisliche Ebene überhaupt erhalten bleibt, lediglich die individuelle, nicht aber die institutionelle Selbstverwaltungsgarantie. Ein eingriffsfester Kernbereich besteht nur zugunsten der institutionellen Selbstverwaltungsgarantie, hingegen für den einzelnen Gemeindeverband ebensowenig wie für die einzelnen Gemeinden (so für die Gemeinden bereits VerfGBbg, Urteil vom 19. Mai 1994 – VfGBbg 9/93 – , AU S. 12 m. w. N.*). Der einzelne Ge-

* Siehe Seite 93 ff.

meindeverband unterliegt nur einem nach Maßgabe des öffentlichen Wohls relativierten Bestandsschutz (StGH BaWü ESVGH 25, 1, 10).

## II.

Die Auflösung der Beschwerdeführer und ihre Vereinigung mit den benachbarten Kreisen zu den neuen Landkreisen Prignitz und Ostprignitz-Ruppin genügt den die Selbstverwaltungsgarantie konkretisierenden Anforderungen des Art. 98 Abs. 1 und 3 LV.

1. Das Gesetzgebungsverfahren ist verfassungsgemäß erfolgt. Insbesondere wurden die Beschwerdeführer vor der gesetzlichen Neugliederungsentscheidung in verfassungsrechtlich gebotenem Umfang (Art. 98 Abs. 3 Satz 3 LV) angehört.

Die Anhörung der von der Gebietsänderung betroffenen Gemeindeverbände verfolgt als ein verfahrensrechtliches Sicherungsinstrument ihrer Selbstverwaltungsgarantie die Zwecke, dem Gesetzgeber eine umfassende Entscheidungsgrundlage zu vermitteln und die Gemeindeverbände als Rechtsträger nicht zum bloßen Regelungsobjekt werden zu lassen. Art. 98 Abs. 3 Satz 3 LV läßt, da weder bestimmte Verfahren noch bestimmte Förmlichkeiten angeordnet werden, alle Modalitäten der Anhörung zu, die sicherstellen, daß die in der gewählten Vertretung des Gemeindeverbandes stattgefundene Meinungsbildung dem Gesetzgeber zur Kenntnis gelangt. Voraussetzung einer sachgerechten Stellungnahme ist, daß der Anhörung die rechtzeitige Information über die beabsichtigte Regelung einschließlich ihres wesentlichen Inhalts und ihrer maßgeblichen Begründung vorausgeht.

Gemessen an diesen verfassungsrechtlichen Erfordernissen ist die Anhörung der Beschwerdeführer unter zeitlichem und inhaltlichem Aspekt ausreichend gewesen.

Der Wille der Bevölkerung in den Kreisen Pritzwalk und Kyritz ist dem Gesetzgeber durch die Stellungnahmen der Landräte und der Vorsitzenden der Kreistage in der Anhörung vom 15. Oktober 1992 zur Kenntnis gebracht worden. Die Vertreter der Beschwerdeführer hatten nochmals die Gründe vortragen können, aus denen sie die Bildung der Landkreise Prignitz und Ostprignitz-Ruppin ablehnen.

Die Beschwerdeführer konnten ihre Interessen wirksam vertreten und ihre Argumente gegen die geplante Neugliederung vollständig vortragen. Die betroffenen Kreise waren durch die Übermittlung des vollständigen Gesetzentwurfs über den räumlichen Umfang des Neugliederungsvorhabens und dessen wesentliche Begründung ausreichend informiert. Die Begründung ließ insbesondere in dem für eine sachgerechte Stellungnahme erforderlichen Umfang die Erwägungen erkennen, aus denen den Anregungen der Beschwerdeführer nicht gefolgt worden ist.

Die Kreistage der Beschwerdeführer hatten weiterhin genügend Zeit für eine begründete Willens- und Meinungsbildung. Zwar ist nicht zu verkennen, daß zwischen der Einbringung des Gesetzentwurfs am 22. September 1992 und der ersten mündlichen Anhörung der Beschwerdeführer am 16. Oktober 1992 ein relativ kurzer Zeitraum lag. Die Anhörungsrechte der Beschwerdeführer wurden hierdurch allerdings nicht in verfassungsrechtlich zu beanstandender Weise verkürzt, da die Beschwerdeführer von dem Inhalt des Neugliederungsvorhabens ersichtlich nicht überrascht worden sind. Die Beschwerdeführer erhielten seit Anfang 1991 wiederholt Gelegenheit, sich zum jeweiligen Stand der Pläne zur Kreisneugliederung zu äußern. Der Gesetzentwurf der Landesregierung übernahm im wesentlichen die Neuordnungskriterien und Neugliederungsvorschläge der Arbeitsgruppe „Kreisgebietsreform", die den Beschwerdeführern seit Ende 1991 bekannt gewesen sind. Für ihre Stellungnahme zum Gesetzentwurf konnten die Beschwerdeführer auf die Beschlüsse ihrer Vertretungsorgane und vorangegangene Stellungnahmen zurückgreifen und brauchten nur zu prüfen, ob diese weiterhin Bestand haben sollten. Angesichts des Umstandes, daß der Gesetzentwurf den betroffenen Kreisen bereits Ende August übersandt worden war, ist die Äußerungszeit nicht zu knapp bemessen gewesen.

Auch zum Änderungsvorschlag des Innenausschusses erhielten die Beschwerdeführer in der Ausschußsitzung vom 30. November 1992 Gelegenheit zur Stellungnahme.

2. Die §§ 1 und 2 KNGBbg sind auch in sachlicher Hinsicht verfassungsgemäß. Die Auflösung der Beschwerdeführer zugunsten der Schaffung der Landkreise Prignitz und Ostprignitz-Ruppin verstößt nicht gegen das öffentliche Wohl im Sinne des Art. 98 Abs. 1 LV.

a) Der Inhalt des Begriffes des öffentlichen Wohls ist nicht festgelegt. Er muß vom Gesetzgeber ausgefüllt werden. Der Gesetzgeber bestimmt mit den Zielen seines Gesetzes die für die Neugliederung maßgebenden Gründe des öffentlichen Wohls (Nds. StGH Nds. MinBl. 1979, S. 547, 585). Bei Neugliederungsentscheidungen kommt dem Gesetzgeber innerhalb des von der Verfassung gesteckten Rahmens grundsätzlich eine politische Entscheidungsbefugnis und weite Gestaltungsfreiheit in dem Sinne zu, daß er Ziele, Leitbilder und Maßstäbe der Gebietsänderung selbst festlegen kann. Die Ausübung dieses gesetzgeberischen Gestaltungsspielraums unterliegt nur einer eingeschränkten verfassungsrichterlichen Überprüfung.

Für die Kontrolle von Neugliederungsgesetzen durch das Landesverfassungsgericht gelten die gleichen Grundsätze, wie sie in ständiger Rechtsprechung vom Bundesverfassungsgericht und von den Verfassungsgerichten der Länder entwickelt worden sind (vgl. BVerfGE 50, 50, 51 f.; 86, 90, 107 ff.; Nds. StGH Nds. MinBl. 1979, 547, 586 ff.; StGH BaWü ESVGH 23, 1, 4 ff.). Das Verfassungsgericht darf sich nicht an die Stelle des Gesetzgebers setzen. Es hat seine Nachprüfungen darauf zu beschränken, ob die Zielvorstellungen, Sachabwägungen, Wertungen und Einschätzungen des Gesetzgebers offensichtlich fehlerhaft oder eindeutig widerlegbar sind oder der verfassungsmäßigen Wertordnung widersprechen. Das Verfassungsgericht überprüft den Abwägungsvorgang daraufhin, ob der Gesetzgeber den entscheidungserheblichen Sachverhalt umfassend ermittelt, seiner Regelung zugrunde gelegt und die mit ihr einhergehenden Vor- und Nachteile gewichtet und in die Abwägung eingestellt hat. Bei Beachtung dieser prozeduralen Maßgaben ist die Bevorzugung einzelner und die gleichzeitige Hintanstellung anderer Belange dem Gesetzgeber soweit überlassen, als das mit einem Eingriff in den Bestand einzelner Gemeindeverbände verbundene Abwägungsergebnis zur Erreichung der verfolgten Zwecke nicht offenkundig ungeeignet oder unnötig ist oder zu den angestrebten Zielen deutlich außer Verhältnis steht und frei von willkürlichen Erwägungen und Differenzierungen ist. Es ist nicht die Aufgabe des Gerichts zu prüfen, ob der Gesetzgeber die beste und zweckmäßigste Neugliederungsentscheidung getroffen hat (BVerfGE 86, 90, 109).

b) Die vom Gesetzgeber nach der Begründung des Gesetzentwurfs wie dem Gesetzgebungsverfahren mit der Kreisneugliederung verfolgten Ziele und Neugliederungsprinzipien halten sich innerhalb der verfassungsrechtlichen Maßgaben zur gesetzgeberischen Bestimmung des öffentlichen Wohls. Es wird allgemein – auch von den Beschwerdeführern – anerkannt, daß die Kreisgebietsreform des Landes Brandenburg und in ihrem Rahmen die Neuordnung des Raumes der Prignitz aus Gründen des öffentlichen Wohls notwendig ist und der Gesetzgeber sie deshalb vorgenommen hat.

Mit der Neuordnung verfolgt der Gesetzgeber das Ziel, hinreichend leistungsfähige Landkreise zu schaffen. Die Stärkung ihrer Finanz- und die Sicherung ihrer Verwaltungskraft soll die Landkreise in den Stand setzen, den ihnen im Rahmen eines zweigliedrigen Verwaltungsaufbaus zukommenden Aufgaben gerecht zu werden. Zu diesem Zweck soll eine Einwohnerzahl in den Landkreisen von 150.000 angestrebt, eine Zahl von 120.000 Einwohnern nicht unterschritten werden. Um eine einseitige Entwicklung des Berlin-nahen Raumes zu verhindern, sollen Sektoralkreise gebildet werden. Zur Schaffung möglichst gleicher Lebensverhältnisse sollen wirtschaftlich stärkere und wirtschaftlich schwächere Räume miteinander verbunden werden.

Die Gemeinwohlkonformität dieses Zieles und der auf seine Verwirklichung gerichteten Neugliederungsprinzipien ist gemessen an den von den

Kreisen wahrzunehmenden Aufgaben unbestreitbar und wird auch von den Beschwerdeführern nicht ernsthaft in Zweifel gezogen.

c) Auch die gesetzgeberische Konkretisierung dieser Neugliederungskonzeption im Raum der Prignitz entspricht dem öffentlichen Wohl. Der Gesetzgeber hat sich bei dieser Neugliederungsmaßnahme von seinen generellen Maßgaben leiten lassen, die er unter Beachtung des Verhältnismäßigkeitsgrundsatzes und des Willkürverbotes angewendet hat.

Der den §§ 1 und 2 KNGBbg zugrundeliegende Abwägungsvorgang gibt zu keinen verfassungsrechtlichen Bedenken Anlaß. Der Gesetzgeber hat den für diese Neugliederungsentscheidungen relevanten Sachverhalt umfassend ermittelt und zur Kenntnis genommen. Die Vor- und Nachteile der gesetzlichen Regelung wurden abgewogen. Gegenstand der Erörterung und Bewertung waren dabei in ausreichendem Umfang die von den Beschwerdeführern vorgeschlagenen Neugliederungsvarianten.

Den von den Beschwerdeführern im verfassungsgerichtlichen Verfahren als eindeutig besser bezeichneten Gebietszuschnitt in Anlehnung an den zwischen 1817 und 1952 bestandenen Grenzverlauf zwischen den Kreisen West- und Ostprignitz hat der Gesetzgeber zwar nicht übersehen (vgl. LT-Drs. 1/ 1259, S. 18 der Begründung), aber auch nicht detailliert geprüft. Insoweit bestehende Defizite führen allerdings nicht wegen Außerachtlassung der verfahrensmäßigen Anforderungen an Neugliederungsgesetze zur Verfassungswidrigkeit der §§ 1 und 2 KNGBbg. Denn eine Gebietsänderung entsprechend der Wiederherstellung dieser historischen Grenzen mußte sich dem Gesetzgeber nicht aufdrängen. Sie widersprach dem in der Begründung des Gesetzentwurfs erkennbaren Ziel, auch in dünnbesiedelten Gebieten die für den Aufbau einer leistungsfähigen Verwaltung als erforderlich angesehene Mindesteinwohnerzahl von 120.000 nicht wesentlich zu unterschreiten. Aus diesen Erwägungen entschied sich der Gesetzgeber gegen eine auf die Prignitz beschränkte, den Kreis Neuruppin nicht einbeziehende Zwei-Kreis-Lösung. Im Hinblick auf diese grundsätzliche gesetzgeberische Festlegung war es nicht geboten, weitere hinter den gesetzgeberischen Neugliederungsprinzipien zurückbleibende West- und Ostprignitzkreis-Lösungen in den Abwägungsprozeß einzustellen.

Zum Zweck der Verwirklichung des Neugliederungszieles sind die gesetzgeberischen Maßnahmen nicht offensichtlich ungeeignet. Vielmehr verhelfen sie den Wertungen und Erwägungen, die das Neugliederungskonzept kennzeichnen, gerade zu möglichst weitgehender und vollständiger Geltung. Die Landkreise Prignitz und Ostprignitz-Ruppin bleiben nur unwesentlich unter der angestrebten Mindesteinwohnerzahl zurück. In Übereinstimmung mit der gesetzgeberischen Zielsetzung werden mit den wirtschaftlich stärkeren Kreisen Perleberg und Neuruppin jeweils leistungsschwächere Gebiete verbunden, so daß im Ergebnis eine ausgewogene Wirtschaftskraft und -struktur gefördert werden kann. Die geographische Randlage der Prignitz im Nordwesten Brandenburgs und der Verlauf der Landesgrenze schließen zwar die Einbindung dieses Gebietes in das Sektoralkreiskonzept aus. Aber die Einbeziehung des Kreises Neuruppin in die Neugliederung der Prignitz sichert dessen weitestgehende Umsetzung, da auf diese Weise in der östlich anschließenden Region unter Beachtung von Einwohnerzahl und Fläche wiederum Sektoralkreise gebildet werden können. Der bei Wittstock gelegene Bombenabwurfplatz läßt zwar eine nicht zu übersehende räumliche Trennung zwischen den Kreisen Wittstock und Neuruppin erkennen. Dieser Nachteil wird aber durch die gleichwohl bestehenden, gut ausgebauten Verkehrswege zwischen den Städten Wittstock und Neuruppin ausgeglichen.

Die Zurückstellung des in Bürgerbefragungen und Bürgerinitiativen zum Ausdruck gekommenen Bevölkerungswillens sowie der historisch und landschaftlich verbindenden und trennenden Momente innerhalb der Prignitz und zum Ruppiner Land macht die Neugliederungsentscheidung nicht offensichtlich ungeeignet. Wenn der Gesetzgeber weder in den historischen und den landschaftlichen Verflechtungen und Grenzverläufen noch in der wesentlich darauf beruhenden ablehnenden Haltung der Beschwerdeführer eine die neue kreisliche Einheit sprengende Wirkung erkennt, so ist diese Erwägung nicht offensichtlich unzutreffend. Diese Belange sind – nicht zuletzt wegen des uneinheitlichen und im Laufe des Gesetzgebungsverfahrens wechselnden Meinungsbildes in den betroffenen Kreisen – nicht derart gewichtig, als daß sie ein Zusammenwachsen der neugebildeten Kreise von vornherein und auf Dauer verhindern könnten.

Die Erwartung des Gesetzgebers, aus den Kreisen Perleberg und Pritzwalk werde sich – trotz der in den letzten 40 Jahren bestandenen Zuordnung zu unterschiedlichen Verwaltungsbezirken der DDR – eine räumliche Einheit bilden können, ist aufgrund der vergleichbaren Siedlungs- und Wirtschaftsstruktur der zum Kernland der Prignitz gehörenden Kreise nicht eindeutig widerlegbar. Es sind auch keine durchgreifenden Gründe dafür ersichtlich, daß die in Teilen der Bevölkerung fehlende Akzeptanz des Landkreises Ostprignitz-Ruppin, die mit der Neugliederung angestrebte Stärkung der Leistungsfähigkeit der Selbstverwaltung beeinträchtigen werde. Die Hinweise in der Begründung des Gesetzentwurfs auf die übereinstimmende, insgesamt ländliche Siedlungsstruktur der zusammengeschlossenen Kreise erscheinen nicht als sachwidrig.

Die Bedeutung des in der Befragung vom April 1992 ermittelten Bevölkerungswillens schwächt sich ohnedies dadurch ab, daß sich die Bürger mehrheitlich für einen Zusammenschluß der Kreise der Ostprignitz (Pritzwalk, Kyritz und Wittstock) ausgesprochen haben. Dieser Neugliederungsvorschlag wird auch von den Beschwerdeführern wegen der geringen Größe und der damit einhergehenden schwachen administrativen Kapazität eines dann zwangsläufig lediglich aus Perleberg und Lenzen bestehenden Westprignitz-Kreises im verfassungsrechtlichen Verfahren nicht mehr befürwortet. Die nunmehr von den Beschwerdeführern vorgetragene Variante eines West- und Ostprignitzkreises, die mit der Aufspaltung des Gebietes des Kreises Pritzwalk einhergeht, ist nicht Gegenstand der Befragung der Bürger gewesen. Es ist ungewiß, ob neben einzelnen Gemeinden und Ämtern auch die Bürger des Kreises Pritzwalk in ihrer Gesamtheit in gleichem Maße der Teilung ihres Kreisgebietes zugestimmt hätten, wie sie die Bildung eines Landkreises aus den Kreisen Kyritz, Pritzwalk und Wittstock unterstützten.

Die Auflösung der Beschwerdeführer und ihre Überführung in die Kreise Prignitz und Ostprignitz-Ruppin verstößt auch nicht gegen den Grundsatz des geringstmöglichen Eingriffs. Der Gesetzgeber darf im Interesse der Verbesserung der Funktionsfähigkeit der kommunalen Selbstverwaltung in den Bestand und Gebietszuschnitt der Gemeindeverbände eingreifen. Nicht erforderlich ist die von diesem Zweck getragene Neugliederungsmaßnahme nur dann, wenn Alternativlösungen zur Verwirklichung der Neugliederungskonzeption offensichtlich gleichermaßen geeignet und zugleich von geringerer Eingriffsintensität sind als die gesetzliche Maßnahme.

Die auch von den Beschwerdeführern angestrebten Varianten der Bildung eines West- und Ostprignitzkreises oder eines Kreises Großprignitz stellen keine die Erforderlichkeit ausschließenden Lösungen zur Neustrukturierung dar. Ein Westprignitzkreis aus dem Kreis Perleberg einschließlich der zum Kreis Pritzwalk gehörenden Gemeinden der Ämter Putlitz-Berge, Groß Pankow und Plattenburg bedeutet für den Kreis Pritzwalk gemessen an der gesetzgeberischen Entscheidung keinen geringeren Eingriff. Der mit der Neugliederung einhergehende Eingriff in den Gebietsbestand wiegt um so geringer, je geschlossener der aufgelöste Gemeindeverband in den neugebildeten Gemeindeverband überführt wird. Zwar lehnt sich dieser Neuordnungsvorschlag an den Grenzverlauf zwischen den Kreisen West- und Ostprignitz im 19. Jahrhundert an. Aber er bewirkt gegenüber der Regelung des § 1 KNGBbg eine erhebliche Gebietsabspaltung vom Kreis Pritzwalk.

Darüber hinaus löste diese Neugliederungsvariante für die aus dem Kreis Pritzwalk auszugliedernden Gemeinden der Ämter Putlitz-Berge, Groß Pankow und Plattenburg ersichtlich gerade die infrastrukturellen und wirtschaftlichen Nachteile aus, die der Kreis Pritzwalk wegen der bis 1990 bestandenen abweichenden Bezirkszuordnung von Perleberg (Schwerin) und Pritzwalk (Potsdam) an der Gesetz gewordenen Lösung rügt.

Überdies lassen sich beide Varianten mit der zugrundeliegenden gesetzlichen Neugliederungskonzeption keinesfalls offensichtlich besser vereinbaren als das gesetzliche Neugliederungsmodell. Bei der Schaffung eines West- und eines Ostprignitzkreises mit 82.000 bzw. 83.000 Einwohnern wird die angestrebte Mindesteinwohnerzahl von 120.000 Einwohnern deutlich unterschritten. Es bestehen Zweifel, ob die an der Nordwestgrenze Brandenburgs in einer Randlage befindlichen Prignitzkreise die notwendige Leistungskraft besäßen, um die aufgrund der Funktionalreform von ihnen zu erfüllenden Verwaltungsaufgaben zu bewältigen. Es mag sein, daß die von den Beschwerdeführern als Alternative gewünschte Bildung eines Gesamtprignitz-Kreises gleichfalls geeignet wäre, die Neugliederungsziele zu verwirklichen. Hierfür spricht, daß diese Lösung bis zur Empfehlung der Arbeitsgruppe „Kreisgebietsreform" auch von der Landesregierung erwogen wurde. Sie erscheint allerdings auch nicht als offensichtlich besser geeignet als die gesetzliche Regelung. Die Nachteile, die die sehr große Fläche eines dünnbesiedelten Kreises für den Aufbau einer effizienten Verwaltung und für die Herstellung geordneter wirtschaftlicher Strukturen mit sich bringt, sind in der Begründung des Gesetzentwurfs aufgezeigt worden. Zudem stehen beide Varianten der leitbildgerechten Neugliederung in dem östlich an die Prignitz anschließenden Gebiet entgegen. Aus den Kreisen Neuruppin, Gransee und Oranienburg entstünde entweder zwangsläufig – flächen- und bevölkerungsmäßig – ein Großkreis, oder das Prinzip der Sektoralkreisbildung müßte in dieser Region aufgegeben werden.

Die gesetzgeberische Neugliederungsentscheidung ist für die Beschwerdeführer auch nicht offensichtlich unzumutbar. Die Verhältnismäßigkeit ist nur dann gewahrt, wenn ein Eingriff nach Maßgabe einer Güterabwägung nicht außer Verhältnis zu der Bedeutung des betroffenen Rechts steht. Der Gesetzgeber verfügte über hinreichend gewichtige Gründe des öffentlichen Wohls im Sinne des Art. 98 Abs. 1 LV, die eine Neugliederung rechtfertigen, die nicht in Gänze das historisch gewachsene und nach wie vor empfundene Zusammengehörigkeitsgefühl der Bevölkerung in der Prignitz berücksichtigen konnte. Die Schaffung einer leistungsfähigen Verwaltungsstruktur, die sicherstellt, daß die wirtschaftliche Entwicklung in Brandenburg effizient gefördert wird und auf diese Weise die Lebens- und Wirtschaftsbedingungen landesweit möglichst gleichwertig verbessert werden, ist ersichtlich ein überragendes Gemeinwohlinteresse. Angesichts dieser für das Land Brandenburg entscheidenden Bedeutung der Kreisneugliederung ist auch ein Eingriff in die Interessen der Beschwerdeführer nicht unangemessen. Dabei kommt bei der Güterabwägung dem Umstand, daß sich eine offensichtlich besser geeignete Alternative zur gesetzlichen Entscheidung nicht aufdrängt, ein erhebliches Gewicht zu. Hierdurch wird die von den Beschwerdeführern hinzunehmende Eingriffsintensität erhöht. Gleichzeitig hat der Gesetzgeber die Belange der

Bürger der Prignitz soweit als möglich gewahrt. Die Bevölkerung des Landkreises Ostprignitz-Ruppin ist nahezu zur Hälfte in den ehemaligen Prignitzkreisen Kyritz und Wittstock angesiedelt. Dadurch wird einem Übergewicht des Kreises Neuruppin weitgehend vorgebeugt.

Auch die Orientierung der Kreisneuordnung an den seit 1952 bestehenden Kreisgrenzen ist nicht unverhältnismäßig, sofern sie nicht – gemessen an der kommunalen Selbstverwaltungsgarantie – offensichtliche Fehlentscheidungen verfestigt. Auf der anderen Seite ist es aber nicht geboten, die abweichende Bezirkszuordnung zwischen der West- und Ostprignitz bei der Kreisneugliederung aufrechtzuerhalten. Die Umsetzung der in die Zukunft weisenden Neuordnungsziele überwiegt gegenüber den auf dieser Vergangenheit beruhenden anfänglichen Schwierigkeiten, zu einer kreislichen Einheit zusammenzuwachsen.

Schließlich läßt sich auch eine Mißachtung des Willkürverbotes durch den Gesetzgeber nicht feststellen. Das Willkürverbot erfährt bei kommunalen Neugliederungsmaßnahmen eine besondere Ausprägung in dem Grundsatz der Leitbild- oder Systemgerechtigkeit, der den Gesetzgeber soweit als möglich auf die Einhaltung seiner von ihm selber gewählten und zugrunde gelegten Maßstäbe verpflichtet (vgl. dazu StGH BaWü ESVGH 25, 1, 23; Nds. StGH Nds. MinBl. 1979, 547, 586 f.). Diesem Gebot hat der Gesetzgeber mit der Schaffung der Landkreise Prignitz und Ostprignitz-Ruppin in ausreichendem Umfang Rechnung getragen.

## Sondervotum des Richters Schöneburg

Dem Urteil, das die Verfassungsbeschwerden der Kreise Kyritz und Pritzwalk gegen die Anwendung der §§ 1 und 2 des KNGBbg hinsichtlich deren Eingliederung in die Landkreise Ostprignitz-Ruppin und Prignitz zurückweist, kann ich vor allem aus den folgenden Gründen nicht zustimmen. Das Urteil anerkennt zwar die Zulässigkeit der Verfassungsbeschwerden, hält sie jedoch für unbegründet. Letzterem kann m. E. nicht gefolgt werden.

1. Die Anwendung der §§ 1 und 2 des KNGBbg auf die Kreise Kyritz und Pritzwalk widerspricht der verfassungsmäßigen Werteordnung des Landes Brandenburg. Die Verfassung des Landes Brandenburg bekennt sich zu einer Demokratie, die repräsentativ und plebiszitär zugleich ist. Dem Volk als Souverän werden im Unterschied zu anderen deutschen Landesverfassungen außerordentlich weitergehende Rechte verliehen. Dies ist nicht zuletzt die Folge der Erfahrungen bis 1989 in der DDR.

In dieser Sicht ist es verfassungswidrig, wenn der Gesetzgeber dem in Bürgerbefragungen und Bürgerinitiativen deutlich geäußerten Willen der betroffenen Bevölkerung in den beiden Kreisen, beruhend auf historisch und landschaftlich verbindenden Momenten in der Prignitz, bei seiner Neugliederungsentscheidung keine Priorität eingeräumt hat. Die Beachtung des Gemeinwohls hätte aber gerade eine Priorität gefordert.

2. Es kann daher nicht überzeugen, wenn statt dessen Flächengröße und Bevölkerungszahl in der gesetzgeberischen Entscheidung als wichtiger angesehen wurden und das Gemeinwohlinteresse in erster Linie auf das Land Brandenburg als Ganzes bezogen wird.

3. Damit wird vom Gesetzgeber auch das Selbstverwaltungsprinzip des Art. 97 der Landesverfassung verletzt. Es entspricht der verfassungsmäßigen Werteordnung des Landes Brandenburg, die kommunale Selbstverwaltung als unentbehrliches demokratisches Prinzip zu handhaben und somit als Recht der bürgernächsten staatlichen Institutionen, in ihrem Gebiet die Interessen der örtlichen Gemeinschaft zu realisieren. Wenn aber kommunale Gebietskörperschaften gegen den Willen der örtlichen Bevölkerungsgemeinschaft von oben neu gebildet werden, so verletzt dies das Wesen kommunaler Selbstverwaltung. Auch in dieser Frage hat das KNGBbg hinsichtlich der beiden beschwerdeführenden Kreise den Artikel 97 der Landesverfassung mißachtet.

Nach meiner Rechtsauffassung sind deshalb die §§ 1 und 2 des KNGBbg, soweit die Beschwerdeführer betroffen sind, verfassungswidrig.

## Nr. 9

1) Ein für das Verfahren vor dem Verfassungsgericht als fortbestehend geltender Landkreis, dessen zuletzt amtierender Landrat in den Diensten eines durch das Verfahren berührten neuen Landkreises steht, wird durch den zuletzt amtierenden stellvertretenden Landrat vertreten.

2) Zu den Anforderungen an die Anhörung der von einem Neugliederungsvorhaben betroffenen Gemeinden und Gemeindeverbände. Ein relativ kurzer Zeitraum zwischen Einbringung des Gesetzentwurfs und Anhörung im Gesetzgebungsverfahren kann unter Umständen durch eine Beteiligung an der Vorbereitung des Gesetzentwurfs ausgeglichen werden.

3) Bei der Frage, ob eine kommunale Neugliederung im Sinne von Art. 98 Abs. 1 LV dem öffentlichen Wohl entspricht, ist das Verfassungsgericht auf die Prüfung beschränkt, ob die Zielvorstellungen, Sachabwägun-

gen, Wertungen und Einschätzungen des Gesetzgebers offensichtlich fehlerhaft oder eindeutig widerlegbar sind oder im übrigen der verfassungsmäßigen Wertordnung widersprechen, ob der entscheidungserhebliche Sachverhalt umfassend ermittelt ist und die Vor- und Nachteile der Regelung gewichtet und in die Abwägung eingestellt worden sind.*

Landesverfassung Brandenburg Art. 98

Verfassungsgerichtsgesetz Brandenburg § 51

Kreisneugliederungsgesetz Brandenburg §§ 12, 13, 14

Urteil vom 15. September 1994 – VfGBbg 3/93 –

in dem Verfahren über die Verfassungsbeschwerden 1. des Kreises Eisenhüttenstadt, vertreten durch den Beigeordneten und stellvertretenden Landrat, 2. des Kreises Guben, vertreten durch den Landrat, 3. des Kreises Spremberg, vertreten durch den Landrat, betreffend §§ 12, 13 und 14 des Gesetzes zur Neugliederung der Kreise und kreisfreien Städte im Land Brandenburg, Kreisneugliederungsgesetz – KNGBbg (Art. 1 des Gesetzes zur Neugliederung der Kreise und kreisfreien Städte sowie zur Änderung weiterer Gesetze – Kreis- und Gerichtsneugliederungsgesetz – KGNGBbg) vom 24. Dezember 1992 (Gesetz- und Verordnungsblatt für das Land Brandenburg Teil I S. 546).

Entscheidungsformel:

Soweit die Verfassungsbeschwerden zurückgenommen worden sind, wird das Verfahren eingestellt. Im übrigen werden die Verfassungsbeschwerden zurückgewiesen.

Gründe:

A.

Die Beschwerdeführer wenden sich mit ihren Verfassungsbeschwerden gegen ihre durch §§ 12 und 13 des Gesetzes zur Neugliederung der Kreise und kreisfreien Städte im Land Brandenburg (Kreisneugliederungsgesetz – KNGBbg) vom 24. Dezember 1992 (GVBl. I S. 546) bewirkte Eingliederung in die Landkreise Oder-Spree und Spree-Neiße sowie die von § 14 KNGBbg

---

* Die amtlichen Leitsätze des Urteils sind in der im Grundsätzlichen gleichartigen Entscheidung in der Sache 4/93 (Nr. 8) vorangestellt. Die hier aufgenommenen nichtamtlichen Leitsätze betreffen Besonderheiten dieses weiteren Neugliederungsfalles oder heben weitere Entscheidungselemente hervor.

angeordnete Zuweisung der Gemeinde Rüdersdorf zum Kreis Märkisch-Oderland. Sie beantragen, §§ 12, 13 und 14 KNGBbg für verfassungswidrignichtig zu erklären, soweit die Beschwerdeführer betroffen sind.

## I.

1. Die Beschwerdeführer gehörten zu den ursprünglich 38 Kreisen des Landes Brandenburg. Im Rahmen der Kreisgebietsreform beschloß der Landtag das am 24. Dezember 1992 verkündete Gesetz zur Neugliederung der Kreise und kreisfreien Städte. Dieses ordnete das Land in 14 Kreise und 4 kreisfreie Städte. Durch § 12 KNGBbg wurde aus den Kreisen Cottbus-Land und Forst und den beschwerdeführenden Kreisen Guben und Spremberg der Landkreis „Spree-Neiße" gebildet. Aus dem beschwerdeführenden Kreis Eisenhüttenstadt-Land, dem Kreis Beeskow (ohne die Stadt Lieberose und die Gemeinden des Amtes Lieberose und die Gemeinde Plattkow), dem Kreis Fürstenwalde (ohne die Gemeinden Wernsdorf und Rüdersdorf) sowie der bisher kreisfreien Stadt Eisenhüttenstadt wurde durch § 13 KNGBbg der Landkreis „Oder-Spree" geschaffen. Aufgrund von § 14 KNGBbg wurde die vormals zum Kreis Fürstenwalde gehörende Gemeinde Rüdersdorf dem aus den Kreisen Bad Freienwalde, Strausberg und Seelow gebildeten Kreis Märkisch-Oderland zugeordnet. Im Landkreis Spree-Neiße leben ca. 151.000 Einwohner auf einer Gesamtfläche von 1.666 km², im Landkreis Oder-Spree ca. 187.000 Einwohner auf 2.244 km² und im Landkreis Märkisch-Oderland ca. 171.000 Einwohner auf 2.128 km².

Im Vorfeld der Kreisgebietsneugliederung beschloß die Landesregierung am 29. Januar 1991 die Vorbereitung eines entsprechenden Gesetzentwurfes. Am 1. April 1991 erstellte das Ministerium des Innern einen (ersten) Vorschlag zur Neugliederung. Dieser sah die Zusammenfassung der Kreise Cottbus-Land, Forst, Guben und Spremberg zu einem Kreis und – abweichend von der späteren Gesetzesfassung – die Verbindung von Stadt und Kreis Eisenhüttenstadt sowie dem Kreis Beeskow zu einem zweiten und der Kreise Fürstenwalde, Seelow und Strausberg zu einem weiteren Kreis vor.

Durch Runderlaß des Ministeriums des Innern vom 25. April 1991 erhielten die Landräte Gelegenheit, zu diesem Entwurf Stellung zu nehmen. Die Kreise Eisenhüttenstadt und Guben und die Stadt Eisenhüttenstadt sprachen sich nach entsprechenden Beschlüssen ihrer Vertretungsorgane für ihren Zusammenschluß zu einem Oder-Neiße-Kreis aus. Tragende Gründe für dieses Neugliederungsmodell waren die Stärkung einer gemeinsamen Wirtschaftsregion im Grenzbereich zu Polen, die Wiederherstellung historischer Verbindungen sowie die Belebung und Aufrechterhaltung kultureller Beziehungen, der Aufbau neuer Strukturen im Naturschutzpark Oder-Neiße und schließlich die Vorgaben des Braunkohletagebaus.

Im Mai 1991 setzte der Minister des Innern die Arbeitsgruppe „Kreisgebietsreform" ein, die im Oktober 1991 die verschiedenen Regionen Brandenburgs bereiste, öffentliche Anhörungen – unter anderem in Cottbus – durchführte und die Neugliederungsvorschläge mit den Vertretern der Landkreise und kreisfreien Städte erörterte. In ihrem Abschlußbericht vom 13. Dezember 1991 empfahl die Arbeitsgruppe die schließlich Gesetz gewordene Verbindung der Kreise Cottbus-Land, Spremberg, Forst und Guben einerseits sowie der Kreise Beeskow, Fürstenwalde und Eisenhüttenstadt und der Stadt Eisenhüttenstadt andererseits. Dabei ließ sich die Arbeitsgruppe leiten von einer angestrebten Mindesteinwohnerzahl von 120.000 und dem Prinzip der Sektoralkreisbildung sowie der Vermeidung einer Grenzkreislösung wegen fehlender Wachstumsimpulse und einer industriellen Monostruktur.

Am 28. Januar 1992 vereinbarten die Stadt und der Kreis Eisenhüttenstadt und der Kreis Guben die wechselseitige Information und Kooperation ihrer Verwaltungen. In einer von der Mittelstandsvereinigung Guben initiierten Unterschriftenaktion „Pro Guben" sprachen sich von Januar bis März 1992 10.408 Bürger für eine Verbindung von Guben mit Eisenhüttenstadt aus.

Mit Kabinettsbeschluß vom 10. März 1992 stellte die Landesregierung Leitlinien zur Kreisneugliederung auf. Die von der Arbeitsgruppe „Kreisgebietsreform" dargestellten Reformkriterien und Grundsätze zur Gesamtkonzeption der Gebietsaufteilungen wurden insgesamt weitgehend, die vorgeschlagenen Gebietszuschnitte in der fraglichen Region unverändert übernommen.

Mit Erlaß vom 24. März 1992 gab der Minister des Innern den Landkreisen und kreisfreien Städten Gelegenheit, zu dem Regierungskonzept bis zum 31. Mai 1992 Stellung zu nehmen. Die Kreise Eisenhüttenstadt und Guben und die Stadt Eisenhüttenstadt sprachen sich auf einer gemeinsamen Kreistagssitzung für ihre Zusammenfassung zu einem Kreis aus. Der Kreistag von Fürstenwalde befürwortete die Verbindung der Kreise Fürstenwalde und Beeskow. Während der Kreis Forst den Leitlinien der Landesregierung zustimmte, lehnte der Kreis Spremberg aus Achtung vor der Entscheidung Gubens den Zusammenschluß mit Guben ab. Der Kreis Cottbus-Land befürwortete zunächst ausdrücklich die Verbindung mit Guben, ließ diese aber in einem späteren Beschluß offen. Auf einer gemeinsamen Sitzung am 19. August 1992 stimmten die Kreistage von Cottbus-Land, Forst und Spremberg mehrheitlich für ihre Fusion.

Mit Wirkung vom 21. Juli 1992 wurde das Amt Rüdersdorf aus den Gemeinden Rüdersdorf (Kreis Fürstenwalde), Heinickendorf, Herzfelde und Lichtenow (Kreis Strausberg) gebildet. Die Kreisgrenzen überschreitende

Amtsbildung beruhte auf der Lage des Industriestandortes Zementwerk Rüdersdorf. Die Gemeinde Rüdersdorf faßte den Beschluß, dem Kreis Strausberg zugeordnet werden zu wollen, während der Kreis Fürstenwalde dem widersprach.

Am 28. August 1992 wandten sich die Kreise Eisenhüttenstadt und Guben sowie die Stadt Eisenhüttenstadt erneut an den Innenminister und teilten ihm mit, sich für einen gemeinsamen Kreis entschieden zu haben. Sie begründeten diesen Entschluß insbesondere damit, daß die Verbindung mit Fürstenwalde und Beeskow zu einem Sektoralkreis nicht die angestrebten Impulse für die Grenzregion entfalten werde.

Am 22. September 1992 brachte die Landesregierung den Gesetzentwurf zur Neugliederung der Kreise und kreisfreien Städte (LT-Drs. 1/1259) in den Landtag ein. Danach sollte gemäß § 12 KNGBbg-E aus den Kreisen Cottbus-Land, Forst, Guben und Spremberg, gemäß § 13 KNGBbg-E aus dem Kreis Beeskow (ohne die Stadt Lieberose und die Gemeinden Blasdorf, Doberburg, Goschen, Jamlitz, Leeskow, Speichrow, Trebitz und Ullersdorf des Amtes Lieberose sowie die Gemeinde Plattkow), dem Kreis Eisenhüttenstadt-Land, dem Kreis Fürstenwalde (ohne die Gemeinden Wernsdorf und Rüdersdorf) sowie der bisher kreisfreien Stadt Eisenhüttenstadt und gemäß § 14 KNGBbg-E aus den Kreisen Bad Freienwalde (ohne die Gemeinden Tiefensee und Hohensaaten), Strausberg und Seelow sowie der Gemeinde Rüdersdorf (Kreis Fürstenwalde) jeweils ein neuer Landkreis gebildet werden.

2. Den Gesetzentwurf begründete die Landesregierung mit folgenden allgemeinen Reformkriterien:

Die im Land Brandenburg generell fehlende Mittelinstanz staatlicher Verwaltung und die damit verbundene weitestgehende Verlagerung der Verwaltungsaufgaben auf die kommunale Ebene verursache auf seiten der Landkreise einen Zuwachs an Verwaltungsaufgaben. Diesen Anforderungen könnten die Landkreise nur durch Schaffung einer leistungsstarken Verwaltung gerecht werden, die eine Vergrößerung der verwaltungstechnischen Einheiten erfordere. Die neuen Landkreise sollten möglichst im Wege der Zusammenfassung mehrerer bestehender Kreise gebildet werden. Die Größe der Landkreise orientiere sich vornehmlich an einer anzustrebenden Mindesteinwohnerzahl von 150.000, in dünnbesiedelten Gebieten von 120.000, ohne daß es sich dabei allerdings um einen ausnahmslos geltenden Maßstab handeln könne. Ergänzt werde das Kriterium der Mindesteinwohnerzahl um den Maßstab der Gebietsfläche in dem Sinne, daß die Landkreise nicht in eine regionale Dimension hineinwachsen dürften. Überdies gebiete die Lage Brandenburgs um die Enklave Berlin die möglichst konsequente Bildung von Sektoralkreisen, um die von dem Raum Berlin ausgehenden Entwicklungsimpulse unter Berücksichtigung der Verkehrsachsen in die Tiefe des Landes hineinwirken zu lassen und eine Verbindung zwischen starken und schwachen Wirtschaftsräumen herzustellen. Historische und traditionelle Gesichtspunkte sowie die Stellungnahmen und Anregungen der betroffenen Kreise seien berücksichtigt worden, soweit dies mit dem Gemeinwohl vereinbar gewesen sei.

Der Gesetzentwurf, der die Stellungnahmen der Landkreise einbezog, hielt die Neugliederungsvorschläge für die südöstliche Region Brandenburgs aus den folgenden wesentlichen Gründen für geeignet, diese allgemeinen Reformkriterien zu verwirklichen:

Die Verschmelzung der Kreise Beeskow, Fürstenwalde, Eisenhüttenstadt-Land und der Stadt Eisenhüttenstadt einerseits und der Kreise Cottbus-Land, Forst, Guben und Spremberg andererseits schaffe bevölkerungs- und damit leistungsstarke Landkreise, derer die östliche Grenzregion des Landes Brandenburg in besonderem Maße bedürfe. Die Schaffung des Oder-Spree-Kreises verwirkliche das Sektoralkreisprinzip und verknüpfe dieses in einer deutschen und europäischen Entwicklungsachse gelegene Gebiet. Zugleich werde der wirtschaftlich starke Kreis Fürstenwalde mit den strukturschwächeren östlichen Regionen verbunden. Schließlich bestünden historische Bezüge sowohl zwischen Fürstenwalde und Beeskow als auch zwischen Beeskow und dem Raum Eisenhüttenstadt, so daß Beeskow in dem neuen Kreis eine Gelenkfunktion wahrnehme. Die Ausgliederung der Gemeinde Rüdersdorf aus dem Kreis Fürstenwalde diene vornehmlich dem Ausgleich der Wirtschaftskraft unter den neuen Landkreisen und entspreche zudem dem von der Gemeindevertretung Rüdersdorf geäußerten Wunsch. Diese für die Schaffung des Oder-Spree-Kreises sprechenden Aspekte würden auch durch die mit 2.244 km² eher große Flächenausdehnung dieses Kreises nicht beeinträchtigt.

Die von den Kreisen Eisenhüttenstadt-Land und Guben sowie der Stadt Eisenhüttenstadt von Beginn des Neugliederungsvorhabens an vertretene Alternative ihres Zusammenschlusses zu einem gemeinsamen Landkreis sei abzulehnen. Gegenüber dem Gesetzentwurf bedinge diese Lösung größere Nachteile. Bei Verwirklichung dieses Vorschlags entstünden in der fraglichen Region drei sich an der unteren Grenze der angestrebten Einwohnerzahl bewegende Landkreise, die den ihnen obliegenden und weiterhin zuwachsenden Aufgaben nicht gerecht werden könnten. Ein aus den Kreisen Beeskow und Fürstenwalde gebildeter, etwa 135.000 Einwohner zählender Landkreis könnte nicht die Funktion eines starken Sektoralkreises wahrnehmen. Ein aus den Kreisen Cottbus-Land, Forst und Spremberg bestehender, die kreisfreie Stadt Cottbus umgebender Kreis wäre mit lediglich etwa 117.000 Einwohnern gegenüber diesem Oberzentrum zu schwach. Ein aus der Stadt und dem Kreis Eisenhüttenstadt und dem Kreis Guben geschaffener Landkreis weise zudem eine abträgliche Binnenstruktur in Gestalt einer 75%igen Dominanz der

Stadt- gegenüber der Landbevölkerung auf. Zusätzlich bestehe für diesen mit ca. 110.000 Einwohnern ebenfalls bevölkerungsschwachen Raum die Gefahr einer Auseinanderentwicklung zwischen den beiden nahegelegenen Oberzentren Frankfurt (Oder) und Cottbus.

3. Im Anschluß an die erste Lesung des Gesetzentwurfes am 30. September 1992 war das Kreisneugliederungsgesetz Gegenstand der Beratung im Innenausschuß, der vom 15. bis zum 17. Oktober und am 30. November 1992 Anhörungen durchführte.

In der Anhörung vom 16. Oktober 1992 (Ausschußprotokoll 1/538) erneuerten Vertreter der Kreise Beeskow, Cottbus-Land, Eisenhüttenstadt-Land, Forst, Fürstenwalde, Guben und Spremberg sowie der Stadt Eisenhüttenstadt unter Bezugnahme auf die Beschlußlage in ihren Vertretungsorganen im wesentlichen ihre bereits im Vorbereitungsstadium des Gesetzgebungsverfahrens vertretenen Standpunkte. Uneingeschränkte Zustimmung fand der gesetzgeberische Neugliederungsvorschlag unter Heranziehung der Neugliederungskriterien beim Kreis Beeskow. Demgegenüber lehnten die Vertreter des Kreises Fürstenwalde die Verbindung mit Stadt und Kreis Eisenhüttenstadt ab. Während zwischen Fürstenwalde und Beeskow historische, landschaftliche, infrastrukturelle und wirtschaftliche Verbindungen bestünden, fehlten Beziehungen dieser Art zu Eisenhüttenstadt gänzlich, so daß dieser östliche Teil des Kreises isoliert bleiben werde. Die in die Bildung eines Großkreises einschließlich von Stadt und Kreis Eisenhüttenstadt gesetzten wirtschaftlichen Hoffnungen seien unrealistisch, die Wirtschaft Fürstenwaldes werde überschätzt. Angesichts des anteiligen Bruttosozialproduktes des Amtes Rüdersdorf von derzeit 36 % an dem des gesamten Kreises Fürstenwalde sei dieser Industriestandort auch für den neuen Kreis unverzichtbar.

Die Schaffung eines Spree-Neiße-Kreises entsprechend dem Gesetzentwurf befürworteten die Vertreter der Kreise Cottbus-Land und Forst. Unter Hinweis auf zurückliegende Kreistagsbeschlüsse hielten die Vertreter des Kreises Forst die Verbindung mit Guben angesichts der historischen und kulturellen Einheit der Niederlausitz, der wirtschaftsstrukturellen Verflechtungen und eines neben dem Oberzentrum Cottbus anzustrebenden gleich starken Kreises für vorzugswürdig. Seitens des Kreises Cottbus-Land wurde die Einbeziehung Gubens in den Spree-Neiße-Kreis aus wirtschaftlichen und landesplanerischen Erwägungen für günstig, aber auch der Wille der Bevölkerung des Kreises Guben für beachtlich gehalten.

Unter Hinweis auf den gemeinsamen Beschluß der Kreistage von Cottbus-Land, Forst und Spremberg vom 19. August 1992 hielten die Vertreter des Kreises Spremberg daran fest, nicht mit Guben zu einem Landkreis zusammengeschlossen werden zu wollen. Der Zusammenschluß der Kreise Cottbus-

Land, Forst und Spremberg sei aus infra- und wirtschaftsstrukturellen Gründen geboten. Namentlich seien diese Kreise durch den Braunkohletagebau miteinander verbunden, der zugleich die Wirtschaftskraft des neuen Landkreises sichere.

In Fortführung der Beschlüsse der Kreistage und der Stadtverordnetenversammlung traten die Vertreter der Kreise Eisenhüttenstadt-Land und Guben und der Stadt Eisenhüttenstadt für ihren Zusammenschluß zu einem gemeinsamen Landkreis ein. Dies im wesentlichen aus folgenden Gründen: Maßgeblichkeit des in der Unterschriftenaktion ermittelten und auch im übrigen geäußerten Bürgerwillens; der im Süden von Guben stattfindende Braunkohleabbau, der einen natürlichen Randriegel schaffe und Guben in einem nach Maßgabe des Gesetzentwurfes gebildeten Spree-Neiße-Kreis isolieren würde; die bis 1952 bestandene Verwaltungseinheit von Guben und Eisenhüttenstadt, an der sich auch die Verwaltungsebenen der Kirchen orientierten; die mit 116 Einwohnern/km² im Vergleich zum Gesetzentwurf (87 Einwohnern/ km²) günstigere Relation von Finanz- und Verwaltungskraft zur Einwohnerdichte, so daß die Unterschreitung der angestrebten Mindesteinwohnerzahl unbedenklich sei; schließlich die begonnene Zusammenarbeit der Verwaltungen auf verschiedensten Gebieten.

4. In der Sitzung vom 5. November 1992 faßte der Ausschuß für Inneres den von dem Gesetzentwurf abweichenden Beschluß, den Kreis Guben nicht dem Landkreis nach § 12 KNGBbg-E (Spree-Neiße-Kreis), sondern dem Landkreis nach § 13 KNGBbg-E (Oder-Spree-Kreis) zuzuordnen und stimmte dem Gesetzentwurf darin zu, die Gemeinde Rüdersdorf nicht dem Oder-Spree-Kreis einzuverleiben (Ausschußprotokoll 1/545, S. 8 ff.). In seiner darauffolgenden Sitzung vom 12. November 1992 bestimmte der Ausschuß Termin zur Anhörung der von seinem Beschluß betroffenen Gemeindeverbände auf den 30. November 1992 (Ausschußprotokoll 1/553, S. 2). Der Ausschuß diskutierte kontrovers über das Erfordernis einer (schriftlichen) Begründung für seinen Beschluß vom 5. November 1992, die der Ausschußvorsitzende Häßler ausdrücklich verweigerte. Der Änderungsvorschlag fand sodann in der Beschlußempfehlung des Ausschusses (LT-Drs. 1/1455) keine Mehrheit und im weiteren Gesetzgebungsverfahren keine Berücksichtigung.

Während der Anhörung äußerten sich die Vertreter der betroffenen Kreise und der Stadt Eisenhüttenstadt ergänzend und klarstellend. So unterstrichen die Vertreter des Kreises Fürstenwalde unter Hinweis auf den durch über 3.700 Unterschriften dokumentierten Willen der Bevölkerung sowohl die Bedeutung des Industriestandortes Rüdersdorf für ihren Kreis als auch ihre Ablehnung eines Sektoralkreises. Die Vertreter des Kreises Beeskow zeigten sich auch mit der Einbeziehung Gubens in den Oder-Spree-Kreis einverstanden.

Der Kreis Spremberg äußerte unter Hinweis auf einen jüngsten Kreistagsbeschluß Zustimmung zu dem den Gesetzentwurf abändernden Beschluß des Innenausschusses. Der Kreis Cottbus-Land hielt für die Zuordnung des Kreises Guben den Willen der dortigen Bevölkerung für ausschlaggebend und zeigte sich mit einem Spree-Neiße-Kreis mit und ohne Guben einverstanden. Die Vertreter des Kreises Forst teilten mit, daß ein Beschluß vom 16. November 1992 die Befürwortung eines Kreises aus Cottbus-Land, Forst, Guben und Spremberg klargestellt habe. Das vom Innenausschuß entwickelte Modell eines um den Kreis Guben erweiterten Oder-Spree-Kreises wurde wegen einer damit einhergehenden unausgewogenen Kreisstruktur abgelehnt. Schließlich versagten die Vertreter der Kreise Eisenhüttenstadt und Guben und der Stadt Eisenhüttenstadt unter Bezugnahme auf ihre Beschlußlage dem Modell des Innenausschusses ihre Zustimmung.

Der Ausschuß für Inneres stimmte schließlich mehrheitlich den §§ 12, 13 und 14 (in bezug auf die Gemeinde Rüdersdorf) des Gesetzentwurfes zu und faßte eine entsprechende Beschlußempfehlung (LT-Drs. 1/1455). Änderungsanträge zur Verwirklichung eines Landkreises aus den Kreisen Eisenhüttenstadt-Land und Guben und der Stadt Eisenhüttenstadt fanden keine Mehrheit. Der Landtag beriet den Gesetzentwurf am 16. Dezember 1992 in zweiter und letzter Lesung.

5. Ein Gesetzentwurf vom 16. Juni 1993 (LT-Drs. 1/2079) zur Änderung der §§ 12 und 13 KNGBbg und zur Einfügung eines § 14 a KNGBbg des Inhalts, die Kreise Eisenhüttenstadt-Land und Guben und die Stadt Eisenhüttenstadt zu einem gemeinsamen Landkreis zu verbinden, wurde vom Landtag nicht an den Innenausschuß überwiesen (Plenarprotokoll 1/72 vom 23. Juni 1993). Ein Volksbegehren „Kreisneugliederung" kam nicht zustande. Mit Beschluß vom 16. Dezember 1993 stellte das Präsidium des Landtages 9.259 gültige Eintragungen fest (Bekanntmachung des Gesamtergebnisses des Volksbegehrens „Kreisneugliederung" vom 16. Dezember 1993, GVBl. I S. 534).

II.

Die Beschwerdeführer haben am 22. September 1993 gegen §§ 12, 13 und 14 KNGBbg Verfassungsbeschwerde erhoben. Sie machen geltend, die gesetzliche Neugliederungsregelung verletze sie in ihrem durch die Landesverfassung verbürgten Recht auf Selbstverwaltung.

Die Beschwerdeführer tragen vor, sie seien nicht ausreichend im Sinne des Art. 98 Abs. 3 Satz 3 LV angehört worden. Sie sehen Anhörungsfehler darin, daß ihnen nicht alle wesentlichen, die Neugliederungsentscheidung tragenden

Gründe rechtzeitig und in dem erforderlichen Umfang mitgeteilt worden seien, so daß eine angemessene Sachentscheidung weder zeitlich noch inhaltlich habe stattfinden können. Zum einen vernachlässige die pauschale Begründung des Gesetzentwurfes wie die Auseinandersetzung mit den Stellungnahmen der Beschwerdeführer die besonderen regionalen Gegebenheiten, zum anderen habe die Kürze des Gesetzgebungsverfahrens einer eingehenden Erörterung entgegengestanden, wie sie geboten gewesen wäre.

Die Beschwerdeführer machen ferner geltend, die gesetzlichen Regelungen seien – auch im Hinblick auf die Neugliederungsziele des Gesetzgebers – offensichtlich ungeeignet, wegen einer besseren Alternativlösung im fraglichen Raum nicht erforderlich und vor allem wegen der fehlenden Akzeptanz in der Bevölkerung und den kommunalen Vertretungsorganen nicht verhältnismäßig. Der Oder-Spree-Kreis könne keine sachgerechte Aufgabenerfüllung gewährleisten. Mit Fürstenwalde und Eisenhüttenstadt würden wirtschaftlich verschieden strukturierte und oberzentral unterschiedlich orientierte Räume verbunden, die, statt zusammenzuwachsen, auseinanderstrebten. In der Folge ließen sich weder die Impulse aus Berlin und dem Berliner Umland nach Eisenhüttenstadt tragen, womit die Sektoralkreisbildung ihren Zweck verfehle, noch die eigenen Entwicklungschancen des Grenzraumes nutzbar machen. Gleichzeitig widerspreche die Ausgrenzung des traditionellen Industriestandortes Rüdersdorf aus dem Oder-Spree-Kreis den bestehenden Verflechtungen zu Fürstenwalde sowie wegen der Schwächung der Wirtschaftskraft des neuen Kreises der Zielsetzung der Sektoralkreisbildung.

Gleichermaßen erweise sich die Verbindung der Kreise Cottbus-Land, Forst und Spremberg mit dem Kreis Guben als ungeeignet. Guben werde infolge des sich nach Norden ausdehnenden und verschiebenden Braunkohletagebaus von dem übrigen Kreisgebiet abgetrennt und somit zu einer Exklave dieses Kreises werden. Ohnedies hemme die unterschiedliche Wirtschaftsstruktur und die Ausrichtung Gubens nach Eisenhüttenstadt die Entwicklungsmöglichkeiten des neuen Kreises. Überdies bringe die Zusammenfassung von vier nahezu gleich großen Kreisen und drei leistungsfähigen Mittelzentren besondere organisatorische, personelle und funktionale Probleme mit sich.

Statt dessen halten die Beschwerdeführer die Bildung eines dritten Kreises durch den Zusammenschluß der Kreise Eisenhüttenstadt und Guben mit der Stadt Eisenhüttenstadt im Interesse dieser wie der benachbarten Gebiete für die bessere Alternative. Die auf diese Weise entstehenden Kreise seien nach Einwohnerzahl und Fläche jeweils (nahezu) leitbildgerecht, wiesen eine homogene wirtschaftliche Struktur und Aufgabenstellung in der Grenzregion und damit einhergehend spezifische Entwicklungsmöglichkeiten auf, seien von überschaubarer Größe und auch von daher für eine effektive Wahrnehmung ihrer Aufgaben gut geeignet.

# III.

Das Gericht hat dem Landtag, der Landesregierung, den Landkreisen Oder-Spree, Spree-Neiße und Märkisch-Oderland sowie den vormaligen Landkreisen Beeskow, Cottbus-Land und Forst Gelegenheit zur Äußerung gegeben.

Der Landtag hat beschlossen, von einer Stellungnahme abzusehen. Für die Landesregierung hat sich das Ministerium des Innern geäußert. Es hält die Verfassungsbeschwerden für unzulässig und unbegründet. Die Verfassungsbeschwerden seien bereits unzulässig, da die Beschwerdeführer nicht die Verletzung eigener Rechte geltend machten. Denn sie wendeten sich nicht gegen ihre zum Rechtsverlust führende Auflösung, sondern lediglich gegen die Art der Durchführung der Neugliederung. In der Sache sei die Argumentation der Beschwerdeführer unzutreffend. §§ 12, 13 und 14 KNGBbg seien formell wie materiell verfassungsgemäß. Ausweislich der Begründung des Gesetzentwurfes sowie nach dem Ablauf des Gesetzgebungsverfahrens und den das Gesetzgebungsvorhaben vorbereitenden Maßnahmen habe eine umfangreiche Auseinandersetzung mit den Argumenten der Beschwerdeführer – und der anderen betroffenen Kreise und der Stadt Eisenhüttenstadt – stattgefunden. Gemessen an den grundlegenden Reformkriterien sei die gesetzgeberische Entscheidung gegenüber dem Alternativvorschlag der Beschwerdeführer besser geeignet. Die Überschreitung der angestrebten Einwohnerzahlen im Oder-Spree-Kreis sei einer sachgerechten und wirtschaftlichen Aufgabenerfüllung geradezu förderlich. Demgegenüber gerate die von den Beschwerdeführern vorgeschlagene Alternativlösung in Widerspruch zu der zu erreichenden Mindesteinwohnerzahl und dem Prinzip der Sektoralkreisbildung. Das von den Beschwerdeführern in Aussicht gestellte eigene Profil eines aus den Kreisen Eisenhüttenstadt und Guben und der Stadt Eisenhüttenstadt zu bildenden Kreises sei nicht erkennbar. Der Kreis Guben werde ungeachtet des Braunkohletagebaus angesichts ausreichender Verkehrsverbindungen nicht von den südlichen Gebieten des Spree-Neiße-Kreises isoliert.

Die Kreise Beeskow, Cottbus-Land und Märkisch-Oderland haben ihr Äußerungsrecht ausgeübt und halten übereinstimmend §§ 12, 13 und 14 KNGBbg für verfassungsgemäß.

# IV.

Die Stadt Eisenhüttenstadt und der Kreis Fürstenwalde haben ihre zusammen mit den Beschwerdeführern erhobenen Verfassungsbeschwerden mit am 11. April 1994 eingegangenem Schriftsatz zurückgenommen.

## B.

Die Kommunalverfassungsbeschwerden nach Art. 100 Verfassung des Landes Brandenburg (LV), §§ 12 Nr. 5, 51 Verfassungsgerichtsgesetz des Landes Brandenburg (VerfGGBbg), die das Gericht zur gemeinsamen Entscheidung verbunden hat, sind zulässig. Die Beschwerdeführer sind beschwerdefähig, prozeßfähig und beschwerdebefugt.

## I.

Die Beschwerdeführer sind als ehemalige Gemeindeverbände gemäß § 51 Abs. 1 VerfGGBbg beschwerdefähig. Ihre Auflösung durch § 16 Satz 2 KNGBbg i. V. m. § 1 Wahldurchführungsgesetz (Art. 2 des Gesetzes über die Neuordnung des Kommunalwahlrechts im Land Brandenburg, die Änderung der Kommunalverfassung sowie die Änderung der Amtsordnung vom 22. April 1993, GVBl. I S. 110) zum 5. Dezember 1993 steht der Zulässigkeit ihrer Verfassungsbeschwerden nicht entgegen. Für die Dauer des Rechtsbehelfsverfahrens gegen den ihre Auflösung bewirkenden Rechtsakt gelten Gemeindeverbände als fortbestehend. Den Fortbestand der Rechtspersönlichkeit und damit der Beschwerdefähigkeit zu fingieren ist ein Gebot der Gewährleistung effektiven Rechtsschutzes, da anderenfalls auch der Existenzverlust nicht rügefähig bliebe (s. bereits VerfGBbg, Urteil vom 14. Juli 1994 – VfGBbg 4/93 –*; aus der st. Rspr. vgl. nur BVerfGE 3, 267, 279 f.; 42, 345, 355 f.; VerfGH NW OVGE 31, 309, 310; Saarl. VerfGH NVwZ 1994, 481 jeweils m. w. N.).

## II.

Vertreten werden die Beschwerdeführer zu 2. und 3. durch ihre zuletzt amtierenden Landräte als ihre gesetzlichen Vertreter (§ 91 Abs. 1 Satz 2 des Gesetzes über die Selbstverwaltung der Gemeinden und Landkreise in der DDR [Kommunalverfassung] vom 17. Mai 1990, GBl. DDR I S. 255), der Beschwerdeführer zu 1. durch den zuletzt amtierenden stellvertretenden Landrat (§ 92 Abs. 2 Satz 1 Kommunalverfassung). Ebenso wie die Beschwerdeführer kraft Fiktion als beschwerdefähig zu behandeln sind, gilt die Vertretungsfunktion ihrer Landräte und stellvertretenden Landräte, deren Amtszeit mit dem Tag des Dienstantritts des neuen Landrats, spätestens aber mit dem 5. Mai 1994 endete (§ 18 Abs. 2 Satz 2 und 3 KNGBbg i. d. F. des Art. 8 der Kommunalverfassung des Landes Brandenburg vom 15. Oktober 1993, GVBl. I S. 398), als fortbestehend (s. bereits VerfGBbg, Urteil vom 14. Juli 1994 –

---

\*   Siehe Seite 125 ff.

VfGBbg 4/93* – aaO). Soweit die Landräte oder ihre Stellvertreter nicht in den Diensten der neuen Landkreise stehen, ist es mangels der Gefahr eines Interessenwiderstreits nicht veranlaßt, die Prozeßfähigkeit der Beschwerdeführer über ihre Repräsentativorgane herzustellen (so aber VerfGH NW OVGE 26, 306, 310; 26, 316, 318; 31, 309, 310). Da die zuletzt amtierende Landrätin des Kreises Eisenhüttenstadt nunmehr als Beigeordnete und Dezernentin für Kultur-, Bildungs- und Sozialverwaltung des Kreises Oder-Spree tätig ist, wird der Beschwerdeführer zu 1. durch seinen früheren Beigeordneten und stellvertretenden Landrat vertreten.

### III.

Die Beschwerdeführer sind beschwerdebefugt. Es besteht die Möglichkeit, daß sie durch §§ 12, 13 und 14 KNGBbg in ihrem Selbstverwaltungsrecht aus Art. 97, 98 LV verletzt worden sind. Dem steht weder ihre grundsätzliche Zustimmung zu ihrer Auflösung noch ihre geschlossene Überführung in die neugebildeten Kreise Oder-Spree und Spree-Neiße entgegen. Das Selbstverwaltungsrecht der Gemeindeverbände erstreckt sich auch darauf, im Rahmen einer Neugliederungsmaßnahme geltend machen zu können, die sie betreffenden Bestands- und Gebietsänderungen entsprächen nicht dem öffentlichen Wohl im Sinne des Art. 98 Abs. 1 LV (s. bereits VerfGBbg, Urteil vom 14. Juli 1994 – VfGBbg 4/93* – aaO).

### C.

Die Verfassungsbeschwerden sind indessen unbegründet.
§§ 12, 13 und 14 KNGBbg verletzen die Beschwerdeführer nicht in ihrem Selbstverwaltungsrecht aus Art. 97, 98 LV.

### I.

Das Gebiet von Gemeindeverbänden kann nur aus Gründen des öffentlichen Wohls geändert werden (Art. 98 Abs. 1 LV). Vor der Entscheidung über seine Auflösung ist die gewählte Vertretung des Gemeindeverbandes zu hören (Art. 98 Abs. 3 Satz 3 LV). Mit diesen verfassungsrechtlichen Geboten kodifiziert die Landesverfassung – entsprechend der in den Beratungen des Verfassungsentwurfes erklärten Absicht (so der Mitarbeiter der SPD-Fraktion, Herr Lieber, in der 8. Sitzung des Verfassungsausschusses II vom 9. April 1992, Protokoll S. 17, Dokumentation zur Verfassung des Landes Brandenburg, Band 3, S. 917) – die in der Rechtsprechung des Bundesverfassungsgerichts und der

---

* Siehe Seite 125 ff.

Landesverfassungsgerichte aus Art. 28 Abs. 2 Grundgesetz (GG) und den entsprechenden Bestimmungen der Landesverfassungen entwickelten Anforderungen an Neugliederungsmaßnahmen. Danach steht die gesetzgeberische Verfügungsbefugnis über den Bestand und Gebietszuschnitt von Gemeinden und Gemeindeverbänden unter dem Vorbehalt, von Gründen des öffentlichen Wohls getragen und nur nach vorheriger Anhörung der betroffenen Gebietskörperschaften zulässig zu sein (vgl. nur BVerfGE 86, 90, 107 m. w. N.; VerfGH NW OVGE 26, 270, 272 f.). Bestands- und Gebietsänderungen von Landkreisen als Gemeindeverbänden (vgl. Art. 98 Abs. 3 Satz 1 und 2 LV; BVerfGE 52, 95, 111 f.) berühren, sofern nur die kreisliche Ebene überhaupt erhalten bleibt, lediglich die individuelle, nicht aber die institutionelle Selbstverwaltungsgarantie. Ein eingriffsfester Kernbereich besteht nur zugunsten der institutionellen Selbstverwaltungsgarantie, hingegen für den einzelnen Gemeindeverband ebensowenig wie für die einzelnen Gemeinden (so für die Gemeinden bereits VerfGBbg, Urteil vom 19. Mai 1994 – VfGBbg 9/93* –, DVBl. 1994, 857, 858 m. w. N.). Der einzelne Gemeindeverband unterliegt nur einem nach Maßgabe des öffentlichen Wohls relativierten Bestandsschutz (StGH BaWü ESVGH 25, 1, 10).

## II.

Die Auflösung der Beschwerdeführer und ihre Vereinigung mit den benachbarten Kreisen zu den neuen Landkreisen Oder-Spree und Spree-Neiße genügt den die Selbstverwaltungsgarantie konkretisierenden Anforderungen des Art. 98 Abs. 1 und 3 LV. §§ 12, 13 und 14 KNGBbg sind formell (1.) und materiell (2.) verfassungsgemäß.

1. Das Gesetzgebungsverfahren ist verfassungsgemäß erfolgt. Insbesondere wurden die Beschwerdeführer vor der gesetzlichen Neugliederungsentscheidung in verfassungsrechtlich gebotenem Umfang (Art. 98 Abs. 3 Satz 3 LV) angehört.

Die Anhörung der von der Gebietsänderung betroffenen Gemeindeverbände verfolgt als ein verfahrensrechtliches Sicherungsinstrument ihrer Selbstverwaltungsgarantie die Zwecke, dem Gesetzgeber eine umfassende Entscheidungsgrundlage zu vermitteln und die Gemeindeverbände als Rechtsträger nicht zum bloßen Regelungsobjekt werden zu lassen (vgl. BVerfGE 50, 195, 202 f. m. w. N.; BayVerfGHE 31, 99, 129). Für die Anhörung schreibt Art. 98 Abs. 3 Satz 3 LV kein bestimmtes förmliches Verfahren vor. Daher sind alle Formen einer Anhörung zulässig, die sicherstellen, daß die in der gewählten Vertretung des Gemeindeverbandes stattgefundene Meinungsbildung dem

---

\* Siehe Seite 93 ff.

Gesetzgeber zur Kenntnis gelangt. Voraussetzung einer sachgerechten Stellungnahme ist, daß der Anhörung die rechtzeitige Information über die beabsichtigte Regelung einschließlich ihres wesentlichen Inhalts und ihrer maßgeblichen Begründung vorausgeht.

Gemessen an diesen verfassungsrechtlichen Erfordernissen ist die Anhörung der Beschwerdeführer zeitlich und inhaltlich ausreichend gewesen.

a) Der Wille der Bevölkerung in den beschwerdeführenden Kreisen ist im Gesetzgebungsverfahren durch die Stellungnahmen der Landräte und der Vorsitzenden der Kreistage in der Anhörung vor dem Innenausschuß des Landtages vom 16. Oktober 1992 zur Kenntnis gebracht worden. Die Vertreter der Beschwerdeführer hatten nochmals die Gründe vortragen können, aus denen sie die Bildung der Landkreise Oder-Spree und Spree-Neiße ablehnen. Die Beschwerdeführer konnten ihre Interessen wirksam vertreten und ihre Argumente gegen die geplante Neugliederung uneingeschränkt vortragen. Die betroffenen Kreise waren durch die Übermittlung des vollständigen Gesetzentwurfes über den räumlichen Umfang des Neugliederungsvorhabens und dessen wesentliche Begründung ausreichend informiert. Die Begründung ließ insbesondere in dem für eine sachgerechte Stellungnahme erforderlichen Umfang die Erwägungen erkennen, aus denen den Anregungen der Beschwerdeführer nicht gefolgt worden war.

Auch wenn dies von der Verfassung her nicht geboten war (vgl. Art. 98 Abs. 3 Satz 3 LV), sind im Gesetzgebungsverfahren die Ergebnisse verschiedener Unterschriftenaktionen zur Kenntnis genommen worden, die im übrigen keinen Rückschluß auf die Zahl derjenigen Bürger zulassen, die einer Neugliederung, wie sie Gesetz geworden ist, offener oder gar zustimmend gegenüberstanden.

b) Die Kreistage der Beschwerdeführer hatten weiterhin genügend Zeit für eine begründete Willens- und Meinungsbildung und die Herbeiführung entsprechender Beschlüsse. Zwar ist nicht zu verkennen, daß zwischen der Einbringung des Gesetzentwurfes am 22. September 1992 und der ersten mündlichen Anhörung der Beschwerdeführer am 16. Oktober 1992 ein relativ kurzer Zeitraum lag. Die Anhörungsrechte der Beschwerdeführer wurden hierdurch jedoch nicht in verfassungsrechtlich zu beanstandender Weise verkürzt, da die Beschwerdeführer von dem Inhalt des Neugliederungsvorhabens ersichtlich nicht überrascht worden sind. Die Beschwerdeführer erhielten seit Anfang 1991 wiederholt Gelegenheit, sich zum jeweiligen Stand der Pläne zur Kreisneugliederung zu äußern. Der Gesetzentwurf der Landesregierung übernahm im wesentlichen die Neuordnungskriterien und Neugliederungsvorschläge der Arbeitsgruppe Kreisgebietsreform, die den Beschwerdeführern schon seit Ende 1991 bekannt gewesen sind. Für ihre Stellungnahme zum Gesetzentwurf konnten die Beschwerdeführer auf frühere Beschlüsse ihrer Vertretungsorgane und vorangegangene Stellungnahmen zurückgreifen, so daß nur zu prüfen war, ob diese weiterhin Bestand haben sollten. Angesichts des Umstandes, daß der Gesetzentwurf den betroffenen Kreisen bereits Ende August übersandt worden war, ist die Äußerungszeit nicht zu knapp bemessen gewesen.

c) Soweit der Änderungsvorschlag des Innenausschusses vom 5. November 1992 in Frage steht, bedurfte es keiner formell verfassungsgemäßen erneuten Anhörung, weil er für die schließlich Gesetz gewordene Fassung der §§ 12 und 13 KNGBbg ohne Bedeutung geblieben ist.

2. Die §§ 12, 13 und 14 KNGBbg sind auch in sachlicher Hinsicht verfassungsgemäß. Die Auflösung der Beschwerdeführer zugunsten der Schaffung der Landkreise Oder-Spree und Spree-Neiße verstößt nicht gegen das öffentliche Wohl im Sinne des Art. 98 Abs. 1 LV. Gemessen an den Maßstäben für die verfassungsgerichtliche Kontrolldichte (a)) hat der Gesetzgeber die Gründe des öffentlichen Wohls für die Kreisneugliederung verfassungsgemäß bestimmt (b)) und in §§ 12, 13 und 14 KNGBbg verfassungsgemäß umgesetzt (c)).

a) Der Inhalt des Begriffes des öffentlichen Wohls ist nicht festgelegt. Er muß vom Gesetzgeber ausgefüllt werden. Der Gesetzgeber bestimmt mit den Zielen seines Gesetzes die für die Neugliederung maßgebenden Gründe des öffentlichen Wohls (Nds. StGH Nds. MinBl. 1979, S. 547, 585). Bei Neugliederungsentscheidungen kommt dem Gesetzgeber innerhalb des von der Verfassung gesteckten Rahmens grundsätzlich eine politische Entscheidungsbefugnis und Gestaltungsfreiheit in dem Sinne zu, daß er Ziele, Leitbilder und Maßstäbe der Gebietsänderung selbst festlegen kann. Die Ausübung dieses gesetzgeberischen Gestaltungsspielraums unterliegt einer nur eingeschränkten verfassungsrichterlichen Überprüfung. Es gelten für die Kontrolle von Neugliederungsgesetzen durch das Landesverfassungsgericht am Maßstab der Landesverfassung die gleichen Grundsätze, wie sie in ständiger Rechtsprechung vom Bundesverfassungsgericht und von den Verfassungsgerichten der Länder entwickelt worden sind (vgl. schon VerfGBbg, Urteil vom 14. Juli 1994[*], aaO sowie BVerfGE 50, 50, 51 f.; 86, 90, 107 ff.; Nds. StGH Nds. MinBl. 1979, 547, 586 ff.; StGH BaWü ESVGH 23, 1, 4 ff.).

Da das Verfassungsgericht sich nicht an die Stelle des Gesetzgebers setzen darf, hat es seine Nachprüfung darauf zu beschränken, ob die Zielvorstellungen, Sachabwägungen, Wertungen und Einschätzungen des Gesetzgebers offensichtlich fehlerhaft oder eindeutig widerlegbar sind oder im übrigen der

---

[*]  Siehe Seite 125 ff.

verfassungsmäßigen Wertordnung widersprechen. Das Verfassungsgericht überprüft den Abwägungsvorgang daraufhin, ob der Gesetzgeber den entscheidungserheblichen Sachverhalt umfassend ermittelt, seiner Regelung zugrunde gelegt und die mit ihr einhergehenden Vor- und Nachteile gewichtet und in die Abwägung eingestellt hat. Bei Beachtung dieser prozeduralen Maßgaben ist die Bevorzugung einzelner und die gleichzeitige Hintanstellung anderer Belange dem Gesetzgeber soweit überlassen, als das mit einem Eingriff in den Bestand einzelner Gemeindeverbände verbundene Abwägungsergebnis zur Erreichung der verfolgten Zwecke nicht offenkundig ungeeignet oder unnötig ist oder zu den angestrebten Zielen deutlich außer Verhältnis steht und frei von willkürlichen Erwägungen und Differenzierungen ist. Es ist nicht die Aufgabe des Gerichts zu prüfen, ob der Gesetzgeber die beste und zweckmäßigste Neugliederungsentscheidung getroffen hat (BVerfGE 86, 90, 109).

b) Die vom Gesetzgeber nach der Begründung des Gesetzentwurfes wie auch nach dem Verlauf des Gesetzgebungsverfahrens mit der Kreisneugliederung verfolgten Ziele der Neugliederungsprinzipien halten sich innerhalb der verfassungsrechtlichen Maßgaben zur gesetzgeberischen Bestimmung des öffentlichen Wohls. Daß überhaupt eine – wie auch immer im einzelnen ausgestaltete – Kreisgebietsreform im Land Brandenburg und in ihrem Rahmen die Neuordnung der südöstlichen Region des Landes aus Gründen des öffentlichen Wohls notwendig war, ist allgemein – auch von den Beschwerdeführern – anerkannt.

Mit der Neuordnung verfolgt der Gesetzgeber das Ziel, hinreichend leistungsfähige Landkreise zu schaffen. Die Stärkung ihrer Finanz- und die Sicherung ihrer Verwaltungskraft soll die Landkreise in den Stand setzen, den ihnen im Rahmen eines zweigliedrigen Verwaltungsaufbaus zukommenden Aufgaben gerecht zu werden. Zu diesem Zweck soll eine Einwohnerzahl in den Landkreisen von 150.000 angestrebt, eine Zahl von 120.000 Einwohnern möglichst nicht unterschritten werden. Um eine einseitige Entwicklung des Berlinnahen Raumes zu verhindern, sollen Sektoralkreise gebildet werden. Zur Schaffung möglichst gleicher Lebensverhältnisse sollen wirtschaftlich stärkere und wirtschaftlich schwächere Räume miteinander verbunden werden.

Die Gemeinwohlkonformität dieser Ziele und der auf ihre Verwirklichung gerichteten Neugliederungsprinzipien ist gemessen an den von den Kreisen wahrzunehmenden Aufgaben unbestreitbar und wird auch von den Beschwerdeführern nicht ernsthaft in Zweifel gezogen.

c) Auch die gesetzgeberische Konkretisierung dieser Neugliederungskonzeption in dem südöstlichen Landesteil zwischen Fürstenwalde und Spremberg entspricht dem öffentlichen Wohl. Der Gesetzgeber hat sich bei dieser Neugliederungsmaßnahme von seinen generellen Maßgaben leiten lassen und diese unter Beachtung verfahrensmäßiger Anforderungen (aa)), des Verhältnismäßigkeitsgrundsatzes (bb)) und des Willkürverbotes (cc)) angewendet.

aa) Der Gesetzgeber hat den sich aus dem Gemeinwohlerfordernis ergebenden prozeduralen Bindungen hinreichend Rechnung getragen. Der den §§ 12, 13 und 14 KNGBbg zugrundeliegende Abwägungsvorgang gibt zu durchgreifenden verfassungsrechtlichen Bedenken keinen Anlaß. Ausweislich der Begründung zum Gesetzentwurf (LT-Drs. 1/1259) und des weiteren Gesetzgebungsverfahrens hat der Gesetzgeber den für diese Neugliederungsentscheidungen relevanten Sachverhalt umfassend ermittelt und zur Kenntnis genommen und die Vor- und Nachteile der gesetzlichen Regelungen in die Abwägung eingestellt.

Dabei war Gegenstand der Erörterung und Bewertung in ausreichendem Umfang auch die von den Beschwerdeführern einmütig vorgeschlagene Neugliederungsalternative. Die Einzelbegründungen zu den §§ 12, 13 und 14 des Gesetzentwurfes geben die Beschlüsse der betroffenen Kreistage sowie der Stadtverordnetenversammlung der Stadt Eisenhüttenstadt einschließlich der wesentlichen Inhalte ihrer Stellungnahmen wieder. Der Gesetzentwurf beließ es auch nicht etwa bei der bloßen Wiedergabe, sondern bewertete seinen Neugliederungsvorschlag einerseits und die von den Beschwerdeführern und der Stadt Eisenhüttenstadt und dem Kreis Fürstenwalde favorisierte Alternativlösung andererseits nach seinen allgemeinen Neugliederungskriterien. In diesem Sinne wurden die Einwohner- und Flächenzahlen, die Verteilung der Bevölkerung auf Stadt und Land, die Wirtschaftsstruktur und die für die Aufgabenerfüllung der Landkreise maßgeblichen Voraussetzungen gegenübergestellt. Eine weitergehende Auseinandersetzung des Gesetzgebers mit dem zugrundeliegenden Tatsachenmaterial ist von Verfassungs wegen nicht zu verlangen. Die abweichenden Auffassungen über die Kreisneugliederung in der fraglichen Region beruhen auf unterschiedlichen Wertungen und Prognosen, die sich einer gesicherten Feststellung und Überprüfung weitgehend entziehen.

bb) Auch im sachlichen Ergebnis genügen die angegriffenen Neugliederungsentscheidungen der Bindung des Gesetzgebers an das Gemeinwohl. Wenn sich auch aus dem Vortrag der Beschwerdeführer Gesichtspunkte gegen die gesetzgeberische und für eine andersartige Neugliederungslösung ergeben mögen, so sind §§ 12, 13 und 14 KNGBbg doch nicht verfassungswidrig. Diese Regelungen sind nicht offensichtlich unverhältnismäßig; sie sind weder offensichtlich ungeeignet ((1.)) noch offensichtlich nicht erforderlich ((2.)) noch offensichtlich unzumutbar ((3.)).

(1.) Zum Zweck der Verwirklichung der Neugliederungsziele sind die gesetzgeberischen Maßnahmen nicht offensichtlich ungeeignet. Vielmehr verhelfen sie den oben dargelegten gemeinwohlkonformen Wertungen und Erwägungen, die das Neugliederungskonzept kennzeichnen, zu möglichst weitgehender und vollständiger Geltung. Die Landkreise Oder-Spree und Spree-Neiße erreichen und überschreiten die angestrebte Mindesteinwohnerzahl. In Übereinstimmung mit der gesetzgeberischen Zielsetzung werden mit dem wirtschaftlich stärkeren Kreis Fürstenwalde auf der einen und den ebenfalls leistungsstärkeren Kreisen Forst und Spremberg auf der anderen Seite jeweils leistungsschwächere Gebiete verbunden, so daß im Ergebnis eine ausgewogene Wirtschaftskraft und -struktur gefördert wird. Angesichts der geographischen Lage des neu zu strukturierenden Gebietes im Südosten Brandenburgs bedeutet die gesetzgeberische Entscheidung in §§ 12 und 13 KNGBbg ferner eine weitgehende Umsetzung des Sektoralkreiskonzepts. Die Einbeziehung der südlichen Niederlausitz in diese Konzeption war allerdings aufgrund ihrer Randlage von vornherein ausgeschlossen.

Weder nach seiner flächenmäßigen Ausdehnung von 2.440 km² noch auch wegen seiner inhomogenen Wirtschaftsstruktur muß der Oder-Spree-Kreis seinen Zweck als Sektoralkreis, nämlich: die wirtschaftlichen Impulse aus dem Berliner Umland in die Grenzregion zu transportieren, verfehlen. Die gesetzgeberische Prognose erscheint im Vergleich zu derjenigen der Beschwerdeführer nicht von vornherein ungerechtfertigt. Die Bündelung wirtschaftlich unterschiedlich – gewerblich/industriell und landwirtschaftlich – strukturierter und leistungsfähiger Gebiete in einem Landkreis kann seiner Leistungsfähigkeit, einer gesicherten Aufgabenerfüllung und der Schaffung gleichwertiger Lebensverhältnisse zugute kommen. Die Überführung der wirtschaftsstarken Gemeinde Rüdersdorf in den Landkreis Märkisch-Oderland zu Lasten des Kreises Oder-Spree macht den Gebietszuschnitt gleichfalls nicht offenbar untauglich. Wenngleich hierdurch eine nicht unerhebliche Minderung der augenblicklichen Leistungsfähigkeit des Oder-Spree-Kreises eingetreten sein kann, so geht doch die Annahme des Gesetzgebers nicht ersichtlich fehl, daß die Verlagerung dieses Industriestandortes durch eine beschleunigte wirtschaftliche Entwicklung aus dem Berliner Umland heraus ausgeglichen werden kann.

Ebensowenig erweist sich der Zuschnitt des Spree-Neiße-Kreises als offensichtlich ungeeignet. Der nordwärts wandernde Braunkohletagebau läßt zwar eine nicht zu übersehende räumliche Trennung zwischen dem Kreis Guben einerseits und den Kreisen Cottbus-Land, Forst und Spremberg andererseits entstehen. Dieser Nachteil wird aber durch gute Verkehrsanbindungen auf dem Schienen- und Straßenweg ausgeglichen. Zudem wird die Entwicklung des Braunkohletagebaus – auch nach einer von dem beschwerdeführenden Kreis Guben in Auftrag gegebenen Studie – als mittel- und langfristig rückläufig prognostiziert. In der Folge werden die Auswirkungen des Braunkohletagebaus zumindest nicht an Bedeutung gewinnen. Gleichermaßen braucht die Fusion von vier bevölkerungsmäßig annähernd gleichgewichtigen Landkreisen – zwischen etwa 36.000 und 42.000 Einwohnern – die Entstehung eines in sich geschlossenen neuen Gemeindeverbandes nicht zu hindern. Der Zusammenschluß eher äquivalenter Partner mag zwar erhöhte Anfangsschwierigkeiten begründen, steht aber flächendeckend wertgleichen Lebensbedingungen objektiv nicht entgegen. Auch andere Gründe, aus denen diese Lösung offensichtlich sachwidrig wäre, sind nicht erkennbar.

Die Zurückstellung des Ergebnisses von Bürgerbefragungen und einer Unterschriftenaktion der Mittelstandsvereinigung Guben macht die Neugliederungsentscheidungen ebenfalls nicht offensichtlich ungeeignet. Zwar kann mangelnde Akzeptanz eines Gebietszuschnitts das Zusammenwachsen zu einer kommunalen Verwaltungseinheit und damit letztlich die Leistungsfähigkeit der Selbstverwaltung vermindern. Vorliegend gewinnt dieser Gesichtspunkt aber kein derartiges Gewicht. Daß der Gesetzgeber der abgeschwächten Akzeptanz der Regelung in Teilen der Bevölkerung keine die neue kreisliche Einheit sprengende Wirkung beigemessen hat, ist jedenfalls nicht offenkundig unrichtig. Das Meinungsbild in den von §§ 12 und 13 KNGBbg betroffenen Landkreisen ist nicht einheitlich und hat seit Beginn des Neugliederungsvorhabens bereits partiell Wandlungen erfahren. Der erfolglos gebliebene Versuch des Volksbegehrens „Kreisneugliederung" und das unterdessen entfallene Interesse sowohl der Stadt Eisenhüttenstadt als auch des Kreises Fürstenwalde an der Fortführung dieses Verfahrens sind Ausdruck der nicht offenbar unzutreffenden Einschätzung des Gesetzgebers, daß die ursprüngliche Ablehnung nicht von Dauer und die Entwicklung der Landkreise Oder-Spree und Spree-Neiße zu funktionierenden Selbstverwaltungseinheiten nicht nachhaltig gehemmt sein werde.

(2.) Die Auflösung der Beschwerdeführer und ihre Überführung in die Kreise Oder-Spree und Spree-Neiße verstößt auch nicht gegen den Grundsatz des geringstmöglichen Eingriffs. Der Gesetzgeber darf im Interesse der Verbesserung der Funktionsfähigkeit der kommunalen Selbstverwaltung in den Bestand und Gebietszuschnitt der Gemeindeverbände eingreifen. Nicht erforderlich ist eine von diesem Zweck getragene Neugliederungsmaßnahme nur dann, wenn Alternativlösungen zur Verwirklichung der Neugliederungskonzeption offensichtlich gleichermaßen geeignet und zugleich von geringerer Eingriffsintensität sind als die gesetzliche Maßnahme.

Dies ist hier jedoch nicht der Fall. Die von den Beschwerdeführern angestrebte Alternative (Bildung eines Landkreises aus den Kreisen Eisenhüttenstadt-Land und Guben und der Stadt Eisenhüttenstadt) läßt sich mit der zugrundeliegenden gesetzlichen Neugliederungskonzeption nicht offensichtlich besser vereinbaren als das gesetzliche Neugliederungsmodell. Mit ca. 110.000 Einwohnern würde die angestrebte Mindesteinwohnerzahl von 120.000 Einwohnern unterschritten. Die höhere Bevölkerungsdichte wäre hierfür kein hinlänglicher Ausgleich. Es bestehen Zweifel, ob ein solcher Landkreis an der Ostgrenze Brandenburgs die notwendige Leistungskraft besäße, um die ihm nach der Funktionalreform zuwachsenden Verwaltungsaufgaben zu bewältigen. Die Besorgnis des Gesetzgebers, daß ein Kreis dieses Zuschnitts eher auf – vorerst weniger tragfähige – wirtschaftliche Verflechtungen mit der Republik Polen angelegt wäre und nicht hinreichend an den wirtschaftlichen Impulsen aus dem Berliner Umland partizipieren würde, ist nicht eindeutig widerlegbar. Gleichfalls ist es nicht offenkundig fehlerhaft, wenn der Gesetzgeber den etwa 75%igen Anteil städtischer Bevölkerung, den dieser Landkreis hätte, unter dem Gesichtspunkt einer gesunden Binnenstruktur für untunlich hält. Zudem steht diese von den Beschwerdeführern angestrebte Alternative einer leitbildgerechten Neugliederung in dem westlich und südlich anschließenden Gebiet entgegen. Die Schaffung eines weiteren Landkreises in der fraglichen Region hätte eine geringere Bevölkerungszahl in jedem der drei Landkreise – unterhalb bzw. in die Nähe der angestrebten Mindesteinwohnerzahl – zur Folge. Das Prinzip der Sektoralkreisbildung wäre in dieser Region gänzlich aufgegeben. Nicht zuletzt ist durch den Rückzug der Stadt Eisenhüttenstadt aus dem vorliegenden Verfahren fraglich geworden, ob für einen Kreiszuschnitt, wie ihn die Beschwerdeführer für vorzugswürdig halten und in dem die Stadt Eisenhüttenstadt einen Schwerpunkt gebildet hätte, noch eine tragfähige kommunalpolitische Grundlage besteht.

(3.) Die gesetzgeberische Neugliederungsentscheidung ist für die Beschwerdeführer auch nicht offensichtlich unzumutbar. Sie steht, gemessen an den von ihnen geltend gemachten Interessen, nicht außer Verhältnis. Der Gesetzgeber verfügte über hinreichend gewichtige Gründe des öffentlichen Wohls im Sinne des Art. 98 Abs. 1 LV, die eine Neugliederung gemäß der §§ 12, 13 und 14 KNGBbg rechtfertigen. Dies gilt unbeschadet dessen, daß er sich dem Wunsch verschlossen hat, die historischen – vor 1952 bestehenden – Grenzen des Kreises Guben wiederherzustellen und die Regelung in Teilen der Bevölkerung sowie auf seiten der Beschwerdeführer auf Ablehnung gestoßen ist. Angesichts der von Verfassungs wegen geforderten Gemeinwohlverträglichkeit von Gebietsänderungen kann es jedenfalls nicht allein auf die Sicht einzelner Gemeindeverbände ankommen. Vielmehr ist – unter Einbeziehung der jeweiligen örtlichen Interessen – auf den gesamten hier betroffenen Raum abzustellen. Die örtlichen Interessen dürfen lediglich nicht unverhältnismäßig hinter überörtlichen Gesichtspunkten zurückgestellt werden.

Die Schaffung einer leistungsfähigen Verwaltungsstruktur, die darauf abzielt, die wirtschaftliche Entwicklung in Brandenburg zu fördern und die Lebens- und Wirtschaftsbedingungen landesweit möglichst gleichwertig zu verbessern, ist ersichtlich ein überragendes Gemeinwohlinteresse. In Anbetracht dieser für das Land Brandenburg entscheidenden Bedeutung der Kreisneugliederung ist der Eingriff in die Interessen der Beschwerdeführer nicht unangemessen. Dabei kommt bei der Güterabwägung dem Umstand, daß sich eine offensichtlich besser geeignete Alternative zur gesetzlichen Entscheidung nicht aufdrängt, erhebliches Gewicht zu. Hierdurch wird die von den Beschwerdeführern hinzunehmende Eingriffsintensität erhöht. Auch die Orientierung der Kreisneuordnung an den seit 1952 bestehenden anstelle der zuvor bestandenen Kreisgrenzen ist nicht unverhältnismäßig, sofern nicht – gemessen an der kommunalen Selbstverwaltungsgarantie – offensichtliche Fehlentscheidungen verfestigt werden, was nicht erkennbar ist. Hervorzuheben ist im übrigen, daß der Gesetzgeber mit der Einbeziehung des Kreises Guben in den Spree-Neiße-Kreis das im Land Brandenburg gelegene östliche Gebiet der Niederlausitz und damit eine kulturell verwandte Region im wesentlichen zu einem Landkreis zusammengeführt hat.

cc) Schließlich läßt sich auch eine Mißachtung des Willkürverbotes durch den Gesetzgeber nicht feststellen. Das Willkürverbot erfährt bei kommunalen Neugliederungsmaßnahmen eine besondere Ausprägung in dem Grundsatz der Leitbild- oder Systemgerechtigkeit, der den Gesetzgeber soweit als möglich auf die Einhaltung seiner von ihm selbst gewählten und zugrundegelegten Maßstäbe verpflichtet (vgl. dazu StGH BaWü ESVGH 25, 1, 23; Nds. StGH Nds. MinBl. 1979, 547, 586 f.). Diesem Gebot hat der Gesetzgeber mit der Schaffung der Landkreise Oder-Spree und Spree-Neiße in ausreichendem Umfang Rechnung getragen.

# Nr. 10

1) Die Volksinitiative „Kreisstadtentscheidung durch den Kreistag" verfolgt ein der Landesgesetzgebung zugängliches Anliegen. Die Bestimmung des Kreissitzes ist keine der Entscheidung der Landesregierung vorbehaltene Frage der Einrichtung einer staatlichen Behörde.

2) Eine Volksinitiative unterfällt nicht dem Grundsatz der Diskontinuität des Parlamentsbetriebs.

Landesverfassung Brandenburg Art. 62 Abs. 1 Satz 1, 76 Abs. 1, 96 Abs. 2

Volksabstimmungsgesetz Brandenburg §§ 4 ff.

Urteil vom 15. September 1994 – VfGBbg 2/93 –

in dem Verfahren über den Antrag der Volksinitiative „Kreisstadtentscheidung durch den Kreistag", vertreten durch 1. Herrn B., 2. Herrn D., 3. Herrn G. wegen Antrages nach § 11 des Gesetzes über das Verfahren bei Volksinitiative, Volksbegehren und Volksentscheid (Volksabstimmungsgesetz – VAGBbg), beteiligt: Landtag Brandenburg.

Entscheidungsformel:

Die Antragstellerin erfüllt die gesetzlichen Voraussetzungen für die Zulässigkeit einer Volksinitiative.

Gründe:

A.

Die Antragstellerin ist eine Volksinitiative im Sinne der §§ 4 ff. VAGBbg. Ihr Ziel ist es, die Entscheidung über die Verwaltungssitze der durch das Kreisneugliederungsgesetz des Landes Brandenburg entstandenen Landkreise den Kreistagen zu überlassen.

I.

Am 26. Juni 1992 legte die Antragstellerin dem Präsidenten des Landtages den mit Gründen versehenen Wortlaut eines Gesetzentwurfes vor, nach dessen § 1 die Entscheidung über den Sitz der Verwaltung (Kreissitz) der nach dem Kreisneugliederungsgesetz des Landes Brandenburg gebildeten Landkreise deren Kreistagen unterliege. Nach Beratung der Initiative in Haupt- und Innenausschußsitzungen sowie Anhörung der Antragstellerin veranlaßte der Landtagspräsident den Landesabstimmungsleiter gemäß § 9 Abs. 4 VAGBbg zur Prüfung der förmlichen Voraussetzungen nach § 6 VAGBbg. Nachdem der Landesabstimmungsleiter die förmlichen Voraussetzungen für die Zulässigkeit der Volksinitiative als erfüllt ansah, wurde die Initiative in der Sitzung des Hauptausschusses am 9. Juni 1993 abschließend behandelt. Der Ausschuß stellte fest, daß die förmlichen Voraussetzungen gem. § 6 VAGBbg erfüllt seien, die Volksinitiative aber im Sinne von § 5 Abs. 1 VAGBbg unzulässig sei, da ihr Gegenstand nicht in die Zuständigkeit des Landtages falle.

Gegen den Beschluß des Hauptausschusses – vom Präsidenten des Landtages mit Schreiben vom 22. Juni 1993 mitgeteilt – wendet sich die Antragstellerin.

## II.

Mit ihrem – am selben Tage beim Landesverfassungsgericht eingegangenen – Antrag vom 23. Juli 1993 rügt die Antragstellerin, in ihren demokratischen Mitwirkungsrechten dadurch beeinträchtigt zu sein, daß der Beschluß des Landtages vom 22. Juni 1993 die gesetzlichen Voraussetzungen der Volksinitiative in Abrede stelle.

Die Landesregierung habe im Rahmen von Art. 96 Abs. 2 Satz 1 der Verfassung des Landes Brandenburg (LV) zwar das Recht, im Rahmen ihrer Organisationsgewalt die Organisation der staatlichen Behörden zu bestimmen. Art. 96 Abs. 2 Satz 1 LV sei jedoch für die Festlegung des Kreissitzes nicht einschlägig. Mit der Einbeziehung der Landräte in die staatliche Verwaltung habe das Land darauf verzichtet, insoweit eine eigene Behördenstruktur zu schaffen; sie bediene sich vielmehr für die Zwecke der staatlichen Kommunalaufsicht der Behörden der Kommunalverwaltung im Wege der Organleihe. Hieraus folge, daß Gemeinden und Gemeindeverbände im Rahmen ihrer Organisationshoheit die Behördenstruktur der Kommunalverwaltung jedenfalls prinzipiell selbst bestimmen könnten.

Die Antragstellerin beantragt sinngemäß zu erkennen, daß die Volksinitiative „Kreisstadtentscheidung durch den Kreistag" die gesetzlichen Voraussetzungen des § 5 Abs. 1 VAGBbg erfülle.

Der Landtag hält das Begehren der Antragstellerin für unbegründet. Die Bestimmung des Kreissitzes falle nicht in die Zuständigkeit des Landtages. Die Einrichtung der staatlichen Behörden – zu der auch die Bestimmung der Kreissitze gehöre – obliege nach Art. 96 Abs. 2 Satz 1 LV der Landesregierung. Aus dem Recht der kommunalen Selbstverwaltung nach Art. 97 Abs. 2 LV könne nicht geschlossen werden, daß die Befugnis zur Kreissitzbestimmung auf die jeweiligen Kreistage zu verlagern sei.

## B.

Der Antrag ist zulässig und begründet.

## I.

Die Zuständigkeit des Verfassungsgerichts folgt aus § 12 Nr. 9 des Verfassungsgerichtsgesetzes (VerfGGBbg) i. V. m. § 11 des Volksabstimmungsgesetzes (VAGBbg). Nach § 12 Nr. 9 VerfGGBbg entscheidet das Verfassungsgericht in allen ihm durch Gesetz zugewiesenen Angelegenheiten. Zufolge § 11 VAGBbg können die Vertreter einer Volksinitiative, wenn der Landtag die Beratung als Volksinitiative ablehnt, binnen eines Monats nach Bekanntgabe der Entscheidung das Verfassungsgericht des Landes anrufen. Die in § 11 VAGBbg vorgesehene Frist von einem Monat ist von der Antragstellerin eingehalten. Die Mitteilung des Landtages über die Ablehnung datiert vom 22. Juni 1993. Das Gericht geht – in Übereinstimmung mit dem Landtag – davon aus, daß diese Bekanntgabe die Antragstellerin nicht vor dem darauffolgenden 23. Juni 1993 erreicht hat. Am 23. Juli 1993 – also binnen eines Monats – hat die Antragstellerin das Verfassungsgericht angerufen.

## II.

Der Antrag ist begründet.

Volksinitiativen sind nach § 5 Abs. 1 VAGBbg zulässig „zu Gegenständen der politischen Willensbildung, die in die Zuständigkeit des Landtages fallen". § 5 Abs. 1 VAGBbg greift damit die verfassungsrechtliche Vorgabe des Art. 76 Abs. 1 LV auf. Nach Art. 76 Abs. 1 LV haben alle Einwohner das Recht, „dem Landtag im Rahmen seiner Zuständigkeit" bestimmte Gegenstände der politischen Willensbildung zu unterbreiten. Voraussetzung für die Zulässigkeit einer Volksinitiative ist mithin sowohl nach Art. 76 Abs. 1 LV als auch nach § 5 Abs. 1 VAGBbg, daß ihr Gegenstand in den Kompetenzbereich des Landesgesetzgebers fällt. Volksinitiativen sind daher nur zulässig, soweit und solange eine Materie vom Landesgesetzgeber geregelt werden kann. Dies gilt in formeller (1.) wie materieller Hinsicht (2.). Zum einen muß die Volksinitiative ihrem Gegenstand nach formell in die Zuständigkeit des Landtages fallen. Angelegenheiten, deren Regelung etwa Sache des Bundesgesetzgebers ist (was hier nicht in Frage steht), desgleichen Angelegenheiten, die allein der Exekutive obliegen, scheiden aus (zur ähnlich gelagerten Problematik in Nordrhein-Westfalen: *Geller/Kleinrahm*, Die Verfassung des Landes Nordrhein-Westfalen, 1977, Art. 68 Anm. 2 a, S. 4). Daneben versteht sich von selbst, daß eine Volksinitiative auch in inhaltlicher Hinsicht verfassungsrechtlichen Anforderungen genügen muß. Unzulässig sind daher etwa Volksinitiativen auf Erlaß eines verfassungswidrigen Gesetzes (*Geller/Kleinrahm*, aaO, Anm. 2 b cc, S. 5).

Hiernach ergibt sich vorliegend:

1. Ob und inwieweit die von der Volksinitiative angestrebte Kreissitzbestimmung durch den Kreistag dem Regelungsgegenstand nach in die Zuständigkeit des Landtages fällt, bestimmt sich maßgeblich nach Art. 96 LV. Nach

Art. 96 Abs. 1 Satz 1 LV sind die Organisation der staatlichen Landesverwaltung und die Regelung der Zuständigkeiten durch Gesetz festzulegen, unterfallen also der Regelungskompetenz des Landtages (Art. 96 Abs. 1 Satz 1 LV). Dagegen obliegt die Einrichtung der staatlichen Behörden gem. Art. 96 Abs. 2 LV der Landesregierung, die diese Befugnis nach Art. 96 Abs. 2 Satz 2 LV übertragen kann. Insoweit ist der Landtag mithin nicht zuständig. Die „Einrichtung der staatlichen Behörden" im Sinne des Art. 96 Abs. 2 LV umfaßt dabei die tatsächliche Bildung sowie die Ausgestaltung der Behörde mit Sachmitteln und Personal (s. etwa *Maurer*, Allgemeines Verwaltungsrecht, 8. Aufl., 1992, Rdn. 58; wie hier zur inhaltsgleichen Vorschrift des Art. 83 Abs. 2 der Sächsischen Verfassung s. *Kunzmann/Haas/Bartlitz/Baumann-Hasske*, Die Verfassung des Freistaates Sachsen, 1993, Art. 83 Rdn. 2; ähnlich auch *Nawiasky/Leusser/Schweiger/Zacher*, Die Verfassung des Freistaates Bayern, Stand 5/92, Art. 77, Rdn. 4 ff.).

Um die Bildung oder Ausgestaltung einer staatlichen Behörde, wie sie nach Art. 96 Abs. 2 LV Sache der Landesregierung und damit dem Landtag entzogen ist, geht es aber bei der Bestimmung des Sitzes der Kreisverwaltung gerade nicht. Die Landräte (als Organe der Landkreise) sind keine staatlichen Behörden. Daß sie auch staatliche Aufgaben erfüllen, beruht darauf, daß das Land insoweit von der durch Art. 97 Abs. 3 LV eröffneten Möglichkeit Gebrauch gemacht hat, die Gemeindeverbände durch Gesetz zu verpflichten, Angelegenheiten des Landes wahrzunehmen. Der Landesgesetzgeber hat im Gesetz über die Organisation der Landesverwaltung – Landesorganisationsgesetz (LOG) – vom 25. April 1991 (GVBl. S. 148) darauf verzichtet, seiner alleinigen Rechtsträgerschaft unterliegende untere Verwaltungsbehörden einzurichten; der Landtag weist mit dem im Verfahren vorgelegten Gutachten des Ministeriums des Innern vom 27. Mai 1993 selbst hierauf hin. Wenn § 7 Abs. 2 LOG bestimmt, der Landrat werde als allgemeine untere Landesbehörde und damit als staatliche Verwaltung tätig, liegt hierin gerade ein Verzicht auf die Einrichtung einer der alleinigen Rechtsträgerschaft des Landes unterliegenden Behörde. Das Land bedient sich damit für die staatliche Verwaltung im Wege der Organleihe eines Kommunalorgans. Das Institut der Organleihe ist dadurch gekennzeichnet, daß das Organ eines anderen Rechtsträgers ermächtigt und beauftragt wird, Aufgaben des delegierenden Rechtsträgers in dessen Namen wahrzunehmen (vgl. BVerfGE 63, 1, 31). Der in Anspruch genommene Verwaltungsträger hilft mit seinen personellen und sächlichen Mitteln dem delegierenden Verwaltungsträger aus, weil dieser aus Zweckmäßigkeitsgründen entsprechende eigene Einrichtungen nicht schaffen will (BVerfGE 63, 1, 32; BVerwG, Buchholz 11, Art. 104a Nr. 2, S. 6; *Stelkens/Bonk/Sachs*, Verwaltungsverfahrensgesetz, 4. Aufl., 1993, § 4 Rdn. 29). Der Verzicht des Landes Brandenburg auf die Schaffung in der alleinigen Rechtsträgerschaft des

Landes stehender unterer Verwaltungsbehörden bedeutet somit, daß der Staat eine schon bestehende nichtstaatliche – hier kommunale – Behörde gleichsam in Dienst nimmt. Daß die Landkreise auch staatliche Aufgaben wahrnehmen, ändert hiernach nichts daran, daß es sich weiterhin um kommunale Selbstverwaltungskörperschaften handelt. Der in § 7 Abs. 2 LOG als untere Verwaltungsbehörde bestimmte Landrat ist und bleibt der gewählte Hauptverwaltungsbeamte des Landkreises als kommunaler Selbstverwaltungskörperschaft.

2. Der Landtag ist auch nicht aus Gründen des materiellen Verfassungsrechts gehindert, die Bestimmung des Verwaltungssitzes den Landkreisen als kommunaler Selbstverwaltungskörperschaft zu überlassen. Zwar fällt es nicht in den Kernbereich der kommunalen Selbstverwaltung (Art. 97 Abs. 1 LV), den Verwaltungssitz selber festzulegen (s. nur VerfGH NW NJW 1976, 1197, 1198). Eine davon zu unterscheidende Frage ist jedoch, ob es dem Landesgesetzgeber von Verfassungs wegen geradezu verwehrt wäre, die Bestimmung des Kreissitzes dem Selbstbestimmungsrecht der Landkreise zu überlassen. Diese Frage ist zu verneinen. Die Landesverfassung verbietet eine Regelung, wie sie die Volksinitiative anstrebt, nicht. Andere Bundesländer kennen – bei vergleichbarer verfassungsrechtlicher Ausgangslage – Regelungen, denen zufolge die Bestimmung des Kreissitzes – ggf. mit Genehmigung des zuständigen Landesministeriums – der Entscheidung der kommunalen Selbstverwaltungskörperschaft unterfällt, durchaus (vgl. § 9 Abs. 2 NRWKreisO; dazu auch VerfGH NW NJW 1976, 1197, 1198). Der Landtag Brandenburg selbst hat dies seinerzeit nicht anders gesehen. Die Kreissitzvorschläge einer interministeriellen Arbeitsgruppe haben zu der Aufforderung an die Landkreise geführt, bis zum 31. August 1992 bei der Kreissitzbestimmung zu einer einvernehmlichen Lösung zu kommen, die anschließend in den Gesetzentwurf übernommen werden sollte (dazu *Köstering*, DÖV 1992, 725). Ferner war ursprünglich vorgesehen, den nach Inkrafttreten des Neugliederungsgesetzes neu gewählten Kreistagen das Recht einzuräumen, die vom Gesetzgeber bestimmten Kreissitze innerhalb von drei Monaten erneut in Frage zu stellen (*Köstering*, ebd.).

3. Über die kommunalpolitische Zweckmäßigkeit der von der Volksinitiative angestrebten Regelung hat das Gericht nicht zu befinden. Es mag sein, daß es für die Konsolidierung und geordnete Fortentwicklung der neuen Landkreise ungünstig sein könnte, wenn die Kreissitzfrage zur Disposition der Kreistage stünde. Solche Erwägungen können aber die Zulässigkeit der Volksinitiative nicht in Frage stellen. Der Landtag darf eine Volksinitiative nur ablehnen, wenn entweder die förmlichen Voraussetzungen nicht vorliegen – bezüglich derer hier der Hauptausschuß nichts auszusetzen fand – oder die angestrebte Regelung nicht in die Zuständigkeit des Landtages fällt oder ihrer-

seits verfassungswidrig wäre, was hier aber, wie dargelegt, nicht der Fall ist. Das sachliche Für und Wider im übrigen ist gegebenenfalls im weiteren Verfahren auszutragen.

4. Das Gericht hat angesichts der zu Ende gehenden Legislaturperiode erwogen, ob der verfassungsrechtliche Grundsatz der Diskontinuität des Parlamentsbetriebs (vgl. Art. 62 Abs. 1 LV) zu einer vorzeitigen Erledigung der Gesetzesvorlage der Antragstellerin mit dem Ende der laufenden Legislaturperiode des Landtages führen kann. Dieser Grundsatz erfährt aber – ebenso wie auf Bundesebene – Durchbrechungen (z. B. § 13 des Petitionsgesetzes für den Landtag Brandenburg). Sinn des Diskontinuitätsgrundsatzes ist es, das aufgrund der neuen Kundgabe des Volkswillens gebildete Parlament nicht durch Entscheidungen seines Vorgängers zu präjudizieren (AK-GG-*Jekewitz*, 2. Aufl., Art. 39 Rdn. 6). Dies kann jedoch grundsätzlich nur für Gesetzesvorlagen und anderweitige Anträge der Regierung und aus der Mitte des Parlaments, nicht jedoch für eine Volksinitiative gelten. Denn anders als bei Mitgliedern des Landtages und bei der Landesregierung ist die Legitimation des Staatsvolkes als Souverän nicht von Wahlen abhängig. Das aus seiner Mitte kommende Gesetzesvorhaben steht in keinem sachlichen Zusammenhang mit der Legislaturperiode des Parlaments. Diese von Verfassungs wegen gebotene Einschränkung des Diskontinuitätsgrundsatzes, die z. B. auch in § 104 (der nicht mit Außenwirkung versehenen und ihrerseits der Diskontinuität unterliegenden) Geschäftsordnung des Landtages Brandenburg ihren Niederschlag gefunden hat, ist zwar nicht ausdrücklich in das Volksabstimmungsgesetz aufgenommen worden. Die dort insoweit bestehende Regelungslücke ist indes im Sinne der vorstehenden Ausführungen zu schließen. Auch der neugewählte Landtag ist demnach nicht berechtigt, den nunmehr als zulässig zu behandelnden Gesetzentwurf der Antragstellerin als gegenstandslos anzusehen. Die Frist nach § 12 Abs. 2 Satz 1 VAGBbg beginnt mit der Verkündung dieser Entscheidung zu laufen.

# Nr. 11

Eine Verfassungsbeschwerde ist unter dem Gesichtspunkt der Subsidiarität der Verfassungsbeschwerde im allgemeinen schon dann unzulässig, wenn eine irgendwie geartete Anrufung des Fachgerichts zur Klärung tatsächlicher oder einfachrechtlicher Fragen in Betracht käme und objektiv zumutbar ist.

Landesverfassung Brandenburg Art. 40 Abs. 3

Verfassungsgerichtsgesetz Brandenburg §§ 45 Abs. 2 Satz 2, 47 Abs. 3

Bundesnaturschutzgesetz § 27

Beschluß vom 15. September 1994 – VfGBbg 5/94 –

in dem Verfahren über die Verfassungsbeschwerde der Frau M. betreffend §§ 44 Abs. 2, 51 Abs. 3, 73 Abs. 1 Nr. 26 des Brandenburgischen Gesetzes über Naturschutz und Landschaftspflege vom 25. Juli 1992 (GVBl. I S. 208) sowie §§ 20 Abs. 3, 47 Abs. 2 Nr. 1 des Waldgesetzes des Landes Brandenburg vom 17. Juni 1991 (GVBl. S. 213).

Entscheidungsformel:

Die Verfassungsbeschwerde wird verworfen.

Gründe:

A.

Die Verfassungsbeschwerde betrifft die Regelung des Reitens in Wald und Flur im Land Brandenburg.

I.

Art. 75 Nr. 3 Grundgesetz (GG) enthält für den Bereich Naturschutz- und die Landschaftspflege eine bundesrechtliche Rahmenkompetenz. Nachdem eine seit 1970 von der Bundesregierung betriebene Grundgesetzänderung nicht zum Erfolg geführt hatte, aufgrund derer eine Vollkompetenz für den genannten Sachbereich geschaffen werden sollte, beschloß der Bundestag am 10. November 1976 das Naturschutzgesetz, das am 24. Dezember 1976 in Kraft trat. Es enthält, auch nach mehreren inzwischen erfolgten Gesetzesänderungen, bis auf wenige in § 4 genannte Ausnahmen bloße Rahmenvorschriften für die Landesgesetzgebung. Zu diesen Rahmenvorschriften gehört § 27 Bundesnaturschutzgesetz (BNatSchG), der das sogenannte Betretungsrecht der Flur regelt. § 27 BNatSchG hat folgenden Wortlaut:

(1) Das Betreten der Flur auf Straßen und Wegen sowie auf ungenutzten Grundflächen zum Zwecke der Erholung ist auf eigene Gefahr gestattet.

(2) Die Länder regeln die Einzelheiten. Sie können das Betreten aus wichtigen Gründen, insbesondere aus solchen des Naturschutzes und der Landschaftspflege, des Feldschutzes und der landwirtschaftlichen Bewirtschaftung, zum Schutze der Erholungsuchenden oder zur Verminderung erheblicher Schäden

oder zur Wahrung anderer schutzwürdiger Interessen des Grundstücksbesitzers einschränken sowie andere Benutzungsarten ganz oder teilweise dem Betreten gleichstellen.

(3) Weitergehende Vorschriften der Länder und Befugnisse zum Betreten von Teilen der Flur bleiben unberührt.

Eine vergleichbare Regelung enthält § 14 des Bundeswaldgesetzes (BWaldG). Diese Norm lautet:

(1) Das Betreten des Waldes zum Zwecke der Erholung ist gestattet. Das Radfahren, das Fahren mit Krankenfahrstühlen und das Reiten im Walde ist nur auf Straßen und Wegen gestattet. Die Benutzung geschieht auf eigene Gefahr.

(2) Die Länder regeln die Einzelheiten. Sie können das Betreten des Waldes aus wichtigem Grund, insbesondere des Forstschutzes, der Wald- oder Wildbewirtschaftung, zum Schutze der Waldbesucher oder zur Vermeidung erheblicher Schäden oder zur Wahrung anderer schutzwürdiger Interessen des Waldbesitzers, einschränken und andere Benutzungsarten ganz oder teilweise dem Betreten gleichstellen.

Das Land Brandenburg hat in Ausfüllung der bundesrechtlichen Rahmenvorschriften sowohl das Gesetz über Natur- und Landschaftspflege (Brandenburgisches Naturschutzgesetz – BbgNatSchG) vom 25. Juni 1992 (GVBl. I S. 208) als auch das Waldgesetz (LWaldG) vom 17. Juni 1991 (GVBl. S. 213) erlassen. Das BbgNatSchG regelt in § 44 die Betretungsbefugnis in freier Landschaft. Die Norm hat folgenden Wortlaut:

(1) In der freien Landschaft ist das Betreten der privaten Wege und Pfade, der Wirtschaftswege sowie der Feldraine, Heide-, Öd- und Brachflächen zum Zwecke der Erholung auf eigene Gefahr gestattet, soweit sich nicht aus den Bestimmungen dieses Gesetzes oder aus anderen Rechtsvorschriften Abweichungen ergeben. Die Betretungsbefugnis gilt auch für landwirtschaftliche Flächen außerhalb der Nutzzeit. Als Nutzzeit gilt die Zeit zwischen der Saat oder Bestellung und der Ernte, bei Grünland die Zeit des Aufwuchses.

(2) Abs. 1 gilt sinngemäß für das Fahren mit Krankenfahrstühlen sowie für das Radfahren auf Wegen. Es gilt nicht für das Reiten und Fahren mit motorisierten oder bespannten Fahrzeugen.

(3) Die Vorschriften des Landeswaldgesetzes über das Betreten und Befahren des Waldes bleiben unberührt.

Im Hinblick auf das Reiten trifft § 51 Abs. 3 BbgNatSchG folgende Regelung:

Auf Flächen außerhalb der Wege sowie auf markierten Wanderwegen darf nicht geritten oder gefahren werden, sofern es nicht nach anderen öffentlich-rechtlichen Vorschriften erlaubt ist. Dies gilt nicht für den land- und forstwirtschaftlichen Verkehr. § 44 Abs. 2 Satz 1 bleibt unberührt.

Das LWaldG enthält unter Bezugnahme auf § 14 BWaldG zwei Normen, die das Betretungsrecht regeln. Im Hinblick auf das Reiten im Wald ist § 20 Abs. 3 LWaldG von Bedeutung, der wie folgt lautet:

> Das Reiten im Walde ist nur auf gekennzeichneten Wegen gestattet. Dafür soll die untere Forstbehörde im Zusammenwirken mit den Waldbesitzern und der zuständigen unteren Landesbehörde geeignete Wege ausweisen, die mit Reitwegen außerhalb des Waldes Verbindung haben. Die untere Forstbehörde kann die Kennzeichnung der Reittiere verlangen. Das Nähere wird durch Rechtsverordnung der obersten Forstbehörde geregelt.

§ 73 Abs. 1 Nr. 26 BbgNatSchG und § 47 Abs. 2 Nr. 1 LWaldG legen fest, daß das Reiten entgegen den Vorschriften der beiden genannten Landesgesetze als Ordnungswidrigkeit verfolgt werden kann.

## II.

Mit ihrer am 6. Mai 1994 erhobenen Verfassungsbeschwerde wendet sich die in Berlin wohnende Beschwerdeführerin gegen die Regelungen der §§ 44 Abs. 2, 51 Abs. 3, 73 Abs. 1 Nr. 26 BbgNatSchG sowie der §§ 20 Abs. 3, 47 Abs. 2 Nr. 1 LWaldG, die mit Art. 40 Abs. 3, 5 Abs. 2, 10 und 12 der Verfassung des Landes Brandenburg (LV) unvereinbar und deshalb nichtig seien.

Sie bezeichnet sich als begeisterte Anhängerin des Freizeitreitens und Freizeitgespannfahrens. Freizeitreiten und Freizeitgespannfahren bedeuteten vor allem Genuß der Natur durch Ausritte und Fahrten auf dafür geeigneten Wegen in Wald und Flur. Ihr werde durch die angegriffenen Regelungen das Reiten und Gespannfahren generell verboten und somit unmöglich gemacht. Reitwege seien durch die zuständigen Behörden weder ausgewiesen worden noch sei dieses beabsichtigt. Die Forstämter hätten auf ihre entsprechenden Anfragen hin nicht geantwortet.

Sie sei durch die angegriffenen Bestimmungen gegenwärtig und unmittelbar betroffen. Durch das generelle Reitverbot werde sie als Reiterin von der Erholung in der Natur völlig ausgeschlossen. Ihr sei es nicht möglich, eine Abhilfe durch den Gebrauch anderer Rechtsbehelfe als der Verfassungsbeschwerde zu bewirken. Überdies sei der von ihr vorgetragene Sachverhalt von allgemeiner Bedeutung für die gesamte Freizeitgruppe der Reiter und Gespannfahrer. Würde sie auf einen etwaigen Rechtsweg verwiesen, stellte dies einen schweren, unabwendbaren Nachteil dar, weil der lange Weg durch die Instanzen viel Zeit beanspruchen würde, in der sie als Reiterin von der Erholung in der freien Natur völlig ausgeschlossen bleibe.

Zur Sache selbst trägt die Beschwerdeführerin vor, daß das Pferd ein Kulturgut höchsten Ranges darstelle und auch mit der Entwicklung des Landes Brandenburg eng verbunden sei. Der Mensch in der heutigen Zeit sei auf das „Kulturgut Pferd" angewiesen, weil er infolge des modernen Arbeitsprozesses des Gegensätzlichen und Naturhaften bedürfe. Die Erholung in freier Natur sei von existentieller Bedeutung, die nirgendwo inniger erlebt werde als in der Symbiose zwischen Pferd und Reiter.

Der Art. 40 Abs. 3 LV entnehmbaren Verpflichtung von Land, Gemeinden und Gemeindeverbänden, der Allgemeinheit den Zugang zur Natur zu ermöglichen, entspreche ein grundrechtlich geschützter Anspruch auf freien Zugang zur Natur – und zwar auch mit dem Pferd oder dem Pferdegespann. Sowohl die Rechtslage als auch die tatsächliche Situation verletzten dieses Grundrecht.

Dadurch werde im Hinblick auf die Freizeitgruppe der Reiter auch der Gleichheitssatz des Art. 12 LV rechtswidrig beeinträchtigt, weil andere Freizeitgruppen wie Wanderer oder Radfahrer den Zugang zur Natur genießen könnten, ohne daß es für diese Bevorzugung einen sachlichen Grund gebe. Die angegriffenen Gesetzesbestimmungen verletzten überdies das Übermaßverbot und berührten die als verletzt gerügten Grundrechte in ihrem Wesensgehalt.

## III.

Zu der Verfassungsbeschwerde hat die Landesregierung des Landes Brandenburg Stellung genommen. Sie hält schon die Zulässigkeit der Verfassungsbeschwerde nicht für gegeben, weil sie gemäß § 47 Abs. 3 Verfassungsgerichtsgesetz Brandenburg (VerfGGBbg) innerhalb eines Jahres nach Inkrafttreten des LWaldG und des BbgNatSchG hätte erhoben werden müssen. Es führe nicht zur Zulässigkeit, daß sowohl das LWaldG als auch das BbgNatSchG bereits vor dem Zeitpunkt des Inkrafttretens des § 47 Abs. 3 VerfGGBbg am 13. Juli 1993 länger als ein Jahr bestanden haben. Das Fehlen einer dem § 93 Abs. 4 Bundesverfassungsgerichtsgesetz entsprechenden Übergangsregelung mache den Willen des brandenburgischen Gesetzgebers deutlich, eine Gesetzesverfassungsbeschwerde bei derartigen Fallkonstellationen auszuschließen. Die Beschwerdeführerin habe die Möglichkeit gehabt, innerhalb eines Jahres nach Inkrafttreten beider Gesetze Verfassungsbeschwerde vor dem Bundesverfassungsgericht zu erheben.

Unter Bezugnahme auf ein Sondervotum des Bundesverfassungsrichters Grimm zu einer früheren Entscheidung des Bundesverfassungsgerichts (BVerfGE 80, 137, 164 ff.) stellt die Landesregierung überdies in Frage, ob es ein „Grundrecht auf Reiten" überhaupt gebe. Bei Zugrundelegung der Auffassung des Bundesverfassungsrichters Grimm fehle es schon an der Möglichkeit einer Grundrechtsverletzung.

Die Beschwerdeführerin habe es außerdem unterlassen, vor Einschaltung des Verfassungsgerichts die zuständigen Behörden zu veranlassen, weitere Reitwege anzulegen. Diese Möglichkeit habe bestanden, weil jedenfalls bei den Waldwegen noch keine vollständige Ausweisung erfolgt sei. Insoweit fehle es deshalb an der Unmittelbarkeit der geltend gemachten Grundrechtsbeeinträchtigung.

Auch sei das Rechtsschutzbedürfnis zweifelhaft. Die Beschwerdeführerin könne ihr Ziel mit der Verfassungsbeschwerde nicht erreichen, weil bei Aufhebung der von ihr beanstandeten Regelungen die privaten Grundeigentümer ihr den Zutritt zu ihren Grundstücken nach §§ 903, 1004 BGB verwehren könnten.

Die Verfassungsbeschwerde sei auch unbegründet. Die Beschwerdeführerin könne nach geltendem Recht auf allen dem Gemeingebrauch gewidmeten Straßen und Wegen reiten sowie auf den privaten Wegen, deren Eigentümer ihr Einverständnis dazu gäben. § 51 Abs. 3 BbgNatSchG erlaube darüber hinaus das Reiten auf allen Wegen, sofern es sich nicht um markierte Wanderwege handele. Eine stichprobenartige Umfrage bei den Landkreisen habe ergeben, daß erst 10 bis 20 % aller Wanderwege markiert worden seien. Es werde darüber hinaus in den Kreisen an der Ausarbeitung eines umfassenden Reitwegenetzes gearbeitet. Im Vorgriff darauf seien aber bereits Reitwege geschaffen worden. So bestünden z. B. im Elbe-Elster-Kreis Reitwege in einer Länge von 150 km. In der Schorfheide seien ca. 50 % aller Wanderwege als Reitwege markiert.

Im Wald seien auf der Grundlage des § 20 Abs. 3 LWaldG i. V. m. der Verordnung über das Reiten im Wald vom 4. Juni 1993 (GVBl. II S. 272) bisher 2.216 km ausgewiesene und gekennzeichnete Reitwege geschaffen worden. Die Ausweisung weiterer dem Reitsport zur Verfügung stehender Wege sei geplant. Deren Länge werde sich insgesamt auf 2.535 km belaufen.

B.

Die Verfassungsbeschwerde ist unzulässig.

Es kann dahingestellt bleiben, ob die (Gesetzes-)Verfassungsbeschwerde bereits wegen einer Versäumung der einjährigen Einlegungsfrist nach § 47 Abs. 3 VerfGGBbg unzulässig ist oder ob diese Frist erst mit Inkrafttreten des VerfGGBbg oder mit der Aufnahme der Arbeit durch das Verfassungsgericht zu laufen beginnt bzw. im Hinblick hierauf Wiedereinsetzung in den vorherigen Stand zu gewähren ist, wenn anschließend binnen angemessener Frist das Verfassungsgericht angerufen wird (VerfGBbg, Beschluß vom 19. Mai 1994 –

VfGBbg 6/93* –, insoweit in NJ 1994, 414 nicht mit abgedruckt; zur Veröffentlichung vorgesehen in LKV 1994).

Denn jedenfalls steht der Zulässigkeit der Grundsatz der Subsidiarität der Verfassungsbeschwerde entgegen, wie er in § 45 Abs. 2 VerfGGBbg seinen Ausdruck gefunden hat.

## I.

Zwar ist in bezug auf die unmittelbar angegriffenen Gesetzesbestimmungen (§§ 44 Abs. 2, 51 Abs. 3, 73 Abs. 1 Nr. 26 BbgNatSchG und §§ 20 Abs. 3, 47 Abs. 2 Nr. 1 LWaldG) kein gleichartiger, nämlich gezielt auf den Bestand dieser Bestimmungen gerichteter Rechtsschutz vor den Verwaltungsgerichten zu erlangen. Gleichwohl muß sich die Beschwerdeführerin darauf verweisen lassen, auf dem Verwaltungsrechtsweg eine Reihe tatsächlicher und einfachrechtlicher Fragen klären zu lassen, bevor das Verfassungsgericht in eine im wesentlichen am Verfassungsrecht des Landes Brandenburg orientierte Prüfung der Angelegenheit eintritt. Zum Beispiel ist daran zu denken, daß die Beschwerdeführerin gegen das zuständige Amt für Forstwirtschaft bzw. die untere Naturschutzbehörde Klage auf Feststellung erhebt, bestimmte, genauer bezeichnete Wege ohne Bindung an das BbgNatSchG bzw. das LWaldG benutzen zu dürfen (vgl. BVerwGE 71, 324 ff.). Der Subsidiaritätsgrundsatz dient auch einer sachgerechten Aufgabenverteilung zwischen dem Verfassungsgericht und den Fachgerichten. Danach obliegt es vorrangig den Fachgerichten, einfachrechtliche Vorschriften auszulegen und die zu Anwendung der Vorschriften erforderlichen Ermittlungen sowie die Würdigung des Sachverhalts vorzunehmen (BVerfGE 86, 382, 388).

1. Die vorherige Einschaltung des Verwaltungsgerichts ist schon deshalb sachgerecht, weil noch Tatsachenfragen aufzuklären sind. So wird u. a. festgestellt werden müssen, ob die Beschwerdeführerin Reiterin ist und im Lande Brandenburg reiten will. Nur so ist auszuschließen, daß im Wege einer sowohl im Verfassungs- als auch Verwaltungsprozeß nicht vorgesehenen Popularklage Rechte geltend gemacht werden, die die Beschwerdeführerin selbst nicht ausüben kann oder will. Gegebenenfalls wird weiter aufzuklären sein, ob die von der Landesregierung bestrittenen Behauptungen der Beschwerdeführerin zutreffen, im Land Brandenburg gebe es bisher weder ausgewiesene Reitwege noch bestehe eine entsprechende Absicht der zuständigen Behörden.

2. Von einer Verweisung auf den Verwaltungsrechtsweg wäre allerdings abzusehen, wenn dort effektiver Rechtsschutz nicht zu erwarten wäre. Insbe-

---

* Siehe Seite 105 ff.

sondere wenn entsprechende Klagen aller Voraussicht nach schon aus Zuläs-
sigkeitsgründen scheitern würden, könnte es der Beschwerdeführerin nicht
zugemutet werden, sich zuerst an das Fachgericht zu wenden. Ein solcher Fall
liegt jedoch nicht vor.

a) So scheidet das Bestehen eines (einfachrechtlichen) subjektiven öffentlichen Rechts entgegen der Auffassung der Beschwerdeführerin nicht von vornherein schon deshalb aus, weil im Lande Brandenburg das Reiten in Wald und
Flur generell untersagt wäre. Was zunächst das Reiten im Wald angeht, so ist
dieses nach dem Wortlaut des § 20 Abs. 3 LWaldG auf dafür gekennzeichneten
Wegen ausdrücklich gestattet. Ob aus dieser Regelung auch ein subjektives öffentliches Recht erwächst, ist zwar nicht sicher, kann jedoch auch nicht von
vornherein ausgeschlossen werden. Selbst wenn – ähnlich wie im allgemeinen
Straßen- und Wegerecht – einiges dagegen spricht, ein Recht auf die Ausweisung bestimmter Reitwege zu bejahen, bestehen unter Berücksichtigung der
Rechtsprechung des Bundesverfassungsgerichts, die das Reiten dem Schutzbereich des Art. 2 Abs. 1 GG zuordnet (BVerfGE 80, 137, 154 f.), immerhin Anhaltspunkte für einen individuellen Anspruch auf die Einrichtung von Waldwegen in geeignetem und genügendem Umfang (so etwa *Dörr*, Erholungsfunk-
tion des Waldes, Heidelberg 1986, 246). In diesem Zusammenhang wäre auch
bereits durch die Verwaltungsgerichte zu prüfen, ob und wenn ja in welchem
Umfang Art. 40 Abs. 3 LV Einfluß auf die einfachrechtliche Lage hat (vgl. insoweit in bezug auf die ähnliche Vorschrift des Art. 141 Abs. 3 Satz 1 der Bayerischen Landesverfassung: VGH München, Natur und Recht 1991, 184 f.).

b) Auch im Hinblick auf die in Frage stehenden Regelungen des
BbgNatSchG ist der Beschwerdeführerin die Anrufung des Verwaltungsgerichts nicht unzumutbar. Insoweit gelten in verfahrensrechtlicher Hinsicht die
gleichen Erwägungen wie in bezug auf die angegriffenen Vorschriften des
LWaldG. Ein Unterschied unter materiellrechtlichen Aspekten könnte allenfalls darin liegen, daß § 44 Abs. 2 Satz 2 BbgNatSchG das Reiten in freier Landschaft und auf privaten Wegen und Pfaden anders als das Waldgesetz generell
auszuschließen scheint. Das Bestehen eines subjektiven öffentlichen Rechts der
Beschwerdeführerin liegt deshalb möglicherweise weniger nahe. Gleichwohl
steht auch hier die Klärung einfachrechtlicher Fragen durch das Verwaltungsgericht noch aus. So wird zu prüfen sein, in welchem Verhältnis der mögliche
generelle Ausschluß der Reiter von der naturschutzrechtlichen Betretungsbefugnis durch § 44 BbgNatSchG zu § 20 Abs. 3 LWaldG steht, der vom Betreten
– möglicherweise auch privater – Reitwege außerhalb des Waldes ausgeht, und
ob die Auffassung der Landesregierung zutrifft, § 51 Abs. 3 BbgNatSchG erlaube das Reiten auf Wegen, sofern es sich nicht um markierte Wanderwege
handele.

Weiter wird fachgerichtlich zu klären sein, ob § 44 Abs. 2 Satz 2 Bbg-NatSchG sich noch im Rahmen des Bundesrechts hält. Das Bundesverfassungsgericht hat die Vereinbarkeit des mit § 44 Abs. 2 Satz 2 BbgNatSchG vergleichbaren § 50 Abs. 2 Satz 1 des nordrhein-westfälischen Landschaftsgesetzes 1980 mit § 27 BNatSchG zwar bejaht (BVerfGE 80, 137, 159), brauchte sich allerdings nicht mit der Frage auseinanderzusetzen, ob ein gänzlicher Ausschluß des Reitens auf privaten Wegen und Pfaden (bundes-)verfassungsgemäß ist (dazu *Pielow*, Natur und Recht 1980, 53), weil das nordrhein-westfälische Landschaftsgesetz 1980 kein generelles Reitverbot aussprach. Auch dieser Aspekt spricht für eine vorrangige Inanspruchnahme der Verwaltungsgerichtsbarkeit. Es entspricht der Rollenverteilung innerhalb des Gesamtrechtsschutzsystems, daß das Landesverfassungsgericht sich erst dann – unter dem Gesichtspunkt des Art. 40 Abs. 3 LV – mit der Sache befaßt, wenn geklärt ist, ob die hier interessierenden Vorschriften nicht aus außerhalb der Landesverfassung liegenden Gründen, hier: wegen Unvereinbarkeit mit Bundesrecht, keine Anwendung finden können.

## II.

1. Die Auffassung der Beschwerdeführerin, eine Entscheidung vor Erschöpfung des Rechtswegs käme nach der sinngemäß anwendbaren Vorschrift des § 45 Abs. 2 Satz 2 VerfGGBbg deshalb in Betracht, weil der Verfassungsbeschwerde allgemeine Bedeutung zukomme, trifft nicht zu. Selbst wenn eine allgemeine Bedeutung im Hinblick auf eine Vielzahl gleichgelagerter Fälle angenommen werden könnte, wofür bereits keine hinreichenden Anhaltspunkte ersichtlich sind, käme eine Vorabentscheidung des Verfassungsgerichts nicht in Betracht. Auch eine unterstellte allgemeine Bedeutung führt angesichts der Ausgestaltung des § 45 Abs. 2 Satz 2 VerfGGBbg als Kann-Vorschrift nicht zwangsläufig zu einer Entscheidung des Verfassungsgerichts ohne vorherige Erschöpfung des Rechtswegs. Eine solche „Durchgriffsentscheidung" bleibt vielmehr auch in diesen Fällen schon nach dem Wortlaut des § 45 Abs. 2 VerfGGBbg die Ausnahme („im Ausnahmefall"). Die „allgemeine Bedeutung" ist nur ein Aspekt unter mehreren, die im Rahmen einer Abwägung für und wider eine sofortige Sachentscheidung zu berücksichtigen sind (vgl. BVerfGE 86, 382, 388). Die dargelegten teilweise schwierigen Fragen des einfachen Rechts, aber auch der Umstand, daß noch nicht alle notwendigen tatsächlichen Feststellungen getroffen sind, machen es hier notwendig, die Beschwerdeführerin auf den Verwaltungsrechtsweg zu verweisen.

2. Das gilt auch mit Blick auf die von der Beschwerdeführerin behaupteten, jedoch nicht näher substantiierten schweren und unabwendbaren Nach-

teile. Sollten solche bestehen, hätte die Beschwerdeführerin die Möglichkeit, um vorläufigen Rechtsschutz bei den Verwaltungsgerichten nachzusuchen (BVerfGE 82, 382, 389).

## Nr. 12

1) **Regelt eine bundesrechtliche Verfahrensordnung die fachgerichtliche Verfahrensweise abschließend und zwingend, ist für eine Überprüfung am Maßstab der Landesverfassung kein Raum.** Ob sich landesverfassungsrechtliche Grundrechtsgewährleistungen auswirken können, wo das Bundesverfahrensrecht Handlungs- und Ermessensspielräume läßt, bleibt offen.

2) **Zur Frage der Vereinbarkeit des Anwaltszwangs mit dem Gebot des rechtlichen Gehörs und dem Grundsatz des fairen Verfahrens.**

Landesverfassung Brandenburg Art. 52 Abs. 3, 4

Beschluß vom 15. September 1994 – VfGBbg 10/93 –

in dem Verfahren über die Verfassungsbeschwerden 1. der Frau E., 2. der Frau E. gegen ein Urteil des Bezirksgerichts C. vom 4. November 1993.

Entscheidungsformel:

Die Verfassungsbeschwerden werden zurückgewiesen.

Gründe:

A.

Die Beschwerdeführerinnen wenden sich mit ihrer Verfassungsbeschwerde gegen das Urteil des Bezirksgerichts C. vom 4. November 1993 – 4 S 83/93 –.

I.

Im Ausgangsverfahren machten die Beschwerdeführerinnen vermögensrechtliche Ansprüche geltend, die Folge eines Unfalls sind, der sich am 19. Juli 1990 auf dem Bahnhof Berlin-Lichtenberg ereignet hatte. Zum Unfallzeitpunkt gingen die Beschwerdeführerinnen – Mutter (Beschwerdeführerin zu 1.) und Tochter (Beschwerdeführerin zu 2.) – die Treppe des S-Bahnsteiges hinab. Der Beklagte des Ausgangsverfahrens benutzte ebenfalls diese Treppe, als er eine Diebin verfolgte, die gerade zuvor seiner Ehefrau die Geldbörse gestohlen hatte. Dabei stieß er gegen die Beschwerdeführerin zu 1., die auf ihr Knie fiel und sich dabei verletzte.

Die Beschwerdeführerin zu 1. machte den ihr entstandenen materiellen Schaden in Höhe von 615,73 DM vor dem zuständigen Kreisgericht C. geltend. Beide Beschwerdeführerinnen beantragten darüber hinaus, den Beklagten zur Zahlung eines in das Ermessen des Gerichts gestellten Schmerzensgeldes an sie zu verurteilen; soweit es dabei um die Beschwerdeführerin zu 2. ging, wurde der Beklagte wegen des bei ihr durch den Unfall der Mutter ausgelösten Schocks sowie eines dadurch vereitelten Urlaubs auf ein Schmerzensgeld in Höhe von 1.500,– DM in Anspruch genommen.

Nachdem das Kreisgericht auf seiten des Beklagten Nothilfe als Rechtfertigungsgrund angenommen und deshalb die Klage abgewiesen hatte, legten die Beschwerdeführerinnen dagegen Berufung ein. In der Berufungsbegründung vom 1. Juli 1993 beantragten die Prozeßbevollmächtigten der Beschwerdeführerinnen, den Beklagten unter Aufhebung des angefochtenen Urteils zu verurteilen, „an die Klägerin" 1.848,30 DM zu zahlen. Daraufhin wies der Vorsitzende des zuständigen Senats die Prozeßbevollmächtigten der Beschwerdeführerinnen darauf hin, daß sich die Berufungsbegründung nur auf eine der beiden Klägerinnen beziehe, ohne daß sich erkennen lasse, um welche von ihnen es sich dabei handele.

Mit Schriftsatz vom 11. August 1993 und in der mündlichen Verhandlung stellten die Rechtsanwälte der Beschwerdeführerinnen klar, die Beschwerdeführerin zu 1. begehre 615,73 DM materiellen Schadensersatz und 3.500,– DM „angemessenen Ausgleich gemäß § 338 Abs. 3 ZGB der DDR"; die Beschwerdeführerin zu 2. beantragte nunmehr, den Beklagten zu verurteilen, einen angemessenen Ausgleich gemäß vorstehend genannter Vorschrift zu zahlen.

Das Bezirksgericht C. verurteilte den Beklagten am 4. November 1993 unter Klageabweisung im übrigen, der Beschwerdeführerin zu 1. DM 500,– zu zahlen. Die Berufung der Beschwerdeführerin zu 2. wurde als unzulässig verworfen. Zur Begründung verwies der entscheidende Senat darauf, daß nach Klarstellung des Prozeßbevollmächtigten in der mündlichen Verhandlung in bezug auf sie kein Berufungsantrag angekündigt worden sei. Die Anträge in den nach Ablauf der Berufungsbegründungsfrist eingegangenen Schriftsätzen hätten nicht berücksichtigt werden können. Dies gelte auch für den später nachgereichten „privaten Schriftsatz" der Beschwerdeführerin zu 1. vom 5. Oktober 1993, der wegen des vor dem Bezirksgericht bestehenden Anwaltszwanges (§ 78 ZPO) rechtlich unbeachtlich sei. Gleichwohl habe der

Senat geprüft, ob dieser Schriftsatz Veranlassung zur Wiedereröffnung der mündlichen Verhandlung (§ 156 ZPO) gebe. Dies sei jedoch nicht der Fall. Beide Beschwerdeführerinnen hätten unter Beachtung der Verfahrensordnung hinreichendes rechtliches Gehör gehabt.

## II.

Mit ihren Verfassungsbeschwerden machen die Beschwerdeführerinnen eine Verletzung sowohl ihres Grundrechtes auf rechtliches Gehör als auch auf ein faires Verfahren geltend. Sie meinen, aus dem Recht auf ein faires Verfahren auch die Befugnis ableiten zu können, prozessuale Rechte „mit der erforderlichen Sachkunde selbständig wahrnehmen" zu können. Da sie an den „verspäteten Begründungen" der Prozeßbevollmächtigten im Berufungsverfahren kein Verschulden treffe, hätte das Gericht den „privaten" Vortrag bei der Entscheidung mitberücksichtigen müssen.

Im übrigen treffe das Gericht die Pflicht, Anträge und Ausführungen der Verfahrensbeteiligten zur Kenntnis zu nehmen und bei seiner Entscheidung zu berücksichtigen. Der Verfahrensbeteiligte müsse Gelegenheit haben, durch einen sachlich fundierten Vortrag die Willensbildung des Gerichtes zu beeinflussen. Das Bezirksgericht C. habe den im Schreiben vom 5. Oktober 1993 gestellten Antrag auf Wiedereinsetzung in den vorigen Stand wegen des verspäteten Vortrages nicht in Erwägung gezogen. Auch der Anwaltszwang habe das Gericht nicht dazu berechtigt, hinsichtlich der „selbstgemachten Anträge und Ausführungen" das rechtliche Gehör zu verweigern: Wenn die Richter Wert darauf gelegt hätten, daß die Form „Vortrag durch Anwalt" gewahrt werde, hätte es den Verkündungstermin verschieben und die Prozeßbevollmächtigten auffordern müssen, den Vortrag schriftlich zu wiederholen.

## B.

Die Verfassungsbeschwerden haben keinen Erfolg.

1. Die Verfassungsbeschwerden sind unzulässig, soweit die Beschwerdeführerinnen eine Verletzung des Art. 103 Abs. 1 und Art. 1 Abs. 1 Grundgesetz (GG) rügen. Voraussetzung für die Zulässigkeit der Verfassungsbeschwerde ist nach § 45 Abs. 1 Verfassungsgerichtsgesetz Brandenburg (VerfGGBbg), daß sich die Verfassungsbeschwerde gegen die Verletzung eines „in der Verfassung gewährleisteten" Grundrechtes richtet. Angesprochen sind damit die durch die Landesverfassung geschützten Grundrechte. Nicht rügefähig ist die Verletzung von Normen des Bundesverfassungsrechts.

2. Soweit die Beschwerdeführerinnen eine Verletzung von Art. 52 Abs. 3 und Abs. 4 der Verfassung des Landes Brandenburg (LV) geltend machen, ist ihre Verfassungsbeschwerde unbegründet. Es bleibt dabei ausdrücklich offen, ob Grundrechtsverletzungen, die im Rahmen eines bundesrechtlich geordneten Verfahrens – wie hier in einem durch die Zivilprozeßordnung geregelten bürgerlich-rechtlichen Rechtsstreit – erfolgt sein sollen, vor dem Verfassungsgericht des Landes unter Berufung auf die verfahrensrechtlichen Grundrechtsgewährleistungen der Landesverfassung geltend gemacht werden können. Selbst wenn dies möglich wäre, könnte das Landesverfassungsgericht die richterliche Rechtsanwendung lediglich im Rahmen (bundes-)verfahrensrechtlich bestehender Handlungs- und Ermessensspielräume überprüfen. Regelt die jeweilige bundesrechtliche Verfahrensordnung das fachgerichtliche Verhalten abschließend und zwingend, bleibt hingegen für eine darauf bezogene Prüfung am Maßstab der Landesverfassung kein Raum. Soweit frühere Entscheidungen des erkennenden Gerichts abweichend verstanden werden können, wird hieran nicht festgehalten. In den betreffenden Verfahren kam es auf die Frage letztlich nicht an.

Letzteres gilt auch für den vorliegenden Fall, weil die beiden von den Beschwerdeführerinnen in Anspruch genommenen Landesverfassungsnormen jedenfalls nicht verletzt sind.

a) Die Beschwerdeführerinnen rügen ohne Erfolg eine Verletzung des Anspruchs auf rechtliches Gehör i. S. von Art. 52 Abs. 3 LV. Rechtliches Gehör bedeutet zunächst Gelegenheit zur Äußerung zu den entscheidungserheblichen Fragen. Diese Gelegenheit war über den Prozeßbevollmächtigten der Beschwerdeführerinnen – oder einen anderen postulationsfähigen Rechtsanwalt, den sie hätten beauftragen können, wenn sie sich nicht gut genug vertreten fühlten – gegeben. Abgesehen davon hat das Bezirksgericht ausweislich des angegriffenen Urteils sogar das ohne anwaltliche Vermittlung dem Gericht übersandte Schreiben der Beschwerdeführerin zu 1. zum Anlaß genommen, eine Wiedereröffnung der mündlichen Verhandlung (§ 156 ZPO) zu prüfen. Damit hat das Bezirksgericht zu erkennen gegeben, daß es den genannten Vortrag in Erwägung gezogen hat. Unabhängig davon, ob das Grundrecht auf Gewährung rechtlichen Gehörs eine solche Handhabung mit Blick auf die abschließenden bundesrechtlichen Vorschriften der §§ 78 Abs. 1, 85 Abs. 2 ZPO überhaupt verlangt, ist Art. 52 Abs. 3 LV somit auf jeden Fall Genüge getan.

b) Es ist auch kein Verstoß des Bezirksgerichts gegen das Grundrecht auf ein faires Verfahren i. S. von Art. 52 Abs. 4 der Landesverfassung zu erkennen. Soweit die Beschwerdeführerinnen unter diesem Gesichtspunkt den Anwaltszwang (vor dem Bezirksgericht bzw. – nach dem nunmehr auch im Land Brandenburg geltenden Gerichtsverfassungsrecht – vor dem Landgericht) als solchen in Frage stellen, läßt die insoweit maßgebliche Zivilprozeßordnung, die als bundesrechtliche Regelung der Überprüfung durch das Landesverfassungsgericht entzogen ist, keinen Spielraum. Und selbst wenn der Grundsatz des fairen Verfahrens geeignet sein sollte, den Entscheidungsspielraum des Richters bei Anwendung des § 156 ZPO zu verengen, kann er nicht dazu dienen, Parteien die Gelegenheit zu geben, wirkliches oder vermeintliches anwaltliches Fehlverhalten zu korrigieren. Denn damit würde die durch § 85 Abs. 2 ZPO getroffene Regelung unterlaufen, demzufolge das Verschulden des Prozeßbevollmächtigten dem Verschulden der Partei gleichsteht. § 85 Abs. 2 ZPO unterliegt auch nicht etwa seinerseits (bundes-)verfassungsrechtlichen Bedenken. Der Gesetzgeber der Zivilprozeßordnung war vielmehr frei, im Rahmen seines Abwägungsspielraums zwischen Gerechtigkeit im Einzelfall und der Rechtssicherheit eine Zurechnung des Verschuldens des Prozeßbevollmächtigten vorzusehen. Soweit sich dies im Einzelfall zu Lasten der Einzelfallgerechtigkeit auswirkt, muß dies vom betroffenen Bürger hingenommen werden (BVerfGE 60, 253, 299 f.). Ihm verbleibt ggf. die Möglichkeit, zivilrechtliche Ansprüche gegen seinen Anwalt geltend zu machen.

## Nr. 13

1) **Das Selbstverwaltungsrecht einer Gemeinde erstreckt sich nicht darauf, Sitz der Kreisverwaltung zu sein. Insoweit fehlt es bereits an einer Beschwerdebefugnis der Gemeinde.**

2) **Das Selbstverwaltungsrecht eines in einem neuen Landkreis aufgegangenen ehemaligen Landkreises wird durch die Festlegung des Kreissitzes für den neuen Landkreis nicht betroffen. Insoweit fehlt es bereits an einer Beschwerdebefugnis des ehemaligen Landkreises.**

Landesverfassung Brandenburg Art. 97 Abs. 1 und 2, 98 Abs. 1, 100

Verfassungsgerichtsgesetz Brandenburg § 51

Elbe-Elster-Gesetz § 2

Urteil vom 20. Oktober 1994 – VfGBbg 1/93 –

in dem Verfahren über die Verfassungsbeschwerde 1. der Stadt Finsterwalde, vertreten durch den Bürgermeister, 2. des Kreises Finsterwalde, vertreten durch den Landrat, betreffend § 2 des Gesetzes zur Bestimmung von Verwaltungssitz und Namen des Landkreises Elbe-Elster (Elbe-Elster-Gesetz – ElbElstG) vom 22. April 1993 (Gesetz- und Verordnungsblatt für das Land Brandenburg Teil I S. 151).

Entscheidungsformel:

Die Verfassungsbeschwerden werden verworfen.

Gründe:

A.

Die Beschwerdeführer wenden sich mit ihren Verfassungsbeschwerden gegen die durch § 2 des Gesetzes zur Bestimmung von Verwaltungssitz und Namen des Landkreises Elbe-Elster (Elbe-Elster-Gesetz – ElbElstG) vom 22. April 1993 (GVBl. I S. 151) erfolgte Bestimmung der Stadt Herzberg zum Sitz der Verwaltung des Landkreises Elbe-Elster.

I.

Die Stadt Finsterwalde (Beschwerdeführerin zu 1.) war bis zur Kreisgebietsreform im Lande Brandenburg Sitz der Verwaltung des Kreises Finsterwalde (Beschwerdeführer zu 2.). Durch die Kreisgebietsreform wurden die Kreise Bad Liebenwerda, Finsterwalde und Herzberg (ohne die Gemeinde Schöna-Kolpien) zusammengelegt und daraus ein neuer Kreis gebildet (§ 10 des Gesetzes zur Neugliederung der Kreise und kreisfreien Städte im Land Brandenburg vom 24. Dezember 1992, Kreisneugliederungsgesetz – KNGBbg, GVBl. I S. 546).

Die Neugliederung erfolgte mit Wirkung vom 6. Dezember 1993 (§ 16 KNGBbg i. V. m. § 1 Wahldurchführungsgesetz vom 22. April 1993, GVBl. I S. 110). Das Kreisneugliederungsgesetz enthielt noch keine Bestimmung der Namen und der Sitze der Verwaltungen der Kreise, da die Entscheidungsfindung insoweit noch nicht abgeschlossen war (vgl. den von der Landesregierung eingebrachten Entwurf des Kreisneugliederungsgesetzes vom 22. September 1992, LT-Drs. 1/1259 S. 4). Die Festlegung der Kreisnamen und der Kreissitze blieb vielmehr nachfolgenden Gesetzen vorbehalten.

Die Stadt Herzberg hat etwa 9.000 Einwohner und ist im nordwestlichen Teil des Kreises Elbe-Elster nahe der Landesgrenzen nach Sachsen-Anhalt und Sachsen gelegen. Sie ist im Entwurf des Landesentwicklungsplans I, der sich derzeit im Beteiligungsverfahren befindet, als Mittelzentrum vorgesehen. Die Beschwerdeführerin zu 1. ist mit etwa 23.000 Einwohnern die größte Stadt des Kreises Elbe-Elster und liegt im östlichen Teil dieses Landkreises. Sie ist als

Mittelzentrum ausgewiesen (gemäß Anlage 1 des Vorschaltgesetzes zum Landesplanungsgesetz und Landesentwicklungsprogramm vom 6. Dezember 1991, GVBl. S. 616).

Die vom Minister des Innern des Landes Brandenburg eingesetzte Arbeitsgruppe „Kreisgebietsreform" hatte in ihrem Abschlußbericht vom November 1991 als Sitz der künftigen Kreisverwaltung die Stadt Finsterwalde empfohlen und gleichzeitig einen von dem späteren Gesetz abweichenden Kreisgebietszuschnitt aus den Kreisen Herzberg, Finsterwalde, Bad Liebenwerda und Senftenberg vorgeschlagen. Der von der Landesregierung eingebrachte Entwurf des Kreisneugliederungsgesetzes begründete den vom Bericht der Arbeitsgruppe abweichenden Zuschnitt des neuen Kreises damit, daß die drei Kreise Finsterwalde, Herzberg und Bad Liebenwerda sich übereinstimmend gegen eine Einbeziehung des Kreises Senftenberg ausgesprochen hatten (Begründung des Gesetzentwurfs, LT-Drs. 1/1259, S. 48).

Der am 5. Februar 1993 von der Landesregierung eingebrachte Entwurf des Elbe-Elster-Gesetzes (LT-Drs. 1/1661) sah als Sitz der Verwaltung des Elbe-Elster-Kreises die Stadt Herzberg vor. Zur Begründung dieser Entscheidung nannte der Gesetzentwurf als „Hauptkriterien" unter anderem: Die Kreissitzbestimmung solle als Instrument der landesplanerischen Entwicklung und Strukturpolitik dienen; soweit erforderlich, solle „durch Verlegung des Kreissitzes in einen entwicklungsbedürftigen Raum des Landkreises ein strukturpolitisches Zeichen" gesetzt werden. Deshalb kämen als künftige Kreissitze nur Städte in Betracht, deren zentralörtliche Bedeutung im Landesinteresse und im Interesse des neuen Landkreises eine Förderung und Aufwertung erforderten. Neben diesen „unverzichtbaren Hauptkriterien" würden für die Entscheidung über den Kreissitz „weitere Zusatzkriterien" relevant, denen in der Abwägung mit anderen Belangen maßgebliche Bedeutung zukomme. Hierzu zählten die Erreichbarkeit des Verwaltungssitzes, das Vorhandensein anderer Behörden, die ökonomische Struktur, historische Gesichtspunkte, die Akzeptanz der Kreissitzbestimmung durch die betroffenen Kreise sowie langfristig zu berechnende Kostenfragen (LT-Drs. 1/1661, S. 2–7). Die Entscheidung zugunsten der Stadt Herzberg beruhe trotz der Randlage im Kreisgebiet auf der landesplanerischen Notwendigkeit, in der strukturschwachen südwestlichen Region des Landes im sachsen-anhaltinischen und sächsischen Grenzland ein Mittelzentrum zu entwickeln. Die Entwicklung Herzbergs zum Mittelzentrum liege nicht nur im Landesinteresse, sondern auch im Interesse des Landkreises Elbe-Elster. Die Stadt Finsterwalde als Mittelzentrum erfülle zweifellos wesentliche Kriterien für einen Kreissitz. Die für Finsterwalde sprechenden Gründe müßten jedoch angesichts der für Herzberg genannten Erfordernisse zur Stärkung dieses strukturschwachen Gebietes und der besseren Voraussetzungen, den Kreissitzverlust zu kompensieren, zurücktreten (LT-Drs. 1/1661, S. 11).

Am 4. März 1993 fand im Anschluß an die erste Lesung des Gesetzentwurfes des Elbe-Elster-Gesetzes eine Anhörung der betroffenen Gebietskörperschaften durch den Innenausschuß des Landtages statt. In dieser Anhörung bekräftigten die Vertreter des Beschwerdeführers zu 2. und des Kreises Herzberg die früheren Beschlüsse ihrer Kreistage, in denen diese den Verwaltungssitz des neuen Landkreises jeweils für ihre Kreisstadt beansprucht hatten (Ausschußprotokoll 1/672, S. 26 ff.).

Am 31. März 1993 beschloß der Landtag in abschließender zweiter Lesung den Gesetzentwurf (Plenarprotokoll 1/66, S. 5129 f.). Ein Volksbegehren „Kreisstadt Finsterwalde" kam nicht zustande. Mit Beschluß vom 29. Juni 1994 stellte das Präsidium des Landtages fest, daß 6.125 gültige Eintragungen vorlägen. Erforderlich gewesen wären mindestens 80.000 (GVBl. I S. 264).

## II.

Die Beschwerdeführer haben am 19. Juli 1993 gegen § 2 ElbElstG Verfassungsbeschwerde erhoben. Sie machen geltend, die Bestimmung der Stadt Herzberg zum Sitz der Verwaltung des Landkreises Elbe-Elster verletze sie in ihrem durch die Landesverfassung verbürgten Recht auf Selbstverwaltung.

Die Beschwerdeführer sind der Auffassung, ihre Verfassungsbeschwerden seien zulässig, namentlich halten sie sich für beschwerdebefugt. Die beschwerdeführende Stadt Finsterwalde werde durch den Verlust ihrer Funktion als Kreissitz in ihrem rechtlichen Status gleichermaßen betroffen wie eine ehedem kreisfreie Stadt durch den Entzug der Kreisfreiheit. Die Funktionszuweisung als Sitz der Kreisverwaltung präge eine Gemeinde wesentlich in ihrer Stellung als Selbstverwaltungskörperschaft. Auch der beschwerdeführende Landkreis Finsterwalde sei durch die Bestimmung der Stadt Herzberg zum Sitz des Landkreises Elbe-Elster in seinem Selbstverwaltungsrecht betroffen. Für den Fall, daß seine Beschwerdebefugnis darüber hinaus von einem Zusammenhang zwischen der Entscheidung über den Kreissitz und der Festlegung des Gebietszuschnitts des Elbe-Elster-Kreises abhänge, wendet sich der Beschwerdeführer auch gegen den Gebietszuschnitt des Kreises Elbe-Elster, soweit sich aus ihm die Tauglichkeit gerade der Stadt Herzberg als Kreissitz ergebe.

Die Beschwerdeführer halten § 2 ElbElstG für formell und materiell verfassungswidrig. Sie seien nicht ausreichend angehört worden. Einen Anhörungsfehler sehen sie insbesondere in der kurzen Zeitspanne zwischen der Vorlage des Regierungsentwurfes des Elbe-Elster-Gesetzes am 5. Februar 1993 und der Anhörung durch den Innenausschuß am 4. März 1993. Die gesetzliche Bestimmung der Stadt Herzberg zum Kreissitz verstoße gegen Gründe des öffentlichen Wohls im Sinne des Art. 98 Abs. 1 LV. Diese Entscheidung sei mit den für die Kreissitzbestimmung maßgeblichen Kriterien – landesplanerische Zentralität, ökonomische Struktur des Raumes, gute Erreichbarkeit und zentrale Verkehrslage sowie Kostenfaktor und Aufnahmefähigkeit des neuen Kreissitzes – unvereinbar. An Stelle der Stadt Herzberg erfülle die beschwerdeführende Stadt Finsterwalde die Voraussetzungen, um Sitz der Verwaltung des Kreises Elbe-Elster zu sein.

## III.

Das Gericht hat dem Landtag, der Landesregierung, dem Landkreis Elbe-Elster und der Stadt Herzberg Gelegenheit zur Äußerung gegeben.

Der Landtag hat beschlossen, von einer Stellungnahme abzusehen.

Die Landesregierung ist der Meinung, die Verfassungsbeschwerden seien unzulässig und unbegründet. Die Verfassungsbeschwerden seien unzulässig, da die Beschwerdeführer nicht die Verletzung eigener Rechte geltend machten. Die Bestimmung des Sitzes der Verwaltung des neuen Landkreises betreffe weder bestimmte Gemeinden, die den Verwaltungssitz anstreben, noch die aufgelösten Landkreise in eigenen Rechten, sondern den neuen Landkreis. Die Verfassungsbeschwerden seien auch in der Sache unbegründet. § 2 ElbElstG sei formell wie materiell verfassungsgemäß. Die Argumentation der Beschwerdeführer sei unzutreffend. Die gesetzgeberische Entscheidung bewege sich innerhalb des gesetzgeberischen Gestaltungsspielraums.

Der Landkreis Elbe-Elster hat einen Beschluß seines Kreistages vom 14. März 1994 mitgeteilt, wonach der Landkreis Elbe-Elster die von dem Beschwerdeführer zu 2. erhobene Verfassungsbeschwerde aufrechterhält. Wie der Landrat des Kreises Elbe-Elster ergänzend mitteilte, erhebe der Landkreis Elbe-Elster aber ausdrücklich keine eigene Verfassungsbeschwerde.

Auch die Stadt Herzberg hält die Verfassungsbeschwerden für unzulässig und unbegründet. Die Stadt und der Kreis Finsterwalde seien durch die Bestimmung der Stadt Herzberg zum Kreissitz nicht in ihren Selbstverwaltungsrechten betroffen. Die Kreissitzbestimmung sei weder eine Selbstverwaltungsangelegenheit des Landkreises noch der Gemeinde. § 2 ElbElstG sei verfassungsgemäß. Unter Berücksichtigung der eingeschränkten verfassungsgerichtlichen Kontrolldichte sei die Kreissitzbestimmung insbesondere wegen der mit ihr verfolgten landesplanerischen und strukturpolitischen Zielsetzung, die Stadt Herzberg in der strukturschwachen ländlichen südwestlichen Region Brandenburgs zu einem Mittelzentrum zu entwickeln, nicht zu beanstanden.

B.

Die kommunalen Verfassungsbeschwerden nach Art. 100 Verfassung des Landes Brandenburg (LV), §§ 12 Nr. 5, 51 Verfassungsgerichtsgesetz des Landes Brandenburg (VerfGGBbg) der Beschwerdeführerin zu 1. (I.) und des Beschwerdeführers zu 2. (II.), die das Gericht zur gemeinsamen Entscheidung verbunden hat, sind unzulässig.

I.

Die Beschwerdeführerin zu 1. ist nicht beschwerdebefugt. Die kommunale Verfassungsbeschwerde ist, wie Art. 100 LV, § 51 Abs. 1 VerfGGBbg zu entnehmen ist, nur zulässig, wenn die Möglichkeit nicht auszuschließen ist, daß die beschwerdeführende Gemeinde in ihrem eigenen Selbstverwaltungsrecht verletzt ist. Daran fehlt es. Nach dem Vortrag der Beschwerdeführerin kann die durch § 2 ElbElstG erfolgte Bestimmung der Stadt Herzberg zum Verwaltungssitz des Landkreises Elbe-Elster die Beschwerdeführerin nicht in ihrem Selbstverwaltungsrecht aus Art. 97 Abs. 1 Satz 1, Abs. 2 LV verletzen.

Das Selbstverwaltungsrecht einer Gemeinde gemäß Art. 97 Abs. 1 Satz 1, Abs. 2 LV erstreckt sich nicht darauf, Sitz der Kreisverwaltung zu sein. Die Entscheidung über den Sitz der Kreisverwaltung ist als Organisationsakt Bestandteil der Neuordnung des Kreises, nicht der Gemeinde.

Das gemeindliche Selbstverwaltungsrecht umfaßt die eigenverantwortliche Wahrnehmung von Angelegenheiten der örtlichen Gemeinschaft. Dies sind „diejenigen Bedürfnisse und Interessen, die in der örtlichen Gemeinschaft wurzeln oder auf sie einen spezifischen Bezug haben" (BVerfGE 79, 127, 151 f.). Zu diesen Angelegenheiten der örtlichen Gemeinschaft gehört die Organisationshoheit, die den Gemeinden das Recht gewährleistet, ihre eigene innere Verwaltungsorganisation nach ihrem eigenen Ermessen einzurichten (vgl. BVerfG NVwZ 1987, 123; OVG Münster OVGE 37, 94, 97 f.). Dazu gehört nicht die Frage, ob eine kreisangehörige Gemeinde Sitz der Kreisverwaltung ist oder nicht. Dies ist in der verfassungsrechtlichen Rechtsprechung anerkannt (vgl. BayVerfGHE 29, 1, 5; Nds. StGH, Nds. MinBl. 1979, 547, 584; SächsVerfGH, Urteil vom 23. Juni 1994 – Vf. 8-VIII-93 und Vf. 23-VIII-93 –, AU S. 13 f.). Zwar hat die Festlegung des Kreissitzes unübersehbar Einflüsse auf das politische, gesellschaftliche, wirtschaftliche und kulturelle Leben der jeweiligen Gemeinde. Aber diese rein tatsächlichen – vorteilhaften oder nachteiligen – Auswirkungen betreffen die jeweilige Gemeinde lediglich reflexartig und berühren ihr gemeindliches Selbstverwaltungsrecht nicht.

Entgegen der Auffassung der Beschwerdeführerin läßt sich ihre Beschwerdebefugnis auch nicht mit dem vermeintlichen Parallelfall begründen, in dem eine Stadt ihre Kreisfreiheit verliert. § 2 ElbElstG, gegen den sich die Beschwerdeführerin wendet, besagt nicht, daß sie den Kreissitz verliert, sondern betrifft die erstmalige Vergabe des Kreissitzes in dem neuen Landkreis Elbe-Elster. Der Sitz der Kreisverwaltung war der Beschwerdeführerin bereits mit der Auflösung des Beschwerdeführers zu 2. verlorengegangen. Hiervon abgesehen mag zwar der Verlust der Kreisfreiheit – sog. Einkreisung – den Status der bisher kreisfreien Stadt in verfassungsrechtlich relevanter Weise beeinflussen (vgl. VerfGH NW OVGE 30, 312, 313 ff.). Die Nichtbestimmung einer Gemeinde zum Kreissitz ist dem aber nicht gleichwertig. Sie begründet keine Einbuße der betroffenen Gemeinde in ihrem Status als kommunale Selbstverwaltungskörperschaft. Während die Einkreisung die verfassungsrechtlich geschützten Selbstverwaltungsaufgaben um die kreisliche Ebene vermindert (vgl. dazu VerfGH NW aaO), hängt der Bestand der gemeindlichen Selbstverwaltungsaufgaben nicht davon ab, ob die Gemeinde gleichzeitig Kreissitz ist. Außerdem geht der Wegfall der Kreisfreiheit zwangsläufig mit einer Gebietsänderung einher, da das Gebiet der kreisfreien Gemeinde einem Landkreis einverleibt werden muß. Ist die Einkreisung mithin ein besonderer Fall der Kreisneugliederung, ist eine eigene Beschwer der eingekreisten Gemeinde schon aus diesem Grunde gegeben. Die Nichtberücksichtigung als Kreissitz läßt dagegen das Kreisgebiet als solches unberührt.

Schließlich läßt sich die Beschwerdebefugnis der Beschwerdeführerin auch nicht daraus herleiten, daß die Anhörung zu dem Entwurf des Elbe-Elster-Gesetzes vor dem Innenausschuß möglicherweise nicht den zeitlichen Anforderungen genügte, die von Verfassungs wegen an Gesetzesvorhaben zur Gebietsänderung gestellt werden (vgl. BVerfGE 86, 90, 112; VerfGBbg, Urteil vom 15. September 1994 – VfGBbg 3/93* –), wie die Beschwerdeführerin meint. Dies würde nur dann die Beschwerdebefugnis begründen, wenn es ein subjektives Recht auf Anhörung im Gesetzgebungsverfahren gäbe. Dies ist jedoch nicht der Fall; die Anhörung dient lediglich der Informationsbeschaffung und der Sachverhaltsermittlung seitens des Gesetzgebers, so daß mögliche Mängel der Anhörung eine Beschwer nicht begründen können.

## II.

Der Beschwerdeführer zu 2. ist gleichfalls nicht beschwerdebefugt. Sein Vorbringen läßt nicht erkennen, daß § 2 ElbElstG sein Selbstverwaltungsrecht aus Art. 97, 98 LV verletzt haben könnte.

1. Die Möglichkeit einer Verletzung des Beschwerdeführers in einem Selbstverwaltungsrecht aus Art. 97 Abs. 1 Satz 1, Abs. 2 LV ist bereits dadurch

* Siehe Seite 143 ff.

ausgeschlossen, daß die Bestimmung des Sitzes des Landkreises Elbe-Elster in einem Zeitpunkt wirksam wurde, in dem der Beschwerdeführer zu bestehen aufhörte. Gemäß § 16 Satz 2 KNGBbg i. V. m. § 1 Wahldurchführungsgesetz wurde der Beschwerdeführer mit Wirkung vom 6. Dezember 1993 aufgelöst, gleichzeitig wurde nach § 4 ElbElstG die Festlegung des Kreissitzes rechtswirksam. Die gesetzliche Bestimmung des Verwaltungssitzes des neugebildeten Landkreises ist aber eine ausschließlich den neuen Gemeindeverband betreffende Organisationsmaßnahme. Das Selbstverwaltungsrecht des Beschwerdeführers zu 2. aus Art. 97 Abs. 1 Satz 1, Abs. 2 LV umfaßt gemäß Art. 97 Abs. 2 LV alle Angelegenheiten der örtlichen Gemeinschaft in seinem Gebiet, die nicht nach der Landesverfassung oder kraft Gesetzes anderen Stellen obliegen. Diese Garantie der kommunalen Selbstverwaltung erstreckt sich nicht auf den neugebildeten Landkreis Elbe-Elster.

2. Auch die Möglichkeit einer Verletzung des Rechtes auf Selbstverwaltung aus Art. 98 Abs. 1 LV kommt nicht in Betracht. In den Fällen, in denen die Bestimmung des Sitzes der Kreisverwaltung Auswirkungen auf die Festlegung des Kreisgebietes hat, ist eine Beeinträchtigung des Art. 98 Abs. 1 LV, der die Selbstverwaltungsgarantie für den Fall der Gebietsänderung konkretisiert, möglich (vgl. StGH BaWü ESVGH 23, 1, 20 f.; Nds. StGH Nds. MinBl. 1979, 547, 549; VerfGH RhPf AS 11, 118, 136; SächsVerfGH, Urteil vom 23. Juni 1994 – Vf-8-VIII-93 –, AU S. 12).

Vorliegend ist jedoch nicht ersichtlich, daß die Bestimmung der Stadt Herzberg zum Sitz der Kreisverwaltung Einfluß auf den Gebietszuschnitt des Elbe-Elster-Kreises gehabt haben könnte. Dagegen spricht bereits, daß der Kreissitz durch gesondertes Gesetz und zeitlich nach der Entscheidung über das Kreisgebiet bestimmt wurde. Die Grenzen des Landkreises Elbe-Elster sind durch § 10 KNGBbg verbindlich und abschließend festgelegt worden. Diese Regelung trat am 1. Januar 1993 in Kraft (Art. 4 Kreis- und Gerichtsneugliederungsgesetz [KGNGBbg] vom 24. Dezember 1992 [GVBl. I S. 546]). Die Regelung war zum Zeitpunkt der gesetzlichen Festlegung des Kreissitzes durch das Elbe-Elster-Gesetz also bereits vom Landtag beschlossen und in Kraft getreten. Da der Gebietszuschnitt zur Zeit der Entscheidung über den Sitz der Kreisverwaltung damit schon feststand, ist eine Abhängigkeit des Gebietszuschnitts von der Kreissitzbestimmung nicht anzunehmen. Auch der Beschwerdeführer hat nichts dafür vorgetragen, daß trotz der entgegenstehenden zeitlichen Abfolge ausnahmsweise doch etwas für eine Abhängigkeit der Entscheidung über das Gebiet von einer Entscheidung über den Sitz sprechen könnte.

Allerdings ist auch bei einer solchen gestuften und abgeschichteten gesetzgeberischen Vorgehensweise nicht gänzlich ausgeschlossen, daß bereits der flächenmäßige Kreiszuschnitt im Hinblick auf einen bestimmten Kreissitz vorgenommen wird. Dieser Fall liegt indessen nicht vor. Zwar wich der Gesetzgeber in § 10 KNGBbg von der früheren Empfehlung der Arbeitsgruppe „Kreisgebietsreform" ab, die den Zusammenschluß der früheren Kreise Herzberg, Finsterwalde und Bad Liebenwerda mit Senftenberg vorgeschlagen hatte. Aber diese Änderung stand in keinem Zusammenhang mit einer Vorabentscheidung über den Kreissitz. Vielmehr war sie darin begründet, daß dem Vorschlag der Arbeitsgruppe in den betroffenen Kreisen die Akzeptanz fehlte, nachdem sich die Kreistage der Kreise Bad Liebenwerda, Finsterwalde und Herzberg übereinstimmend gegen ihren Zusammenschluß mit Senftenberg ausgesprochen hatten (Begründung des Gesetzentwurfs, LT-Drs. 1/1259, S. 48).

Eine mögliche Rechtsverletzung des Beschwerdeführers ergibt sich auch nicht aus einer möglicherweise unzulänglichen Anhörung zu dem Entwurf des Elbe-Elster-Gesetzes. Ein von Verfassungs wegen bestehendes Anhörungsrecht des aufzulösenden Landkreises wird zwar für den Fall eines ursächlichen Zusammenhangs zwischen der Wahl des Kreissitzes und dem flächenmäßigen Zuschnitt des neuen Kreises anerkannt (vgl. StGH BaWü ESVGH 23, 1, 21). Da ein solcher Zusammenhang vorliegend nicht besteht, kam der Anhörung jedoch ausschließlich objektive Bedeutung zu, so daß eventuelle Mängel keine Beschwer des Beschwerdeführers zu begründen vermögen.

## Nr. 14

1) Der Kostenerstattungsanspruch im verfassungsgerichtlichen Hauptsacheverfahren erstreckt sich nicht auf das Verfahren über den Antrag auf Erlaß einer einstweiligen Anordnung.

2) Die Auslagenerstattung nach § 32 Abs. 7 Satz 2 VerfGGBbg kommt regelmäßig nur bei Vorliegen besonderer Billigkeitsgründe in Betracht.*

Verfassungsgerichtsgesetz Brandenburg § 32 Abs. 1, 7

Beschluß vom 20. Oktober 1994 – VfGBbg 9/93 EA –

in dem Verfahren über den Antrag auf Erlaß einer einstweiligen Anordnung der Stadt Schwedt, vertreten durch den Bürgermeister, betreffend § 26 des Ge-

---

* Nichtamtliche Leitsätze

setzes zur Neugliederung der Kreise und kreisfreien Städte (Art. 1 des Gesetzes zur Neugliederung der Kreise und kreisfreien Städte sowie zur Änderung weiterer Gesetze – Kreis- und Gerichtsneugliederungsgesetz, KGNGBbg) vom 24. Dezember 1992 (Gesetz und Verordnungsblatt für das Land Brandenburg Teil I S. 546) i. V. m. § 1 des Sparkassengesetzes vom 29. Juni 1990 (Gesetzblatt der DDR I S. 567) sowie § 2 Abs. 1 der Verordnung über Maßnahmen und Verfahren zur Anpassung der Organisationsstruktur der Sparkassen an die neue Gewährträgerstruktur vom 16. November 1993 (Gesetz- und Verordnungsblatt für das Land Brandenburg Teil II S. 728), hier: Erstattung notwendiger Auslagen.

Entscheidungsformel:

Auslagen für das Verfahren auf Erlaß einer einstweiligen Anordnung sind der Antragstellerin nicht zu erstatten.

Gründe:

Der Kostenerstattungsausspruch im Hauptsacheverfahren erstreckt sich nicht auf das Verfahren über den Antrag auf Erlaß einer einstweiligen Anordnung (s. BVerfGE 89, 91, 94 ff.).

Der hilfsweise Antrag der Antragstellerin auf Anordnung der Erstattung ihrer Auslagen auch für das Verfahren auf Erlaß einer einstweiligen Anordnung ist zurückzuweisen.

§ 32 Abs. 7 Satz 2 Verfassungsgerichtsgesetz Brandenburg (VerfGGBbg) stellt die Anordnung der Auslagenerstattung in das Ermessen des Gerichts. Angesichts der Kostenfreiheit des Verfahrens (§ 32 Abs. 1 VerfGGBbg), des fehlenden Anwaltszwangs und des Fehlens eines bei Unterliegen des Antragstellers erstattungsberechtigten Gegners kommt eine Erstattung nur in Betracht, wenn besondere Billigkeitsgründe vorliegen (s. BVerfGE 89, 91, 97; 20, 119, 133 f.; 14, 121, 140 m. w. N.). Das ist hier nicht der Fall. Das teilweise Obsiegen der Antragstellerin in dem Verfahren auf Erlaß einer einstweiligen Anordnung für sich allein genügt hierfür nicht (vgl. § 32 Abs. 7 Satz 1 VerfGGBbg, der die Auslagenerstattung nur bei gänzlich oder teilweise erfolgreicher Verfassungsbeschwerde zwingend anordnet). Andere hinreichende Gründe, die eine Auslagenerstattung ausnahmsweise billig erscheinen lassen, sind weder vorgetragen noch ersichtlich.

## Nr. 15

1) Wegen der vornehmlich von der Auslegung einfachen Bundesrechts abhängigen Frage des Fortbestehens staatlicher Erlaubnisse der DDR für Sachverständige im Bereich der Grundstückswertermittlung ist zunächst der Verwaltungsrechtsweg zu beschreiten.

2) Auch bei allgemeiner Bedeutung der Angelegenheit kommt eine Entscheidung des Verfassungsgerichts über eine Verfassungsbeschwerde ohne vorherige Ausschöpfung des Rechtsweges nur in Ausnahmefällen in Betracht.*

Verfassungsgerichtsgesetz Brandenburg § 45 Abs. 2 Satz 2

Brandenburgisches Ingenieurkammergesetz §§ 17, 29 Abs. 2, 3

Verwaltungsverfahrensgesetz für das Land Brandenburg § 43 Abs. 2

Einigungsvertrag Art. 19

Gewerbeordnung § 36 Abs. 1

Gesetz gegen unlauteren Wettbewerb § 3

Beschluß vom 20. Oktober 1994 – VfGBbg 12/94 –

in dem Verfahren über die Verfassungsbeschwerden des Herrn A. sowie 104 weiterer Beschwerdeführer betreffend § 29 Abs. 2 und 3 des Gesetzes über die Errichtung einer Brandenburgischen Ingenieurkammer und zum Schutz der Berufsbezeichnung „Beratender Ingenieur" und „Beratende Ingenieurin" vom 19. Oktober 1993 (Gesetz- und Verordnungsblatt für das Land Brandenburg Teil I S. 462).

Entscheidungsformel:

Die Verfassungsbeschwerden werden verworfen.

Gründe:

A.

Die 105 Beschwerdeführer greifen die Vorschriften des § 29 Abs. 2 und Abs. 3 des Brandenburgischen Ingenieurkammergesetzes (BbgIngkamG) vom

---

* Nichtamtliche Leitsätze

19. Oktober 1993 (GVBl. I S. 460) an. Sie verfolgen damit das Ziel, über den in § 29 Abs. 3 BbgIngkamG genannten Zeitpunkt hinaus als amtlich zugelassene Sachverständige für Wertermittlung im Grundstücksverkehr tätig sein zu können.

## I.

In der DDR galt seit Inkrafttreten des Gewerbegesetzes vom 6. März 1990 (GBl. I S. 138 – GewG) der in § 1 GewG niedergelegte Grundsatz der Gewerbefreiheit. In § 3 Abs. 2 GewG wurde der Ministerrat ermächtigt, die Ausübung einzelner Gewerbe von einer staatlichen Zulassung abhängig zu machen. In der Anlage zur am 8. März 1990 ergangenen Durchführungsverordnung zum GewG (GBl. I S. 140) wird als erlaubnisbedürftig auch die Tätigkeit von Sachverständigen und Gutachtern bezeichnet.

Durch §§ 2 ff. der Anordnung des Ministers für Bauwesen und Wohnungswirtschaft über die Zulassung privater Architekten und Ingenieure vom 5. Februar 1990 (GBl. I S. 50) in der Fassung der Anordnung Nr. 2 vom 25. Juli 1990 (GBl. I S. 1152) wurde die Tätigkeit als Wertermittler im Grundstücksverkehr an eine förmliche Zulassung gebunden.

§ 5 Abs. 4 der Anordnung legt als Voraussetzungen für die Zulassung einer Sachverständigentätigkeit fest:

(c) für das Aufgabengebiet Wertermittlung im Grundstücksverkehr
– Nachweis einer mindestens fünfjährigen Tätigkeit als Architekt oder Bauingenieur mit Grundkenntnissen im Hoch- und Tiefbau, insbesondere auf den Gebieten:
.Bauwirtschaft,
.Vermessungswesen,
.Baugrundbestimmung,
.Garten- und Landschaftsanlagen,
.Baukonstruktion, Baustatik, Bautechnologie,
.Schutzmaßnahmen für Gebäude und bauliche Anlagen,
.Baustoffe, ihr Verhalten und zweckentsprechender Einsatz,
.technische Vorschriften,
– Kenntnisse der einschlägigen Rechtsvorschriften im Grundstücksverkehr und des Preisrechts,
– Nachweis des Besuches eines Lehrgangs für Wertermittlung im Grundstücksverkehr mit praktischer Tätigkeit oder Vorlage einer schriftlichen Stellungnahme eines bereits zugelassenen Sachverständigen für Wertermittlung im Grundstücksverkehr, der die Kenntnisse und Fähigkeiten des Antragstellers durch mindestens zweijährige Zusammenarbeit bestätigen kann.

In § 7 heißt es im Hinblick auf die zu erteilende Zulassungsurkunde:

(1) Über die erteilte Zulassung ist eine Zulassungsurkunde gemäß Anlage in dreifacher Ausfertigung auszustellen und vom Vorsitzenden der Zulassungskommission zu unterzeichnen und zu siegeln. ...

Mit Beitritt der neuen Länder zur Bundesrepublik Deutschland trat das Gewerbegesetz der DDR gem. Art. 8 Einigungsvertrag vom 31. August 1990 (EV) außer Kraft. Lediglich für eine Reihe im Hinblick auf die Sachverständigentätigkeit nicht einschlägiger, insbesondere arbeitsschutzrechtlicher Vorschriften wurden in Anlage I Kapitel VIII Sachgebiet A Abschnitt III Nr. 3, Sachgebiet B Abschnitt III Nrn. 1 und 9, Sachgebiet C Abschnitt III Nr. 1 zum Einigungsvertrag Sonderregelungen getroffen. Die Gewerbeordnung (GewO) der Bundesrepublik Deutschland, die nunmehr auch für den Bereich der neuen Länder gilt, regelt in § 36 lediglich die öffentliche Bestellung und Vereidigung von Sachverständigen. Dabei erstreckt § 36 Abs. 1 Satz 2 GewO die Regelung auf bestimmte, genauer bezeichnete Personengruppen, die selbst kein Gewerbe, sondern sogenannte freie Berufe ausüben. Anders als im Gewerbegesetz der DDR enthält die Gewerbeordnung keine Bestimmung, die die Sachverständigentätigkeit grundsätzlich an eine vorher ergangene Zulassung knüpft.

Die beschwerdeführenden Sachverständigen sind ihren Angaben zufolge alle aufgrund der Anordnungen vom 5. Februar und 25. Juli 1990 konzessioniert worden und haben ihre Tätigkeit nach Wiederherstellung der deutschen Einheit fortgesetzt. Sie greifen § 29 Abs. 2 und Abs. 3 BbgIngkamG, das am 22. Oktober 1993 in Kraft getreten ist, mit ihren Verfassungsbeschwerden an, weil sie davon ausgehen, daß diese Vorschrift ihre Tätigkeit in zeitlicher Hinsicht beschränkt. § 29 Abs. 2 und 3 lautet:

(2) Mit Inkrafttreten dieses Gesetzes treten außer Kraft:
1. Anordnung über die Zulassung privater Architekten und Ingenieure vom 5. Februar 1990 (GBl. I Nr. 8 S. 50);
2. Anordnung Nr. 2 über die Zulassung privater Architekten und Ingenieure vom 25. Juni 1990 (GBl. I Nr. 54 S. 1152).

(3) Die auf der Grundlage der unter Abs. 2 Nr. 1 und 2 erteilten Zulassungen als privater Ingenieur oder Sachverständiger für Wertermittlung im Grundstücksverkehr verlieren ein Jahr nach Inkrafttreten dieses Gesetzes ihre Gültigkeit.

## II.

Die Beschwerdeführer sind der Rechtsauffassung, daß das in § 29 Abs. 2 und Abs. 3 vorgesehene Auslaufen der Berechtigung, eine Sachverständigentätigkeit auf der Grundlage der dort genannten DDR-Bestimmungen durchzuführen, mit der Verfassung des Landes Brandenburg nicht vereinbar sei. Gerügt werden Verstöße gegen Art. 10, 42 und 49 der Verfassung des Landes

Brandenburg (LV). Weder die durch § 17 BbgIngkamG eingeräumte Möglichkeit, sich in die Liste der Beratenden Ingenieure eintragen zu lassen, noch der Umstand, daß gemäß § 2 Abs. 1 Nr. 8 BbgIngkamG die brandenburgische Ingenieurkammer Sachverständige öffentlich bestellen und vereidigen kann, stellten einen angemessenen Ersatz für den Verlust des bisherigen Status dar. Zumindest wären von vornherein wenigstens zwei Gruppen von einer öffentlichen Bestellung ausgeschlossen, nämlich die Sachverständigen im Alter bis zu dreißig Jahren und diejenigen, die das einundsechzigste Lebensjahr bereits vollendet haben. Dies ergebe sich daraus, daß die Ingenieurkammer bis zum Inkrafttreten eigener Regelungen die Sachverständigenordnung der Industrie- und Handelskammer Potsdam zur Grundlage ihres Handelns mache, in der die genannten altersmäßigen Beschränkungen vorgesehen seien. Ein großer Teil der in Frage stehenden Personen müßte sich vor einer öffentlichen Bestellung überdies neuen Qualifikationsmaßnahmen unterziehen, um den in den Vorschriften der Industrie- und Handelskammer vorgesehenen Anforderungen gerecht zu werden. Der Status als Beratender Ingenieur stelle schon deshalb kein angemessenes Äquivalent dar, weil ein staatlich zugelassener Sachverständiger in der Öffentlichkeit über höheres Ansehen verfüge.

Die Beschwerdeführer machen weiter geltend, sie würden einer Beschränkung ihrer freien Berufsausübung unterworfen, ohne daß es dafür Gründe des Allgemeinwohls gebe. Durch das Auslaufen der bisherigen Regelung würden auswärtige Fachleute bevorzugt. Einheimische Ingenieure hingegen sähen sich unnötigen Schwierigkeiten, wenn nicht gar der Arbeitslosigkeit ausgesetzt.

### III.

Die Landesregierung hält die Verfassungsbeschwerden für unbegründet. Mit Beitritt der DDR zur Bundesrepublik Deutschland seien das Gewerbegesetz und die dazu ergangene Durchführungsverordnung außer Kraft gesetzt worden. Damit gelte gemäß § 1 Abs. 1 GewO auch im Land Brandenburg der Grundsatz der Gewerbefreiheit. Die Beschwerdeführer könnten deshalb ohne weiteres die Bezeichnung Sachverständiger für Wertermittlung im Grundstücksverkehr führen; ein gesetzlicher Schutz dieser Bezeichnung bestehe nicht. Den nach DDR-Recht ausgesprochenen Zulassungen komme deshalb keine Bedeutung im Außenverkehr mehr zu. Die Zulassungsurkunden besäßen keine besondere Beweiskraft mehr. Andererseits führe die nach DDR-Recht verliehene Befugnis, den sogenannten Rundstempel zu führen, zu einem Verstoß gegen § 3 des Gesetzes gegen den unlauteren Wettbewerb (UWG), weil dadurch der fälschliche Eindruck erweckt werde, es handele sich um öffentlich bestellte und vereidigte Sachverständige im Sinne de § 36 GewO. Diesen sei das Führen des Rundstempels vorbehalten.

## B.

Die Verfassungsbeschwerden sind unzulässig.

## I.

Der Zulässigkeit steht bereits der Grundsatz der Subsidiarität einer Verfassungsbeschwerde entgegen, wie er in § 45 Abs. 2 Verfassungsgerichtsgesetz des Landes Brandenburg (VerfGGBbg) seinen Ausdruck gefunden hat. Es entspricht der bisherigen Rechtsprechung des Landesverfassungsgerichts, den Beschwerdeführer auch dann auf den Rechtsweg vor dem Fachgericht zu verweisen, wenn dort zwar kein gleichartiger, nämlich gezielt auf den Bestand der betreffenden Rechtsnorm gerichteter Rechtsschutz zu erlangen ist, jedoch vor dem Fachgericht die Klärung tatsächlicher und/oder einfachrechtlicher Fragen in Betracht kommt und ihm die Anrufung des Fachgerichts objektiv zumutbar ist (VerfGBbg, Beschluß vom 15. September 1994 – VfGBbg 5/94* –). Hiernach sind die Beschwerdeführer auf den Verwaltungsrechtsweg zu verweisen.

## II.

1. Im Hinblick auf die angegriffene Gesetzesvorschrift des § 29 Abs. 3 BbgIngkamG haben die Beschwerdeführer die Möglichkeit, im Wege einer Feststellungsklage vor dem Verwaltungsgericht klären zu lassen, ob sie über den im Gesetz genannten Termin des Auslaufens ihrer Berechtigung hinaus als „amtlich anerkannte" Sachverständige für die Wertermittlung im Grundstücksverkehr tätig sein dürfen. Der grundsätzlichen Zulässigkeit einer solchen Feststellungsklage steht nicht entgegen, daß deren Begründetheit im wesentlichen von der Gültigkeit einer Rechtsvorschrift – hier des § 29 Abs. 2 und Abs. 3 BbgIngkamG – abhängt. Es entspricht der ständigen Rechtsprechung des Bundesverwaltungsgerichts, die Zulässigkeit einer solchen Feststellungsklage zu bejahen (BVerwG NJW 1984, 677). Es handelt sich jedenfalls dann nicht um ein verkapptes Normenkontrollverfahren, wenn die von der Rechtsgültigkeit einer Norm abhängenden Rechte und Pflichten der Beteiligten im Hinblick auf einen konkreten Sachverhalt zum Gegenstand des verwaltungsgerichtlichen Verfahrens gemacht werden (*Kopp*, VwGO, 9. Aufl., Rdn. 8/14 zu § 43).

2. Die vorherige Einschaltung des Verwaltungsgerichts ist sinnvoll, weil eine Reihe tatsächlicher und einfachrechtlicher Fragen zu klären ist. Der Sub-

* Siehe Seite 170 ff.

sidiaritätsgrundsatz dient – auch – einer sachgerechten Aufgabenverteilung zwischen Verfassungsgericht und den Fachgerichten. Danach obliegt es vorrangig den Fachgerichten, einfachrechtliche Vorschriften auszulegen und die zur Anwendung der Vorschriften erforderlichen Ermittlungen sowie die Würdigung des Sachverhaltes vorzunehmen (VerfGBbg, Beschluß vom 15. September 1994, aaO).

In tatsächlicher Hinsicht ist noch nicht geklärt, ob jeder der 105 Beschwerdeführer tatsächlich über eine amtliche Zulassung als Sachverständiger für Wertermittlungen im Grundstücksverkehr verfügt. Auch wenn die diesbezüglichen Urkunden vorgelegt werden können, müßte noch geklärt werden, ob einzelne Genehmigungen – z. B. aufgrund von beigefügten Befristungen oder auflösenden Bedingungen – ihre Wirksamkeit verloren haben.

Ferner stellt sich eine Reihe einfachrechtlicher Fragen, zu deren Klärung den Beschwerdeführern der Rechtsweg zum Verwaltungsgericht zumutbar ist. Insbesondere ist die Vereinbarkeit der angegriffenen Vorschriften mit Bundesrecht zu prüfen. Es entspricht der Rollenverteilung innerhalb des Gesamtrechtsschutzsystems, daß das Landesverfassungsgericht sich erst dann materiell mit einer Sache befaßt, wenn geklärt ist, ob die angegriffenen Vorschriften nicht aus außerhalb der Landesverfassung liegenden Gründen, etwa wegen Unvereinbarkeit mit Bundesrecht, keine Anwendung finden können (VerfGBbg, Beschluß vom 15. September 1994, aaO).

In bundesrechtlicher Hinsicht wird vom Verwaltungsgericht z. B. geklärt werden müssen, ob die hier in Frage stehenden Zulassungen über den Zeitpunkt des Beitritts der DDR zur Bundesrepublik Deutschland gültig geblieben sind.

In diesem Zusammenhang könnte der Umstand eine Rolle spielen, daß die bundesdeutsche Gewerbeordnung – anders als das Gewerberecht der DDR (vgl. Anlage zur Durchführungsverordnung zum GewG) – den Beruf des Sachverständigen grundsätzlich keinen staatlichen Reglementierungen unterwirft, insbesondere nicht von einer staatlichen Zulassung abhängig macht. Lediglich § 36 Abs. 1 GewO stellt für die öffentlich bestellten und vereidigten Sachverständigen besondere Zulassungsvoraussetzungen auf. Sollte darin auch für die im Rahmen eines freien Berufs tätig werdenden (nicht-gewerblichen) Sachverständigen (vgl. § 36 Abs. 1 Satz 2 GewO), zu denen die Ingenieure gehören dürften, eine abschließende bundesrechtliche Regelung gesehen werden müssen, bliebe möglicherweise für eine aus dem DDR-Recht übernommene, staatlich zugelassene Sachverständigentätigkeit rechtlich kein Raum, zumal bundesrechtliche Übergangsregelungen nicht ersichtlich sind. Dabei könnte auch eine Rolle spielen, daß die sogenannten Sachverständigen-Rundstempel, über die auch die Beschwerdeführer verfügen, nach herkömmlichem bundesdeutschen Recht jedenfalls bisher den öffentlich bestellten Sachverständigen im Sinne des § 36 GewO vorbehalten sind und ihre Benutzung durch andere Sachverständige sich in der Regel unter wettbewerbsrechtlichen Gesichtspunkten (§ 3 UWG) als rechtswidrig erweisen könnte (dazu näher *Tettinger/ Pielow*, Gewerbearchiv 1992, 1, 3).

In diesem Zusammenhang werden sich die Verwaltungsgerichte gegebenenfalls auch mit der – bundesrechtlichen – Regelung des Art. 19 des Einigungsvertrages (EV) auseinanderzusetzen haben. Sollten die Zulassungen der Beschwerdeführer als Verwaltungsakte im Sinne des Art. 19 EV anzusehen sein, stellte sich die Frage, ob der Landesgesetzgeber berechtigt war, die Wirkung der Zulassungen durch die Regelung in § 29 Abs. 3 IngkamG zeitlich zu befristen. Denkbar wäre aber auch, den Zulassungen ab Beitritt der DDR zur Bundesrepublik Deutschland die Wirksamkeit gänzlich abzusprechen (vgl. § 43 Abs. 2 Verwaltungsverfahrensgesetz), weil die nach DDR-Recht notwendige Genehmigungsbedürftigkeit der einfachen, ohne öffentliche Bestellung stattfindenden Sachverständigentätigkeit dem bundesdeutschen Recht fremd ist (von einer Erledigung derartiger Genehmigungen geht z. B. aus: *Sachs* in: Stelkens/Bonk/Sachs, VwVfG, Kommentar, 4. Aufl., 1993, Nr. 165 zu § 43). Ein solches Verständnis schlösse eine Anwendung des Art. 19 EV von vornherein aus.

## III.

Der Grundsatz der Subsidiarität steht der Zulässigkeit der Verfassungsbeschwerden auch insoweit entgegen, als sie sich gegen § 29 Abs. 2 BbgIngkamG richten. Sollte fachgerichtlich festgestellt werden, daß die Zulassungen der Beschwerdeführer trotz der Regelung in § 29 Abs. 3 BbgIngkamG fortbestehen, entfiele schon das Rechtsschutzinteresse an einer Aufhebung des § 29 Abs. 2 BbgIngkamG. Andernfalls wäre vor einer Entscheidung des Landesverfassungsgerichts die fachgerichtliche Klärung der Frage von Bedeutung, ob es im Hinblick auf die angesprochenen bundesrechtlichen Regelungen überhaupt in der Kompetenz des Landesgesetzgebers liegt, als fortbestehend angesehene Regelungen des DDR-Gewerberechts aufzuheben. Sollte diese Frage vom Verwaltungsgericht gegebenenfalls verneint werden, hätte es bei Vorliegen der sonstigen Zulässigkeitsvoraussetzungen nach Art. 100 Abs. 1 Satz 2 GG selbst die Pflicht, § 29 Abs. 2 BbgIngkamG dem Bundesverfassungsgericht vorzulegen, um dort die Vereinbarkeit mit Bundesrecht klären zu lassen.

## IV.

Die Verfassungsbeschwerden sind auch nicht gemäß § 45 Abs. 2 Satz 2 VerfGGBbg zulässig. Selbst wenn im Hinblick auf die Vielzahl der Beschwerdeführer die allgemeine Bedeutung der Sache möglicherweise zu bejahen wäre, kommt eine Vorabentscheidung des Verfassungsgerichts nicht in Betracht. Die Ausgestaltung des § 45 Abs. 2 Satz 2 VerfGGBbg als Kann-Vorschrift macht deutlich, daß auch die allgemeine Bedeutung der Angelegenheit keineswegs zwangsläufig zu einer Entscheidung des Verfassungsgerichts ohne vorherige Erschöpfung des Fachrechtsweges führt. Eine solche „Durchgriffsentscheidung" bleibt vielmehr auch in diesen Fällen schon nach dem Wortlaut des § 45 Abs. 2 Satz 2 VerfGGBbg die Ausnahme („im Ausnahmefall"). Die „allgemeine Bedeutung" ist nur ein Aspekt unter mehreren, die im Rahmen einer Abwägung für und wider eine sofortige Sachentscheidung zu berücksichtigen sind (VerfGBbg, Beschluß vom 15. September 1994, aaO). Die dargelegten teilweise schwierigen Fragen des einfachen Rechts, aber auch der Umstand, daß noch nicht alle notwendigen tatsächlichen Feststellungen getroffen sind, machen es hier notwendig, die Beschwerdeführer auch bei einer unterstellten allgemeinen Bedeutung der Sache auf den Verwaltungsrechtsweg zu verweisen.

Die von den Beschwerdeführern geltend gemachten Rechtsnachteile, die sie durch Auslaufen ihrer Zulassungen erleiden würden, stellen im übrigen keinen schweren und unabwendbaren Nachteil im Sinne des § 45 Abs. 2 Satz 2 VerfGGBbg dar. Deshalb kann auch unter diesem Gesichtspunkt von der Verweisung auf den Rechtsweg nicht abgesehen werden. In diesem Zusammenhang ist zu berücksichtigen, daß mit hoher Wahrscheinlichkeit die meisten der Beschwerdeführer voraussichtlich in der Lage sein werden, die Voraussetzungen zur Eintragung in die Liste der Beratenden Ingenieure nach § 17 BbgIngkamG nachzuweisen. Der daraus erwachsende Status, auf den auch in wettbewerbsrechtlich zulässiger Weise hingewiesen werden dürfte, hätte mit einiger Wahrscheinlichkeit die von den Beschwerdeführern erwünschte erhöhte Wertschätzung in der Öffentlichkeit zur Folge. Dies dürfte auch der eigenen Einschätzung der Ingenieure entsprechen. In weiten Kreisen der Architekten und Ingenieure gab es bereits in den zwanziger Jahren Bestrebungen, eigene Kammern einzurichten, um auf diese Weise einen Titelschutz zu erlangen (vgl. *Taupitz*, Die Standesordnungen der Freien Berufe, 1991, 430). Gerade auf den Druck dieser Personengruppe hin kam es vornehmlich in den sechziger und siebziger Jahren tatsächlich zur Verabschiedung entsprechender Gesetze in den meisten der alten Bundesländer. Das Land Brandenburg ist durch die Schaffung seines Ingenieurkammergesetzes dieser Tendenz gefolgt und gibt seinen selbständig tätigen Ingenieuren nunmehr die gesetzliche Möglichkeit, den angestrebten verbesserten Titelschutz zu erlangen.

# V.

Durch die Entscheidung in der Hauptsache wird der Antrag auf Erlaß einer einstweiligen Anordnung gegenstandslos.

# Nr. 16

1) Die Zulässigkeit des Antrages eines Fünftels der Mitglieder des Landtages auf abstrakte Normenkontrolle wird weder durch den Ablauf der Legislaturperiode noch durch das Ausscheiden von Antragstellern aus dem Landtag berührt.

2) Es ist mit der Landesverfassung vereinbar, daß § 1 Abs. 1 Satz 1 des Gesetzes über die Rechtsstellung und Finanzierung der Fraktionen im Landtag Brandenburg die Fraktionen als Vereinigungen von Mitgliedern des Landtages definiert, die derselben Partei, politischen Vereinigung oder Listenvereinigung angehören oder von derselben Partei, politischen Vereinigung oder Listenvereinigung als Wahlbewerber aufgestellt worden sind.

3) Der Landtag hat bei der Entscheidung, ob er einer abweichenden Fraktionsbildung zustimmt, dem Geist der Verfassung und der verfassungsrechtlichen Stellung des Abgeordneten Rechnung zu tragen. Die Entscheidung des Landtages ist verfassungsgerichtlich überprüfbar.

Landesverfassung Brandenburg Art. 55 Abs. 2, 56 Abs. 1, 67 Abs. 1, 68, 113 Nr. 2

Verfassungsgerichtsgesetz Brandenburg § 39

Fraktionsgesetz Brandenburg § 1 Abs. 1 Satz 1

Urteil vom 10. November 1994 – VfGBbg 4/94 –

in dem Verfahren über den Normenkontrollantrag von 20 Abgeordneten des Landtages Brandenburg wegen Überprüfung des § 1 Abs. 1 Satz 1 des Gesetzes über die Rechtsstellung und Finanzierung der Fraktionen im Landtag Brandenburg vom 29. März 1994 (Fraktionsgesetz – FraktG –, GVBl. I S. 86) auf seine Vereinbarkeit mit der Verfassung des Landes Brandenburg.

Entscheidungsformel:

Es ist mit der Verfassung des Landes Brandenburg vereinbar, daß § 1 Abs. 1 Satz 1 des Gesetzes über die Rechtsstellung und Finanzierung der Fraktionen im Landtag Brandenburg (Fraktionsgesetz – FraktG) Fraktionen als Vereinigungen von Mitgliedern des Landtages definiert, die derselben Partei, politischen Vereinigung oder Listenvereinigung angehören oder von derselben Partei, politischen Vereinigung oder Listenvereinigung als Wahlbewerber aufgestellt worden sind.

Gründe:

A.

Die Antragsteller, Abgeordnete des Landtages Brandenburg, stellen im Wege des Normenkontrollantrages zur verfassungsgerichtlichen Überprüfung, ob § 1 Abs. 1 Satz 1 des Gesetzes über die Rechtsstellung und Finanzierung der Fraktionen im Landtag Brandenburg (Fraktionsgesetz – FraktG) mit der Verfassung des Landes Brandenburg vereinbar ist, soweit darin Fraktionen als Vereinigungen von Mitgliedern des Landtages bezeichnet werden, „die derselben Partei, politischen Vereinigung oder Listenvereinigung angehören oder von derselben Partei, politischen Vereinigung oder Listenvereinigung als Wahlbewerber aufgestellt worden sind".

I.

§ 1 Abs. 1 FraktG hat folgenden Wortlaut:

(1) Fraktionen sind Vereinigungen von mindestens vier Mitgliedern des Landtages, die derselben Partei, politischen Vereinigung oder Listenvereinigung angehören oder von derselben Partei, politischen Vereinigung oder Listenvereinigung als Wahlbewerber aufgestellt worden sind. Sie wirken mit eigenen Rechten und Pflichten als selbständige und unabhängige Gliederungen an der Arbeit des Landtages mit und unterstützen die parlamentarische Willensbildung. Die Bildung einer Fraktion bedarf, soweit sie abweichend von Satz 1 oder nach Ablauf eines Monats seit der Konstituierung des Landtages erfolgt, der Zustimmung des Landtages.

Nach Absatz 2 kann ein Mitglied des Landtages nur einer Fraktion angehören. Nach Absatz 3 können die Fraktionen im allgemeinen Rechtsverkehr teilnehmen und unter ihrem Namen klagen oder verklagt werden. Nach Absatz 4 bestimmt das Nähere über die parlamentarischen Rechte und Pflichten einer Fraktion die Geschäftsordnung des Landtages.

Der im Dezember 1993 von den Fraktionen gemeinsam im Landtag eingebrachte Entwurf des Gesetzes über die Rechtsstellung und Finanzierung der Fraktionen im Landtag Brandenburg (LT-Drs. 1/2539) enthielt noch keine Bezugnahme auf dieselbe Partei, politische Vereinigung oder Listenvereinigung. Diese sogenannte „Anforderung einer politischen Homogenität" wurde erst durch Änderungsanträge der Koalitionsfraktionen vom 24. Februar 1994 („Fraktionen sind Vereinigungen von mindestens vier Mitgliedern des Landtages, die von derselben Partei, politischen Vereinigung oder Listenvereinigung als Wahlbewerber aufgestellt worden sind") und des Abgeordneten Dr. Knoblich vom 10. März 1994 („Fraktionen sind Vereinigungen von mindestens vier Mitgliedern des Landtages, die derselben Partei, politischen Vereinigung oder Listenvereinigung angehören oder von derselben Partei, politischen Vereinigung oder Listenvereinigung als Wahlbewerber aufgestellt worden sind") in das Gesetzgebungsverfahren eingeführt. Die Änderungsanträge waren Gegenstand von Beratungen des Hauptausschusses in seinen Sitzungen vom 24. Februar 1994 (Ausschußprotokoll 1/974) und 10. März 1994 (Ausschußprotokoll 1/996).

Begründet wurden die Änderungsanträge im wesentlichen damit, daß für die Wähler bereits zum Zeitpunkt der Stimmabgabe die möglichen parlamentarischen Fraktionen erkennbar sein müßten (so der Abgeordnete Birthler in der 59. Sitzung des Hauptausschusses vom 24. Februar 1994, Ausschußprotokoll 1/974, S. 3 f.; vgl. auch Abgeordneten Klein während der 2. Lesung des Gesetzentwurfes am 23. März 1994, Plenarprotokoll 1/89, S. 7327). Dem wurde unter Hinweis auf Art. 67 der Landesverfassung (LV) entgegengehalten, daß die Fraktionsbildung der freien Entscheidung der Abgeordneten unterliege und die Fraktionen nicht eine bloße Verlängerung der Parteien, politischen Vereinigungen und Listenvereinigungen in das Parlament hinein seien (so der Antragsteller Abgeordneter Nooke in der 60. Sitzung des Hauptausschusses vom 10. März 1994, Ausschußprotokoll 1/996, S. 12 f., und in der 2. Lesung des Gesetzentwurfes am 23. März 1994, Plenarprotokoll 1/89, S. 7329 f.; vgl. auch Antragsteller Abgeordneten Vietze während der 2. Lesung des Gesetzentwurfes am 23. März 1994, Plenarprotokoll 1/89, S. 7328).

In seiner Beschlußempfehlung vom 10. März 1994 (LT-Drs. 1/2794) schlug der Hauptausschuß die Gesetz gewordene Fassung des § 1 Abs. 1 Satz 1 FraktG vor. Mit dieser Fassung sollte erreicht werden, daß die späteren Fraktionsbildungen grundsätzlich bereits zum Zeitpunkt der Wahlentscheidung erkennbar seien (vgl. aaO S. 17).

Bei der zweiten und letzten Lesung des Gesetzentwurfes fand ein Änderungsantrag von sieben Abgeordneten – sämtlich Antragsteller in dem vorliegenden verfassungsgerichtlichen Verfahren – mit dem Ziel, die Fraktionsbildung von der Anforderung einer politischen Homogenität der Fraktionsmitglieder zu lösen (LT-Drs. 1/2868), keine Mehrheit. Am 11. Oktober 1994 hat sich der zweite Landtag Brandenburg konstituiert. Von den 20 Antragstellern sind acht nicht mehr Mitglieder des Landtages.

## II.

Zur Begründung ihres am 2. Mai 1994 eingegangenen Antrages auf abstrakte Normenkontrolle machen die Antragsteller geltend: Art. 67 Abs. 1 Satz 1 LV beschreibe die Fraktionen als Zusammenschlüsse von Mitgliedern des Landtages ohne weitere Einschränkung, Art. 56 Abs. 1 Satz 1 LV die Abgeordneten als Vertreter des ganzen Volkes, die an Weisungen nicht gebunden sind. Beide Verfassungsbestimmungen stünden einer einfachgesetzlichen Anbindung der Fraktionsmitglieder an dieselbe Partei, politische Vereinigung oder Listenvereinigung entgegen. Die Fraktionsbildung werde hierdurch in verfassungswidriger Weise erschwert. Dies werde insbesondere bei Abgeordneten anschaulich, die als Einzelbewerber Direktmandate errungen hätten. Der Gesetzesvorbehalt in Art. 67 Abs. 1 Satz 5 LV rechtfertige keine substantielle Einschränkung des Rechts auf Fraktionsbildung nach Art des § 1 Abs. 1 Satz 1 FraktG. Art. 67 Abs. 1 Satz 1 i. V. m. Satz 4 LV sichere jedenfalls bis zum Zeitpunkt der Konstituierung des Landtages jede Fraktionsbildung.

## III.

Das Gericht hat dem Landtag und der Landesregierung Gelegenheit zur Äußerung gegeben. Die Landesregierung hat von einer Stellungnahme abgesehen. Der Landtag hat sich folgendermaßen geäußert: § 1 Abs. 1 Satz 1 FraktG halte sich im Rahmen der dem Landtag in Art. 67 Abs. 1 Satz 5 LV vorbehaltenen Regelungsbefugnis. Vor dem Hintergrund der historischen Entwicklung der politischen Parteien und Fraktionen und unter Mitberücksichtigung der durch § 1 Abs. 1 Satz 3 FraktG eröffneten abweichenden Fraktionsbildung mit Zustimmung des Landtages bewege sich die (grundsätzliche) Anforderung einer politischen Homogenität der Fraktionsmitglieder innerhalb des gesetzgeberischen Handlungsspielraums. Der zur verfassungsrechtlichen Überprüfung gestellte § 1 Abs. 1 Satz 1 FraktG verstoße weder gegen den Gleichheitssatz noch gegen die in Art. 56 Abs. 1 LV verbürgte Mandatsfreiheit der Abgeordneten noch gegen die in Art. 55 Abs. 2 LV angelegte Oppositionsfreiheit noch gegen den parlamentarischen Grundsatz des Minderheitenschutzes. Als sachliche Erwägung liege der gesetzlichen Regelung insbesondere das im Gesetzgebungsverfahren geäußerte Bestreben zugrunde, den Wählern in bezug auf mögliche Fraktionsbildungen von vornherein Klarheit zu verschaffen. Zugleich diene die Regelung der Arbeits- und Funktionsfähigkeit des Parlaments.

## B.

Der Normenkontrollantrag auf Überprüfung der Verfassungsmäßigkeit des § 1 Abs. 1 Satz 1 FraktG ist gemäß Art. 113 Nr. 2 LV, § 39 Verfassungsgerichtsgesetz des Landes Brandenburg (VerfGGBbg) zulässig. Die 20 Antragsteller erfüllen das in Art. 113 Nr. 2 LV, § 39 VerfGGBbg verlangte Quorum von einem Fünftel der Mitglieder des Landtages. Der Antrag ist nicht dadurch unzulässig geworden, daß sich inzwischen der zweite Landtag Brandenburg konstituiert hat, dem acht der Antragsteller nicht mehr angehören. Die sogenannte parlamentarische Diskontinuität beeinflußt die Wirksamkeit der zuvor aus dem Parlament heraus vorgenommenen Prozeßhandlungen nicht (vgl. BVerfGE 79, 311, 327; 82, 286, 297 für den Bundestag; *Jekewitz*, JöR 27 [1978], 75, 141). Der zwischenzeitliche Verlust der Abgeordnetenstellung läßt die Zulässigkeit eines Normenkontrollantrages unberührt. Der Antrag setzt das im öffentlichen Interesse liegende objektive Verfahren der abstrakten Normenkontrolle in Gang; seine Durchführung ist von Veränderungen auf seiten der Antragsteller unabhängig (vgl. BVerfGE 1, 396, 414).

## C.

Der Normenkontrollantrag ist indes unbegründet. § 1 Abs. 1 Satz 1 FraktG ist nach Maßgabe der nachfolgenden Gründe verfassungskonform. Der Landtag durfte in dem hier in Frage stehenden Zusammenhang sowohl eine Regelung durch formelles Gesetz treffen (I.) als auch – in inhaltlicher Hinsicht – die Fraktionsbildung vom Grundsatz einer politischen Homogenität der Fraktionsmitglieder nach Art des § 1 Abs. 1 Satz 1 FraktG abhängig machen (II.); allerdings ist von Verfassungs wegen für die Frage einer Zustimmung des Landtages zu einer abweichenden Fraktionsbildung der verfassungsrechtlichen Stellung der Abgeordneten gebührend Rechnung zu tragen (III.).

## I.

Der Landtag durfte sich für die Festlegung der Voraussetzungen, unter denen sich Fraktionen bilden können, der Form des Gesetzes bedienen und war insoweit nicht auf das Instrument der Geschäftsordnung verwiesen. Zwar umfaßt das herkömmlicherweise in der Handlungsform der Geschäftsordnung geregelte und mit den Regelungsgegenständen „Geschäftsgang" und „Disziplin" umschriebene Geschäftsordnungsrecht (vgl. BVerfGE 44, 308, 314 f.; 70, 324, 360; 80, 188, 218) auch die Festlegung der Voraussetzungen, unter denen sich Fraktionen bilden können (so für den Bundestag BVerfGE 80, 188, 219; 84, 304, 321; für den Bayerischen Landtag BayVerfGHE 29,

62, 87). Die Geschäftsordnung des Landtages Brandenburg enthält sich jedoch einer solchen Regelung und verweist in § 8 Abs. 1 auf das Fraktionsgesetz. Unabhängig von der Frage, ob bereits die parlamentarische Geschäftsordnungsautonomie selbst, die der Landtag nach Art. 68 LV besitzt, eine Wahlfreiheit zwischen den Handlungsformen der Geschäftsordnung und des formellen Gesetzes einräumt, ist die gesetzliche Regelung von Geschäftsordnungsangelegenheiten jedenfalls bei Vorliegen einer verfassungsgesetzlichen Ermächtigung zulässig. So liegt es im Land Brandenburg. Nach Art. 67 Abs. 1 Satz 1 bis 4 LV bestehen die Fraktionen aus Mitgliedern des Landtages, wirken sie mit eigenen Rechten und Pflichten als selbständige und unabhängige Gliederungen an der Arbeit des Landtages mit, unterstützen sie die parlamentarische Willensbildung, haben sie insofern Anspruch auf eine angemessene Ausstattung und unterliegt die nachträgliche Fraktionsbildung der Zustimmung des Landtages. Nach Art. 67 Abs. 1 Satz 5 LV regelt das Nähere ein Gesetz. Nach der Systematik des Art. 67 Abs. 1 LV und unbeschadet des Art. 68 LV erstreckt sich dieser Regelungsvorbehalt als Schlußsatz des Art. 67 Abs. 1 LV auf dessen gesamten Inhalt. In seinem Anwendungsbereich verdrängt Art. 67 Abs. 1 Satz 5 LV von Verfassungs wegen als lex specialis die parlamentarische Geschäftsordnungsautonomie des Art. 68 LV, die damit eine entsprechende Einschränkung erfährt. Die Verfassung ist nicht gehindert, Geschäftsordnungsangelegenheiten partiell dem Gesetzgeber und der Handlungsform des Gesetzes zuzuweisen und auf diese Weise die herkömmlichen staatsorganisationsrechtlichen Gewichte zu verschieben. Auch wenn die Selbstorganisationskompetenz des Parlaments ein Wesensbestandteil des Landtages als Verfassungsorgan (so für die Verfassungsorgane allgemein etwa *Arndt*, Parlamentarische Geschäftsordnungsautonomie und autonomes Parlamentsrecht, 1966, S. 60 ff.; *Bleckmann*, Staatsrecht I – Staatsorganisationsrecht, 1993, Rdn. 1904; *Bieber*, Das Verfahrensrecht von Verfassungsorganen, 1992, S. 43) sowie Ausdruck und Bestandteil des Grundsatzes der Gewaltenteilung (dazu *Bollmann*, Verfassungsrechtliche Grundlagen und allgemeine verfassungsrechtliche Grenzen des Selbstorganisationsrechts des Bundestages, 1992, S. 143; *Schröder, M.*, Grundlagen und Anwendungsbereich des Parlamentsrechts, 1979, S. 202) und des Demokratieprinzips (*Bollmann*, aaO, S. 152) ist, so kann doch die Verfassung selbst die Grenzen für das Zusammenwirken der Verfassungsorgane und ihre Befugnisse eigenständig bestimmen. Auch nach seiner Entstehungsgeschichte bezieht sich der Regelungsvorbehalt des Art. 67 Abs. 1 Satz 5 LV auf den gesamten voranstehenden Inhalt des Art. 67 Abs. 1 LV. Das ergibt sich aus den für die verfassungshistorische Auslegung maßgeblichen Erwägungen und Beratungen des zuletzt mit der Materie befaßten Verfassungsausschusses, des sogenannten Verfassungsausschusses II (dazu bereits VerfGBbg, Urteil vom 14. Juli 1994 – VfGBbg 8/94,

8/94* EA – AU S. 7). Zwar war die Reichweite des Regelungsvorbehalts ausweislich der Protokolle zu keiner Zeit ausdrücklich Gegenstand der Verfassungsberatungen. Aber die geltende Fassung des Art. 67 Abs. 1 LV geht auf Beschlüsse und Änderungsanträge im Verfassungsausschuß II zurück, die dazu führten, daß der nach der ursprünglichen Entwurfsfassung des Verfassungsausschusses gegebene sprachliche und systematische Zusammenhang zwischen dem Anspruch der Fraktionen auf angemessene Ausstattung und dem Regelungsvorbehalt aufgelöst wurde und der Regelungsvorbehalt damit sämtliche vorangehenden Sätze des Absatzes 1 umfaßt (vgl. dazu Protokoll der 5. Sitzung des Verfassungsausschusses I vom 13. Mai 1991, Dokumentation zur Verfassung des Landes Brandenburg, Band 2, S. 260; Protokoll der 12. Sitzung des Verfassungsausschusses I vom 13. Dezember 1991, aaO, Band 2, S. 402; Protokoll der 28. Sitzung des Hauptausschusses A 1 vom 5. März 1992, Ausschußprotokoll 1/356, aaO, Band 3, S. 661; Protokoll der 7. Sitzung des Verfassungsausschusses II vom 3. April 1992, aaO, Band 3, S. 870).

Mit dem Regelungsvorbehalt in Art. 67 Abs. 1 Satz 5 trägt die Verfassung des Landes Brandenburg zugleich jüngeren Erkenntnissen Rechnung, wonach die Rechtsverhältnisse der Fraktionen einer gesetzlichen Regelung nicht nur zugänglich sind, sondern ihrer in Teilbereichen geradezu bedürfen (vgl. etwa zur Fraktionsfinanzierung die Empfehlungen der Kommission unabhängiger Sachverständiger zur Parteienfinanzierung, BT-Drs. 12/4425, S. 40).

## II.

Auch inhaltlich verstößt der in § 1 Abs. 1 Satz 1 FraktG festgelegte Grundsatz einer politischen Homogenität der Fraktionsmitglieder nicht gegen die Landesverfassung. Durchgreifende verfassungsrechtliche Bedenken gegen die grundsätzliche Beschränkung der Fraktionsbildung auf Mitglieder und Wahlbewerber derselben Partei, politischen Vereinigung oder Listenvereinigung lassen sich weder aus Art. 67 Abs. 1 Satz 1 LV (1.) noch aus dem in Art. 55 Abs. 2 LV verbürgten Recht der Opposition auf Chancengleichheit (2.) noch aus der in Art. 56 Abs. 1 LV beschriebenen Vertretungsfunktion und Mandatsfreiheit der Abgeordneten (3.) herleiten.

1. a) Die in § 1 Abs. 1 Satz 1 FraktG bestimmten Voraussetzungen für die Fraktionsbildung widersprechen nicht Art. 67 Abs. 1 Satz 1 LV. Der dort getroffenen Festlegung, daß Fraktionen aus Mitgliedern des Landtages bestehen, kommt zuvörderst eine ausgrenzende Bedeutung in dem Sinne zu, daß ausschließlich Landtagsabgeordnete – und nicht etwa auch Mitarbeiter – einer Fraktion angehören können. In anderer Hinsicht beschreibt Art. 67 Abs. 1

---

* Siehe Seite 117 ff.

Satz 1 LV die Voraussetzungen, unter denen sich Fraktionen bilden können, nicht abschließend. So bestand in der mündlichen Verhandlung vor dem Gericht Einvernehmen darüber, daß sich etwa gegen die Regelung in § 1 Abs. 2 FraktG, wonach jeder Abgeordnete nur einer Fraktion angehören kann, keine Bedenken ergeben.

Der in Art. 67 Abs. 1 Satz 1 LV verwendete Begriff der „Fraktion" bedeutet, anders als das lateinische Ursprungswort, nicht lediglich Teil (des Parlaments) in äußerlicher Hinsicht. Vielmehr verbinden sich mit dem Begriff nach allgemeinem Verständnis durch die Parlamentsgeschichte geprägte inhaltliche Vorstellungen dahingehend, daß die Mitglieder derselben Fraktion durch übereinstimmende politische Grundvorstellungen miteinander verbunden sind. Das ist die Konsequenz zum einen aus der Aufgabenstellung der parlamentarischen Fraktionen und zum anderen daraus, daß die Übernahme des Abgeordnetenmandates im Regelfall als Repräsentant einer politischen Partei, politischen Vereinigung oder Listenvereinigung erfolgt.

Die Fraktionen sind als politisches innerparlamentarisches Gliederungsprinzip notwendige Einrichtungen des Verfassungslebens (vgl. BVerfGE 10, 1, 14; 20, 56, 104; 43, 142, 147; 80, 188, 219; 84, 304, 324). Ihnen kommt von Verfassungs wegen die Aufgabe der Koordination und Konzentration parlamentsinterner Arbeit und Willensbildung zu (vgl. Art. 67 Abs. 1 Satz 2 LV). Sie steuern und erleichtern die parlamentarische Arbeit, indem sie eine Arbeitsteilung unter ihren Mitgliedern organisieren, gemeinsame Initiativen vorbereiten und aufeinander abstimmen sowie für eine umfassende Information ihrer Mitglieder sorgen. Auf diese Weise bündeln sie die jeweiligen unterschiedlichen politischen Positionen. Die Fraktionen können diese ihnen zugewiesenen innerparlamentarischen Entlastungs-, Lenkungs- und Gestaltungsaufgaben nur dann sachgerecht wahrnehmen, wenn ihre Mitglieder durch eine gleichgerichtete politische Grundhaltung verbunden sind.

Wenn auch die Fraktionen als staatsorganisationsrechtliche Gliederungen des Parlaments rechtlich und organisatorisch von den politischen Parteien losgelöst sind, so sind sie doch zugleich auf parlamentarischer Ebene Repräsentanten der anerkannten politischen Parteien (sog. Doppelfunktionalität der Fraktionen, vgl. BVerfGE 10, 1, 14; 70, 324, 350; 84, 304, 324). In der Öffentlichkeit werden politische Parteien und Fraktionen „als lediglich organisatorisch getrennte Einrichtungen der jeweils zugehörigen politischen Kräfte" angesehen (Empfehlungen der Kommission unabhängiger Sachverständiger zur Parteienfinanzierung, BT-Drs. 12/4425, S. 33). Daran ändert auch die in jüngerer Zeit im Schrifttum kritisch beleuchtete Parteibindung der Fraktionsmitglieder (*Hohm*, NJW 1985, 408, 410; *Meyer*, Kommunales Parteien- und Fraktionsrecht, 1990, S. 266 f.; *Seifert*, Die politischen Parteien in der Bundesrepublik Deutschland, 1975, S. 343) nichts. Diese Tendenzen haben das traditionelle Verständnis von der „Fraktion" nicht umprägen können. Indem der Verfassungstext in Art. 67 Abs. 1 Satz 1 LV einen solchermaßen vorgeprägten Fraktionsbegriff verwendet und in Satz 5 das Nähere einem Gesetz vorbehält, überläßt es die Landesverfassung dem Gesetzgeber, den Fraktionsbegriff genauer zu bestimmen und näher einzugrenzen. § 1 Abs. 1 Satz 1 FraktG hält sich in dem dadurch eröffneten Rahmen, ohne in Widerspruch zu Art. 67 Abs. 1 Satz 1 LV zu geraten. Vielmehr wird der dort – in Art. 67 Abs. 1 Satz 1 LV – verwendete Begriff „Fraktion" unter Inanspruchnahme des für das „Nähere" geltenden Gesetzesvorbehalts in eine mit dem wiedergegebenen allgemeinen Wortsinn vereinbare Definition umgesetzt.

b) Soweit die Verfassungsmaterialien Hinweise auf Überlegungen zur Abkehr von dem hergebrachten Verständnis des Begriffs „Fraktion" und in Richtung auf eine von politischer Homogenität losgelöste Fraktionsbildung erkennen lassen, hat dies in der Verfassung selbst keinen hinreichenden Niederschlag gefunden. Wortlaut und Systematik der Verfassung führen aus sich selbst heraus zu der dargelegten Auslegung. Solchenfalls können die bei der Entstehung der Verfassung diskutierten Vorstellungen, Beweggründe und Regelungsabsichten allenfalls bei einem eindeutigen Befund, einer eindeutig und nachweisbar auf ein anderes Ergebnis gerichteten Regelungsabsicht des Verfassungsgebers, eine abweichende Auslegung rechtfertigen. So liegt es jedoch hier nicht. Allerdings war zunächst die Anforderung einer politischen Homogenität der Fraktionsmitglieder, ähnlich wie sie später in § 1 Abs. 1 Satz 1 FraktG Eingang gefunden hat, in dem Entwurf der Landesverfassung vorgesehen (vgl. Entwurf der Verfassung des Landes Brandenburg vom 31. Mai 1991, GVBl. S. 96; Entwurf der Verfassung des Landes Brandenburg vom 13. Dezember 1991, LT-Drs. 1/625). Daß dieser Textteil nicht in die Verfassung gelangt ist, ist jedoch das Ergebnis gegenläufiger Erwägungen. So gab es im Hauptausschuß Bedenken gegen eine solche Regelung in der Verfassung, da sie weit „in den geschäftsordnungsmäßigen Bereich" hineinreiche (vgl. Protokoll der 28. Sitzung des Hauptausschusses A 1 vom 5. März 1992, Ausschußprotokoll 1/356, aaO, Band 3, S. 661). Es wurde aber auch die Ansicht vertreten, daß bei Bedarf eine „gesetzliche Regelung zu Fraktionen" möglich sei (vgl. Antragsteller Abgeordneter Nooke aaO). Der Direktor des Landtages wies darauf hin, daß die großen Parteien eine bundesweite Regelung dieser Frage beabsichtigten (aaO, S. 662). Von anderer Seite wurden die inhaltlichen Anforderungen an die politische Homogenität der Fraktionsmitglieder als „eine unzulässige Einschränkung der Freiheit des Abgeordneten" betrachtet (so Antragsteller Abgeordneter Nooke, aaO, S. 661). Ohne diese verschiedenartigen Erwägungen ausdiskutiert zu haben, sprach sich sodann der – mitberatend tätige – Hauptausschuß mehrheitlich gegen die Entwurfsfassung und für die schließlich geltendes Verfassungsrecht gewordene Formulierung – noch ohne Art. 67 Abs. 1 Satz 4 LV – aus.

Diese Empfehlung des Hauptausschusses war Gegenstand der anschließenden Beratung im Verfassungsausschuß II. Dem Vorschlag des Hauptausschusses wurde entgegengehalten, daß es dem Wählerwillen entspreche, daß sich Fraktionen nur aus Mitgliedern derselben Partei, politischen Vereinigung oder Listenvereinigung zusammensetzen, die Bildung mehrerer Fraktionen aus Mitgliedern derselben Partei verhindert werden müsse sowie der Fraktionswechsel und die Fraktionsneubildung während der Legislaturperiode die Mehrheitsverhältnisse veränderten und überhaupt schädlich seien (so die Abgeordnete Dettmann, Protokoll der 2. Sitzung des Verfassungsausschusses II vom 13. März 1992, aaO, Band 3, S. 505). Demgegenüber wurde die Fraktionsneubildung während der Legislaturperiode als ein Bestandteil der Abgeordnetenfreiheit angesehen (so Abgeordnete Dr. Diestel aaO). Einen Kompromiß zwischen diesen gegenläufigen Standpunkten sahen die Ausschußmitglieder darin, den Vorschlag des Hauptausschusses um den geltenden Art. 67 Abs. 1 Satz 4 LV zu ergänzen (so die Abgeordneten Birthler und Dettmann, aaO, S. 505 f.).

Hiernach führt die Auswertung der Verfassungsmaterialien nicht zu einem eindeutigen Ergebnis. Die Beratungen im Verfassungsausschuß II geben keinen zuverlässigen Aufschluß über die Regelungsabsichten zu Art. 67 Abs. 1 Satz 1 LV. Ausdrücklicher Gegenstand der Beratungen, die schließlich zur Einfügung des Zustimmungsvorbehaltes (Satz 5) führten, waren die (möglichen) Gefahren für die parlamentarische Arbeit bei unbeschränkter Möglichkeit zur Fraktionsneubildung und zum Fraktionswechsel während der Legislaturperiode. Aus den diesbezüglichen Erwägungen lassen sich keine verläßlichen Erkenntnisse dahingehend gewinnen, daß die Fraktionsbildung auch nur bis zur Konstituierung des Parlaments allein der Entscheidungsfreiheit der Abgeordneten unterliegen sollte. Deshalb hat es bei der dargelegten Auslegung nach Wortlaut und Systematik der Verfassung, deren Ergebnis zugleich der Arbeits- und Funktionsfähigkeit des Landtages zugute kommt, zu verbleiben.

2. Nach Art. 55 Abs. 2 LV ist die Opposition ein wesentlicher Bestandteil der parlamentarischen Demokratie und hat das Recht auf Chancengleichheit. Die Verfassungsnorm verbrieft Stellung und Aufgabe der Opposition in der parlamentarischen Demokratie einschließlich ihrer Chance, selbst zur parlamentarischen Mehrheit zu erstarken. Diese verfassungsrechtliche Gewährleistung zugunsten der parlamentarischen Opposition umfaßt jedoch nicht das Recht auf eine bestimmte innerparlamentarische Organisationsform und damit auch nicht auf eine uneingeschränkt mögliche Fraktionsbildung. Dafür

fehlt es an einem spezifischen Zusammenhang zwischen der Stellung als parlamentarische Opposition und einer bestimmten Organisationsform. Regelungen, die die innerparlamentarischen Zusammenschlüsse der Abgeordneten zum Gegenstand haben, betreffen gleichermaßen Abgeordnete, die die Regierung unterstützen, und Abgeordnete, die sich in Opposition zu ihr befinden. Innerparlamentarische Organisationsformen der Abgeordneten in Gestalt verschiedener denkbarer Zusammenschlüsse sind unabhängig von der parlamentarischen Rolle als Opposition. Art. 55 Abs. 2 LV schützt oppositionelle Abgeordnete erst insoweit, als sie auch bei Fehlen einer bestimmten Organisationsform über innerparlamentarische Rechte verfügen können müssen, die der Chancengleichheit genügen.

3. Die in Art. 56 Abs. 1 LV beschriebene Vertretungsfunktion und Mandatsfreiheit der Abgeordneten schließt nicht das Recht zur voraussetzungslosen Fraktionsbildung ein. Art. 56 Abs. 1 LV bestimmt, daß die Abgeordneten Vertreter des ganzen Volkes und an Aufträge und Weisungen nicht gebunden sind und von niemandem gezwungen werden dürfen, gegen ihr Gewissen und ihre Überzeugung zu handeln. Dies schließt zwar die Berechtigung eines jeden Abgeordneten ein, sich mit anderen Abgeordneten zu gemeinsamer Arbeit zusammenzufinden und gegebenenfalls auch Fraktionen zu bilden (vgl. für den Bundestag BVerfGE 80, 188, 220; 84, 304, 324). Aber die Definition der innerparlamentarischen Organisationsform „Fraktion" ist Sache des ganzen Parlaments. Den einzelnen Abgeordneten steht keine eigene Definitionskompetenz für den Fraktionsbegriff und kein uneingeschränktes Selbstbestimmungsrecht zu, soweit es um die Frage geht, ob eine Gruppierung im Landtag den Fraktionsstatus erhält.

Die in § 1 Abs. 1 Satz 1 FraktG für die Fraktionsbildung grundsätzlich geforderte Anbindung an dieselbe Partei, politische Vereinigung oder Listenvereinigung der Fraktionsmitglieder schränkt die Vertretungsfunktion und Mandatsfreiheit der Abgeordneten nicht verfassungswidrig ein. Zur Erfüllung der den Fraktionen zukommenden parlamentarischen Entlastungs-, Lenkungs- und Gestaltungsaufgaben ist es verfassungsrechtlich zulässig, den Zusammenschluß zu einer Fraktion grundsätzlich von übereinstimmenden politischen Grundvorstellungen ihrer Mitglieder, die an äußere und damit überprüfbare Merkmale anknüpfen, abhängig zu machen (vgl. dazu etwa BVerfGE 44, 308, 318; 84, 304, 322).

Das Interesse an der Arbeits- und Funktionsfähigkeit des Parlaments rechtfertigt allerdings nicht den gänzlichen Ausschluß der Bildung von Fraktionen jenseits der durch eine Bindung an dieselbe Partei, politische Vereinigung oder Listenvereinigung nach außen dokumentierten politischen Grundübereinstimmung. Anderenfalls wären namentlich zwei Gruppen von Abge-

ordneten dauerhaft gehindert, Fraktionen zu bilden: zum einen Einzelbewerber, die Direktmandate errungen haben, und zum zweiten Abgeordnete, die
im Laufe einer Legislaturperiode aus ihrer Fraktion ausscheiden. Gegen einen
mit Art. 56 Abs. 1 LV unvereinbaren völligen Entzug des parlamentarischen
Rechts zur Fraktionsbildung (vgl. BVerfGE 44, 308, 316; 80, 188, 217 f.; 84,
304, 321 f. zum Prinzip der gleichen Mitwirkungsbefugnis der Abgeordneten
im Bundestag) trifft jedoch § 1 Abs. 1 Satz 3 FraktG verfassungsrechtlich hinreichend Vorsorge, indem er eine von den Voraussetzungen des Satzes 1 abweichende Fraktionsbildung unter dem Vorbehalt der Zustimmung des Landtages zuläßt („Öffnungsklausel"). Dies ist seinerseits von dem Regelungsvorbehalt des Art. 67 Abs. 1 Satz 5 LV gedeckt.

## III.

Der in der mündlichen Verhandlung vor dem Verfassungsgericht geäußerten Besorgnis der Antragsteller, daß das Erfordernis der Zustimmung des
Landtages zu einer abweichenden Fraktionsbildung eine hohe Hürde darstell-
te, von „Machtfragen" abhängen könne und die Gefahr einer willkürlichen
faktischen Beeinträchtigung der parlamentarischen Wirkungsmöglichkeiten
der betreffenden Landtagsabgeordneten in sich berge, ist durch eine dem Geist
der Landesverfassung entsprechende und die verfassungsrechtliche Stellung
des Abgeordneten berücksichtigende Handhabung der Zustimmungskompe-
tenz des Landtages zu begegnen. Fühlt sich der einzelne betroffene Abgeordnete dadurch, daß der Landtag die Zustimmung zur Fraktionsbildung verweigert, in seinen Rechten beeinträchtigt, kann er die Entscheidung des Landtages
im Wege der Organstreitigkeit zur Überprüfung durch das Verfassungsgericht
des Landes stellen, welches sodann unter Abwägung der in Frage stehenden
Verfassungsgüter darüber zu befinden hat, ob die Verweigerung der Zustimmung mit der Verfassung vereinbar ist.

## Nr. 17

1) Zur Höhe der Rechtsanwaltsgebühren im verfassungsgerichtlichen
Verfahren.

2) Eine anwaltliche Beweisgebühr fällt auch dann an, wenn das Gericht eine informelle Anhörung nicht am Verfahren Beteiligter durchführt
und der Rechtsanwalt hierbei zugegen ist.*

* Nichtamtliche Leitsätze

Verfassungsgerichtsgesetz Brandenburg § 13
Verwaltungsgerichtsordnung § 164;
Bundesrechtsanwaltsgebührenordnung §§ 11 Abs. 1 Satz 4, 31 Abs. 1 Nr. 3,
113 Abs. 2 Satz 1

Kostenfestsetzungsbeschluß vom 11. November 1994 – VfGBbg 9/93 –

in dem verfassungsgerichtlichen Verfahren der Stadt Schwedt, vertreten durch den Bürgermeister.

Entscheidungsformel:

Auf Antrag der Beschwerdeführerin vom 3. Juni 1994 werden die nach dem Urteil des Verfassungsgerichts des Landes Brandenburg vom 19. Mai 1994 von dem Land Brandenburg an die Beschwerdeführerin zu erstattenden Kosten auf
6.669,55 DM
(sechstausendsechshundertneunundsechzig 55/100)
nebst vier vom Hundert Zinsen ab 8. Juni 1994 festgesetzt.

Gründe:

Die Festsetzung erfolgt gemäß § 13 Abs. 1 Verfassungsgerichtsgesetz des Landes Brandenburg (VerfGGBbg) i. V. m. § 164 Verwaltungsgerichtsordnung (VwGO).

Für die Gebühren der Rechtsanwälte in Verfassungsbeschwerdeverfahren gelten gemäß § 113 Abs. 2 Satz 1 BRAGO die Vorschriften des 3. Abschnitts sinngemäß; die Gebühren richten sich nach § 11 Abs. 1 Satz 4 BRAGO (§ 113 Abs. 2 Satz 2 BRAGO) und erhöhen sich demzufolge um 3/10. Auch die beantragte Beweisgebühr ist zuzusprechen. Die Beweisgebühr setzt nach § 31 Abs. 1 Nr. 3 BRAGO die Vertretung im Beweisaufnahmeverfahren voraus. Eine Beweisaufnahme liegt dann vor, wenn sich das Gericht zur Ermittlung rechtserheblicher Tatsachen auf Antrag oder von Amts wegen eines Beweismittels bedient. Dafür kommt es nicht darauf an, ob das Vorbringen streitig ist oder die nach Ansicht des Gerichts klärungsbedürftigen Umstände von den Verfahrensbeteiligten selbst in den Rechtsstreit eingeführt worden sind. Für das Vorliegen einer Beweisaufnahme ist auch das Fehlen eines förmlichen Beweisbeschlusses ohne Bedeutung. Hinreichend ist vielmehr, daß die Beweiserhebung durch das Gericht angeordnet und der Rechtsanwalt im Beweisaufnahmeverfahren tätig geworden ist.

Sowohl nach dem Verhandlungsprotokoll (Bl. 17 d. A.) als auch nach den Urteilsgründen (Bl. 193, 202 d. A.) wurden der Vorsitzende des Innenausschusses, Herr Abgeordneter Häßler, und die Assistentin des Innenausschusses, Frau Dr. Reinhardt, dazu gehört, wie und mit welcher Begründung es im Innenausschuß des Landtages Brandenburg zur Einstellung des § 26 Kreisneugliederungsgesetz Brandenburg (KNGBbg) in den Gesetzentwurf gekommen ist. Diese Personen sind weder Beteiligte in dem Verfahren der kommunalen Verfassungsbeschwerde gewesen noch als Vertreter der Verfahrensbeteiligten tätig geworden. Unter dieser Voraussetzung hätte ihre Anhörung keine Beweisaufnahme dargestellt. Die Befragung der seinerzeit im Innenausschuß maßgeblich mitwirkenden Frau Dr. Reinhardt und Herrn Häßler zu Inhalt und Hergang der Beratungen im Innenausschuß zu § 26 KNGBbg diente der beweismäßigen Überprüfung dieser entscheidungserheblichen Tatsachen. Aus dem Verhandlungsprotokoll wie den Urteilsgründen ist ersichtlich, daß das Gericht diese Tatsachenfeststellung mit Hilfe zulässiger Beweismittel klären wollte und geklärt hat. Daran ändert sich auch dadurch nichts, daß Frau Dr. Reinhardt und Herr Häßler nicht ausdrücklich als Zeugen vernommen, sondern eher zur Information des Gerichts gehört worden sind. Auch die informatorische Anhörung dient dazu, dem Gericht über entscheidungserhebliche Tatsachen Klarheit zu verschaffen, und ist eine Beweisaufnahme im Sinne des § 31 Abs. 1 Nr. 3 BRAGO (vgl. zum Ganzen BVerfGE 77, 360, 361 ff.; 81, 387, 391; *Mümmler*, Bundesrechtsanwaltsgebührenordnung, 17. Aufl., 1989, Stichwort Beweisgebühr, Anm. 2.1.; 2.3; 2.4; 3.21; *Keller* in: Riedel/Sußbauer, Bundesrechtsanwaltsgebührenordnung, 6. Aufl., 1988, § 31 Rdn. 95, 108).

Für die Tätigkeit des Rechtsanwalts im Beweisaufnahmeverfahren ist es ausreichend, wenn er bei der in der mündlichen Verhandlung erfolgten Anhörung zugegen gewesen ist (vgl. BVerfGE 77, 350, 363). Dies ist der Fall.

## Nr. 18

1) **Eine amtsangehörige Gemeinde wird nicht von dem Amtsdirektor, sondern von ihrem Bürgermeister vertreten, wenn der Amtsdirektor in Interessenkollisionen geraten könnte.**

2) **Als Beistand i. S. des § 19 Abs. 3 VerfGGBbg kann auch eine Person zugelassen werden, die weder Rechtsanwalt noch Rechtslehrer an einer deutschen Hochschule ist. Seine Verfahrenshandlungen sind alsdann den Beteiligten zuzurechnen.**

3) Zur Folgenabwägung bei Antrag auf Erlaß einer einstweiligen Anordnung in einem Fall, in dem die Trägerschaft für den Brandschutz von den amtsangehörigen Gemeinden auf das Amt verlagert wird.

4) Bei der Folgenabwägung nach § 30 Abs. 1 VerfGGBbg bleibt eine von den Antragstellern selbst heraufbeschworene Situation grundsätzlich außer Betracht.

Landesverfassung Brandenburg Art. 100

Verfassungsgerichtsgesetz Brandenburg §§ 19 Abs. 1 und 3, 30

Amtsordnung Brandenburg §§ 4 Abs. 3, 5 Abs. 1 Satz 1

Erstes Gesetz zur Änderung des Brandschutzgesetzes Brandenburg Art. 1 Nr. 1 lit. b)

Urteil vom 15. Dezember 1994 – VfGBbg 14/94 EA –

in dem Verfahren über den Antrag auf Erlaß einer einstweiligen Anordnung 1. der Stadt Teupitz und (2. bis 10.) neun weiterer Gemeinden des Amtes Schenkenländchen betreffend Erstes Gesetz zur Änderung des Brandschutzgesetzes vom 14. Februar 1994 (Gesetz- und Verordnungsblatt für das Land Brandenburg Teil I S. 22).

Entscheidungsformel:

Der Antrag auf Erlaß einer einstweiligen Anordnung wird zurückgewiesen.

Gründe:

A.

Die antragstellenden Gemeinden – sämtliche amtsangehörigen Gemeinden des Amtes Schenkenländchen – wenden sich dagegen, daß ihnen die Aufgabe des Brandschutzes entzogen und auf das Amt Schenkenländchen übertragen worden ist, und begehren die einstweilige Aussetzung von Art. 1 Nrn. 1 und 2 des Ersten Gesetzes zur Änderung des Brandschutzgesetzes vom 14. Februar 1994 (GVBl. I S. 22).

I.

Das Gesetz über die Gewährung des Brandschutzes und die technische Hilfeleistung der Feuerwehren (Brandschutz- und Hilfeleistungsgesetz –

BschHLG) vom 14. Juni 1991 (GVBl. I S. 192) hatte die Aufgaben des Brandschutzes den Gemeinden als Pflichtaufgaben zur Erfüllung nach Weisung zugewiesen. Die insoweit wesentlichen Bestimmungen lauteten folgendermaßen:

§ 1
Aufgaben der Gemeinden

(1) Zur Bekämpfung von Schadenfeuer sowie Hilfeleistung bei Unglücksfällen und bei solchen öffentlichen Notständen, die durch Naturereignisse, Explosionen oder ähnliche Vorkommnisse verursacht werden, unterhalten die Gemeinden den örtlichen Verhältnissen entsprechende leistungsfähige Feuerwehren als ihre Einrichtungen. Zur zweckentsprechenden Erfüllung dieser Aufgabe können sich mehrere Gemeinden zusammenschließen.

§ 2
Aufgaben der Landkreise

Die Landkreise oder mehrere Landkreise gemeinsam unterhalten Einrichtungen für die Feuerwehren in diesen Gebieten, soweit dafür ein Bedarf besteht. Unter der gleichen Voraussetzung obliegt ihnen die Vorbereitung und Durchführung der zur Beseitigung öffentlicher Notstände erforderlichen Maßnahmen.

§ 4
Art der Durchführung

Die Gemeinden und Landkreise nehmen die Aufgaben nach diesem Gesetz als Pflichtaufgaben zur Erfüllung nach Weisung wahr.

Nach § 5 Abs. 1 Satz 1 Amtsordnung (AmtsO) für das Land Brandenburg vom 19. Dezember 1991 (GVBl. S. 682), in Kraft getreten am 31. Dezember 1991, ist das Amt Träger der ihm durch Gesetz oder Verordnung übertragenen Pflichtaufgaben zur Erfüllung nach Weisung, während es in allen übrigen Fällen bei der Zuständigkeit der amtsangehörigen Gemeinden bleibt.

Durch Art. 1 Nr. 1 lit. b) des Ersten Gesetzes zur Änderung des Brandschutzgesetzes vom 14. Februar 1994 (GVBl. I S. 22), das am 18. Februar 1994 in Kraft getreten ist, wurden neben den amtsfreien Gemeinden und den kreisfreien Städten die Ämter zu Trägern des Brandschutzes bestimmt (§ 1 Abs. 1 des Gesetzes über den Brandschutz und die Hilfeleistung bei Unglücksfällen und öffentlichen Notständen des Landes Brandenburg [Brandschutzgesetz – BSchG] i. d. F. der Bekanntmachung vom 9. März 1994, GVBl. I S. 65). Die weiteren Bestandteile des Art. 1 des Änderungsgesetzes gehen größtenteils auf diese Zuständigkeitsverlagerung zurück; der Begriff „Gemeinde" war in vielen einzelnen Bestimmungen durch die Formulierung „Die Träger des Brandschutzes" zu ersetzen. Nach § 4 BSchG nehmen die Träger des Brandschutzes diese Aufgaben weiterhin als Pflichtaufgaben zur Erfüllung nach Weisung wahr.

## II.

Die Antragstellerinnen beantragen, Art. 1 Nrn. 1 und 2 des Ersten Gesetzes zur Änderung des Brandschutzgesetzes vom 14. Februar 1994 vorläufig auszusetzen. Sie sind der Auffassung, daß die Verlagerung der Trägerschaft für den Brandschutz auf die Ämter die amtsangehörigen Gemeinden in ihren Rechten aus Art. 97 Verfassung des Landes Brandenburg (LV) verletzt. Gerade der Brandschutz stelle eine für kleine Gemeinden besonders wichtige Selbstverwaltungsaufgabe dar, die der Gestaltung und Kontrolle durch die örtlichen Selbstverwaltungsorgane nicht entzogen werden dürfe. Zudem verstoße die Hochzonung gegen den – auch in Art. 96 Abs. 1 LV zum Ausdruck kommenden – Grundsatz, Aufgaben, die auf unterer Ebene zuverlässig und zweckmäßig erfüllt werden können, der unteren Ebene zu überlassen.

Den Erlaß einer einstweiligen Anordnung halten die Antragstellerinnen für notwendig, da die Wahrnehmung des Brandschutzes im Gebiet des Amtes Schenkenländchen in Kürze nicht mehr gewährleistet sein werde. Aufgrund Ziffer 7 des Runderlasses III Nr. 43/1994 des Ministeriums des Innern habe es zwar übergangsweise bis zum Ende des Haushaltsjahres 1994 bei der Bewirtschaftung über die Einzelhaushalte in den amtsangehörigen Gemeinden bleiben können. Diese Zeit gehe aber nun zu Ende. Die Vertretungen der antragstellenden Gemeinden hätten inzwischen übereinstimmend beschlossen, dem Amt ihre Feuerwehreinrichtungen in keiner Weise zu übertragen oder auch nur zur Nutzung zu überlassen. Zahlreiche Mitglieder der gemeindlichen Freiwilligen Feuerwehren hätten zudem erklärt, im Falle einer Übertragung der Trägerschaft des Brandschutzes auf das Amt ihre Mitarbeit in der Freiwilligen Feuerwehr einzustellen.

## III.

Das Gericht hat dem Landtag, der Landesregierung und dem Amt Schenkenländchen Gelegenheit zur Äußerung gegeben. Für die Landesregierung hat sich das Ministerium der Justiz und für Bundes- und Europaangelegenheiten mit Schriftsatz vom 6. Dezember 1994 geäußert. Es ist der Ansicht, daß die Voraussetzungen für den Erlaß der beantragten einstweiligen Anordnung nicht vorliegen. Es fehle bereits am Anordnungsanspruch, da der Entzug der Trägerschaft für den Brandschutz die amtsangehörigen Gemeinden nicht in ihrem Selbstverwaltungsrecht verletzen könne. Der Brandschutz sei schon nach § 4 BschHLG von 1991 eine Pflichtaufgabe der Gemeinden zur Erfüllung nach Weisung gewesen. Pflichtaufgaben zur Erfüllung nach Weisung seien staatliche Aufgaben, gegen deren Entzug die Garantie der gemeindlichen Selbstverwaltung von vornherein nicht schütze. Diese Aufgabenqualität habe das Änderungsgesetz nicht geändert. Aber auch dann, wenn der Brandschutz der kommunalen Selbstverwaltung zuzurechnen sei, sei der Entzug nicht verfassungswidrig. Die amtsangehörigen Gemeinden seien wegen ihrer geringen Bevölkerungszahl und der kostenintensiven Brandschutzgerätschaften zur Wahrnehmung dieser Aufgabe im allgemeinen nicht hinreichend leistungsfähig.

Es mangele aber auch an einem Anordnungsgrund. Die Trägerschaft für den Brandschutz sei bereits im Februar 1994 auf die Ämter übergegangen. Seither seien keinerlei Gefahren für das Gemeinwohl aufgrund des Vollzuges des Änderungsgesetzes bekanntgeworden. Die bei Nichterlaß der einstweiligen Anordnung eintretenden Nachteile auf seiten der Antragstellerinnen gingen nicht über die bloßen Folgen des Gesetzesvollzuges hinaus. Der Vollzug des Gesetzes selbst bringe keine irreversiblen und irreparablen schweren Nachteile für die Antragstellerinnen mit sich; haushalts- und eigentumsrechtliche Verschiebungen ließen sich gegebenenfalls rückgängig machen.

IV.

Den ursprünglich am 1. November 1994 durch den Amtsdirektor des Amtes Schenkenländchen gestellten Antrag haben die Antragstellerinnen durch Schriftsätze vom 23. November 1994 und vom 8. Dezember 1994 erneut gestellt. Die Antragstellerinnen zu 2. bis 10. haben den Bürgermeister der Antragstellerin zu 1. in Person bevollmächtigt und beantragen, ihn als ihren Beistand zuzulassen.

B.

Die Anträge auf Erlaß einer einstweiligen Anordnung sind zulässig (I.), aber nicht begründet (II.).

I.

1. Die antragstellenden amtsangehörigen Gemeinden werden hier entgegen § 4 Abs. 3 Hs. 1 in Verbindung mit § 9 Abs. 4 Satz 1 AmtsO nicht durch den Amtsdirektor, sondern durch ihre Bürgermeister vertreten. Eine Vertretung durch den Amtsdirektor wäre nach Lage des Falles nicht zulässig, weil er als Vertreter des Amtes als des neuen Trägers des Brandschutzes anderenfalls in einen Interessenwiderstreit geraten könnte. Der Rechtsgedanke, derartige Interessenkollisionen zu vermeiden, liegt etwa auch § 4 Abs. 3 Hs. 2 AmtsO zugrunde, wonach die Gemeinde in den Fällen ausnahmsweise nicht durch das Amt vertreten wird, in denen das Amt selbst Verfahrensbeteiligter ist oder meh-

rere dem Amt angehörende Gemeinden am Prozeß beteiligt sind. Demzufolge können die antragstellenden Gemeinden im vorliegenden Fall nicht durch den Amtsdirektor, sondern nur durch ihre Bürgermeister vertreten werden.

2. Der Bürgermeister der Antragstellerin zu 1., Dr. K., hat die Anträge auch für die Antragstellerinnen zu 2. bis 10. wirksam gestellt. Der von den Antragstellerinnen zu 2. bis 10. bevollmächtigte Dr. K. kann zwar nicht als deren Verfahrensbevollmächtigter im gesetzestechnischen Sinne tätig werden. In einem verfassungsgerichtlichen Verfahren kann ein Antragsteller nur entweder selbst handeln oder sich gemäß § 19 Abs. 1 Verfassungsgerichtsgesetz (VerfGGBbg) durch einen bei einem deutschen Gericht zugelassenen oder registrierten Rechtsanwalt oder durch einen Rechtslehrer an einer deutschen Hochschule vertreten lassen. Das Gericht hat Dr. K. aber auf Antrag der Antragstellerinnen zu 2. bis 10. nach § 19 Abs. 3 VerfGGBbg in Person als ihren Beistand zugelassen, dessen Vortrag und Verfahrenshandlungen ihnen gegebenenfalls zuzurechnen sind (§ 13 Abs. 1 VerfGGBbg i. V. m. § 90 Abs. 2 ZPO). Als Beistand im Sinne dieser Bestimmungen kann auch ein nichtvertretungsberechtigter Bevollmächtigter zugelassen werden (vgl. BVerfGE 1, 91, 93). Die in das pflichtgemäße Ermessen des Gerichts gestellte Zulassung setzt ihre Sachdienlichkeit voraus (vgl. BVerfGE 68, 360, 361). Diese ist hier zu bejahen. Die Antragstellerinnen zu 2. bis 10. und Dr. K. als gesetzlicher Vertreter der Antragstellerin zu 1. verbindet eine durch den Verfahrensgegenstand hergestellte gleichgerichtete Interessenlage. Seine Zulassung als Beistand ist geeignet, die Entscheidungsfindung auch im Interesse der Verfahrensökonomie zu fördern, da sie die Bündelung der Anträge und ihrer Begründungen ermöglicht.

## II.

Die Anträge sind nicht begründet. Die Voraussetzungen, von denen § 30 Abs. 1 VerfGGBbg den Erlaß einer einstweiligen Anordnung abhängig macht, sind nicht gegeben.

1. Nach § 30 Abs. 1 VerfGGBbg kann das Verfassungsgericht einen Zustand durch einstweilige Anordnung vorläufig regeln, wenn dies zur Abwendung schwerer Nachteile, zur Verhinderung drohender Gewalt oder aus einem anderen wichtigen Grund zum gemeinen Wohl dringend geboten ist. Bei der Prüfung dieser Voraussetzungen ist ein strenger Maßstab anzulegen, insbesondere wenn im Wege der einstweiligen Anordnung ein Gesetz außer Vollzug gesetzt werden soll (vgl. VerfGBbg OLG-NL 1994, 73*; BVerfGE 81, 53, 54; 82, 353, 363; 83, 162, 171). Das gilt in verstärktem Maße, wenn

---

* LVerfGE 1, 205 ff.

das Gesetz bereits seit einiger Zeit in Kraft ist (vgl. BVerfGE 36, 310, 315; 43, 198, 200; 72, 350, 351). Die Verfassungsmäßigkeit als solche ist in dem Verfahren über den Erlaß einer einstweiligen Anordnung nicht Gegenstand der Prüfung; die Gründe, die für die Verfassungswidrigkeit der angegriffenen Vorschrift sprechen, müssen grundsätzlich ebenso außer Betracht bleiben wie die Gegengründe, es sei denn, der Antrag in der Hauptsache erwiese sich als von vornherein unzulässig oder als offensichtlich unbegründet. Ansonsten ist im Verfahren der einstweiligen Anordnung eine Abwägung der hypothetischen Folgen vorzunehmen: Das Verfassungsgericht hat die Folgen, die sich ergeben, wenn die einstweilige Anordnung nicht ergeht, die angegriffene Regelung aber später für verfassungswidrig erklärt würde, gegen die Nachteile abzuwägen, die entstehen, wenn die angegriffene Regelung vorläufig außer Vollzug gesetzt wird, sich aber im Hauptsachverfahren als verfassungsgemäß erwiese (st. Rspr., vgl. nur VerfGBbg OLG-NL 1994, 73, 74; 75*). Dabei müssen die nachteiligen Folgen, die ohne die beantragte einstweilige Anordnung für den Fall des Obsiegens in der Hauptsache zu vergegenwärtigen sind, die nachteiligen Folgen, die sich bei Erlaß der einstweiligen Anordnung für den Fall der Erfolglosigkeit in der Hauptsache ergeben, in ihrer Gesamtheit deutlich überwiegen (vgl. bereits VerfGBbg aaO). In den Blick zu nehmen sind insbesondere solche Nachteile, die über die Folgen des bloßen Gesetzesvollzuges hinausgehen; anderenfalls würde, da im verfassungsgerichtlichen Verfahren des einstweiligen Rechtsschutzes die Erfolgsaussichten in der Hauptsache grundsätzlich nicht zu prüfen sind, der Erlaß einer einstweiligen Anordnung leicht zur Regel. Unbeschadet dessen sind in die Abwägung alle in Betracht kommenden relevanten Belange und widerstreitenden Interessen einzustellen (vgl. BVerfGE 1, 85, 86; 3, 34, 37; 12, 276, 280). Insbesondere ist auch zu bedenken, ob für den Fall der Verfassungswidrigkeit der angegriffenen Bestimmungen bis zur Entscheidung in der Hauptsache irreversible Schäden drohen oder vollendete Tatsachen geschaffen werden (vgl. BVerfG in EuGRZ 1994, 533, 535). Soweit es darum geht, ob die einstweilige Anordnung zum gemeinen Wohl dringend geboten ist, ist nicht nur das gemeine Wohl auf Antragstellerseite, sondern auch das gemeine Wohl der übrigen Landesteile zu berücksichtigen (vgl. VerfGBbg OLG-NL 1994, 73, 74*).

2. Der Hauptsacheantrag wäre hier weder von vornherein unzulässig noch offensichtlich unbegründet. In der – bisher allerdings nicht anhängig gemachten – Hauptsache würde es um die Verlagerung der Trägerschaft des Brandschutzes auf das Amt gehen, die unmittelbar durch Art. 1 Nr. 1 lit. b) des Ersten Gesetzes zur Änderung des Brandschutzgesetzes angeordnet

---

*    LVerfGE 1, 205 ff.

wurde. Die Verfassungsbeschwerde würde sich insofern – unbeschadet des zur Begründung des Antrags auf Erlaß einer einstweiligen Anordnung herangezogenen Runderlasses III Nr. 43/1994 des Ministeriums des Innern, der wegen seines fehlenden Rechtssatzgehalts seinerseits nicht Gegenstand einer kommunalen Verfassungsbeschwerde sein könnte (vgl. VerfGH NW DÖV 1994, 957, 958) – gegen ein Gesetz im Sinne des Art. 100 LV, § 51 Abs. 1 VerfGGBbg richten. Der Antrag in der Hauptsache wäre auch nicht wegen Fristablaufs gemäß § 51 Abs. 2 VerfGGBbg unzulässig. Die einjährige Beschwerdefrist ist erst mit Inkrafttreten des Ersten Gesetzes zur Änderung des Brandschutzgesetzes in Gang gesetzt worden. Die Trägerschaft für den Brandschutz war nicht etwa bereits durch § 5 Abs. 1 Satz 1 AmtsO auf das Amt übergegangen. Diese Vorschrift macht die Zuständigkeit des Amtes für Pflichtaufgaben zur Erfüllung nach Weisung vielmehr von einer anderweitigen Übertragung durch Gesetz oder Verordnung abhängig, der danach konstitutive normative Wirkung zukommt. Im derzeitigen Stadium des Verfahrens, in dem sich das Gericht auf eine summarische Prüfung der Erfolgschancen der Hauptsache beschränken muß, kann auch nicht davon ausgegangen werden, daß die – gegebenenfalls noch zu erhebende – Verfassungsbeschwerde offensichtlich unbegründet ist. Das Ergebnis bleibt vielmehr zunächst offen.

3. Im Rahmen der Folgenabwägung sind keine Nachteile solchen Ausmaßes zu erkennen, daß der Erlaß einer einstweiligen Anordnung gerechtfertigt wäre. Die nachteiligen Folgen, die ohne die beantragte einstweilige Anordnung für den Fall des Obsiegens im Hauptsacheverfahren in der Zwischenzeit von den antragstellenden Gemeinden und der Allgemeinheit hinzunehmen sind, wiegen insgesamt nicht schwerer als diejenigen, die sich bei Erlaß der einstweiligen Anordnung für den Fall der Erfolglosigkeit in der Hauptsache ergeben.

a) Die nachteiligen Folgen des Erlasses einer einstweiligen Anordnung für den Fall, daß sich im Hauptsacheverfahren die Verlagerung der Trägerschaft für den Brandschutz von den amtsangehörigen Gemeinden auf die Ämter als verfassungsmäßig erweist, sind erheblich. Eine einstweilige Anordnung würde eine Verunsicherung der Ämter und amtsangehörigen Gemeinden im ganzen Lande Brandenburg auslösen, in denen die bereits vor mehr als zehn Monaten erfolgte Übertragung der Aufgabe des Brandschutzes auf die Ämter nach dem unwidersprochenen Vortrag der Vertreter der Landesregierung in der mündlichen Verhandlung weitgehend vollzogen ist.

b) Im Vergleich hierzu wiegen die Nachteile, die sich ergeben, wenn die einstweilige Anordnung nicht ergeht und sich das Erste Gesetz zur Änderung des Brandschutzgesetzes im Hauptsacheverfahren als verfassungswidrig er-

weist, jedenfalls nicht schwerer. Bei dem weiteren Vollzug des Gesetzes drohen weder den Antragstellerinnen noch der Allgemeinheit derart schwere irreversible nachteilige Folgen, daß sie den Erlaß einer einstweiligen Anordnung
zu rechtfertigen vermögen.

aa) Die haushaltsrechtliche Vollziehung des Übergangs der Trägerschaft
für den Brandschutz auf das Amt im Haushaltsjahr 1995, die erkennbar den
eigentlichen Anlaß für den Antrag auf Erlaß einer einstweiligen Anordnung
gegeben hat, wäre ohne weiteres reversibel, spätestens bei Aufstellung des der
Entscheidung in der Hauptsache nachfolgenden Haushaltsplans.

bb) Zudem stehen ausschließlich Folgen des Gesetzes in Frage, die nicht
über seinen bloßen Vollzug hinausgehen und deshalb, wie ausgeführt, grundsätzlich den Erlaß einer einstweiligen Anordnung nicht rechtfertigen können.
Der Übergang der gemeindlichen Feuerwehreinrichtungen auf das Amt, die
Einstellung der erforderlichen Mittel in den Haushalt des Amtes, die Ausübung der von den Bürgermeistern auf das Amt übergegangenen Weisungsbefugnis sowie die Umbenennung der Feuerwehren und die Bestellung der
Wehrführer durch das Amt innerhalb eines Jahres nach Inkrafttreten des Gesetzes (§ 39 BSchG) ergeben sich unmittelbar aus der gesetzlichen Regelung.

cc) Soweit die Antragstellerinnen darauf verweisen, daß der Brandschutz
nicht mehr gewährleistet sei, weil das Amt wegen des Widerstandes der amtsangehörigen Gemeinden gegen die Übertragung oder Überlassung ihrer Feuerwehreinrichtungen auf das Amt nicht über die benötigten Feuerwehreinrichtungen verfüge, die Gemeinden aber nicht mehr befugt seien, Haushaltsmittel für den Betrieb der Feuerwehr bereitzustellen, haben die Antragstellerinnen diese Situation selbst heraufbeschworen, indem sie sich weigern, bei der
Vollziehung des Ersten Gesetzes zur Änderung des Brandschutzgesetzes mitzuwirken und ihre Feuerwehreinrichtungen dem Amt zu übertragen oder zu
überlassen. Sie sind jedoch verpflichtet, das Gesetz zu vollziehen, solange es
nicht vom Verfassungsgericht für nichtig erklärt ist. Eine solcherart von den
Antragstellerinnen selbst zu verantwortende Situation kann aber grundsätzlich als Grund für den Erlaß einer einstweiligen Anordnung nicht anerkannt
werden. Notfalls muß die staatliche Kommunalaufsicht eingreifen.

dd) Der weitere Hinweis der Antragstellerinnen, daß die freiwilligen Feuerwehrleute wegen der Verlagerung der Trägerschaft für den Brandschutz auf
das Amt ihre Mitarbeit kurzfristig einstellen könnten, vermag nicht zu überzeugen. Das Gericht kann sich schlechterdings nicht vorstellen, daß sich Feuerwehrleute so verantwortungslos verhalten und damit dem von ihnen aus
Überzeugung übernommenen Auftrag untreu werden, Leben, Gesundheit
und Sachwerte ihrer Mitbürger vor Brand und Brandgefahr zu schützen. Zu

berücksichtigen ist in diesem Zusammenhang auch, daß der örtliche Bezug der Freiwilligen Feuerwehr durchaus erhalten bleibt. Nach Abschnitt 2 Ziffer 7 Verwaltungsvorschrift des Ministers des Innern zur Durchführung des Brandschutzgesetzes (VwVBSchG) vom 9. März 1994 (ABl. S. 226) sollen die gemeindlichen Feuerwehren trotz Trägerschaft des Amtes in ihrer Struktur und Organisation fortbestehen. Der Wehrführer des Amtes wird gut daran tun, in diese Strukturen nicht ohne Not einzugreifen.

## C.

Die Entscheidung ist mit acht Stimmen gegen eine Stimme ergangen.

# Entscheidungen
# des Landesverfassungsgerichts
# Sachsen-Anhalt

# Die amtierenden Richter
# des Landesverfassungsgerichts für das Land Sachsen-Anhalt

Prof. Jürgen Goydke,   Präsident
Burkhard Guntau,   Vizepräsident
Dr. Edeltraut Faßhauer
Margit Gärtner
Prof. Dr. Michael Kilian
Erhard Köhler
Dr. Harald Schultze

## Stellvertretende Richter

Carola Beuermann
Dietrich Franke
Dietmar Frommhage
Wolfgang Pietzke
Prof. Dr. Stefan Smid
Dr. Peter Willms
Werner Zink

## Nr. 1

1. Art. 90 LVerf-LSA stellt klar, daß die zu Art. 28 Abs. 2 GG für Gebietsänderungen entwickelte Rechtsprechung Inhalt der Selbstverwaltungsgarantie (Art. 2 Abs. 3 LVerf-LSA) ist, ohne diese Rechte substantiell zu erweitern.

2. a) Durch die Kreisreformgesetzgebung aufgelöste Landkreise werden durch das Gesetz unmittelbar i. S. des Art. 75 Nr. 7 LVerf-LSA und der §§ 2 Nr. 8; 51 Abs. 1 LVerfGG-LSA betroffen. Sie müssen ihre Auflösung nur hinnehmen, wenn und soweit die Verfügung über ihren Gebietsstand dem Gemeinwohl entspricht und wenn ihre Anhörungsrechte gewahrt worden sind.

b) Kreisangehörige Gemeinden sind durch ein Kreisgebietsreformgesetz (am Maßstab des Art. 2 Abs. 3 und Art. 90 LVerf-LSA) nicht unmittelbar betroffen. Das Kreisgebietsreformgesetz kann sie aber dann in eigenen Positionen aus Art. 2 Abs. 3 und Art. 87 LVerf-LSA berühren, wenn und soweit sich seine Regelungen auf die (eigene) Aufgabenerfüllung nach Art. 87 Abs. 3 LVerf-LSA unzumutbar auswirken.

Die Aufgaben des Art. 87 LVerf-LSA werden auch durch die Einrichtungsgarantien (Art. 3 Abs. 2 LVerf-LSA) und die Staatsziele (Art. 3 Abs. 3 LVerf-LSA) umschrieben, sie verpflichten nicht nur das Land, sondern auch die Kommunen.

3. a) Art. 90 S. 2 LVerf-LSA verlangt kein Verfahrensgesetz, welches den Ablauf von Anhörungen regelt.

b) Art. 90 S. 2 LVerf-LSA verpflichtet den Gesetzgeber bei Änderungen von Kreisgebieten nicht, auch die Bürger förmlich anzuhören.

c) Das Anhörungsgebot bezieht sich nur auf die Tatsachen, welche der Gesetzgeber seiner Abwägung zugrunde zu legen hat. Eine erneute Anhörung ist nur dann geboten, wenn und soweit sich die für die Wertung notwendigen Tatsachen oder sich die Ziele des Gesetzgebers so geändert haben, daß eine frühere Anhörung ins Leere geht.

4. Das Gemeinwohl (Art. 90 Satz 1 LVerf-LSA) verlangt Kommunen, die in der Lage sind, auch die Aufgaben möglichst sachgerecht und effektiv

zu erfüllen, die sich aus dem Sozialstaatsprinzip, aus den Staatszielen und aus den Einrichtungsgarantien ergeben.

5. a) Der Eingriff in den Gebietsbestand ist nur verfassungsgemäß,

– wenn ihn ein Gemeinwohlgesichtspunkt rechtfertigt,

– sofern der Gesetzgeber seiner Reform ein System zugrunde gelegt hat, wenn dieses mit der Verfassungsordnung vereinbar ist, und – für den Fall von Abweichungen vom System –, wenn diese auf einem sachlichen Grund beruhen,

– wenn die Entscheidung frei ist von Willkür,

– wenn der konkrete Eingriff mit Blick auf die Selbstverwaltungsgarantie abgewogen und verhältnismäßig ist und

– wenn das Ergebnis im übrigen mit der Verfassungsordnung vereinbar ist.

b) Der Gesetzgeber hat die für die Abwägung erheblichen Tatsachen zu ermitteln und muß sie erkennbar seiner Abwägung zugrundegelegt haben.

Soweit er aus ermittelten Tatsachen Prognosen gewinnt, Prognosen als Tatsachen zugrundelegt oder Wertungen vornimmt, prüft das Verfassungsgericht nur nach, ob das Ergebnis offensichtlich fehlerhaft oder eindeutig widerlegbar ist.

c) Verfassungsrecht verlangt keinen besonderen, von der (regulären) Verhältnismäßigkeitsprüfung begrifflich zu trennenden Schaden-Nutzen-Vergleich

d) Die Verfassung verlangt nicht, daß der Gesetzgeber eine formelle Begründung seines Ergebnisses beschließt.

6. Der Gewaltenteilungsgrundsatz begrenzt den Umfang der verfassungsgerichtlichen Kontrolle. Das Verfassungsgericht prüft nur, ob der Gesetzgeber die ihm von der Verfassung vorgegebenen Grenzen eingehalten hat. Es untersucht nicht, ob der Gesetzgeber von der ihm zustehenden und von ihm politisch zu verantwortenden Gestaltungsfreiheit zweckmäßigen Gebrauch gemacht hat. Das Verfassungsgericht kann deshalb nicht selbständig nach der bestmöglichen Lösung suchen.

7. a) Bei dieser Kreisgebietsreform hat der Gesetzgeber nicht gegen die Pflicht verstoßen, den Sachverhalt umfassend zu ermitteln.

b) Einerseits verhindert es der gegenwärtig noch nicht abgeschlossene wirtschaftliche Anpassungsprozeß, zuverlässige Daten zu erheben, die sichere Prognosen zulassen. Die Verfassung verlangt andererseits Kommunen, die in der Lage sind, ihre Aufgaben nach Art. 87 LVerf-LSA zu erfüllen und dabei den Staatsziel- und Einrichtungsgarantiebestimmungen der Verfassung alsbald gerecht zu werden.

c) Bei diesem Zielkonflikt darf der Landesgesetzgeber die Reform durchführen. Die gegenwärtig bestehenden Kreise werden nicht unverhältnismäßig belastet; denn die Reformnotwendigkeit – und damit die Auflösung kleiner Kreise – steht auch ohne die in erster Linie konkrete Zuordnungen stützenden Daten fest. Sollten nach Abschluß des Anpassungsprozesses sichere Daten belegen, daß einzelne Zuordnungen dieser Kreisreform korrigiert werden müssen, so können wesentliche Änderungen der Grundlagen Anlaß für eine Gesetzesänderung sein.

8. Zur Verfassungsmäßigkeit einer nicht rein systemkonformen Zuordnung.

Grundgesetz, Art. 28 Abs. 2, 31

Verfassung des Landes Sachsen-Anhalt, Art. 2 Abs. 3, 3 Abs. 2, 3, 75 Nr. 7, 87 Abs. 1, 90

Landesverfassungsgerichtsgesetz, §§ 2 Nr. 8; 51 Abs. 1, 3

Kreisgebietsreformgesetz, §§ 10 Abs. 2 c, 11 Abs. 2 c

Kommunalverfassung der DDR, §§ 12 Abs. 3, 78, 79 Abs. 1

Gemeindeordnung, § 17 Abs. 2

Landkreisordnung, § 11

Urteil vom 31. Mai 1994 – LVG 2/93 –

wegen §§ 10 Abs. 2 Buchst. c, 11 Abs. 2 Buchst. c des Gesetzes zur Kreisgebietsreform vom 13. 7. 1993.

Entscheidungsformel:

Die Verfassungsbeschwerden werden zurückgewiesen.
Die Entscheidung ergeht gerichtskostenfrei.
Außergerichtliche Kosten werden nicht erstattet.

Tatbestand:

Gegenstand des Verfahrens ist die Zuordnung des sog. „Wörlitzer Winkels" (bislang Landkreis Gräfenhainichen) zum durch die Gebietsreform neu gebildeten Landkreis Anhalt-Zerbst.

1.

Das vom Landtag am 3. 6. 1993 beschlossene Gesetz zur Kreisgebietsreform – im folgenden KrsGebRefG-LSA – vom 13. 7. 1993 (LSA-GVBl S. 352), inzwischen geändert durch Art. 7 des Gesetzes vom 3. 2. 1994 (LSA-GVBl S. 164, 171), gliedert die Landkreise im Land Sachsen-Anhalt neu und reduziert deren Zahl von gegenwärtig 37 auf künftig 21. Das Gesetz soll am 1. 7. 1994 in Kraft treten (§ 37 Satz 1 KrsGebRefG-LSA).

Im hier streitigen Gebiet löst es den Beschwerdeführer zu 1 auf (§ 11 Abs. 1 KrsGebRefG-LSA) und ordnet das Kreisgebiet mehreren neuen Landkreisen zu, soweit es nicht eingemeindet wird (§§ 10 Abs. 2 Buchst. c, 11 Abs. 2 Buchst. c, 12 Abs. 2 Buchst. b und 23 Abs. 1 KrsGebRefG-LSA), und zwar

– dem neuen Landkreis Wittenberg (§ 11 Abs. 2 und Anlage zu § 33 Nr. 11) Gemeinden sowie die Kreisstadt mit zusammen 24.057 Einwohnern und 278,23 km² Fläche,

– dem neuen Landkreis Anhalt-Zerbst (§ 10 Abs. 2 und Anlage zu § 33 Nr. 10) die Gemeinden des „Wörlitzer Winkels" mit zusammen 10.816 Einwohnern auf 115,16 km² Fläche,

– dem neuen Landkreis Bitterfeld (§ 12 Abs. 2 und Anlage zu § 33 Nr. 12) Gemeinden mit zusammen 3.180 Einwohnern auf 50,17 km² Fläche sowie

– der Stadt Dessau (§ 23 Abs. 1 und Anlage zu § 33 Nr. 231) Gemeinden mit zusammen 578 Einwohnern auf 21,76 km² Fläche.

Der Landkreis Wittenberg wird außer aus den im § 11 Abs. 2 Buchst. c KrsGebRefG-LSA genannten Gemeinden des Beschwerdeführers zu 1 aus den Gemeinden der Kreise Gräfenhainichen, Jessen und Wittenberg gebildet, der Landkreis Anhalt-Zerbst außer aus den Gemeinden des „Wörlitzer Winkels" aus allen Gemeinden der Kreise Zerbst und Roßlau (vgl. §§ 10, 11 KrsGebRefG-LSA jeweils Abs. 2).

Auf der Basis der zugrunde gelegten Daten umfaßt der geplante Landkreis Anhalt-Zerbst 83.257 Einwohner auf 1.225,28 km² Fläche und der geplante Landkreis Wittenberg 147.407 Einwohner auf 1.507,59 km² Fläche.

Das hier streitige Gebiet gehörte bis 1945 zum Land Anhalt.

Gebietsänderungen für die Kreise in der ehemaligen preußischen Provinz Sachsen hatten sich im Jahr 1932 durch §§ 33 bis 37 der Verordnung über die

Neugliederung von Landkreisen vom 1. 8. 1932 (Pr-GS Nr. 43 S. 255), geändert durch Verordnung vom 27. 9. 1932 (Pr-GS Nr. 55 Satz 315), ergeben.

1945 wurde der (preußischen) Provinz Sachsen das Staatsgebiet des Landes Anhalt angegliedert (Befehl des Oberst-Kommandierenden der sowjetisch-militärischen Verwaltung, vgl. Verordnungsblatt für die Provinz Sachsen, 1945 Nr. 1 S. 22). Diese wurde nach Auflösung des Staates Preußen zum selbständigen Land Sachsen-Anhalt (vgl. Beschluß des Landtages vom 3. 12. 1946, Gesetz- und Amtsblatt der Provinz Sachsen-Anhalt – ProvSAn-GABl – 1947, Teil 1 Gesetzblatt Nr. 1 S. 6; Verfassung der Provinz Sachsen-Anhalt – Verf-ProvSAn – vom 10. 1. 1947, ProvSAn-GABl Teil I Nrn. 2/3 S. 9; Kontrollrats-Gesetz über die Auflösung des Staates Preußen vom 25. 2. 1947, ProvSAn-GABl Teil I Nr. 6 S. 49; Befehl Nr. 180 des Obersten Chefs der Sowjetischen Militär-Administration in Deutschland vom 21. 7. 1947, Gesetz- und Amtsblatt des Landes Sachsen-Anhalt – LSA-GABl – Teil I Gesetzblatt Nr. 17 S. 127).

Den Bestand ehemals preußischer und ehemals anhaltischer Stadt- und Landkreise in diesem Territorium dokumentiert das Gesetz über die Gerichtsorganisation in der Provinz Sachsen-Anhalt – GerOrgG-ProvSAn – vom 18. 6. 1947 (ProvSAn-GABl Teil I Nr. 15 S. 118); in den Gebietsstand wurde unter der Geltung der Selbstverwaltungsgarantie (vgl. Art. 7, 69 Nr. 2 Verf-ProvSAn) zuletzt durch insgesamt vier auf der Grundlage des § 1 des Gesetzes zur Änderung der Kreis- und Gemeindegrenzen vom 27. 4. 1950 (LSA-GABl Teil I Nr. 11 S. 161) erlassener Verordnungen zur Änderung der Kreis- und Gemeindegrenzen (LSA-GABl Teil I Nrn. 15, 18, 21, 23 S. 225, 274, 322, 346) eingegriffen.

Einschneidende Veränderungen nicht nur in der Gebietsstruktur, sondern auch für die Funktion der Kreisebene ergaben sich aus der Reform des Jahres 1952:

Nachdem die Deutsche Demokratische Republik durch Gesetz des Zentralstaats eine die Ländergrenzen außer acht lassende Verwaltungsstruktur in Bezirke, Kreise und Gemeinden vorgegeben hatte (vgl. §§ 1, 2 des Gesetzes über die weitere Demokratisierung des Aufbaus und der Arbeitsweise der staatlichen Organe in den Ländern der Deutschen Demokratischen Republik vom 23. 7. 1952, DDR-GBl Teil I Nr. 99 S. 613; vgl. ferner die Ordnungen für den Aufbau und die Arbeitsweise der staatlichen Organe der Bezirke und der Kreise, jeweils vom 24. 7. 1952, DDR-GBl Teil I Nr. 99 S. 621, 623), ordnete der Landtag von Sachsen-Anhalt neu geschnittene Stadt- und Landkreise den Bezirken Halle und Magdeburg zu (Gesetz über die weitere Demokratisierung des Aufbaues und der Arbeitsweise der staatlichen Organe im Lande Sachsen-Anhalt – DemOrgG-LSA – vom 25. 7. 1952, LSA-GABl Nr. 28, S. 213). Dadurch entstanden kleinere und zahlreiche neue Landkreise.

Art. 47 Abs. 2 der Verfassung der Deutschen Demokratischen Republik – DDR-Verf 69/74 – vom 6. 4. 1969 (DDR-GBl Teil I Nr. 8 S. 199), geändert durch Gesetz vom 7. 10. 1974 (DDR-GBl Teil I Nr. 47 S. 425), schrieb den Grundsatz des demokratischen Zentralismus fest.

Das ganze Gebiet des Wörlitzer Winkels gehörte bis 1945 zum Land Anhalt, nach der Integration Anhalts in die Provinz Sachsen 1945 zum Landkreis Dessau-Köthen (Bezeichnung bis 1950; vgl. GerOrgG-ProvSAn) bzw. Landkreis Köthen (Bezeichnung zwischen 1950 und 1952; vgl. § 6 Abs. 3 der Ersten Verordnung zum Gesetz zur Änderung der Kreis- und Gemeindegrenzen vom 9. 6. 1950, LSA-GABl Teil I Nr. 15 S. 225) im Bezirk Dessau. Es kam 1952 zum im übrigen aus zum früheren Bezirk Merseburg gehörenden Gebietsteilen neu gebildeten Kreis Gräfenhainichen (§§ 1 Abs. 2; 2 DemOrgG-LSA sowie Anlage A zu diesem Gesetz).

In Abkehr vom „demokratischen Zentralismus" garantierte das Gesetz über die Selbstverwaltung der Gemeinden und Landkreise in der Deutschen Demokratischen Republik – Kommunalverfassung – vom 17. 5. 1990 (DDR-GBl Teil I Nr. 28 S. 255) – im folgenden: KommVfG – erneut die herkömmliche kommunale Selbstverwaltung; das Gesetz über Verfassungsgrundsätze vom 17. 6. 1990 (DDR-GBl Teil I Nr. 33 S. 299) – VerfGrdsG – stellte die föderale Ordnung wieder her, bestätigte die Garantie der Selbstverwaltung und hob die Bestimmungen über den „demokratischen Zentralismus" verfassungsändernd auf. Durch das Verfassungsgesetz zur Bildung von Ländern in der Deutschen Demokratischen Republik – Ländereinführungsgesetz – vom 22. 7. 1990 (DDR-GBl Teil I Nr. 51 S. 955) – LdEinfG – wurde schließlich das Gesetz von 1952 über die Demokratisierung des Aufbaus formell aufgehoben (§ 25 Abs. 2 LdEinfG).

Die Verfassung des seit dem 3. 10. 1990 bestehenden Landes Sachsen-Anhalt vom 15. 7. 1992 (LSA-GVBl S. 600) – LVerf-LSA – enthält in ihren Art. 2 (Abs. 3), 87 und 90 Bestimmungen zur Selbstverwaltungsgarantie.

Das Territorium der Landkreise hatte die Kommunalverfassung unverändert gelassen (§ 78 KommVfG), aber Gebietsänderungen und Auflösungen zugelassen (§ 79 Abs. 1 Satz 1 KommVfG) und hierfür verlangt (§ 79 Abs. 1 Satz 2 KommVfG), die beteiligten Gemeinden und Landkreise zuvor anzuhören. Eine Anhörung der Einwohner sah § 79 KommVfG bei der Änderung von Kreisgrenzen nicht vor; hingegen verlangte § 12 Abs. 3 KommVfG die Beteiligung der Bürger bei der Änderung von Gemeindegrenzen.

Die DDR-Kommunalverfassung gilt aufgrund des Art. 9 Abs. 1 des Einigungsvertrags (BGBl 1990 II S. 885, DDR-GBl 1990 Teil I Nr. 64 S. 1627) sowie der Anlage II Kapitel II Buchst. B Abschnitt I zu dieser Bestimmung in Sachsen-Anhalt als Landesrecht fort und ist inzwischen mehrfach, zuletzt durch Gesetz vom 3. 2. 1994 (LSA-GVBl S. 164, 166), geändert worden.

Sie tritt zum 1. 7. 1994 außer Kraft (§ 145 der Gemeindeordnung für das Land Sachsen-Anhalt – GO-LSA – vom 5. 10. 1993, LSA-GVBl S. 568, geändert durch Gesetz vom 3. 2. 1994 LSA-GVBl S. 164, 166). Die Anhörungsrechte sind in gleicher Weise für Gemeinde- und Kreisgebietsänderungen differenziert geregelt wie bisher (vgl. einerseits § 17 Abs. 2 Satz 3 GO-LSA und andererseits § 11 Satz 2 der Landkreisordnung für das Land Sachsen-Anhalt – LKO-LSA – vom 5. 10. 1993 LSA-GVBl S. 598, geändert durch Gesetz vom 3. 2. 1994, LSA-GVBl S. 164, 170).

Das Vorschaltgesetz zur Verwaltungs- und Gebietsreform des Landes Sachsen-Anhalt vom 9. 10. 1992 (LSA-GVBl S. 716) enthält keine Bestimmungen über die Anhörung bei Gebietsänderungen der Landkreise.

Das bis zum 31. 12. 1993 befristet erlassene (Art. III) Vorschaltgesetz zur Raumordnung und Landesplanung des Landes Sachsen-Anhalt – ROLVG-LSA – vom 2. 6. 1992 (LSA-GVBl S. 390), das nach der Beschlußfassung des Landtags über die Kreisgebietsreform am 30. 6. 1993 (LSA-GVBl S. 574) und am 17. 12. 1993 (LSA-GVBl S. 815) verlängert und ergänzt worden ist, enthält im Artikel II ein Landesentwicklungsprogramm; unter Nr. 2 sind dort als konkrete Ziele der Raumordnung und Landesentwicklung ein System zentraler Orte und strukturelle Anforderungen an bestimmte Gebiete festgelegt.

Das Landesentwicklungsprogramm weist die Stadt Dessau als Oberzentrum (Nr. 2. 1. 8), die Stadt Wittenberg als Mittelzentrum (Nr. 2. 1. 10), die Stadt Bitterfeld als Mittelzentrum mit Teilfunktionen eines Oberzentrums (Nr. 2. 1. 9) und die Stadt Zerbst als Grundzentrum mit Teilfunktionen eines Mittelzentrums (Nr. 2. 1. 11) aus.

Der Bereich beiderseits der Elbe in den Kreisen Zerbst, Roßlau und Gräfenhainichen gehört zum Biosphärenreservat Mittlere Elbe (vgl. Verordnung über die Festsetzung von Naturschutzgebieten und einem Landschaftsschutzgebiet von zentraler Bedeutung Biosphärenreservat Mittlere Elbe vom 12. 9. 1990 DDR-GBl Sonderdruck Nr. 1474; Art. 3 zu Kap. XII Buchst. i) der Vereinbarung zwischen der Bundesrepublik Deutschland und der Deutschen Demokratischen Republik zur Durchführung und Auslegung des Einigungsvertrags BGBl 1990 II S. 1239, 1242). Dieser Bereich ist ein Vorranggebiet für Natur und Landschaft (Art. II Nr. 2. 2. 1 ROLVG-LSA).

Die Landschaftsanlagen des Fürsten Leopold III. Friedrich Franz von Anhalt-Dessau (1751-1817) sind ein touristischer Anziehungspunkt im Wörlitzer Winkel. Dieser Bereich ist Teil des Vorranggebiets für Erholung: Dessau-Wörlitzer Kulturlandschaft (Art. II Nr. 2. 2. 1 ROLVG-LSA).

Der Wörlitzer Winkel liegt südlich der Elbe, welche die bisherige Kreisgrenze zum Landkreis Roßlau bildet, zwischen der kreisfreien Stadt Dessau im Westen und der Kreisstadt Wittenberg im Osten. Die zum Sitz des Landkreises Anhalt-Zerbst bestimmte Stadt Zerbst (§ 10 Abs. 3 Krs-GebRefG-LSA) liegt ca. 20 km von Dessau entfernt in nordwestlicher Richtung an der Bundesstraße 184 (Dessau – Heyrothsberge) und an der Bahnstrecke 254 (Dessau – Magdeburg).

Die Bundesstraße 184 sowie die östlich von ihr verlaufende Bundesautobahn Leipzig – Berlin mit den südlich der Elbe gelegenen Anschlußstellen Dessau-Ost und Vockerode sowie der Anschlußstelle Coswig nördlich der Elbe überqueren den Fluß über Brücken. Zwischen den durch die Elbe unterbrochenen Teilen der Bundesstraße 107 (Gräfenheinichen – Oranienbaum – Wörlitz – Coswig) verkehrt – nicht ständig – eine Fähre. Nördlich der Elbe verbindet die Bundesstraße 187 Coswig mit Roßlau und kreuzt dort die Strecke Dessau – Zerbst (B 184). Von Coswig aus führt ferner die Bundesstraße 187a nach Zerbst.

Im Gebiet der Gemeinde Vockerode finden sich Industrieansiedlungen sowie ein Kraftwerk; im Bereich der Stadt Oranienbaum liegt das Gewerbegebiet Kapen.

Die Gemeinden des strittigen Gebiets gehören zu zwei Verwaltungsgemeinschaften. Die mit der Stadt Oranienbaum, der Beschwerdeführerin zu 2, gebildete umfaßte zunächst die Beschwerdeführerinnen zu 3 bis zu 7 und die Gemeinde Gohrau (Bericht des Beschwerdeführers zu 1 vom 19. 6. 1992 an den Minister des Innern S. 3); sie zählte 6.135 Einwohner auf 62.02 km² Fläche (Anlage zu § 33 Satz 3 KrsGebRefG-LSA Nr. 10 – Landkreis Anhalt-Zerbst). Der nördlich hiervon gelegenen Verwaltungsgemeinschaft mit den Hauptorten Wörlitz und Vockerode gehörte ursprünglich nur noch die Gemeinde Riesigk an; sie zählte damals 4.681 Einwohner auf 53,14 km² Fläche (Anlage zu § 33 KrsGebRefG-LSA aaO). Die Gemeinde Gohrau und die Beschwerdeführerin zu 7 – letztere durch § 7 der Verordnung über die Zuordnung von Gemeinden zu Verwaltungsgemeinschaften vom 23. 3. 1994 (LSA-GVBl S. 495) – gehören inzwischen zu der mit Sitz in der Stadt Wörlitz gebildeten Verwaltungsgemeinschaft Wörlitzer Winkel. Dadurch sind beide Verwaltungsgemeinschaften etwa gleich stark (Wörlitzer Winkel 5.439 Einwohner, Oranienbaum 5.377 Einwohner).

2.

Der Landtag von Sachsen-Anhalt beschloß am 24. 5. 1991 (LdTgDrs 1/16/442 B), die von ihm für dringend notwendig gehaltene kommunale Gebietsreform sei durch freiwillige Zusammenschlüsse zu fördern; dabei sollten folgende Grundsätze nicht außer acht gelassen werden: topographische und landschaftliche Strukturen, traditionelle Orientierungen, wirtschaftliche Strukturen, Verwaltungskapazitäten, sozio-ökonomische Verflechtungen und Verkehrsverbindungen.

Eine am 27. 8. 1991 von der Landesregierung eingesetzte, aus Vertretern des Städte- und Gemeindebunds, des Landkreistags sowie der Ministerien des Innern und für Raumordnung, Städtebau und Wohnungswesen bestehende Projektgruppe legte im April 1992 ein Leitbild der zukünftigen Strukturen der Gebietskörperschaften (Gemeinden, Landkreise) im Land Sachsen-Anhalt vor, in dem davon ausgegangen wird, daß die Landkreise in der Lage sein müssen, übergemeindliche Aufgaben wahrzunehmen, unvermeidliche Unterschiede in der Leistungsfähigkeit der Gemeinden auszugleichen, überörtliche Einrichtungen zu unterhalten und die Gemeindekräfte zu unterstützen. Bei der Bedeutung einzeln benannter Aufgaben des eigenen Wirkungskreises und wegen der fachlichen Anforderungen gerade auch bei übertragenen Aufgaben müsse ein Personalstamm vorgehalten werden, der erst bei einer Größe von 100.000 bis 120.000 Einwohnern kostengünstig arbeite. Eine sachgerechte Ausgleichs- und Aufsichtsfunktion sei erst bei mindestens sieben hauptamtlich verwalteten Gemeindeeinheiten möglich. Andererseits benötige auch ein Landkreis eine hinreichende Akzeptanz durch die Bürger. Deshalb sollten die historischen, sozio-ökonomischen und raumstrukturellen Gegebenheiten beachtet werden. Auch für freiwillige Zusammenschlüsse gelte aber, daß Einwohnerzahlen von 80.000 tunlichst nicht unterschritten werden dürften. Vorhandene Kreisgebiete sollten möglichst ganzheitlich übergehen; bei Teilungen sei darauf zu achten, daß leitbildgerechte Kreise entständen. Ein leitendes Verfahrensprinzip für die Gemeinde- wie für die Kreisreform sei der Grundsatz der Freiwilligkeit. Gemeindezusammenschlüsse hätten Auswirkungen auf künftige Kreisgrenzen. Weniger wichtig sei die Erreichbarkeit der Kreisverwaltung, weil die Gemeinden Anlaufpunkte für die Bürger würden.

Außerdem bewertete eine externe Arbeitsgruppe des Ministeriums des Innern die Vergabe von Kreissitzen bei konkurrierenden Städten.

In Bewertung der beiden in Betracht kommenden bisherigen Kreisstädte Zerbst und Roßlau schlug sie Zerbst als Sitz des neuen Kreises vor.

Mit Erlaß vom 24. 4. 1992 überreichte das Ministerium des Innern den Entwurf eines Leitbildes der zukünftigen Strukturen der Gebietskörperschaften (Gemeinden, Landkreise im Lande Sachsen-Anhalt) und gab den Landkreisen Gelegenheit zur Stellungnahme.

Der Beschwerdeführer zu 1 berichtete am 19. 6. 1992, ein Zusammengehen mit dem Kreis Roßlau sei – außer in Wörlitz und Vockerode, die ein Zusammengehen mit Zerbst und Roßlau zu einem anhaltischen Kreis befürwortet hätten – von allen Städten und Gemeinden abgelehnt worden; deshalb sei beabsichtigt, sich mit den Kreisen Jessen und Wittenberg zusammenzuschließen. In den Randgebieten sollten Zuordnungen zur Stadt Dessau und zum Landkreis Bitterfeld respektiert werden.

Die Kreise Zerbst und Roßlau hatten schon im Februar 1992 ihren Zusammenschluß vereinbart; sie verteilten in der Folgezeit Verwaltungsaufgaben auf künftige Kreisbehörden in Zerbst, Roßlau und Coswig. Mit Erlaß vom 10. 9. 1992 an sämtliche Gemeinden und Landkreise gab das Ministerium des Innern die Möglichkeit zur Stellungnahme bis zum 15. 12. 1992 zu seinem Referentenentwurf – im folgenden RefEntw – vom 24. 8. 1992, dem eine allgemeine und für die Einzelzuordnungen jeweils eine besondere Begründung beigegeben waren.

Die allgemeine Begründung (RefEntw S. 17 ff) geht davon aus, die für einen demokratisch-zentralistischen Staatsaufbau 1952 geschaffenen kleinräumigen Kreise könnten den Anforderungen der wiederhergestellten Selbstverwaltung nicht mehr genügen; deshalb sei die Zahl der Kreise zu vermindern, und die Gebiete seien zu vergrößern. Auf der Grundlage der Vorarbeiten durch die Projektgruppe solle die Neugliederung nach folgenden Leitbildkriterien vorgenommen werden:

– im Rahmen des Möglichen seien die sozio-ökonomischen Verflechtungen zu berücksichtigen, wobei Daten nicht gesichert seien und die bislang verordneten Beziehungen sich ändern würden;

– Verkehrsachsen sollten vollständig einem Kreis zugeordnet werden, damit eine einheitliche Entwicklungsplanung möglich werde;

– mindestens sieben hauptamtlich verwaltete Gemeindeeinheiten sollten einem Kreis zugeordnet sein;

– einzelne kreisangehörige Gemeinden dürften kein Übergewicht haben;

– neben Raumordnungs-, Wirtschafts- und Grundsätzen der Verwaltungsökonomie kämen auch historische und landsmannschaftliche Gegebenheiten in Betracht;

– Landkreise sollten möglichst geschlossen überführt, Mitglieder einer Verwaltungsgemeinschaft möglichst nur einem Kreis zugeordnet werden;

– die Konsolidierungsphase könne abgekürzt werden, wenn die Grenzänderungen einverständlich vorgenommen würden; deshalb komme dem Grundsatz der Freiwilligkeit Bedeutung zu.

Außerdem hörte das Ministerium im November 1992 zahlreiche Kommunen an.

§ 10 RefEntw sah einen aus den bisherigen Kreisen Roßlau und Zerbst sowie aus allen Gemeinden des Wörlitzer Winkels gebildeten neuen Landkreis vor. Die Einzelbegründung betonte die Industriestandorte um Zerbst, Roßlau und Coswig, die Nähe zur kreisfreien Stadt Dessau sowie die historisch-kulturellen Gemeinsamkeiten. Die Einbeziehung des Wörlitzer Winkels sei raumordnerisch wünschenswert, um das Biosphärenreservat durchgängig schützen zu können.

Der Beschwerdeführer zu 1 lehnte diese Zuordnung in seiner schriftlichen Stellungnahme vom 13. 10. 1992 sowie mündlich in der Anhörung vom 9. 11. 1992 vor allem deshalb ab, weil das wegen der gewachsenen Verbundenheit einheitliche Kreisgebiet ungeteilt in einen neuen Landkreis Wittenberg übergehen solle; Schwierigkeiten entständen durch eine Teilung für das Kreiskrankenhaus, das Altenpflegeheim und das neue Gymnasium in Oranienbaum.

Die Vertreter der Verwaltungsgemeinschaft Oranienbaum (in ihrem damaligen Bestand) machten in der Anhörung vom 9. 11. 1992 vor allem geltend, die Bürger wollten eine Zuordnung nach Wittenberg. Der Bürgermeister der Beschwerdeführerin zu 7 protestierte heftig gegen eine Zuordnung zu einem Landkreis mit dem Sitz in Zerbst.

Der Vertreter der Stadt Oranienbaum erklärte in der Anhörung auf Befragen, ein „Kragenkreis Dessau-Land" fände wohlwollendes Interesse.

Auf der Grundlage des Referentenentwurfs und der Anhörungsergebnisse erarbeitete das Ministerium den Regierungsentwurf – RegVorl – vom 4. 2. 1993, der dem Landtag als Gesetzentwurf (LdTgDrs 1/2285) zugeleitet wurde. Die allgemeine Begründung ist weitgehend übernommen (vgl. RegVorl S. 64 ff); bei den Einzelzuordnungen sind die wesentlichen Ergebnisse der Stellungnahmen zum Referentenentwurf mitgeteilt.

Der Regierungsentwurf übernahm mit § 10 die Vorstellungen des Referentenentwurfs für einen neu zu bildenden Landkreis mit dem Namen Anhalt-Zerbst.

Die Regierungsvorlage wiederholte im wesentlichen die Einzelbegründung zum Referentenentwurf, wertete die zu diesem eingegangenen Stellungnahmen aus und betonte, der Wörlitzer Winkel solle einheitlich zugeordnet werden, weil dies der Auffassung bei der Mehrzahl der Gemeinden entspreche.

Nach der ersten Lesung überwies der Landtag am 11. 2. 1993 den Entwurf federführend dem Ausschuß für Inneres sowie mitberatend den Ausschüssen für Finanzen und für Raumordnung (LdTg-StenBer 1/44 TOP 9).

Der Ausschuß für Inneres hörte die Kommunen, für die sich keine Zusammenschlüsse auf freiwilliger Grundlage ergeben hatten, in zwei Sitzungen an (61. Sitzung am 20. 4. 1993 in Magdeburg, 62. Sitzung am 21. 4. 1993 in Halle).

Bei der Anhörung am 21. 4. 1993 in Halle (Niederschrift über die 62. Sitzung S. 48 ff) machte der Beschwerdeführer zu 1 im wesentlichen geltend: Eine Zuordnung nach Anhalt-Zerbst bedeute für den Raum zwischen Gräfenhainichen und Vockerode erhebliche Nachteile. Gewachsene Strukturen würden zerschlagen. Die Bevölkerung habe sich – außer in Wörlitz, Vockerode und Riesigk – zum Teil mit großer Mehrheit (z. B. in Griesen 80 % der Befragten) für die Zuordnung zum künftigen Landkreis Wittenberg entschieden; sie habe keinerlei Verbindungen zum Raum Zerbst / Roßlau, allenfalls zu Dessau. Der Wörlitzer Winkel dürfe nicht abgetrennt werden, weil er der größte wirtschaftliche Hoffnungsträger sei. Schwierigkeiten träten auch bei Krankenhausentwicklungsplänen für das Krankenhaus in Oranienbaum auf, das dann das dritte im künftigen Kreis sei, sich aber in der Randlage befinde. Auch der Einzugsbereich für das Gymnasium in Oranienbaum entfalle. Es gebe ferner keine direkten Verkehrsverbindungen nach Coswig. Die Elbe als natürliche Barriere wirke sich nachteilig auf die Versorgung durch Einrichtungen des Brandschutzes, des Rettungswesens, des ärztlichen Notfalldienstes und der Abfallentsorgung aus.

Der Vertreter der Bürgerinitiative Oranienbaum verwies auf den Bürgerwillen, hob die trennende Wirkung der Elbe hervor und machte geltend, wirtschaftliche Gründe sprächen für die Zuordnung nach Wittenberg.

Die Vertreter von Wörlitz, Vockerode und Riesigk lehnten dies ab.

Der Ausschuß hörte auch zu der Variante an, einen Kreis Anhalt zu bilden, der über den Wörlitzer Winkel hinaus weitere Teile des Kreises Gräfenhainichen umfasse.

Dieser Vorschlag wurde von den Vertretern des Kreises Roßlau und der Gemeinde Vockerode begrüßt, deren Bürgermeister einen Kreis Dessau als die Lösung ansah, die eigentlich gewollt sei; er machte im übrigen geltend, das Gebiet solle zusammenbleiben. Die Vertreterin der Bürgerinitiative Oranienbaum meinte, die Unterschriften für Wittenberg seien nur deshalb gesammelt worden, weil Dessau als Kreisstadt nicht in Frage gekommen sei. Es seien sehr viele nach Dessau orientiert, aber niemand nach Zerbst. Die Strukturen nach Wittenberg und Gräfenhainichen seien bereits gewachsen, die anderen nur Versprechungen. Die Bürgermeisterin der Beschwerdeführerin zu 4 und der Bürgermeister von Wörlitz hielten für wahrscheinlich, daß Dessau als Kreisstadt in der Bevölkerung eine hohe Akzeptanz habe. Auch die Bürgermeisterin von Gohrau hielt einen Kreis Dessau für günstig. Der Bürgermeister der Beschwerdeführerin zu 7 hingegen hielt die Diskussion für rein theoretisch und war der Ansicht, Dessau werde doch nicht Kreisstadt.

Der Vertreter des Innenministeriums erklärte, beide Verwaltungsgemeinschaften wollten trotz unterschiedlicher Zuordnungswünsche zusammenbleiben. Ihr Gebiet stelle auch eine gebietliche, historische und kulturelle Einheit dar. Für die Frage der Zuordnung habe die Kreisgröße ebenfalls eine Rolle gespielt.

Der Bürgermeister der Beschwerdeführerin zu 7 meinte, man könne das Gebiet auch trennen; die Einheit zum Landkreis sei wichtiger.

Die Vertreterin der Bürgerinitiative Oranienbaum hielt es zwar für schlimm, wenn das Gebiet zerrissen würde, sah aber in der einheitlichen Zuordnung keine Priorität.

Am 5. 5. 1993 (63. Sitzung) begann der Ausschuß für Inneres mit den Einzelberatungen und entschloß sich, die Leitbildvorstellungen des Gesetzentwurfs zu übernehmen, ohne ein eigenes Leitbild zu entwickeln (Niederschrift über die 63. Sitzung S. 3).

Bei seinen Einzelberatungen beschloß der Ausschuß zu § 4 des Gesetzentwurfs (Landkreis Jerichower Land), Gemeinden aus dem Nordteil des Kreises Zerbst deshalb dem künftigen Landkreis Jerichower Land zuzuordnen, weil sie zu der im Kreis Burg liegenden Verwaltungsgemeinschaft Gommern gehörten.

Bei § 10 des Entwurfs bedachte der Ausschuß, daß infolge der bei § 4 vorgenommenen Umgliederung Bedenken aufträten, ob der Landkreis Anhalt-Zerbst die erforderliche Wirtschafts- und Verwaltungskraft habe; er diskutierte ferner alternativ zum Gesetzentwurf, ob der Wörlitzer Winkel nach Dessau oder nach Wittenberg zugeordnet werden sollte. Dabei war auch Gegenstand der Beratung, ob der Wörlitzer Winkel als Kulturlandschaft geteilt werden sollte. Nachdem der Ausschuß die Variante abgelehnt hatte, den nach der Abtrennung der Nord-Gemeinden verbleibenden Kreis Zerbst mit dem Kreis Köthen zusammenzulegen, verhandelte er über eine Zusammenlegung der Kreise Zerbst und Roßlau sowie wesentlicher Teile des Kreises Gräfenhainichen zu einem neuen Landkreis Anhalt-Ost mit dem Kreissitz entweder in Dessau oder Roßlau; für den Sitz in Dessau fand sich keine Mehrheit.

Wegen der Änderungen im Bereich Jerichower Land / Anhalt-Ost hielt der Ausschuß für Inneres eine erneute Anhörung für erforderlich, um danach zu entscheiden, welche Empfehlung er dem Landtag geben wolle.

In seiner 64. Sitzung am 26. 5. 1993 setzte der Ausschuß die Einzelberatungen fort.

Der Beschwerdeführer zu 1 und die Gemeinden des Wörlitzer Winkels sowie die Bürgerinitiative Oranienbaum hatten am 26. 5. 1993 (64. Sitzung des Ausschusses für Inneres) neben anderen Beteiligten Gelegenheit, sich zu der am 5. 5. 1993 beschlossenen Änderung zu äußern.

Die Landräte von Zerbst und Wittenberg sowie die Vertreter von Gemeinden der Verwaltungsgemeinschaft Gräfenhainichen lehnten den Vorschlag ab. Der Beschwerdeführer zu 1 hielt ihn nur für die Erweiterung dessen, dem er schon früher nicht habe zustimmen können, und betonte, das Kreisgebiet müsse als Einheit in den neuen Landkreis Wittenberg überführt werden; ob die Kreisstadt Zerbst oder Roßlau heiße, sei auf der anderen Seite der Elbe völlig unbedeutend, weil die Verkehrsprobleme gleich seien.

Der Ausschuß für Inneres beschloß, die Gemeinden aus dem Nordteil des bisherigen Kreises Zerbst dem künftigen Landkreis Jerichower Land und den Wörlitzer Winkel insgesamt nach Wittenberg zuzuordnen.

Die Ergebnisse der Beratungen leitete der Ausschuß für Inneres als Beschluß-Empfehlung vom 27. 5. 1993 (LdTgDrs 1/2660) dem Landtag zu. Grundlage der zweiten Lesung am 3. 6. 1993 im Plenum (LdTg-StenBer 1/48 TOP 1) waren neben dem Gesetzentwurf (LdTgDrs 1/2285) und der Empfehlung des Ausschusses für Inneres (LdTgDrs 1/2660) mehrere Anträge aus der Mitte des Parlaments (LdTgDrs 1/2684, 2689 bis 2698, 2704) sowie zwei Entschließungsanträge (LdTgDrs 1/2699, 2700).

Die Drucksache 1/2696 vom 3. 6. 1993 verfolgte zu §§ 10 und 11 das Ziel, den Wörlitzer Winkel dem Landkreis Anhalt-Zerbst zuzuordnen. Zur Begründung wurde angeführt, die dortigen Gemeinden bildeten eine kulturelle Einheit; das Gebiet sei außerdem für den neuen Kreis von herausragender wirtschaftlicher Bedeutung. Außerdem würde die Einwohnerzahl unter eine vertretbare Größe sinken, wenn die Gemeinden nicht nach Anhalt-Zerbst zugeordnet würden.

In der Plenarsitzung vom 3. 6. 1993 erklärte der Berichterstatter des Ausschusses für Inneres (LdTg-StenBer 1/48 S. 5596 r. Sp.), die Zuordnung nach Wittenberg, die nur teilweise dem Willen der Betroffenen entspreche, sei aus wirtschaftlichen Überlegungen sowie deshalb vorgenommen worden, weil das Gebiet einheitlich erhalten bleiben solle.

Der Abgeordnete L. unterstützte ausdrücklich den Zusammenhalt des Gebiets und dessen Zuordnung nach Wittenberg (aaO S. 5601 r. Sp.). Der Abgeordnete E. betonte, Ziel seiner Fraktion sei immer gewesen, die Wörlitzer Kulturlandschaft in einem Kreis zusammenzuhalten; es habe beim Bürgerwillen aber eine Pattsituation gegeben (aaO S. 5609 r. Sp.). Der Minister des Innern kritisierte die Bestrebung, die großen Kreise Wittenberg und Jerichower Land weiter zu stärken und in der Mitte einen eh schon schwachen Kreis weiter (zu) schwächen, und trat für die Sinnhaftigkeit der Verwaltungsgliederung ein (aaO S. 5612 r. Sp.).

Der Änderungsantrag zu §§ 4, 10 des Entwurfs (LdTgDrs 1/2695) wurde mit 47 gegen 23 Stimmen angenommen.

Beim Änderungsantrag zu §§ 10, 11 des Entwurfs (LdTgDrs 1/2696) wiederholte die Abgeordnete W. die Begründung aus der Drucksache und betonte, es gehe ähnlich wie beim vorausgegangenen Antrag (zum Nordteil) um die Größe des zukünftigen Landkreises Anhalt-Zerbst, und es gebe aus den Gemeinden Wörlitz, Vockerode und Griesen das eindeutige Bekenntnis zu Zerbst (LdTg-StenBer 1/48 S. 5619 l. Sp.). Demgegenüber verwies der Abgeordnete T. darauf, die Mehrheit im Wörlitzer Winkel sei für eine Zuordnung nach Wittenberg; das entspreche auch den Vorstellungen der bisherigen Kreise in diesem Raum (aaO S. 5620 r. Sp.). Auf einen Vorhalt des Abgeordneten E. erklärte der Abgeordnete T., der Wörlitzer Winkel solle geschlossen bleiben; es solle das Mehrheitsprinzip gelten (aaO) Auch der Abgeordnete Dr. R. verwies auf die Bürgervoten für Wittenberg, bestritt eine Pattsituation, stellte klar, Griesen habe sich eindeutig für Wittenberg entschieden, und verwies auf die gewachsene Struktur im gegenwärtigen Kreis Gräfenhainichen (aaO S. 5621). Der Abgeordnete B. bat, auch zu berücksichtigen, daß keine weitere Zergliederung des ehemaligen anhaltischen Gebiets vorgenommen werden solle (aaO S. 5621 r. Sp.). Nach dieser Debatte wurde der Antrag mit 43 gegen 31 Stimmen bei 16 Enthaltungen angenommen.

Eine Initiative, das inzwischen verkündete Gesetz – für den Raum Oesbisfelde – zu ändern, hatte keinen Erfolg (vgl. LdTgDrs 1/3014, 3020 vom 23. / 28. 9. 1993 – Anträge; LdTgDrs 1/3141 vom 3. 11. 1993 – Empfehlung des Innenausschusses; LdTg-StenBer 1/52 und 1/54 – Sitzungen des Plenums vom 7. 10. /11. 11. 1993).

### 3.

Mit ihrer Verfassungsbeschwerde vom 15. 12. 1993 – eingegangen am 22. 12. 1993 – wenden sich die Antragsteller gegen die Zuordnung des Wörlitzer Winkels zum Landkreis Anhalt-Zerbst und rügen die Verletzung von Art. 2 Abs. 3, 87 und 90 der Landesverfassung von Sachsen-Anhalt.

Sie beantragen festzustellen, daß § 10 Abs. 2 Buchst. c und § 11 Abs. 2 Buchst. c Krs-GebRefG-LSA verfassungswidrig und nichtig ist, dies in bezug auf § 11 mit der Einschränkung, daß in dieser Vorschrift durch einen Verweis auf § 10 Abs. 2 Buchst. c die Gemeinden des Wörlitzer Winkels ausgenommen worden sind.

Zur Begründung führen sie aus:

Die verfassungsrechtlichen Anhörungsrechte seien verletzt.

Es fehle schon an dem durch Art. 90 Satz 2 der Landesverfassung geforderten Landesgesetz über das Anhörungsverfahren. Auf die Bestimmungen der DDR-Kommunalverfassung könne nicht zurückgegriffen werden. Die Bestimmungen der Gemeinde- und Kreisordnung von Sachsen-Anhalt seien für die Kreisgebietsreform noch nicht einschlägig gewesen.

Die gesetzlichen Regelungen seien zudem unvollständig, weil sie für Kreisreformen nicht – wie bei Änderungen von Gemeindegrenzen – die unmittelbare Beteiligung der Bürger vorsähen. Das verlange aber Art. 90 Satz 2 der Landesverfassung; denn die Bestimmung behandele Gemeinden und Landkreise gleich, wie sich auch aus der Entstehungsgeschichte ergebe. Deshalb müßten auch für die Bürger bei Gemeinde- und Kreisreformen die gleichen Rechte gelten.

Die von Verfassungs wegen geforderte Anhörung sei aber auch in der Sache nicht geleistet worden. Es genüge nicht, nur allgemeine Erwägungen für die Umgliederungen zu unterbreiten. Die betroffenen Gemeinden und Kreise hätten vielmehr, um sachgerecht Stellung nehmen zu können, die einzelnen Umstände kennen müssen, die zu den Erwägungen geführt hätten. Entsprechend aufbereitetes Daten- und Argumentationsmaterial – insbesondere zur Wirtschaft und zu Pendlerbewegungen – sei aber nicht vorhanden gewesen, wie die Landesregierung selbst einräume.

Schließlich seien die Gründe für den Antrag zur Änderung der Beschluß-Empfehlung durch den Innenausschuß nicht vor der Beratung im Landtag mitgeteilt worden.

Die Grundlagen seien nicht ausreichend ermittelt; man sei bei dieser Kreisreform großzügiger vorgegangen als in den alten Bundesländern.

Die getroffene Zuordnung sei nicht geeignet, die mit der Gebietsreform verfolgten Ziele zu erreichen.

Das Prinzip der Freiwilligkeit, das entscheidendes Kriterium bei der Zuordnung habe sein sollen, sei verletzt worden. Die Gemeinden des Wörlitzer Winkels hätten sich mit überwiegender Mehrheit für einen weiteren Verbleib bei dem Gebiet Gräfenhainichen und damit für eine einheitliche Zuordnung nach Wittenberg ausgesprochen. Dies sei auch die Willensbildung des Landkreises gewesen, der in Übereinstimmung mit den Landkreisen Wittenberg und Jessen den neuen Landkreis Wittenberg habe bilden wollen.

Die gewachsenen Verflechtungen im Gebiet Gräfenhainichen würden durchschnitten. Oranienbaum habe Mittelpunktsfunktionen im Wörlitzer Winkel und sei auf Gräfenhainichen ausgerichtet. Das Gewerbegebiet Kapen dürfe nicht vom übrigen Wirtschaftsraum getrennt werden. Der Wörlitzer Winkel sei mit seinem Verkehr auf Gräfenhainichen und Wittenberg ausgerichtet.

Dagegen beständen keine Beziehungen zum Gebiet Anhalt-Zerbst. Die Elbe sei die natürliche Grenze zum bisherigen Kreis Roßlau. Die Straßenverbindungen in den Nordteil seien unzureichend. Es gebe keinen Pendleraustausch über die Elbe hinweg. Die Kreisstadt könne nur über Dessau und Roßlau erreicht werden. Auch ein Verwaltungszentrum in Roßlau sei keine Verbesserung. Der Wörlitzer Winkel gerate in eine Grenzlage. Der Fluß stehe dem Ausbau von Verkehrsachsen als Entwicklungsachsen entgegen. Verbindungen nach Coswig zu verbessern, sei auch aus Gründen des Naturschutzes unrealistisch.

Die Zuordnung verstoße gegen den Grundsatz, vorhandene Kreise möglichst ungeteilt in den neuen Einheiten aufgehen zu lassen. Der Landkreis Gräfenhainichen werde dagegen als einziger Kreis viergeteilt. Diese Abweichung von den sonst für die Neugliederung geltenden Grundsätzen sei nicht durch besondere Ausnahmegründe gerechtfertigt und deshalb systemwidrig.

Die Zuordnung des Wörlitzer Winkels nach Anhalt-Zerbst sei auch nicht erforderlich; die Gemeinden seien viel besser beim Landkreis Wittenberg zugeordnet. So werde dem Prinzip der Freiwilligkeit genügt, Rücksicht auf die vorhandenen Verflechtungen genommen, die Kreisteilung vermieden und eine für die künftigen Kreise Anhalt-Zerbst (ohne Wörlitzer Winkel) und Wittenberg (mit Wörlitzer Winkel) zielkonforme und systemgerechte Entscheidung getroffen.

Die vorgenommene Zuordnung sei schließlich nicht verhältnismäßig, weil eine gewachsene Verflechtung aufgegeben und die Neu-Orientierung erschwert werde.

## 4.

4. 1. Der Landtag von Sachsen-Anhalt hat auf den Ablauf des Gesetzgebungsverfahrens – dabei insbesondere die vom Ausschuß für Inneres vorgenommenen Anhörungen – verwiesen und sich im übrigen wie folgt geäußert:

In Übereinstimmung mit dem vom Landtag bekundeten politischen Willen habe die Projektgruppe dem Prinzip der Freiwilligkeit hohe Priorität eingeräumt. Die Leitbildkomponenten der Projektgruppe seien denen des Landtags ähnlich gewesen. Diese Ergebnisse hätten ihren Niederschlag im Regierungsentwurf gefunden. Der federführende Ausschuß des Innern habe die Leitbildvorstellungen der Landesregierung zur Grundlage seiner Arbeit gemacht. Die betroffenen Kommunen – auch der Landkreis Gräfenhainichen und die übrigen Beschwerdeführer – seien ausreichend angehört worden; eine besondere Hektik habe es nicht gegeben. Der Ausschuß habe die eingegangenen Argumente auch sorgsam erwogen. Gerade die Diskussion um die Variante Landkreis Anhalt-Ost zeige, daß die Diskussion ergebnisoffen geführt worden sei.

Die Empfehlung des Ausschusses für Inneres sei bei einzelnen Abgeordneten auf Widerspruch gestoßen, die deshalb den Änderungsantrag (LdTgDrs 1/2696) eingebracht hätten. Die Erwägungen für die vom Antrag intendierte Zuordnung ergäben sich aus dessen Begründung sowie aus dem Regierungsentwurf.

Der Freiwilligkeitsgrundsatz sei primär als Verfahrensmaxime verstanden worden; der Ausschuß und das Parlament hätten die Bürgervoten und Beschlüsse der Gemeindevertretungen nicht als das ausschließliche Kriterium der Zuordnung angesehen.

Die Mehrheit des Landtags und der Ausschuß des Innern seien lediglich zu unterschiedlichen Ergebnissen gelangt.

4. 2. Die Landesregierung von Sachsen-Anhalt hat sich im wesentlichen wie folgt geäußert:

Die beschwerdeführenden Gemeinden könnten sich nicht auf eine Verletzung ihres Selbstverwaltungsrechts berufen, weil sie nur anders zugeordnet würden. Beim Landkreis sei die Verletzung zweifelhaft; man werde sie aber letztlich bejahen müssen.

Eines besonderen Anhörungsgesetzes habe es nicht bedurft; das ergebe sich auch aus den Materialien. Art. 90 Satz 2 der Landesverfassung enthalte keine inhaltlichen Vorgaben für ein solches Gesetz. Im übrigen gebe es mit § 79 der Kommunalverfassung eine gesetzliche Regelung.

Es sei auch in der Sache ausreichend angehört worden; denn die betroffenen Landkreise hätten schon zum Leitbild und später – wie die Gemeinden – zu den Entwürfen der Regierung Stellung nehmen können. Außerdem hätten umfangreiche Anhörungen durch den Ausschuß für Inneres stattgefunden.

In der Sache sei schon im Regierungsentwurf das Anliegen deutlich geworden, den künftigen Landkreis Anhalt-Zerbst zu stärken. Demgegenüber entspreche der künftige Landkreis Wittenberg auch ohne den Wörlitzer Winkel voll dem Leitbild. Traditionell aber auch gegenwärtig beständen Verbindungen zwischen dem Wörlitzer Winkel und Dessau; diese verstärkten sich, weil Dessau Anziehungspunkt als Oberzentrum sei.

Der Änderungsantrag für die zweite Lesung habe keiner Begründung bedurft; wenn er gleichwohl mit einer solchen versehen worden sei, so nur deshalb, um eine Mehrheit zu erhalten. Da er Erfolg gehabt habe, mache seine Begründung zugleich deutlich, welche Erwägungen für die Mehrheit im Landtag bedeutsam gewesen sein könnten.

Eine Daten- und Argumentationsgrundlage aufzuarbeiten, hätte bedeutet, die Reform zu verschieben; dies sei nicht zu verantworten gewesen. Richtig sei, daß die Reform unter einem gewissen zeitlichen Druck gestanden habe. Dies habe aber nicht dazu geführt, daß die notwendigen Anhörungen und Erörterungen nicht stattgefunden hätten.

4. 3. Von den nicht beschwerdeführenden Gemeinden des Wörlitzer Winkels hat sich (allein) die Stadt Wörlitz wie folgt geäußert:

Wie die Gemeinden Vockerode und Riesigk habe sich auch die Stadt (Beschluß der Stadtverordnetenversammlung bereits vom 26. 5. 1992) zu einem Landkreis Anhalt-Ost bzw. Anhalt-Dessau bekannt und eine Zuordnung nach Wittenberg strikt abgelehnt. Dies habe historische Gründe (Zugehörigkeit ehemals zum Landkreis Dessau-Köthen); gewachsene Verbindungen beständen allein nach Dessau. Angesichts des hohen Verkehrsaufkommens über die Brücke bei Wittenberg sei auch eine Verbindung nach dort nur über die Autobahn möglich. Das Gewerbegebiet Kapen werde sich ausschließlich wegen des nahen Autobahnanschlusses in Höhe von Dessau entwickeln. Dieser Anschluß stelle die Verbindung mit einem Wirtschaftsraum her; die Zugehörigkeit zu einem bestimmten Landkreis sei unerheblich.

Entscheidungsgründe:

1.

Die Verfassungsbeschwerden sind zulässig. Das Landesverfassungsgericht ist zur Entscheidung über die kommunale Verfassungsbeschwerde berufen (1. 1.). Der Antrag ist auch im übrigen zulässig (1. 2.).

1. 1. Soweit eine Verletzung der durch Art. 2 Abs. 3 und Art. 87 LVerf-LSA garantierten Selbstverwaltungsrechte behauptet wird, handelt es sich um eine sog. kommunale Verfassungsbeschwerde i. S. des Art. 75 Nr. 7 LVerf-LSA und der §§ 2 Nr. 8, 51 des Gesetzes über das Landesverfassungsgericht (Landesverfassungsgerichtsgesetz) – LVerfGG-LSA – vom 23. 8. 1993 (LSA-GVBl S. 441); diese Bestimmungen gestatten den Kommunen – das sind nach Art. 87 Abs. 1 LVerf-LSA Gemeinden und Landkreise –, gegen Eingriffe durch ein Landesgesetz das Landesverfassungsgericht anzurufen.

Diese landesrechtliche Verfassungsbeschwerde ist nicht durch die bundesrechtliche Rüge ausgeschlossen, Art. 28 Abs. 2 des Grundgesetzes – GG – sei verletzt (vgl. Art. 93 Abs. 1 Nr. 4b GG); denn das Bundesverfassungsgericht kann gegen Landesgesetze subsidiär nur dann angerufen werden, wenn und soweit keine Verfassungsbeschwerde zu einem Landesverfassungsgericht erhoben werden kann (Art. 93 Abs. 1 Nr. 4b GG).

Art. 28 Abs. 2 GG verdrängt auch in der Sache die Garantien aus Art. 2 Abs. 3 und Art. 87 LVerf-LSA nicht über Art. 31 GG; denn das Bundesrecht enthält nur die Mindestgarantie kommunaler Selbstverwaltung und schließt inhaltsgleiches oder weitergehendes Landesverfassungsrecht nicht aus (allg. Ansicht; vgl. etwa: *Maunz* in Maunz/Dürig, GG, Art. 28 Rdn 72; BVerfG, Beschl. v. 29. 1. 1974 – 2 BvN 1/69 –, BVerfGE 36, 342, 360 ff, 363 ff). Die Selbstverwaltungsgarantien des Grundgesetzes und einer Landesverfassung gelten in diesem Rahmen nebeneinander; die durch die Rechtsordnung des Landes begründeten Selbstverwaltungsrechte werden vom Bund vorausgesetzt, anerkannt und garantiert (*Hoppe*, Die kommunale Verfassungsbeschwerde vor den Landesverfassungsgerichten, in Starck/Stern; Hrsg.; Landesverfassungsgerichtsbarkeit, Teilband II S. 260, 285, m. w. Nachw.; s. auch *Schrapper*, Kommunale Selbstverwaltungsgarantie und staatliches Genehmigungsrecht, in Kommunalwissenschaftliche Forschung und Kommunale Praxis, Band 3 S. 88, m. w. Nachw.). Art. 28 Abs. 2 GG enthält damit auch einen Verfassungsauftrag an die Länder, innerhalb ihrer staatlichen Organisation die kommunale Selbstverwaltung zu wahren (NdsStGH, Zwischen-Urt. v. 15. 2. 1973 – StGH 2, 3/72 –, NdsStGHE 1, 163, 168 = OVGE 29, 496, 498;

*Stern* in Bonner Kommentar, GG, Art. 28 [Zweitbearbeitung], Rdn. 178 ff; *Gönnenwein*, Gemeinderecht, 1963 S. 43).

Der Weg zum Landesverfassungsgericht ist schließlich nicht deshalb unzulässig, weil das Verfahrensrecht des Art. 75 Nr. 7 LVerf-LSA (und ihm folgend §§ 2 Nr. 8 und 51 LVerfGG-LSA) nur die Garantien aus Art. 2 Abs. 3 und Art. 87 LVerf-LSA erwähnt, Art. 90 LVerf-LSA aber spezielle Bestimmungen gerade für die Gebietsänderungen enthält; denn die durch Art. 90 LVerf-LSA hervorgehobenen Regelungen sind zugleich Inhalt der Selbstverwaltungsgarantie des Art. 2 Abs. 3 LVerf-LSA.

Nach allgemeiner Auffassung wird danach nicht nur verlangt, daß es Kommunen überhaupt im Staatsaufbau des Landes gibt, sondern der einzelnen Kommune ist auch garantiert, daß ihr Gebietsbestand nur nach vorheriger Anhörung und ausschließlich aus Gründen des Gemeinwohls verändert und daß sie nur in diesem Rahmen aufgelöst werden darf (BVerfG, Beschl. v. 27. 11. 1978 – 2 BvR 165/75 –, BVerfGE 50, 50, 50 f; Beschl. v. 12. 5. 1992 – 2 BvR 470, 650, 707/90 –, BVerfGE 86, 90, 107; StGH BW, Urt. v. 14. 2. 1975 – GeschRegNr. 11/74 –, ESVGH 25, 1 [10, 25] = NJW 1975, 1205 ff; NdsStGH, Urt. v. 14. 2. 1979 – StGH 2/77 – Nds-StGHE 2, 1, 145 = OVGE 33, 497, 498; VfGH NW, Urt. v. 4. 8. 1972 – VfGH 9/71 –, OVGE 28, 291, 292; VfGH RP, Urt. v. 17. 4. 1969 –, VGH 2/69 –, DVBl 1969, 799, 800 f; Urt. v. 5. 5. 1969 – VGH 36/69 –, DVBl 1970, 780; Urt. v. 22. 12. 1969 – VGH 43/69 –, DVBl 1970, 785, 787; VfGH des Saarlandes, Urt. v. 28. 6. 1974 – Lv 8/74 –, DVBl 1975, 35; vgl. zu Art. 2 Abs. 3 LVerf-LSA auch: *Mahnke*, Die Verfassung des Landes Sachsen-Anhalt, 1993, Art. 2 Rdn. 15; *Reich*, Verfassung des Landes Sachsen-Anhalt 1994, Art. 2 Rdn. 5).

Wenn Art. 90 LVerf-LSA inhaltsgleich diese Begriffe verwendet, stellt er lediglich fest, daß dieses Ergebnis der Rechtsprechung auch Inhalt der landesverfassungsrechtlichen Garantie sein soll. Art. 90 LVerf-LSA regelt nicht etwa die Garantien für Gebietsänderungen gesondert, um diese aus der allgemeinen Bestimmung des Art. 2 Abs. 3 LVerf-LSA zu isolieren und Rechtsschutz nach Art. 75 Nr. 7 LVerf-LSA auszuschließen.

Eine solche einschränkende Interpretation fände auch in der Entstehungsgeschichte keine Stütze.

Die getrennte Regelung der Selbstverwaltungsrechte in Art. 2 Abs. 3 LVerf-LSA (institutionelle Garantie), Art. 87 Abs. 1 bis 4 LVerf-LSA (Aufgaben und Aufsicht) und schließlich Art. 90 LVerf-LSA (Gebietsänderungen) geht auf den Verfassungsentwurf der SPD-Fraktion vom 26. 2. 1991 (dort Art. 66 Abs. 3, 68 und 71) zurück. Der Verfassungsausschuß hat in seiner Sitzung vom 12. 6. 1991 (Niederschrift S. 16 ff, S. 18) die gegenüber Art. 66 Abs. 3 Verf-E im Wortlaut geänderte Verfassungsgarantie lediglich in den Eingangsteil übernommen und den heutigen Art. 2 Abs. 3 LVerf-LSA beschlossen, ohne damit inhaltliche Änderungen zu verbinden. Art. 74 Nr. 7 Verf-E hatte die kommunale Verfassungsbeschwerde wegen Verletzung des Rechts auf Selbstverwaltung nach Art. 68 bis 71 unter Einschluß der Bestimmung über die Gebietsänderung vorgesehen.

Schließlich ist § 51 Abs. 3 LVerfGG-LSA zu entnehmen, daß der Landesgesetzgeber ganz selbstverständlich davon ausgeht, Gebietsänderungsgesetze könnten Gegenstand einer kommunalen Verfassungsbeschwerde sein.

1. 2. Die Verfassungsbeschwerde des Landkreises (dazu: 1. 2. 1.) und die Verfassungsbeschwerden der Gemeinden (dazu: 1. 2. 2.) sind zulässig; die Beschwerdeführerinnen zu 2 bis 7 haben jedenfalls geltend gemacht, in ihren Anhörungsrechten verletzt zu sein.

1. 2. 1. Der Beschwerdeführer zu 1 wird durch die Reformgesetzgebung aufgelöst und dadurch unmittelbar i. S. des Art. 75 Nr. 7 LVerf-LSA und der §§ 2 Nr. 8; 51 Abs. 1 LVerfGG-LSA betroffen. Er muß seine Auflösung nur hinnehmen, wenn die Verfügung über seinen Gebietsstand dem Gemeinwohl entspricht und wenn seine Anhörungsrechte gewahrt worden sind.

Dies ergibt sich unmittelbar aus der Selbstverwaltungsgarantie des Art. 2 Abs. 3 LVerf-LSA; Art. 90 S. 2 LVerf-LSA wiederholt diese Grundsätze lediglich (vgl. oben bei Entscheidungsgründe, Nr. 1. 1.).

Der Begriff kommunal (Art. 2 Abs. 3 LVerf-LSA) ist nicht auf die Gemeinden begrenzt, sondern umfaßt auch die Landkreise (Art. 87 Abs. 1 LVerf-LSA).

Unentschieden kann bleiben, ob die hier maßgebliche Garantie der Selbstverwaltung zusätzlich im Art. 87 Abs. 1 Satz 1 LVerf-LSA enthalten ist, weil jedenfalls die denkbare Verletzung des Art. 2 Abs. 3 LVerf-LSA für die Zulässigkeit ausreicht. Überwiegendes spricht indessen dafür, Art. 87 LVerf-LSA nur als – möglicherweise über den durch Art. 28 Abs. 2 GG geforderten Mindestbestand hinausreichende – Garantie von Aufgaben kommunaler Selbstverwaltung anzusehen.

Der Beschwerdeführer zu 1 hat eine solche denkbare Verfassungsverletzung behauptet (§ 51 Abs. 1 LVerfGG-LSA). Insoweit reicht aus, daß Umstände dargelegt sind, aus welchen sich eine Verletzung in eigenen Rechten herleiten läßt. Die Rechtsverletzung muß – mit anderen Worten – möglich sein.

Diese Voraussetzungen sind sowohl für die Anhörungs- als auch für die Gemeinwohlposition erfüllt.

§§ 48 und 49 LVerfGG-LSA (i. V. m. § 51 Abs. 2 LVerfGG-LSA) sind eingehalten.

1. 2. 2. Dies gilt nicht in gleicher Weise für die Beschwerdeführerinnen zu 2 bis 7, die durch das Reformgesetz in ihrem Gebietsstand nicht angetastet, sondern lediglich anders zugeordnet werden (1. 2. 2. 1.); es erscheint indessen

möglich, daß sich die kreisangehörigen Gemeinden gleichwohl auf Art. 2 Abs. 3 LVerf-LSA berufen können (1. 2. 2. 2.); allerdings ist eine Rechtsverletzung nur in bezug auf die Verletzung von Anhörungsrechten geltend gemacht (1. 2. 2. 3.).

1. 2. 2. 1. Die Gemeinden können nicht schon deshalb eine (eigene und unmittelbare) Betroffenheit durch das Reformgesetz geltend machen, weil sie Zuordnungsobjekte einer den Landkreis betreffenden Gebietsänderung sind; denn ihre eigene Gebietshoheit, welche Art. 90 LVerf-LSA schützt, bleibt erhalten, auch wenn sie künftig einem anderen Landkreis als bisher angehören sollen. Die Zuordnung zu einem anderen Kreis ändert auch an den Aufgaben der Beschwerdeführerinnen zu 2 bis 7 nichts (vgl. Art. 87 LVerf-LSA).

Unmittelbar in eigenen (Gemeinde-)Rechten aus Art. 2 Abs. 3 LVerf-LSA sind die Gemeinden schließlich nicht bereits deshalb betroffen, weil der für die Kreisgebietsreform heranzuziehende Art. 90 Satz 2 LVerf-LSA die Anhörung der Kommunen erwähnt; denn diese verfassungsrechtliche Anhörungsposition steht unmittelbar nur den Kommunen zu, welche durch eine Gebietsänderung direkt betroffen werden. Eine nur mittelbare Betroffenheit durch eine gleichsam fremde Gebietsänderung kann aber nicht selbständig den Schutzbereich des Art. 2 Abs. 3 LVerf-LSA berühren.

Art. 90 Satz 2 LVerf-LSA gewährt auch keine eigenständigen – aus der Anhörung im Rahmen einer Kreisreform – abgeleiteten Rechte; denn die Bestimmung erweitert die Positionen des Art. 2 Abs. 3 LVerf-LSA nicht, sondern übernimmt zur Selbstverwaltungsgarantie nur den Standard, der bundesrechtlich zu Art. 28 Abs. 2 GG entwickelt worden ist (vgl. oben Entscheidungsgründe Nr. 1. 1.), und überläßt nähere Regelungen dem Gesetzgeber.

Eine Verletzung eigener Rechte läßt sich auch nicht damit begründen, die Anhörung der Gemeinden sei bei einer Kreisreform wenigstens durch § 79 Abs. 1 Satz 2 DDR-KommVfG vorgesehen; denn hierbei handelt es sich nicht um Verfassungsrecht, sondern nur um einfaches Gesetzesrecht, das lediglich durch die Verfassung zugelassen ist.

1. 2. 2. 2. Gleichwohl kann die Zuordnung zu einem anderen Landkreis – jedenfalls bei völliger Auflösung des bisherigen – eine eigene Betroffenheit i. S. des Art. 2 Abs. 3 LVerf-LSA zur Folge haben, soweit sich die Zuordnung auf die Aufgabenerfüllung auswirkt.

Bei überörtlichen Planungen ist anerkannt, daß die Selbstverwaltungsrechte tangiert sein können (vgl. *Roters* in v. Münch, GG, 1. Aufl., Bd. 2, Art. 28 Rdn. 49, S. 200, 2. Aufl., Bd. 2, Art. 28 Rdn. 43 ff; BVerwG, Urt. v. 18. 3. 1987 – BVerwG 7 C 28.85 –, BVerwGE 77, 128, 133; Urt. v. 18. 3. 1987 – BVerwG 7 C 31.85 –, BVerwGE 77, 134, 138; Urt. v. 15. 12. 1989 – BVerwG 4 C 36.86 –, BVerwGE 84, 209, 214 f; Beschl. v. 23. 3. 1993 – BVerwG 7 B 126.92 –, Buchholz 11, GG Art. 28 Nr. 92 S. 32).

Eine Gebietsreform kann durchaus Elemente einer Planung aufweisen (so ausdrücklich zum planerischen Einschlag: BVerfGE 86, 90, 108). Dies wird besonders deutlich, wenn die Reform – wie in diesem Fall – das ganze Land umfaßt.

Wenn auch das Bundesverfassungsgericht bisher offengelassen hat, ob die Planungshoheit zum Kernbereich der Selbstverwaltung (i. S. des Art. 28 Abs. 2 GG) gehört (vgl. insges. BVerfG, Beschl. v. 7. 10. 1980 – 2 BvR 584, 598, 599, 604/76 –, BVerfGE 56, 298, 312 f, Beschl. v. 23. 6. 1987 – 2 BvR 826/83 –, BVerfGE 76, 107, 117 f), so ist doch anerkannt, daß es der „Bedeutung des Art. 28 Abs. 2 Satz 1 GG im Verfassungsganzen … nicht gerecht" würde, „die Reichweite der verfassungsrechtlichen Garantie im Einzelfall jeder beliebigen Willensentscheidung des Gesetzgebers zu überlassen" (BVerfGE 56, 298, 313). Auch wenn zwar nicht die Institution der Selbstverwaltung berührt ist, einer einzelnen Gemeinde aber ein Sonderopfer auferlegt wird, müssen der Verhältnismäßigkeitsgrundsatz beachtet und eine Güterabwägung vorgenommen werden (BVerfGE 56, 298, 313 f; 76, 107, 119 f). Die Sonderbelastung darf insbesondere nicht willkürlich sein und muß einen zureichenden Grund in der Wahrung überörtlicher Interessen finden (BVerfGE 76, 107, 119), die höheres Gewicht haben müssen (BVerfGE 56, 298, 313 f; 76, 107, 120). Um dies beurteilen zu können, ist es notwendig, die betroffene Gemeinde anzuhören (BVerfGE 56, 298, 320; 76, 107, 122).

Diese – vom Bundesverfassungsgericht (BVerfGE 56, 298, 317; 76, 107, 122) teils aus der Selbstverwaltungsgarantie des Art. 28 Abs. 2 GG, teils aus dem Rechtsstaatsprinzip des Art. 20 GG (z. B. bei BVerfGE 50, 50, 51) abgeleiteten – Grundsätze sind auf das Landesverfassungsrecht unmittelbar übertragbar, weil die Bundesverfassung beim Rechtsstaatsprinzip wegen des Homogenitätsgebots (Art. 28 Abs. 1 GG) bindet und weil Art. 28 Abs. 2 GG den Mindeststandard an Selbstverwaltungsgarantie enthält, den die Länder wahren müssen (allg. Ansicht zu Art. 31 GG; vgl. etwa: *Maunz* bei Maunz/Dürig, GG, Art. 28 Rdn. 72; vgl. auch: BVerfGE 36, 342, 360 ff, 363 ff).

Ob und in welchem Umfang kreisangehörige Gemeinden im Landkreis bei dessen Gebietsreform wegen des überörtlich planerischen Einschlags betroffen sein können, ist anhand des Gesamtinhalts der Verfassung zu beurteilen (vgl. BVerfGE 56, 298, 313).

Vor allem die Aufgabengarantie des Art. 87 LVerf-LSA macht notwendig, auch die Einrichtungsgarantien (Art. 3 Abs. 2 LVerf-LSA) und die Staatsziele (Art. 3 Abs. 3 LVerf-LSA) mit zu berücksichtigen, um daran messen zu können, ob und inwieweit einer einzelnen Gemeinde durch das Planungsgesetz ein Sonderopfer abverlangt wird.

Die Verpflichtungen aus Art. 3 Abs. 2, 3 LVerf-LSA treffen nämlich nicht nur das Land (vgl. Wortlaut bei Art. 3 LVerf-LSA), sondern auch die Kommunen, wie sich bei den einzelnen Bestimmungen zeigt (vgl. z. B. bei: Art. 24 Abs. 2 Satz 2, 26 Abs. 1, 34, 35 Abs. 1 Satz 1, 36 Abs. 1 und 3, 37 Abs. 1, 39 Abs. 1, 40 LVerf-LSA).

Das bedeutet zugleich, daß die Gemeinden das Recht haben müssen, die ihre Aufgabenerfüllung berührenden Fragen im Rahmen der überörtlichen Kreisgebietsreform vorzutragen. Sie müssen deshalb angehört werden.

1. 2. 2. 3. Die Beschwerdeführerinnen zu 2 bis 7 haben indessen solche Auswirkungen auf ihre Aufgabenerfüllung nicht behauptet, sondern allein die Verletzung ihres Anhörungsrechts gerügt.

Für Beeinträchtigungen des Aufgabenbereichs (Art. 87 LVerf-LSA) sind auch Anhaltspunkte nicht ersichtlich. Insbesondere können die konkreten Beeinträchtigungen nicht abgeschätzt werden, die dadurch entstehen sollen, daß die Beschwerdeführerinnen zu 2 bis 7 nicht wunschgemäß dem Landkreis Wittenberg, sondern – entgegen ihrem Willen – dem Landkreis Anhalt-Zerbst zugeordnet werden.

§§ 48 und 49 LVerfGG-LSA (i. V. m. § 51 Abs. 2 LVerfGG-LSA) sind auch von den Beschwerdeführerinnen zu 2 bis 7 eingehalten, soweit es um deren Rechte auf Anhörung geht.

### 2.

Die Verfassungsbeschwerden sind unbegründet.

Nach § 51 LVerfGG-LSA hat das Landesverfassungsgericht zu prüfen, ob das Kreisgebietsreformgesetz, soweit es den Beschwerdeführer betrifft, mit Art. 2 Abs. 3 und Art. 87 LVerf-LSA vereinbar ist.

Art. 2 Abs. 3 LVerf-LSA garantiert die Kommunen institutionell. Die individuelle Garantie reicht – wie Art. 90 LVerf-LSA hervorhebt (vgl. insoweit auch oben Entscheidungsgründe, Nr. 1. 1.) – nur so weit, als Gebietsänderungen durch Gründe des Gemeinwohls (dazu unten 2. 2.) gerechtfertigt sein müssen und außerdem voraussetzen, daß die betroffenen Kommunen zuvor angehört worden sind.

2.1. Das Recht auf Anhörung ist nicht verletzt.

Daß die betroffenen Kommunen vor einer Gebietsänderung anzuhören sind, gebietet neben der Selbstverwaltungsgarantie auch das Rechtsstaatsprinzip des Art. 2 Abs. 1 LVerf-LSA (vgl. zu den entsprechenden Vorschriften der Art. 20, 28 Abs. 1, 2 GG bzw. der Landesverfassungen auch: BVerfGE 50, 50, 51; BVerfG, Beschl. v. 17. 1. 1979 – 2 BvR 6/76 –, BVerfGE 50, 195, 202; StGH BW, Urt. v. 8. 9. 1972 – GeschRegNr. 6/71 –, ESVGH 23, 1, 18 f; NdsStGH, NdsStGHE 2, 1, 146 = OVGE 33, 497, 498 f; VfGH NW, Urt. v. 24. 4. 1970 – VfGH 13/69 –, OVGE 26, 270, 272 f, BayVfGH, Entschdg. v. 20. 4. 1978 – Vf. 6-VII-78 –, BayVfGH n. F. Bd. 31, Teil II S. 99, 129; VfGH des Saarlandes,

DVBl 1975, 35, 36). Die Verfassung selbst verlangt schon – auch ohne besondere (einfach-)gesetzliche Regelung –, daß der Gesetzgeber dem Anhörgebot nachkommt (BayVfGH, BayVfGH n. F. 31 II 99, 129; VfGH des Saarlandes, DVBl 1975, 35, 36). In den meisten Kommunalgesetzen der Länder finden sich – ohne daß spezielle Anhörungsgesetze geschaffen worden wären – Bestimmungen darüber, daß von einer Neugliederung Anhörungen stattzufinden haben; die Gesetze regeln das Verfahren, soweit die Einwohner anzuhören sind (vgl. *Knemeyer*, Kommunale Neugliederung vor den Landesverfassungsgerichten, in Starck/Stern, Hrsg., Landesverfassungsgerichtsbarkeit, Teil III S. 146, 158 Fn. 42). Eine derartige Regelung findet sich auch in § 79 Abs. 1 KommVfG.

Die nähere Ausgestaltung des Anhörverfahrens ist in der Rechtsprechung der Verfassungsgerichte und Staatsgerichtshöfe entwickelt worden (vgl. etwa: StGH BW, ESVGH 25, 1, 25 f.; NdsStGH, NdsStGHE 2, 1, 148 f. = OVGE 33, 497, 499 f.; BayVfGH, BayVfGH n. F. 31 II 99, 129, VfGH RP, DVBl 1969, 799, 807).

Es ist nicht erkennbar, daß der Landesverfassungsgeber in Sachsen-Anhalt über diese Rechtstradition hinaus weitere Anforderungen hat stellen wollen. Art. 2 Abs. 3 und Art. 90 Satz 2 LVerf-LSA verlangen nicht, daß der Gesetzgeber generelle Regelungen erläßt, bevor er das Gebiet von Gemeinden oder Landkreisen ändert (2. 1. 1.). Die Verfassung gebietet nicht, die Bürger unmittelbar zu beteiligen, wenn die Grenzen von Landkreisen geändert werden sollen (2. 1. 2.). Das von der Verfassung geforderte Anhörungsverfahren hat der Gesetzgeber der Kreisgebietsreform eingehalten (2. 1. 3.).

Diese für die Gebietsänderung des Landkreises und seine eigene Betroffenheit geltenden Grundsätze zur Anhörung sind im wesentlichen – wie sich oben (bei Entscheidungsgründe, Nr. 1. 2. 2.) ergeben hat – auch auf die beschwerdeführenden Gemeinden anzuwenden. Ob sich die Gemeinden auf alle für den Beschwerdeführer zu 1 zutreffenden Gesichtspunkte in gleichem Umfang berufen könnten, kann hier unerörtert bleiben, weil auch die aus der Sicht des Landkreises zu leistende vollständige Untersuchung nicht zum Erfolg führt.

2. 1. 1. Aus dem Wortlaut des Art. 90 Satz 2 LVerf-LSA läßt sich nicht herleiten, daß ein besonderes Gesetz über die Anhörung Voraussetzung für Eingriffe in den Gebietsbestand sein sollte. Das folgt schon daraus, daß die Anhörung nur als ein Gesichtspunkt behandelt ist, den einfachgesetzliche Ausführungsbestimmungen näher regeln können.

Im übrigen unterscheidet sich dieser zweite Satz deutlich vom ersten desselben Artikels. Art. 90 Satz 1 LVerf-LSA läßt Eingriffe in den Gebietsbestand von Kommunen gegen deren Willen nur durch ein materielles Gesetz (Gesetz oder aufgrund eines Gesetzes) – als Eingriffsmittel – zu und macht dessen Ver-

fassungsmäßigkeit in der Sache davon abhängig, daß Gründe des Gemeinwohls – als Eingriffsvoraussetzung – vorliegen; Art. 90 Satz 2 LVerf-LSA hin-
gegen überläßt dem einfachen Gesetzgeber, das Nähere zu regeln. Art. 90 Satz 1 LVerf-LSA macht damit das zum Inhalt der Landesverfassung, was Art. 28 Abs. 2 GG bundesrechtlich für Eingriffe bei Gebietsände-
rungen materiell voraussetzt (ständige Rechtsprechung des Bundesverfassungsgerichts; vgl. etwa: BVerfGE 50, 50, 50; 86, 90, 107, m. w. Nachw.).

Soweit Art. 90 Satz 2 LVerf-LSA die Anhörung besonders hervorhebt
(insbesondere), nimmt das Landesverfassungsrecht auf die verfahrensrechtliche Vorgabe des Bundesrechts für kommunale Gebietsänderungen lediglich
Bezug (vgl. etwa BVerfGE 50, 50, 50; 86, 90, 107, m. w. Nachw.). Das Grundgesetz verlangt aber nur, daß die betroffene Kommune sachgerecht angehört
wird, und nicht etwa auch, daß das hierfür einzuhaltende Verfahren durch ein
besonderes Gesetz geregelt ist. Die Anhörungspflicht will zwar verhindern,
daß die Kommunen zum Objekt staatlichen Handelns werden (BVerfGE 50,
195, 202); sie hat aber vorrangig die Funktion, sicherzustellen, daß der Gesetzgeber den für die (materielle) Gemeinwohl-Abwägung maßgeblichen Sachverhalt (verfahrensrechtlich) umfassend ermittelt (BVerfGE 76, 107, 122). Das
Bundesverfassungsgericht hat ausdrücklich klargestellt, daß diese verfassungsrechtlich gebotene Anhörungspflicht nicht an bestimmte Formen gebunden ist
(BVerfGE 56, 298, 321).

Dem läßt sich nicht entgegenhalten, eine Landesverfassung dürfe ohne
Verstoß gegen Art. 31 GG über das hinausgehen, was Art. 28 Abs. 2 GG nur
als Mindeststandard verlangt (allg. Ansicht; vgl. etwa: *Maunz* in Maunz/
Dürig, GG, Art. 28 Rdn. 72; BVerfGE 36, 342, 360 ff, 363 ff); denn es gibt keinen Anhaltspunkt dafür, daß dies durch Art. 90 Satz 2 LVerf-LSA hat geschehen sollen.

So läßt sich insbesondere aus dem Zusammenhang der Bestimmungen
über die kommunale Selbstverwaltung (Art. 2 Abs. 3, 87 und 90 LVerf-LSA)
nicht herleiten, daß Art. 90 Satz 2 LVerf-LSA ein Verfahrensgesetz zur Anhörung verlangt. Mit Art. 2 Abs. 3 LVerf-LSA übernimmt das Landesrecht die
Garantie des Art. 28 Abs. 2 GG. Ob Art. 87 LVerf-LSA mit seinen besonderen Regelungen über die Aufgaben der Kommunen einen weiteren Inhalt hat
als Art. 28 Abs. 2 GG, ist für die Auslegung des einen anderen Gegenstand betreffenden Art. 90 LVerf-LSA ohne Bedeutung.

Art. 90 LVerf-LSA hebt danach nur einen Teilaspekt der durch Art. 2
Abs. 3 LVerf-LSA bereits garantierten Rechte hervor, ohne sie inhaltlich anzureichern.

Gegen die Annahme, daß Art. 90 LVerf-LSA die Garantien des Art. 2
Abs. 3 LVerf-LSA erweitert, spricht nicht zuletzt die Rechtsschutzbestimmung des Art. 75 Nr. 7 LVerf-LSA, die allein auf die Verletzung von Rechten

aus Art. 2 Abs. 3 oder aus Art. 87 LVerf-LSA abstellt und Art. 90 LVerf-LSA nicht erwähnt.

Auch die Materialien zu Art. 90 Satz 2 LVerf-LSA fordern keine von diesem Ergebnis abweichende Auslegung.

Der Gesetzesvorbehalt geht auf Art. 71 des SPD-Entwurfs mit der Überschrift „Gebietsänderung und Auflösung von Gemeinden und Landkreisen" (innerhalb des 6. Abschnitts: Die Verwaltung) zurück. Dessen Abs. 1 enthielt die materielle Gemeinwohlklausel für Gebietsänderungen bei Gemeinden und Landkreisen. Die beiden folgenden Absätze befaßten sich mit den Gebietsänderungen für die Gemeinden (Abs. 2) und für die Landkreise (Abs. 3). Für die gemeindliche Gebietsänderung war die Anhörung der Bevölkerung verlangt. Der abschließende Abs. 4 bestimmte dann: Das Nähere regelt ein Gesetz.

Art. 90 LVerf-LSA enthält bei gleichgebliebener systematischer Einordnung unter Verwaltung lediglich eine zusammenfassende Kürzung der ursprünglich in vier Absätzen geregelten Materie. Deutlich wird, daß die nähere Regelung insgesamt dem Gesetzgeber überlassen bleiben sollte und daß nicht beabsichtigt war, vor einer Gebietsreform ein eigenständiges, förmliches Gesetz zu verlangen.

Diese Einschätzung wird bestätigt durch die Äußerung des Abgeordneten Dr. H., des Vorsitzenden des Verfassungsausschusses; danach erschien eine besondere Regelung über die Anhörung deshalb entbehrlich, weil sich die Verpflichtung schon aus der Rechtsprechung des Bundesverfassungsgerichts ergebe (Niederschrift über die Sitzung vom 17. und 18. 7. 1991 S. XII/2).

2. 1. 2. Art. 90 Satz 2 LVerf-LSA verpflichtet den Gesetzgeber bei Änderungen von Kreisgebieten nicht, zusätzlich zu der Anhörung betroffener Gemeinden auch die Meinung der Bürger zu erforschen. Gegenteiliges folgt insbesondere nicht daraus, daß der Wortlaut die Einwohner neben die Kommunen stellt. Die Vorschrift ist vielmehr so zu verstehen, daß der Gesetzgeber abstufen darf, in welchen Fällen er nur die Kommune und in welchen er zusätzlich die Einwohner beteiligt; denn die Verfassung stellt auf die Anhörung der Betroffenen ab.

Die Gebietsänderungen einerseits von Landkreisen und andererseits von Gemeinden wirken sich auf die Kommunen und die Einwohner unterschiedlich stark aus. Unmittelbar betroffen sind bei Eingriffen auf der Gemeindeebene die Gemeinde, um deren Gebiet es sich handelt, und die Einwohner, welche in dieser Gemeinde bzw. in diesem Gebiet leben. Die Änderung von Kreisgebietsgrenzen hingegen betrifft unmittelbar neben dem Landkreis, um dessen Territorium es geht, nur die Gemeinden, welche dem jeweiligen Gemeindeverband Landkreis angehören, und die Einwohner dieser Gemeinden nur mittelbar dadurch, daß ihre Gemeinde anders zugeordnet wird.

Diese Differenzierung verstößt auch nicht gegen das Demokratiegebot der Verfassung (Art. 2 Abs. 1 LVerf-LSA); denn diese läßt Formen repräsentativer neben solchen unmittelbarer Demokratie zu (vgl. Art. 2 Abs. 2, Art. 80, 81, 89 LVerf-LSA). Dies gilt gerade auch für Kommunen; denn Art. 89 LVerf-LSA schreibt – die bundesrechtliche Vorgabe des Art. 28 Abs. 1 Satz 2 GG wiederholend – vor, daß ein Repräsentativorgan zu wählen ist, sofern nicht – dies aber nur bei Gemeinden – die Versammlung der Bürger an deren Stelle tritt.

Die Differenzierung ist ferner mit den besonderen Regeln über die unmittelbare Demokratie vereinbar. Art. 80, 81, 89 LVerf-LSA ergeben als Durchbrechungen des im Art. 2 Abs. 2 LVerf-LSA enthaltenen Grundsatzes keine Wertung der Verfassung für einen übergreifend rechtlich zu beachtenden Vorrang von Bürgervoten vor denen des Vertretungsorgans (vgl. dazu auch *Reich*, LVerf-LSA, Art. 2 Rdn. 1 Satz 51: Demokratie).

Aus der Definition des Begriffs „Kommune" durch Art. 87 Abs. 1 LVerf-LSA (das sind Gemeinden und Landkreise) läßt sich für Art. 90 Satz 2 LVerf-LSA nicht herleiten, daß das Anhörungsverfahren für Gebietsänderungen der Landkreis- und der Gemeindeebene die gleichen Beteiligten zu berücksichtigen hätte; denn die Bestimmung differenziert nach der Bedeutung der Betroffenheit.

Die Entstehungsgeschichte bestätigt diese Auslegung. Der Entwurf der SPD-Fraktion zu Art. 71, der sich – wie schon erwähnt – mit den Gebietsänderungen beider Stufen befaßte, sah nur für die Gemeindegebiete eine zusätzliche Beteiligung der Bevölkerung der unmittelbar betroffenen Gebiete vor (Abs. 2 Satz 2) und enthielt keine Regelung über die Anhörung der Kommunen im übrigen (Absätze 2 und 3).

Schließlich ist für die Auslegung zu beachten, daß Art. 90 Satz 2 LVerf-LSA – wie sich oben (bei Entscheidungsgründe, Nr. 2. 1. 1.) gezeigt hat – in Wiederholung der Bundesvorgabe zur Anhörungspflicht – kein besonderes Verfahren fordert. Von Verfassungs wegen kann deshalb allein die Anhörung des jeweils Betroffenen in dem durch das Abwägungsgebot beschriebenen Umfang verlangt werden.

Die Regelungen einerseits des § 79 KommVfG für Gebietsänderungen bei Landkreisen (Anhörung nur der betroffenen Landkreise und Gemeinden) und andererseits des § 13 KommVfG (Anhörung der betroffenen Gemeinden und der Bürger[innen] sind mit Art. 90 Satz 2 LVerf-LSA vereinbar.

2. 1. 3. Die aus der Selbstverwaltungsgarantie herzuleitenden Anhörungspflichten (2. 1. 3. 1.) sind erfüllt (2. 1. 3. 2.).

2. 1. 3. 1. Die Landesverfassungsgerichte und Staatsgerichtshöfe der Länder gehen übereinstimmend davon aus, daß Anhörungsverpflichteter der Gesetzgeber ist, der hierfür keine besonderen Förmlichkeiten wahren muß, son-

dern das Anhörungsverfahren nach seinem Ermessen gestalten kann. Die gesetzgebende Körperschaft kann deshalb selbst schriftlich oder mündlich anhören, auf Anhörungen der Regierung zurückgreifen, diese mit der Anhörung beauftragen und sich das Ergebnis vortragen lassen (vgl. etwa: NdsStGH, NdsStGHE 2, 1, 148 f m. w. Nachw. = OVGE 33, 497, 499). Sichergestellt sein muß allein, daß der Gesetzgeber dem Zweck der Anhörung genügen kann, die Interessenlage bei der betroffenen Kommune zu ermitteln (vgl. etwa: VfGH NW, OVGE 26, 270, 275; VfGH RP, DVBl 1969, 799, 808).

Zweck gerade auch der Anhörung ist es, dem Gesetzgeber die umfassende Kenntnis von allen für die Neugliederung erheblichen Umständen zu verschaffen, so daß er alle Argumente sorgfältig abwägen kann, die für und gegen die Neugliederungsmaßnahme sprechen.

Um eine fundierte Stellungnahme abgeben zu können, muß die betroffene Kommune zwar nicht von allen Einzelheiten, wohl aber vom wesentlichen Inhalt des Gebietsänderungsvorhabens und seiner Begründung Kenntnis erhalten (BVerfGE 50, 195, 203; 86, 90, 107 f; StGH BW, ESVGH 25, 1, 26; NdsStGH, NdsStGHE 2, 1, 149 = OVGE 33, 497, 499; VfGH NW, OVGE 26, 270, 274 f; kritisch dazu: *Ule/Laubinger*, DVBl 1970, 760, 761, und *Knemeyer*, BayVBl 1971, 371, 373).

Die Kommune muß Gelegenheit haben, sich zu dem Vorhaben im Ergebnis und den es tragenden Argumenten zu äußern und diese gegebenenfalls zu widerlegen. Sie muß sowohl die Gesamtkonzeption durchschauen als auch die Zusammenhänge zwischen dieser und der Einzelentscheidung überprüfen können (*Ule/Laubinger*, aaO; *Knemeyer*, aaO). Deshalb muß der Gesetzgeber bekanntgeben:
- das Gesamtkonzept und die Kriterien für die Einzelentscheidung,
- den wesentlichen Inhalt des Neugliederungsvorhabens im weiteren Raum,
- die besondere Begründung der Einzelmaßnahmen und
- die Gründe für evtl. Abweichungen vom Gesamtkonzept.

Die betroffene Kommune benötigt eine angemessene Frist zur Stellungnahme. Sie muß das Vorhaben prüfen, gegebenenfalls eigene Untersuchungen anstellen und die Äußerung in den Organen der Selbstverwaltungskörperschaft beraten und beschließen können.

Die Stellungnahme muß schließlich so rechtzeitig eingehen können, daß ihr Inhalt noch Eingang in das Verfahren des Gesetzgebers finden und auf dessen Entschließung Einfluß nehmen kann (BVerfGE 86, 90, 108; StGH BW, ESVGH 25, 1, 26; NdsStGH, NdsStGHE 2, 1, 149 = OVGE 33, 479, 500; VfGH NW, OVGE 26, 270, 277; VfGH RP, DVBl 1969, 799, 807; *Ule/Laubinger*, DVBl 1970, 760, 761; *Knemeyer*, BayVBl 1971, 371, 374).

Das Anhörungsgebot bezieht sich nur auf die Tatsachen, welche der Gesetzgeber seiner Abwägung zugrunde zu legen hat. Aus der Verfassung kann deshalb nicht hergeleitet werden, daß die Kommune von jeder Änderung in der Wertung solcher Tatsachen, zu denen sie angehört war, in Kenntnis gesetzt wird. Eine erneute Anhörung kann deshalb auch nur dann geboten sein, wenn und soweit sich die für die Wertung notwendigen Tatsachen verändert haben oder sich die Ziele des Gesetzgebers so geändert haben, daß eine frühere Anhörung ins Leere geht, weil die Kommune zu den das neue Ziel tragenden Tatsachen noch nicht hatte Stellung nehmen können (BVerfGE 50, 195, 203; NdsStGH, NdsStGHE 2, 1, 148 = OVGE 33, 497, 500; StGH BW, ESVGH 25, 1, 26).

2. 1. 3. 2. Die durchgeführten Anhörungen genügen diesen Anforderungen.

Die der umfassenden Kreisgebietsreform zugrunde liegenden Ziele und die für die Gliederung im einzelnen geltenden Kriterien sind bereits in der allgemeinen Begründung zum Referentenentwurf niedergelegt, der allen Gemeinden und Kreisen in Sachsen-Anhalt mit einer Stellungnahmefrist von mehr als drei Monaten übermittelt worden ist. Die betroffenen Kommunen hatten darüber hinaus die Möglichkeit, ihren Standpunkt in den Anhörungen vom November 1992 zur Geltung zu bringen.

Auf der Grundlage des Regierungsentwurfs sind die Kommunen, deren Zuordnungsvorstellungen nicht mit denen der Vorlage übereinstimmten, vom Landtagsausschuß für Inneres im April 1993 erneut angehört worden. Der Ausschuß hat dabei über seine verfassungsrechtliche Pflicht hinaus, Tatsachen und Stellungnahmen zur Kenntnis zu nehmen und in Erwägung zu ziehen, politisch das Ziel verfolgt, nach Möglichkeit freiwillige Zusammenschlüsse zustande zu bringen, ist insoweit in Gespräche mit den Beteiligten eingetreten, und hat dabei Lösungsvarianten zur Kenntnis genommen, teilweise selbst entwickelt und diese mit den beteiligten Kreisen und Gemeinden sowie darüber hinaus mit Bürgerinitiativen diskutiert.

Die entgegen der Empfehlung des Ausschusses für Inneres in der zweiten Lesung des Gesetzes im Landtag eingebrachten Änderungsanträge erforderten keine erneute Anhörung, weil durch sie lediglich die Regierungsvorlage wiederhergestellt worden war. Diese Wiederherstellung früherer Ergebnisse war indessen nicht durch eine Änderung der Leitkriterien oder des Neugliederungsziels bedingt, sondern beruhte auf einer anderen Wertung der bereits bekannten Tatsachen, zu denen sich die Kommunen geäußert hatten.

Ins einzelne gehende Wirtschaftsdaten oder Angaben zu Pendlerbewegungen konnten nicht verlangt werden. Zwar legen die Neugliederungskriterien als einen der zu beachtenden maßgeblichen Punkte auch sozio-ökonomische Verflechtungen zugrunde (Nr. 4.1 der Allgemeinen Begründung S. 76 des Regierungsentwurfs LdTgDrs 1/2285); einschränkend ist aber darauf hingewiesen, Prognosen auf dieser Grundlage seien deshalb schwer möglich, weil die umfangreichen gegenwärtigen Veränderungen in der Wirtschaftsstruktur eine gesicherte Datenerhebung nicht zuließen. Waren aber beim Gesetzgeber solche Daten nicht vorhanden, so ist es kein Fehler der Anhörung, wenn auch die Kommunen sie nicht erhielten. Vielmehr kann allein unter dem Gesichtspunkt des Gemeinwohls und der dort gebotenen Ermittlung entschieden werden, ob das Reformvorhaben ohne solche Daten gleichwohl eingeleitet und durchgeführt werden durfte.

2. 2. Wie sich bei den Ausführungen zur Zulässigkeit gezeigt hat (vgl. Entscheidungsgründe, Nr. 1. 2. 2.), kann nur der Beschwerdeführer zu 1 rügen, die Neugliederung entspreche nicht dem Gemeinwohl i. S. des Art. 90 Satz 1 LVerf-LSA; denn nur sein Gebiet und nicht auch das der Gemeinden ist durch die Kreisgebietsreform unmittelbar berührt. Die folgenden Ausführungen betreffen deshalb ausschließlich den Landkreis.

Die aus der Gemeinwohlbindung der Verfassung abzuleitenden Einzelkriterien (2. 2. 1.) sind bei der Neugliederung nicht verletzt worden (2. 2. 2.).

2. 2. 1. Die Gebietsänderung – hier (als deren höchste Stufe) die Auflösung – einer kommunalen Körperschaft entspricht schon dann dem Gemeinwohl i. S. des Art. 90 Satz 1 LVerf-LSA, wenn sie durch Gründe gerechtfertigt ist, die sich aus Verfassungsgrundsätzen ableiten lassen (2. 2. 1. 1.) und wenn sich das Gesetzgebungsverfahren hieran ausgerichtet hat (2. 2. 1. 2.). Die verfassungsgerichtliche Kontrolle hat den Gestaltungsraum des Gesetzgebers zu wahren (2. 2. 1. 3.).

2. 2. 1. 1. Der Begriff des Gemeinwohls unterliegt als sog. unbestimmter Rechtsbegriff uneingeschränkter verfassungsgerichtlicher Prüfung. Das Verfassungsgericht ist nicht an die Beurteilung des Gesetzgebers gebunden, weil anderenfalls der Schutzgehalt des Art. 2 Abs. 3 LVerf-LSA durch das einfache Gesetz selbst bestimmt würde. Gemeinwohl läßt sich nicht allgemein gültig definieren, sondern nur im Einzelfall konkretisieren. Bei der Neugliederungsmaßnahme sind die Interessen des einzelnen, der Gebietskörperschaft und des Staates in Einklang zu bringen (StGH BW, ESVGH 25, 1, 6 f; VfGH RP, DVBl 1969, 799, 801 f; VfGH RP, Urt. v. 16. 4. 1969 – VGH 29/69 –, Abdruck, S. 24, vgl. auch *Knemeyer*, in Landesverfassungsgerichtsbarkeit, Teilband III S. 146, 161 ff.).

Die Bindung an das Gemeinwohl (Gemeinwohlschranke) begrenzt den Gesetzgeber in doppelter Hinsicht.

Art. 90 Satz 1 LVerf-LSA enthält einerseits eine Ermächtigung; denn eine Gebietsänderung darf überhaupt nur vorgenommen werden, wenn Gemeinwohlgesichtspunkte Anlaß dazu geben. Die Änderung muß schon vom Motiv her durch das Gemeinwohl getragen sein (VfGH NW, OVGE 26, 270, 278). Art. 90 Satz 1 LVerf-LSA legt andererseits die Grenzen fest, über die hinaus der Eingriff nicht gehen darf, wenn er noch verfassungsgemäß sein soll.

Ob eine bestimmte Gebietsänderung gemeinwohlverträglich ist, kann nicht allein aus der Sicht der betroffenen Kommune beurteilt werden. Das Gemeinwohl kann nicht gleichgesetzt werden mit dem Wohl der betroffenen Gemeinde oder dem des betroffenen Kreises. Das folgt zwingend daraus, daß der staatliche Eingriff in die Gebietshoheit gerade nur dann gerechtfertigt ist, wenn und soweit er sich durch überörtliche Gründe rechtfertigen läßt. Ist der Gesetzgeber – aus überörtlichen Gründen – befugt, das Gebiet zu ändern, so verlangt das Gemeinwohl für den Umfang des Eingriffs allerdings eine Abwägung der überörtlichen mit den örtlichen Belangen. Das bedeutet nicht, daß die örtlichen Belange den Vorrang haben; aber der Gesetzgeber muß sich bei der Durchsetzung der überörtlichen Belange davon leiten lassen, daß die Grundsätze der Verhältnismäßigkeit gewahrt bleiben.

Der Gemeinwohlbegriff kann jedenfalls durch die rechtlichen Wertungen konkretisiert werden, welche Teil der Verfassung selbst sind (so auch StGHBW, ESVGH 25, 1 Satz 1 Leitsatz und S. 7 ff; NdsStGH, NdsStGHE 2, 1, 151 = OVGE 33, 497, 500).

Zu den einen Eingriff zulassenden Gemeinwohlgründen gehört vor allem, daß die Kommunen ihrer Funktion gerecht werden können, die ihnen Art. 2 Abs. 3 und Art. 87 LVerf-LSA innerhalb des Staatsaufbaus zuweisen.

Dabei ist dem Umstand Rechnung zu tragen, daß sich der Schwerpunkt öffentlicher Aufgaben gerade auch auf der kommunalen Ebene (vgl. deshalb Art. 87 Abs. 1, 2 LVerf-LSA) von der Eingriffs- auf die Leistungsverwaltung verlagert hat, so daß dem Sozialstaatsprinzip und den Verfassungsbestimmungen, die es konkretisieren, rechtlich besondere Bedeutung zukommt (so für das Sozialstaatsprinzip bereits: StGH BW, ESVGH 25, 1, 7).

Das Sozialstaatsprinzip des Grundgesetzes (Art. 20 Abs. 1 GG) beansprucht Geltung auch in den Ländern (Art. 28 Abs. 1 Satz 1 GG). Nach Art. 2 Abs. 1 LVerf-LSA ist das Sozialstaatsprinzip ausdrücklich Fundament auch der Landesverfassung. Eigenständig und gleichwertig hinzu treten die Verpflichtungen aus den Einrichtungsgarantien (zu deren Bedeutung vgl. Art. 3 Abs. 2 LVerf-LSA) und aus den Staatszielen (hierzu vgl. Art. 3 Abs. 3 LVerf-LSA). Sie richten sich- über den Wortlaut bei Art. 3 Abs. 2, 3 LVerf-LSA hinaus – nicht nur an das Land, sondern – wie die Einzelbestimmungen zeigen (vgl. für die Einrichtungsgarantien etwa: Art. 24 Abs. 2 Satz 2 Kinderbetreuung, Art. 26 Abs. 1 Schulversorgung, Art. 30 Abs. 1 Erwachsenenbildung, vgl. für die Staatsziele etwa: Art. 34 Gleichstellung, Art. 35 Abs. 1 natürliche Lebensgrundlagen, Art. 36 Abs. 1, 4 Kultur-, Denkmal-, Kunst-, Sportförderung, Art. 37 Abs. 1 Schutz ethnischer Minderheiten, Art. 38 Schutz Hilfsbedürftiger, Art. 39 Arbeitsplatzförderung, Art. 40 Wohnungsbauförderung) – gerade auch an die Kommunen.

Das Gemeinwohl verlangt deshalb, daß auch die Kommunen in der Lage sind, diese Aufgaben möglichst sachgerecht und effektiv zu erfüllen. Enthält Art. 87 Abs. 1 bis 4 LVerf-LSA eine eher formale Abgrenzung zum staatlichen Bereich, so füllen die Gebote aus dem Sozialstaatsprinzip, aus den Staatszielen und aus den Einrichtungsgarantien den kommunalen Bereich mit Inhalt.

Die aus der Verfassung selbst herzuleitenden Gemeinwohlgesichtspunkte konkretisieren die Ermächtigung und die Schranke des Art. 90 Satz 1 LVerf-LSA, legen die Kommunen aber nicht auf bestimmte Strukturen oder Größen bereits von Verfassungs wegen fest. Der Gesetzgeber hat deshalb bei der durch das Gemeinwohl zugelassenen Neugliederung politischen Gestaltungsraum, innerhalb der Verfassungsordnung Gemeinwohlziele zu umschreiben und einen Interessenausgleich vorzunehmen (vgl. BVerfGE 86, 90, 108 f; StGH BW, ESVGH 23, 1, 4 f; NdsStGH, NdsStGHE 2, 1, 151, 153 = OVGE 33, 497, 500; VfGH RP, DVBl 1969, 799, 802 f). Bei einer generellen, wie hier das Land insgesamt umfassenden Neuordnung kann der Gesetzgeber eigenverantwortlich ein Leitbild (oder System) definieren und einzelne System-Kriterien entwickeln.

Das Gebietsänderungsgesetz muß frei sein von willkürlichen Erwägungen und Differenzierungen (BVerfGE 76, 107, 122; 86, 90, 109; StGH BW, ESVGH 23, 1, 5; NdsStGH, NdsStGHE 2, 1, 155 = OVGE 33, 497, 502; VfGH NW, OVGE 26, 270, 278 f). Legt der Gesetzgeber seinen Zuordnungen ein Leitbild zugrunde, so ist er – will er nicht gegen das Willkürverbot verstoßen – an die von ihm selbst gefundenen Maßstäbe gebunden (BVerfGE 50, 50, 51; 86, 90, 108 f; StGH BW, ESVGH 23, 1, 5; NdsStGH, NdsStGHE 2, 1, 154 ff = OVGE 33, 497, 501 f).

Der Grundsatz der Systemgerechtigkeit verlangt dabei keinesfalls schematische Gleichheit, sondern verbietet lediglich, das System willkürlich zu verlassen. Dabei folgt das Willkürverbot nicht aus dem Gleichheitssatz des Art. 7 LVerf-LSA – der für Kommunen nicht gilt –, sondern aus dem Rechtsstaatsprinzip. Deshalb sind Abweichungen verfassungsgemäß, die eine nicht beabsichtigte Härte ausgleichen sollen oder die durch einen (anderen) sachlichen Grund gerechtfertigt sind (ebenso im Ergebnis: StGH BW, ESVGH 23, 1, 5; 25, 1, 23).

Der Verfassungsgrundsatz der Verhältnismäßigkeit (vgl. insoweit auch: BVerfGE 50, 50, 51; 76, 107, 120 ff; 86, 90, 109), der – wie im Bundesverfassungsrecht (z. B.: BVerfGE 50, 50, 51) – aus dem Rechtsstaatsprinzip (Art. 2 Abs. 1 LVerf-LSA) abzuleiten ist (vgl. *Reich*, LVerf-LSA, Art. 2 Rdn. 1 S. 50; *Mahnke*, LVerf-LSA, Art. 2 Rdn. 2), verbietet das Übermaß und verlangt deshalb, daß der Eingriff geeignet, erforderlich und – im Hinblick auf die Bedeutung des Selbstverwaltungsrechts als Ergebnis einer Güterabwägung – angemessen ist (so insbes.: BVerfGE 76, 107, 122).

Im Rahmen der Verhältnismäßigkeit (so auch StGH BW, ESVGH 25, 1, 21) hat der Gesetzgeber dem Nutzen der Neugliederung den durch sie entstehenden Schaden gegenüberzustellen und die hierfür erheblichen Umstände zu gewichten. Eines besonderen, von der (regulären) Verhältnismäßigkeitsprüfung begrifflich zu trennenden Schaden-Nutzen-Vergleichs (so VfGH NW, OVGE 28, 291, 293; ablehnend NdsStGH 2, 1, 154 = OVGE 33, 497, 501) bedarf es deshalb nicht.

Die Verfassungsordnung, welche den ermächtigenden Teil des Gemeinwohlbegriffs ausfüllt, enthält zugleich auch die Schranken, in denen sich der Eingriff im Ergebnis halten muß.

2. 2. 1. 2. Der Gesetzgeber hat sich selbst die Gewißheit zu verschaffen, daß die Gemeinwohlgesichtspunkte eingehalten sind, und zu diesem Zweck im Gesetzgebungsverfahren den für seine Entscheidung erheblichen Sachverhalt zutreffend und vollständig zu ermitteln (vgl. hierzu: BVerfGE 50, 50, 51; 56, 298, 319; BVerfGE 76, 107, 122; 86, 90, 109).

Dieser Sachverhalt muß erkennbar Grundlage der aus Verfassungsgründen notwendigen Abwägung gewesen sein (BVerfGE 86, 90, 109).

Die Verfassung verlangt nicht, daß der Gesetzgeber auch eine formelle Rechtfertigung seines Ergebnisses beschließt (ebenso StGH BW, ESVGH 25, 1, 26 f). Die Verfassungsbestimmungen über das Gesetzgebungsverfahren (Art. 77 ff LVerf-LSA) machen die Wirksamkeit eines Gesetzes von keinem besonderen Begründungsbeschluß abhängig; sie verlangen auch nicht, daß der Gesetzesbeschluß zugleich verbindlich Auskunft über die Motive der Mehrheit gibt. Die allgemeinen Bestimmungen über den Landtag (Art. 41 ff LVerf-LSA) lassen für einen Beschluß genügen, daß er im Ergebnis von der Mehrheit getragen ist (Art. 51 Abs. 1 LVerf-LSA), und setzen nicht zusätzlich voraus, daß dieses Ergebnis auf einer einheitlichen Motivation dieser Mehrheit beruht.

Eine (rein formelle) Begründungspflicht läßt sich auch nicht daraus herleiten, daß der Gebietsänderungsbeschluß planerische Elemente (vgl. BVerfGE 86, 90, 108) trägt, denn soweit für Planungsergebnisse auch eine Planbegründung verlangt wird, beruht dies auf jeweils ausdrücklicher Anordnung und ergibt sich nicht etwa aus dem Wesen des Planungsrechts. Solche Sondervorschriften finden sich allgemein für Planfeststellungsverfahren im Verwaltungsverfahrensrecht (§§ 72, 39 des Verwaltungsverfahrensgesetzes des Bundes – VwVfG – und – gleichlautend – des Landes vom 18. 8. 1993 LSA-GVBl S. 412 – VwVfG-LSA –) und speziell für die Satzungen des Bauplanungsrechts im § 9 Abs. 8 BauGB. Aus diesen – auf einfachem Gesetz beruhenden – Regelungen läßt sich kein Verfassungsrecht auf (besondere formelle) Begründung herleiten.

2. 2. 1. 3. Der Umfang verfassungsgerichtlicher Kontrolle ist davon abhängig, welche Anforderungen die Verfassung selbst an den Gesetzgeber stellt.

Die Prüfung findet aber auch ihre Grenze an diesen Vorgaben; das Verfassungsgericht untersucht nicht, ob der Gesetzgeber von der ihm zustehenden und von ihm politisch zu verantwortenden Gestaltungsfreiheit zweckmäßigen Gebrauch gemacht hat. Dies schließt aus, daß das Verfassungsgericht nach der bestmöglichen Lösung sucht.

Der Wille der Betroffenen ist bei der Abwägung der für und gegen eine Kreisauflösung sprechenden Gründe zu berücksichtigen (StGH BW, ESVGH 25, 1, 20); ihm kommt jedoch keine Sperrwirkung zu, so daß etwa Gebietsänderungen nur mit Zustimmung zulässig wären (StGH BW, aaO). Das ergibt sich schon daraus, daß die Gebietsänderung durch überörtliche Gesichtspunkte gerechtfertigt wird. Außerdem regelt Art. 90 LVerf-LSA gerade auch den nicht vom Willen der Betroffenen getragenen Fall der Gebietsänderung.

Das Verfassungsgericht kann deshalb nicht – mag dies auch den Erwartungen einiger Kommunen oder Bürgerinitiativen entsprochen haben – die Neugliederung in den Problemzonen völlig eigenständig neu prüfen und auf dieser Grundlage zu einer gerechten Korrektur-Entscheidung kommen. Damit würde das Verfassungsgericht in den politischen Gestaltungsraum eingreifen, den die Landesverfassung dem Gesetzgeber zuweist; das Gericht wacht nur darüber, ob der Landtag bei seinem Verfahren und bei seiner Entscheidung die Verfassung eingehalten hat.

Das Gericht hält es für notwendig, diese von der Verfassung vorgenommene Machtverteilung hervorzuheben; der Freiwilligkeitsgrundsatz hat bei dieser Neugliederung eine besondere Rolle gespielt. Dies bedeutet aber nicht, daß vor allem zu untersuchen wäre, ob die konkrete Zuordnung freiwillig sei oder diesem Prinzip eher genüge als die Lösung des Landtags. Sonst würden Prüfungskompetenz, –ziel und –umfang verkannt; denn das Gericht untersucht nicht, welche Zuordnung am besten mit dem Freiwilligkeitsprinzip übereinstimmt, sondern nur, welche Bedeutung der Grundsatz der Freiwilligkeit für den Gesetzgeber gehabt hat und ob sich der Landtag an sein Systemkriterium gehalten hat.

Soweit sich der Landtag bei einer bestimmten Neugliederungsentscheidung innerhalb des ihm zustehenden politischen Gestaltungsraums bewegt hat, können betroffene Kommunen, Bürgerinitiativen oder Bürger die gewünschte Korrektur nur über eine Änderung des Gesetzes durch den Landtag oder im Weg der Bürgerbeteiligung an der Gesetzgebung (Art. 80, 81 LVerf-LSA) erreichen.

Das Verfassungsgericht prüft – entsprechend den oben dargelegten materiellen Grundsätzen (Entscheidungsgründe, Nr. 2. 2. 1. 1.) –, ob ein Gemeinwohlgesichtspunkt vorliegt, der es rechtfertigt, die Gebietsreform vorzunehmen, ob der konkret beanstandeten Maßnahme ein System zugrunde liegt, ob dieses mit der Verfassungsordnung vereinbar ist, ob und aus welchem Grund im Einzelfall abgewichen worden ist sowie ob dies auf einem sachlichen Grund beruht hat, ob der konkrete Eingriff mit Blick auf die Selbstverwaltungsgarantie abgewogen und verhältnismäßig ist und ob das Ergebnis im übrigen mit der Verfassungsordnung vereinbar ist.

Das Gericht prüft ferner (vgl. oben Entscheidungsgründe, Nr. 2. 2. 1. 2.), ob die für die Abwägung erheblichen Tatsachen ermittelt worden sind und ob sie erkennbar in eine Abwägung eingegangen sind.

Kein Gegenstand der Kontrolle ist der (eigentliche) Abwägungsvorgang; denn das Verfassungsrecht verlangt allein, daß die erheblichen Tatsachen in die Abwägung haben eingehen können und daß das Gesetz mit den Verfassungsbestimmungen vereinbar ist, und schreibt hierfür kein besonderes Verfahren vor (ebenso: *Lorenz*, Die Kontrolle von Tatsachenentscheidungen und Prognoseentscheidungen, insbesondere in den Neugliederungsverfahren, in Starck/Stern, Hrsg., Landesverfassungsgerichtsbarkeit, Teilband III, S. 196, 222).

Soweit der Gesetzgeber zur Begründung seines Eingriffs aus ermittelten Tatsachen Prognosen gewinnt, Prognosen als Tatsachen zugrundelegt oder Wertungen vornimmt, prüft das Verfassungsgericht nur nach, ob das Ergebnis offensichtlich fehlerhaft oder eindeutig widerlegbar ist (so insbes: BVerfGE 76, 107, 107, 11; 86, 90, 109).

2. 2. 2. Die beanstandete Neugliederungsentscheidung hält sich an diese Grundsätze.

Der Gesetzgeber war ermächtigt, die Kreisgebietsreform durchzuführen (2. 2. 2. 1.). Die zu diesem Zweck entwickelten Kriterien sind verfassungsrechtlich nicht zu beanstanden (2. 2. 2. 2.). Die konkrete Zuordnung verstößt nicht gegen die Verfassung (2. 2. 2. 3.).

2. 2. 2. 1. Der Gesetzgeber war zur Auflösung des Landkreises im Rahmen dieser Kreisgebietsreform ermächtigt, weil sie auf Gemeinwohlgesichtspunkte gegründet ist.

Ziel der Reform ist es (Gesetzentwurf in LdTgDrs 1/2285 v. 4. 2. 1993 – im folgenden: RegVorl – allgemeine Begründung S. 64 ff), die nach den Bedürfnissen des „Demokratischen Zentralismus" 1952 organisierten (kleinräumigen) Kreise (RegVorl S. 65) für die Zwecke der Selbstverwaltung (RegVorl S. 67) zu vergrößern und dabei deren Zahl zu verringern (RegVorl S. 66, 81).

Damit wird einerseits in der territorialen Gliederung der Kreisstufe nachvollzogen, daß bereits die Gesetzgebung der Deutschen Demokratischen Republik funktionell den „Demokratischen Zentralismus" wieder aufgegeben und die Selbstverwaltung, die bis 1952 auch für das frühere Land Sachsen-Anhalt rechtlich verbindlich gewesen war, erneut garantiert hatte. Zu der durch §§ 78, 79 KommVfG zugelassenen und in Aussicht genommenen Gebietsreform war es nicht mehr gekommen. Die Kreisgebietsreform von 1993 vollendet insofern die Reformansätze von 1990.

Andererseits wird zulässigerweise nicht nur das wiederhergestellt, was bis 1952 bestanden hatte, sondern hierüber hinaus die Entwicklung verarbeitet, die sich in den alten Bundesländern bei durchgehend bestehender Selbstverwaltungsgarantie vollzogen hatte.

Ein wesentlicher Gesichtspunkt der Neugliederung ist danach, die Kreisgebiete den gegenwärtigen Bedürfnissen anzupassen und dabei vor allem darauf hinzuwirken, daß die kommunale Selbstverwaltung auf dieser Ebene gestärkt und jeweils eine Körperschaft geschaffen wird, welche leistungsfähige überörtliche Einrichtungen der Daseinsvorsorge tragen und unterhalten kann (RegVorl S. 67). Als wesentliche Aufgaben der Selbstverwaltung sind nur beispielsweise der Schul-, Kinder- sowie Jugendbereich, der Sozialhilfe-, Rettungs-, Gesundheits- und Umweltbereich genannt (RegVorl S. 68), als Beispiele für die vom Kreis zu erfüllenden staatlichen Aufgaben Bau- und Heimaufsicht, Zivilverteidigung und Katastrophenschutz, Denkmal- und Naturschutz, Gesundheitsverwaltung, Straßenverkehr, Entscheidung offener Vermögensfragen (aaO).

Der Gesetzgeber will mit dem Reformgesetz erreichen, daß die kommunale Selbstverwaltung und die Verwaltungskraft der unteren staatlichen Behörde gestärkt werden, daß die Bürgernähe der Kreisverwaltung erhalten bleibt, das bestehende Leistungsgefälle abgebaut wird und gleichwertige Lebensverhältnisse in Verdichtungsräumen und dünnbesiedelten Gebieten hergestellt werden. Damit dient die Kreisgebietsreform gerade auch dem Ziel, die verfassungsrechtlichen Gebote des Sozialstaats und der Staatsziele sowie der Einrichtungsgarantien auf einer soliden Basis zu verwirklichen.

Die Auflösung des Landkreises und die gleichzeitige Neugliederung seines Gebiets ist Teil dieses Gesamtkonzepts.

2. 2. 2. 2. Der Gesetzgeber hat zur Lösung dieser Aufgabe ein System entwickelt und ein Leitbild vorgesehen (2. 2. 2. 2. 1.), das mit der Verfassungsordnung vereinbar ist (2. 2. 2. 2. 2.).

2. 2. 2. 2. 1. Referenten- und Regierungsentwurf lassen erkennen, daß die einzelnen Gliederungsentscheidungen auf einem System basieren, das in der allgemeinen Begründung niedergelegt ist und dort unter Nr. 4 „Kriterien" (vgl. bes. RegVorl S. 75 ff) auf der Grundlage eines zuvor beschriebenen Leitbilds (vgl. bes. RegVorl S. 73 ff) enthält.

Ziel der Kreisgebietsreform ist es, Landkreise zu schaffen, welche die Aufgaben kommunaler Selbstverwaltung wie Kommunen in den alten Bundesländern nach heutigem Standard erfüllen können. Dies bedingt größere Verwaltungseinheiten, um personelle und finanzielle Ressourcen zu bündeln, so daß u. a. Personal qualifiziert und spezialisiert eingesetzt, der Kostenaufwand gemindert und die Leistungsfähigkeit der Verwaltung gesteigert wird. Der Gesetzgeber hat die Erfahrungen bisheriger Kreisgebietsreformen berücksichtigt und bestimmte Einwohnerzahlen zum Maßstab genommen.

Soweit der Landesgesetzgeber in seinen Leitbild-Vorstellungen von einer Kreiseinwohnerzahl zwischen 100.000 und 120.000 ausgeht und Ausnahmen nur bis zur Größe von 80.000 zulassen will (RegVorl S. 74), hat er – auf der Grundlage von Vorarbeiten durch die Projektgruppe – verschiedene Größenordnungen erwogen und sich von den besonderen Gegebenheiten dieses Landes leiten lassen (RegVorl S. 74).

Das Leitbild, Landkreise mit 100.000 bis 120.000 – nur ausnahmsweise bis an die Grenze von 80.000 – Einwohnern zu bilden, bewegt sich im Rahmen der Gebietsreformen in den alten Bundesländern und berücksichtigt die besonderen Bedingungen in Sachsen-Anhalt. Durch die Vergrößerung der Landkreise trägt der Gesetzgeber dem Sozialstaatsprinzip und dem Gleichheitssatz (Chancengleichheit der Bürger) Rechnung, um möglichst gleiche Lebensbedingungen in ganz Deutschland zu schaffen. Größere Landkreise tragen durch ihr höheres Gewicht auch dazu bei, die innerstaatliche Machtverteilung zwischen staatlicher und kommunaler Verwaltung i. S. des Art. 2 Abs. 3 LVerfLSA zu verbessern. Dies gelingt nur bei Landkreisen mit einer Verwaltungskraft, die Gegengewichte bilden und staatliche Verwaltungen im örtlichen Bereich weitestgehend ersetzen können. Die Kommunen müssen deshalb so gestärkt werden, daß sie eine Aufgabenverlagerung „nach unten" tragen können (StGH BW, ESVGH 25, 1, 8).

Die in der allgemeinen Begründung niedergelegten Leitbild-Überlegungen entsprechen diesen Vorgaben. Die dazu entwickelten Systemkriterien sind geeignet, dieses Ziel zu erreichen.

Das im Referenten- und später im Regierungsentwurf beschriebene System hat sich zunächst der Ausschuß für Inneres zu eigen gemacht und seinen Einzelentscheidungen zugrundegelegt (Niederschrift über die 63. Sitzung S. 3).

Es ist auch vom Plenum des Landtags übernommen worden.

Der Berichterstatter des Ausschusses für Inneres hat in der entscheidenden zweiten Lesung vorgetragen, der Ausschuß habe auf ein eigenes „Leitbild" verzichtet, weil die Vorarbeiten der Landesregierung und ihrer Kommission dies entbehrlich gemacht hätten (LdTg-StenBer 1/48 v. 3. 6. 1993 S. 5595 r. Sp.). Auch soweit während der Debatte Kritik an dem System geübt worden ist, hat diese nicht zu Initiativen geführt, entweder das System aufzugeben oder gar andere Kriterien zu entwickeln (vgl. besonders die Beiträge der Abgeordneten L., a.a.O, S. 5597 f, Lu., aaO S. 5600, B., aaO S. 5603, C., aaO S. 5605 und Be., aaO S. 5607 r. Sp.).

Auch für den Stellenwert der Freiwilligkeit gelten die Festlegungen durch die Regierungsvorlage (RegVorl Abschnitt A, Nr. 4.7 S. 78), weil der Gesetzgeber das System der Landesregierung als ganzes übernommen hat. Diese Einschätzung steht nicht im Widerspruch zum ursprünglichen Beschluß des Plenums vom 24. 5. 1991 (LdTgDrs 1/16/442 B); denn dieser betrifft in erster Linie die Gemeinde- und nicht die Kreisebene und verpflichtet auch nur, freiwillige Zusammenschlüsse nach Möglichkeit zu fördern (Nrn. 1 bis 3 des Beschlusses). Diese Grundsätze sollten für die Kreisreform entsprechend gelten (Nr. 4 des Beschlusses). Hieraus kann nicht hergeleitet werden, es sei zum Grundsatz erhoben worden, Zusammenschlüsse ausschließlich auf freiwilliger Basis vorzunehmen.

Selbst wenn diesem Ausgangsbeschluß eine solche Vorgabe zugedacht gewesen wäre, hätte ihn die weitere Entwicklung erkennbar überholt; denn die Regierungsvorlage, die vom Ausschuß für Inneres gebilligt worden ist, beruht ihrerseits auf der Arbeit der Projektgruppe, die erst nach diesem Beschluß des Plenums eingesetzt worden war.

Außerdem hatte der Minister des Innern zu Beginn der ersten Lesung am 11. 2. 1993 betont (LdTg-StenBer 1/44 S. 5040 f), es müßten die unterschiedlichen Gegebenheiten der Regionen berücksichtigt werden, deshalb müßten neben der Freiwilligkeit auch Verkehrsinfrastruktur, Bevölkerungsdichte oder Wirtschaftskraft berücksichtigt werden. Ergänzend hatten der Minister in der zweiten Lesung am 3. 6. 1993 dargelegt (LdTg-StenBer 1/48 S. 5612 r. Sp.), es gehe nicht nur um Freiwilligkeit und die Akzeptanz durch den Bürger, sondern auch um die Sinnhaftigkeit der Verwaltungsgliederung. Diese Position haben die Vertreter der Regierung während der Sitzung des Ausschusses für Inneres am 26. 5. 1993 deutlich vertreten (Niederschrift über die 64. Sitzung S. 29 ff), als der Stellenwert von Voten der Gemeinden und der Bürger diskutiert worden ist: So hat der Staatssekretär des Ministeriums erklärt (aaO S. 30), vom Leitbild könne aufgrund des Votums einer Kommune nur abgewichen werden, wenn das Leitbild dadurch nicht zerstört werde; der Minister (aaO S. 30 f) hat erklärt, es könne nicht Aufgabe des Gesetzgebers sein, bei der Landesgliederung lediglich Bürgerinitiativen oder Gemeindebeschlüsse zu addieren.

Der Stellenwert der Bürgermeinung ist zwar bei einzelnen Abgeordneten anders gesehen worden (vgl. etwa Abgeordneter B. in der zuletzt genannten Sitzung des Ausschusses für Inneres, S. 31; Abgeordneter E. während der ersten Lesung (Prinzip der weitestgehenden Freiwilligkeit, LdTg-StenBer 1/44 v. 11. 2. 1993 S. 5047)). Maßgeblich ist aber, daß diese Anforderungen teilweise als erfüllt angesehen worden sind (Abgeordneter E. in der zweiten Lesung, LdTg-StenBer 1/48 v. 3. 6. 1993 S. 5608), sowie vor allem, daß der Berichterstatter des Ausschusses, der Abgeordnete J., die Ansicht im Ausschuß zusammengefaßt hat mit den Worten (LdTg-StenBer 1/48 S. 5595 I. Sp.), neben der Freiwilligkeit hätten die mit der Kreisreform verfolgten Zielvorstellungen bestimmenden Einfluß gehabt, wobei dem Leitbild erhebliche Bedeutung zugekommen sei.

Leitbild und Kriterien des Regierungsentwurfs sind danach Grundlage auch für die Einzelwertungen des Gesetzgebers gewesen.

2. 2. 2. 2. 2. Das vom Gesetzgeber verwendete Leitbild ist von Verfassungs wegen nicht zu beanstanden; das gilt auch für die Abgrenzungskriterien (RegVorl S. 75 ff).

Kein Einzelkriterium verstößt gegen die Verfassungsordnung. Sie entsprechen im wesentlichen solchen, die bereits in früheren Kommunalgebietsreformen als verfassungsgemäß anerkannt worden sind (vgl. *Knemeyer*, in Landesverfassungsgerichtsbarkeit, Teilband III S. 146, 162 f, 165, 167, 179 f, NdsStGH, NdsStGHE 2, 1, 164 ff, insoweit nicht enthalten bei OVGE 33, 497 ff). Eine Rangordnung unter den einzelnen Vorgaben hat der Gesetzgeber nicht aufgestellt; daß er die Kriterien damit für gleichgewichtig gehalten hat, ist mit Verfassungsrecht vereinbar.

Insbesondere verlangt das Demokratieprinzip der Verfassung (vgl. Art. 2 Abs. 1, 2, Art. 80 und 81 LVerf-LSA) nicht, der Freiwilligkeit von Zusammenschlüssen so absoluten Vorrang einzuräumen, daß Gemeinden, die selbst oder deren Bürger nicht zustimmen, einem Landkreis nicht durch Gesetz zugeordnet werden dürften. Eine landesweite Gebietsreform auf der Kreisebene muß notfalls Leitlinien auch gegen den Willen der Gemeinden oder ihrer Bürger durchsetzen können, sofern dies im Einzelfall verhältnismäßig ist.

Der Gesetzgeber hat deshalb dem Grundsatz der Freiwilligkeit vor allem Bedeutung für die Frage eingeräumt, ob die jeweils gefundene Lösung bei der Bevölkerung auf Akzeptanz stößt (vgl. zur Bedeutung dieses Gesichtspunkts: BVerfGE 86, 90, 111).

Bei der Kreisgebietsreform hat der Gesetzgeber nicht gegen die Pflicht verstoßen, den Sachverhalt umfassend zu ermitteln (vgl. etwa: BVerfGE 86, 90, 108 f). Gegen das Leitbild, ein einzelnes Kriterium oder gegen die konkrete Zuordnung kann nicht mit Erfolg eingewendet werden, Daten über sozioökonomische Verflechtungen, dabei insbesondere über wirtschaftliche Bedingungen oder Pendlerbewegungen, hätten nur unzureichend vorgelegen.

Der Gesetzgeber befand sich bei dieser Kreisreform in einem Zielkonflikt. Bei der gegenwärtigen sozio-ökonomischen Struktur, die sich noch im ständigen Wandel eines Anpassungsprozesses befindet, können zuverlässige Daten nicht erhoben werden, die sichere Prognosen zulassen. Andererseits hat sich der Gesetzgeber – aus in der Verfassung liegenden Gründen – verpflichtet gesehen, die Kreisgebietsreform alsbald durchzuführen, um die Kommunen in den Stand zu setzen, ihre Aufgaben nach Art. 87 LVerf-LSA zu erfüllen und dabei den Staatsziel- und Einrichtungsgarantiebestimmungen der Verfassung gerecht zu werden. Dies hätte nicht umgesetzt werden können, wenn zu verlangen ist, daß vor Beginn der Reform vollständige Daten vorliegen müssen. Das Anliegen, leistungsfähige Kommunen zu schaffen, und die Pflicht, den für die Neugliederung maßgeblichen Sachverhalt zu ermitteln, haben verfassungsrechtlich gleichen Rang. Auch das Gebot, dem Art. 87 LVerf-LSA zu genügen, ist Teil der Gemeinwohlbindung.

Das Landesverfassungsgericht hält den Gesetzgeber in einer solchen Lage für befugt, den Zielkonflikt eigenverantwortlich zu entscheiden. Es kann nicht festgestellt werden, daß die Interessen der gegenwärtig bestehenden Kommunen unverhältnismäßig vernachlässigt worden sind; denn die Reformnotwendigkeit – und damit die Auflösung kleiner Kreise – steht auch ohne die in erster Linie konkrete Zuordnungen stützenden Daten fest.

Soweit sich in der Folgezeit nach Abschluß des gegenwärtigen wirtschaftlichen Anpassungsprozesses sichere Daten ergeben haben werden und diese belegen sollten, daß einzelne Zuordnungen dieser Kreisreform korrigiert werden müssen, steht es dem Gesetzgeber frei, eine wesentliche Änderung der Grundlagen zum Anlaß einer Gesetzesänderung zu nehmen.

Wenn der Gesetzgeber diesen Nachteil einer evtl. notwendigen Nachbesserung in Kauf nimmt und mit Rücksicht auf diese Möglichkeit die Reform beginnt, kann dies nicht als unangemessene Abwägung der widerstreitenden Verfassungsgebote angesehen werden.

Deshalb kann nicht beanstandet werden, daß der Gesetzgeber – wie vor allem die allgemeine Begründung des Regierungsentwurfs (RegVorl S. 76, Nr. 4.1) belegt – davon ausgegangen ist, aus den vorhandenen Daten ergäben sich die (künftig wahrscheinlichen) Verflechtungen nicht mehr hinreichend sicher und die sich gegenwärtig immer noch verändernden wirtschaftlichen Strukturen würden künftig neue Beziehungen schaffen.

2. 2. 2. 3. Die beanstandete Zuordnung des Wörlitzer Winkels verstößt nicht gegen andere Verfassungsgrundsätze.

Sie verletzt das System nicht und ist auch im übrigen nicht willkürlich vorgenommen worden (2. 2. 2. 3. 1.); das Prinzip der Verhältnismäßigkeit hat der Gesetzgeber eingehalten (2. 2. 2. 3. 2.); dazu hat er die erheblichen Umstände ermittelt und abgewogen (2. 2. 2. 3. 3.).

2. 2. 2. 3. 1. Das Gebiet des Beschwerdeführers zu 1 läßt sich nach seiner Auflösung nicht so neu zuordnen, daß alle Kriterien des Systems erfüllt werden können; bei dieser Ausgangslage sind die Sachgründe für die Abweichungen verfassungsrechtlich nicht zu beanstanden.

Das vom Beschwerdeführer zu 1 als verletzt bezeichnete Kriterium der Freiwilligkeit (RegVorl S. 78 Nr. 4.7) könnte auch dann nicht eingehalten werden, wenn der Wörlitzer Winkel- wie dem Beschwerdeführer gewollt – einheitlich dem künftigen Landkreis Wittenberg zugeordnet würde; denn die Gemeinden Wörlitz, Vockerode und Riesigk hatten sich für ein Zusammengehen mit den anhaltischen Kreisen Roßlau und Zerbst entschieden.

Dem kann der Beschwerdeführer nicht mit dem Argument begegnen, diese Ansicht sei nur die Mindermeinung im Wörlitzer Winkel und im Kreisgebiet. Die Stellungnahme jeder Gemeinde hat vielmehr eigenständiges Gewicht; das behält seine Bedeutung auch dann, wenn die Ansicht der einzelnen Kommune von einer oder mehreren anderen nicht geteilt wird. Ebenso wenig wie die Meinungsbildung im Bereich mehrerer Gemeinden nach dem Mehrheitsprinzip ermittelt und berücksichtigt wird, kann die Minderheit auf Gemeindeebene durch den Kreiswillen überwunden werden.

Diese Erwägungen, die sich aus der Bedeutung der gemeindlichen Stellungnahmen im Rahmen der Anhörung gewinnen lassen, haben ihr Gewicht genau so beim Grundsatz der Freiwilligkeit. Dieser Begriff setzt gerade den übereinstimmenden Willen aller Beteiligten voraus und verträgt nicht, daß sich eine Minderheit der Mehrheit oder dem Willen einer überörtlichen Stelle zu beugen hat.

Würde allein auf die Freiwilligkeit abgestellt, so würde – aus der Sicht des Beschwerdeführers – gleichwohl das Kriterium der Zuordnung nach sozioökonomischen Verflechtungen (RegVorl S. 76 Nr. 4.1) verletzt werden müssen, weil die Gewerbegebiete Kapen und Vockerode, welche der Beschwerdeführer einheitlich dem künftigen Kreis Wittenberg zugeordnet sehen möchte, in unterschiedlichen Meinungsbereichen liegen. Es bleibt nur die Alternative, entweder die Freiwilligkeit höher zu gewichten und beide Gebiete voneinander zu trennen oder den Vorrang bei den sozio-ökonomischen Gründen zu sehen und die Freiwilligkeit zu vernachlässigen.

Ebenso wenig kann das Freiwilligkeitsprinzip mit dem Kriterium in Übereinstimmung gebracht werden, bisherige Landkreise möglichst geschlossen in neue zu überführen (RegVorl S. 77 Nr. 4.6), worauf der Beschwerdeführer zu 1 besonders abstellt.

Diese Einheitlichkeit wird im übrigen schon deshalb nicht erreicht, weil Teilgebiete des Beschwerdeführers – von diesem unbeanstandet – (in die Stadt Dessau) eingemeindet oder dem Landkreis Bitterfeld zugeordnet werden.

Schließlich läßt sich das Kriterium, Verkehrssachen als Entwicklungsachsen zu nutzen (RegVorl S. 77 Nr. 4.2) – vom Beschwerdeführer für die einheitliche Zuordnung nach Wittenberg in Anspruch genommen –, nicht durchsetzen, ohne daß zugleich der Grundsatz verletzt würde, auf historische und landsmannschaftliche Gegebenheiten Rücksicht zu nehmen, um das Zusammengehörigkeitsgefühl zu stärken (RegVorl S. 77 Nr. 4.5).

Der Wörlitzer Winkel gehörte bis zur Kreisreform von 1952 zum ursprünglich anhaltischen Territorium, während das Restgebiet des Kreises Gräfenhainichen Teil der früheren preußischen Provinz Sachsen war.

Im übrigen hat das Kriterium nicht die von den Beschwerdeführern in Anspruch genommene Zielrichtung. Erreicht werden soll nur, daß Verkehrsachsen möglichst in einem Kreisgebiet liegen, damit sie nicht unnötig zerschnitten werden; es gebietet aber nicht, Gebiete außerhalb von Verkehrsachsen möglichst nahe bestimmten Verkehrsachsen als Entwicklungsachsen zuzuordnen. Bei dieser Ausgangslage ist für die Zuordnung des Wörlitzer Winkels nicht nur bedeutsam – wie vom Beschwerdeführer zu 1 hervorgehoben –, daß das Bundesstraßennetz vorrangig auf Gräfenhainichen und Wittenberg ausgerichtet ist, sondern ebenso – worauf die Stadt Wörlitz im Anhörungsverfahren hingewiesen hatte – an welcher Stelle die durchgehende Bundesautobahn die Kreisgrenzen überquert.

Dann aber kann nicht beanstandet werden, daß die Autobahnanschlüsse Dessau-Ost, Vockerode und Coswig, welche drei nahe Gewerbegebiete erschließen, einheitlich einem Kreis zugeordnet werden.

Die übrigen beiden Kriterien (RegVorl S. 77 Nrn. 4.3., 4.4) werden durch die Varianten Wittenberg oder Anhalt-Zerbst nicht berührt.

Die vom Beschwerdeführer gewollte Zuordnung des gesamten Wörlitzer Winkels nach Wittenberg hat aber bedeutsame Auswirkungen auch auf die Leitbild-Gerechtigkeit der beiden neuen Kreise Wittenberg und Anhalt-Zerbst:

Der künftige Kreis Wittenberg liegt ohne den Wörlitzer Winkel mit 147.000 Einwohnern bereits jetzt deutlich über der oberen Zielzahl von 120.000 Einwohnern; durch den Wörlitzer Winkel würden weitere 10.816 Einwohner hinzukommen. Gleichzeitig würde der mit 83.257 Einwohnern schon jetzt nur ausnahmsweise leitbildgerechte Kreis Anhalt-Zerbst beim Weggang des Wörlitzer Winkels unter die Einwohnergrenze kommen, die selbst im Ausnahmefall nicht unterschritten werden soll.

In diesem Zusammenhang kann sich der Beschwerdeführer zu 1 auch nicht auf Vergleichsfälle berufen. Für diese ist jeweils gesondert zu prüfen, ob Ausnahmegründe vorlagen; daß solche Umstände in mehreren Einzelfällen anerkannt worden sind, läßt aber nicht den Schluß zu, daß der Gesetzgeber das Leitbild aufgegeben hat oder willkürlich von ihm abgewichen ist.

Bei dieser Ausgangslage ist als Grund für eine verfassungsgerechte Systemabweichung nicht zu beanstanden, wenn der Gesetzgeber das Gebiet nach Anhalt-Zerbst zuordnet, weil er erstens berücksichtigt, daß die Angliederung des (anhaltischen) Wörlitzer Winkels von den (anhaltischen) Kreisen Zerbst und Roßlau begrüßt worden ist (RegVorl S. 123),

zweitens in Rechnung stellt, daß der gesamte Wörlitzer Winkel im unmittelbaren Umland des Oberzentrums Dessau liegt (RegVorl S. 124),

drittens bedenkt, daß sich Gemeinsamkeiten für den Fremdenverkehr im neuen Kreis Anhalt-Zerbst ergeben werden (RegVorl S. 125),

viertens den einheitlich räumlichen Schutz des Biosphärenreservats Mittlere Elbe im Blick hat (RegVorl S. 125)

und fünftens die weitere Aufspaltung dieses Teilgebiets aus dem Territorium des Beschwerdeführers zu 1 nicht hinnehmen will (RegVorl S. 125).

　　Diese Umstände erlangen einzeln und in ihrer Gesamtwertung Gewicht zusätzlich dadurch, daß sie nicht eine Ausnahme von einer im übrigen durchgehend system- und leitbildgerechten Lösung rechtfertigen sollen, sondern eher weitere Faktoren für die Meinungsbildung in einer uneinheitlichen Gemengelage der Systemfaktoren darstellen und die Leitbild-Größe wahren.

　　Willkür des Gesetzgebers ist auch entgegen der Auffassung des Beschwerdeführers zu 1 nicht schon darin zu sehen, daß das Kreisgebiet auf vier neue Einheiten aufgeteilt worden ist; denn die Zuordnungen nach Dessau und Bitterfeld beanstandet der Beschwerdeführer selbst nicht, so daß tatsächlich nur ein Teilgebiet aus besonderem Grund abgetrennt wird. Dies ist – wie sich gezeigt hat – deshalb verfassungsrechtlich nicht zu beanstanden, weil hierfür sachliche Gründe vorliegen. Im übrigen handelt es sich um keinen Einzelfall bei der Kreisgebietsreform. Auch in anderen Bereichen hat der Gesetzgeber nämlich Gemeinden anders zugeordnet als den (Rest-)Kreis (vgl. etwa: § 1 Abs. 2 Buchst. b, d Oebisfelde, Arendsee; § 2 Abs. 2 Buchst. d Berkau u. a.; § 15 Abs. 2 Buchst. d Stößen, Deuben KrsGebRefG-LSA).

　　2.2.2.3.2. Die Zuordnung des Wörlitzer Winkels verstößt auch nicht gegen den Grundsatz der Verhältnismäßigkeit.

　　Die Auflösung des Beschwerdeführers zu 1 ist erforderlich, um eine Neuordnung im Bereich Dessau – Zerbst – Wittenberg – Bitterfeld vornehmen zu können. Sie ist unabhängig davon, wie das Gebiet zugeordnet wird, notwendig; denn der Beschwerdeführer zu 1 entspricht nicht dem Leitbild zur Kreisgebietsreform und kann deshalb allein nicht bestehen bleiben.

　　Die Überlegungen zur Systemgerechtigkeit belegen bereits, daß die vom Gesetzgeber vorgenommene Zuordnung auch geeignet ist, eine nicht typische Konstellation zu lösen.

　　Die Lösung ist schließlich angemessen.

Die Vorstellung des Beschwerdeführers zu 1 und die von ihm vorgenommene Bewertung der Systemkriterien muß gleichfalls Einzelkriterien zueinander in Beziehung setzen und kann nicht alle Leitlinien rein verwirklichen; die Lösung ist deshalb derjenigen des Gesetzgebers allenfalls gleichwertig, aber nicht schon von Verfassungs wegen geboten. Dann aber hat das Verfassungsgericht wegen der Gewaltenteilung (Art. 2 Abs. 1, 4 LVerf-LSA) zu berücksichtigen, daß der Gesetzgeber kraft des ihm zustehenden Gestaltungsraums die Wahl hat, unter mehreren gleichermaßen verfassungsgerechten Lösungen auszuwählen. Diese Entscheidung verantwortet er allein politisch und nicht (verfassungs-)rechtlich.

2. 2. 2. 3. 3. Der Gesetzgeber hat – wie insbesondere die eingehenden Anhörungen im Ausschuß für Inneres belegen – Alternativen abgewogen und die für die Entscheidung beachtlichen Gesichtspunkte einbezogen.

Er hat sowohl die seit 1952 entstandenen wie die davor vorhandenen Bindungen gesehen und auch die Lage des Zuordnungsgebiets nicht verkannt.

Soweit die Ausrichtungen des Wörlitzer Winkels – je nach Lage auch – auf die gegenwärtige (Gräfenhainichen) oder als künftig gewollte (Wittenberg) Kreisstadt zu bedenken sind, ist nicht offenkundig fehlsam, wenn der Gesetzgeber davon ausgeht, daß in gleicher Weise Bindungen in Richtung auf das Oberzentrum Dessau bestehen und sich entwickeln werden. Der Wörlitzer Winkel liegt nämlich als Umland zwischen dem Mittelzentrum Wittenberg und dem Oberzentrum Dessau.

Diese Erwägungen betreffen allein die räumliche Zuordnung der Gebietsteile zu einem neuen Landkreis; davon deutlich zu trennen ist die weitere Frage, an welchem Ort der Kreis seinen Sitz haben wird. Obgleich beide Regelungen vom Gesetzgeber getroffen werden dürfen, sind sie doch jeweils gesondert zu würdigen.

Der Gesetzgeber hat auch die Entfernung zur Stadt Zerbst nicht verkannt. Die Entscheidung über den Kreissitz ist von derjenigen über die Gebietszuordnung begrifflich und bei der rechtlichen Prüfung zu trennen.

Die Neuzuordnung des bisherigen Kreisgebiets ist in erster Linie eine Frage der Raumordnung; wo die neue Kommune ihren Verwaltungssitz haben soll, darf der Gesetzgeber im Zusammenhang mit der Raumordnung entscheiden (NdsStGHE 2, 1, 208 ff; StGH BW, ESVGH 23, 1, 20 f). Es handelt sich dann nicht (mehr) um eine Organisationsmaßnahme für den (untergegangenen) bisherigen Kreis, sondern für die neue Kommune. Nur dessen organisatorische Selbstverwaltungsrechte (vgl. insoweit: *Jarass/Pieroth*, GG, 2. Aufl., Art. 28 Rdn. 7, m. w. Nachw.; *Mahnke*, LVerf-LSA, Art. 2 Rdn. 16; *Reich*, LVerf-LSA, Art. 2 Rdn. 5 S. 54) können deshalb berührt sein. Auch die organisatorische Selbstverwaltung der anders oder neu zugeordneten Gemeinden wird nicht berührt.

Der bisherige Kreis hat nicht die Rechtsmacht, für den neuen zu handeln; ebenso wenig könnten die Gemeinden über ihre eigenen Rechte hinaus – mit rechtlicher Verbindlichkeit – stellvertretend für ihre Bürger handeln. Verfassungsrecht ist auch nicht deshalb verletzt, weil einige Gemeinden des Wörlitzer Winkels – insbesondere die Beschwerdeführerin zu 7 – sehr viel näher an Wittenberg liegen als an Roßlau oder Zerbst, so daß sie – vor allem mit Blick auf die Entfernung zur künftigen Kreisstadt – die Zuordnung nicht als sinnvoll empfinden.

Mit Verfassungsrecht vereinbar ist, daß auch nahe an Wittenberg liegende Gemeinden von der Zuordnung nach Anhalt-Zerbst erfaßt werden; denn dies hält sich im Rahmen der Systemkriterien. Der Gesetzgeber wollte Mitgliedsgemeinden von Verwaltungsgemeinschaften nach Möglichkeit einheitlich nur einem Kreis zuordnen (RegVorl S. 77 Nr. 4.6) und hat bei der Bestimmung des Kreissitzes die Erreichbarkeit nur als untergeordnetes Kriterium angesehen (RegVorl S. 79 Nr. 6.2).

Die Prognose, der Bürger werde die Kreisstadt nicht häufig aufsuchen, weil die Gemeinden Anlaufpunkte der Verwaltung würden, kann angesichts der zugrunde gelegten Erfahrungen mit früheren Kreisgebietsreformen nicht ohne weiteres widerlegt werden.

Offensichtlich fehlsam ist auch nicht, daß der Gesetzgeber die Absicht der Kreise Zerbst und Roßlau mit berücksichtigt hat, in Roßlau ein Verwaltungszentrum zu errichten.

Der Gesetzgeber hat die Bedeutung der beiden Gewerbegebiete (Kapen und Vockerode) nicht verkannt. Seine Prognose, die Wirtschaftskraft des neuen Landkreises Anhalt-Zerbst könne durch sie gestärkt werden, ist nicht zu widerlegen. Die Zuordnung der Gebiete zu denjenigen nördlich der Elbe zwischen Roßlau und Coswig ist gleichermaßen sinnvoll wie die vom Beschwerdeführer zu 1 gewünschte nach Wittenberg.

Der Beschwerdeführer geht bei seiner Argumentation ausschließlich vom jetzigen Kreisgebiet und dessen Zuordnung aus; für die Prognosen ist aber auf die künftigen Kreise als Wirtschaftsräume abzustellen. Es ist nicht offensichtlich zu widerlegen, daß der vom Gesetzgeber konzipierte Kreis Wittenberg auch ohne den Raum Vockerode/Kapen ausreichend stark ist.

Der Gesetzgeber hat die Willensbildung im Wörlitzer Winkel nicht verkannt.

Unrichtig war zwar, daß die Landtagsdrucksache 1/2696 davon ausgeht, auch die Beschwerdeführerin zu 4 habe sich für die Zuordnung nach Anhalt-Zerbst entschieden. Diesen Fehler hat aber der Abgeordnete Dr. R. noch in der Debatte und vor der Abstimmung über den Antrag richtiggestellt. Ohne Bedeutung ist der Streit darum, ob eine Pattsituation bestanden hat oder nicht; denn jedenfalls war für die Frage der Freiwilligkeit entscheidend, ob die Zuordnung von allen Betroffenen getragen war oder nicht. Als richtige Tatsache ist in die Bewertung sowohl des Ausschusses als auch des Plenums eingegangen, daß die Meinungen zur Frage Anhalt oder Wittenberg geteilt waren. Nicht korrekt wiedergegeben war in der Drucksache 1/2696, daß die Stadt Wörlitz die Zuordnung nach Zerbst wünsche. Dies wirkt sich aber nicht aus, weil im Ausschuß für Inneres klargestellt war, daß zwar die Kreisstadt Zerbst nicht gewünscht, die Verbindung zum anhaltischen Dessauer Gebiet aber nicht auf Widerstand gestoßen war.

Der Gesetzgeber hat schließlich nicht unerwogen gelassen, ob – entsprechend der Meinungsbildung im Wörlitzer Winkel – eine Teilung nach dem Grundsatz der Freiwilligkeit vorgenommen werden solle. Dies ergibt sich deutlich aus der Anhörung vor dem Ausschuß für Inneres am 21. 4. 1993 sowie aus der Beratung am 5. 5. 1993. Die Meinungsäußerungen einzelner Abgeordneter wie auch die Begründung zur Drucksache 1/2696 und nicht zuletzt die – wenn auch in der Zuordnung entgegengesetzte – Auffassung des Beschwerdeführers zu 1 selbst gingen jedoch davon aus, daß der Raum um Oranienbaum und Wörlitz aus kulturhistorischen und wirtschaftlichen Gründen nicht weiter unterteilt werden solle, so daß nur die Frage seiner (einheitlichen) Zuordnung noch streitig war.

Die Verfassungsbeschwerden konnten nach alledem keinen Erfolg haben und waren mit der Kostenfolge aus § 32 LVerfGG-LSA zurückzuweisen.

## Nr. 2

1. Art. 90 LVerf-LSA stellt klar, daß die zu Art. 28 Abs. 2 GG für Gebietsänderungen entwickelte Rechtsprechung Inhalt der Selbstverwaltungsgarantie (Art. 2 Abs. 3 LVerf-LSA) ist, ohne diese Rechte substantiell zu erweitern.

2. a) Soweit das Kreisreformgesetz den Landkreis auflöst, wird er durch das Gesetz unmittelbar i. S. des Art. 75 Nr. 7 LVerf-LSA und der §§ 2 Nr. 8; 51 Abs. 1 LVerfGG-LSA betroffen. Er muß seine Auflösung nur hinnehmen, wenn und soweit die Verfügung über seinen Gebietsstand dem Gemeinwohl entspricht und wenn seine Anhörungsrechte gewahrt worden sind.

b) Soweit das Kreisreformgesetz den Verwaltungssitz des (aus mehreren Altkreisen gebildeten) neuen Kreises festlegt, werden Selbstverwaltungsrechte der bisherigen Kreise nicht (mehr) verletzt.

3. a) Art. 90 Satz 2 LVerf-LSA verlangt kein Verfahrensgesetz, welches den Ablauf von Anhörungen regelt.

b) Art. 90 Satz 2 LVerf-LSA verpflichtet den Gesetzgeber bei Änderungen von Kreisgebieten nicht, auch die Bürger förmlich anzuhören.

c) Das Anhörungsgebot bezieht sich nur auf die Tatsachen, welche der Gesetzgeber seiner Abwägung zugrunde zu legen hat. Eine erneute Anhörung ist nur dann geboten, wenn und soweit sich die für die Wertung notwendigen Tatsachen oder sich die Ziele des Gesetzgebers so geändert haben, daß eine frühere Anhörung ins Leere geht.

4. Das Gemeinwohl (Art. 90 Satz 1 LVerf-LSA) verlangt Kommunen, die in der Lage sind, auch die Aufgaben möglichst sachgerecht und effektiv zu erfüllen, die sich aus dem Sozialstaatsprinzip, aus den Staatszielen und aus den Einrichtungsgarantien ergeben.

5. a) Der Eingriff in den Gebietsbestand ist nur verfassungsgemäß,
– wenn ihn ein Gemeinwohlgesichtspunkt rechtfertigt,
– sofern der Gesetzgeber seiner Reform ein System zugrunde gelegt hat, wenn dieses mit der Verfassungsordnung vereinbar ist, und – für den Fall von Abweichungen vom System –, wenn diese auf einem sachlichen Grund beruhen,
– wenn die Entscheidung frei ist von Willkür,
– wenn der konkrete Eingriff mit Blick auf die Selbstverwaltungsgarantie abgewogen und verhältnismäßig ist und
– wenn das Ergebnis im übrigen mit der Verfassungsordnung vereinbar ist.

b) Der Gesetzgeber hat die für die Abwägung erheblichen Tatsachen zu ermitteln und muß sie erkennbar seiner Abwägung zugrundegelegt haben.

Soweit er aus ermittelten Tatsachen Prognosen gewinnt, Prognosen als Tatsachen zugrundelegt oder Wertungen vornimmt, prüft das Verfassungsgericht nur nach, ob das Ergebnis offensichtlich fehlerhaft oder eindeutig widerlegbar ist.

c) Verfassungsrecht verlangt keinen besonderen, von der (regulären) Verhältnismäßigkeitsprüfung begrifflich zu trennenden Schaden-Nutzen-Vergleich.

d) Die Verfassung verlangt nicht, daß der Gesetzgeber eine formelle Begründung seines Ergebnisses beschließt.

6. Der Gewaltenteilungsgrundsatz begrenzt den Umfang der verfassungsgerichtlichen Kontrolle. Das Verfassungsgericht prüft nur, ob der Gesetzgeber die von ihm von der Verfassung vorgegebenen Grenzen eingehalten hat. Es untersucht nicht, ob der Gesetzgeber von der ihm zustehenden und von ihm politisch zu verantwortenden Gestaltungsfreiheit zweckmäßigen Gebrauch gemacht hat. Das Verfassungsgericht kann deshalb nicht selbständig nach der bestmöglichen Lösung suchen.

7. a) Bei dieser Kreisgebietsreform hat der Gesetzgeber nicht gegen die Pflicht verstoßen, den Sachverhalt umfassend zu ermitteln.

b) Einerseits verhindert es der gegenwärtig noch nicht abgeschlossene wirtschaftliche Anpassungsprozeß, zuverlässige Daten zu erheben, die sichere Prognosen zulassen. Die Verfassung verlangt andererseits Kommunen, die in der Lage sind, ihre Aufgaben nach Art. 87 LVerf-LSA zu erfüllen und dabei den Staatsziel- und Einrichtungsgarantiebestimmungen der Verfassung alsbald gerecht zu werden.

c) Bei diesem Zielkonflikt darf der Landesgesetzgeber die Reform durchführen. Die gegenwärtig bestehenden Kreise werden nicht unverhältnismäßig belastet; denn die Reformnotwendigkeit – und damit die Auflösung kleiner Kreise – steht auch ohne die in erster Linie konkrete Zuordnungen stützenden Daten fest. Sollten nach Abschluß des Anpassungsprozesses sichere Daten belegen, daß einzelne Zuordnungen dieser Kreisreform korrigiert werden müssen, so können wesentliche Änderungen der Grundlagen Anlaß für eine Gesetzesänderung sein.

8. Zur Bedeutung von Vergleichsfällen für die Systemgerechtigkeit.

Grundgesetz Art. 28 Abs. 2, 31

Verfassung des Landes Sachsen-Anhalt Art. 2 Abs. 3, 3 Abs. 2, 3, 75 Nr. 7, 87 Abs. 1, 90

Landesverfassungsgerichtsgesetz §§ 2 Nr. 8; 51 Abs. 1, 3

Kreisgebietsreformgesetz § 15

Kommunalverfassung der DDR §§ 71 Abs. 3, 79 Abs. 1

Landkreisordnung §§ 1 Abs. 2, 5 Abs. 1

## Urteil vom 31. Mai 1994 – LVG 1/94

in dem Verfassungsbeschwerdeverfahren des Landkreises Zeitz, vertreten durch den Landrat, wegen § 15 des Gesetzes zur Kreisgebietsreform vom 13. 7. 1993.

Entscheidungsformel:

Die Verfassungsbeschwerde wird zurückgewiesen.
Die Entscheidung ergeht gerichtskostenfrei.
Außergerichtliche Kosten werden nicht erstattet.

Tatbestand:

Gegenstand des Verfahrens ist § 15 des Gesetzes zur Kreisgebietsreform – im folgenden: Kreisgebietsreformgesetz (KrsGebRefG-LSA) – vom 13. 7. 1993 (LSA-GVBl S. 352), inzwischen geändert durch Art. 7 des Gesetzes vom 3. 2. 1994 (LSA-GVBl S. 164, 171).

Die Verfassungsbeschwerde richtet sich
– zum einen gegen die Zuordnung des bisherigen Kreises Zeitz zusammen mit den bisherigen Kreisen Naumburg und Nebra zum durch die Kreisgebietsreform neugebildeten Kreis Burgenland sowie
– zum anderen dagegen, daß nicht die Stadt Zeitz, sondern die Stadt Naumburg als Kreissitz vorgesehen ist.

### 1.

Das vom Landtag am 3. 6. 1993 beschlossene Kreisgebietsreformgesetz gliedert die Landkreise im Land Sachsen-Anhalt neu und reduziert deren Zahl von gegenwärtig 37 auf künftig 21. Das Gesetz soll am 1. 7. 1994 in Kraft treten (§ 37 Satz 1 KrsGebRefG-LSA).

Der Kreis Zeitz weist zur Zeit ca. 76.000 Einwohner, der nordwestliche Nachbarkreis Naumburg ca. 53.000 und der nördlich an den Kreis Naumburg angrenzende Kreis Nebra ca. 30.000 Einwohner auf.

Nördlich von Zeitz ist der Kreis Hohenmölsen mit ca. 24.000 und dessen nördlicher Nachbarkreis Weißenfels mit ca. 63.000 Einwohnern belegen.

Gebietsänderungen für die Kreise in der ehemaligen preußischen Provinz Sachsen hatten sich im Jahr 1932 durch §§ 33 bis 37 der Verordnung über die Neugliederung von Landkreisen vom 1. 8. 1932 (Pr-GS Nr. 43 S. 255), geändert durch Verordnung vom 27. 9. 1932 (Pr-GS Nr. 55 S. 315), ergeben.

1945 wurde der (preußischen) Provinz Sachsen das Staatsgebiet des Landes Anhalt angegliedert (Befehl des Oberst-Kommandierenden der sowjetisch-militärischen Verwaltung, vgl. Verordnungsblatt für die Provinz Sachsen 1945 Nr. 1 S. 22). Diese wurde nach Auflösung des Staates Preußen zum selbständigen Land Sachsen-Anhalt (vgl. Beschluß des Landtages vom 3. 12. 1946, Gesetz- und Amtsblatt der Provinz Sachsen-Anhalt – ProvSAn-GABl – 1947 Teil I = Gesetzblatt Nr. 1, S. 6; Verfassung der Provinz Sachsen-Anhalt – Verf-ProvSAn – vom 10. 1. 1947, ProvSAn-GABl Teil I Nrn. 2/3 S. 9; Kontrollrats-Gesetz über die Auflösung des Staates Preußen vom 25. 2. 1947, ProvSAn-GABl Teil I Nr. 6 S. 49; Befehl Nr. 180 des Obersten Chefs der Sowjetischen Militär-Administration in Deutschland vom 21. 7. 1947, Gesetz- und Amtsblatt des Landes Sachsen-Anhalt – LSA-GABl – Teil I = Gesetzblatt Nr. 17 S. 127).

Den Bestand ehemals preußischer und ehemals anhaltischer Stadt- und Landkreise in diesem Territorium dokumentiert das Gesetz über die Gerichtsorganisation in der Provinz Sachsen-Anhalt – GerOrgG-ProvSAn – vom 18. 6. 1947 (ProvSAn-GABl Teil I Nr. 15 S. 118); in den Gebietsstand wurde unter der Geltung der Selbstverwaltungsgarantie (vgl. Art. 7, 69 Nr. 2 Verf-ProvSAn) zuletzt durch insgesamt vier auf der Grundlage des § 1 des Gesetzes zur Änderung der Kreis- und Gemeindegrenzen vom 27. 4. 1950 (LSA-GABl Teil I Nr. 11 S. 161) erlassener Verordnungen zur Änderung der Kreis- und Gemeindegrenzen (LSA-GABl Teil I Nrn. 15, 18, 21, 23 S. 225, 274, 322, 346) eingegriffen.

Einschneidende Veränderungen nicht nur in der Gebietsstruktur, sondern auch für die Funktion der Kreisebene ergaben sich aus der Reform des Jahres 1952:

Nachdem die Deutsche Demokratische Republik durch Gesetz des Zentralstaats eine die Ländergrenze außer acht lassende Verwaltungsstruktur in Bezirke, Kreise und Gemeinden vorgegeben hatte (vgl. §§ 1, 2 des Gesetzes über die weitere Demokratisierung des Aufbaus und der Arbeitsweise der staatlichen Organe in den Ländern der Deutschen Demokratischen Republik vom 23. 7. 1952 DDR-GBl Teil 1 Nr. 99 S. 613; vgl. ferner die Ordnungen für den Aufbau und die Arbeitsweise der staatlichen Organe der Bezirke und der Kreise, jeweils vom 24. 7. 1952 DDR-GBl Teil I Nr. 99 S. 621, 623), ordnete der Landtag von Sachsen-Anhalt neu geschnittene Stadt- und Landkreise den Bezirken Halle und Magdeburg zu (Gesetz über die weitere Demokratisierung des Aufbaues und der Arbeitsweise der staatlichen Organe im Lande Sachsen-Anhalt – Dem-OrgG-LSA – vom 25. 7. 1952 LSA-GABl Nr. 28, S. 213). Dadurch entstanden kleinere und zahlreiche neue Landkreise.

Art. 47 Abs. 2 der Verfassung der Deutschen Demokratischen Republik – DDR-Verf 69/74 – vom 6. 4. 1969 (DDR-GBl Teil I Nr. 8 S. 199), geändert durch Gesetz vom 7. 10. 1974 (DDR-GBl Teil I Nr. 47, S. 425), schrieb den Grundsatz des „demokratischen Zentralismus" fest.

In Abkehr vom „demokratischen Zentralismus" garantierte das Gesetz über die Selbstverwaltung der Gemeinden und Landkreise in der Deutschen Demokratischen Republik – Kommunalverfassung – vom 17. 5. 1990 (DDR-GBl Teil I Nr. 28 S. 255) – im folgenden: KommVfG – erneut die herkömmliche kommunale Selbstverwaltung; das Gesetz über Verfassungsgrundsätze vom 17. 6. 1990 (DDR-GBl Teil I Nr. 33 S. 299) – VerfGrdsG – stellte die föderale Ordnung wieder her, bestätigte die Garantie der Selbstverwaltung und hob die Bestimmungen über den „demokratischen Zentralismus" verfassungsändernd auf. Durch das Verfassungsgesetz zur Bildung von Ländern in der Deutschen Demokratischen Republik – Ländereinführungsgesetz – vom 22. 7. 1990 (DDR-GBl Teil I Nr. 51 S. 955) – LdEinfG – wurde schließlich das Gesetz von 1952 über die Demokratisierung des Aufbaus formell aufgehoben (§ 25 Abs. 2 LdEinfG).

Die Verfassung des seit dem 3. 10. 1990 bestehenden Landes Sachsen-Anhalt vom 15. 7. 1992 (LSA-GVBl S. 600) – LVerf-LSA – enthält in ihren Artikeln 2 (Abs. 3), 87 und 90 Bestimmungen zur Selbstverwaltungsgarantie.

Das Territorium der Landkreise hatte die Kommunalverfassung unverändert gelassen (§ 78 KommVfG), aber Gebietsänderungen und Auflösungen zugelassen (§ 79 Abs. 1 Satz 1 KommVfG) und hierfür verlangt (§ 79 Abs. 1 Satz 2 KommVfG), die beteiligten Gemeinden und Landkreise zuvor anzuhören. Eine Anhörung der Einwohner sah § 79 KommVfG bei der Änderung von Kreisgrenzen nicht vor; hingegen verlangte § 12 Abs. 3 KommVfG die Beteiligung der Bürger bei der Änderung von Gemeindegrenzen.

Die DDR-Kommunalverfassung gilt aufgrund des Art. 9 Abs. 1 des Einigungsvertrags (BGBl 1990 II S. 885, DDR-GBl 1990 Teil I Nr. 64 S. 1627) sowie der Anlage II Kapitel II Buchst. B Abschnitt I zu dieser Bestimmung in Sachsen-Anhalt als Landesrecht fort und ist inzwischen mehrfach, zuletzt durch Gesetz vom 3. 2. 1994 (LSA-GVBl S. 164, 166), geändert worden.

Sie tritt zum 1. 7. 1994 außer Kraft (§ 145 der Gemeindeordnung für das Land Sachsen-Anhalt – GO-LSA – vom 5. 10. 1993 LSA-GVBl S. 568, geändert durch das Gesetz vom 3. 2. 1994 LSA-GVBl S. 164, 166). Die Anhörungsrechte sind in gleicher Weise für Gemeinde- und Kreisgebietsänderungen differenziert geregelt wie bisher (vgl. einerseits § 17 Abs. 2 Satz 3 GO-LSA und andererseits § 11 Satz 2 der Landkreisordnung für das Land Sachen-Anhalt – LKO-LSA – vom 5. 10. 1993 LSA-GVBl S. 598, geändert durch Gesetz vom 3. 2. 1994 LSA-GVBl S. 164, 170).

Das Vorschaltgesetz zur Verwaltungs- und Gebietsreform des Landes Sachsen-Anhalt vom 9. 10. 1992 (LSA-GVBl S. 716) enthält keine Bestimmungen über die Anhörung bei Gebietsänderungen der Landkreise.

Das bis zum 31. 12. 1993 befristet erlassene (Artikel III) Vorschaltgesetz zur Raumordnung und Landesplanung des Landes Sachsen-Anhalt –

ROLVG-LSA – vom 2. 6. 1992 (LSA-GVBl S. 390), das nach der Beschlußfassung des Landtags über die Kreisgebietsreform am 30. 6. 1993 (LSA-GVBl S. 574) und am 17. 12. 1993 (LSA-GVBl S. 815) verlängert und ergänzt worden ist, enthält im Artikel II ein Landesentwicklungsprogramm, unter Nr. 2 sind dort als konkrete Ziele der Raumordnung und Landesentwicklung ein System zentraler Orte und strukturelle Anforderungen an bestimmte Grenzen festgelegt.

Dort ist u. a. Naumburg als Mittelzentrum mit Teilfunktionen eines Oberzentrums genannt. Zeitz wird als Mittelzentrum ausgewiesen. Nebra wird als Grundzentrum mit Teilfunktionen eines Mittelzentrums eingestuft.

## 2.

Der Landtag von Sachsen-Anhalt beschloß am 24. 5. 1991 (LdTgDrs 1/16/442 B), die von ihm für dringend notwendig gehaltene kommunale Gebietsreform sei durch freiwillige Zusammenschlüsse zu fördern; dabei sollten folgende Grundsätze nicht außer acht gelassen werden: topographische und landschaftliche Strukturen, traditionelle Orientierungen, wirtschaftliche Strukturen, Verwaltungskapazitäten, sozio-ökonomische Verflechtungen und Verkehrsverbindungen.

Eine am 27. 8. 1991 von der Landesregierung eingesetzte, aus Vertretern des Städte- und Gemeindebunds, des Landkreistags sowie der Ministerien des Innern und für Raumordnung, Städtebau und Wohnungswesen bestehende Projektgruppe legte im April 1992 ein Leitbild der zukünftigen Strukturen der Gebietskörperschaften (Gemeinden, Landkreise) im Land Sachsen-Anhalt vor, in dem davon ausgegangen wird, daß die Landkreise in der Lage sein müssen, übergemeindliche Aufgaben wahrzunehmen, unvermeidliche Unterschiede in der Leistungsfähigkeit der Gemeinden auszugleichen, überörtliche Einrichtungen zu unterhalten und die Gemeindekräfte zu unterstützen. Bei der Bedeutung einzeln benannter Aufgaben des eigenen Wirkungskreises und wegen der fachlichen Anforderungen gerade auch bei übertragenen Aufgaben müsse ein Personalstamm vorgehalten werden, der erst bei einer Größe von 100.000 bis 120.000 Einwohnern kostengünstig arbeite. Eine sachgerechte Ausgleichs- und Aufsichtsfunktion sei erst bei mindestens sieben hauptamtlich verwalteten Gemeindeeinheiten möglich. Andererseits benötige auch ein Landkreis eine hinreichende Akzeptanz durch die Bürger. Deshalb sollten die historischen, sozio-ökonomischen und raumstrukturellen Gegebenheiten beachtet werden. Auch für freiwillige Zusammenschlüsse gelte aber, daß Einwohnerzahlen von 80.000 tunlichst nicht unterschritten werden dürften. Vorhandene Kreisgebiete sollten möglichst ganzheitlich übergehen; bei Teilungen sei darauf zu achten, daß leitbildgerechte Kreise entständen. Ein leitendes Verfahrensprinzip für die Gemeinde- wie für die Kreisreform sei der Grundsatz der Freiwilligkeit. Gemeindezusammenschlüsse hätten Auswirkungen auf künftige Kreisgrenzen. Weniger wichtig sei die Erreichbarkeit der Kreisverwaltung, weil die Gemeinden Anlaufpunkte für die Bürger würden.

Außerdem bewertete eine externe Arbeitsgruppe des Ministeriums des Innern die Vergabe von Kreissitzen bei konkurrierenden Städten.

Da sich die Größe der Stadt Zeitz und die zentral-örtliche Funktion der Stadt Naumburg gegenseitig aufhöben, gäben die Lage im Landkreis und die wirtschaftliche Struktur der Städte den Ausschlag für die Stadt Naumburg als Sitz des Landkreises.

Mit Erlaß vom 24. 4. 1992 überreichte das Ministerium des Innern den Entwurf eines Leitbildes der zukünftigen Strukturen der Gebietskörperschaften (Gemeinden, Landkreise im Lande Sachsen-Anhalt) und gab den Landkreisen Gelegenheit zur Stellungnahme.

Der Kreistag des Beschwerdeführers sprach sich mit Mehrheitsbeschluß vom 15. 6. 1992 zur Bildung eines Burgenlandkreises, bestehend aus den bisherigen Kreisen Naumburg, Nebra und Zeitz aus. In seiner Stellungnahme gegenüber dem Ministerium des Innern empfahl der Beschwerdeführer die Stadt Zeitz als Sitz des neuen Landkreises.

Mit Erlaß vom 10. 9. 1992 an sämtliche Gemeinden und Landkreise gab das Ministerium des Innern die Möglichkeit zur Stellungnahme bis zum 15. 12. 1992 zu seinem Referentenentwurf – im folgenden RefEntw – vom 24. 8. 1992, dem eine allgemeine und für die Einzelzuordnungen jeweils eine besondere Begründung beigegeben waren.

Die allgemeine Begründung (RefEntw S. 17 ff) geht davon aus, die für einen demokratisch-zentralistischen Staatsaufbau 1952 geschaffenen kleinräumigen Kreise könnten den Anforderungen der wiederhergestellten Selbstverwaltung nicht mehr genügen; deshalb sei die Zahl der Kreise zu vermindern, und die Gebiete seien zu vergrößern. Auf der Grundlage der Vorarbeiten durch die Projektgruppe solle die Neugliederung nach folgenden Leitbildkriterien vorgenommen werden:

– im Rahmen des Möglichen seien die sozio-ökonomischen Verflechtungen zu berücksichtigen, wobei Daten nicht gesichert seien und die bislang verordneten Beziehungen sich ändern würden;

– Verkehrsachsen sollten vollständig einem Kreis zugeordnet werden, damit eine einheitliche Entwicklungsplanung möglich werde;

– mindestens sieben hauptamtlich verwaltete Gemeindeeinheiten sollten einem Kreis zugeordnet sein;

– einzelne kreisangehörige Gemeinden dürften kein Übergewicht haben;

– neben Raumordnungs-, Wirtschafts- und Grundsätzen der Verwaltungsökonomie kämen auch historische und landsmannschaftliche Gegebenheiten
in Betracht;

– Landkreise sollten möglichst geschlossen überführt, Mitglieder einer Verwaltungsgemeinschaft möglichst nur einem Kreis zugeordnet werden;

– die Konsolidierungsphase könne abgekürzt werden, wenn die Grenzänderungen einverständlich vorgenommen würden; deshalb komme dem Grundsatz der Freiwilligkeit Bedeutung zu.

Außerdem hörte das Ministerium im November 1992 zahlreiche Kommunen an.

Der Referentenentwurf sah in § 15 KrsGebRefG-E die Bildung eines
neuen Landkreises aus den Gemeinden der bisherigen Landkreise Naumburg,
Nebra und Zeitz sowie der Gemeinde Stößen des bisherigen Landkreises Hohenmölsen vor. Sitz des neuen Landkreises sollte die Stadt Naumburg sein.

Nach § 16 KrsGebRefG-E sollten die bisherigen Kreise Hohenmölsen
und Weißenfels aufgelöst und zu einem neuen Landkreis mit Ausnahme der
Gemeinde Stößen mit dem Sitz in der Stadt Weißenfels zusammengeschlossen
werden. In der Begründung zu § 15 KrsGebRefG-E wird der Burgenlandkreis
als gemeinwohlkonforme Neugliederungslösung hervorgehoben. Mit ca.
160.000 Einwohnern überschreite der neue Landkreis die Einwohnerrichtgröße von 120.000 Einwohnern zwar; dies sei aber im Hinblick darauf, daß hierdurch im angrenzenden Bereich eine sachgerechte Kreiseinteilung nicht verhindert werde, kein Nachteil. Der neue Landkreis weise mit seiner Struktur
günstige Voraussetzungen im Hinblick auf eine breitgefächerte Wirtschaft mit
bedeutendem Handwerk und Gewerbe, einer leistungsfähigen und vielseitigen
Landwirtschaft und guten Möglichkeiten des Tourismus auf. Überlegte
Schwerpunktbildungen könnten dabei eine optimale Ausgleichsfunktion des
Landkreises gewährleisten. Auf der Grundlage der regionalen Wirtschaftsstruktur werde die Umlandregion von Naumburg und Zeitz mit Landwirtschaft, diversifizierter Industriestruktur und Ansätzen für Dienstleistungsstruktur einzustufen sein, wobei dem Gebiet um Naumburg auch eine Aus-
gleichs- und Übergangsfunktion zur ländlichen Region um Nebra mit ausgeprägtem Landwirtschaftsanteil und Entwicklungsansätzen für eine Industrie-
und Dienstleistungsstruktur zukomme.

Die vorzufindende Vielfalt begegne wirksam den Gefahren einer Monostruktur und gebe gleichzeitig Impulse. Sie bilde die wirtschaftliche Grundlage
für eine kulturelle Entwicklung, insbesondere im Bereich der Städte Naumburg und Zeitz. Beide Städte würden im Landkreis eine ihnen spezifisch angemessene und günstige Rolle finden.

Um für die Bestimmung der neuen Kreissitze objektive Vorgaben zu bekommen, habe die Landesregierung eine externe Arbeitsgruppe aus im kommunalen Bereich erfahrenen Verwaltungsfachleuten gebildet, an deren Vorschlägen habe sie sich bei der Festlegung der Kreissitze orientiert. Als Kreisstadt werde die Stadt Naumburg genannt. Zwar habe Zeitz mehr Einwohner als Naumburg. Naumburg habe jedoch die herausgehobene zentral-örtliche Funktion. Daher gäben in diesem Fall die zentrale Lage und gute Erreichbarkeit im Landkreis den Ausschlag für eine Kreisstadt Naumburg. Zudem werde damit eine schon erkennbare Aufgabenverteilung zwischen den Städten Naumburg und Zeitz gefördert.

Mit Beschluß vom 26. 10. 1992 hob der Kreistag des Beschwerdeführers seinen Beschluß vom 15. 6. 1992, nach dem man sich für die Bildung des Burgenlandkreises ausgesprochen hatte, auf und sprach sich in seiner Stellungnahme vom 11. 12. 1992 gegenüber dem Ministerium des Innern gegen den Burgenlandkreis und für die Bildung eines neuen Saale-Elster-Kreises, bestehend aus den bisherigen Kreisen Hohenmölsen, Weißenfels und Zeitz aus. In der Stellungnahme wird u. a. ausgeführt, daß es für den Beschwerdeführer von Anfang an unumstritten gewesen sei, daß der bestehende Landkreis Zeitz mit seiner inneren Struktur nicht in der Lage sei, die an ihn gestellten Anforderungen der Zukunft allein zu erfüllen, sondern daß es sinnvoll sei, in Anbetracht der Erfahrungen aus den Altbundesländern und dem Interesse einer effektiveren Verwaltungsarbeit sowie einer wirksameren Gesamtentwicklung den Landkreis zu vergrößern. Der Saale-Elster-Kreis mit rd. 160.000 Einwohnern bilde einen Kreis, der wirtschaftlich wettbewerbsfähig sei, den hoheitlichen Anforderungen gerecht werde und auch den Leitbildvorstellungen des Innenministeriums entspräche. Der entstehende Landkreis vereine damit in sich alle Voraussetzungen, Möglichkeiten und Chancen zum Aufbau einer starken kommunalen Selbstverwaltung. Er gewährleiste gleichzeitig Bürgernähe und hohe Überschaubarkeit, was die Grundlage für eine bedeutende Akzeptanz dieses Kreises bei den Bürgern sein werde und geeignet dafür sei, schnell ein entsprechendes Zusammengehörigkeitsgefühl wachsen zu lassen.

Bei der Kreisneugliederung sei die Entscheidung für den künftigen Sitz der Kreisverwaltung von großer kommunalpolitischer Bedeutung, da der Zuschnitt der neu zu bildenden Kreise und die Bestimmung des Kreissitzes unmittelbar voneinander abhängig seien. Daher sei der Sitz der Kreisverwaltung in Zeitz für den Beschwerdeführer von besonderer Bedeutung. Die Stadt sei erstmalig im Jahre 967 urkundlich erwähnt, und der Kreis Zeitz als eigenständiger Kreis bestehe seit 1815, wobei die Stadt seit jeher politischer, wirtschaftlicher und kultureller Mittelpunkt des Landkreises gewesen sei. Die Stadt verfüge auch über alle notwendigen Einrichtungen, um die Kreisverwaltung aufzunehmen. Neubauten bzw. Rekonstruktionen würden entfallen.

Auf der Grundlage des Referentenentwurfs und der Anhörungsergebnisse erarbeitete das Ministerium den Regierungsentwurf – RegVorl – vom 4. 2. 1993, der dem Landtag als Gesetzentwurf (LdTgDrs 1/2285) zugeleitet wurde. Die allgemeine Begründung ist weitgehend übernommen (vgl. RegVorl S. 64 ff); bei den Einzelzuordnungen sind die wesentlichen Ergebnisse der Stellungnahmen zum Referentenentwurf mitgeteilt.

Nach der ersten Lesung überwies der Landtag am 11. 2. 1993 den Entwurf federführend dem Ausschuß für Inneres sowie mitberatend den Ausschüssen für Finanzen und für Raumordnung (LdTg-StenBer 1/44, TOP 9).

Der Ausschuß für Inneres hörte die Kommunen, für die sich keine Zusammenschlüsse auf freiwilliger Grundlage ergeben hatten, in zwei Sitzungen an (61. Sitzung am 20. 4. 1993 in Magdeburg, 62. Sitzung am 21. 4. 1993 in Halle).

Für den Landkreis Nebra erklärte der Landrat, daß man mit dem Gesetzentwurf durchaus leben könne, wenn nicht die Stadt Zeitz zum Kreissitz des neuen Landkreises werde.

Der Landrat des Landkreises Naumburg sprach sich ebenfalls für den Gesetzentwurf aus.

Der Vertreter des Beschwerdeführers erklärte einleitend, daß es hinsichtlich des Kreisbeschlusses zwar eine Kehrtwendung gegeben habe – gemeint ist die Beschlußfassung zunächst für den Burgenlandkreis und dann für den Saale-Elster-Kreis –, daß aber der Landkreis Zeitz ganz deutlich dokumentiere, daß man mit dem jetzt im Gesetzentwurf vorliegenden Kreis, also Naumburg und Nebra, zusammenarbeiten könne und möchte. Entscheidend für den Beschwerdeführer sei, daß die Stadt Zeitz Kreissitz werde.

Auf die Frage des Abgeordneten Dr. F., ob es noch vorstellbar sei, daß es eine andere Kombination geben könne als die bisher angedachte, also eine Eigenständigkeit oder die Vorstellung des Zusammengehens von Weißenfels, Hohenmölsen und Zeitz, antwortete der Vertreter des Beschwerdeführers lediglich zur letzten Teilfrage dahingehend, daß Weißenfels aus Angst, den Kreissitz bei einem solchen Zusammengehen zu verlieren, sich zurückgezogen habe, so daß das dann auseinandergebrochen sei.

Am 5. 5. 1993 (63. Sitzung) begann der Ausschuß für Inneres mit den Einzelberatungen und entschloß sich, die Leitbildvorstellungen des Gesetzentwurfs zu übernehmen, ohne ein eigenes Leitbild zu entwickeln (Niederschrift über die 63. Sitzung S. 3).

In der sich anschließenden Beratung zu § 1 des Gesetzentwurfs ergab sich eine Grundsatzdiskussion, anhand welcher Kriterien die Entscheidung über den Kreissitz getroffen werden sollte. Der Abgeordnete E. stellte fest, daß die Bestimmung des Kreissitzes nach unterschiedlichen Maßstäben erfolge und verwies dabei insbesondere auf die Entscheidung zugunsten Naumburgs.

Staatssekretär Dr. M. vom Ministerium des Innern legte dar, man habe durchgehend die Größe als ausschlaggebenden Faktor genommen, sei davon aber im Falle Naumburg/Zeitz wegen der höheren zentral-örtlichen Bedeutung und der zentralen Lage Naumburgs abgewichen.

Der Innenausschuß beschloß, dem Landtag zu empfehlen,
– einen neuen Landkreis Burgenland, bestehend aus den Kreisen Nebra, Naumburg und Zeitz zu bilden, und
– stimmte mit 6 : 5 : 2 mehrheitlich dafür, Zeitz zum Kreissitz zu bestimmen, und gab erneut Gelegenheit zur Stellungnahme.

Der Landrat des Beschwerdeführers begrüßte in seiner Stellungnahme vom 18. 5. 1993 das Votum des Innenausschusses.

Der Kreistag des Landkreises Zeitz wandte sich aufgrund eines entsprechenden Beschlusses in der Kreissondersitzung vom 24. 5. 1993 mit einem offenen Brief an die Landtagsabgeordneten und an die Abgeordneten des Kreistages des Landkreises Nebra. Darin erklärten die Kreistagsmitglieder des Landkreises Zeitz ihre Bereitschaft, für den Fall einer Landtagsentscheidung zugunsten eines Kreissitzes Zeitz in Nebra eine Nebenstelle einzurichten, in der alle publikumsintensiven Ämter der Kreisverwaltung – wie das Straßenverkehrsamt, das Jugendamt und das Sozialamt – untergebracht würden. Auch zentrale Verwaltungsstellen der Kreisverwaltung könnten in Nebra untergebracht werden. Die Randlage von Nebra könne hierdurch nach Auffassung der Kreistagsmitglieder des Landkreises Zeitz zu einem Großteil ausgeglichen werden.

In seiner 64. Sitzung am 26. 5. 1993 setzte der Ausschuß die Einzelberatungen fort.

Die Ergebnisse der Beratungen leitete der Ausschuß für Inneres als Beschluß-Empfehlung vom 27. 5. 1993 (LdTgDrs 1/2660) dem Landtag zu.

Der Ausschuß für Inneres legte dem Landtag zur Beratung in zweiter Lesung einen geänderten Gesetzentwurf vor, der zwar ebenso wie der Gesetzentwurf der Landesregierung die Bildung eines neuen Burgenlandkreises aus Naumburg, Nebra und Zeitz beinhaltete. Im Unterschied zur Regierungsvorlage war aber vorgesehen, die Stadt Zeitz zum Sitz des neuen Landkreises zu bestimmen.

Grundlage der zweiten Lesung am 3. 6. 1993 im Plenum (LdTg-StenBer 1/48 TOP 1) waren neben dem Gesetzentwurf (LdTgDrs 1/2285) und der Empfehlung des Ausschusses für Inneres (LdTgDrs 1/2660) mehrere Anträge aus der Mitte des Parlaments (LdTgDrs 1/2684, 2689 bis 2698, 2704) sowie zwei Entschließungsanträge (LdTgDrs 1/2699, 2700).

In LdTgDrs 1/2697 wurde der Antrag gestellt, die Landkreise Naumburg und Nebra zu einem neuen Burgenlandkreis und die Landkreise Hohenmölsen, Weißenfels und Zeitz mit dem Kreissitz in Zeitz zusammenzufassen.

Dieser Antrag wurde abgelehnt. Mit LdTgDrs 1/2684 wurde beantragt, abweichend vom Vorschlag des Ausschusses für Inneres Naumburg zum Kreissitz des Burgenlandkreises zu bestimmen. Nach eingehender Diskussion wurde dieser Antrag mit 50 : 20 : 21 angenommen.

Eine Initiative, das inzwischen verkündete Gesetz – für den Raum Oebisfelde – zu ändern, hatte keinen Erfolg (vgl. LdTgDrs 1/3014, 3020 vom 23./28. 9. 1993 [Anträge]; LdTgDrs 1/3141 vom 3. 11. 1993 [Empfehlung des Innenausschusses]; LdTg-StenBer 1/52 und 1/54 [Sitzung des Plenums vom 7. 10./11. 11. 1993]).

Im Anschluß an die Landtagsentscheidung fand im Landkreis Zeitz eine Unterschriftenaktion statt. Den Unterschriftenlisten war folgender Aufruf vorangestellt:

„Für einen eigenen Landkreis Zeitz.

Bürgerinnen und Bürger

Der Landtag hat mit Gesetz zur Kreisreform eine Entscheidung gegen unseren Kreis getroffen. Zeigen Sie durch Ihre Unterschrift, daß wir auch künftig einen eigenen Kreis Zeitz haben wollen."

30.000 Bürgerinnen und Bürger haben sich mit ihrer Unterschrift dem Aufruf angeschlossen.

## 3.

Mit seiner Verfassungsbeschwerde vom 30. 12. 1993 rügt der Beschwerdeführer die Verletzung von Art. 2 Abs. 3, 87 und 90 der Landesverfassung des Landes Sachsen-Anhalt.

Er beantragt,

§ 15 KrsGebRefG-LSA für verfassungswidrig und nichtig zu erklären.

Dazu macht er geltend:

Die verfassungsrechtlichen Anhörungsrechte seien verletzt.

Es fehle schon an dem durch Art. 90 Satz 2 der Landesverfassung geforderten Landesgesetz über das Anhörungsverfahren. Auf die Bestimmungen der (DDR-)Kommunalverfassung könne nicht zurückgegriffen werden. Die Bestimmungen der Gemeinde- und Kreisordnung von Sachsen-Anhalt seien für die Kreisgebietsreform noch nicht einschlägig gewesen.

Die gesetzlichen Regelungen seien zudem unvollständig, weil sie für Kreisreformen nicht – wie bei Änderungen von Gemeindegrenzen – die unmittelbare Beteiligung der Bürger vorsähen. Das verlange aber Art. 90 Satz 2 der Landesverfassung; denn die Bestimmung behandele Gemeinden und Landkreise gleich, wie sich auch aus der Entstehungsgeschichte ergebe. Deshalb müßten auch für die Bürger bei Gemeinde- und Kreisreformen die gleichen Rechte gelten.

Die von Verfassungs wegen geforderte Anhörung sei aber auch in der Sache nicht geleistet worden. Es genüge nicht, nur allgemeine Erwägungen für die Umgliederungen zu unterbreiten. Die betroffenen Gemeinden und Kreise hätten vielmehr, um sachgerecht Stellung nehmen zu können, die einzelnen Umstände kennen müssen, die zu den Erwägungen geführt hätten. Entsprechend aufbereitetes Daten- und Argumentationsmaterial – insbesondere zur Wirtschaft und zu Pendlerbewegungen – sei aber nicht vorhanden gewesen, wie die Landesregierung selbst einräume.

Die Grundlagen seien nicht ausreichend ermittelt; man sei bei dieser Kreisreform großzügiger vorgegangen als in den alten Bundesländern.

Aufgrund des Termindrucks seien seine Stellungnahmen im Gesetzgebungsverfahren nur mehr oder weniger kurz behandelt worden. Eine intensive Sachdiskussion habe nicht stattgefunden. Das Verfahren sei durch besondere Hektik charakterisiert. Eine intensive Befassung und wohlabgewogene Entscheidung der Landtagsabgeordneten sei in solch kurzer Zeit nicht möglich.

Der Beschwerdeführer rügt weiter, daß ihm die Gründe für den Änderungsantrag in der LdTgDrs 1/2684 nicht mitgeteilt worden seien.

Das Gesetz zur kommunalen Gebietsreform sei im Hinblick auf die Zuordnung des Beschwerdeführers zum neuen Burgenlandkreis als auch hinsichtlich der Bestimmung der Stadt Naumburg zum Kreissitz

– nicht geeignet,
– nicht erforderlich und
– nicht verhältnismäßig.

Der Gesetzgeber sei bei seinen Kreisneugliederungsentscheidungen von einer Richtgröße zwischen 100.000 und 120.000 Einwohnern ausgegangen. In Sonderfällen sei dieser Richtwert deutlich unterschritten worden und liege in drei neugebildeten Landkreisen sogar unter 80.000 Einwohnern. Nach dem Burgenlandkreis, der mit 161.357 Einwohnern als einziger die 160.000-Einwohner-Marke überschreite, folgten der Landkreis Östliche Altmark mit 158.672, der Landkreis Merseburg/Querfurt mit 145.924, der Landkreis Wittenberg mit 140.407, der Landkreis Bitterfeld mit 127.108 und der Landkreis Mansfelder Land mit 123.111 Einwohnern. Die übrigen neugebildeten Landkreise lägen zumeist erheblich unter dem Richtwert von 120.000 Einwohnern.

Der Beschwerdeführer hält die Bildung des Landkreises Burgenland auch deshalb nicht für erforderlich, da eindeutig bessere Alternativen bestünden, die u. a. auch in der Selbständigkeit des Landkreises Zeitz läge. Zwar läge der Landkreis Zeitz dann unter den Leitbildvorstellungen von mindestens 80.000 Einwohnern. Der Gesetzgeber habe dies jedoch auch bei den Landkreisen Saalkreis mit 66.000, Sangerhausen mit 77.800 Einwohnern und Köthen mit

77.200 Einwohnern zugelassen, sich aber im Falle Zeitz mit einer solchen Alternative nicht befaßt, obwohl sie angesichts der Meinungsverschiedenheiten der am Zusammenschluß zum Burgenlandkreis beteiligten Landkreise sich aufgedrängt habe. Auch ein Zusammenschluß aus den bisherigen Landkreisen Hohenmölsen, Weißenfels und Zeitz hätten gegenüber der gesetzlichen Lösung noch deutlich Vorteile, insbesondere daß damit den zwischen den drei beteiligten Landkreisen geführten Verhandlungen Rechnung getragen würde.

Der Burgenlandkreis überschreite den vom Gesetzgeber sonst angelegten Richtwert von 100.000 bis 120.000 Einwohnern so erheblich, daß die Neugliederungslösung nicht mehr systemgerecht sei. Der Systembruch hätte, wenn man ihn nicht überhaupt für unzulässig halte, durch besonders gewichtige Gründe legitimiert werden müssen. Solche Gründe seien aber weder vorgetragen noch ersichtlich. Hinzu käme, daß der Burgenlandkreis mit einer sehr großen Flächenausdehnung von ca. 90 km in Nordwest-Südost-Richtung habe. Ein solcher Kreiszuschnitt sei außerordentlich ungünstig und führe dazu, daß recht weite Wege entstünden, wenn man den Kreis in seiner Längsausdehnung durchqueren wolle.

Auch die Entscheidung zugunsten der Stadt Naumburg als Sitz des Burgenlandkreises sei nicht geeignet, den vom Gesetzgeber selbst gesetzten Neugliederungskriterien und Grundsätzen zu entsprechen. Die Hauptkriterien, die Größe und Wirtschaftlichkeit einer Stadt einerseits und ihre zentral-örtliche Funktion andererseits, sprächen nicht für die Stadt Naumburg, sondern für die Stadt Zeitz als Sitz des neuen Burgenlandkreises. Mit 46.423 Einwohnern sei die Stadt Zeitz deutlich größer als Naumburg mit 34.717 Einwohnern. Auch bei einem Vergleich der im Umkreis von 5, 10, 15, 20 und 25 Kilometern um die beiden Städte wohnenden Einwohner schneide Zeitz jeweils deutlich besser als Naumburg ab.

Im Einzugsbereich von Zeitz wohnten deutlich mehr Einwohner als im jeweiligen Einzugsbereich von Naumburg, so daß Zeitz aus dieser Sicht zentraler als Naumburg läge, selbst wenn es nicht im geographischen Mittelpunkt des neuen Landkreises liege.

Auch die Ausweisung von Naumburg als Mittelzentrum mit Teilfunktionen eines Oberzentrums im Vorschaltgesetz zur Raumordnung und Landesentwicklung rechtfertige eine Entscheidung zugunsten von Naumburg nicht. Die Ausweisung von Naumburg sei im Hinblick auf die größere Einwohner- und Wirtschaftsbasis der Stadt Zeitz nicht nachvollziehbar und ohne die Beteiligung der Stadt Zeitz erfolgt. Zudem habe Naumburg durch die Ansiedlung verschiedener Behörden und Institutionen – wie des Oberlandesgerichts und des Arbeitsamtes – bereits eine ausreichende Förderung erfahren, die eine weitere Aufwertung durch die Bestimmung als Kreissitz nicht erfordere. Zeitz verfüge darüber hinaus in verschiedenen Bereichen über oberzentrale Funktionen, denen durch eine entsprechende Kreissitzentscheidung Rechnung getragen werden könne.

Für die Bevölkerung aus den Bereichen Nebra könne bei einem Kreissitz in Zeitz ein ausreichender Ausgleich durch eine Nebenstelle des Kreises geschaffen werden, in der alle publikumsintensiven Verwaltungseinrichtungen des Landkreises angeboten werden könnten.

Schließlich spräche auch der Kostenfaktor für Zeitz. Hier stünden ausreichend Gebäude zur Verfügung, in denen sämtliche Bediensteten der neuen Kreisverwaltung untergebracht werden könnten. Die baulich erforderlichen Maßnahmen hielten sich in engen Grenzen, während in Naumburg ein Kostenaufwand in zweistelliger Millionenhöhe erforderlich sei.

Auch die Tatsache, daß Zeitz ein historisch gewachsener Kreissitz sei, spräche für diese Stadt. Die Stadt sei seit jeher politischer und wirtschaftlicher und kultureller Mittelpunkt des Landkreises. Von Zeitz gehe auch eine entsprechende Identifikationswirkung in das Umland hinein aus.

4.

4.1. Die Landesregierung von Sachsen-Anhalt hat sich wie folgt geäußert:

Sie ist der Auffassung, daß das erforderliche Anhörverfahren rechtsfehlerfrei sei. Der Gesetzgebungsauftrag in Art. 90 Satz 2 LVerf-LSA sei erfüllt. § 79 KommVfG stelle die verfahrensrechtliche Grundlage für die Anhörung dar.

Die Bildung des Burgenlandkreises unter Einbeziehung des Landkreises Zeitz entspreche dem Gemeinwohl. Die Maßnahme sei zur Erreichung des Reformziels auch erforderlich und verhältnismäßig. Ein Beibehalten des Landkreises Zeitz sei nicht leitbildgerecht, da er mit seinen rd. 76.000 Einwohnern noch unterhalb der nur ausnahmsweise zulässigen unteren Einwohnergrenze liege. Es werde auch vermieden, daß ein von der Einwohnerzahl her nicht leitbildgerechter Landkreis Naumburg-Nebra mit 82.000 Einwohnern geschaffen werde. Demgegenüber sei der Burgenlandkreis mit seinen rd. 160.000 Einwohnern gut geeignet, das Reformziel: Stärkung der Verwaltungs-, Veranstaltungs- und Finanzkraft zu erreichen. Im übrigen werde der Burgenlandkreis von den Kreisen Nebra und Naumburg akzeptiert, und in Wirklichkeit habe der Beschwerdeführer auch keine Einwände, wenn die Kreissitzfrage zugunsten der Stadt Zeitz entschieden würde. Eine Alternative zum Burgenlandkreis habe sich nicht gestellt, da der Landkreis Weißenfels sich stets geweigert habe, zusammen mit Hohenmölsen und Zeitz einen Landkreis zu bilden.

Die Entscheidung zugunsten Naumburgs als Kreissitz sei sachgerecht, da die unbestrittene zentrale Lage und gute Erreichbarkeit von Naumburg ausschlaggebend sei.

4.2. Der Landtag von Sachsen-Anhalt hat sich wie folgt geäußert:

Für die Durchführung der Kreisgebietsreform sei maßgeblich das Prinzip der Freiwilligkeit gewesen und vom Ausschuß für Inneres auch für die Gestaltung und den Ablauf seiner Beratungen dieses Gesetzes herangezogen worden. In allen Fällen, in denen sich eine Übereinstimmung zwischen dem Willen der Betroffenen und den von der Landesregierung im Gesetzentwurf vorgeschlagenen Entscheidungen nicht eindeutig hätte feststellen lassen, habe der Ausschuß eine nochmalige Anhörung für geboten erachtet und auch durchgeführt. Gegenstand der Anhörung des Beschwerdeführers sei allein die Frage des Kreissitzes gewesen, denn die Entscheidung der Landesregierung, die drei beteiligten Landkreise zu fusionieren, sei zum damaligen Zeitpunkt von keiner Seite mehr ernsthaft in Zweifel gezogen worden. Die Kreissitzfrage habe in der Debatte breiten Raum eingenommen. In der Diskussion seien eine Vielzahl von Argumenten zum Pro und Kontra Zeitz bzw. Naumburg vorgetragen worden. Angesichts dieser Sachlage könne keine Rede davon sein, das Parlament habe mit seiner letzten Entscheidung zugunsten von Naumburg eine willkürliche, sachlich nicht fundierte Entscheidung getroffen. Wie immer man die einzelnen Argumente auch gewichten bzw. bewerten möge, unbestreitbar sei, daß es gute Gründe aus der Natur der Sache sowohl für eine Entscheidung zugunsten als auch gegen Naumburg bzw. sowohl zugunsten als auch gegen Zeitz gegeben habe.

Wenn der Landtag angesichts dieser Sachlage nach einer ausführlichen und gründlichen Diskussion letzten Endes wieder zu der schon im Regierungsentwurf präferierten Konstellation zurückgekehrt sei und damit gegen Zeitz votiert habe, dann sei diese Entscheidung eben nicht blanker Dezisionismus, sondern vielmehr Ausdruck eines bestimmten, sachlich fundierten und dabei parteiübergreifenden politischen Gestaltungswillens.

Entscheidungsgründe:

1.

Die Verfassungsbeschwerde ist teilweise zulässig.

Das Landesverfassungsgericht ist zur Entscheidung über die kommunale Verfassungsbeschwerde berufen. Der Antrag ist im übrigen nur zulässig, soweit die Gebietsänderung betroffen ist.

1.1. Soweit eine Verletzung der durch Art. 2 Abs. 3 und Art. 87 LVerf-LSA garantierten Selbstverwaltungsrechte behauptet wird, handelt es sich um eine sog. kommunale Verfassungsbeschwerde i. S. des Art. 75 Nr. 7 LVerf-LSA und der §§ 2 Nr. 8, 51 des Gesetzes über das Landesverfassungsgericht

(Landesverfassungsgerichtsgesetz) – LVerfGG-LSA – vom 23. 8. 1993 (LSA-GVBl S. 441); diese Bestimmungen gestatten den Kommunen – das sind nach Art. 87 Abs. 1 LVerf-LSA Gemeinden und Landkreise –, gegen Eingriffe durch ein Landesgesetz das Landesverfassungsgericht anzurufen.

Diese landesrechtliche Verfassungsbeschwerde ist nicht durch die bundesrechtliche Rüge ausgeschlossen, Art. 28 Abs. 2 des Grundgesetzes – GG – sei verletzt (vgl. Art. 93 Abs. 1 Nr. 4b GG); denn das Bundesverfassungsgericht kann gegen Landesgesetze subsidiär nur dann angerufen werden, wenn und soweit keine Verfassungsbeschwerde zu einem Landesverfassungsgericht erhoben werden kann (Art. 93 Abs. 1 Nr. 4b GG).

Art. 28 Abs. 2 GG verdrängt auch in der Sache die Garantien aus Art. 2 Abs. 3 und Art. 87 LVerf-LSA nicht über Art. 31 GG; denn das Bundesrecht enthält nur die Mindestgarantie kommunaler Selbstverwaltung und schließt inhaltsgleiches oder weitergehendes Landesverfassungsrecht nicht aus (allg. Ansicht; vgl. etwa: *Maunz* in Maunz/Dürig, GG, Art. 28 Rdn. 72; BVerfG, Beschl. v. 29. 1. 1974 – 2 BvN 1/69 –, BVerfGE 36, 342, 360 ff, 363 ff). Die Selbstverwaltungsgarantien des Grundgesetzes und einer Landesverfassung gelten in diesem Rahmen nebeneinander; die durch die Rechtsordnung des Landes begründeten Selbstverwaltungsrechte werden vom Bund vorausgesetzt, anerkannt und garantiert (*Hoppe*, Die kommunale Verfassungsbeschwerde vor den Landesverfassungsgerichten, in Starck/Stern, Hrsg., Landesverfassungsgerichtsbarkeit, Teilband II, S. 260, 285 m. w. Nachw.; s. auch *Schrapper*, Kommunale Selbstverwaltungsgarantie und staatliches Genehmigungsrecht, in Kommunalwissenschaftliche Forschung und Kommunale Praxis, Band 3, S. 88, m. w. Nachw.). Art. 28 Abs. 2 GG enthält damit auch einen Verfassungsauftrag an die Länder, innerhalb ihrer staatlichen Organisation die kommunale Selbstverwaltung zu wahren (NdsStGH, Zwischen-Urt. v. 15. 2. 1973 – StGH 2, 3/72 –, NdsStGHE 1, 163, 168 = OVGE 29, 496, 498; *Stern* in Bonner Kommentar, GG, Art. 28 [Zweitbearbeitung] Rdn. 178 ff; *Gönnenwein*, Gemeinderecht, 1963, S. 43).

Der Weg zum Landesverfassungsgericht ist schließlich nicht deshalb unzulässig, weil das Verfahrensrecht des Art. 75 Nr. 7 LVerf-LSA (und ihm folgend §§ 2 Nr. 8 und 51 LVerfGG-LSA) nur die Garantien aus Art. 2 Abs. 3 und Art. 87 LVerf-LSA erwähnt, Art. 90 LVerf-LSA aber spezielle Bestimmungen gerade für die Gebietsänderungen enthält; denn die durch Art. 90 LVerf-LSA hervorgehobenen Regelungen sind zugleich Inhalt der Selbstverwaltungsgarantie des Art. 2 Abs. 3 LVerf-LSA.

Nach allgemeiner Auffassung wird danach nicht nur verlangt, daß es Kommunen überhaupt im Staatsaufbau des Landes gibt, sondern der einzelnen Kommune ist auch garantiert, daß ihr Gebietsbestand nur nach vorheriger

Anhörung und ausschließlich aus Gründen des Gemeinwohls verändert und daß sie nur in diesem Rahmen aufgelöst werden darf (BVerfG, Beschl. v. 27. 11. 1978 – 2 BvR 165/75 –, BVerfGE 50, 50, 50 f; Beschl. v. 12. 5. 1992 – 2 BvR 470, 650, 707/90 –, BVerfGE 86, 90, 107; StGH BW, Urt. v. 14. 2. 1975 – GeschRegNr. 11/74 –, ESVGH 25, 1, 10, 25 = NJW 1975, 1205 ff; NdsStGH, Urt. v. 14. 2. 1979 – StGH 2/77 – NdsStGHE 2, 1, 145 = OVGE 33, 497, 498; VfGH NW, Urt. v. 4. 8. 1972 – VfGH 9/71 –, OVGE 28, 291, 292; VfGH RP, Urt. v. 17. 4. 1969 –, VGH 2/69 – DVBl 1969, 799, 800 f; Urt. v. 5. 5. 1969 – VGH 36/69 –, DVBl 1970, 780; Urt. v. 22. 12. 1969 – VGH 43/69 –, DVBl 1970, 785, 787; VfGH des Saarlandes, Urt. v. 28. 6. 1974 – Lv 8/74 –, DVBl 1975, 35; vgl. zu Art. 2 Abs. 3 LVerf-LSA auch: *Mahnke*, Die Verfassung des Landes Sachsen-Anhalt, 1993, Art. 2 Rdn. 15; *Reich*, Verfassung des Landes Sachsen-Anhalt, 1994, Art. 2 Rdn. 5).

Wenn Art. 90 LVerf-LSA inhaltsgleich diese Begriffe verwendet, stellt er lediglich fest, daß dieses Ergebnis der Rechtsprechung auch Inhalt der landesverfassungsrechtlichen Garantie sein soll. Art. 90 LVerf-LSA regelt nicht etwa die Garantien für Gebietsänderungen gesondert, um diese aus der allgemeinen Bestimmung des Art. 2 Abs. 3 LVerf-LSA zu isolieren und Rechtsschutz nach Art. 75 Nr. 7 LVerf-LSA auszuschließen.

Eine solche einschränkende Interpretation fände auch in der Entstehungsgeschichte keine Stütze.

Die getrennte Regelung der Selbstverwaltungsrechte in Art. 2 Abs. 3 LVerf-LSA (institutionelle Garantie), Art. 87 Abs. 1 bis 4 LVerf-LSA (Aufgaben und Aufsicht) und schließlich Art. 90 LVerf-LSA (Gebietsänderungen) geht auf den Verfassungsentwurf der SPD-Fraktion vom 26. 2. 1991 (dort Art. 66 Abs. 3, 68 und 71) zurück. Der Verfassungsausschuß hat in seiner Sitzung vom 12. 6. 1991 (Niederschrift S. 16 ff, S. 18) die gegenüber Art. 66 Abs. 3 Verf-E im Wortlaut geänderte Verfassungsgarantie lediglich in den Eingangsteil übernommen und den heutigen Art. 2 Abs. 3 LVerf-LSA beschlossen, ohne damit inhaltliche Änderungen zu verbinden. Art. 74 Nr. 7 Verf-E hatte die kommunale Verfassungsbeschwerde wegen Verletzung des Rechts auf Selbstverwaltung nach Art. 68 bis 71 unter Einschluß der Bestimmung über die Gebietsänderung vorgesehen.

Schließlich ist § 51 Abs. 3 LVerfGG-LSA zu entnehmen, daß der Landesgesetzgeber ganz selbstverständlich davon ausgeht, Gebietsänderungsgesetze könnten Gegenstand einer kommunalen Verfassungsbeschwerde sein.

1.2. Soweit sich die Verfassungsbeschwerde gegen § 15 Abs. 3 KrsGeb-RefG-LSA richtet, ist sie unzulässig, weil die Stadt Naumburg erst mit Inkrafttreten des Gesetzes zum 1. 7. 1994 Kreissitz des Burgenlandkreises wird, der bisherige Landkreis Zeitz jedoch mit Ablauf des 30. 6. 1994 aufgelöst wird, so daß sein Recht auf kommunale Selbstverwaltung hierdurch nicht mehr betroffen sein kann.

Die Garantie der kommunalen Selbstverwaltung beinhaltet nicht das Recht des Beschwerdeführers mitzubestimmen, welche Stadt Kreisstadt des Burgenlandkreises wird (st. Rspr.: BayVfGH, Entscheidung v. 23. 1. 1976, Vf. 15-VII-73, BayVfGH n. F. 29, 1; NdsStGH, NdsStGHE 2, 1, 209 f = OVGE 33, 497, 505, 507 f; VfGH NW, Urt. v. 6. 12. 1975 – VfGH 45/74 –, OVGE 31, 296; VfGH RP, Urt. v. 16. 4. 1969 – VGH 29/69 –, UA S. 44 f; *Pappermann* DÖV 1980, 353, 355). Die kommunale Selbstverwaltung des Beschwerdeführers endet mit seiner Auflösung.

Da die Landkreise auch untere staatliche Verwaltungsbehörden sind (§ 71 Abs. 3 Satz 2 KommVfG und nach §§ 1 Abs. 2 Satz 2, 5 Abs. 1 Satz 2 LKO-LSA, die ebenfalls am 1. 7. 1994 in Kraft tritt, bleiben), kann das Land aus seiner Organisationsgewalt heraus den Sitz dieser Behörden, und damit den Kreissitz, im Rahmen des kommunalen Gebietsreformgesetzes selbständig regeln. Dies kann nicht mehr in die Organisationsgewalt der aufgelösten und als Rechtspersönlichkeiten untergegangenen Landkreise eingreifen, sondern könnte allenfalls mit der des am 1. 7. 1994 entstehenden Burgenlandkreises kollidieren.

Auch daraus, daß der Beschwerdeführer im Rahmen der mit seiner Auflösung verbundenen Gebietsneugliederung auch zur Frage der Bestimmung des Kreissitzes im Burgenlandkreis zu hören war (StGH BW, Urt. v. 8. 9. 1972 – GeschRegNr. 6/71 – ESVGH 23, 1), kann nicht der Schluß gezogen werden, die Selbstverwaltungsgarantie wirke auch noch über den Zeitpunkt des Erlöschens eines Landkreises hinaus und räume ihm das Recht ein, zumindest die durch den Neugliederungsgesetzgeber getroffene Entscheidung verfassungsgerichtlich überprüfen zu lassen. Die Anhörung dient allein der Unterrichtung des Gesetzgebers und bereitet dessen Entscheidung vor. Durch die Anhörung soll verhindert werden, daß die in ihrem Eigenwert anerkannten Kommunen zum Objekt bloßer Fremdbestimmung werden und daß der Gesetzgeber die Auffassung der betroffenen Gebietskörperschaften zur beabsichtigten Neugliederung kennt und in seinen Entscheidungsprozeß mit aufnehmen kann (BayVfGH, Entscheidung v. 20. 4. 1978 – Vf. 6-VII-78 –, BayVfGH n. F. 31, 99, 129; StGH BW, ESVGH 25, 1, 25).

Der Beschwerdeführer hat keine über seine Auflösung hinausgehende Schutzpflicht für die Kommunen, die ihm bisher angehören und die von den tatsächlichen Auswirkungen der Kreissitzverlegung für den Burgenlandkreis betroffen sein werden. Der Beschwerdeführer kann mit der Verfassungsbeschwerde nur die Verletzung eigener Rechte rügen (VfGH RP, Urt. v. 5. 5. 1969 – VGH 3/69 – DVBl 1970, 779, 780).

1.3. Die Anrufung des Landesverfassungsgerichts durch den Beschwerdeführer stellt keine unzulässige Rechtsausübung dar. Die kommunale Verfassungsbeschwerde nach Art. 75 Nr. 7 Verf-LSA setzt voraus, daß die antragstellende Körperschaft in ihren Rechten beeinträchtigt ist. Für die Verfassungsbeschwerde ist daher ein besonderes Rechtsschutzinteresse darzulegen (VfGH RP, DVBl. 1970, 785, 786). Dieses kann unter dem Gesichtspunkt des treuwidrigen widersprüchlichen Verhaltens gegen den Grundsatz von Treu und Glauben (§ 242 BGB) entfallen. Der Geltungsbereich dieses Grundsatzes ist nicht etwa auf das bürgerliche Recht beschränkt, sondern prägt vielmehr die gesamte Rechtsordnung und damit das öffentliche Recht einschließlich des Verfassungsrechts (st. Rspr., so schon BVerfG, Urt. v. 26. 2. 1954 – 1 BvR 371/52 – BVerfGE 3, 288, 324).

Mit Treu und Glauben ist es nicht vereinbar, daß jemand im Widerspruch zu seinem früheren Verhalten ein Recht ausübt, wenn dieses Verhalten bei einem anderen Beteiligten ein bestimmtes Vertrauen hervorgerufen hat. Im Rahmen eines zweiseitigen Rechtsverhältnisses ist dies der andere von dem Rechtsverhältnis Betroffene. Dagegen ist das Verhalten des Rechtsinhabers gegenüber Dritten, die an diesem Rechtsverhältnis nicht beteiligt sind, grundsätzlich unerheblich. Für die Verfassungsbeschwerde, die ein Gesetz zum Gegenstand hat, bedeutet dies, daß allein abzustellen ist auf das Verhalten gegenüber dem Landtag. Daher kann ein gegenüber dem Landtag gezeigtes Verhalten einer antragstellenden kommunalen Selbstverwaltungskörperschaft geeignet sein, die Anrufung des Landesverfassungsgerichts wegen der Verfassungswidrigkeit eines Gesetzes als unzulässige Rechtsausübung erscheinen zu lassen (VfGH RP, DVBl 1970, 785, 786).

Im vorliegenden Fall stellt jedoch der Antrag des Beschwerdeführers keine solche unzulässige Rechtsausübung dar. Zwar hat er in seiner Anhörung und Stellungnahme gegenüber dem Landtag zugestimmt, zusammen mit den Landkreisen Nebra und Naumburg den neuen Landkreis Burgenland zu bilden. Dieses Einverständnis zur Auflösung stand aber erkennbar stets im Zusammenhang damit, daß die Stadt Zeitz zum Kreissitz bestimmt werden würde. Der Gesetzgeber konnte also nicht davon ausgehen, der Landkreis Zeitz werde seiner Eingliederung in den Burgenlandkreis auch dann zustimmen, wenn Naumburg zum Kreissitz bestimmt werden würde.

1.4. Die Beschwerde ist auch fristgerecht gemäß §§ 48, 50 Abs. 2 LVerfGG sowie formgerecht nach §§ 49, 50 Abs. 2 LVerfGG-LSA erhoben.

2.

Die Verfassungsbeschwerde ist – soweit sie zulässig ist – unbegründet.
Nach § 51 LVerfGG-LSA hat das Landesverfassungsgericht zu prüfen,
ob das Kreisgebietsreformgesetz, soweit es den Beschwerdeführer betrifft, mit
Art. 2 Abs. 3 und Art. 87 LVerf-LSA vereinbar ist.

Art. 2 Abs. 3 LVerf-LSA garantiert die Kommunen institutionell. Die individuelle Garantie reicht – wie Art. 90 LVerf-LSA hervorhebt (vgl. insoweit
auch oben Entscheidungsgründe, Nr. 1.1.) – nur so weit, als Gebietsänderungen durch Gründe des Gemeinwohls (dazu unten 2.2.) gerechtfertigt sein müssen und außerdem voraussetzen, daß die betroffenen Kommunen zuvor angehört worden sind.

2.1. Das Recht auf Anhörung ist nicht verletzt.

Daß die betroffenen Kommunen vor einer Gebietsänderung anzuhören
sind, gebietet neben der Selbstverwaltungsgarantie auch das Rechtsstaatsprin-
zip des Art. 2 Abs. 1 LVerf-LSA (vgl. zu den entsprechenden Vorschriften der
Art. 20, 28 Abs. 1, 2 GG bzw. der Landesverfassungen auch: BVerfGE 50, 50,
51; BVerfG, Beschl. v. 17. 1. 1979 – 2 BvR 6/76 –, BVerfGE 50, 195, 202; StGH
BW, Urt. v. 8. 9. 1972 – GeschRegNr. 6/71 –, ESVGH 23, 1, 18 f; NdsStGH,
NdsStGHE 2, 1, 146 = OVGE 33, 497, 498 f; VfGH NW, Urt. v. 24. 4. 1970 –
VfGH 13/69 –, OVGE 26, 270, 272 f; BayVfGH, Entscheidung v. 20. 4. 1978 –
Vf. 6-VII-78 –, BayVfGH n. F. Bd. 31, Teil II, S. 99, 129; VfGH des Saarlandes,
DVBl 1975, 35, 36). Die Verfassung selbst verlangt schon – auch ohne besondere
(einfach)gesetzliche Regelung –, daß der Gesetzgeber dem Anhörgebot nach-
kommt (BayVfGH, BayVfGH n. F. 31 II 99, 129; VfGH des Saarlandes, DVBl
1975, 35, 36). In den meisten Kommunalgesetzen der Länder finden sich – ohne
daß spezielle Anhörungsgesetze geschaffen worden wären – Bestimmungen
darüber, daß vor einer Neugliederung Anhörungen stattzufinden haben; die
Gesetze regeln das Verfahren, soweit die Einwohner anzuhören sind (vgl. *Knemeyer*, Kommunale Neugliederung vor den Landesverfassungsgerichten, in
Starck/Stern, Hrsg, Landesverfassungsgerichtsbarkeit, Teil III S. 146, 158 mit
Fn. 42). Eine derartige Regelung findet sich auch in § 79 Abs. 1 KommVfG.

Die nähere Ausgestaltung des Anhörverfahrens ist in der Rechtsprechung
der Verfassungsgerichte und Staatsgerichtshöfe entwickelt worden (vgl. etwa:
StGH BW, ESVGH 25, 1, 25 f; NdsStGH, NdsStGHE 2, 1, 148 f = OVGE 33,
497, 499 f; BayVfGH, BayVfGH n. F. 31 II 99, 129; VfGH RP, DVBl 1969,
799, 807).

Es ist nicht erkennbar, daß der Landesverfassungsgeber in Sachsen-Anhalt
über diese Rechtstradition hinaus weitere Anforderungen hat stellen wollen.
Art. 2 Abs. 3 und Art. 90 Satz 2 LVerf-LSA verlangen nicht, daß der Gesetzgeber generelle Regelungen erläßt, bevor er das Gebiet von Gemeinden

oder Landkreisen ändert (2.1.1.). Die Verfassung gebietet nicht, die Bürger unmittelbar zu beteiligen, wenn die Grenzen von Landkreisen geändert werden sollen (2.1.2.). Das von der Verfassung geforderte Anhörungsverfahren hat der Gesetzgeber der Kreisgebietsreform eingehalten (2.1.3.).

2.1.1. Aus dem Wortlaut des Art. 90 Satz 2 LVerf-LSA läßt sich nicht herleiten, daß ein besonderes Gesetz über die Anhörung Voraussetzung für Eingriffe in den Gebietsbestand sein sollte. Das folgt schon daraus, daß die Anhörung nur als ein Gesichtspunkt behandelt ist, den einfachgesetzliche Ausführungsbestimmungen näher regeln können.

Im übrigen unterscheidet sich dieser zweite Satz deutlich vom ersten desselben Artikels. Art. 90 Satz 1 LVerf-LSA läßt Eingriffe in den Gebietsbestand von Kommunen gegen deren Willen nur durch ein materielles Gesetz (Gesetz oder aufgrund eines Gesetzes) – als Eingriffsmittel – zu und macht dessen Verfassungsmäßigkeit in der Sache davon abhängig, daß Gründe des Gemeinwohls – als Eingriffsvoraussetzung – vorliegen; Art. 90 Satz 2 LVerf-LSA hingegen überläßt dem einfachen Gesetzgeber, das Nähere zu regeln.

Art. 90 Satz 1 LVerf-LSA macht damit das zum Inhalt der Landesverfassung, was Art. 28 Abs. 2 GG bundesrechtlich für Eingriffe bei Gebietsänderungen materiell voraussetzt (ständige Rechtsprechung des Bundesverfassungsgerichts; vgl. etwa: BVerfGE 50, 50, 50; 86, 90, 107, m. w. Nachw.).

Soweit Art. 90 Satz 2 LVerf-LSA die Anhörung besonders hervorhebt (insbesondere), nimmt das Landesverfassungsrecht auf die verfahrensrechtliche Vorgabe des Bundesrechts für kommunale Gebietsänderungen lediglich Bezug (vgl. etwa: BVerfGE 50, 50, 50; 86, 90, 107, m. w. Nachw.). Das Grundgesetz verlangt aber nur, daß die betroffene Kommune sachgerecht angehört wird, und nicht etwa auch, daß das hierfür einzuhaltende Verfahren durch ein besonderes Gesetz geregelt ist. Die Anhörungspflicht will zwar verhindern, daß die Kommunen zum Objekt staatlichen Handelns werden (BVerfGE 50, 195, 202); sie hat aber vorrangig die Funktion, sicherzustellen, daß der Gesetzgeber den für die (materielle) Gemeinwohl-Abwägung maßgeblichen Sachverhalt (verfahrensrechtlich) umfassend ermittelt (BVerfG, Beschl. v. 23. 6. 1987 – 2 BvR 826/83 – BVerfGE 76, 107, 122). Das Bundesverfassungsgericht hat ausdrücklich klargestellt, daß diese verfassungsrechtlich gebotene Anhörungspflicht nicht an bestimmte Formen gebunden ist (BVerfG, Beschl. v. 7. 10. 1980 – 2 BvR 584, 598, 599, 604/76 – BVerfGE 56, 298, 321).

Dem läßt sich nicht entgegenhalten, eine Landesverfassung dürfe ohne Verstoß gegen Art. 31 GG über das hinausgehen, was Art. 28 Abs. 2 GG nur als Mindeststandard verlangt (allg. Ansicht; vgl. etwa *Maunz* in Maunz/Dürig, GG, Art. 28 Rdn. 72; BVerfGE 36, 342, 360 ff, 363 ff); denn es gibt keinen Anhaltspunkt dafür, daß dies durch Art. 90 Satz 2 LVerf-LSA hat geschehen sollen.

So läßt sich insbesondere aus dem Zusammenhang der Bestimmungen über die kommunale Selbstverwaltung (Art. 2 Abs. 3, 87 und 90 LVerf-LSA) nicht herleiten, daß Art. 90 Satz 2 LVerf-LSA ein Verfahrensgesetz zur Anhörung verlangt. Mit Art. 2 Abs. 3 LVerf-LSA übernimmt das Landesrecht die Garantie des Art. 28 Abs. 2 GG. Ob Art. 87 LVerf-LSA mit seinen besonderen Regelungen über die Aufgaben der Kommunen einen weiteren Inhalt hat als Art. 28 Abs. 2 GG, ist für die Auslegung des einen anderen Gegenstand betreffenden Art. 90 LVerf-LSA ohne Bedeutung.

Art. 90 LVerf-LSA hebt danach nur einen Teilaspekt der durch Art. 2 Abs. 3 LVerf-LSA bereits garantierten Rechte hervor, ohne sie inhaltlich anzureichern.

Gegen die Annahme, daß Art. 90 LVerf-LSA die Garantien des Art. 2 Abs. 3 LVerf-LSA erweitert, spricht nicht zuletzt die Rechtsschutzbestimmung des Art. 75 Nr. 7 LVerf-LSA, die allein auf die Verletzung von Rechten aus Art. 2 Abs. 3 oder aus Art. 87 LVerf-LSA abstellt und Art. 90 LVerf-LSA nicht erwähnt.

Auch die Materialien zu Art. 90 Satz 2 LVerf-LSA fordern keine von diesem Ergebnis abweichende Auslegung.

Der Gesetzesvorbehalt geht auf Art. 71 des SPD-Entwurfs mit der Überschrift „Gebietsänderung und Auflösung von Gemeinden und Landkreisen" (innerhalb des 6. Abschnitts: Die Verwaltung) zurück. Dessen Absatz 1 enthielt die materielle Gemeinwohlklausel für Gebietsänderungen bei Gemeinden und Landkreisen. Die beiden folgenden Absätze befaßten sich mit den Gebietsänderungen für die Gemeinden (Abs. 2) und für die Landkreise (Abs. 3). Für die gemeindliche Gebietsänderung war die Anhörung der Bevölkerung verlangt. Der abschließende Abs. 4 bestimmte dann: Das Nähere regelt ein Gesetz.

Art. 90 LVerf-LSA enthält bei gleichgebliebener systematischer Einordnung unter Verwaltung lediglich eine zusammenfassende Kürzung der ursprünglich in vier Absätzen geregelten Materie. Deutlich wird, daß die nähere Regelung insgesamt dem Gesetzgeber überlassen bleiben sollte und daß nicht beabsichtigt war, vor einer Gebietsreform ein eigenständiges, förmliches Gesetz zu verlangen.

Diese Einschätzung wird bestätigt durch die Äußerung des Abgeordneten Dr. H., des Vorsitzenden des Verfassungsausschusses; danach erschien eine besondere Regelung über die Anhörung deshalb entbehrlich, weil sich die Verpflichtung schon aus der Rechtsprechung des Bundesverfassungsgerichts ergebe (Niederschrift über die Sitzung vom 17. und 18. 7. 1991 S. XII/2).

2.1.2. Art. 90 Satz 2 LVerf-LSA verpflichtet den Gesetzgeber bei Änderungen von Kreisgebieten nicht, zusätzlich zu der Anhörung betroffener Gemeinden auch die Meinung der Bürger zu erforschen. Gegenteiliges folgt insbesondere nicht daraus, daß der Wortlaut die Einwohner neben die Kommunen stellt. Die Vorschrift ist vielmehr so zu verstehen, daß der Gesetzgeber abstufen darf, in welchen Fällen er nur die Kommune und in welchen er zusätzlich die Einwohner beteiligt; denn die Verfassung stellt auf die Anhörung der Betroffenen ab.

Die Gebietsänderungen einerseits von Landkreisen und andererseits von Gemeinden wirken sich auf die Kommunen und die Einwohner unterschiedlich stark aus. Unmittelbar betroffen sind bei Eingriffen auf der Gemeindeebene die Gemeinde, um deren Gebiet es sich handelt, und die Einwohner, welche in dieser Gemeinde bzw. in diesem Gebiet leben. Die Änderung von Kreisgebietsgrenzen hingegen betrifft unmittelbar neben dem Landkreis, um dessen Territorium es geht, nur die Gemeinden, welche dem jeweiligen Gemeindeverband Landkreis angehören, und die Einwohner dieser Gemeinden nur mittelbar dadurch, daß ihre Gemeinde anders zugeordnet wird.

Diese Differenzierung verstößt auch nicht gegen das Demokratiegebot der Verfassung (Art. 2 Abs. 1 LVerf-LSA); denn diese läßt Formen repräsentativer neben solchen unmittelbarer Demokratie zu (vgl. Art. 2 Abs. 2, Art. 80, 81, 89 LVerf-LSA). Dies gilt gerade auch für Kommunen; denn Art. 89 LVerf-LSA schreibt – die bundesrechtliche Vorgabe des Art. 28 Abs. 1 Satz 2 GG wiederholend – vor, daß ein Repräsentativorgan zu wählen ist, sofern nicht – dies aber nur bei Gemeinden – die Versammlung der Bürger an deren Stelle tritt.

Die Differenzierung ist ferner mit den besonderen Regeln über die unmittelbare Demokratie vereinbar. Art. 80, 81, 89 LVerf-LSA ergeben als Durchbrechungen des im Art. 2 Abs. 2 LVerf-LSA enthaltenen Grundsatzes keine Wertung der Verfassung für einen übergreifend rechtlich zu beachtenden Vorrang von Bürgervoten vor denen des Vertretungsorgans (vgl. dazu auch *Reich*, LVerf-LSA, Art. 2 Rdn. 1 S. 51: Demokratie).

Aus der Definition des Begriffs Kommune durch Art. 87 Abs. 1 LVerf-LSA (das sind Gemeinden und Landkreise) läßt sich für Art. 90 Satz 2 LVerf-LSA nicht herleiten, daß das Anhörungsverfahren für Gebietsänderungen der Landkreis- und der Gemeindeebene die gleichen Beteiligten zu berücksichtigen hätte; denn die Bestimmung differenziert nach der Bedeutung der Betroffenheit.

Die Entstehungsgeschichte bestätigt diese Auslegung. Der Entwurf der SPD-Fraktion zu Art. 71, der sich – wie schon erwähnt – mit den Gebietsänderungen beider Stufen befaßte, sah nur für die Gemeindegebiete eine zusätzliche Beteiligung der Bevölkerung der unmittelbar betroffenen Gebiete vor

(Abs. 2 Satz 2) und enthielt keine Regelung über die Anhörung der Kommunen im übrigen (Absätze 2 und 3).

Schließlich ist für die Auslegung zu beachten, daß Art. 90 Satz 2 LVerf-LSA – wie sich oben (bei Entscheidungsgründe, Nr. 2.1.1.) gezeigt hat – in Wiederholung der Bundesvorgabe zur Anhörungspflicht – kein besonderes Verfahren fordert. Von Verfassungs wegen kann deshalb allein die Anhörung des jeweils Betroffenen in dem durch das Abwägungsgebot beschriebenen Umfang verlangt werden.

Die Regelungen einerseits des § 79 KommVfG für Gebietsänderungen bei Landkreisen (Anhörung nur der betroffenen Landkreise und Gemeinden) und andererseits des § 13 KommVfG (Anhörung der betroffenen Gemeinden und der Bürger[innen]) sind mit Art. 90 Satz 2 LVerf-LSA vereinbar.

2.1.3. Die aus der Selbstverwaltungsgarantie herzuleitenden Anhörungspflichten (2.1.3.1.) sind erfüllt (2.1.3.2.).

2.1.3.1. Die Landesverfassungsgerichte und Staatsgerichtshöfe der Länder gehen übereinstimmend davon aus, daß Anhörungsverpflichteter der Gesetzgeber ist, der hierfür keine besonderen Förmlichkeiten wahren muß, sondern das Anhörungsverfahren nach seinem Ermessen gestalten kann. Die gesetzgebende Körperschaft kann deshalb selbst schriftlich oder mündlich anhören, auf Anhörungen der Regierung zurückgreifen, diese mit der Anhörung beauftragen und sich das Ergebnis vortragen lassen (vgl. etwa: NdsStGH, NdsStGHE 2, 1, 148 f m. w. Nachw. = OVGE 33, 497, 499). Sichergestellt sein muß allein, daß der Gesetzgeber dem Zweck der Anhörung genügen kann, die Interessenlage bei der betroffenen Kommune zu ermitteln (vgl. etwa VfGH NW, OVGE 26, 270, 275; VfGH RP, DVBl 1969, 799, 808).

Zweck gerade auch der Anhörung ist es, dem Gesetzgeber die umfassende Kenntnis von allen für die Neugliederung erheblichen Umständen zu verschaffen, so daß er alle Argumente sorgfältig abwägen kann, die für und gegen die Neugliederungsmaßnahme sprechen.

Um eine fundierte Stellungnahme abgeben zu können, muß die betroffene Kommune zwar nicht von allen Einzelheiten, wohl aber vom wesentlichen Inhalt des Gebietsänderungsvorhabens und seiner Begründung Kenntnis erhalten (BVerfGE 50, 195, 203; 86, 90, 107 f; StGH BW, ESVGH 25, 1, 26; NdsStGHE 2, 1, 149 = OVGE 33, 497, 499; VfGH NW, OVGE 26, 270, 274 f; kritisch dazu: *Ule/Laubinger*, DVBl 1970, 760, 761 und *Knemeyer*, BayVBl 1971, 371, 373).

Die Kommune muß Gelegenheit haben, sich zu dem Vorhaben im Ergebnis und den es tragenden Argumenten zu äußern und diese gegebenenfalls zu widerlegen. Sie muß sowohl die Gesamtkonzeption durchschauen als auch die Zusammenhänge zwischen dieser und der Einzelentscheidung überprüfen

können (*Ule/Laubinger*, aaO; *Knemeyer*, aaO). Deshalb muß der Gesetzgeber bekanntgeben:
- das Gesamtkonzept und die Kriterien für die Einzelentscheidung,
- den wesentlichen Inhalt des Neugliederungsvorhabens im weiteren Raum,
- die besondere Begründung der Einzelmaßnahmen und
- die Gründe für evtl. Abweichungen vom Gesamtkonzept.

Die betroffene Kommune benötigt eine angemessene Frist zur Stellungnahme. Sie muß das Vorhaben prüfen, gegebenenfalls eigene Untersuchungen anstellen und die Äußerung in den Organen der Selbstverwaltungskörperschaft beraten und beschließen können.

Die Stellungnahme muß schließlich so rechtzeitig eingehen können, daß ihr Inhalt noch Eingang in das Verfahren des Gesetzgebers finden und auf dessen Entschließung Einfluß nehmen kann (BVerfGE 86, 90, 108; StGH BW, ESVGH 25, 1, 26; NdsStGH, NdsStGHE 2, 1, 149 = OVGE 33, 479, 500; VfGH NW, OVGE 26, 270, 277; VfGH RP, DVBl 1969, 799, 807; *Ule/Laubinger*, DVBl 1970, 760, 761; *Knemeyer*, BayVBl 1971, 371, 374).

Das Anhörungsgebot bezieht sich nur auf die Tatsachen, welche der Gesetzgeber seiner Abwägung zugrunde zu legen hat. Aus der Verfassung kann deshalb nicht hergeleitet werden, daß die Kommune von jeder Änderung in der Wertung solcher Tatsachen, zu denen sie angehört war, in Kenntnis gesetzt wird. Eine erneute Anhörung kann deshalb auch nur dann geboten sein, wenn und soweit sich die für die Wertung notwendigen Tatsachen verändert haben oder sich die Ziele des Gesetzgebers so geändert haben, daß eine frühere Anhörung ins Leere geht, weil die Kommune zu den das neue Ziel tragenden Tatsachen noch nicht hatte Stellung nehmen können (BVerfGE 50, 195, 203; NdsStGH, NdsStGHE 2, 1, 148 = OVGE 33, 497, 500; StGH BW, ESVGH 25, 1, 26).

2.1.3.2. Die durchgeführten Anhörungen genügen diesen Anforderungen.

Die der umfassenden Kreisgebietsreform zugrunde liegenden Ziele und die für die Gliederung im einzelnen geltenden Kriterien sind bereits in der allgemeinen Begründung zum Referentenentwurf niedergelegt, der allen Gemeinden und Kreisen in Sachsen-Anhalt mit einer Stellungnahmefrist von mehr als drei Monaten übermittelt worden ist. Die betroffenen Kommunen hatten darüber hinaus die Möglichkeit, ihren Standpunkt in den Anhörungen vom November 1992 zur Geltung zu bringen.

Auf der Grundlage des Regierungsentwurfs sind die Kommunen, deren Zuordnungsvorstellungen nicht mit denen der Vorlage übereinstimmten, vom Landtagsausschuß für Inneres im April 1993 erneut angehört worden. Der Ausschuß hat dabei über seine verfassungsrechtliche Pflicht hinaus, Tatsachen und Stellungnahmen zur Kenntnis zu nehmen und in Erwägung zu ziehen, po-

litisch das Ziel verfolgt, nach Möglichkeit freiwillige Zusammenschlüsse zustande zu bringen, ist insoweit in Gespräche mit den Beteiligten eingetreten
und hat dabei Lösungsvarianten zur Kenntnis genommen, teilweise selbst entwickelt und diese mit den beteiligten Kreisen und Gemeinden sowie darüber
hinaus mit Bürgerinitiativen diskutiert.

    Die entgegen der Empfehlung des Ausschusses für Inneres in der zweiten
Lesung des Gesetzes im Landtag eingebrachten Änderungsanträge erforderten
keine erneute Anhörung, weil durch sie lediglich die Regierungsvorlage wiederhergestellt worden war. Diese Wiederherstellung früherer Ergebnisse war
indessen nicht durch eine Änderung der Leitkriterien oder des Neugliederungsziels bedingt, sondern beruhte auf einer anderen Wertung der bereits bekannten Tatsachen, zu denen sich die Kommunen geäußert hatten.

    Schon durch den Erlaß vom 24. 4. 1992 erlangte der Beschwerdeführer
Kenntnis von den ersten Vorüberlegungen der Landesregierung zur Gebietsreform in Sachsen-Anhalt, ohne daß dabei schon konkrete Einzelvorschläge
der Neugliederung gemacht wurden. Dennoch sprach sich der Landkreis Zeitz
durch Beschluß des Kreistages vom 1. 6. 1992 für den im angefochtenen Gesetz gebildeten Burgenlandkreis, bestehend aus den alten Kreisen Naumburg,
Nebra und Zeitz, aus, wenn auch mit der Empfehlung, als Kreissitz die Stadt
Zeitz zu bestimmen.

    Der eingehend begründete Referentenentwurf vom Kreisgebietsreform-
gesetz des Ministeriums des Innern vom 10. 9. 1992 sah in § 15 ebenfalls die
Bildung eines aus den alten Kreisen Naumburg, Nebra und Zeitz sowie einigen weiteren Gemeinden bestehenden Burgenlandkreis vor. Abweichend von
der Stellungnahme des Beschwerdeführers war jedoch nicht die Stadt Zeitz,
sondern die Stadt Naumburg als Kreissitz vorgesehen.

    Die vom Beschwerdeführer angegebenen umfangreichen Stellungnahmen
vom 15. 6. und vom 11. 12. 1992 lassen keinen Zweifel daran, daß der Kreistag
das Gesetzgebungsvorhaben als solches mit allen wesentlichen Einzelheiten
kannte und die entscheidenden Argumente kritisch geprüft hat. Der vom Beschwerdeführer in seiner Stellungnahme vom 11. 12. 1992 vorgelegte Gegen-
entwurf verrät darüber hinaus, daß die Organe des Kreises Zeitz die Problematik der Neugliederung vom Grundsätzlichen her durchdacht hatten und
ihren Vorstellungen unter Berücksichtigung des Leitbildes der Gebietsreform
klaren Ausdruck zu verschaffen in der Lage waren. In seinen Stellungnahmen
hat der Beschwerdeführer die Gründe, die aus seiner Sicht gegen den Vorschlag des Ministeriums des Innern und für den Gegenvorschlag sprechen,
vollständig zusammengetragen. Die allgemeine Behauptung der Verfassungsbeschwerde (S. 28), daß nicht alle wesentlichen, die Neugliederungsentscheidung tragenden Gründe dem Landkreis Zeitz rechtzeitig mitgeteilt worden
seien und sich die Begründung des Gesetzentwurfes in einer allgemeinen Dar-

stellung, ohne auf konkrete Probleme des Raumes einzugehen, erschöpfe, sowie daß es an einer entsprechend aufbereiteten Daten- und Argumentationsgrundlage, auf deren eine sachgerechte Befassung mit den einzelnen Entscheidungselementen möglich gewesen wäre, gefehlt habe, so daß der Landkreis Zeitz auf der schmalen Grundlage der nur kurz mitgeteilten Gründe keine detaillierten Sachauseinandersetzungen hätte beginnen können, ist nicht geeignet, das Anhörverfahren verfassungsrechtlich in Zweifel zu ziehen. Es wird nicht deutlich, welches Daten- und Argumentationsmaterial dem Beschwerdeführer für eine sachgerechte Beurteilung des Neugliederungsvorhabens gefehlt oder aber für eine substantielle Stellungnahme unbedingt erforderlich gewesen sein soll. Die Stellungnahmen vom 15. 6. und 11. 12. 1992 enthalten keine Hinweise darauf, daß sich der Beschwerdeführer tatsächlich nicht in der Lage gesehen hätte, die Reformvorstellungen nachzuvollziehen und einen Gegenvorschlag substantiiert vorzutragen. Auch im weiteren Gesetzgebungsverfahren ist dies nicht vorgetragen worden. Wenn aber tatsächlich der Beschwerdeführer nicht in der Lage gewesen ist, sich ein zutreffendes Bild über die beabsichtigte Gebietsänderung zu machen, so hätte er dies in seiner Stellungnahme deutlich zum Ausdruck bringen müssen, da sonst der Gesetzgeber davon ausgehen konnte, daß weitergehendes Material, jedenfalls aus der Sicht des Beschwerdeführers, nicht erforderlich gewesen ist, um überhaupt Stellung nehmen zu können (zu den Konsequenzen widersprüchlichen Verhaltens siehe: VfGH RP, DVBl 1970, 785). Der Beschwerdeführer trägt auch nicht vor, daß etwa Material, das später in das Gesetzgebungsverfahren einbezogen worden ist, zurückgehalten und ihm nicht zur Kenntnis gelangt ist. Ins einzelne gehende Wirtschaftsdaten oder Angaben zu Pendlerbewegungen konnten nicht verlangt werden. Zwar legen die Neugliederungskriterien als einen der zu beachtenden maßgeblichen Punkte auch sozio-ökonomische Verflechtungen zugrunde (Nr. 4.1 der Allgemeinen Begründung, S. 76 des Regierungsentwurfs, LdTgDrs 1/2285); einschränkend ist aber darauf hingewiesen, Prognosen auf dieser Grundlage seien deshalb schwer möglich, weil die umfangreichen gegenwärtigen Veränderungen in der Wirtschaftsstruktur eine gesicherte Datenerhebung nicht zuließen.

Waren aber beim Gesetzgeber solche Daten nicht vorhanden, so ist es kein Fehler der Anhörung, wenn auch die Kommunen sie nicht erhalten. Vielmehr kann allein unter dem Gesichtspunkt des Gemeinwohls und der dort gebotenen Ermittlung entschieden werden, ob das Reformvorhaben ohne solche Daten gleichwohl eingeleitet und durchgeführt werden durfte.

Der Beschwerdeführer hatte auch genügend Zeit, sich mit der Problematik der Kreisgebietsreform zu befassen. Dabei sind schon die Anhörungen im Vorfeld des Gesetzgebungsverfahrens mit zu berücksichtigen (BVerfGE 86, 90, 113). Damit hatte der Beschwerdeführer insgesamt mehr als ein Jahr Zeit, seine Argumente für und gegen die Kreisneugliederung, soweit der Landkreis Zeitz hiervon betroffen war, einzubringen.

Die Stellungnahmen des Landkreises sind dem Landtag zugeleitet worden und standen den Mitgliedern des Innenausschusses zur Verfügung. Nach Einbringung des Gesetzentwurfs hat der Innenausschuß am 21. 4. 1993 eine mündliche Anhörung durchgeführt und dabei auch Vertreter des Beschwerdeführers gehört. Der Landtag war somit über die Auffassung des Beschwerdeführers unmittelbar durch ihn ausreichend unterrichtet worden.

Zudem hatte die Landesregierung in der Begründung des Gesetzentwurfs (LdTgDrs 1/2285 v. 4. 2. 1993) den Inhalt der Stellungnahmen des Beschwerdeführers zutreffend und sachgerecht wiedergegeben.

Aus den vorliegenden Unterlagen konnte jeder Abgeordnete ersehen, daß und aus welchen Gründen der Beschwerdeführer den Zusammenschluß mit den Landkreisen Naumburg und Nebra ablehnte und eine andere Lösung befürwortete. Somit ist dem Gesetzgeber ein richtiges und umfassendes Bild seiner Auffassung übermittelt worden. Das Anhörungsverfahren ist infolgedessen verfassungsrechtlich nicht zu beanstanden.

Die entgegen der Empfehlung des Innenausschusses in der zweiten Lesung des Gesetzes im Landtag eingebrachten Änderungsanträge erforderten keine erneute Anhörung, weil durch sie lediglich die Regierungsvorlage wiederhergestellt worden war. Diese Wiederherstellung früherer Ergebnisse war indessen nicht durch eine Änderung der Leitkriterien oder des Neugliederungsziels bedingt, sondern beruhte auf einer anderen Wertung der bereits bekannten Tatsachen, zu denen sich die Kommunen geäußert hatten.

2.2. Die aus der Gemeinwohlbindung der Verfassung abzuleitenden Einzelkriterien (2.2.1.) sind bei der Neugliederung nicht verletzt worden (2.2.2.).

2.2.1. Die Gebietsänderung – hier (als deren höchste Stufe) die Auflösung – einer kommunalen Körperschaft entspricht schon dann dem Gemeinwohl i. S. des Art. 90 Satz 1 LVerf-LSA, wenn sie durch Gründe gerechtfertigt ist, die sich aus Verfassungsgrundsätzen ableiten lassen (2.2.1.1.) und wenn sich das Gesetzgebungsverfahren hieran ausgerichtet hat (2.2.1.2.). Die verfassungsgerichtliche Kontrolle hat den Gestaltungsraum des Gesetzgebers zu wahren (2.2.1.3.).

2.2.1.1. Der Begriff des Gemeinwohls unterliegt als sog. unbestimmter Rechtsbegriff uneingeschränkter verfassungsgerichtlicher Prüfung. Das Verfassungsgericht ist nicht an die Beurteilung des Gesetzgebers gebunden, weil anderenfalls der Schutzgehalt des Art. 2 Abs. 3 LVerf-LSA durch das einfache Gesetz selbst bestimmt würde. Gemeinwohl läßt sich nicht allgemeingültig definieren, sondern nur im Einzelfall konkretisieren. Bei der Neugliederungsmaßnahme sind die Interessen des einzelnen, der Gebietskörperschaft und des Staates in Einklang zu bringen (StGH BW, ESVGH 25, 1, 6 f; VfGH RP, DVBl 1969, 799, 801 f; VfGH RP, Urt. v. 16. 4. 1969 – VGH 29/69 –, Abdruck, S. 24, vgl. auch *Knemeyer*, in Landesverfassungsgerichtsbarkeit, Teilband III, S. 146, 161 ff).

Die Bindung an das Gemeinwohl (Gemeinwohlschranke) begrenzt den Gesetzgeber in doppelter Hinsicht:

Art. 90 Satz 1 LVerf-LSA enthält einerseits eine Ermächtigung; denn eine Gebietsänderung darf überhaupt nur vorgenommen werden, wenn Gemeinwohlgesichtspunkte Anlaß dazu geben. Die Änderung muß schon vom Motiv her durch das Gemeinwohl getragen sein (VfGH NW, OVGE 26, 270, 278). Art. 90 Satz 1 LVerf-LSA legt andererseits die Grenzen fest, über die hinaus der Eingriff nicht gehen darf, wenn er noch verfassungsgemäß sein soll.

Ob eine bestimmte Gebietsänderung gemeinwohlverträglich ist, kann nicht allein aus der Sicht der betroffenen Kommune beurteilt werden. Das Gemeinwohl kann nicht gleichgesetzt werden mit dem Wohl der betroffenen Gemeinde oder dem des betroffenen Kreises. Das folgt zwingend daraus, daß der staatliche Eingriff in die Gebietshoheit gerade nur dann gerechtfertigt ist, wenn und soweit er sich durch überörtliche Gründe rechtfertigen läßt. Ist der Gesetzgeber – aus überörtlichen Gründen – befugt, das Gebiet zu ändern, so verlangt das Gemeinwohl für den Umfang des Eingriffs allerdings eine Abwägung der überörtlichen mit den örtlichen Belangen. Das bedeutet nicht, daß die örtlichen Belange den Vorrang haben; aber der Gesetzgeber muß sich bei der Durchsetzung der überörtlichen Belange davon leiten lassen, daß die Grundsätze der Verhältnismäßigkeit gewahrt bleiben.

Der Gemeinwohlbegriff kann jedenfalls durch die rechtlichen Wertungen konkretisiert werden, welche Teil der Verfassung selbst sind (so auch StGH BW, ESVGH 25, 1 S. 1 Leitsatz und S. 7 ff; NdsStGH, NdsStGHE 2, 1, 151 – OVGE 33, 497, 500).

Zu den einen Eingriff zulassenden Gemeinwohlgründen gehört vor allem, daß die Kommunen ihrer Funktion gerecht werden können, die ihnen Art. 2 Abs. 3 und Art. 87 LVerf-LSA innerhalb des Staatsaufbaus zuweisen.

Dabei ist dem Umstand Rechnung zu tragen, daß sich der Schwerpunkt öffentlicher Aufgaben gerade auch auf der kommunalen Ebene (vgl. deshalb Art. 87 Abs. 1, 2 LVerf-LSA) von der Eingriffs- auf die Leistungsverwaltung verlagert hat, so daß dem Sozialstaatsprinzip und den Verfassungsbestimmungen, die es konkretisieren, rechtlich besondere Bedeutung zukommt (so für das Sozialstaatsprinzip bereits: StGH BW, ESVGH 25, 1, 7).

Das Sozialstaatsprinzip des Grundgesetzes (Art. 20 Abs. 1 GG) beansprucht Geltung auch in den Ländern (Art. 28 Abs. 1 Satz 1 GG). Nach Art. 2 Abs. 1 LVerf-LSA ist das Sozialstaatsprinzip ausdrücklich Fundament auch der Landesverfassung. Eigenständig und gleichwertig hinzu treten die Verpflichtungen aus den Einrichtungsgarantien (zu deren Bedeutung vgl. Art. 3 Abs. 2 LVerf-LSA) und aus den Staatszielen (hierzu vgl. Art. 3 Abs. 3 LVerf-LSA). Sie richten sich – über den Wortlaut bei Art. 3 Abs. 2, 3 LVerf-LSA hinaus – nicht nur an das Land, sondern – wie die Einzelbestimmungen zeigen (vgl. für die Einrichtungsgarantien etwa: Art. 24 Abs. 2 Satz 2 Kinderbetreuung, Art. 26 Abs. 1 Schulversorgung, Art. 30 Abs. 1 Erwachsenenbildung; vgl. für die Staatsziele etwa: Art. 34 Gleichstellung, Art. 35 Abs. 1 natürliche Lebensgrundlagen, Art. 36 Abs. 1, 4 Kultur-, Denkmal-, Kunst-, Sportförderung, Art. 37 Abs. 1 Schutz ethnischer Minderheiten, Art. 38 Schutz Hilfsbedürftiger, Art. 39 Arbeitsplatzförderung, Art. 40 Wohnungsbauförderung) – gerade auch an die Kommunen.

Das Gemeinwohl verlangt deshalb, daß auch die Kommunen in der Lage sind, diese Aufgaben möglichst sachgerecht und effektiv zu erfüllen. Enthält Art. 87 Abs. 1 bis 4 LVerf-LSA eine eher formale Abgrenzung zum staatlichen Bereich, so füllen die Gebote aus dem Sozialstaatsprinzip, aus den Staatszielen und aus den Einrichtungsgarantien den kommunalen Bereich mit Inhalt.

Die aus der Verfassung selbst herzuleitenden Gemeinwohlgesichtspunkte konkretisieren die Ermächtigung und die Schranke des Art. 90 Satz 1 LVerf-LSA, legen die Kommunen aber nicht auf bestimmte Strukturen oder Größen bereits von Verfassungs wegen fest. Der Gesetzgeber hat deshalb bei der durch das Gemeinwohl zugelassenen Neugliederung politischen Gestaltungsraum, innerhalb der Verfassungsordnung Gemeinwohlziele zu umschreiben und einen Interessenausgleich vorzunehmen (vgl. BVerfGE 86, 90, 108 f; StGH BW, ESVGH 23, 1, 4 f; NdsStGH, NdsStGHE 2, 1, 151, 153 = OVGE 33, 497, 500; VfGH RP, DVBl 1969, 799, 802 f). Bei einer generellen, wie hier das Land insgesamt umfassenden Neuordnung kann der Gesetzgeber eigenverantwortlich ein Leitbild (oder System) definieren und einzelne Systemkriterien entwickeln.

Das Gebietsänderungsgesetz muß frei sein von willkürlichen Erwägungen und Differenzierungen (BVerfG 76, 107, 122; 86, 90, 109; StGH BW, ESVGH 23, 1, 5; NdsStGH, NdsStGHE 2, 1, 155 = OVGE 33, 497, 502; VfGH NW, OVGE 26, 270, 278 f). Legt der Gesetzgeber seinen Zuordnungen ein Leitbild zugrunde, so ist er – will er nicht gegen das Willkürverbot verstoßen – an die von ihm selbst gefundenen Maßstäbe gebunden (BVerfGE 50, 50, 51; 86, 90, 108 f; StGH BW, ESVGH 23, 1, 5; NdsStGH, NdsStGHE 2, 1, 154 ff = OVGE 33, 497, 501 f).

Der Grundsatz der Systemgerechtigkeit verlangt dabei keinesfalls schematische Gleichheit, sondern verbietet lediglich, das System willkürlich zu verlassen. Dabei folgt das Willkürverbot nicht aus dem Gleichheitssatz des Art. 7 LVerf-LSA – der für Kommunen nicht gilt –, sondern aus dem Rechtsstaatsprinzip. Deshalb sind Abweichungen verfassungsgemäß, die eine nicht beabsichtigte Härte ausgleichen sollen oder die durch einen (anderen) sachlichen Grund gerechtfertigt sind (ebenso im Ergebnis: StGH BW, ESVGH 23, 1, 5; 25, 1, 23).

Der Verfassungsgrundsatz der Verhältnismäßigkeit (vgl. insoweit auch: BVerfGE 50, 50, 51; 76, 107, 120 ff; 86, 90, 109), der – wie im Bundesverfassungsrecht (z. B.: BVerfGE 50, 50, 51) – aus dem Rechtsstaatsprinzip (Art. 2 Abs. 1 LVerf-LSA) abzuleiten ist (vgl. *Reich*, LVerf-LSA, Art. 2 Rdn. 1 S. 50; *Mahnke*, LVerf-LSA, Art. 2 Rdn. 2), verbietet das Übermaß und verlangt deshalb, daß der Eingriff geeignet, erforderlich und – im Hinblick auf die Bedeutung des Selbstverwaltungsrechts als Ergebnis einer Güterabwägung – angemessen ist (so insbes. BVerfGE 76, 107, 122).

Im Rahmen der Verhältnismäßigkeit (so auch StGH BW, ESVGH 25, 1, 21) hat der Gesetzgeber dem Nutzen der Neugliederung den durch sie entstehenden Schaden gegenüberzustellen und die hierfür erheblichen Umstände zu gewichten. Eines besonderen, von der (regulären) Verhältnismäßigkeitsprüfung begrifflich zu trennenden Schaden-Nutzen-Vergleichs (so VfGH NW, OVGE 28, 291, 293; ablehnend NdsStGH, NdsStGHE 2, 1, 154 = OVGE 33, 497, 501) bedarf es deshalb nicht.

Die Verfassungsordnung, welche den ermächtigenden Teil des Gemeinwohlbegriffs ausfüllt, enthält zugleich auch die Schranken, in denen sich der Eingriff im Ergebnis halten muß.

2.2.1.2. Der Gesetzgeber hat sich selbst die Gewißheit zu verschaffen, daß die Gemeinwohlgesichtspunkte eingehalten sind, und zu diesem Zweck im Gesetzgebungsverfahren den für seine Entscheidung erheblichen Sachverhalt zutreffend und vollständig zu ermitteln (vgl. hierzu BVerfGE 50, 50, 51; 56, 298, 319; BVerfGE 76, 107, 122; 86, 90, 109).

Dieser Sachverhalt muß erkennbar Grundlage der aus Verfassungsgründen notwendigen Abwägung gewesen sein (BVerfGE 86, 90, 109).

Die Verfassung verlangt nicht, daß der Gesetzgeber auch eine formelle Rechtfertigung seines Ergebnisses beschließt (ebenso StGH BW, ESVGH 25, 1, 26 f). Die Verfassungsbestimmungen über das Gesetzgebungsverfahren (Art. 77 ff LVerf-LSA) machen die Wirksamkeit eines Gesetzes von keinem besonderen Begründungsbeschluß abhängig; sie verlangen auch nicht, daß der Gesetzesbeschluß zugleich verbindlich Auskunft über die Motive der Mehrheit gibt. Die allgemeinen Bestimmungen über den Landtag (Art. 41 ff LVerf-LSA) lassen für einen Beschluß genügen, daß er im Ergebnis von der Mehrheit getragen ist (Art. 51 Abs. 1 LVerf-LSA), und setzen nicht zusätzlich voraus, daß dieses Ergebnis auf einer einheitlichen Motivation dieser Mehrheit beruht.

Eine (rein formelle) Begründungspflicht läßt sich auch nicht daraus herleiten, daß der Gebietsänderungsbeschluß planerische Elemente (vgl. BVerfGE 86, 90, 108) trägt; denn soweit für Planungsergebnisse auch eine Planungsbegründung verlangt wird, beruht dies auf jeweils ausdrücklicher Anordnung und ergibt sich nicht etwa aus dem Wesen des Planungsrechts. Solche Sondervorschriften finden sich allgemein für Planfeststellungsverfahren im Verwaltungsverfahrensrecht (§§ 72, 39 des Verwaltungsverfahrensgesetzes des Bundes – VwVfG – und – gleichlautend – des Landes – vom 18. 8. 1993 LSA-GVBl S. 412 – VwVfG-LSA –) und speziell für die Satzungen des Bauplanungsrechts im § 9 Abs. 8 BauGB. Aus diesen – auf einfachem Gesetz beruhenden – Regelungen läßt sich kein Verfassungsrecht auf (besondere formelle) Begründung herleiten.

2.2.1.3. Der Umfang verfassungsgerichtlicher Kontrolle ist davon abhängig, welche Anforderungen die Verfassung selbst an den Gesetzgeber stellt. Die Prüfung findet aber auch ihre Grenze an diesen Vorgaben; das Verfassungsgericht untersucht nicht, ob der Gesetzgeber von der ihm zustehenden und von ihm politisch zu verantwortenden Gestaltungsfreiheit zweckmäßigen Gebrauch gemacht hat. Dies schließt aus, daß das Verfassungsgericht nach der bestmöglichen Lösung sucht.

Der Wille der Betroffenen ist bei der Abwägung der für und gegen eine Kreisauflösung sprechenden Gründe zu berücksichtigen (StGH BW, ESVGH 25, 1, 20); ihm kommt jedoch keine Sperrwirkung zu, so daß etwa Gebietsänderungen nur mit Zustimmung zulässig wären (StGH BW, aaO). Das ergibt sich schon daraus, daß die Gebietsänderung durch überörtliche Gesichtspunkte gerechtfertigt wird. Außerdem regelt Art. 90 LVerf-LSA gerade auch den nicht vom Willen der Betroffenen getragenen Fall der Gebietsänderung.

Das Verfassungsgericht kann deshalb nicht – mag dies auch den Erwartungen einiger Kommunen oder Bürgerinitiativen entsprochen haben – die Neugliederung in den Problemzonen völlig eigenständig neu prüfen und auf dieser Grundlage zu einer gerechten Korrektur-Entscheidung kommen. Damit würde das Verfassungsgericht in den politischen Gestaltungsraum eingreifen, den die Landesverfassung dem Gesetzgeber zuweist; das Gericht wacht nur darüber, ob der Landtag bei seinem Verfahren und bei seiner Entscheidung die Verfassung eingehalten hat.

Das Gericht hält es für notwendig, diese von der Verfassung vorgenommene Machtverteilung hervorzuheben; der Freiwilligkeitsgrundsatz hat bei dieser Neugliederung eine besondere Rolle gespielt. Dies bedeutet aber nicht, daß vor allem zu untersuchen wäre, ob die konkrete Zuordnung freiwillig sei oder diesem Prinzip eher genüge als die Lösung des Landtags. Sonst würden Prüfungskompetenz, -ziel und -umfang verkannt; denn das Gericht untersucht nicht, welche Zuordnung am besten mit dem Freiwilligkeitsprinzip übereinstimmt, sondern nur, welche Bedeutung der Grundsatz der Freiwilligkeit für den Gesetzgeber gehabt hat und ob sich der Landtag an sein Systemkriterium gehalten hat.

Soweit sich der Landtag bei einer bestimmten Neugliederungsentscheidung innerhalb des ihm zustehenden politischen Gestaltungsraums bewegt hat, können betroffene Kommunen, Bürgerinitiativen oder Bürger die gewünschte Korrektur nur über eine Änderung des Gesetzes durch den Landtag oder im Weg der Bürgerbeteiligung an der Gesetzgebung (Art. 80, 81 LVerf-LSA) erreichen.

Das Verfassungsgericht prüft – entsprechend den oben dargelegten materiellen Grundsätzen (Entscheidungsgründe, Nr. 2.2.1.1.) –, ob ein Gemeinwohlgesichtspunkt vorliegt, der es rechtfertigt, die Gebietsreform vorzunehmen, ob der konkret beanstandeten Maßnahme ein System zugrunde liegt, ob dieses mit der Verfassungsordnung vereinbar ist, ob und aus welchem Grund im Einzelfall abgewichen worden ist sowie ob dies auf einem sachlichen Grund beruht hat, ob der konkrete Eingriff mit Blick auf die Selbstverwaltungsgarantie abgewogen und verhältnismäßig ist und ob das Ergebnis im übrigen mit der Verfassungsordnung vereinbar ist.

Das Gericht prüft ferner (vgl. oben Entscheidungsgründe, Nr. 2.2.1.2.), ob die für die Abwägung erheblichen Tatsachen ermittelt worden sind und ob sie erkennbar in eine Abwägung eingegangen sind.

Kein Gegenstand der Kontrolle ist der (eigentliche) Abwägungsvorgang; denn das Verfassungsrecht verlangt allein, daß die erheblichen Tatsachen in die Abwägung haben eingehen können und daß das Gesetz mit den Verfassungsbestimmungen vereinbar ist, und schreibt hierfür kein besonderes Verfahren vor (ebenso: *Lorenz*, Die Kontrolle von Tatsachenentscheidungen und Prognoseentscheidungen, insbesondere in den Neugliederungsverfahren, in Starck/Stern, Hrsg., Landesverfassungsgerichtsbarkeit, Teilband III S. 196, 222).

Soweit der Gesetzgeber zur Begründung seines Eingriffs aus ermittelten Tatsachen Prognosen gewinnt, Prognosen als Tatsachen zugrunde legt oder Wertungen vornimmt, prüft das Verfassungsgericht nur nach, ob das Ergebnis offensichtlich fehlerhaft oder eindeutig widerlegbar ist (so insbes. BVerfGE 76, 107, 107, 121; 86, 90, 109).

2.2.2. Die beanstandete Neugliederungsentscheidung hält sich an diese Grundsätze.

Der Gesetzgeber war ermächtigt, die Kreisgebietsreform durchzuführen (2.2.2.1.). Die zu diesem Zweck entwickelten Kriterien sind verfassungsrechtlich nicht zu beanstanden (2.2.2.2.). Die konkrete Zuordnung verstößt nicht gegen die Verfassung (2.2.2.3.).

2.2.2.1. Der Gesetzgeber war zur Auflösung des Landkreises im Rahmen dieser Kreisgebietsreform ermächtigt, weil sie auf Gemeinwohlgesichtspunkte gegründet ist.

Ziel der Reform ist es (Gesetzentwurf in LdTgDrs 1/2285 v. 4. 2. 1993 – im folgenden: RegVorl –, allgemeine Begründung S. 64 ff), die nach den Bedürfnissen des Demokratischen Zentralismus 1952 organisierten (kleinräumigen) Kreise (RegVorl S. 65) für die Zwecke der Selbstverwaltung (RegVorl S. 67) zu vergrößern und dabei deren Zahl zu verringern (RegVorl S. 66, 81).

Damit wird einerseits in der territorialen Gliederung der Kreisstufe nachvollzogen, daß bereits die Gesetzgebung der Deutschen Demokratischen Republik funktionell den Demokratischen Zentralismus wieder aufgegeben und die Selbstverwaltung, die bis 1952 auch für das frühere Land Sachsen-Anhalt rechtlich verbindlich gewesen war, erneut garantiert hatte. Zu der durch §§ 78, 79 KommVfG zugelassenen und in Aussicht genommenen Gebietsreform war es nicht mehr gekommen. Die Kreisgebietsreform von 1993 vollendet insofern die Reformansätze von 1990.

Andererseits wird zulässigerweise nicht nur das wiederhergestellt, was bis 1952 bestanden hatte, sondern hierüber hinaus die Entwicklung verarbeitet, die sich in den alten Bundesländern bei durchgehend bestehender Selbstverwaltungsgarantie vollzogen hatte.

Ein wesentlicher Gesichtspunkt der Neugliederung ist danach, die Kreisgebiete den gegenwärtigen Bedürfnissen anzupassen und dabei vor allem darauf hinzuwirken, daß die kommunale Selbstverwaltung auf dieser Ebene gestärkt und jeweils eine Körperschaft geschaffen wird, welche leistungsfähige überörtliche Einrichtungen der Daseinsvorsorge tragen und unterhalten kann (RegVorl S. 67). Als wesentliche Aufgaben der Selbstverwaltung sind nur beispielsweise der Schul-, Kinder- sowie Jugendbereich, der Sozialhilfe-, Rettungs-, Gesundheits- und Umweltbereich genannt (RegVorl S. 68), als Beispiele für die vom Kreis zu erfüllenden staatlichen Aufgaben Bau- und Heimaufsicht, Zivilverteidigung und Katastrophenschutz, Denkmal- und Naturschutz, Gesundheitsverwaltung, Straßenverkehr, Entscheidung offener Vermögensfragen (aaO).

Der Gesetzgeber will mit dem Reformgesetz erreichen, daß die kommunale Selbstverwaltung und die Verwaltungskraft der unteren staatlichen Behörde gestärkt werden, daß die Bürgernähe der Kreisverwaltung erhalten bleibt, das bestehende Leistungsgefälle abgebaut wird und gleichwertige Lebensverhältnisse in Verdichtungsräumen und dünnbesiedelten Gebieten hergestellt werden. Damit dient die Kreisgebietsreform gerade auch dem Ziel, die verfassungsrechtlichen Gebote des Sozialstaats und der Staatsziele sowie der Einrichtungsgarantien auf einer soliden Basis zu verwirklichen.

Die Auflösung des Landkreises und die gleichzeitige Neugliederung seines Gebiets ist Teil dieses Gesamtkonzepts.

2.2.2.2. Der Gesetzgeber hat zur Lösung dieser Aufgabe ein System entwickelt und ein Leitbild vorgesehen (2.2.2.2.1.), das mit der Verfassungsordnung vereinbar ist (2.2.2.2.2.).

2.2.2.2.1. Referenten- und Regierungsentwurf lassen erkennen, daß die einzelnen Gliederungsentscheidungen auf einem System basieren, das in der allgemeinen Begründung niedergelegt ist und dort unter Nr. 4 Kriterien (vgl. bes. RegVorl S. 75 ff) auf der Grundlage eines zuvor beschriebenen Leitbilds (vgl. bes. RegVorl S. 73 ff) enthält.

Ziel der Kreisgebietsreform ist es, Landkreise zu schaffen, welche die Aufgaben kommunaler Selbstverwaltung wie Kommunen in den alten Bundesländern nach heutigem Standard erfüllen können. Dies bedingt größere Verwaltungseinheiten, um personelle und finanzielle Ressourcen zu bündeln, so daß u. a. Personal qualifiziert und spezialisiert eingesetzt, der Kostenaufwand gemindert und die Leistungsfähigkeit der Verwaltung gesteigert wird. Der Gesetzgeber hat die Erfahrungen bisheriger Kreisgebietsreformen berücksichtigt und bestimmte Einwohnerzahlen zum Maßstab genommen.

Soweit der Landesgesetzgeber in seinen Leitbild-Vorstellungen von einer Kreiseinwohnerzahl zwischen 100.000 und 120.000 ausgeht und Ausnahmen nur bis zur Größe von 80.000 zulassen will (RegVorl S. 74), hat er – auf der Grundlage von Vorarbeiten durch die Projektgruppe – verschiedene Größenordnungen erwogen und sich von den besonderen Gegebenheiten dieses Landes leiten lassen (RegVorl S. 74).

Das Leitbild, Landkreise mit 100.000 bis 120.000 – nur ausnahmsweise bis an die Grenze von 80.000 – Einwohnern zu bilden, bewegt sich im Rahmen der Gebietsreformen in den alten Bundesländern und berücksichtigt die besonderen Bedingungen in Sachsen-Anhalt. Durch die Vergrößerung der Landkreise trägt der Gesetzgeber dem Sozialstaatsprinzip und dem Gleichheitssatz (Chancengleichheit der Bürger) Rechnung, um möglichst gleiche Lebensbedingungen in ganz Deutschland zu schaffen. Größere Landkreise tragen durch ihr höheres Gewicht auch dazu bei, die innerstaatliche Machtverteilung zwischen staatlicher und kommunaler Verwaltung i. S. des Art. 2 Abs. 3 LVerf-LSA zu verbessern. Dies gelingt nur bei Landkreisen mit einer Verwaltungskraft, die Gegengewichte bilden und staatliche Verwaltungen im örtlichen Bereich weitestgehend ersetzen können. Die Kommunen müssen deshalb so gestärkt werden, daß sie eine Aufgabenverlagerung nach unten tragen können (StGH BW, ESVGH 25, 1, 8).

Die in der allgemeinen Begründung niedergelegten Leitbild-Überlegungen entsprechen diesen Vorgaben. Die dazu entwickelten Systemkriterien sind geeignet, dieses Ziel zu erreichen.

Das im Referenten- und später im Regierungsentwurf beschriebene System hat sich zunächst der Ausschuß für Inneres zu eigen gemacht und seinen Einzelentscheidungen zugrunde gelegt (Niederschrift über die 63. Sitzung S. 3).

Es ist auch vom Plenum des Landtags übernommen worden.

Der Berichterstatter des Ausschusses für Inneres hat in der entscheidenden zweiten Lesung vorgetragen, der Ausschuß habe auf ein eigenes Leitbild verzichtet, weil die Vorarbeiten der Landesregierung und ihrer Kommission dies entbehrlich gemacht hätten (LdTg-StenBer 1/48 v. 3. 6. 1993 S. 5595 r. Sp.). Auch soweit während der Debatte Kritik an dem System geübt worden ist, hat diese nicht zu Initiativen geführt, entweder das System aufzugeben oder gar andere Kriterien zu entwickeln (vgl. besonders die Beiträge der Abgeordneten Le. aaO S. 5597 f, Lu. aaO S. 5600, B. aaO S. 5603, C. aaO S. 5605 und Be. aaO S. 5607 r. Sp.).

Auch für den Stellenwert der Freiwilligkeit gelten die Festlegungen durch die Regierungsvorlage (RegVorl Abschnitt A Nr. 4.7 S. 78), weil der Gesetzgeber das System der Landesregierung als Ganzes übernommen hat. Diese Einschätzung steht nicht im Widerspruch zum ursprünglichen Beschluß des Plenums vom 24. 5. 1991 (LdTgDrs 1/16/442 B); denn dieser betrifft in erster Linie die Gemeinde- und nicht die Kreisebene und verpflichtet auch nur, freiwillige Zusammenschlüsse nach Möglichkeit zu fördern (Nrn. 1 bis 3 des Beschlusses). Diese Grundsätze sollten für die Kreisreform entsprechend gelten (Nr. 4 des Beschlusses). Hieraus kann nicht hergeleitet werden, es sei zum Grundsatz erhoben worden, Zusammenschlüsse ausschließlich auf freiwilliger Basis vorzunehmen.

Selbst wenn diesem Ausgangsbeschluß eine solche Vorgabe zugedacht gewesen wäre, hätte ihn die weitere Entwicklung erkennbar überholt; denn die Regierungsvorlage, die vom Ausschuß für Inneres gebilligt worden ist, beruht ihrerseits auf der Arbeit der Projektgruppe, die erst nach diesem Beschluß des Plenums eingesetzt worden war.

Außerdem hatte der Minister des Innern zu Beginn der ersten Lesung am 11. 2. 1993 betont (LdTg-StenBer 1/44 S. 5040 f), es müßten die unterschiedlichen Gegebenheiten der Regionen berücksichtigt werden, deshalb müßten neben der Freiwilligkeit auch Verkehrsinfrastruktur, Bevölkerungsdichte oder Wirtschaftskraft berücksichtigt werden. Ergänzend hatte der Minister in der zweiten Lesung am 3. 6. 1993 dargelegt (LdTg-StenBer 1/48 S. 5612 r. Sp.), es gehe nicht nur um Freiwilligkeit und die Akzeptanz durch den Bürger, sondern auch um die Sinnhaftigkeit der Verwaltungsgliederung. Diese Position haben die Vertreter der Regierung während der Sitzung des Ausschusses für Inneres am 26. 5. 1993 deutlich vertreten (Niederschrift über die 64. Sitzung S. 29 ff), als der Stellenwert von Voten der Gemeinden und der Bürger diskutiert worden ist: So hat der Staatssekretär des Ministeriums erklärt (aaO S. 30), vom Leitbild könne aufgrund des Votums einer Kommune nur abgewichen werden, wenn das Leitbild dadurch nicht zerstört werde; der Minister (aaO S. 30 f) hat erklärt, es könne nicht Aufgabe des Gesetzgebers sein, bei der Landesgliederung lediglich Bürgerinitiativen oder Gemeindebeschlüsse zu addieren.

Der Stellenwert der Bürgermeinung ist zwar bei einzelnen Abgeordneten anders gesehen worden (vgl. etwa Abgeordneten B. in der zuletzt genannten Sitzung des Ausschusses für Inneres, aaO S. 31; Abgeordneten E. während der ersten Lesung zum Prinzip der weitestgehenden Freiwilligkeit LdTg-StenBer 1/44 v. 11. 2. 1993 S. 5047). Maßgeblich ist aber, daß diese Anforderungen teilweise als erfüllt angesehen worden sind (Abgeordneter E. in der zweiten Lesung LdTg-StenBer 1/48 v. 3. 6. 1993 S. 5608), sowie vor allem, daß der Berichterstatter des Ausschusses, der Abgeordnete J., die Ansicht im Ausschuß zusammengefaßt hat mit den Worten (LdTg-StenBer 1/48 S. 5595 l. Sp.), neben der Freiwilligkeit hätten die mit der Kreisreform verfolgten Zielvorstellungen bestimmenden Einfluß gehabt, wobei dem Leitbild erhebliche Bedeutung zugekommen sei.

Leitbild und Kriterien des Regierungsentwurfs sind danach Grundlage auch für die Einzelwertungen des Gesetzgebers gewesen.

2.2.2.2.2. Das vom Gesetzgeber verwendete Leitbild ist von Verfassungs wegen nicht zu beanstanden; das gilt auch für die Abgrenzungskriterien (Reg-Vorl S. 75 ff).

Kein Einzelkriterium verstößt gegen die Verfassungsordnung. Sie entsprechen im wesentlichen solchen, die bereits in früheren Kommunalgebietsreformen als verfassungsgemäß anerkannt worden sind (vgl. *Knemeyer*, in Landesverfassungsgerichtsbarkeit, Teilband III S. 146, 162 f, 165, 167, 179 f; NdsStGH, NdsStGHE 2, 1, 164 ff; insoweit nicht enthalten bei OVGE 33, 497 ff). Eine Rangordnung unter den einzelnen Vorgaben hat der Gesetzgeber nicht aufgestellt; daß er die Kriterien damit für gleichgewichtig gehalten hat, ist mit Verfassungsrecht vereinbar.

Insbesondere verlangt das Demokratieprinzip der Verfassung (vgl. Art. 2 Abs. 1, 2, Art. 80 und 81 LVerf-LSA) nicht, der Freiwilligkeit von Zusammenschlüssen so absoluten Vorrang einzuräumen, daß Gemeinden, die selbst oder deren Bürger nicht zustimmen, einem Landkreis nicht durch Gesetz zugeordnet werden dürften. Eine landesweite Gebietsreform auf der Kreisebene muß notfalls Leitlinien auch gegen den Willen der Gemeinden oder ihrer Bürger durchsetzen können, sofern dies im Einzelfall verhältnismäßig ist.

Der Gesetzgeber hat deshalb dem Grundsatz der Freiwilligkeit vor allem Bedeutung für die Frage eingeräumt, ob die jeweils gefundene Lösung bei der Bevölkerung auf Akzeptanz stößt (vgl. zur Bedeutung dieses Gesichtspunkts: BVerfGE 86, 90, 111).

Bei der Kreisgebietsreform hat der Gesetzgeber nicht gegen die Pflicht verstoßen, den Sachverhalt umfassend zu ermitteln (vgl. etwa: BVerfGE 86, 90, 108 f). Gegen das Leitbild, ein einzelnes Kriterium oder gegen die konkrete Zuordnung kann nicht mit Erfolg eingewendet werden, Daten über sozio-ökonomische Verflechtungen, dabei insbesondere über wirtschaftliche Bedingungen oder Pendlerbewegungen, hätten nur unzureichend vorgelegen.

Der Gesetzgeber befand sich bei dieser Kreisreform in einem Zielkonflikt.

Bei der gegenwärtigen sozio-ökonomischen Struktur, die sich noch im ständigen Wandel eines Anpassungsprozesses befindet, können zuverlässige Daten nicht erhoben werden, die sichere Prognosen zulassen. Andererseits hat sich der Gesetzgeber – aus in der Verfassung liegenden Gründen – verpflichtet gesehen, die Kreisgebietsreform alsbald durchzuführen, um die Kommunen in den Stand zu setzen, ihre Aufgaben nach Art. 87 LVerf-LSA zu erfüllen und dabei den Staatsziel- und Einrichtungsgarantiebestimmungen der Verfassung gerecht zu werden. Dies hätte nicht umgesetzt werden können, wenn zu verlangen ist, daß vor Beginn der Reform vollständige Daten vorliegen müssen.

Das Anliegen, leistungsfähige Kommunen zu schaffen, und die Pflicht, den für die Neugliederung maßgeblichen Sachverhalt zu ermitteln, haben verfassungsrechtlich gleichen Rang. Auch das Gebot, dem Art. 87 LVerf-LSA zu genügen, ist Teil der Gemeinwohlbindung.

Das Landesverfassungsgericht hält den Gesetzgeber in einer solchen Lage für befugt, den Zielkonflikt eigenverantwortlich zu entscheiden. Es kann nicht festgestellt werden, daß die Interessen der gegenwärtig bestehenden Kommunen unverhältnismäßig vernachlässigt worden sind; denn die Reformnotwendigkeit – und damit die Auflösung kleiner Kreise – steht auch ohne die in erster Linie konkrete Zuordnungen stützenden Daten fest.

Soweit sich in der Folgezeit nach Abschluß des gegenwärtigen wirtschaftlichen Anpassungsprozesses sichere Daten ergeben haben werden und diese belegen sollten, daß einzelne Zuordnungen dieser Kreisreform korrigiert werden müssen, steht es dem Gesetzgeber frei, eine wesentliche Änderung der Grundlagen zum Anlaß einer Gesetzesänderung zu nehmen.

Wenn der Gesetzgeber diesen Nachteil einer evtl. notwendigen Nachbesserung in Kauf nimmt und mit Rücksicht auf diese Möglichkeit die Reform beginnt, kann dies nicht als unangemessene Abwägung der widerstreitenden Verfassungsgebote angesehen werden.

Deshalb kann nicht beanstandet werden, daß der Gesetzgeber – wie vor allem die allgemeine Begründung des Regierungsentwurfs (RegVorl S. 76 Nr. 4.1) belegt – davon ausgegangen ist, aus den vorhandenen Daten ergäben sich die (künftig wahrscheinlichen) Verflechtungen nicht mehr hinreichend sicher und die sich gegenwärtig immer noch verändernden wirtschaftlichen Strukturen würden künftig neue Beziehungen schaffen.

2.2.2.3. Die beanstandete Zuordnung verstößt nicht gegen andere Verfassungsgrundsätze.

Sie verletzt das System nicht und ist auch im übrigen nicht willkürlich vorgenommen worden (2.2.2.3.1.); das Prinzip der Verhältnismäßigkeit hat der Gesetzgeber eingehalten (2.2.2.3.2.); dazu hat er die erheblichen Umstände ermittelt und abgewogen (2.2.2.3.3.).

2.2.2.3.1. Die Konzeption des Gesetzgebers geht von Richtwerten für die neu zu bildenden Landkreise von 100.000 bis 120.000 Einwohnern aus, um die erforderliche Leistungskraft zu erreichen und um wirtschaftlich arbeiten zu können. Da andererseits ein Landkreis auch eine hinreichende Akzeptanz durch die Bürgerschaft erfordere, wurden freiwillige Zusammenschlüsse auch unterhalb dieser Schwelle zugelassen, wobei Einwohnerzahlen von 80.000 Einwohnern tunlichst nicht unterschritten werden sollten.

Mit seinen rd. 76.000 Einwohnern liegt der Landkreis Zeitz deutlich unter diesem Richtwert. Er kann sich somit nicht auf den Schutz vor Auflösungen berufen, der leitbildgerechten Kreisen zukommt (NdsStGH, NdsStGHE 2, 1, 8 = OVGE 33, 497, 503). Daher war der Gesetzgeber berechtigt, den Landkreis Zeitz aufzulösen.

Zwar sieht das Kreisgebietsreformgesetz insgesamt drei Landkreise – wenn man den Landkreis Bernburg mit seinen 79.436 Einwohnern auf rd. 80.000 Einwohner aufrundet und infolgedessen als leitbildgerecht ansieht – vor, und zwar nach

– § 17 den Saalkreis mit 66.000 Einwohnern
– § 21 Sangerhausen mit 77.800 Einwohnern und
– § 13 Köthen mit 77.200 Einwohnern (jeweils nach dem Stand 06/90),

die wie der Beschwerdeführer unter dem Richtwert von 80.000 Einwohnern liegen. Die Gründe, die den Gesetzgeber bewogen haben, diese Landkreise so zu bilden (Saalkreis) bzw. bestehen zu lassen (die Landkreise Sangerhausen und Köthen), verpflichten ihn von Verfassungs wegen nicht, auch den Landkreis Zeitz bestehen zu lassen.

Das Rechtsstaatsprinzip (Art. 2 Abs. 1 LVerf-LSA) verbietet dem Gesetzgeber wesentlich Gleiches willkürlich ungleich zu behandeln. Er gebietet, einer Differenzierung jeweils sachgerechte Kriterien zugrunde zu legen. Welches diese Kriterien sein müssen, läßt sich nicht abstrakt, sondern stets nur im Blick

auf den konkreten Sachverhalt bestimmen, der geregelt werden soll. Der Gesetzgeber selbst muß entscheiden, was für ihn als wesentlich gleich anzusehen
ist. Nach dem ebenfalls dem Rechtsstaatsgedanken innewohnenden Grundsatz
der Verhältnismäßigkeit müssen die Unterschiede von solchem Gewicht sein,
daß sie eine ungleiche Behandlung rechtfertigen können (st. Rspr. BVerfG, Urt.
v. 7. 10. 1980 – 1 BvL 50, 89/79, 1 BvR 240/79 – BVerfGE 55, 72, 88).

Dabei kommt dem Gesetzgeber eine weitgehende Gestaltungsfreiheit zu,
die im gewaltenteilenden Staat durch die Verfassungsgerichte nicht außer
Kraft gesetzt werden darf (BVerfGE 55, 72, 89). Das Landesverfassungsgericht kann sich auch hier nicht an die Stelle des Gesetzgebers setzen, um selbst
zu entscheiden, ob eine Gleichbehandlung erfolgen soll oder nicht. Vielmehr
hat es nur zu prüfen, ob der Gesetzgeber die Grenzen seines Entscheidungs-
raums überschritten hat, die getroffene Entscheidung also offensichtlich fehlsam ist (BVerfGE 50, 50, 51). Es kommt also nicht darauf an, ob sich die vom
Gesetzgeber vorgesehene Lösung als die sachgerechteste und zweckmäßigste
darstellt oder ob es eine andere Lösungsmöglichkeit gibt, die dem Gleichbehandlungsgebot noch besser entsprochen hätte (BVerfG, Urt. v. 8. 7. 1980 –
1 BvR 1472/78 – BVerfGE 54, 363, 386). Insofern gilt hier das gleiche wie in
bezug auf die Prüfung des Gemeinwohlerfordernisses (s. o. Entscheidungsgründe, Nr. 2.2.1.3.).

Gemeinsam ist allen vier Landkreisen lediglich, daß sie unter 80.000 Einwohner aufweisen.

– In bezug auf den Saalkreis weist der weitere Sachverhalt aber so deutliche
Unterschiede auf, daß eine wesentliche Gleichheit zu der Situation im alten
Landkreis Zeitz nicht besteht. Von seiner naturräumlichen Lage her um-
schließt der Saalkreis das Gebiet der Stadt Halle/Saale fast vollständig. Nur im
Süden verbleibt der Stadt Halle/Saale ein kleiner Teil einer gemeinsamen
Grenze mit dem Landkreis Merseburg. Der Saalkreis grenzt weiter an die bisherigen Landkreise Querfurt, Eisleben, Hettstedt, Bernburg, Köthen, Bitterfeld und Merseburg. Im Osten bildet das Land Sachsen mit dem Zentralflug-
hafen Schkeuditz im Verdichtungsraum Leipzig die Grenze. Aufgrund seiner
Struktur als Kragenkreis verfügt der Saalkreis selbst über keine Stadt als zentralen Anlauf- oder Bündelungsort. Diese Funktion wird vielmehr auch für
den Saalkreis von der kreisfreien Stadt Halle/Saale übernommen. Schon bei
der Reform 1950 und 1952 spielte die Stadt-Umland-Problematik bei der Bewertung des Saalkreises eine wesentliche Rolle. Der mit heute 56 Gemeinden –
davon 50 Gemeinden unter 2.000 Einwohnern und eine über 5.000 Einwohner
– und einer landwirtschaftlichen Nutzfläche (überwiegend Ackerland) von ca.
80 % an der Gesamtfläche stark landwirtschaftlich orientierte Kreis ist in den
meisten Funktionen auf die Stadt Halle/Saale ausgerichtet. Wegen der Domi-

nanz der Stadt Halle/Saale weist der Saalkreis mit den Gemeinden Landsberg, Niemberg, Wettin und Teutschenthal nur vier Grundzentren als Orte mit ausreichender zentral-örtlicher Funktion auf.

Aufgrund dieser besonderen Lage und den damit zusammenhängenden Funktionen kann der Saalkreis nicht an den Kriterien des Leitbildes gemessen werden und taugt daher auch nicht als Verlgeichsmaßstab zu der Frage, ob der alte Landkreis Zeitz aufzulösen war oder nicht.

– Auch im Verhältnis zum Landkreis Sangerhausen ist der zu regelnde Sachverhalt nicht wesentlich gleich.

Aufgrund seiner Randlage im Südwesten des Landes Sachsen-Anhalts waren die Erweiterungsmöglichkeiten für den Landkreis Sangerhausen von vornherein sehr begrenzt. Der Landkreis stößt an die alten Landkreise Querfurt, Eisleben, Hettstedt und Quedlinburg. Die alten Landkreise Querfurt und Merseburg sind zum neuen Landkreis Merseburg-Querfurt mit insgesamt 146.000 Einwohnern verschmolzen worden. Ein Zusammenfügen mit dem Landkreis Sangerhausen hätte die vorgegebenen Richtwerte und damit das Leitbild des Gesetzgebers gesprengt. Das gleiche gilt für ein Zusammengehen mit dem neugebildeten Landkreis Mansfelder Land aus den alten Landkreisen Eisleben und Hettstedt, der 123.000 Einwohner aufweist.

Der alte Landkreis Quedlinburg mit seinen rd. 90.400 Einwohnern ist leitbildgerecht. Er bedurfte daher nicht der Auflösung. Infolgedessen konnte der Gesetzgeber nach den von ihm vorgegebenen Kriterien diesen Landkreis bestehen lassen. Als zwangsläufige Folge daraus ergab sich, daß auch der Landkreis Sangerhausen bestehen blieb. Diese Konsequenz erschien dem Gesetzgeber hinnehmbar, da auch mit seiner die Vorgaben des Leitbildes unterschiedlichen Einwohnerzahl dieser Landkreis eine ausreichende Stärke aufweise.

Die Situation im Süden des Landes Sachsen-Anhalt ist demgegenüber eine völlig andere. Die alten Landkreise Nebra, Naumburg, Weißenfels, Hohenmölsen und Zeitz liegen alle bei unter 80.000 Einwohnern und bedurften daher alle ihrer Auflösung und Neuzuordnung. Insofern kann sich also der Beschwerdeführer auf die Ausnahmesituation im Fall des Landkreises Sangerhausen nicht berufen.

– Schließlich sind auch in bezug auf den Landkreis Köthen die Verhältnisse ebenfalls nicht wesentlich gleich.

Noch der Gesetzentwurf vom 4. 2. 1993 (LdTgDrs 1/2285) sah in § 13 vor, den Landkreis Köthen durch die Verwaltungsgemeinschaft Elsatal (kreisübergreifend zum Landkreis Schönebeck) zu stärken. Hieraus hätte sich eine Gesamteinwohnerzahl von 81.100 Einwohnern ergeben mit der Konsequenz, daß der Landkreis Köthen damit leitbildgerecht gewesen wäre. Im Zusammenhang mit der Anhörung durch den Ausschuß für Inneres am 20. April 1993 ergab sich jedoch, daß die Gemeinden der Verwaltungsgemeinschaft Elsatal, die bisher zum Landkreis Schönebeck gehörten, nicht bereit waren, durch Veränderung der Kreisgrenze zum Landkreis Köthen zu kommen. Da infolgedessen die Einwohnerzahl unter 80.000 auf rd. 77.200 sank, wurde die Frage eines Zusammenschlusses des Landkreises Köthen mit dem Landkreis Bernburg erörtert. Einer solchen Vorstellung trat der Landrat des Landkreises Köthen in der Anhörung entschieden entgegen. Der Ausschuß für Inneres empfahl dem Landtag die später Gesetz gewordene Regelung, nach dem der Landkreis Köthen bestehen bleibt.

Damit hat der Gesetzgeber dem in seinem Leitbild mit besonderer Bedeutung versehenen Prinzip Rechnung getragen, daß Zusammenschlüsse auf der Basis von Freiwilligkeit erfolgen sollen. Wenn er vor diesem Hintergrund in Kauf nimmt, den Landkreis Köthen bestehen zu lassen, obwohl er die Einwohnerrichtzahl nicht erreicht, so kann sich gleichwohl der Beschwerdeführer hierauf nicht mit dem Ziel berufen, der Gesetzgeber sei auch in seinem Fall verpflichtet gewesen, ihn fortbestehen zu lassen. Denn anders als im Fall Köthen hat der Beschwerdeführer erstmalig nach Abschluß des Gesetzgebungsverfahrens seinen Willen bekundet, selbständig bleiben zu wollen. Das gesamte Gesetzgebungsverfahren war davon bestimmt, daß auch nach Auffassung des Beschwerdeführers seine Auflösung unumgänglich sei, da der bestehende Landkreis Zeitz von seiner Struktur und Größenordnung her nicht in der Lage sei, die an ihn gestellten Anforderungen in der Zukunft allein zu erfüllen, sondern daß es sinnvoll sei, in Anbetracht der Erfahrungen aus den Alt-Bundesländern und dem Interesse einer effektiveren Verwaltungsarbeit sowie einer wirksameren Gesamtentwicklung den Landkreis zu vergrößern.

Schon nachdem ihm mit Erlaß vom 24. 4. 1992 der Entwurf eines Leitbildes der zukünftigen Strukturen der Gebietskörperschaften (Gemeinden, Landkreise im Lande Sachsen-Anhalt) zugeleitet worden war, sprach sich der Kreistag des Beschwerdeführers mit Mehrheitsbeschluß vom 15. 6. 1992 zur Bildung des Burgenlandkreises aus.

Nach Zustellung des Referentenentwurfes vom 24. 8. 1992 bestätigte der Beschwerdeführer, daß seine Auflösung erforderlich sei, schlug jedoch entgegen dem Referentenentwurf die Bildung eines Saale-Elster-Kreises, bestehend aus den bisherigen Kreisen Hohenmölsen, Weißenfels und Zeitz, aus.

Auch in der Anhörung am 20. 4. 1993 durch den Ausschuß für Inneres bestätigte der Vertreter des Beschwerdeführers, daß man mit den Landkreisen Naumburg und Nebra zusammenarbeiten könne und möchte.

Nachdem der Ausschuß für Inneres nach Abschluß seiner Beratungen dem Landtag empfahl, einen neuen Landkreis Burgenland zu bilden und die

Stadt Zeitz zum Kreissitz zu bestimmen, begrüßte der Beschwerdeführer in seiner Stellungnahme vom 18. 5. 1993 dieses Votum.

Zu keinem Zeitpunkt bis zur Beschlußfassung durch den Landtag am 3. 6. 1993 war damit für den Gesetzgeber erkennbar, daß der Beschwerdeführer in Betracht zog, selbständig zu bleiben. Infolgedessen bestand für ihn auch keine Veranlassung zu prüfen, ob ausnahmsweise und entgegen den Leitbildvorstellungen der Landkreis Zeitz nicht aufgelöst und neu zugeordnet werden sollte, zumal der Zusammenschluß zum Burgenlandkreis die Verwaltungskraft für den neuen Kreis insgesamt mehr stärkt als die Bildung zweier schwächerer Kreise – Naumburg und Nebra auf der einen und Zeitz auf der anderen.

Auch die Tatsache, daß es dem Beschwerdeführer von Anfang an erkennbar darauf ankam, daß die Stadt Zeitz Kreissitz werden würde, verpflichtete den Gesetzgeber nicht, die Selbständigkeit des Landkreises Zeitz deshalb in Betracht zu ziehen. Die Gründe, die für einen Zusammenschluß mit Nachbarkreisen sprechen, sind unabhängig von der Frage des Kreissitzes zu sehen. Sie berühren in erster Linie die Leistungsfähigkeit des ganzen neuzubildenden Kreises. Die Entscheidung für den Kreissitz konnte von Anfang an nicht mehr als eine Erwartung darstellen, da auch für den Beschwerdeführer erkennbar ebenso gute Gründe für Naumburg wie Zeitz sprachen. Auch nachdem der Referentenentwurf sich für Naumburg als Kreissitz aussprach, hat der Beschwerdeführer in seiner Stellungnahme sich nicht etwa nun für die Beibehaltung seiner Selbständigkeit ausgesprochen, sondern hielt seine Auflösung weiterhin für richtig, obwohl er aus der Entscheidung im Falle Sangerhausen auch hätte erwägen können, nun statt dessen zu versuchen, seine Selbständigkeit zu behalten. Der Gesetzgeber konnte also daher weiter davon ausgehen, daß der Beschwerdeführer den Zusammenschluß mit anderen Nachbarkreisen für erforderlich hielt und damit notwendigerweise seine Auflösung auch weiterhin akzeptieren würde. Nach dem objektiven Erklärungswert der Stellungnahmen und der Anhörung des Beschwerdeführers mußte der Gesetzgeber nicht davon ausgehen, daß es dem Beschwerdeführer in erster Linie um seine Fortexistenz ging.

Das Ergebnis der Bürgerbefragung und Unterschriftenaktion nach Verabschiedung des Kreisgebietsreformgesetzes kann als Ausdruck des Bürgerwillens für die Selbständigkeit des Landkreises Zeitz gewertet werden. Dieses Votum konnte der Gesetzgeber – da es ihm im Verlaufe des Gesetzgebungsverfahrens nicht bekannt war – nicht in seine Willensbildung mit einbeziehen. Von daher spielt es für die Frage der Beurteilung der Verfassungsmäßigkeit des verabschiedeten Gesetzes keine Rolle. Im übrigen bleibt anzumerken, daß ein solches Votum für nicht leitbildgerechte Landkreise wie den Beschwerdeführer der Auflösung des Landkreises Zeitz nicht entgegensteht, da Art. 90 LVerf-LSA auch die Möglichkeit der Auflösung von Kommunen gegen ihren

Willen vorsieht. Das Freiwilligkeitsprinzip, das den Leitbildvorstellungen des Gesetzgebers zugrunde liegt, gewinnt nur in dem Zusammenhang Bedeutung, in dem es um die Bildung leitbildgerechter Landkreise geht, kann also nicht als ein Kriterium zur Verhinderung leitbildgerechter Landkreise herangezogen werden.

Nach alledem bedurfte der Landkreis Zeitz der Auflösung und Neugliederung. Wenn der Gesetzgeber dabei unter mehreren denkbaren Lösungsmodellen (Zusammenschluß mit Nebra und Naumburg bzw. Zusammenschluß mit Hohenmölsen und Weißenfels) sich für eines, nämlich die Bildung des Burgenlandkreises, entschieden hat, so ist dies aus Rechtsgründen nicht zu beanstanden.

Der nach § 15 des angefochtenen Gesetzes gebildete Burgenlandkreis überschreitet mit ca. 160.000 Einwohnern diese Einwohnerrichtgröße. Abweichungen von der Grundkonzeption steht das Willkürverbot nicht von vornherein entgegen. Erforderlich ist nur, daß die Aufnahme ihrerseits auf sachgerechten Erwägungen beruht (BVerfGE 50, 50, 53; StGH BW, ESVGH 23, 1).

Die Tatsache, daß nach dem Leitbild des Gesetzgebers Abweichungen nur nach unten (bis auf 80.000 Einwohner) zugelassen werden, zwingt nicht zu dem Schluß, daß nach oben keine Abweichung möglich sei, sondern der Gesetzgeber hier eine bindende Vorgabe machen wollte. Dies ergibt sich aus dem Gesamtzusammenhang des Gesetzes, nachdem insgesamt fünf Landkreise über der Richtgröße von 120.000 Einwohnern liegen.

Bei einer das ganze Land umfassenden Gebietsreform liegt es nahe, daß im Einzelfall Abweichungen sowohl nach unten wie nach oben eintreten können. Entscheidend ist, daß

– die Abweichung nicht aus sachwidrigen Gesichtspunkten erfolgt ist. Das ist weder erkennbar noch vorgetragen.

– Die Abweichung darf ferner nicht die Bildung leitbildgerechter Nachbarkreise verhindern. Dies ist hier nicht der Fall. Der neue Landkreis Weißenfels weist ca. 87.000 Einwohner auf; der neue Landkreis Merseburg-Querfurt ca. 146.000 Einwohner. Würde man den bisherigen Landkreis Zeitz mit den Landkreisen Hohenmölsen und Weißenfels, wie dies der Beschwerdeführer Blatt 32 der Akte vorschlägt, zusammenlegen, so überschritte auch dieser Landkreis mit fast 165.000 Einwohnern in nahezu gleicher Weise die Leitbildvorgabe von 100.000 bis 120.000 Einwohnern.

– Die Abweichung darf schließlich nicht völlig mit den Zielvorstellungen des Reformgesetzes unvereinbar sein. Dies wäre nach der allgemeinen Begründung des Reformgesetzes dann der Fall, wenn die Überschreitung der Einwohnerzahl von 120.000 Einwohnern zu so flächengroßen Landkreisen führen würde, daß deren Überschaubarkeit und Regierbarkeit darunter litte. Davon kann hier jedoch ebenfalls nicht die Rede sein. Mit seinen 1.042 Quadratkilometern liegt der Burgenlandkreis nur knapp über der durchschnittlichen Fläche der neugebildeten Landkreise mit 952,95 Quadratkilometern (Blatt 9 der Akte). Auch die größtmögliche luftlinienmäßige Entfernung innerhalb des Landkreises beträgt gerade 50 Kilometer.

Die Entscheidung des Gesetzgebers für diese große Lösung ist weder offensichtlich fehlerhaft noch eindeutig widerlegbar noch widerspricht sie der verfassungsrechtlichen Wertordnung. Entgegen der Rechtsauffassung des Beschwerdeführers (Blatt 30 der Akte) bedarf es keiner besonders gewichtigen Gründe, die ein Abgehen vom Leitbild rechtfertigten. Es genügt vielmehr, daß die Ausnahme ihrerseits auf sachgerechten Erwägungen beruht.

Der Gesetzgeber stützt sich darauf, daß der neue Landkreis mit seiner Struktur günstige Voraussetzungen im Hinblick auf eine breitgefächerte Wirtschaft mit bedeutendem Handwerk und Gewerbe, einer leistungsfähigen und vielseitigen Landwirtschaft und guten Möglichkeiten des Tourismus aufweise. Überlegte Schwerpunktbildungen könnten dabei eine optimale Ausgleichsfunktion des Landkreises gewährleisten. Auf der Grundlage der regionalen Wirtschaftsstruktur werde die Umlandregion von Naumburg und Zeitz mit Landwirtschaft diversifizierter Industriestruktur und Ansätzen für Dienstleistungsstruktur einzustufen sein, wobei dem Gebiet um Naumburg auch eine Ausgleichs- und Übergangsfunktion zur ländlichen Region um Nebra mit ausgeprägtem Landwirtschaftsanteil und Entwicklungsansätzen für eine Industrie- und Dienstleistungsstruktur zukommt. Die vorzufindende Vielfalt begegne wirksam den Gefahren einer Monostruktur und gebe gleichzeitig Impulse. Sie bilde die wirtschaftliche Grundlage für eine kulturelle Entwicklung, insbesondere im Bereich der Städte Naumburg und Zeitz. Beide Städte würden im Landkreis eine ihnen spezifisch angemessene und günstige Rolle finden.

Der Gesetzgeber hat bei der Bildung des Burgenlandkreises eine Wertung zugrunde gelegt und eine Abwägung getroffen, die nicht eindeutig widerlegbar oder offensichtlich fehlsam ist bzw. der verfassungsrechtlichen Wertordnung widerspricht. Die getroffene Entscheidung ist geeignet, die Verwaltungs- und Leistungskraft der kommunalen Selbstverwaltung durch das Zusammenfassen personaler und sachlicher Ressourcen zu bündeln und damit zu stärken. Der Zusammenschluß der drei Landkreise gewährleistet von seinem Zuschnitt her auch eine hinreichend bürgernahe Verwaltung. Schließlich werden Gebiete zusammengefaßt, die von ihrer Struktur her nicht offensichtlich unverträglich sind.

Dieser Einschätzung hat im übrigen der Beschwerdeführer auch in seiner ersten Stellungnahme vom 15. 6. 1992 (Blatt 10 der Akte) und bei seiner Anhörung durch den Ausschuß für Inneres am 21. 4. 1993 zugestimmt. Der Beschwerdeführer behauptet im übrigen nicht, daß die Annahmen des Gesetzgebers der Realität nicht entsprächen.

Der Beschwerdeführer wendet sich in erster Linie auch nicht gegen die Auflösung des Landkreises Zeitz überhaupt, auch nicht gegen seine Eingliederung in den Burgenlandkreis. Für ihn kommt es erkennbar entscheidend darauf an, den Kreissitz in der Stadt Zeitz zu behalten. Hierin hat die fehlende Akzeptanz zur Neugliederung auch ihre eigentliche Ursache. Wenn der neue Gebietszuschnitt von erheblichen Teilen der Bevölkerung nicht akzeptiert wird, wirkt sich dies nachteilig auf deren notwendige Integration und damit auch auf deren Bereitschaft aus, an Angelegenheiten des örtlichen Gemeinwesens aktiv teilzunehmen. Diese Einstellung kann die bürgerschaftliche Verwurzelung und Leistungsfähigkeit der kommunalen Selbstverwaltung beeinträchtigen.

Daraus läßt sich jedoch nicht der Schluß ziehen, daß fehlende Akzeptanz einer beabsichtigten Neugliederungsmaßnahme entgegensteht. Vielmehr läßt Art. 90 LVerf-LSA auch die Gebietsneugliederung gegen den Willen der örtlichen Einwohnerschaft aus überregionalen Gesichtspunkten zu.

Der Wille der Kreiseinwohner ist bei der Abwägung des Für und Wider einer Kreisauflösung im Rahmen des Freiwilligkeitsprinzips durch den Gesetzgeber zu berücksichtigen. Ihm kommt jedoch keine entscheidende Wirkung in dem Sinne zu, daß nur mit Zustimmung der Bevölkerung eine Gebietsreform durchgeführt werden könnte. Dies ergibt sich schon daraus, daß Voraussetzung einer Gebietsreform nur überörtliche Gesichtspunkte des Gemeinwohls sein können (StGH BW, ESVGH 25, 1, 6).

Mangelnde Akzeptanz erlangt das erforderliche Gewicht bei der Abwägung gegen die die Neugliederung tragenden Gemeinwohlgründe nur dann, wenn es sich um objektivierbare gewichtige Gründe aus der historischen und kulturellen Entwicklung, aus den geographischen Verhältnissen, der wirtschaftlichen oder sozialen Struktur oder aus anderen vergleichbaren Gesichtspunkten ergibt, so daß mit einem Schwinden der Ablehnung in überschaubarer Zeit nicht zu rechnen ist (vgl. BVerfGE 86, 90). Dies kann jedoch zur Zeit mit der erforderlichen Sicherheit nicht festgestellt werden. Die Unterschriftenaktion, mit der nach Verabschiedung des Gesetzes 30.000 Bürgerinnen und Bürger sich für den Erhalt des Landkreises Zeitz ausgesprochen haben, reicht dazu allein nicht aus, da es sich insoweit um eine spontane Reaktion aus Enttäuschung über die Wendung des Gesetzgebers handeln dürfte, statt Zeitz Naumburg zum Kreissitz zu bestimmen.

2.2.2.3.2. Die verfassungsrechtliche Überprüfung erstreckt sich weiter darauf, ob der Gesetzgeber dem Prinzip der Verhältnismäßigkeit gerecht geworden ist, also unter mehreren zur Erreichung seiner offensichtlichen gleicherweise geeigneten Maßnahmen diejenige ausgewählt hat, die mit geringster

Intensität in die Rechtssphäre der von der Maßnahme betroffenen kommunalen Gebietskörperschaft eingreift und sie am geringsten belastet. Dabei ist die Geeignetheit von Alternativmaßnahmen nicht voll überprüfbar. Denn bei der Bewertung, ob und welche anderen Maßnahmen ebenso zur Erreichung des verfolgten Zieles geeignet sind, hat der Gesetzgeber politische Abwägungen und Bewertungen vorzunehmen sowie Prognosen aufzustellen, die nur einer eingeschränkten verfassungsrechtlichen Kontrolle unterworfen sind. Auch bei gegebener gleicher Eignung ist zu berücksichtigen, ob die alternative Maßnahme nicht wegen nachteiliger Nebenwirkungen auf anderen Gebieten ausscheidet (StGH BW, ESVGH 25, 1, 21 f; NdsStGH, NdsStGHE 2, 1, 156 ff = OVGE 33, 497, 502 ff; VfGH NW, Urt. v. 6. 12. 1975 – VfGH 39/74 –, OVGE 31, 290, 292; Urt. v. 8. 5. 1976 – VfGH 65/74 –, OVGE 31, 311, 312; Urt. v. 2. 11. 1973 – VfGH 17/72 –, DVBl 1974, 515, 516).

Als mögliche Alternativmaßnahme kam hier der Zusammenschluß des Landkreises Zeitz mit den Landkreisen Hohenmölsen und Weißenfels in Betracht.

Bei der Beurteilung anderweiter Zusammenschlüsse ist der politische Ermessensspielraum des Gesetzgebers besonders groß. Dies ergibt sich daraus, daß das Landesverfassungsgericht seine Meinung über die größere oder geringere Zweckmäßigkeit der einen oder anderen Neugliederung nicht an die Stelle der vom Gesetzgeber vorgenommenen Beurteilung setzen darf. Es kommt im vorliegenden Fall hinzu, daß hier – anders als bei einer punktuellen Gebietsänderung – die Kreisgebietsreform für das ganze Bundesland Sachsen-Anhalt durchgeführt wird. Es liegt nahe, daß mehrere gemeinverträgliche Lösungen für die einzelnen betroffenen Landkreise vorstellbar sind, für die jeweils Gründe des öffentlichen Wohls angeführt werden könnten. Angesichts der besonderen Natur der gebietlichen Neugliederungsmaßnahme als Staatsorganisationsakt kann es jedoch nicht Aufgabe des Landesverfassungsgerichts sein, sein Ermessen an die Stelle des Gesetzgebers zu setzen und die gebietliche Kreisreform daraufhin zu überprüfen, ob sie die bestmögliche oder zweckmäßigste Lösung darstellt (BayVfGH, Entscheidung v. 15. 2. 1974 – Vf. 9-VII-72 –, DVBl 1975, 28, 29, 33; StGH BW, ESVGH 25, 1, 22; VfGH NW, OVGE 26, 270, 278 f; VfGH RP, DVBl 1969, 799, 802).

Der Beschwerdeführer könnte mit seiner Verfassungsbeschwerde nur dann durchdringen, wenn der gemeinwohlorientierte Zweck des Gesetzes durch den Zusammenschluß mit dem Landkreis Weißenfels für ihn weniger belastend bei gleich guter Berücksichtigung aller Belange des Staates und beteiligter anderer Landkreise erreicht werden könnte, da dann der Eingriff des Gesetzgebers nicht außer Verhältnis zu dem mit dem Gesetz zu erreichenden Zweck stehen würde. Davon kann jedoch nicht die Rede sein, da in beiden Fällen der Landkreis Zeitz aufgelöst würde, in beiden Fällen also ein gleich schwerer Eingriff in den Bestand vorgenommen würde.

Entgegen der Rechtsauffassung des Beschwerdeführers kommt es in diesem Zusammenhang nicht darauf an, ob bei einem Zusammenschluß des Landkreises Zeitz mit den Landkreisen Hohenmölsen/Weißenfels – wie der Beschwerdeführer meint – die Stadt Zeitz zum Kreissitz bestimmt werden müßte. Diese Frage gehört – wie bereits dargelegt – nicht zum Schutzbereich der kommunalen Selbstverwaltungsgarantie des aufgelösten Landkreises.

Die Neugliederung des Landkreises Zeitz hält auch dem verfassungsmäßigen Gebot der Angemessenheit stand, nachdem der Einsatz eines Mittels zur Erreichung eines bestimmten Zwecks diesem gegenüber nicht außer Verhältnis stehen darf; sie also zur Erreichung des Reformziels schlechthin untauglich wäre (BayVfGH, Entscheidung v. 9. 4. 1980 – Vf. 18-77 –, BayVfGH n. F. 33, 47, 62; Entscheidung v. 29. 4. 1981 – Vf. 1-VII-78 –, BayVBl 1981, 399, 401; StGH BW, ESVGH 25, 1, 18 f; VfGH NW, Urt. v. 4. 8. 1972 – VfGH 13/71 –, OVGE 28, 304).

Die Vorteile der Neugliederung lassen durch die Bündelung personeller, sächlicher und finanzieller Ressourcen den Eingriff in den Gebietsbestand des Landkreises Zeitz nicht als übermäßig erscheinen. Sie schafft mit der Bildung des Burgenlandkreises einen nach Fläche und Einwohnerzahl leistungskräftigen Kommunalverband. Sie stärkt damit das Selbstverwaltungsrecht in der Region und erhöht zugleich die Leistungsfähigkeit der staatlichen Verwaltung im gesamten Burgenlandkreis.

2.2.2.3.3. Der Einwand des Beschwerdeführers, der Gesetzgeber habe die Abwägung der Vor- und Nachteile nicht sorgfältig genug vorgenommen (Blatt 30, 33, 34 der Akte), ist unbegründet.

Der Landtagsausschuß für Inneres hat den Beschwerdeführer am 21. April 1993 mündlich angehört. Der Beschwerdeführer hatte darüber hinaus Gelegenheit, auch schriftlich Stellung zu nehmen. Ferner hat er sich in einem offenen Brief an die Landtagsabgeordneten gewandt und seine Vorstellungen entwickelt.

In der Landtagsdebatte während der zweiten Lesung ist ausführlich darüber debattiert worden,

– ob zum Kreissitz im neuen Burgenlandkreis die Stadt Zeitz oder die Stadt Naumburg zu bestimmen ist
– ebenso die Frage, ob der Landkreis Zeitz mit Naumburg und Nebra zum Burgenlandkreis oder mit den Landkreisen Hohenmölsen und Weißenfels vereinigt werden sollte.

Die Verfassungsbeschwerde konnte nach alledem keinen Erfolg haben und war mit der Kostenfolge aus § 32 LVerfGG-LSA zurückzuweisen.

Nr. 3

1. Art. 90 LVerf-LSA stellt klar, daß die zu Art. 28 Abs. 2 GG für Gebietsänderungen entwickelte Rechtsprechung Inhalt der Selbstverwaltungsgarantie (Art. 2 Abs. 3 LVerf-LSA) ist, ohne diese Rechte substantiell zu erweitern.

2. a) Eine bisherige Kreisstadt verliert diese Funktion mit Auflösung des Kreises. Sitz einer Kreisverwaltung zu sein, gehört nicht zu den durch die Selbstverwaltungsgarantie geschützten Positionen einer Gemeinde.

b) Kreisangehörige Gemeinden sind durch ein Kreisgebietsreformgesetz (am Maßstab der Art. 2 Abs. 3 und Art. 90 LVerf-LSA) nicht unmittelbar betroffen. Das Kreisgebietsreformgesetz kann sie aber dann in eigenen Positionen aus Art. 2 Abs. 3 und Art. 87 LVerf-LSA berühren, wenn und soweit sie sich seine Regelungen auf die (eigene) Aufgabenerfüllung nach Art. 87 Abs. 3 LVerf-LSA unzumutbar auswirken.

Die Aufgaben des Art. 87 LVerf-LSA werden auch durch die Einrichtungsgarantien (Art. 3 Abs. 2 LVerf-LSA) und die Staatsziele (Art. 3 Abs. 3 LVerf-LSA) umschrieben; sie verpflichten nicht nur das Land, sondern auch die Kommunen.

3. Der Grundsatz der Gewaltenteilung gebietet dem Verfassungsgericht, den Gestaltungsraum des Gesetzgebers zu wahren. Es überprüft die getroffene Maßnahme deshalb allein daraufhin,

– ob der Gesetzgeber die für seine Entscheidung notwendigen tatsächlichen Voraussetzungen vollständig und zutreffend ermittelt hat,

– ob diese in den Abwägungsvorgang haben Eingang finden können,

– ob die Entscheidung willkürfrei getroffen worden ist und

– ob sie dem Grundsatz der Verhältnismäßigkeit genügt.

Sofern der Gesetzgeber mehreren Entscheidungen ein System zugrunde gelegt hat, prüft das Verfassungsgericht auch, ob es eingehalten ist oder – für den Fall von Abweichungen – ob diese auf sachlichen Gründen beruhen.

Wertungen und Prognosen können verfassungsrechtlich nur beanstandet werden, wenn und soweit sie offensichtlich fehlerhaft, eindeutig widerlegbar sind oder der verfassungsmäßigen Ordnung widersprechen.

Verfassung des Landes Sachsen-Anhalt,
Art. 2 Abs. 3, 3 Abs. 2, 3, 75 Nr. 7, 87 Abs. 1, 90;

Landesverfassungsgerichtsgesetz, §§ 2 VO 8; 51 Abs. 1, 3

Kreisgebietsreformgesetz § 4


Urteil vom 31. Mai 1994 – LVG 4/94

in dem Verfassungsbeschwerdeverfahren der Stadt Genthin, vertreten durch den Bürgermeister, wegen § 4 des Gesetzes zur Kreisgebietsreform vom 13. 7. 1993.


Entscheidungsformel:

Die Verfassungsbeschwerde wird zurückgewiesen.
Die Entscheidung ergeht gerichtskostenfrei.
Außergerichtliche Kosten werden nicht erstattet.


Tatbestand:

Gegenstand des Verfahrens ist die Regelung über den Kreissitz für den neuen Landkreis Jerichower Land.

1.

Das vom Landtag am 3. 6. 1993 beschlossene Gesetz zur Kreisgebietsreform – im folgenden KrsGebRefG-LSA – vom 13. 7. 1993 (LSA-GVBl S. 352), inzwischen geändert durch Art. 7 des Gesetzes vom 3. 2. 1994 (LSA-GVBl S. 164, 171), gliedert die Landkreise im Land Sachsen-Anhalt neu und reduziert deren Zahl von gegenwärtig 37 auf künftig 21. Das Gesetz soll am 1. 7. 1994 in Kraft treten (§ 37 Satz 1 KrsGebRefG-LSA).

Im hier streitigen Gebiet löst es die Kreise Burg und Genthin auf (§ 4 Abs. 1 KrsGebRefG-LSA), bildet aus ihnen und der Gemeinde Mangelsdorf des bisherigen Kreises Havelberg (§ 4 Abs. 2 KrsGebRefG-LSA) einen neuen Landkreis Jerichower Land und bestimmt die Stadt Burg zum Sitz des neuen Kreises (§ 4 Abs. 3 KrsGebRefG-LSA).

§ 26 Abs. 2 KrsGebRefG-LSA sieht für Städte, die den Status als Sitz eines Landkreises verlieren, Ausgleichsmaßnahmen vor.

Der neue Landkreis Jerichower Land wird die 733,81 km² des Landkreises Burg, die 589,96 km² des Landkreises Genthin und die 12,62 km² der Gemeinde Mangelsdorf umfassen; in seinem künftigen Gebiet wohnen gegenwärtig

61.933 Einwohner aus dem Landkreis Burg, 38.609 Einwohner aus dem Landkreis Genthin und 396 Einwohner der Gemeinde Mangelsdorf (Anlage zu § 33 Satz 3 KrsGebRefG; Nr. 4: Jerichower Land). Die beiden gegenwärtigen Kreisstädte haben 26.952 (Burg) bzw. 16.721 (Genthin) Einwohner. Jede ist Sitz eines Amtsgerichts.

Eine Kreisverwaltung in Genthin hat eine längere Tradition.

In der Provinz Sachsen bestanden die Kreise Jerichow I (mit Burg als Sitz) und Jerichow II (mit Genthin als Sitz). Die Gebiete beider Kreise reichten bis an die Provinz Brandenburg, deren damalige Grenze zur Provinz Sachsen weiter östlich als die gegenwärtige Ländergrenze zwischen Sachsen-Anhalt und Brandenburg lag.

Als im Jahr 1950 die überkommenen preußischen (und anhaltischen) Stadt- und Landkreise in Sachsen-Anhalt durch insgesamt vier auf der Grundlage des § 1 des Gesetzes zur Änderung der Kreis- und Gemeindegrenzen vom 27. 4. 1950 (Gesetz- und Amtsblatt für das Land Sachsen-Anhalt Teil I = Gesetzblatt – LSA-GABl – Teil I Nr. 11 S. 161) erlassener Verordnungen zur Änderung der Kreis- und Gemeindegrenzen (LSA-GABl Teil I Nrn. 15, 18, 21, 23, S. 225, 274, 322, 346) reduziert wurden, blieben die Kreise Jerichow I und II bestehen und wurden nur umbenannt; sie trugen nunmehr die Namen ihrer Kreisstädte (vgl. § 6 Abs. 3, 4 der Ersten Verordnung zum Gesetz zur Änderung der Kreis- und Gemeindegrenzen vom 9. 6. 1950 LSA-GBl Nr. 15 S. 225).

Einschneidende Veränderungen nicht nur in der Gebietsstruktur, sondern auch für die Funktion der Kreisebene ergaben sich aus der Reform des Jahres 1952:

Nachdem die Deutsche Demokratische Republik durch Gesetz des Zentralstaats eine die Ländergrenzen außer acht lassende Verwaltungsstruktur in Bezirke, Kreise und Gemeinden vorgegeben hatte (vgl. §§ 1, 2 des Gesetzes über die weitere Demokratisierung des Aufbaus und der Arbeitsweise der staatlichen Organe in den Ländern der Deutschen Demokratischen Republik vom 23. 7. 1952 DDR-GBl Teil I Nr. 99 S. 613; vgl. ferner die Ordnungen für den Aufbau und die Arbeitsweise der staatlichen Organe der Bezirke und der Kreise, jeweils vom 24. 7. 1952 DDR-GABl Teil I Nr. 99 S. 621, 623), ordnete der Landtag von Sachsen-Anhalt neu geschnittene Stadt- und Landkreise den Bezirken Halle und Magdeburg zu (§§ 1 und 2 des Gesetzes über die weitere Demokratisierung des Aufbaues und der Arbeitsweise der staatlichen Organe im Lande Sachsen-Anhalt – DemOrgG-LSA – vom 25. 7. 1952 LSA-GABl Nr. 28 S. 213).

Die Kreise Burg und Genthin blieben zwar erhalten, wurden aber verkleinert. Neu entstanden die Kreise Havelberg und Loburg. Der Kreis Genthin verlor auch – insoweit ebenso wie der Kreis Burg – Gebietsteile dadurch, daß die Grenze zwischen den Bezirken Potsdam und Magdeburg westlicher lag als diejenige von 1952 zwischen den Ländern Brandenburg und Sachsen-Anhalt (§§ 1 Abs. 1, 2 DemOrgG-LSA sowie Anlage A zu diesem Gesetz; Bezirk Magdeburg, Kreise Burg, Genthin, Havelberg und Loburg).

Das Gesetz über die Selbstverwaltung der Gemeinden und Landkreise in der Deutschen Demokratischen Republik – Kommunalverfassung – vom 17. 5. 1990 (DDR-GBl Teil I Nr. 28 S. 255) – im folgenden: KommVfG – baute die erneut garantierte herkömmliche kommunale Selbstverwaltung territorial auf den bisherigen Kreisgebieten auf (§ 78 Abs. 1 Satz 1 KommVfG), beließ es auch bei den Kreissitzen (§ 76 Abs. 2 Satz 1 KommVfG) und sah lediglich Veränderungen der Kreisgebiete nach Anhörung und aus Gründen des Gemeinwohls vor (§§ 78 Abs. 2; 79 Abs. 1 KommVfG).

Die DDR-Kommunalverfassung gilt aufgrund des Art. 9 Abs. 1 des Einigungsvertrags (BGBl 1990 II S. 885, DDR-GBl 1990 Teil I Nr. 64 S. 1627) sowie der Anlage II Kapitel II B Abschnitt I zu dieser Bestimmung in Sachsen-Anhalt als Landesrecht fort und ist inzwischen mehrfach, zuletzt durch Gesetz vom 3. 2. 1994 (LSA-GVBl S. 164, 166), geändert worden.

Die Verfassung des seit dem 3. 10. 1990 bestehenden Landes Sachsen-Anhalt vom 15. 7. 1992 (LSA-GVBl S. 600) – LVerf-LSA – enthält in ihren Artikeln 2 (Abs. 3), 87 und 90 Bestimmungen zur Selbstverwaltungsgarantie.

Das bis zum 31. 12. 1993 befristet erlassene (Artikel III) Vorschaltgesetz zur Raumordnung und Landesplanung des Landes Sachsen-Anhalt – ROLVG-LSA – vom 2. 6. 1992 (LSA-GVBl S. 390), das nach der Beschlußfassung des Landtags über die Kreisgebietsreform am 30. 6. 1993 (LSA-GVBl S. 574) und am 17. 12. 1993 (LSA-GVBl S. 815) verlängert und ergänzt worden ist, enthält im Artikel II ein Landesentwicklungsprogramm. Es legt unter Nr. 2 als konkrete Ziele der Raumordnung und Landesentwicklung ein System zentraler Orte fest; die Stadt Burg ist als Mittelzentrum (Nr. 2.1.10) und die Stadt Genthin als Grundzentrum mit Teilfunktionen eines Mittelzentrums (Nr. 2.1.11) ausgewiesen.

2.

Der Landtag von Sachsen-Anhalt beschloß am 24. 5. 1991 (LdTgDrs 1/16/442 B), die von ihm für dringend notwendig gehaltene kommunale Gebietsreform durch freiwillige Zusammenschlüsse zu fördern, die näher bestimmte Grundsätze beachten sollten.

Eine am 27. 8. 1991 von der Landesregierung eingesetzte, aus Vertretern des Städte- und Gemeindebunds, des Landkreistags sowie der Ministerien des Innern und für Raumordnung, Städtebau und Wohnungswesen bestehende Projektgruppe legte im April 1992 ein Leitbild der zukünftigen Strukturen der Gebietskörperschaften (Gemeinden, Landkreise) im Land Sachsen-Anhalt vor, das Leitlinien für den Gebietszuschnitt entwickelte.

Zusätzlich bewertete eine externe Arbeitsgruppe des Ministeriums des Innern Konkurrenzen für Kreissitze in verschiedenen neuen Kreisen. Beim Landkreis Burg/Genthin entschied sie sich für Burg, weil diese Stadt größer sei, zentraler im neuen Kreis liege, als Mittelzentrum ausgewiesen sei und sich ihre zentralörtlichen Funktionen wegen der guten Verkehrsverbindungen bis hinein in den Genthiner Raum erstreckten.

Mit Erlaß vom 10. 9. 1992 an sämtliche Gemeinden und Landkreise gab das Ministerium des Innern die Möglichkeit zur Stellungnahme bis zum 15. 12. 1992 zu seinem Referentenentwurf – im folgenden RefEntw – vom 24. 8. 1992. Dieser enthielt neben der allgemeinen Begründung jeweils eine besondere zu den einzelnen Regelungen.

Die allgemeine Begründung ging für die territoriale Neugliederung der künftigen Kreise von folgenden Leitbildkriterien aus (Nr. 4 auf S. 27 ff):
– im Rahmen des Möglichen seien die sozio-ökonomischen Verflechtungen zu berücksichtigen, wobei Daten nicht gesichert seien und die bislang verordneten Beziehungen sich ändern würden;
– Verkehrsachsen sollten vollständig einem Kreis zugeordnet werden, damit eine einheitliche Entwicklungsplanung möglich werde;
– mindestens sieben hauptamtlich verwaltete Gemeindeeinheiten sollten einem Kreis zugeordnet sein;
– einzelne kreisangehörige Gemeinden dürften kein Übergewicht haben;
– neben Raumordnungs-, Wirtschafts- und Grundsätzen der Verwaltungsökonomie kämen auch historische und landsmannschaftliche Gegebenheiten in Betracht;
– Landkreise sollten möglichst geschlossen überführt, Mitglieder einer Verwaltungsgemeinschaft möglichst nur einem Kreis zugeordnet werden;
– die Konsolidierungsphase könne abgekürzt werden, wenn die Grenzänderungen einverständlich vorgenommen würden; deshalb komme dem Grundsatz der Freiwilligkeit Bedeutung zu.

Für die Vergabe der künftigen Kreissitze verwies der Entwurf auf die Vorarbeit der externen Arbeitsgruppe und legte folgende Gesichtspunkte zugrunde (Nr. 6 auf S. 29 ff):
– gleichrangig gewichtet werden müßten einerseits Größe und Wirtschaftskraft einer Stadt sowie andererseits deren zentralörtliche Funktion;
– wenn nach den Hauptkriterien zwei Städte in Frage kämen, könne das Übergewicht im Einzelfall entweder bei Zentralität oder bei Größe/Wirtschaftskraft liegen;
– im Einzelfall könne bedeutsam sein, daß eine Stadt historisch gewachsener Kreissitz sei;
– nachrangig sei, ob eine Stadt leicht erreicht werden könne;

- unter wirtschaftlichen Gesichtspunkten, die aber mit der wachsenden Entwicklung an Bedeutung verlören, könnten auch die Fragen von Baumaßnahmen oder von Versetzungen des Personals bedeutsam sein.

§ 4 Abs. 3 RefEntw sah Burg als Kreissitz vor; auch die übrigen Absätze des § 4 entsprachen dem späteren Gesetz.

In der Einzelbegründung für den Kreissitz (RefEntw S. 45) ist auf die Größe sowie auf die Funktion als Mittelzentrum abgestellt und darauf verwiesen, der Kreissitz in Burg werde diese Stadt gegenüber der nur 20 km entfernten Landeshauptstadt stärken; natürlicher Mittelpunkt sei wegen der Randlagen im künftigen Kreis keine der beiden ehemaligen Kreisstädte.

In den Anhörungen regte der Landkreis Genthin an, einen Großkreis unter Einbeziehung des Kreises Havelberg zu bilden, um das historische Jerichower Land wiederherzustellen. Dabei schlug er Genthin als Kreissitz vor, um dessen Anstoßfunktion für eine Strukturentwicklung zu nutzen, und machte geltend, in Genthin stehe im Gegensatz zu Burg ein voll funktionsfähiger Gebäudekomplex zur Verfügung. Bei einem Kreissitz Burg werde der bisherige Kreis Genthin geschwächt.

Die Beschwerdeführerin machte am 10. 12. 1992 geltend, ein Kreissitz Burg werde sie erheblich benachteiligen und zum Hinterland degradieren, weil Burg ohnehin aufgrund näherer Lage zu Magdeburg und besserer Verkehrsanbindung größere Wirtschaftskraft habe.

Der auf der Grundlage des Referentenentwurfs und der Anhörungsergebnisse erarbeitete Regierungsentwurf – RegVorl – vom 4. 2. 1993, der dem Landtag als Gesetzentwurf (LdTgDrs 1/2285) zugeleitet wurde, übernahm die allgemeine Begründung weitgehend (vgl. RegVorl Nrn. 4, 6 S. 75 ff, 78 ff); jedoch ist bei den Hauptkriterien zur Vergabe von Kreissitzen angefügt:

- neben Zentralität und Größe könnten auch Gesichtspunkte der Strukturpolitik berücksichtigt werden, um zu einer angemessenen Verteilung der Wirtschaftskraft beizutragen,

und zur Bedeutung historischer Kreissitze formuliert:

- andere – z. B. historische – Gesichtspunkte träten zurück.

Der Regelungsvorschlag zu § 4 KrsGebRefG-E entsprach demjenigen des Referentenentwurfs. Nach der Einzelbegründung wurde von der Bildung eines Großkreises abgesehen, weil sich der Kreis Havelberg dem neuen Landkreis Östliche Altmark anschließen wolle (RegVorl S. 110), für den Kreissitz die frühere Begründung bestätigt (RegVorl S. 110 f) und angefügt, Genthin solle Verwaltungszentrum werden (RegVorl S. 111).

Nach der ersten Lesung überwies der Landtag am 11. 2. 1993 den Entwurf federführend dem Ausschuß für Inneres sowie mitberatend den Ausschüssen für Finanzen und für Raumordnung (LdTg-StenBer 1/44, TOP 9). In seiner Einbringungsrede (aaO S. 5042 l. Sp.) hatte der Minister des Innern betont, die

Entscheidung über den Kreissitz könne nicht nach Beliebigkeit getroffen werden, sondern müsse bestimmten einheitlichen Kriterien folgen. Der Abgeordnete E. (aaO S. 5047 r. Sp.) hatte ausgeführt, Salzwedel dürfe nicht um bestimmter Interessen willen Kreissitz werden, sondern weil es eine bedeutende Stadt an der Peripherie sei und Sachsen-Anhalt nicht hinter Stendal auslaufen solle; das müsse man auch in Zeitz oder Genthin nachvollziehen können.

Der Ausschuß für Inneres hörte die Kommunen, für die sich keine Zusammenschlüsse auf freiwilliger Grundlage ergeben hatten, in zwei Sitzungen an (61. Sitzung am 20. 4. 1993 in Magdeburg, 62. Sitzung am 21. 4. 1993 in Halle).

Bei der Anhörung am 20. 4. 1993 in Magdeburg legte der Landrat von Havelberg dar (61. Sitzung, Niederschrift S. 4 ff), wegen der Änderung des Leitbilds (ehemals mindestens 80.000, später 100.000 Einwohner pro Kreis) habe ein Zusammengehen mit Genthin allein nicht gereicht; der Landrat von Burg habe kein Interesse daran gehabt, einen Kreis auch mit Havelberg zu bilden. Deshalb habe man sich zusammen mit Osterburg und Stendal zu einem neuen Kreis zusammengefunden.

Vertreter der Bürgerinitiative Jerichower Land (aaO S. 17 ff) machten vor allem geltend, es gebe eine tausendjährige gemeinsame Kulturgeschichte in der Havelberger und Genthiner Region, und die gemeinsame Verwaltungsgeschichte reiche dreihundert Jahre zurück. Bestimmte Anliegen seien auch nach 1952 gemeinsam erledigt worden. Die Elbe trenne das Havelberger Gebiet von der Altmark. Der Vorschlag entspreche nicht dem Bürgerwillen.

Der Landrat von Genthin (aaO S. 34 ff, 46 ff) befürwortete die Wiederherstellung des Kreises Jerichow mit Havelberg. Es gebe ein neues Verwaltungsgebäude in Genthin, in das die Kreisverwaltung sofort einziehen könne. Auch das Prinzip der Einräumigkeit der Verwaltung spreche für Genthin.

Der Landrat von Burg (aaO S. 38 f) trat für ein Zusammengehen nur mit Genthin ein, weil keine Beziehungen zur Region Havelberg bestünden und der Großkreis – insbesondere wegen der Entfernungen – schwierig zu verwalten sei.

Stadt und Kreis Burg (aaO S. 39 ff) sprachen sich wegen der Bevölkerungsverteilung für Burg als Kreissitz aus.

Die Beschwerdeführerin (aaO S. 42 ff) berief sich darauf, ein gewachsenes Zentrum sei besonders geeignet für einen Verwaltungsstandort, und machte im übrigen geltend: Die Entscheidung müsse gerecht sein. Wichtig seien die Signale, nicht einzelne Finanzzuweisungen. Der Verwaltungsbau werde den Kreis belasten, wenn er nicht genutzt werde. Müsse das Gebäude privatwirtschaftlich vermietet werden, so gehe dies zu Lasten der Geschäfte in Genthin. Burg sei schon bevorzugt, weil es große kreisangehörige Stadt werden könne.

Auch eine Bürgerinitiative sprach sich für Genthin als Kreisstadt aus (aaO S. 55 f).

Am 5. 5. 1993 (63. Sitzung) begann der Ausschuß für Inneres mit den Einzelberatungen und entschloß sich, die Zuordnungskriterien des Gesetzentwurfs zu übernehmen, ohne ein eigenes Leitbild zu entwickeln (Niederschrift über die 63. Sitzung S. 3).

Im Rahmen der Einzelberatung zum künftigen Landkreis Westliche Altmark verlangte der Abgeordnete E. (aaO S. 5), auch die Vergabe des Kreissitzes von einer Orientierungslinie abhängig zu machen, und sprach sich dafür aus, bedeutende Städte an der Peripherie des Landes – Salzwedel, Zeitz und Genthin – zu stärken; es bedürfe einer besonderen Begründung, wenn hiervon abgewichen werden solle. Der Ausschußvorsitzende und die Vertreter des Ministeriums des Innern verwiesen auf die Leitlinien des Regierungsentwurfs (aaO S. 5 f). Die Anträge zugunsten der Städte Klötze und Gardelegen wurden dann abgelehnt (aaO S. 6).

Bei der Beratung zum Landkreis Jerichower Land beantragte der Abgeordnete L. (aaO S. 11) in Übereinstimmung mit der Festlegung, daß Städte der Außenperipherie bevorzugt werden sollten, Genthin zum Sitz des Kreises zu bestimmen. Diesen Antrag nahm der Ausschuß mit acht gegen vier Stimmen bei einer Enthaltung an (aaO S. 11).

In einer 64. Sitzung am 26. 5. 1993 setzte der Ausschuß die Einzelberatungen fort. Zum Jerichower Land befaßte er sich ausschließlich mit der Frage, ob diesem Landkreis Gemeinden aus dem bisherigen Kreis Zerbst zugeordnet werden sollten.

Die Ergebnisse der Beratungen leitete der Ausschuß für Inneres als Beschluß-Empfehlung vom 27. 5. 1993 (LdTgDrs 1/2660) dem Landtag zu. Darin findet sich als Ergebnis ein – gegenüber der Regierungsvorlage – um die nördlichen Gemeinden des Kreises Zerbst angereicherter Landkreis Jerichower Land mit dem Kreissitz in Genthin.

Grundlage der zweiten Lesung am 3. 6. 1993 im Plenum (LdTg-StenBer 1/48 TOP 1) waren neben dem Gesetzentwurf (LdTgDrs 1/2285) und der Empfehlung des Ausschusses für Inneres (LdTgDrs 1/2660) mehrere Anträge aus der Mitte des Parlaments (LdTgDrs 1/2684, 2689 bis 2698, 2704) sowie zwei Entschließungsanträge (LdTgDrs 1/2699, 2700).

Den Antrag, den Regierungsentwurf zu §§ 4 und 10 insoweit wiederherzustellen, als alle Gemeinden des Kreises Zerbst dem neuen Landkreis Anhalt-Zerbst zugeordnet werden sollten (LdTgDrs 1/2695), nahm das Plenum am 3. 6. 1994 mit Mehrheit an. Die Anträge auf Einbeziehung des Havelberger Bereichs in den neuen Landkreis Jerichower Land (LdTgDrs 1/2690) und auf Namensänderung (LdTgDrs 1/2691) blieben ohne Erfolg.

In der Plenarsitzung vom 3. 6. 1993 erklärte der Berichterstatter des Ausschusses für Inneres (LdTg-StenBer 1/48 S. 5596 r. Sp.) zum Kreissitz Burg/ Genthin, die Abweichungen vom Regierungsentwurf (Zeitz und Genthin) beruhten letztlich zumindest teilweise auf der Absicht, ausgesprochene Randzonen des Landes zu stärken und damit zur besseren Integration dieser Gebiete beizutragen; Genthin sei auch deshalb Burg vorgezogen worden, weil diese Stadt wegen ihrer Nähe zur Landeshauptstadt auch ohne den Kreissitz wirtschaftlich gute Entwicklungschancen habe.

In der Debatte (aaO S. 5617) führte der Abgeordnete S. aus, Genthin sei das Beispiel dafür, daß die spontane Idee des Innenausschusses, Randlagen zu fördern, nicht funktioniere; zwei Drittel der Bevölkerung des künftigen Landkreises lebten im Raum Burg. Der Kreissitz garantiere noch nicht wirtschaftlichen Aufschwung. Burg werde keineswegs alle Ämter an sich ziehen.

Der Abgeordnete L. (aaO S. 5617) meinte, die zugunsten von Burg abgegebene Begründung treffe auch für Genthin zu. Wichtig sei aber, daß bei zwei Polen im Kreis nicht einer alles bekommen könne.

Der Abgeordnete Dr. B. (aaO S. 5618) hielt für wichtig, die Randregion zu stärken, dort Flagge zu zeigen und zu bedenken, daß es dem Zentrum gut gehe, wenn dies in den Randregionen gewährleistet sei. Der mit Hinweis auf den Einwohnerschwerpunkt, die günstige Verkehrslage, die Bedeutung der Stadt sowie die Verwaltungsinfrastruktur begründete Antrag mehrerer Abgeordneter von CDU und F.D.P., die Stadt Burg als Kreissitz festzulegen (LdTgDrs 1/2693), wurde mit vierzig gegen dreißig Stimmen bei 24 Enthaltungen angenommen (LdTg-StenBer 1/48 S. 5618 r. Sp.).

3.

Mit ihrer Verfassungsbeschwerde vom 25. 2. 1994 – eingegangen am 28. 2. 1994 – wendet sich die Beschwerdeführerin gegen die Kreissitzregelung des § 4 Abs. 3 KrsGebRefG-LSA und rügt die Verletzung von Art. 2 Abs. 3, und 87 der Landesverfassung von Sachsen-Anhalt.

Sie beantragt,

§ 4 Abs. 3 KrsGebRefG-LSA für nichtig, hilfsweise für unvereinbar, mit der Verfassung des Landes Sachsen-Anhalt zu erklären,

und führt zur Begründung im wesentlichen aus:

Genthin sei gegenüber Burg weit weniger industriell entwickelt; namhafte Arbeitgeberin sei nur die Firma H. G. GmbH. Das zeige sich auch bei der Vergabe von Fördermitteln: so habe Burg an Kreditzusagen für Wiederaufbau bis zum 10. 12. 1992 241,9 Mio DM (für 1.375 zusätzliche Arbeitsplätze) erhalten, Genthin dagegen nur 98 Mio DM (für 618 neue Arbeitsplätze). Wirtschaftsunternehmen seien leichter in einer Stadt mit Kreissitz anzusiedeln. Arbeitsplätze seien um so bedeutsamer, je kleiner eine Stadt sei. Die Stadt Burg werde wegen ihrer Größe den Status einer großen kreisangehörigen Stadt erhalten und deshalb über zusätzliche Verwaltungskraft verfügen.

Der Verlust des Kreissitzes verletze sie, die Beschwerdeführerin, in ihrem verfassungsrechtlich garantierten Recht auf Selbstverwaltung (nach Art. 2 Abs. 3 und Art. 87 LVerf-LSA). Anders als Art. 28 Abs. 2 Satz 2 GG sei die landesrechtliche Garantie (Art. 2 Abs. 3 LVerf-LSA) vor Änderungen durch den Verfassungsgeber geschützt (Art. 78 Abs. 3 LVerf-LSA); ihr komme deshalb ein erhöhtes Gewicht zu. Das müsse bei der Auslegung berücksichtigt werden. Außerdem biete Art. 90 LVerf-LSA eine Schranke bei Gebietsänderungen. Schließlich sei jedenfalls der Kernbereich absolut gegen gesetzgeberische Eingriffe geschützt.

Die Funktion einer Stadt, Kreissitz zu sein, gehöre zu ihrem historisch gewachsenen Bestand. Das Recht auf Selbstverwaltung schütze nicht nur vor dem Entzug bestimmter Rechtspositionen, sondern schließe einen tatsächlichen Bestandsschutz ein. Dazu gehörten etwa der Name einer Gemeinde oder deren Kreisfreiheit. Auch tatsächliche Einwirkungen auf die Planung könnten die kommunale Selbstverwaltung berühren.

Das gelte jedenfalls, wenn die weitere tatsächliche Entwicklung betroffen und die Leistungsfähigkeit beeinträchtigt werde, wie Art. 87 Abs. 2 und 88 Abs. 1 LVerf-LSA deutlich machten; denn die Leistungsfähigkeit sei die Grundlage, um überhaupt Selbstverwaltung ausüben zu können. Dies müsse der Staat auch deshalb berücksichtigen, weil er zu gemeindefreundlichem Verhalten verpflichtet sei. Außerdem sei die Selbstverwaltung ein wesentliches Strukturprinzip der Verfassung. Der Kreissitz sei mehr als nur der Sitz einer Verwaltung; er kennzeichne das politische und administrative Zentrum; er gebe der Sitzgemeinde damit erhebliche politische und wirtschaftliche Anziehungskraft. Deshalb habe der Gesetzgeber auch strukturelle Gesichtspunkte für tragend gehalten, um den Kreissitz zu bestimmen. Der Verlust werde zudem nicht durch andere strukturelle Vorteile kompensiert.

Der Kreissitz könne – wie bei Neugliederungsmaßnahmen anerkannt sei – nur aus Gründen des öffentlichen Wohls, bei ausreichender Mitwirkungsmöglichkeit der betroffenen Gemeinde, nach vollständiger Ermittlung sowie Würdigung des Sachverhalts und nach umfassender Abwägung der Vor- und Nachteile entzogen werden. Außerdem müsse der Gesetzgeber systemgerecht handeln. Diese Grundsätze seien verletzt.

Für Burg habe sich der Gesetzgeber allein wegen der Größe und Zentralität dieser Stadt entschieden; damit seien nicht alle wesentlichen Gesichtspunkte in die Abwägung eingegangen. Nach seinem eigenen Leitbild habe der Gesetzgeber nämlich gerade auch die Strukturauswirkungen bedenken müssen. Es sei auch nicht erkennbar, daß die Ansicht der Experten durchgängig berücksichtigt worden sei.

Die Entscheidung sei nicht systemgerecht, weil Burg ein Übergewicht erhalte und außerdem der westliche Teil des Kreises zu Lasten des östlichen Teils unangemessen gestärkt werde. Dadurch werde auch die Stadt Genthin von sämtlichen Entwicklungsmöglichkeiten abgeschnitten. Es werde nicht deutlich, weshalb vom Leitbild abgewichen worden sei.

Die Entscheidung sei überdies eindeutig fehlerhaft und bedeute auch für den neuen Kreis mehr Schaden als Nutzen. In Genthin sei die notwendige Infrastruktur für eine Kreisverwaltung vorhanden; würden diese Gebäude nicht genutzt, so belasteten sie den neuen Kreis.

Außerdem verletze die Entscheidung den Gleichheitssatz; in den Fällen Haldensleben, Zerbst und Oschersleben sei nämlich jeweils die konkurrierende Stadt Kreissitz geworden, welche weiter vom Oberzentrum (Magdeburg bzw. Dessau) entfernt liege.

4.

4.1. Der Landtag von Sachsen-Anhalt hat auf den Ablauf des Gesetzgebungsverfahrens, dabei insbesondere die vom Ausschuß für Inneres vorgenommenen Anhörungen, verwiesen und sich im übrigen wie folgt geäußert:

Der Landtag habe kein eigenes Leitbild entwickelt, sondern das von der Landesregierung entwickelte übernommen. Die externe Arbeitsgruppe habe für ihre Bewertung zugrunde gelegt: planerische (Zentralität, Einzugsbereich) und organisatorische Gesichtspunkte (Lage im Kreisgebiet, Entfernungen, Verkehrsverbindungen, Zusammenarbeit mit Behörden und Institutionen), subjektive Einflüsse (Tradition, gemeinsame örtliche Vorstellungen), wirtschaftliche Gesichtspunkte (Baukosten, Kosten für Personalumsetzungen) und den strukturpolitischen Ausgleich.

Die Beschwerdeführerin könne sich nicht darauf berufen, daß ihr der Kreissitz entzogen werde; denn es handele sich nicht um eine Verlegung, sondern um eine Neu-Bestimmung. Da dies dem Landesgesetzgeber obliege, greife eine solche Regelung nicht in die kommunale Selbstverwaltungsgarantie einer bisherigen Kreisstadt ein. Die tatsächliche Betroffenheit begründe auch lediglich ein Anhörungsrecht; greifbare Anhaltspunkte für eine Verletzung des Selbstverwaltungsrechts lägen nicht vor.

4.2. Die Landesregierung von Sachsen-Anhalt hat sich wie folgt geäußert:

Zweifelhaft sei, ob die Stadt mit der kommunalen Verfassungsbeschwerde rügen könne, daß sie künftig nicht mehr Kreisstadt sei. Allenfalls stehe ihr ein Recht auf Anhörung zu. Dieses sei gewahrt.

Die Beschwerdeführerin habe nicht nur genügend Zeit gehabt, sich auf die Entscheidung des Gesetzgebers vorzubereiten; es habe auch Gelegenheit bestanden, zu allen Gesichtspunkten Stellung zu nehmen, die für die Regelung maßgeblich gewesen seien.

Der Gesetzgeber habe alle wesentlichen Umstände bedacht. Die Entscheidung für die Stadt Burg entspreche den Hauptkriterien. Mögliche Nachteile für Genthin würden dadurch vermieden, daß diese Stadt Verwaltungszentrum werden solle. Soweit das Plenum des Landtags mit Mehrheit die Regierungsvorlage wiederhergestellt habe, sei davon auszugehen, daß die strukturellen Gesichtspunkte in die Abwägung einbezogen worden seien.

Die Entscheidung sei auch systemgerecht. Die Beschwerdeführerin könne sich nicht auf den Gesichtspunkt berufen, Übergewichte einzelner Gemeinden im Kreis sollten vermieden werden; denn dieser gelte nur für den Gebietszuschnitt.

4.3. Die Stadt Burg hat sich wie folgt geäußert:
Der Antrag sei unzulässig, aber auch unbegründet.

Für Burg als Kreisstadt spreche, daß zwei Drittel der Bevölkerung in diesem Bereich wohnten, die Stadt verkehrsgünstiger zu erreichen sei, deutlich mehr Einwohner habe und auch von alters her das natürliche Zentrum der Region sei. Große kreisangehörige Stadt könne Burg erst nach der neuen Gemeindeordnung werden; einen Beschluß hierzu habe die Stadtverordnetenversammlung bislang nicht gefaßt.

Entscheidungsgründe:

1.

Die Verfassungsbeschwerde ist statthaft (1.1.) und auch im übrigen zulässig (1.2.).

1.1. Für sie ist der Weg zum Landesverfassungsgericht eröffnet (1.1.1.). Sie kann zwar nicht auf Schutzrechte bei Gebietsänderungen (1.1.2.), aber gleichwohl auf die Selbstverwaltungsgarantie gestützt werden (1.1.3.).

1.1.1. Es handelt sich um eine kommunale Verfassungsbeschwerde i. S. des Art. 75 Nr. 7 der Verfassung des Landes Sachsen-Anhalt – LVerf-LSA – vom 15. 7. 1992 (LSA-GVBl S. 600) und der §§ 2 Nr. 8; 51 Abs. 1 des Gesetzes über das Landesverfassungsgericht (Landesverfassungsgerichtsgesetz) – LVerfGG-LSA – vom 23. 8. 1993 (LSA-GVBl S. 441); denn die Stadt macht eine Verletzung von Rechten aus Art. 2 Abs. 3 und 87 LVerf-LSA durch ein Landesgesetz geltend.

Das Landesverfassungsgericht hat in seinen Urteilen LVG 2/93 und 1/94 vom heutigen Tag (dort jeweils unter Entscheidungsgründe, Nr. 1.1.) im einzelnen dargelegt, daß die Verfassungsbeschwerde zu ihm weder aus formellen (keine Konkurrenz mit einer Beschwerde zum Bundesverfassungsgericht) noch aus materiellen Gründen (keine abschließende, Art. 2 Abs. 3 und 87 LVerf-LSA verdrängende Regelung durch Art. 28 Abs. 2 des Grundgesetzes – GG –) ausgeschlossen ist; darauf wird verwiesen.

1.1.2. Die für Eingriffe in den Gebietsstand entwickelten Grundsätze (vgl. zum Bundesrecht, Art. 28 Abs. 2 GG: BVerfG, Beschl. v. 12. 5. 1992 – 2 BvR 470, 650, 707/90 –, BVerfGE 86, 90, 90 und 107, dort m. w. Nachw.; vgl. landesrechtlich vor allem: Art. 90 LVerf-LSA) sind nicht anwendbar; denn § 4 Abs. 3 KrsGebRefG-LSA läßt das Gebiet der bisherigen Kreisstadt unberührt, und § 4 Abs. 2 b KrsGebRefG-LSA ordnet die Stadt zusammen mit allen anderen Gemeinden des bisherigen Kreises Genthin nur dem neugebildeten Landkreis Jerichower Land zu.

Die Gemeinwohlschranke des Art. 90 LVerf-LSA, die zugleich Inhalt der Selbstverwaltungsgarantie des Art. 2 Abs. 3 LVerf-LSA ist, gilt – wie das Gericht mit Urteil vom heutigen Tag im Verfahren LVG 2/93 entschieden hat (vgl. dort unter Entscheidungsgründe, Nrn. 1.1. und 2.2.1.1.) – nach Wortlaut und Systematik nur für Eingriffe in den Gebietsbestand.

Die Bestimmung einer kreisangehörigen Gemeinde zum Kreissitz ist aber nur ein Element der Kreisgebietsreform, also einer Regelung auf – erstens – einer anderen Ebene und – zweitens – ohne jede Gebietsbetroffenheit für die jeweilige Sitzgemeinde.

Auch soweit Organisationsrechte zur Selbstverwaltung gehören (vgl. etwa: *Mahnke*, Die Verfassung des Landes Sachsen-Anhalt, 1993, Art. 2 Rdn. 16; *Reich*, Verfassung des Landes Sachsen-Anhalt, 1994, Art. 2 Rdn. 5 [S. 54]; *Jarass/Pieroth*, GG, 2. Aufl., Art. 28 Rdn. 7, m. w. Nachw.), kann die Beschwerdeführerin daraus nichts für sich herleiten, weil es um die Organisation des Landkreises geht und nicht um diejenige der Sitzgemeinde.

Bei umfassenden Neugliederungen hängen zwar die Entscheidung über den Sitz der Verwaltung und den Gebietszuschnitt des jeweils neuen Landkreises zusammen; darin findet seine Rechtfertigung, daß der (Landes-)Gesetzgeber auch den Sitz bestimmen darf (NdsStGH, Urt. v. 14. 2. 1979 – StGH 2/77 – NdsStGHE 2, 1, 210). Das ändert aber nichts daran, daß nicht die Organisation der Sitzgemeinde, sondern allein die des (künftigen) Kreises betroffen wird.

Die Funktion, Sitz der Verwaltung für eine andere Körperschaft – hier: des Kreises – zu sein, kann deshalb nicht – losgelöst von ihrem Zusammenhang mit der Organisation des Kreises – zum Bestand eigener Verwaltungsaufgaben gehören (so – für bayerisches Landesrecht –: BayVfGH, Entscheidung v. 23. 1. 1976 – Vf. 15-VII-73 – BayVfGH = BayVGH a. F., Teil II 29, 1, 5).

Daran ändert auch der Einwand der Beschwerdeführerin nichts, die Garantie der landesrechtlichen Selbstverwaltung (Art. 2 Abs. 3 LVerf-LSA) habe dadurch zusätzliches Gewicht erhalten, daß Art. 78 Abs. 4 LVerf-LSA die Grundsätze des Art. 2 LVerf-LSA insgesamt für unabänderlich erkläre. Es kann offenbleiben, ob Art. 78 Abs. 4 LVerf-LSA die Selbstverwaltungsgarantie umfaßt; da die Bundesverfassung (Art. 79 Abs. 3 GG) Art. 28 Abs. 2 GG (Selbstverwaltungsgarantie) im Gegensatz zu Art. 20 GG nicht nennt, liegt immerhin die Annahme nahe, daß sich auch Art. 78 Abs. 3 LVerf-LSA nur auf Art. 2 Abs. 1, 2 und 4 LVerf-LSA bezieht. Selbst wenn aber auch Art. 2 Abs. 3 LVerf-LSA umfaßt sein sollte, würde dies nur bedeuten, daß der Inhalt des Art. 2 Abs. 3 LVerf-LSA verfassungsfest wäre; hingegen könnte die Unabänderlichkeit nicht die Auslegung dieses Inhalts beeinflussen.

Die von der Beschwerdeführerin angeführten Beispiele (Name, Kreisfreiheit) belegen nicht, daß die Funktion, Kreissitz zu sein, zum Schutzbereich der Selbstverwaltung der (Sitz-)Gemeinde gehören müsse; denn in allen Belegfällen sind eigene Positionen der Gemeinde betroffen: Der Name ist Bestandteil der gemeindlichen Identität, und die Kreisfreiheit wirkt sich auf den Umfang der zu erfüllenden Aufgaben (vgl. Art. 87 Abs. 1, 2 LVerf-LSA) aus. Die Funktion, Sitz der Kreisverwaltung zu sein, ist hingegen eine lediglich faktische Auswirkung einer fremden Organisationsentscheidung.

Auch aus der historischen Entwicklung lassen sich keine weiteren Anhaltspunkte für die Auffassung der Beschwerdeführerin gewinnen. Das schon erwähnte Regelungsrecht des Staates bei umfassenden Reformen der Kreisebene (NdsStGHE 2, 1, 208 ff; StGH BW, Urt. v. 8. 9. 1972 –, GeschRegNr. 6/71 – ESVGH 23, 1, 20, 21) ist an der für die Landkreise geltenden Selbstverwaltungsgarantie zu messen, nicht an derjenigen für die Sitzgemeinde.

1.1.3. Die Verfassungsbeschwerde läßt sich aber gleichwohl auf Art. 2 Abs. 3 LVerf-LSA stützen; denn es erscheint möglich, daß eine objektiv verfassungswidrige – insbesondere eine willkürliche – Kreissitzbestimmung im Rahmen einer umfassenden Kreisgebietsreform die durch Art. 2 Abs. 3 LVerf-LSA garantierten Rechte deshalb berührt, weil sie sich auf die Leistungsfähigkeit im Rahmen des Art. 87 LVerf-LSA auswirkt.

Bei überörtlichen Planungen ist anerkannt, daß die Selbstverwaltungsrechte tangiert sein können (vgl. *Roters* in v. Münch, GG, 1. Aufl., Bd. 2, Art. 28 Rdn. 49 [S. 200], 2. Aufl., Bd. 2, Art. 28 Rdn. 43 ff; BVerwG, Urt. v. 18. 3. 1987 – BVerwG 7 C 28.85 –, BVerwGE 77, 128, 133; Urt. v. 18. 3. 1987 – BVerwG 7 C 31.85 –, BVerwGE 77, 134, 138; Urt. v. 15. 12. 1989 – BVerwG

4 C 36.86 –, BVerwGE 84, 209, 214 f; Beschl. v. 23. 3. 1993 – BVerwG 7 B 126.92 –, Buchholz 11 GG Art. 28 Nr. 92 S. 32).

Eine Gebietsreform kann durchaus Elemente einer Planung aufweisen (so ausdrücklich planerischer Einschlag: BVerfGE 86, 90, 108). Dies wird besonders deutlich, wenn die Reform – wie in diesem Fall – das ganze Land umfaßt.

Wenn auch das Bundesverfassungsgericht bisher offengelassen hat, ob die Planungshoheit zum Kernbereich der Selbstverwaltung (i. S. des Art. 28 Abs. 2 GG) gehört (vgl. insbes. BVerfG, Beschl. v. 7. 10. 1980 – 2 BvR 584, 598, 599, 604/76 –, BVerfGE 56, 298, 312 f; Beschl. v. 23. 6. 1987 – 2 BvR 826/ 83 –, BVerfGE 76, 107, 117 f), so ist doch anerkannt, daß es der „Bedeutung des Art. 28 Abs. 2 Satz 1 GG im Verfassungsganzen ... nicht gerecht" würde, „die Reichweite der verfassungsrechtlichen Garantie im Einzelfall jeder beliebigen Willensentscheidung des Gesetzgebers zu überlassen" (BVerfGE 56, 298, 313). Auch wenn zwar nicht die Institution der Selbstverwaltung berührt ist, einer einzelnen Gemeinde aber ein Sonderopfer auferlegt wird, müssen der Verhältnismäßigkeitsgrundsatz beachtet und eine Güterabwägung vorgenommen werden (BVerfGE 56, 298, 313 f; 76, 107, 119 f). Die Sonderbelastung darf insbesondere nicht willkürlich sein und muß einen zureichenden Grund in der Wahrung überörtlicher Interessen finden (BVerfGE 76, 107, 119), die höheres Gewicht haben müssen (BVerfGE 56, 298, 313 f; 76, 107, 120). Um dies beurteilen zu können, ist es notwendig, die betroffene Gemeinde anzuhören (BVerfGE 56, 298, 320; 76, 107, 122).

Diese – vom Bundesverfassungsgericht (BVerfGE 56, 298, 317; 76, 107, 122) teils aus der Selbstverwaltungsgarantie des Art. 28 Abs. 2 GG, teils aus dem Rechtsstaatsprinzip des Art. 20 GG (z. B. bei BVerfGE 50, 50, 51) abgeleiteten – Grundsätze sind auf das Landesverfassungsrecht unmittelbar übertragbar, weil die Bundesverfassung beim Rechtsstaatsprinzip wegen des Homogenitätsgebots (Art. 28 Abs. 1 GG) bindet und weil Art. 28 Abs. 2 GG den Mindeststandard an Selbstverwaltungsgarantie enthält, den die Länder wahren müssen (allg. Ansicht zu Art. 31 GG; vgl. etwa *Maunz* in Maunz/Dürig, GG, Art. 28 Rdn. 72; vgl. auch: BVerfGE 36, 342, 360 ff, 363 ff).

Ob und in welchem Umfang kreisangehörige Gemeinden im Landkreis bei dessen Gebietsreform wegen des überörtlich planerischen Einschlags betroffen sein können, ist anhand des Gesamtinhalts der Verfassung zu beurteilen (vgl. BVerfGE 56, 298, 313).

Vor allem die Aufgabengarantie des Art. 87 LVerf-LSA macht notwendig, auch die Einrichtungsgarantien (Art. 3 Abs. 2 LVerf-LSA) und die Staatsziele (Art. 3 Abs. 3 LVerf-LSA) mit zu berücksichtigen, um daran messen zu können, ob und inwieweit einer einzelnen Gemeinde durch das Planungsgesetz ein Sonderopfer abverlangt wird.

Die Verpflichtungen aus Art. 3 Abs. 2, 3 LVerf-LSA treffen nämlich nicht nur das Land (vgl. Wortlaut bei Art. 3 LVerf-LSA), sondern auch die Kommunen, wie sich bei den einzelnen Bestimmungen zeigt (vgl. z. B. bei Art. 24 Abs. 2 Satz 2; 26 Abs. 1; 34, 35 Abs. 1 Satz 1; 36 Abs. 1 und 3; 37 Abs. 1; 39 Abs. 1; 40 LVerf-LSA).

1.2. Die Verfassungsbeschwerde ist auch im übrigen zulässig.

Die Beschwerdeführerin hat mit ihren Behauptungen über die strukturellen Auswirkungen Umstände vorgetragen, welche eine erhebliche Einbuße von Finanzkraft und damit an Leistungsfähigkeit möglich erscheinen lassen.

Die §§ 48 und 49 LVerfGG-LSA (i. V. m. § 51 Abs. 2 LVerfGG-LSA) sind eingehalten.

## 2.

Die Verfassungsbeschwerde hat keinen Erfolg; denn die sich aus der Selbstverwaltungsgarantie ergebenden Rechte (2.1.) sind nicht verletzt (2.2.).

2.1. Auch ohne daß in die institutionelle Garantie des Art. 2 Abs. 3 LVerf-LSA eingegriffen wird, kann die Kommune aus dem hier gewährleisteten Selbstverwaltungsrecht Sonderopfer abwehren (vgl. zum Bundesrecht Art. 28 Abs. 2 GG BVerfGE 56, 298, 313 f; 76, 107, 119 f), die nicht durch überörtliche Interessen von höherem Gewicht erfordert werden (BVerfGE 56, 298, 314; 76, 107, 119 f), für die Kommune im Hinblick auf ihr Selbstverwaltungsrecht nicht zumutbar sind (BVerfGE 76, 107, 122, 123), willkürlich vorgenommen werden (BVerfGE 76, 107, 119, 122) und den Grundsatz der Verhältnismäßigkeit nicht wahren (BVerfGE 76, 107, 119, 122, 123).

Das Verfassungsgericht hat dabei den Gestaltungsraum des Gesetzgebers zu wahren. Es überprüft die getroffene Maßnahme allein daraufhin, ob der Gesetzgeber die für seine Entscheidung notwendigen tatsächlichen Voraussetzungen vollständig und zutreffend ermittelt hat, ob diese in den Abwägungsvorgang haben Eingang finden können und ob alle erheblichen Belange in nachvollziehbarer Weise abgewogen worden sind (BVerfGE 76, 107, 121 f). Wertungen und Prognosen können verfassungsrechtlich nur beanstandet werden, wenn und soweit sie offensichtlich fehlerhaft, eindeutig widerlegbar sind oder der verfassungsmäßigen Ordnung widersprechen (BVerfGE 76, 107, 121).

2.2. Die beanstandete Maßnahme hält sich in diesem Rahmen.

Die Entscheidung über den Kreissitz ist durch überwiegend überörtliche Interessen gerechtfertigt (2.2.1.), verstößt nicht gegen den Grundsatz der Ver-

hältnismäßigkeit (2.2.2.), ist systemgerecht (2.2.3.) und auch im übrigen willkürfrei (2.2.4.) sowie verfahrensgerecht getroffen worden (2.2.5.).

2.2.1. Die beanstandete Regelung des § 4 Abs. 3 KrsGebRefG-LSA ist
Teil der umfassenden Reform auf der Kreisebene. Diese Neuordnung will leistungsfähige Landkreise schaffen (vgl. im einzelnen die Begründung zum Gesetzentwurf LdTgDrs 1/2285 v. 3. 2. 1993 – RegVorl –, S. 64 ff). Das Landesverfassungsgericht hat in den Verfahren LVG 2/93 und 1/94 (vgl. dort jeweils
bei Entscheidungsgründe, Nrn. 2.2.1.1. und 2.2.2.1.) anerkannt, daß die Reform dem Gemeinwohl entspricht, weil die künftigen Landkreise in die Lage
versetzt werden sollen, ihre Aufgaben nach Art. 87 LVerf-LSA zeitgemäß zu
erfüllen und dabei auch ihre Pflichten wahrzunehmen, die sich für die Kommunen aus den Staatszielen und den Einrichtungsgarantien der Landesverfassung (vgl. Art. 3 Abs. 2, 3 LVerf-LSA) ergeben; auf die Ausführungen in den
beiden Urteilen wird verwiesen.

Das Reformgesetz reduziert die Zahl der Kreise von bislang 37 auf 21.
Zwangsläufige und von Verfassungs wegen nicht zu beanstandende Folge
dieser Zusammenlegung von bislang selbständigen Landkreisen ist, daß die
Zahl der künftigen Kreissitze vermindert wird. Die jeweilige Entscheidung
des Gesetzgebers über den künftigen Sitz der Verwaltung jedes neuen Krei-
ses muß in Kauf nehmen, daß Städte ihre bisherige Funktion, Sitz einer
Kreisverwaltung zu sein, nicht erneut erhalten können (vgl. hierzu auch:
RegVorl S. 88 f).

2.2.2. Das vom Gesetzgeber gefundene Ergebnis im § 4 Abs. 3 KrsGeb-
RefG-LSA verstößt nicht gegen den Grundsatz der Verhältnismäßigkeit.

Für den neuen Landkreis Jerichower Land (vgl. § 4 Abs. 2 KrsGebRefG-
LSA) war es erforderlich, den Kreissitz erstmalig zu bestimmen, weil keiner
der beiden Kreise erhalten geblieben ist (vgl. § 4 Abs. 1 KrsGebRefG-LSA).
Ihre Funktion als Kreisstadt verlor die Beschwerdeführerin schon durch die
Auflösung des Kreises Genthin nach § 4 Abs. 1 KrsGebRefG-LSA. § 4 Abs. 3
KrsGebRefG-LSA entzieht ihr die bisherige Funktion nicht (mehr) – wie das
etwa bei einer Verlegung des Sitzes anzunehmen wäre –, sondern vergibt die
neue Funktion originär an die Stadt Burg.

Die Entscheidung zugunsten einer geeigneten Gemeinde im neuen Kreis
kann auch nicht umgangen werden; denn es ist nicht zulässig, den Kreissitz zu
teilen oder Außenstellen festzuschreiben, weil eine solche Regelung die Organisationshoheit und damit das Selbstverwaltungsrecht des künftigen Landkreises verletzen müßte (NdsStGHE 2, 1, 208 ff).

Das Sitzbestimmungsrecht im Fall einer umfassenden Reform bezieht
sich nur auf einen Standort. Das Herkommen weist dem Gesetzgeber diese organisatorische Maßnahme zu, weil die Kreise immer auch staatliche Aufgaben

im übertragenen Wirkungskreis oder sogar durch den Landrat als untere Landesbehörde erfüllt haben. Dem Staat kann hiernach aber nur gestattet sein, den Sitz der Zentralbehörde zu bestimmen, nicht auch weitere nur denkbare Standorte für Verwaltungsaufgaben festzulegen und damit die Verwaltungsorganisation des künftigen Landkreises umfassend zu regeln. Dies müßte übermäßig in dessen Organisationshoheit eingreifen und könnte durch den oben beschriebenen Zweck nicht mehr gerechtfertigt werden. Ob und in welchem Ausmaß Neben- und Außenstellen zu bilden sind, ist eine Zweckmäßigkeitsentscheidung, die auch von personellen, sachlichen und finanziellen Möglichkeiten des Kreises abhängig ist. Den Aufwand für zusätzliche Amtsstellen zu gewichten und in das Verhältnis zum Nutzen für die Bevölkerung zu setzen, ist eine Planungsentscheidung des Landkreises. Würde der Landesgesetzgeber auch Nebenverwaltungssitze bestimmen können, so wären diese festgeschrieben; die Kommune könnte sie nicht nach organisatorischem Ermessen ändern oder auflösen.

Die Stadt Burg ist als Kreissitz geeignet, was auch die Beschwerdeführerin nicht in Frage stellt.

Die beanstandete Auswahlentscheidung des § 4 Abs. 3 KrsGebRefG-LSA erweist sich schließlich – auch in Ansehung der Position der Beschwerdeführerin – nicht als unangemessen.

Verfassungsrechtlich nicht zu beanstanden ist, daß der Gesetzgeber den Sitz der Verwaltung in erster Linie nach der Interessenlage des neuen Kreises und seiner Bevölkerung bestimmt. Da die Kommune neu gebildet wird, kann keiner der beiden bisherigen Kreisstädte Bestandsschutz zukommen.

Das Ergebnis hält sich im Rahmen anerkannter Vergabemaßstäbe.

Da der Landkreis überörtliche Funktionen ausübt, ist es sachgerecht, bei der Entscheidung über den Sitz der Verwaltung in Rechnung zu stellen, welche zentralörtliche Bedeutung die für den Verwaltungssitz in Aussicht genommene Gemeinde hat; hierfür kann auf die Ausweisungen der Raumordnung zurückgegriffen und sogar bestimmt werden, daß nur Mittelzentren Kreissitze sein sollen (NdsStGHE 2, 1, 172).

Um die Identifikation der Einwohner mit dem Kreis zu erhalten oder zu bilden, darf der Kreissitz gewählt werden, der von der Masse der Bevölkerung gut erreicht werden kann (NdsStGHE 2, 1, 173). Ebenso vertretbar ist, die Wirtschaftskraft der (Sitz-)Gemeinde zu berücksichtigen (NdsStGH aaO).

Daß verfassungsrechtlich auch zulässig wäre, strukturelle Gesichtspunkte zu berücksichtigen oder darauf abzustellen, ob Kosten für Neubauten vermieden werden, oder welche wirtschaftlichen Folgen der Verlust des Kreissitzes für eine Gemeinde hat (NdsStGH aaO), macht eine Entscheidung nicht unangemessen, die sich bevorzugt an den zuvor genannten Gesichtspunkten ausrichtet; denn innerhalb des ihm durch die Verfassung gesetzten Rahmens ist der Gesetzgeber frei, nach seinen Wertungen zu entscheiden.

Die von der Beschwerdeführerin angeführten Faktoren, aus welchen sie eine erhebliche Schwächung ihrer Leistungsfähigkeit herleitet, können gegenwärtig nicht erhärtet werden. Der Gesetzgeber geht demgegenüber davon aus, daß seine im § 26 KrsGebRefG-LSA vorgesehenen Maßnahmen einen Ausgleich schaffen können und daß er außerdem durch eigene Verwaltungsstellen für eine Aufwertung der Stadt Genthin sorgen kann. Diese Erwartung ist nicht offensichtlich fehlerhaft oder widerlegbar. Allein hierauf beschränkt sich die Prüfungskompetenz des Verfassungsgerichts bei Prognosen des Gesetzgebers (vgl. BVerfGE 76, 107, 121 f; 86, 90, 109).

2.2.3. Der Gesetzgeber hat auch nicht systemwidrig gehandelt.

Die Auswahl unter mehreren gleichermaßen verfassungsmäßigen Regelungen ist dem Gestaltungsraum des Gesetzgebers überlassen. Soweit er sich dadurch bindet, daß er die Wertungen generalisiert und – insbesondere bei einer landesweiten Reform – ein System entwickelt, ist von Verfassungs wegen geboten, daß der Gesetzgeber dieses System nicht ohne sachlichen Grund verläßt. Dies verlangt das aus dem Rechtsstaatsprinzip (vgl. Art. 2 Abs. 1 LVerf-LSA) herzuleitende allgemeine Willkürverbot (vgl. zum Bundesrecht BVerfG, Beschl. v. 27. 11. 1978 – 2 BvR 165/75 –, BVerfGE 50, 50, 51; 86, 90, 108 f; vgl. zum Recht anderer Bundesländer StGH BW, ESVGH 23, 1, 5; NdsStGHE 2, 1, 154 ff).

Nicht nur der eigentlichen Gebietsreform, sondern auch der Kreissitzvergabe hat ein „System" zugrunde gelegen.

Maßgeblich sind insoweit die in der allgemeinen Begründung des Gesetzentwurfs niedergelegten Kriterien (RegVorl S. 78 f Nr. 6); von denen ist auch das Parlament ausgegangen.

Der Ausschuß für Inneres hat das System für die Gebietsneuordnung (Nr. 4 der allgemeinen Begründung, RegVorl S. 76 ff) durch besonderen Beschluß ausdrücklich übernommen; er hat aber auch den Kriterien für die Kreissitzvergabe nicht erkennbar ein anderes System gegenübergestellt. In den entscheidenden Beratungen vom 5. 5. 1993 ist über die Anregung des Abgeordneten E., die Städte in den Randgebieten zu stärken, nicht ausdrücklich beschlossen worden; der Ausschuß für Inneres ist allerdings – wie gerade der Antrag des Abgeordneten L. und das Abstimmungsergebnis zu § 4 Abs. 3 KrsGebRefG-LSA und die Empfehlung des Ausschusses für Zeitz als Sitz des Burgenlandkreises belegen mögen – so verfahren. Dies bestätigt der Bericht des Abgeordneten J. am 3. 6. 1993 im Plenum. Die Empfehlungen bei diesen drei Kreissitzen bedeuten indessen keine Abweichung von den im Gesetzentwurf niedergelegten Grundsätzen; denn sie bewerten in den genannten Fällen lediglich den in den Kriterien enthaltenen Gesichtspunkt der Strukturförderung höher als die Regierungsvorlage.

Im Landtag ist weder zur Gebietszuordnungs- noch zur Kreissitzfrage ein eigenes System beschlossen worden. Auch hat das Plenum keine besondere Gewichtung innerhalb der Kriterien in der Regierungsvorlage vorgenommen.

Die Leitlinien des Gesetzgebers für die Kreissitzvergabe – wie sie sich aus Nr. 6 der allgemeinen Begründung im Gesetzentwurf ergeben – (RegVorl S. 78 ff), sind mit der Verfassung vereinbar, wie sich bereits oben (Entscheidungsgründe, Nr. 2.2.2.) ergeben hat.

Bei seiner Auswahlentscheidung für die Stadt Burg hat sich der Gesetzgeber an die von ihm entwickelten Kriterien gehalten.

Die Wahl der Stadt Burg widerspricht nicht dem Hauptkriterium (Nr. 6.1 der Begründung zum Gesetzentwurf RegVorl S. 78); denn verglichen mit Genthin ist Burg sowohl erheblich größer als auch – von der Beschwerdeführerin eingestanden – wirtschaftlich bedeutender. Bei der Zentralität hat keine der beiden konkurrierenden Städte den Vorrang, wenn auf ihre Lage im neuen Landkreis abgestellt wird; jedoch ist auch nach diesem Kriterium die Wahl von Burg nicht zu beanstanden, weil es Mittelzentrum, Genthin aber nur Grundzentrum mit Teilfunktionen eines Mittelzentrums ist.

Die besondere, in den Genthiner Bereich ausstrahlende zentralörtliche Bedeutung war schon für die Expertengruppe Anlaß, Burg als Kreissitz vorzuschlagen.

Der Regierungsentwurf hatte seine Auswahl mit Größe und Zentralörtlichkeit begründet (RegVorl S. 110, 111).

Der Innenausschuß hat – wie die zitierten Äußerungen seiner Mitglieder belegen – mit Mehrheit Struktur- und Integrationsgesichtspunkte in den Vordergrund gestellt.

Demgegenüber stellt der – Gesetz gewordene – Änderungsantrag (LdTgDrs 1/2693) vom 2. 6. 1993, welcher dem Vorschlag der Regierungsvorlage entspricht, zusätzlich darauf ab, daß eine erhebliche Mehrheit der Einwohner näher bei Burg wohnt, diese Stadt verkehrsgünstig liegt und größte Stadt des künftigen Landkreises ist.

Die Landtagsmehrheit kann und muß sich die Begründungen des Gesetzentwurfs und des Änderungsantrags zurechnen lassen. Sie stehen im Einklang mit den Hauptkriterien.

Zwar sollte die Erreichbarkeit einer Stadt nur nachrangig Berücksichtigung finden (Nr. 6.2 RegVorl S. 78); das hindert den Gesetzgeber aber nicht, diesen Gesichtspunkt verstärkend zu gewichten. Deutlicher Schwerpunkt der Begründungen für den Vorrang sind Größe und zentralörtliche Funktion der Stadt Burg gewesen.

Die Beschwerdeführerin kann sich nicht darauf berufen, nach dem Kriterium Nr. 4.4 (RegVorl S. 77) sei darauf zu achten, daß einzelne kreisangehörige Gemeinden im Landkreis kein Übergewicht erhielten. Diese Variable gilt nämlich – wegen ihres systematischen Standorts innerhalb der Nr. 4 – nur für die Gebietsänderung selbst, nicht auch für die Vergabe des Kreissitzes; denn dafür enthält das System – in Nr. 6 – besondere Kriterien. Dieses Verständnis entspricht auch allein dem Zweck des Kriteriums. Würde es auch für die Kreissitzvergabe Geltung beanspruchen, dann könnte der Vorrang von Größe und Zentralörtlichkeit keine Bedeutung erlangen, weil dieses Prinzip immer mit dem Verbot kollidieren müßte, Übergewichte im Kreis zu dulden.

Es ist danach keinesfalls systemwidrig, Burg zum Kreissitz zu bestimmen, obwohl diese Stadt aus dem Kreis der übrigen kreisangehörigen Gemeinden herausragt. Zentralörtlichkeit, Wirtschaftskraft und Größe fördern solche Auswahlentscheidungen.

Gegen das System verstößt auch nicht, daß der Stadt Burg evtl. besondere Aufgaben der Kreisebene übertragen werden könnten. Die Abwägung nach den Hauptkriterien macht nämlich für solche Fälle keine Einschränkung; sie läßt sich auch nicht aus der Idee der Nr. 4.4 herleiten.

Die Entscheidung weicht nicht von der Auslegungsregel für den Fall konkurrierender Städte ab (Nr. 6.1 RegVorl S. 79). Dieser Gesichtspunkt bezieht sich nur auf die Hauptkriterien und enthält keine Anweisung für die Konkurrenz von Hauptkriterien und Strukturförderung.

Auch andere Gesichtspunkte des Systems sprechen nicht mit solcher Eindeutigkeit für die Wahl von Genthin, daß die Entscheidung für Burg als Abweichung von den verfassungsgemäßen und deshalb vom Gesetzgeber zu verantwortenden Grundsätzen angesehen werden müßte.

Das untergeordnete Kriterium der historischen Entwicklung (Nrn. 6.1, 6.2 RegVorl S. 79, 80) bevorzugt keine der Städte; denn beide sind schon vor 1952 Kreissitze gewesen.

Das gleichfalls untergeordnete Kriterium der Erreichbarkeit (Nr. 6.2 RegVorl S. 79) spricht für Burg.

Soweit die Beschwerdeführerin demgegenüber die Strukturgründe in den Vordergrund stellt, nimmt sie nur eine andere Gewichtung innerhalb der das System bildenden Gesichtspunkte vor. Daß die von der Beschwerdeführerin vorgenommene Wertung auch mit der Verfassung vereinbar wäre, reicht für den Erfolg der Verfassungsbeschwerde nicht aus; denn die Auswahl unter gleichermaßen verfassungsmäßigen Lösungen kommt dem Gesetzgeber zu.

2.2.4. Der Gesetzgeber ist auch nicht willkürlich verfahren. Die Beschwerdeführerin kann insbesondere nicht mit Erfolg geltend machen, in allen anderen Fällen sei immer die vom Oberzentrum entfernter gelegene Stadt ausgewählt worden.

Die Regierungsvorlage hat die Wahl von Burg auch mit der Erwägung begründet, der Kreissitz solle die Bedeutung dieser Stadt als Mittelzentrum gegenüber der Landeshauptstadt Magdeburg stärken (RegVorl S. 111).

Die Fälle, aus denen die Beschwerdeführerin Indizien für eine völlig abweichende und damit willkürliche Handhabung herleitet, sind mit den Gegebenheiten im Landkreis Jerichower Land nicht vergleichbar:

Beim Ohre-Kreis (§ 3 KrsGebRefG) hat Haldensleben (Mittelzentrum) gegenüber Wolmirstedt (Grundzentrum mit Teilfunktionen eines Mittelzentrums) die höhere zentralörtliche Bedeutung (Art. II Nr. 2.1.10, 2.1.11 ROLVG-LSA). Die Regierungsvorlage stellt hierauf sowie daneben auf die zentrale Lage und die Größe entscheidend ab (RegVorl S. 107).

Beim Bördekreis (§ 5 KrsGebRefG) wird Oschersleben Wanzleben (beide Grundzentren mit Teilfunktionen eines Mittelzentrums; vgl. Art. II Nr. 2.1.11 ROLVG-LSA) zwar auch wegen seiner größeren Entfernung von Magdeburg, vor allem aber deshalb vorgezogen, weil es deutlich größer ist und eine bessere Lage im Kreis hat (RegVorl S. 114).

Ähnlich ist beim Landkreis Anhalt-Zerbst (§ 10 KrsGebRefG) der Vorzug von Zerbst vor Roßlau (beide ebenfalls Grundzentren mit Teilfunktionen eines Mittelzentrums; vgl. Art. II Nr. 2.1.11 ROLVG-LSA) mit seiner größeren Entfernung von Dessau gerechtfertigt worden, nach der Regierungsvorlage (RegVorl S. 125) aber daneben auch mit der besseren Erreichbarkeit.

In allen ebengenannten Fällen stimmen zudem die Bewertungen der Regierungsvorlage, des Ausschusses für Inneres und des Plenums überein.

Auch der Hinweis auf die Ergebnisse der Expertengruppe gibt keinen Anlaß zu Bedenken: Das Gesetz entspricht in allen Fällen ihren Vorschlägen.

2.2.5. Die Entscheidung zugunsten der Stadt Burg ist auch ohne erkennbare sonstige Fehler getroffen worden.

Der Gesetzgeber hat das hierfür notwendige Material im ausreichenden Umfang zusammengestellt. Es ist auch erkennbar in den Abwägungsprozeß einbezogen worden. Die für Genthin als Kreissitz vorgebrachten strukturellen Gesichtspunkte, vor allem auch die befürchteten nachteiligen Folgen für die Entwicklung des jetzigen Kreises Genthin insgesamt, sind außer von der Beschwerdeführerin auch vom Landkreis Genthin rechtzeitig vorgetragen worden und haben deshalb bereits Eingang in die Regierungsvorlage gefunden (vgl. RegVorl S. 108 f).

Auch die Frage der Räumlichkeiten in Burg und Genthin, insbesondere die durch eine evtl. nicht mögliche Nutzung des neuen Kreishauses in Genthin, waren Gegenstand eingehender Erörterungen im Ausschuß für Inneres.

Die Beschwerdeführerin ist entsprechend dem Verfassungsgebot ausreichend angehört worden; sie erhebt insoweit auch keine Rüge.

Die Verfassungsbeschwerde konnte nach alledem keinen Erfolg haben und war mit der Kostenfolge aus § 32 LVerfGG-LSA zurückzuweisen.

## Nr. 4

1. § 49 LVerfGG-LSA verlangt nur die Angabe des verletzten Verfassungsrechts, nicht auch die Angabe einer bestimmten Verfassungsbestimmung.

2. Landesgesetzliche Regelungen von Unvereinbarkeiten zwischen Verwaltungstätigkeiten und kommunalen Mandaten greifen unmittelbar i. S. des Art. 75 Nr. 6 LVerf-LSA in staatsbürgerliche Rechte ein.

3. Aus Art. 89 LVerf-LSA, der auf Art. 42 Abs. 1 LVerf-LSA verweist, ergibt sich in Verbindung mit dem besonderen Gleichheitssatz des Art. 8 Abs. 1 LVerf-LSA das subjektive Recht auf Gleichbehandlung im aktiven und passiven Wahlrecht zu kommunalen Körperschaften.

Unmittelbar aus Art. 89 LVerf-LSA und ergänzend aus Art. 42 Abs. 1 LVerf-LSA folgt ferner, daß der Betroffene keine Einschränkungen hinnehmen muß, welche die Allgemeinheit der Kommunalwahl in verfassungswidriger Weise einschränken.

4. Art. 91 Abs. 2 LVerf-LSA ermächtigt, den Grundsatz allgemeiner und gleicher Wahl einzuschränken, verpflichtet aber nicht dazu. Eines besonderen zwingenden Grunds für die einzelne Regelung bedarf es nicht.

Für die kommunalen Vertretungskörperschaften sind Einschränkungen indessen nur zulässig, wenn ohne sie der Gefahr von Interessenkollisionen nicht wirksam begegnet werden kann.

5. Die Gruppenangehörigen untereinander und die Gruppen des Art. 91 Abs. 2 LVerf-LSA zueinander dürfen ohne sachlich einleuchtenden Grund nicht ungleich behandelt werden. Art. 8 Abs. 1 LVerf-LSA wirkt in die Ermächtigung des Art. 91 Abs. 2 LVerf-LSA hinein.

6. Zur Vergleichbarkeit der Tätigkeit im gemeinsamen Verwaltungsamt einer Verwaltungsgemeinschaft mit einer Beschäftigung in der Verwaltung einer selbständigen Gemeinde.

**7. Zur Auswirkung einer Verletzung des besonderen Gleichheitssatzes (Art. 8 Abs. 1 LVerf-LSA) auf weitere Gesetzesbestimmungen eines Systems.**

Grundgesetz Art. 31, 137 Abs. 1, 142

Verfassung des Landes Sachsen-Anhalt Art. 2 Abs. 2, 7 Abs. 1, 8 Abs. 1,
42 Abs. 1, 75 Nr. 6, 89, 91 Abs. 2

Landesverfassungsgerichtsgesetz §§ 2 Nr. 7, 41, 47, 49, 50

Gemeindeordnung §§ 31, 40 Abs. 1 Nrn. 1 c, 2 a, b, 59 Abs. 1 Satz 3, 75 ff,
86 Abs. 3 Satz 1

Landkreisordnung §§ 29 Abs. 1 Nr. 2, 31 Abs. 4, 48 Abs. 1

Urteil vom 27. Oktober 1994 – LVG 14/94, LVG 17/94, LVG 19/94

in den Verfassungsbeschwerdeverfahren 1. wegen §§ 40 Abs. 1 Nr. 2
Buchst. a, 59 Abs. 1 Satz 3 der Gemeindeordnung, 2. wegen §§ 40 Abs. 1 Nr. 2
Buchst. b, 59 Abs. 1 Satz 3 der Gemeindeordnung und § 29 Abs. 1 Nr. 2 der
Landkreisordnung, 3. wegen §§ 86 Abs. 3 Satz 1, 40 Abs. 1 Nr. 1 Buchst. c)
der Gemeindeordnung.

Entscheidungsformel:

Auf die Verfassungsbeschwerden der Beschwerdeführer in den Verfahren
LVG 14/94, 17/94 und 19/94 hin wird festgestellt:
§ 40 Abs. 1 und § 59 Abs. 1 Satz 3 (2. Halbsatz) der Gemeindeordnung
des Landes Sachsen-Anhalt – LSA-GO – vom 5. 10. 1993 (LSA-GVBl S. 568)
sowie § 29 Abs. 1 der Landkreisordnung des Landes Sachsen-Anhalt – LSA-
LKO – vom 5. 10. 1993 (LSA-GVBl S. 598), jeweils in der Fassung der Art. 4,
5 des Gesetzes vom 3. 2. 1994 (LSA-GVBl S. 164), sind innerhalb der in §§ 40
Abs. 1 Nr. 1 Buchst. b; 59 Abs. 1 Satz 3 (2. Halbsatz) LSA-GO genannten
Fristen mit der Landesverfassung unvereinbar.
Die Regelungen des § 40 Abs. 1 Nr. 1 Buchst. a und b und des § 59 Abs. 1
Satz 3 (2. Halbsatz) LSA-GO verletzen den Grundsatz der Wahlgleichheit
und der Gleichheit staatsbürgerlicher Rechte (Art. 8 Abs. 1 und Art. 89 der
Landesverfassung). Diese Verstöße wirken sich auf das gesamte durch § 40
Abs. 1 LSA-GO und § 29 Abs. 1 LSA-LKO gebildete System von Unverein-
barkeiten zwischen Ämtern und Mandaten aus und führen insgesamt zu des-
sen zeitweiser Unvereinbarkeit mit der Verfassung.
Die Entscheidung ergeht gerichtskostenfrei.

Den Beschwerdeführern sind jeweils die ihnen entstandenen außergerichtlichen notwendigen Auslagen zu ersetzen.

Tatbestand:

Gegenstand des Verfahrens sind die Regelungen in Sachsen-Anhalt über Unvereinbarkeiten von Beschäftigungen in der staatlichen und der kommunalen Verwaltung mit kommunalen Mandaten in Gemeinden und Landkreisen.

1.

Ende des Jahres 1993 löste der Landesgesetzgeber die von der Volkskammer der Deutschen Demokratischen Republik beschlossene Kommunalverfassung – KommVfG – (Gesetz über die Selbstverwaltung der Gemeinden und Landkreise in der Deutschen Demokratischen Republik vom 17. 5. 1990 DDR-GBl Teil I Nr. 28 S. 255, als Landesrecht für Sachsen-Anhalt übergeleitet durch Art. 9 Abs. 1 des Einigungsvertrags BGBl 1990 II 885, DDR-GBl Teil I Nr. 64 S. 1627, hier zuletzt geändert durch Gesetz vom 3. 2. 1994 LSA-GVBl S. 164, 166) ab durch:

die Gemeindeordnung für das Land Sachsen-Anhalt – LSA-GO – vom 5. 10. 1993 (LSA-GVBl S. 568), geändert durch Gesetz vom 3. 2. 1994 (LSA-GVBl S. 164, 166), und durch eine

Landkreisordnung für das Land Sachsen-Anhalt – LSA-LKO – vom 5. 10. 1993 (LSA-GVBl S. 598), geändert durch Gesetz vom 3. 2. 1994 (LSA-GVBl S. 164, 170).

Die Bestimmungen über die Verwaltungsgemeinschaften – zuvor in einem besonderen Gesetz neben der Kommunalverfassung enthalten (Gesetz über kommunale Gemeinschaftsarbeit – LSA-GKG – = Art. I des Gesetzes vom 9. 10. 1992 LSA-GVBl S. 730, geändert durch Gesetz vom 3. 2. 1994 LSA-GVBl S. 164) – wurden in die Gemeindeordnung übernommen (§§ 75 ff LSA-GO).

Die neuen Vorschriften der Gemeinde- und Landkreisordnung traten zum 1. 7. 1994 – und zwar sogleich in der Fassung des Änderungsgesetzes vom 3. 2. 1994 – in Kraft (§ 154 Satz 1 LSA-GO; § 75 LSA-LKO).

In der ursprünglichen Fassung hatte die Gemeindeordnung die Unvereinbarkeiten von hauptberuflichen Tätigkeiten und Mandaten wie folgt geregelt:

§ 40 (Hinderungsgründe); dort Absatz 1:

(1) Mitglieder des Gemeinderates können nicht sein

1. a) Beamte und Angestellte der Gemeinde,

b) Beamte und Angestellte, die bei einer Verwaltungsgemeinschaft angestellt sind, der die Gemeinde angehört,

c) Beamte und Angestellte eines Zweckverbandes, dessen Mitglied die Gemeinde ist,

d) leitende Beamte und leitende Angestellte einer juristischen Person oder sonstigen Organisationen des öffentlichen oder Privatrechts, wenn die Gemeinde in einem beschließenden Organ dieser Organisation mehr als die Hälfte der Stimmen hat.

e) Beamte und Angestellte einer Stiftung des öffentlichen Rechts, die von der Gemeinde verwaltet wird;

2. Beamte und Angestellte der Kommunalaufsichtsbehörde, leitende Beamte und leitende Angestellte der oberen und obersten Kommunalaufsichtsbehörde und des Landesrechnungshofes. ...

§ 59 (Wählbarkeit, Hinderungsgründe); dort Abs. 1 Satz 3:

Die in § 40 Abs. 1 Genannten können nicht gleichzeitig Bürgermeister sein.

Diese Vorschriften erhielten durch das Änderungsgesetz vom 3. 2. 1994 die folgenden Fassungen:

§ 40  Absatz 1:

(1) Mitglieder des Gemeinderates können nicht sein

1. a) hauptamtliche Beamte und Angestellte der Gemeinde, ausgenommen nichtleitende Bedienstete in Einrichtungen der Jugendhilfe und Jugendpflege, der Sozialhilfe, des Bildungswesens und der Kulturpflege, des Gesundheitswesens, des Forst-, Gartenbau- und Friedhofsdienstes, der Eigenbetriebe und ähnlicher Einrichtungen,

b) hauptamtliche Beamte und Angestellte einer Verwaltungsgemeinschaft, der die Gemeinde angehört; dies gilt während der Dauer der am 1. Juli 1994 beginnenden Wahlperiode nur für den Leiter des gemeinsamen Verwaltungsamtes,

c) Beamte und Angestellte eines Zweckverbandes, dessen Mitglied die Gemeinde ist,

d) leitende Beamte und leitende Angestellte einer juristischen Person oder sonstigen Organisation des öffentlichen oder Privatrechts, wenn die Gemeinde in einem beschließenden Organ dieser Organisation mehr als die Hälfte der Stimmen hat,

e) Beamte und Angestellte einer Stiftung des öffentlichen Rechts, die von der Gemeinde verwaltet wird;

2. a) Beamte und Angestellte der Kommunalaufsichtsbehörde; Nummer 1 Buchst. a gilt entsprechend,

b) leitende Beamte und leitende Angestellte der oberen und obersten Kommunalaufsichtsbehörde und des Landesrechnungshofes.

§ 59 Abs. 1 Satz 3:

Die in § 40 Abs. 1 Genannten können nicht gleichzeitig Bürgermeister sein; der Hinderungsgrund des § 40 Abs. 1 Nr. 1 b gilt bis zum 30. Juni 2001 nur für den Leiter des gemeinsamen Verwaltungsamtes.

§ 86 Abs. 3 LSA-GO erklärt (unverändert) die für die Wahl der Gemeinderäte maßgeblichen Bestimmungen für entsprechend anwendbar auf die Ortschaftsräte in den Gemeinden.

Für die Unvereinbarkeiten bei Kreistagsmandaten hatte die Landkreisordnung ursprünglich folgende Bestimmungen getroffen:

§ 29 (Hinderungsgründe); dort Abs. 1:

(1) Mitglieder des Kreistages können nicht sein

1. a) Beamte und Angestellte des Landkreises,

b) Beamte und Angestellte einer kommunalen Körperschaft, dessen Mitglied der Landkreis ist,

c) leitende Beamte und leitende Angestellte einer juristischen Person oder sonstigen Organisation des öffentlichen oder Privatrechts, wenn der Landkreis in einem beschließenden Organ dieser Organisation mehr als die Hälfte der Stimmen hat.

d) Beamte und Angestellte einer Stiftung des öffentlichen Rechts, die vom Landkreis verwaltet wird;

2. Beamte und Angestellte der Kommunalaufsichtsbehörde des Landkreises, leitende Beamte und leitende Angestellte der obersten Kommunalaufsichtsbehörde und des Landesrechnungshofes.

Die Novelle vom 3. 2. 1994 änderte nur die Buchstaben a) und b) bei Nr. 1; diese lauten nunmehr:

1. a) hauptamtliche Beamte und Angestellte des Landkreises, ausgenommen nichtleitende Bedienstete in Einrichtungen der Jugendhilfe und Jugendpflege, der Sozialhilfe, des Bildungswesens und der Kulturpflege, des Gesundheitswesens, der Eigenbetriebe und ähnlicher Einrichtungen,

b) hauptamtliche Beamte und Angestellte einer kommunalen Körperschaft, dessen Mitglied der Landkreis ist,

Die für Mitglieder der Gemeindevertretung geltende Regelung über das (konkrete) Mitwirkungsverbot lautet (Fassung der Novelle):

§ 31: Mitwirkungsverbot

(1) Wer ehrenamtlich tätig ist, darf bei Angelegenheiten nicht beratend oder entscheidend mitwirken, wenn die Entscheidung ihm selbst, seinem Ehegatten, seinen Verwandten bis zum dritten oder Verschwägerten bis zum zweiten Grade oder einer von ihm kraft Gesetzes oder Vollmacht vertretenen Person einen besonderen Vorteil oder Nachteil bringen kann. Dies gilt nicht, wenn er an der Entscheidung der Angelegenheit lediglich als Angehöriger einer Berufs- oder Bevölkerungsgruppe beteiligt ist, deren gemeinsame Interessen durch die Angelegenheit berührt werden.

(2) Wer in einer Angelegenheit in anderer als öffentlicher Eigenschaft ein Gutachten abgegeben hat oder sonst tätig geworden ist, darf bei dieser Angelegenheit nicht in ehrenamtlicher Tätigkeit beratend oder entscheidend mitwirken. Das gleiche gilt für denjenigen, der

1.    bei einer natürlichen oder juristischen Person des öffentlichen oder privaten Rechts oder einer Vereinigung gegen Entgelt beschäftigt ist, oder

2.    bei einer juristischen Person oder bei einem nichtrechtsfähigen Verein als Mitglied des Vorstandes, des Aufsichtsrates oder eines vergleichbaren Organs tätig ist, sofern er diesem Organ nicht als Vertreter der Gemeinde angehört, oder

3.    Gesellschafter einer Gesellschaft des bürgerlichen Rechts ist,

wenn die unter Nummern 1 bis 3 Bezeichneten ein wirtschaftliches oder besonderes persönliches Interesse an der Erledigung der Angelegenheit haben.

(3) Lehrer dürfen nicht mitwirken, wenn über Angelegenheiten der Schulträgerschaft der Schule, an der sie tätig sind, beraten oder entschieden wird.

Hierauf verweist § 31 Abs. 4 LSA-LKO für die Kreistagsmitglieder.

### 2.

Die Novelle vom 3. 2. 1994 enthält sowohl Änderungen der damals – vor dem 1. 7. 1994 – noch gültigen Kommunalgesetze (Kommunalverfassung = Art. 2 GVBl 1994 S. 166, Gesetz über kommunale Gemeinschaftsarbeit = Art. 1 ab S. 164) als auch – anpassend – der jetzigen, aber damals noch nicht in Kraft gewesenen Kommunalgesetze (Gemeindeordnung = Art. 4 ab S. 166, Landkreisordnung = Art. 5 ab S. 170).

Wesentliche Vorarbeiten leistete – vor allem für die Änderungen der Gemeinde- und der Landkreisordnung – eine vom Landtagsausschuß für Inneres eingesetzte Arbeitsgruppe aus den Fraktionsassistenten von CDU und SPD, Angehörigen des Gesetzgebungs- und Beratungsdienstes des Landtags sowie Mitarbeitern des Ministeriums des Innern (zum Beschluß über die Einsetzung dieser Gruppe vgl. Niederschrift über die 70. Sitzung des Ausschusses für Inneres vom 29. 9. 1993 S. 20, 22 f). Deren Ergebnisse (vgl. Anlage S. 5, 6 zur Niederschrift über die 74. Sitzung des Ausschusses für Inneres vom 24. 11. 1993, ergänzend dort S. 23; vgl. Anlage 1 S. 3 f, 5 f, Anlage 2 S. 2, 6 und Anlage 4 S. 3 zur Niederschrift über die 75. Sitzung des Ausschusses für Inneres vom 8. 12. 1993, dort ergänzend S. 9 f, 18, 20, 22 f) übernahm der Ausschuß für Inneres im wesentlichen (vgl. die genannten Stellen in den beiden Niederschriften über die 74. und 75. Sitzung sowie LdTgDrs 1/3256 v. 9. 12. 1993).

Die Vorschriften über die Unvereinbarkeiten wurden intensiver beraten als die übrigen – teilweise nur berichtigenden (vgl. Bericht des Berichterstatters des Innenausschusses in der zweiten Lesung vom 16. 12. 1993 StenBer 1/56 S. 6622 r. Sp.) – sonstigen Änderungen (vgl. insoweit Berichterstatter-Ausführungen aaO S. 6622 f, N. in der 74. Sitzung des Ausschusses für Inneres, Niederschrift S. 27).

Wie schon die Regierungsvorlage (LdTgDrs 1/2567, dort Art. 1 Nr. 5 [zu einem neuen § 6a GKG]) hatten auch Arbeitsgruppe und Ausschuß für Inneres (zu § 6 Abs. 2 GKG und § 40 GO) zunächst Beamte und Angestellte im Dienst der Verwaltungsgemeinschaft bzw. der Gemeinde ohne die später Gesetz gewordenen Ausnahmen zu § 40 Abs. 1 Nr. 1 Buchst. a und b GO von der Tätigkeit im Gemeinschaftsausschuß bzw. Rat ausgeschlossen (vgl. noch Anlage 1 Nr. 5 S. 3 und Anlage 2 S. 2 zur Niederschrift über die 75. Sitzung des Ausschusses für Inneres) und deshalb auch keine Änderung der entsprechenden Bestimmung für die Landkreisordnung vorgesehen. Erst bei der Beratung über die Vorlage der Arbeitsgruppe einigte sich der Ausschuß für Inneres in der 75. Sitzung (Niederschrift S. 22 f zu Art. 4), die Gesetz gewordenen Ausnahmen zu § 40 Abs. 1 Nr. 1 Buchst. a GO (insoweit einstimmig) sowie (insoweit mehrheitlich) zu § 40 Abs. 1 Nr. 2 GO vorzuschlagen und die Differenzierung nach „Kernverwaltung" und „Einrichtungen" der Kommune auch für die Landkreisordnung vorzusehen (Niederschrift S. 23 zu Art. 5).

Den Vorschlag des Ausschuß-Vorsitzenden, des Abgeordneten J., hierüber hinaus – allerdings nur für die nächste Legislaturperiode – auch den Mitarbeitern im gemeinsamen Verwaltungsamt – außer dem Leiter – die Möglichkeit einzuräumen, Mitglied im Gemeinderat einer der Gemeinschaft angehörenden Gemeinde zu sein, lehnte der Ausschuß für Inneres bei einer Ja-Stimme mit vier Nein-Stimmen bei fünf Enthaltungen ab (Niederschrift S. 23).

Der Vorschlag der Regierungsvorlage (dort nur zu § 6a GKG, LdTgDrs 1/2567 S. 4), den Begriff „leitend" zu definieren, wurde vom Ausschuß für Inneres nicht übernommen (vgl. Beschlußempfehlung in LdTgDrs 1/3256, bei Art. 1 Nr. 5, Art. 4 Nrn. 7 und 21, Art. 5 Nr. 7) und ist auch nicht Gesetz geworden.

Wie sich schon aus Beiträgen in der Ausschußberatung (vgl. N., Niederschrift über die 75. Sitzung des Ausschusses für Inneres S. 9), insbesondere aber aus dem Bericht des Berichterstatters dieses Ausschusses in der zweiten Lesung des Landtags (StenBer 1/56 v. 16. 12. 1993 S. 6622, 6624) ergibt, war es Ziel der Änderungen zu § 40 GO und zu § 29 LKO, den Zugang von Mitarbeitern zu kommunalen Mandaten zu erleichtern, soweit sie nicht der jeweiligen Kernverwaltung angehörten.

Hintergrund war die Schwierigkeit der Parteien – wie sich aus dem Abgeordnetenbeitrag zu diesem Tagesordnungspunkt (StenBer 1/56 v. 16. 12. 1993 S. 6629 [Abgeordneter E.]) sowie zum am selben Tag behandelten folgenden Tagesordnungspunkt (Nr. 18: Entwurf einer weiteren Änderung der Gemeindeordnung; vgl. StenBer 1/56 v. 16. 12. 1993 S. 6636 [Abgeordneter E.], 6637 [Abgeordneter K.]) ergibt –, geeignete Kandidaten für die kommunalen Ämter, insbes. für das Amt des ehrenamtlichen Bürgermeisters zu finden (vgl. insoweit auch StenBer, aaO S. 6633, 6638 [Abgeordneter Dr. P.]).

Der als Drucksache Nr. 1/3297 (v. 16. 12. 1993) vorgelegte und vom Abgeordneten K. eingebrachte (StenBer 1/56 v. 16. 12. 1993 S. 6626 f) Änderungsantrag der Fraktionen der CDU und der F.D.P. schlug die Gesetz gewordenen Änderungen zu §§ 40 Abs. 1 Nr. 1 Buchst. b; 59 Abs. 1 Satz 3 2. Halbsatz der Gemeindeordnung vor.

In der schriftlichen Begründung (LdTgDrs 1/3297 S. 2) heißt es, das Beharren auf der strengen Unvereinbarkeit erscheine angesichts der vom Ausschuß für Inneres vorgeschlagenen Lockerungen nicht konsequent; mindestens für eine Übergangszeit müsse es möglich sein, daß Gemeinderäte und ehrenamtliche Bürgermeister gleichzeitig als Bedienstete im gemeinsamen Verwaltungsamt tätig seien.

Nach der mündlich gegebenen Begründung (Abgeordneter K., F.D.P., StenBer 1/56 v. 16. 12. 1993 S. 6626, 6627) war das Anliegen,

in dieser Wahlperiode noch einmal den Bürgermeistern, die bisher tätig waren und die sich wieder bewerben möchten, aber in der Zwischenzeit in ein Amt gegangen sind, die Möglichkeit zur Kandidatur zu geben. Es ist dies ein erfahrener Personalstamm, es sind Leute, die den Aufbau mit geleistet haben und die in vielen Fällen sicherlich gerne wieder bereit wären, sich für den Aufbau und die Fortentwicklung unserer Kommunen zur Verfügung zu stellen.

Sie jetzt für die nächste Periode auszuschließen, obwohl schon seit langem diskutiert wurde, daß sie möglicherweise weiterarbeiten können, halten wir für ungünstig. Wir sind der Meinung, daß dieser Sachverstand in den Gemeinden sehr wohl noch gebraucht wird, daß die Bürgermeister dort sehr wohl sehr gut arbeiten können, auch wenn sie gleichzeitig in einem Amt sind. Uns ist das Problem, das die Verknüpfung von Amt und Mandat mit sich bringt, bekannt und auch bewußt; aber man sollte es für diese eine Periode in Kauf nehmen. Ich erwarte keine wesentlichen Nachteile davon.

Nach dem Bericht des Berichterstatters (Abgeordneter J., CDU, StenBer 1/56 v. 16. 12. 1993 S. 6622, 6624 r. Sp.) hatte die Mehrheit im Ausschuß für Inneres erhebliche Bedenken wegen unbestreitbarer Interessenkonflikte gehabt und die Gefahr gesehen, die Mitgliedsgemeinden hätten Vorteile, deren Mandatsträger zugleich im Verwaltungsamt tätig seien. In den Debattenbeiträgen, die sich kritisch mit dem Änderungsvorschlag beschäftigten, wurde zusätzlich gerügt, die Verwaltung werde gegenüber den örtlichen Räten gestärkt und es entständen Ortschaften unterschiedlicher Klassen (StenBer 1/56 v. 16. 12. 1993 S. 6626 [Abgeordneter L., SPD], S. 6630 [Abgeordneter E., Bündnis 90]).

In der vom Abgeordneten E. beantragten namentlichen Abstimmung (StenBer 1/56 v. 16. 12. 1993 S. 6625, 6630), in welcher sich der Berichterstatter des Ausschusses für Inneres der Stimme enthielt (StenBer, aaO S. 6631), wurde der Änderungsantrag LdTgDrs 1/3297 mit 48 gegen 40 Stimmen bei vier Enthaltungen angenommen.

### 3.

Die Verfassungsbeschwerden richten sich gegen unterschiedliche Einzelregelungen:

3.1 Der Beschwerdeführer (zu 1) im Verfahren LVG 14/94 ist als Hauptsachbearbeiter im Sozialamt – Amt für Ausbildungsförderung – des Landratsamts Angestellter des Landkreises Halberstadt. Er war in der abgelaufenen Wahlperiode Bürgermeister der dem Landkreis Halberstadt angehörenden Gemeinde Vogelsdorf, kandidierte bei den Wahlen am 12. 6. 1994 erneut und wurde in seinem Amt bestätigt.

Er hat am 11. 4. 1994 Verfassungsbeschwerde erhoben. Er rügt die Verletzung seines (passiven) Wahlrechts durch §§ 40 Abs. 1 Nr. 2 Buchst. a; 59 Abs. 1 der Gemeindeordnung und führt dazu aus:

Ihm sei nicht zuzumuten, die Beschäftigung beim Landkreis aufzugeben. Die gesetzliche Regelung schließe ihn dann aber sowohl für die Wahlen zum Kreistag als auch zum Gemeinderat und zum Bürgermeister aus. Um Interessenkonflikte zu vermeiden, reiche es, wenn nur die mit der Kommunalaufsicht Beschäftigten ohne Mandat blieben. Bei seiner Tätigkeit in der Landkreisverwaltung komme es zu keinem Interessenwiderstreit. Im deutlichen Gegensatz zu der ihn betreffenden Regelung der Gemeindeordnung stehe, daß bei Verwaltungsgemeinschaften nur der Leiter ausgeschlossen sei. Wenn der Gesetzgeber Sorge gehabt habe, die kommunalen Ämter könnten nicht besetzt werden, habe er gleichmäßig verfahren müssen.

Auf den zusätzlich gestellten Antrag des Beschwerdeführers hin hat das Landesverfassungsgericht durch einstweilige Anordnung (Beschl. v. 10. 6. 1994 – LVG 14/94 –, auf den verwiesen wird) den Vollzug der §§ 40 Abs. 1 Nr. 2 Buchst. a; 59 Abs. 1 Satz 3 LSA-GO vorläufig ausgesetzt.

Der Beschwerdeführer beantragt sinngemäß,

§§ 40 Abs. 1 Nr. 2 Buchst. a; 59 Abs. 1 Satz 3 der Gemeindeordnung des Landes Sachsen-Anhalt vom 5. 10. 1993 (LSA-GVBl S. 568) i. d. F. des Art. 4 Nr. 7 und 10 des Gesetzes vom 3. 2. 1994 (LSA-GVBl S. 164) für nichtig zu erklären.

3.2 Der Beschwerdeführer (zu 2) im Verfahren LVG 17/94 ist Angestellter des Landes im Regierungspräsidium Halle und dort als Dezernatsleiter 041 (Lehrerpersonalien) tätig. Er war in der abgelaufenen Wahlperiode Bürgermeister der zum Landkreis Saalkreis (Regierungsbezirk Halle) gehörenden Gemeinde Schochwitz. Bei den Wahlen vom 12. 6. 1994 wurde er in diesem Amt bestätigt und außerdem zum Mitglied des Kreistags (Saalkreis) gewählt. Er hat am 27. 6. 1994 den Erlaß einer einstweiligen Anordnung beantragt und am 5. 7. 1994 Verfassungsbeschwerde erhoben. Er rügt die Verletzung des Art. 89 der Landesverfassung einerseits durch §§ 40 Abs. 1 Nr. 2 Buchst. b; 59 Abs. 1 der Gemeindeordnung und andererseits durch § 29 Abs. 1 Nr. 2 der Landkreisordnung; dazu führt er aus:

Die beanstandeten Regelungen verletzten den Grundsatz der Wahlgleichheit. Das werde auch dadurch deutlich, daß die Regelungen über die Verwaltungsgemeinschaften die strengeren Bestimmungen für einen bestimmten Personenkreis ausgesetzt hätten. Außerdem sei fraglich, ob er als leitender Angestellter angesehen werden könne und deshalb von dem Bürgermeisteramt ausgeschlossen werden dürfe.

Nachdem das Ministerium des Innern den Beschluß vom 10. 6. 1994 – LVG 14/94 – den Regierungspräsidien und den Behörden der Kreisebene bekanntgegeben hatte, hat das Landesverfassungsgericht durch einstweilige Anordnung (Beschl. v. 11. 7. 1994 –, auf den verwiesen wird) nur noch den Vollzug des § 29 Abs. 1 Nr. 2 LSA-LKO vorläufig ausgesetzt.

Der Beschwerdeführer beantragt sinngemäß,

§§ 40 Abs. 1 Nr. 2 Buchst. b; 59 Abs. 1 Satz 3 der Gemeindeordnung des Landes Sachsen-Anhalt vom 5. 10. 1993 (LSA-GVBl S. 568) i. d. F. des Art. 4 Nrn. 7 und 10 des Gesetzes vom 3. 2. 1994 (LSA-GVBl S. 164) und § 29 Abs. 1 Nr. 2 der Landkreisordnung des Landes Sachsen-Anhalt vom 5. 10. 1993 (LSA-GVBl S. 598) i. d. F. des Art. 5 Nr. 7 des Gesetzes vom 3. 2. 1994 (LSA-GVBl S. 164) für nichtig zu erklären.

3.3 Der Beschwerdeführer (zu 3) im Verfahren LVG 19/94 war – bis auf einen Zeitraum zwischen dem 1. 2. 1991 und dem 31. 12. 1992, in welchem er in der Verwaltung der Gemeinde tätig war – in der abgelaufenen Wahlperiode Mitglied der Gemeindevertretung von Silstedt (Landkreis Wernigerode). Die Gemeinde trat 1992 dem Abwasserverband Holtemme bei; dort wurde der Beschwerdeführer technischer Mitarbeiter. Sein Aufgabengebiet ist die Abnahme von Baumaßnahmen sowie die Beratung der Bürger. Silstedt wurde nach Wernigerode eingemeindet (§ 17 Abs. 2 der Verordnung zur Gemeindegebietsreform vom 8. 10. 1993 LSA-GVBl S. 647). Bei der Kommunalwahl vom 12. 6. 1994 wurde der Beschwerdeführer in den Ortschaftsrat für Silstedt gewählt.

Der Beschwerdeführer hat am 15. 8. 1994 Verfassungsbeschwerde erhoben. Er rügt die Verletzung seines passiven Wahlrechts durch § 40 Abs. 1 Nr. 1 c der Gemeindeordnung.

Der Beschwerdeführer beantragt sinngemäß,

§ 40 Abs. 1 Nr. 1 c der Gemeindeordnung des Landes Sachsen-Anhalt vom 5. 10. 1993 (LSA-GVBl S. 568) i. d. F. des Art. 4 Nr. 7 des Gesetzes vom 3. 2. 1994 (LSA-GVBl S. 164) für nichtig zu erklären.

### 4.

Landtag und Landesregierung hatten Gelegenheit zur Stellungnahme.

### 4.1

Der Landtag von Sachsen-Anhalt hat am 10. 6. 1994 und am 7. 7. 1994 mitgeteilt, eine Stellungnahme werde nicht abgegeben, weil dies bei Wahrung des einzuhaltenden Verfahrens mit Rücksicht auf die auslaufende Legislaturperiode nicht mehr möglich sei.

### 4.2

Die Landesregierung (Ministerium des Innern) hat sich in den einzelnen Verfahren wie folgt geäußert:

4.2.1 (LVG 14/94) Die angegriffenen Vorschriften schlössen die Kandidatur nicht aus, so daß keine einstweilige Regelung getroffen werden müsse. Die Verfassungsbeschwerde sei zudem unzulässig, weil der Beschwerdeführer nicht unmittelbar durch ein Gesetz verletzt werde. Der Gemeinderat müsse feststellen, ob ein Hinderungsgrund vorliege (im Verfahren auf vorläufigen Rechtsschutz am 9. 6. 1994; sodann in der Hauptsache am 4. 7. 1994:)

Die angegriffenen Vorschriften verstießen nicht gegen die Verfassung. Der Landrat übe nach § 134 LSA-GO die Kommunalaufsicht über die kreisangehörigen Gemeinden aus. Aufgrund seines Organisationsrechts für die

Kreisverwaltung (§ 52 Abs. 1 LSA-LKO) entscheide er, wie er das ihm unterstellte Personal im Einzelfall einsetze. Dies begründe einen Interessenkonflikt. Werde einengend verlangt, daß der einzelne Bedienstete konkret mit Aufgaben der Kommunalaufsicht befaßt sei, dann greife dies entweder in die Organisationsgewalt des Landrats ein, oder der Landrat könne gezielt Bedienstete in die Kommunalaufsicht umsetzen und dadurch bewirken, daß sie aus dem Gemeinderat oder dem Bürgermeisteramt ausschieden.

Auch im Verhältnis zu § 40 Abs. 1 Nr. 1 Buchst. b LSA-GO liege keine Ungleichheit vor. Diese Regelung sei bewußt vor dem Hintergrund der kommunalen Neuregelung vorgenommen worden. Die gemachte Ausnahme beruhe auf der besonderen einmaligen Situation im Land Sachsen-Anhalt. Die am Aufbau der kommunalen Selbstverwaltung Beteiligten seien in verschiedenen Funktionen tätig gewesen, bei denen nach allgemeinen Maßstäben Interessenkollisionen zu befürchten gewesen seien. Im Interesse des Aufbaus seien hier keine Korrekturen vorgenommen worden. Wäre die Ausnahme für die Verwaltungsgemeinschaften nicht gemacht worden, so hätte es an dem erforderlichen Engagement aus den einzelnen Gemeinden gefehlt. Die für die Gemeinde handelnden Personen seien „Motoren" der Verwaltungsgemeinschaftsbildung. Außerdem sei befürchtet worden, daß nicht mehr ausreichend Kandidaten für die Gemeinderäte zur Verfügung ständen, wenn die bisherigen Mandatsträger in die Verwaltung der Verwaltungsgemeinschaft wechselten. Die Befürchtung habe sich bei Vorbereitung der Kommunalwahlen 1994 bestätigt. Der Gesetzgeber habe eine Abwägung zwischen der verfassungsrechtlichen Garantie kommunaler Selbstverwaltung und einem in sich geschlossenen System von Hinderungsgründen vorgenommen.

4.2.2 (LVG 17/94, am 4. 8. 1994:) Das Regierungspräsidium führe die Kommunalaufsicht über die Landkreise. Interessenkonflikte bestünden aber nicht nur für diesen Fall, sondern auch im Rahmen der Fachaufsicht, die in ihren Einwirkungsmöglichkeiten noch über die Kommunalaufsicht hinausreiche und zahlreiche Berührungspunkte mit der Kommunalaufsicht habe. Die wichtige Beratung im Rahmen der Kommunalaufsicht erfordere intensiven Informationsaustausch. Im übrigen sei im Rahmen der Landkreisordnung ein geschlossenes System von Unvereinbarkeiten geschaffen worden. ·

4.2.3 (LVG 19/94, am 22. 9. 1994:) Auch bei Beschäftigten von Zweckverbänden stelle sich das Problem ähnlich wie bei den Gemeindebediensteten. Die Verbandsversammlung werde von den Vertretungskörperschaften der beteiligten Gemeinden gewählt. Sie sei dem Gemeinderat gleichzuachten. Das gelte auch für Kontrollrechte gegenüber dem Hauptverwaltungsbeamten. Es komme hinzu, daß die Vertreter der Gemeinden an die Beschlüsse der entsendenden Gemeinderäte gebunden seien.

Entscheidungsgründe:

Die einzelnen Verfassungsbeschwerden, die einheitlich beurteilt werden können und deshalb zur gemeinsamen Entscheidung verbunden worden sind, sind zulässig (1) und begründet (2).

1.

Das Landesverfassungsgericht ist zur Entscheidung berufen (1.1). Die Beschwerdeführer können sich auf die Verletzung staatsbürgerlicher Rechte stützen (1.2), in welche die beanstandeten gesetzlichen Vorschriften jeweils auch unmittelbar eingreifen (1.3). Die übrigen Zulässigkeitsvoraussetzungen sind erfüllt (1.4).

1.1 Es handelt sich um allgemeine Verfassungsbeschwerden i. S. des Art. 75 Nr. 6 der Verfassung des Landes Sachsen-Anhalt – LVerf-LSA – vom 16. 7. 1992 (LSA-GVBl S. 600) unter der §§ 2 Nr. 7; 47 ff des Gesetzes über das Landesverfassungsgericht – LVerfGG-LSA – vom 23. 8. 1993 (LSA-GVBl S. 441), geändert durch Gesetz vom 14. 6. 1994 (LVA-GVBl S. 700). Ohne Bedeutung ist, ob und in welchem Umfang auch eine Verfassungsbeschwerde zum Bundesverfassungsgericht mit der Erwägung möglich wäre, das passive Wahlrecht könne (auch) aus (Art. 3 mit) Art. 28 Abs. 1 Satz 2 des Grundgesetzes – GG – hergeleitet werden und Art. 137 Abs. 1 GG enthalte (in erster Linie) die Befugnis, dieses Wahlrecht einzuschränken; denn das Landesverfassungsgericht ist jedenfalls berufen, über das – gleichlautende – Landesverfassungsrecht zu urteilen: Art. 89 LVerf-LSA verlangt für die Kommunen – das sind nach Art. 87 Abs. 1 LVerf-LSA Gemeinden und Landkreise – eine Vertretung, die aus allgemeinen und gleichen Wahlen hervorgegangen ist; Art. 91 Abs. 2 LVerf-LSA schränkt die Wählbarkeit der dort genannten Personengruppen ein.

Die Bestimmungen über die allgemeine Verfassungsbeschwerde zum Bundesverfassungsgericht (vgl. Art. 93 Abs. 1 Nr. 4 a GG und §§ 90 ff des Bundesverfassungsgerichtsgesetzes – BVerfGG – i. d. F. d. Bek. v. 11. 8. 1993 BGBl I 1473) schließen die Kontrolle durch das Landesverfassungsgericht nicht aus; § 90 Abs. 3 BVerfGG läßt vielmehr ausdrücklich neben der bundesrechtlichen auch eine landesrechtliche Verfassungsbeschwerde zu, die ausschließlich Landesrecht beurteilt.

Das dem Bundesverfassungsrecht entsprechende Landesverfassungsrecht, welches hier die Zulässigkeit der Verfassungsbeschwerde zum Landesverfassungsgericht begründet, wird auch nicht durch Art. 31 GG verdrängt. Das hat das Landesverfassungsgericht bereits für die Garantie kommunaler Selbstverwaltung – Art. 28 Abs. 2 GG im Verhältnis zu Art. 2 Abs. 3 LVerf-LSA –

anerkannt (vgl. Urteile vom 31. 5. 1994 – LVG 2/93 – S. 22; – LVG 1/94 – S. 20). Gleiches gilt für Art. 28 Abs. 1 Satz 2 GG im Verhältnis zu Art. 89 LVerf-LSA; denn auch die Bestimmungen des Art. 28 Abs. 1 GG enthalten Vorgaben für die Landesorganisation (vgl. für alle: *Pieroth* in Jarass/Pieroth, GG, 2. Aufl., Art. 28 Rdn. 2, 4; BVerfG, Urt. v. 31. 10. 1990 – 2 BvF 3/89 –, BVerfGE 83, 60, 71). Art. 89 LVerf-LSA setzt dies für die Wahlen in den Kommunen um.

Für die Grundrechtsbestimmungen – hier für den Gleichheitssatz nach Art. 7 Abs. 1, 8 Abs. 1 LVerf-LSA – gilt: Art. 31 GG verdrängt insoweit nur mit Bundesrecht kollidierendes Landesverfassungsrecht, nicht aber den Grundrechten inhaltsgleiche Regelungen (vgl. Art. 142 GG). Art. 142 GG gilt auch für Grundrechte, die ein Bundesland erst nach Inkrafttreten des Grundgesetzes geschaffen hat (allg. Ansicht; vgl. etwa *Jarass* in Jarass/Pieroth, aaO, Art. 142 Rdn. 1; *Mahnke*, Die Verfassung des Landes Sachsen-Anhalt, Art. 75 Rdn. 22).

1.2 Die Verfassungsbeschwerden betreffen in allen Fällen die Frage, ob die jeweils beanstandete Vorschrift mit dem sich aus Art. 89 LVerf-LSA ergebenden passiven Wahlrecht vereinbar ist. Hierbei handelt es sich um ein staatsbürgerliches Recht i. S. des Art. 75 Nr. 6 LVerf-LSA und des § 2 Nr. 7 LVerfGG-LSA. Umfaßt werden politische Mitwirkungsrechte, insbes. die von der Volkssouveränität vorausgesetzten Wahlrechte (vgl. insoweit auch Art. 2 Abs. 2 und Art. 8 LVerf-LSA; wie hier: *Mahnke*, LVerf-LSA, Art. 8 Rdn. 3, Art. 75 Rdn. 19; vgl. für das Bundeswahlrecht z. B.: BVerfG, Beschl. v. 21. 6. 1988 – 2 BvR 638/84 – BVerfGE 78, 350, 357).

Das staatsbürgerliche Recht auf Gleichbehandlung im aktiven und passiven Wahlrecht folgt landesverfassungsrechtlich für Kommunalwahlen aus Art. 89 LVerf-LSA i. V. m. Art. 8 Abs. 1 LVerf-LSA.

Art. 89 LVerf-LSA verlangt in den Kommunen zwingend Volksvertretungen, die nach den Grundsätzen des Art. 42 Abs. 1 LVerf-LSA gewählt worden sind. Art. 89 LVerf-LSA enthält damit zugleich das subjektive Recht auf Teilhabe an Kommunalwahlen, wie es sich für die Landtagswahl aus Art. 42 Abs. 1 LVerf-LSA ergibt. Daß diese Rechte formal gleich allen Teilnehmern an Wahlen zustehen, folgt aus dem Grundsatz gleicher Wahl (Art. 42, 89 LVerf-LSA) sowie zusätzlich aus Art. 8 Abs. 1 LVerf-LSA. Soweit Art. 8 Abs. 1 LVerf-LSA gleiche staatsbürgerliche Rechte einräumt, handelt es sich um einen Sonderfall des allgemeinen Gleichheitssatzes (Art. 7 Abs. 1 LVerf-LSA).

Das entspricht der ständigen Rechtsprechung des Bundesverfassungsgerichts zur Wahlgleichheit (vgl. etwa: BVerfG, Beschl. v. 17. 1. 1961 – 2 BvR 547/60 –, BVerfGE 12, 73, 76; Beschl. v. 27. 10. 1964 – 2 BvR 319/61 –,

BVerfGE 18, 172, 180; Beschl. [Teil-Entscheidung] v. 21. 1. 1975 – 2 BvR 193/ 74 –, BVerfGE 38, 326, 335; [Schluß-]Urt. v. 5. 11. 1975 – 2 BvR 193/74 –, BVerfGE 40, 296, 317 f – Diäten-Urteil; Beschl. v. 4. 4. 1978 – 2 BvR 1108/77 –, BVerfGE 48, 64, 79, 81, Beschl. v. 7.4.1981 – 2 BvR 1210/80 –, BVerfGE 57, 43, 54; Beschl. v. 6. 10. 1981 – 2 BvR 384/81 –, BVerfGE 58, 177, 188; Beschl. v. 12. 12. 1991 – 2 BvR 562/91 –, BVerfGE 85, 148, 157).

Der oben vorgenommenen Ableitung subjektiver Rechte direkt aus Art. 8 Abs. 1 und Art. 89 LVerf-LSA – als Sonderfall des Art. 7 Abs. 1 LVerf-LSA – steht nicht entgegen, daß das Bundesverfassungsgericht stets nur auf den allgemeinen Gleichheitssatz des Art. 3 Abs. 1 GG abstellt und die Wahlgleichheit als dessen Unterfall behandelt (vgl. etwa: BVerfGE 58, 177, 188). Ursache hierfür ist allein, daß – anders als bei der landesrechtlichen Verfassungsbeschwerde nach Art. 75 Nr. 6 LVerf-LSA – die Verfassungsbeschwerde zum Bundesverfassungsgericht nach Art. 93 Abs. 1 Nr. 4 a GG und § 90 Abs. 1 BVerfGG nur auf die Verletzung von Grundrechten oder ausdrücklich erwähnten Rechten gestützt werden kann; dort sind aber staatsbürgerliche Rechte nicht genannt.

Da (auch) das subjektive (Kommunal-)Wahlrecht bereits durch Art. 8 Abs. 1 und Art. 89 LVerf-LSA als Sonderfall des Gleichheitsgrundsatzes garantiert wird, ist der Rückgriff auf den allgemeinen Gleichheitssatz des Art. 7 Abs. 1 LVerf-LSA nicht mehr erforderlich.

Unmittelbar aus Art. 89 und ergänzend aus Art. 42 Abs. 1 LVerf-LSA folgt ferner, daß der Beschwerdeführer keine Einschränkungen hinnehmen muß, welche die Allgemeinheit der Kommunalwahl in verfassungswidriger Weise einschränken.

1.3 Die gesetzlichen Bestimmungen greifen in das passive Wahlrecht der Beschwerdeführer unmittelbar i. S. des Art. 75 Nr. 6 LVerf-LSA und der §§ 2 Nr. 7; 47 LVerfGG-LSA ein.

Dem steht nicht entgegen, daß vorgesehen ist, die Unvereinbarkeit förmlich festzustellen (vgl. etwa: § 6 Abs. 2 Satz 2 LSA-GKG, § 40 Abs. 2 LSA-GO oder § 29 Abs. 2 LSA-LKO); denn nicht diese Feststellung bewirkt, daß der von ihr Betroffene (künftig) ausgeschlossen wird, sondern bereits das Gesetz selbst erklärt bestimmte Ämter mit bestimmten Mandaten (von Anfang an) für unvereinbar. Der Feststellung kommt lediglich deklaratorische Bedeutung zu.

Diese Auslegung des Merkmals der Unmittelbarkeit in den landesrechtlichen Zulässigkeitsvoraussetzungen (Art. 75 Nr. 6 LVerf-LSA, §§ 2 Nr. 7; 47 LVerfGG-LSA) deckt sich mit derjenigen des Bundesverfassungsgerichts zu der bundesrechtlichen Fristenbestimmung (vgl. insoweit § 93 Abs. 1, 3 BVerfGG).

Das Bundesverfassungsgericht hat die auf die Verletzung des passiven Wahlrechts gestützten Verfassungsbeschwerden stets als unmittelbar gegen das Gesetz gerichtet angesehen (so vor allem: BVerfGE 12, 73, 76; 18, 172, 180; 38, 326, 335; 48, 64, 79; 57, 43, 55; 58, 177, 189.

Dabei hat es ausdrücklich darauf verwiesen, die Feststellungen und sonstigen Maßnahmen im Rahmen des Wahlverfahrens seien keine Vollzugsakte der Verwaltung (BVerfGE 48, 64, 80; 57, 43, 55; 58, 177, 190).

Auch der Hessische Staatsgerichtshof hat eine entsprechende Verfassungsbeschwerde als unmittelbar gegen das Wahlgesetz gerichtet behandelt (HessStGH, Urt. v. 7. 1. 1970 – P.St. 539 – ESVGH 20, 206, 206 f).

Der Beschwerdeführer zu 1 (Verfahren LVG 14/94) wird nach § 59 Abs. 1 Satz 3 LSA-GO gehindert, als Mitglied der Kreisverwaltung zugleich Bürgermeister seiner demselben Kreis angehörenden Gemeinde zu sein, weil § 40 Abs. 1 Nr. 2 Buchst. a LSA-GO die Angehörigen der Kreisverwaltung unabhängig davon betrifft, ob sie mit Aufgaben der Kommunalaufsicht beschäftigt sind oder nicht. Die Bestimmung bezieht sich auf den Landkreis als die Behörde, welche mit der Kommunalaufsicht betraut ist, nicht auf einen Teil der Landkreisverwaltung.

Ähnliches gilt für den Beschwerdeführer zu 2 (Verfahren LVG 17/94), soweit dessen Bürgermeistermandat betroffen ist; § 59 Abs. 1 Satz 3 LSA-GO verweist auch auf § 40 Abs. 1 Nr. 2 Buchst. b LSA-GO. Das Regierungspräsidium Halle – und nicht nur das Dezernat, welches konkret mit der Kommunalaufsicht betraut wird – ist die maßgebliche höhere Kommunalaufsichtsbehörde über die Gemeinde Schochwitz. Es kann offenbleiben, ob der Beschwerdeführer als Dezernatsleiter bereits zu den leitenden Angestellten gehört oder ob diese Grenze erst bei den Abteilungsleitern der Behörde beginnt. Die Unvereinbarkeitsvorschriften der Gemeindeordnung enthalten ebensowenig wie die der Landkreisordnung eine Definition dessen, was als leitend anzusehen ist. Die Klärung ist zudem auch deshalb nicht eindeutig möglich, weil dieser Begriff innerhalb desselben Absatzes 1 des § 40 LSA-GO jeweils in unterschiedlichem Zusammenhang verwendet wird (mit Einrichtungen in Nr. 1 Buchst. a, mit juristischen Personen in Nr. 1 Buchst. d und schließlich mit der oberen und obersten Kommunalaufsichtsbehörde i. S. der Nr. 2 Buchst. b). Da diese Grundbezüge nicht unmittelbar vergleichbar sind, läßt sich aus den genannten Bestimmungen keine einheitliche Auslegung ableiten. Für § 40 Abs. 1 Nr. 2 b LSA-GO schließlich kann nicht auf die Materialien zu dieser Bestimmung abgestellt werden: Eine eindeutige Auslegung ist nicht möglich, weil es der Gesetzgeber unterlassen hat, eine Definition – wie sie für einen Teilbereich zu § 6 a GKG der Regierungsvorlage vorgesehen war – in das Gesetz aufzunehmen. Das Landesverfassungsgericht hat mangels einer solchen Definition erhebliche Zweifel, ob der Beschwerdeführer nicht bereits als leitender Mitarbeiter anzusehen ist. Es behandelt deshalb im Rahmen der Zulässigkeit die Tätigkeit (Dezernatsleiter) als leitende Funktion; die gegentei-

lige Auffassung würde sich im übrigen nicht auf den Umfang der für unvereinbar zu erklärenden Vorschriften auswirken (vgl. dazu unten Nr. 2.2).

Soweit dieser Beschwerdeführer als Kreistagsabgeordneter betroffen ist,
wird er durch § 29 Abs. 1 Nr. 2 LSA-LKO ausgeschlossen, weil das Regierungspräsidium Halle unmittelbare Kommunalaufsichtsbehörde über den
Landkreis Saalkreis ist; auch insoweit gilt, daß nicht nur die direkt mit dieser
Aufgabe betrauten Beamten und Angestellten des Regierungspräsidiums erfaßt werden.

Der Beschwerdeführer zu 3 (Verfahren LVG 19/94) darf nach § 40 Abs. 1
Nr. 1 Buchst. c LSA-GO deshalb nicht gleichzeitig Angestellter des Zweckverbands Holtemme – dem die Stadt Wernigerode angehört – und Mitglied des
Ortschaftsrats von Silstedt sein, weil die Vorschriften für den Gemeinderat
nach § 86 Abs. 3 LSA-GO auf den Ortschaftsrat entsprechend anzuwenden
sind.

1.4 Die Beschwerden sind auch im übrigen zulässig.

In allen Fällen ist die (einfachgesetzliche) Vorschrift der Kommunalgesetze genannt, durch welche sich die Beschwerdeführer verletzt fühlen. Auch das
Verfassungsrecht, welches die Beschwerdeführer für beeinträchtigt halten, ist
ausreichend bezeichnet. Hierfür ist nicht erforderlich, auf einen konkreten Artikel der Landesverfassung zu verweisen; denn § 49 LVerfGG-LSA verlangt
nur die Angabe des Rechts, das verletzt sein soll. Dem ist genügt, wenn die Beschwerdeführer sich auf ihr (passives) Wahlrecht berufen. Ob das verletzte
Recht aus der Verfassung abgeleitet werden kann und welche Bestimmungen
einschlägig sind, ist mitunter – wie in diesem Fall – nicht ganz einfach zu ermitteln, so daß die über den Wortlaut des § 49 LVerfGG-LSA hinausgehende
und durch dessen Zweck nicht gebotene Auslegung als unverhältnismäßig
nicht in Betracht kommt, weil sie die Rechtsverfolgung unnötig erschweren
würde.

Die Jahresfrist des § 48 LVerfGG-LSA ist in allen Fällen eingehalten.

## 2.

Die Verfassungsbeschwerden sind begründet.

Entsprechend dem Kontrollauftrag des Art. 75 Nr. 6 LVerf-LSA stellt das
Landesverfassungsgericht nach § 50 LVerfGG-LSA i. V. m. § 41 Satz 1
LVerfGG-LSA die Unvereinbarkeit einer gesetzlichen Bestimmung fest, die
gegen die Landesverfassung verstößt.

Die Differenzierung zwischen hauptberuflicher Tätigkeit und Mandat innerhalb derselben Gemeinde einerseits sowie zwischen hauptberuflicher Tätigkeit in der Verwaltung eines gemeinsamen Verwaltungsamts und einem

Mandat in einer der Verwaltungsgemeinschaft angeschlossenen Gemeinde andererseits verletzt den für Wahlen geltenden (besonderen) Gleichheitssatz (2.1). Die Verfassungswidrigkeit wirkt sich auf weitere Unvereinbarkeitsbestimmungen der Kommunalgesetze aus, soweit sie Teil eines Systems sind (2.2). Die Unvereinbarkeit der in der Entscheidungsformel genannten Bestimmungen mit der Verfassung hat zur Folge, daß diese innerhalb der in §§ 40 Abs. 1 Nr. 1 Buchst. b; 59 Abs. 1 Satz 3 2. Halbsatz LSA-GO genannten Frist nicht mehr angewendet werden dürfen (2.3).

2.1 Art. 91 Abs. 2 LVerf-LSA ermächtigt den Gesetzgeber zwar, den Grundsatz gleicher Wahl für die dort genannten Gruppen zu durchbrechen (2.1.1), rechtfertigt aber nicht jede ungleiche Behandlung, insbesondere nicht der Gruppenzugehörigen untereinander (2.1.2). Die Bestimmungen des § 40 Abs. 1 Nr. 1 Buchst. a, b LSA-GO behandeln ohne ausreichenden Grund gleiche Tatbestände ungleich (2.1.3).

2.1.1 Der Grundsatz der Wahlgleichheit verbietet grundsätzlich, einzelne oder Gruppen von ihrem Wahlrecht auszuschließen (2.1.1.1). Art. 91 Abs. 2 LVerf-LSA ermächtigt den Gesetzgeber, diesen Grundsatz zu durchbrechen und die Abgrenzung nach seinem Ermessen abstrakt zu bestimmen (2.1.1.2); wessen Tätigkeit hiernach als unvereinbar mit einer Mandatsausübung festgelegt wird, der kann grundsätzlich nicht mit Erfolg geltend machen, bei seiner konkret ausgeübten Tätigkeit bestehe keine Interessenkollision (2.1.1.3).

2.1.1.1 Aus dem Wesen des Wahlrechts als eines politischen Grundrechts (BVerfG, Urt. v. 5. 4. 1952 – 2 BvH 1/52 –, BVerfGE 1, 208, 242) und seiner historischen Entwicklung zum „Demokratisch-Egalitären" hin (BVerfG, Beschl. v. 11. 10. 1972 – 2 BvR 912/71 –, BVerfGE 34, 81, 98) folgt, daß die Wahlgrundsätze der allgemeinen und gleichen Wahl durch ihren formalen Charakter gekennzeichnet und darin vom allgemeinen Gleichheitssatz unterschieden sind (BVerfGE 34, 81, 98). Der Grundsatz der Allgemeinheit verbietet, bestimmte Bevölkerungsgruppen aus politischen, wirtschaftlichen oder sozialen Gründen auszuschließen (BVerfG, Beschl. v. 23. 10. 1973 – 2 BvC 3/ 73 –, BVerfGE 36, 139, 141; Beschl. v. 7. 10. 1981 – 2 BvC 2/81 –, BVerfGE 58, 202, 205). Allgemeinheit und Gleichheit der Wahl verlangen, daß jedem das staatsbürgerliche Recht in formal möglichst gleicher Weise zusteht (BVerfGE 34, 81, 98; 36, 139, 141).

Dem Gesetzgeber bleibt wegen dieser Formalisierung nur ein eng bemessener Spielraum für Differenzierungen, die jeweils eines besonderen rechtfertigenden zwingenden Grunds bedürfen (BVerfG, Beschl. v. 6. 5. 1970 – 2 BvR 158/70 –, BVerfGE 28, 220, 225; BVerfGE 34, 81, 99; 78, 350, 357 f).

Diese – überwiegend zum aktiven Wahlrecht entwickelten – Grundsätze gelten auch für das passive Wahlrecht (vgl. hierzu z. B.: BVerfGE 12, 73, 77;

48, 64, 81; 57, 43, 56; 58, 177, 190 f). Sie beanspruchen Beachtung nicht nur für die Wahlen zu den Vertretungskörperschaften des Staats, sondern wegen Art. 28 Abs. 1 Satz 2 GG und Art. 89 LVerf-LSA gerade auch im kommunalen Bereich (vgl. insoweit auch die Beispiele bei BVerfGE 48, 64, 81; 57, 43, 56; 58, 177, 190 f). Das Bundesverfassungsgericht hat sie als allgemeine Rechtsgrundsätze behandelt und auch auf Wahlen angewendet, die zum Bereich des öffentlichen Rechts zu rechnen sind (vgl. BVerfG, Beschl. v. 23. 3. 1982 – 2 BvL 1/81 –, BVerfGE 60, 162, 167 f Personalvertretungswahlen; Beschl. v. 22. 10. 1985 – 1 BvL 44/83 –, BVerfGE 71, 81, 94 f Arbeitnehmerkammern in Bremen).

2.1.1.2 Differenzierungen beim (passiven) Wahlrecht läßt die Ermächtigung des Art. 91 Abs. 2 LVerf-LSA für die dort genannten Gruppen zu (zum Bundesrecht [Art. 137 Abs. 2 GG] vgl. in diesem Zusammenhang etwa: BVerfGE 58, 177, 191: „vom Grundgesetz vorgesehen").

Art. 91 Abs. 2 LVerf-LSA schränkt allerdings nicht schon selbst die Wählbarkeit von Beamten, Angestellten und Richtern ein, sondern überläßt entsprechende Regelungen dem Gesetzgeber. Wie Art. 137 Abs. 1 GG, dem die Bestimmung nachgebildet ist, enthält Art. 91 Abs. 2 LVerf-LSA lediglich eine Ermächtigung für den Landesgesetzgeber.

Diese Auslegung gibt bereits der Wortlaut des Art. 91 Abs. 2 LVerf-LSA vor („kann gesetzlich beschränkt werden"). Für Art. 137 Abs. 1 GG wird sie inzwischen fast einhellig vertreten (zur Rspr. des BVerfG vgl. vor allem: BVerfGE 57, 43, 57 f; 58, 177, 191; vgl. i. ü.: BVerwG, Urt. v. 19. 10. 1955 – BVerwG V C 259.54 –, BVerwGE 4, 1, 2; StGH BW, Urt. v. 13. 12. 1969 – GeschRegNr. 1, 2/69 –, ESVGH 20, 194, 198; Urt. v. 10. 7. 1981 – GR 2/80 –, ESVGH 31, 167, 169; VGH BW, Urt. v. 9. 11. 1992 – 1 S 65/92 –, EzKommR Nr. 5230.45 S. 27, 30 = BWVerwPr 1993, 113, 114; HessStGH, ESVGH 20, 206, 217; BayVfGH, Entscheidung v. 23. 1. 1979 – Vf. 6-VII-77 –, VGHE n. F. 32 II 1, 9; *Jarass* in Jarass/Pieroth, aaO, Art. 137 Rdn. 1; *Leibholz-Rinck*, GG, 24. Lfg., Art. 137 Rdn. 3; *v. Campenhausen* in v. Mangoldt/Klein, GG, 3. Aufl., Bd. 14, Art. 137 Rdn. 6; *Stober* in Bonner Kommentar (= BK), Zweitbearbeitung, GG, Art. 137 Rdn. 213; a. A. wohl noch *Versteyl* in v. Münch, GG, 2. Aufl., Bd. 3, Art. 137 Rdn. 15). Die Kommentarliteratur zum Landesrecht vertritt gleichfalls die herrschende Ansicht (*Mahnke*, LVerf-LSA, Art. 91 Rdn. 4; *Reich*, Verfassung des Landes Sachsen-Anhalt, Art. 91 Rdn. 3 S. 302).

Das Landesverfassungsgericht schließt sich für die Auslegung des Art. 91 Abs. 2 LVerf-LSA der Rechtsprechung des Bundesverfassungsgerichts an, weil der (Landes-)Gesetzgeber Einschränkungen der Wählbarkeit direkt auf Art. 137 Abs. 1 GG stützen könnte, wenn die Landesverfassung keine eigenständige Ermächtigung enthielte (vgl. insoweit: BVerfGE 12, 73, 77; 48, 64, 82; 57, 43, 59; HessStGH ESVGH 20, 206, 209).

Art. 91 Abs. 2 LVerf-LSA verpflichtet danach auch nicht teilweise, Unvereinbarkeitsvorschriften zu schaffen.

Eine Passage früherer Entscheidungsgründe des Bundesverfassungsgerichts zu Art. 137 Abs. 1 GG (BVerfGE 12, 73, 77: „... sollen Verwaltungsbeamte nicht derjenigen Körperschaft angehören, der eine Kontrolle über ihre Behörde obliegt"; BVerfGE 18, 172, 183: „Ein Bundesbeamter kann nicht gleichzeitig dem Bundestag, ein Landesbeamter nicht gleichzeitig dem Landtag, und ein Gemeindebeamter nicht gleichzeitig dem Rat der Gemeinde angehören.") hatte allerdings Stimmen der Literatur (*Leisner*, Die Unvereinbarkeit von öffentlichem Amt und Parlamentsmandat, Schriftenreihe des Bundes der Steuerzahler Rheinland-Pfalz, 1967, S. 14 f; *Peter Schneider*, Amt und Mandat, unveröffentlichtes Rechtsgutachten, 1968, S. 16 zitiert nach StGH BW ESVGH 20, 194, 199) annehmen lassen, es bestehe jedenfalls dann eine Rechtspflicht, Amt und Mandat für unvereinbar zu erklären, wenn beide auf derselben Ebene lägen. Diese – gegen den Wortlaut auch des Art. 137 Abs. 1 GG vorgenommene – Auslegung hat sich nicht durchgesetzt. Der Staatsgerichtshof Baden-Württemberg (Urt. v. 13. 12. 1969, ESVGH 20, 194, 198) hat sie mit eingehender Begründung widerlegt; die Ansicht gilt seit dieser Entscheidung als überwunden (vgl. etwa: *Schlaich*, Wählbarkeitsbeschränkungen für Beamte nach Art. 137 Abs. 1 GG und die Verantwortung des Gesetzgebers für die Zusammensetzung der Parlamente, AöR Bd. 105 [1980], S. 188, 193 f, dort vor allem: Fn. 19).

Soweit die Kommentierung bei *Versteyl* (in v. Münch, aaO, Art. 137 Rdn. 15) dahin zu verstehen wäre, entgegen dem Wortlaut kann sei trotzdem von einer Verpflichtung auszugehen, sind keine neuen Argumente vorgebracht, welche die überzeugende Ableitung des Staatsgerichtshofs Baden-Württemberg in Frage stellen könnten.

Das Bundesverfassungsgericht ist in seinen neueren Entscheidungen stets von einer Ermächtigung ausgegangen (BVerfGE 57, 43, 57; 58, 177, 191) und hat ausdrücklich betont, dem Gesetzgeber sei nicht nur das Wie (d. i. die Ausgestaltung im einzelnen), sondern gerade auch das Ob (d. i. die Entscheidung darüber, ob überhaupt eine Regelung getroffen werden soll) überlassen (BVerfGE 57, 43, 57). Bereits zuvor hatte das Gericht klargestellt, daß sich der Verfassungsgeber für eine Ermächtigung entschieden und keine Pflicht zur Regelung vorgesehen habe (BVerfGE 48, 64, 85).

Die auf Art. 137 Abs. 1 GG (und damit auch auf Art. 91 Abs. 2 LVerf-LSA) gestützten Regelungen schränken – soweit sie sich in diesen Grenzen halten – die Gleichheit der Wählbarkeit (des passiven Wahlrechts) zulässigerweise ein (st. Rspr. d. BVerfG; vgl. z. B.: BVerfGE 57, 43, 57; 58, 177, 191). Sie bilden die verfassungsrechtlich anerkannte Ausnahme von den Wahlgrundsätzen der Allgemeinheit und Gleichheit (BVerfGE 57, 43, 57; 58, 177, 190 f).

Da solche Ausnahmen bereits durch die Verfassung selbst gerechtfertigt sind, bedürfen sie im konkreten Einzelfall grundsätzlich keiner Rechtfertigung durch einen besonderen zwingenden Grund mehr (so ausdrücklich: BVerfGE 38, 326, 340; offengelassen zunächst bei BVerfGE 12, 73, 78). Dem Gesetzgeber ist vielmehr gestattet, „bis an die äußerste Grenze der Ermächtigung ... zu gehen" (BVerfGE 40, 296, 320 f).

Dies gilt nicht ohne weiteres für die Kommunalwahlen.

Da Art. 137 Abs. 1 GG nach Auffassung des Bundesverfassungsgerichts für die Kommunalwahlen sogar Regelungen des Gesetzgebers gestattet, welche die Wählbarkeit faktisch ausschließen (BVerfGE 48, 64, 89; 57, 43, 67; 58, 177, 193), sind diese – insbesondere weil eine finanzielle Absicherung der Amtsinhaber nicht geboten ist – nur zulässig, wenn und soweit ohne sie der Gefahr von Interessenkollisionen nicht wirksam begegnet werden kann (BVerfGE 48, 64, 90; 57, 43, 67; 58, 177, 193).

Diese zu Art. 137 Abs. 1 GG entwickelten Grundsätze legt das Landesverfassungsgericht auch der Auslegung des Art. 91 Abs. 2 LVerf-LSA zugrunde.

Es muß im Rahmen dieser Verfassungsbeschwerden nicht entscheiden, ob es sich bei solchen faktischen Ausschlüssen der Wählbarkeit noch um die vom Bundesverfassungsgericht allein zugelassene Einschränkung von Unvereinbarkeiten (= Inkompatibilitäten) handelt oder schon um den Ausschluß der Wählbarkeit (= Inegilibilität), was das Bundesverfassungsgericht nicht als durch Art. 137 Abs. 1 GG gedeckt ansieht (BVerfGE 12, 73, 77; 18, 172, 181; 38, 326, 338; 48, 64, 88; 57, 43, 67; 58, 177, 192; a. A. vor allem: *v. Campenhausen* in v. Mangoldt/Klein, aaO, Art. 137 Rdn. 9; *Schlaich*, AöR Bd. 105, S. 188, 213 ff; *Leisner*, aaO, S. 18; *Maunz* in Maunz/Dürig, GG, Art. 137 Rdn. 15). Offenbleiben kann ferner, ob dem Ausgangspunkt zu folgen ist, daß die Unterscheidung zwischen den staatlichen und den kommunalen Wahlen deshalb erforderlich wird, weil (nur) der Abgeordnete im Landtag oder im Bundestag einen Beruf ausübt (BVerfGE 40, 296, 311 ff bei abweichender Meinung von *Seuffert*, BVerfGE 40, 330, 334 ff), während das Ehrenamt auf kommunaler Ebene nicht dem Erwerb des Lebensunterhalts dient, was rechtfertigt, dem Grundsatz der Gewaltenteilung größeres Gewicht beizumessen (BVerfGE 48, 64, 89).

Es wird sich nämlich ergeben, daß die vom Landesgesetzgeber getroffene Regelung trotz der Ermächtigung nach Art. 91 Abs. 2 LVerf-LSA gegen die Grundsätze der Wahlgleichheit verstößt (unten Nrn. 2.1.2 und 2.1.3).

2.1.1.3 Da die Beschwerdeführer zu 1 und zu 2 indessen schon für verfassungswidrig halten, daß der Gesetzgeber Unvereinbarkeiten abstrakt geregelt hat, ist zu betonen: Die im einzelnen beanstandeten Regelungen des Gesetzgebers sind – isoliert und auf der Grundlage der bisherigen Rechtsprechung betrachtet – nicht verfassungswidrig.

Daß der Gesetzgeber Mitarbeiter der Behörde, die Kommunalaufsicht ausübt, unabhängig davon generell ausschließen darf, ob der einzelne Mitarbeiter gegenwärtig konkret mit dieser Aufgabe befaßt ist, hat das Bundesverfassungsgericht in Auslegung des Art. 137 Abs. 1 GG nicht beanstandet; es ist davon ausgegangen, daß die Berührungspunkte zwischen der für die Kommunal- und die Fachaufsicht zuständigen Behörde oder Körperschaft und der beaufsichtigten Kommune vielfältig sind, Kollisionen auch wegen der Beratungspflichten im Rahmen der Aufsicht entstehen können und in der Regel ein reger Informationsaustausch stattfindet, der bedingt, daß auch Bedienstete einbezogen sind, die mit Fragen der Aufsicht in der Regel nicht befaßt sind (BVerfGE 58, 177, 193 ff). Im übrigen beständen Zusammenhänge bei Entwicklungsaufgaben und denkbare Interessengegensätze zwischen den Gemeinden und den Landkreisen (BVerfGE 58, 177, 197). Das Bundesverfassungsgericht hat ferner für gerechtfertigt gehalten, leitende Angestellte auch dann von gleichzeitiger Mandatsausübung auf der unteren Ebene auszuschließen, wenn sie nicht mit Aufgaben der Kommunal- oder Fachaufsicht befaßt sind, und dies u. a. damit gerechtfertigt, daß diese Personengruppe am Entscheidungsprozeß beteiligt ist (BVerfGE 58, 177, 198). Nach Auffassung des Bundesverfassungsgerichts kann die Vielfalt denkbarer Berührungspunkte nicht eindeutig eingegrenzt und allein durch konkrete Mitwirkungsverbote aufgefangen werden (BVerfGE 58, 177, 200).

Beim Beschwerdeführer zu 2 fällt zusätzlich ins Gewicht, daß er immerhin gleichsam auf drei Ebenen (im Regierungspräsidium des Landes als seiner Arbeitsstelle, im Kreistag als Abgeordneter und in der Gemeinde als Bürgermeister) tätig ist.

Auch für den Beschwerdeführer zu 3 gilt, daß der Gesetzgeber abstrakt ein solches Verhältnis zwischen Zweckverbandstätigkeit und kommunalem Mandat als Ausschlußgrund ansehen darf. Indessen ist nicht zu verkennen, daß die Gefahren von Interessenkollisionen schon deshalb weniger einschneidend sind, weil dem Ortschaftsrat weder die Wahl der Mitglieder für die Verbandsversammlung zusteht noch eine Kontrolle über die Leitung des Zweckverbands. Die vom Ministerium des Innern benannten Gefahren betreffen vielmehr die Beziehung zwischen Gemeinde und Zweckverband. Der Gesetzgeber wird deshalb zu überlegen haben, ob auf diesen Fall noch zutrifft, daß die allgemeinen Vorschriften über Mitwirkungsverbote (§ 31 Abs. 1 LSA-GO) nicht ausreichen, den Konflikt zu lösen (BVerfGE 58, 177, 193). Diese Voraussetzung hat der Gesetzgeber zu bejahen, wenn er die Unvereinbarkeit von Tätigkeit und Mandat im Verhältnis von Zweckverband zu Ortschaftsrat annehmen will.

2.1.2 Obwohl Art. 137 Abs. 1 GG und Art. 91 Abs. 2 LVerf-LSA dazu ermächtigen, die Grundsätze der allgemeinen und der gleichen Wahl zu durchbrechen, ist dadurch nicht schon ausgeschlossen, daß die konkret getroffene gesetzliche Regelung mit dem (besonderen) Gleichheitssatz unvereinbar ist.

Es gilt im Grundsatz nichts anderes als in den übrigen Fällen, in welchen die Verfassungsordnung dem Gesetzgeber Gestaltungsräume zubilligt. Nach allgemeiner Ansicht ist deshalb auch das durch Art. 137 Abs. 1 GG (Art. 91 Abs. 2 LVerf-LSA) eingeräumte gesetzgeberische Ermessen durch die üblichen Verfassungsgrundsätze begrenzt: der Gesetzgeber darf nicht willkürlich verfahren, er muß sich innerhalb des Normzwecks halten und darf den Grundsatz der Verhältnismäßigkeit nicht verletzen (*Stober* BK, Art. 137 Rdn. 216; *Jarass* in Jarass/Pieroth, aaO, Art. 137 Rdn. 5; *Leibholz-Rinck*, aaO, Art. 137 Rdn. 17; *Schlaich*, AöR Bd. 105, S. 188, 229 f; vgl. im einzelnen auch: BVerfGE 48, 64, 89 f; 57, 43, 66; 58, 177, 200).

Die Grundsätze des Art. 8 Abs. 1 LVerf-LSA wirken auf die Regelung des Art. 91 Abs. 2 LVerf-LSA ein (so – für Art. 3 Abs. 1 GG im Verhältnis zu Art. 137 Abs. 1 GG –: BVerfGE 48, 64, 90).

Die Verfassungsbestimmung läßt Ungleichheit zwar zwischen einerseits den in (Art. 137 Abs. 1 GG bzw.) Art. 91 Abs. 2 LVerf-LSA genannten Gruppenzugehörigen und andererseits den übrigen Angehörigen des Volkes – also gleichsam: im Verhältnis nach außen – zu. Die Gruppenangehörigen untereinander und die unterschiedlichen Gruppen zueinander – also gleichsam: im Verhältnis nach innen – dürfen jedoch ohne sachlich einleuchtenden Grund nicht ungleich behandelt werden.

2.1.3 § 40 Abs. 1 Nr. 1 LSA-GO differenziert unter den Buchstaben a) und b) inhaltliches Gleiches und verletzt damit den Grundsatz der Gleichheit staatsbürgerlicher Rechte.

Beide Regelungen betreffen die Beziehung zwischen der Gemeindevertretung einerseits und den Angehörigen der Verwaltungen andererseits auf derselben Stufe. Die Mitarbeiter des gemeinsamen Verwaltungsamts und die Mandatsträger der von ihm verwalteten Gemeinden stehen nicht auf unterschiedlicher, sondern auf gleicher Stufe zueinander. Die Verwaltung durch das gemeinsame Verwaltungsamt ist gemeindliche Verwaltung und nicht eigenständige Aufgaben-Erfüllung durch einen höheren Kommunalverband.

Das ergibt sich aus folgendem:

Sowohl nach den früheren Bestimmungen des Gesetzes über kommunale Gemeinschaftsarbeit (LSA-GKG) als auch nach den §§ 75 ff der Gemeindeordnung (LSA-GO) ist Zweck der Verwaltungsgemeinschaft nur, den Verwaltungsaufwand der zugeordneten Gemeinden zu bewältigen; die Zuständigkeiten der Bürgervertretungen (Räte) in den Gemeinden hingegen bleiben vor Ort erhalten. Die Verwaltungsgemeinschaft ist deshalb keine über die Gemeinde gesetzte Organisationsstufe, welche die Befugnis hätte, die zentraleren örtlichen Aufgaben wahrzunehmen (vgl. §§ 5, 9 LSA-GKG; §§ 75, 77, 81 LSA-GO). Dies unterscheidet das Verhältnis zwischen der Gemeinde und ihrer Verwaltungsgemeinschaft einerseits deutlich von demjenigen zwischen der Gemeinde und ihrem übergeordneten Landkreis andererseits, der die überörtlichen Aufgaben erfüllen soll (vgl. § 2 Abs. 1 LSA-LKO), während der Gemeinde die örtlichen Aufgaben vorbehalten sind (vgl. § 2 Abs. 1 LSA-GO im Verhältnis zu der Landkreisordnungs-Bestimmung). Gemeindliche Aufgaben gehen nicht je nach ihrer Bedeutung von der Gemeinde auf die Verwaltungsgemeinschaft über, sondern nur, wenn und soweit sie – ohne ihren Charakter als gemeindliche Aufgaben zu verlieren oder zu ändern – übertragen werden. Es kommt dadurch zu keiner (qualitativen) Trennung gemeindlicher Aufgaben desselben Bereichs in solche, die von der Gemeinde, und andere, die von der Verwaltungsgemeinschaft erfüllt werden. Daß sogar Satzungsrecht der Gemeinden nach § 77 Abs. 4 LSA-GO übergehen kann, steht diesem Ergebnis nur scheinbar entgegen; denn dies geschieht erstens nur, wenn alle Mitgliedsgemeinden eine bestimmte Aufgabe des eigenen Wirkungskreises auf die Verwaltungsgemeinschaft übertragen haben, und zweitens entstehen dadurch nicht zwei Ebenen, sondern es findet eine punktuelle Verlagerung statt.

Nichts anderes als für den eigenen Wirkungskreis gilt bei den übertragenen (staatlichen) Aufgaben: Die Verwaltungsgemeinschaft erfüllt hier ausschließlich Pflichten, die sonst von der Gemeinde wahrzunehmen wären (vgl. § 77 Abs. 1 LSA-GO; vgl. für den früheren Rechtszustand: § 5 Abs. 1 LSA-GKG), nicht etwa solche, deren Bedeutung zwischen der Gemeinde- und der Landkreisebene zu suchen ist. Aufgaben anderer Qualität werden erst dem Landkreis zugewiesen (vgl. insoweit § 5 Abs. 1, 2 LSA-LKO).

Daß die Verwaltungsgemeinschaft keine Stufe oberhalb der Gemeinde ist, zeigt sich auch deutlich bei der Kompetenzvorschrift für den Gemeinschaftsausschuß (§ 79 Abs. 1 Satz 2 LSA-GO); dieser beschließt über Gegenstände, die gerade die Verwaltungsgemeinschaft, nicht aber die Gemeinden unmittelbar betreffen, so über die Haushaltssatzung (der Verwaltungsgemeinschaft), über die von den Mitgliedsgemeinden zu zahlende Umlage sowie über die Personalangelegenheiten (des gemeinsamen Verwaltungsamts). Im übrigen kommen ihm Mitwirkungsrechte bei der Verwaltung zu (vgl. § 81 Abs. 5 Satz 3 LSA-GO: Richtlinien für den Leiter des Verwaltungsamts; vgl. § 77 Abs. 2 LSA-GO: Zustimmung bei der Übertragung von gemeindlichen Aufgaben auf die Verwaltungsgemeinschaft). Beschlüsse mit Wirkung für und gegen die Gemeinden – außerhalb der von allen Gemeinden übertragenen Aufgaben – sind nicht vorgesehen, lassen sich auch nicht aus der Auffangbefugnis des § 79 Abs. 1 Satz 1 LSA-GO herleiten, die inhaltlich durch die Zuständigkeit der Verwaltungsgemeinschaft als Körperschaft begrenzt ist.

Wegen dieser Abhängigkeit des gemeinsamen Verwaltungsamts von der Willensbildung innerhalb der einzelnen Gemeinde ist dessen Leiter ein Hauptverwaltungsbeamter wie der (hauptamtliche) Bürgermeister einer Gemeinde außerhalb einer Verwaltungsgemeinschaft. Auch im Verhältnis zu den Mitarbeitern des gemeinsamen Verwaltungsamts hat dessen Leiter die gleiche Stellung wie der (hauptamtliche) Bürgermeister zu den Beschäftigten im Bürgermeisteramt (vgl. insbes. §§ 57 Abs. 1, 2; 62; 63; 81 LSA-GO).

Damit stehen die Mitarbeiter eines gemeinsamen Verwaltungsamts dem Gemeinderat wie die Mitarbeiter eines Bürgermeisteramts gegenüber.

Für diese strukturelle Bewertung, es handele sich um Amt und Mandat derselben Stufe, ist im Ergebnis unerheblich, daß sich der Aufgabenumfang des Verwaltungsamts nach der gesetzlichen Regelausstattung nicht vollständig mit demjenigen einer Gemeindeverwaltung deckt.

Dem gemeinsamen Verwaltungsamt sind kraft Gesetzes allerdings nur die gemeindlichen Aufgaben des übertragenen Wirkungskreises zugewiesen (§§ 77 Abs. 1, 81 Abs. 2, 3 LSA-GO), während die Gemeindeverwaltung kraft Gesetzes auch die Aufgaben des eigenen Wirkungskreises wahrnimmt (vgl. §§ 4; 5; 62 Abs. 1; 63 Abs. 5 LSA-GO). Diese verbleiben – von noch zu erörternden Ausnahmen abgesehen – innerhalb einer Verwaltungsgemeinschaft im Regelfall bei der Gemeinde.

Allerdings ist der Gemeinderat bei den Aufgaben des übertragenen Wirkungskreises in der Regel nicht beteiligt. Eine Gemeinde außerhalb der Verwaltungsgemeinschaft erfüllt sie selbst; innerhalb der Gemeinde ist dann der (hauptamtliche) Bürgermeister zuständig (§ 63 Abs. 5 LSA-GO). Innerhalb einer Verwaltungsgemeinschaft liegt die Kompetenz bei dieser und im Kern beim Leiter des gemeinsamen Verwaltungsamts, im übrigen beim Gemeinschaftsausschuß (vgl. § 81 Abs. 2, 3 LSA-GO). In beiden Alternativen sind die Unvereinbarkeiten zwischen Rat und Verwaltung deshalb nicht so deutlich wie innerhalb des eigenen Wirkungskreises.

Die Bewertung kann aber nicht davon ausgehen, daß die Gemeinden innerhalb einer Verwaltungsgemeinschaft im Regelfall nur die übertragenen Aufgaben durch das gemeinsame Verwaltungsamt erfüllen lassen und den eigenen Wirkungskreis allein verwalten. Diese Betrachtung müßte verkennen, daß die Gemeinden frei sind, der Verwaltungsgemeinschaft gerade auch Aufgaben des eigenen Wirkungskreises zu übertragen (vgl. § 77 Abs. 2 LSA-GO). Hierbei ist allerdings zu differenzieren:

a) Dies kann – für die Frage von Amt in der Verwaltungsgemeinschaft und Mandat in der Gemeinde unproblematisch – in dem Umfang geschehen, daß sich sämtliche Gemeinden einer Verwaltungsgemeinschaft entschließen, eine bestimmte Aufgabe von dieser wahrnehmen zu lassen; dann geht mit der Verwaltungszuständigkeit sogar die Satzungsbefugnis über, und die Verwaltungsgemeinschaft wird – ohne weitere Zuständigkeiten innerhalb der Gemeinde – im eigenen Namen tätig (§ 77 Abs. 2 Satz 1, Abs. 7 Satz 1 LSA-GO). Dann kann es allerdings auch zu keiner Unvereinbarkeit zwischen Verwaltung im gemeinsamen Verwaltungsamt und Gemeinderat mehr kommen.

b) Es ist aber gerade auch möglich, daß nur eine Gemeinde (oder ein Teil der Gemeinden) sich entschließt, eine bestimmte Aufgabe des eigenen Wirkungskreises zu übertragen; dann bleibt die Satzungskompetenz bei der Gemeinde, nur die Verwaltungskompetenz geht über, und das gemeinsame Verwaltungsamt handelt im Namen der Gemeinde, die übertragen hat (§ 77 Abs. 2 Satz 2, Abs. 7 Satz 2 LSA-GO). In diesem Fall ist die Verwaltung des gemeinsamen Verwaltungsamts nach ausdrücklicher Bestimmung des § 77 Abs. 7 Satz 2 LSA-GO (2. Halbsatz) an die Beschlüsse und an die Weisungen der Gemeindeorgane – und damit gerade auch des Rats – gebunden. Dann aber ist die Verwaltung im gemeinsamen Verwaltungsamt vollständig mit einer Gemeindeverwaltung gleichzusetzen, an deren Stelle sie tätig wird. Die Tätigkeit im gemeinsamen Verwaltungsamt ist also genauso unvereinbar mit dem gleichzeitigen Mandat im Gemeinderat, wie es normalerweise die Tätigkeit in einer Gemeindeverwaltung wäre.

c) Unabhängig hiervon nimmt die Verwaltungsgemeinschaft auch ohne jede Übertragung kraft Gesetzes Aufgaben des eigenen Wirkungskreises wahr, so z. B. im gemeindlichen Abgabenrecht, bei der Haushalts- und Kassenführung, bei der Aufstellung von Haushaltsplänen der Gemeinden (§ 77 Abs. 5 LSA-GO) sowie – im Rahmen dieser oder einzeln übertragener Aufgaben – die Vorbereitung der Beschlüsse des Gemeinderats (§ 77 Abs. 6 LSA-GO).

§ 40 Abs. 1 Nr. 1 Buchst. b LSA-GO behandelt die Mitarbeiter des gemeinsamen Verwaltungsamts unabhängig davon gleich, in welchem Umfang sie für Aufgaben des eigenen Wirkungskreises zuständig und in welchem Umfang sie von Beschlüssen und Satzungen des Rats einer Gemeinde abhängig sind.

Während § 40 Abs. 1 Nr. 1 Buchst. a LSA-GO für alle (hauptamtlichen) Beamten und Angestellten der Kernverwaltung einer Gemeinde bestimmt, daß sie nicht zugleich Mitglied des Gemeinderats sein können, legt § 40 Abs. 1 Nr. 1 Buchst. b LSA-GO die Unvereinbarkeit nur für den Leiter des gemeinsamen Verwaltungsamts fest.

§ 59 Abs. 1 Satz 3 LSA-GO schließt dementsprechend die Mitarbeiter einer Gemeindeverwaltung vom Bürgermeisteramt aus; der zweite Halbsatz läßt bis zum Jahr 2001 Mitarbeiter im gemeinsamen Verwaltungsamt (außer dem Leiter) als Bürgermeister der einer Verwaltungsgemeinschaft angehörenden Gemeinde zu.

Im Ergebnis ohne Bedeutung bleibt, daß die Einschränkungen der §§ 40 Abs. 1 Nr. 1 Buchst. b; 59 Abs. 1 Satz 3 (2. Halbsatz) LSA-GO nur übergangsweise gelten sollen; denn die Ungleichheit besteht – was bereits den Verfassungsverstoß begründet – gegenwärtig.

Mit Rücksicht auf diese undifferenzierte Regelung für das gemeinsame Verwaltungsamt einerseits und die Einschränkungen bei §§ 40 Abs. 1 Nr. 1 Buchst. b; 59 Abs. 1 Satz 3 LSA-GO im Verhältnis zu §§ 40 Abs. 1 Nr. 1 Buchst. a; 59 Abs. 1 Satz 3 LSA-GO andererseits kann der mit Aufgaben der Gefahrenabwehr auf gleicher Stufe in einer Gemeinde außerhalb einer Verwaltungsgemeinschaft Beschäftigte nicht Mitglied des Gemeinderats sein, wohl aber der im gemeinsamen Verwaltungsamt Tätige. Der zuletzt Genannte darf sogar (ehrenamtlicher) Bürgermeister werden.

Ferner kann der Kassenverwalter einer Gemeindeverwaltung nicht Ratsmitglied seiner Gemeinde werden; wohl aber kann der mit gleichen Aufgaben in der Verwaltungsgemeinschaft Betraute – trotz genereller Zuständigkeit der Verwaltungsgemeinschaft für das gemeindliche Kassenwesen nach § 77 Abs. 5 Satz 1 LSA-GO – zugleich Mitglied des Rats einer Gemeinde in der Verwaltungsgemeinschaft sein. Er wäre generell nicht einmal davon ausgeschlossen, im Gemeinderat den Haushaltsentwurf durchzusetzen, den er als Mitglied der Verwaltung vorbereitet hatte. Nur im konkreten Konfliktfall würde ihn daran das Mitwirkungsverbot des § 31 Abs. 2 Satz 1 LSA-GO hindern. Dieses allerdings hätte auch den Mitarbeiter in der Gemeindeverwaltung ausgeschlossen, wenn dessen Unvereinbarkeit nicht generell festgelegt worden wäre.

Schließlich darf der in der Gemeindeverwaltung für die Abgaben Zuständige nicht dem Rat seiner Gemeinde angehören; er kann aber als Mitarbeiter des gemeinsamen Verwaltungsamts auch dann Ratsmitglied in seiner Gemeinde bleiben, wenn diese als einzige in der Gemeinschaft die Zuständigkeit übertragen hat und der Leiter des gemeinsamen Verwaltungsamts ihm die Verwaltung der Abgaben anvertraut. Auch hier greift zwar im konkreten Fall wieder das Mitwirkungsverbot des § 31 Abs. 2 LSA-GO; aber es würde auch für den Mitarbeiter in der Gemeindeverwaltung in gleicher Situation gelten. Sinn der generellen Ausschlußgründe auf der Grundlage des Art. 137 Abs. 1 GG und des Art. 91 Abs. 2 LVerf-LSA ist aber gerade, die Mitarbeiter generell auszuschließen, bei denen die konkreten Grenzen des § 31 LSA-GO schwer eingehalten werden können.

Diese Ungleichbehandlung von Mitarbeitern der Verwaltung auf der gleichen Stufe des Vertretungsgremiums je nachdem, ob sie in der Gemeindeverwaltung oder im gemeinsamen Verwaltungsamt beschäftigt sind, ist nicht mehr mit dem Gleichheitssatz vereinbar.

Sie ist nicht durch den allgemein anerkannten Normzweck des Art. 91 Abs. 2 LVerf-LSA gedeckt, die Kontrolleure daran zu hindern, sich selbst zu kontrollieren. Sie ist aber auch nicht in dem von der Literatur (im Anschluß an BVerfGE 40, 296, 321; *Schlaich*, AöR Bd. 105, S. 188, 223 ff; vgl. auch *v. Campenhausen* in v. Mangoldt/Klein, aaO, Art. 137 Rdn. 14, S. 10, a. E.) für zulässig gehaltenen Motiv vereinbar, das auf einem materialen Verständnis der Gewaltenteilung beruht und deshalb fehlerhafte Entwicklungen in der Besetzung der Kontrollorgane verhindern will.

Die Entstehungsgeschichte des Änderungsgesetzes bestätigt vielmehr, daß eine Harmonisierung der Bestimmungen über die Verwaltungsgemeinschaft mit denjenigen über die Gemeinden und die Kreise hatte herbeigeführt werden sollen. Das Ergebnis der vom Ausschuß für Inneres eingesetzten Arbeitsgruppe, das der Ausschuß gebilligt hatte, verwirklicht den Grundsatz, auf gleicher Stufe keine Vereinbarkeiten von Amt und Mandat zuzulassen. Die Beschlußempfehlung bestätigt zugleich, daß auch intendiert war, im Verhältnis zwischen unmittelbar benachbarten Ebenen (Gemeinde zu Landkreis, Landkreis zu Regierungspräsidium) eine vergleichbar strenge Unvereinbarkeit festzulegen.

Dieses Konzept hatte der Ausschuß für Inneres lediglich dadurch gelockert, daß die Mitarbeiter der Kernverwaltungen in jedem Falle, die übrigen Mitarbeiter der Verwaltungen aber nur in leitender Funktion ausgeschlossen werden sollten. Die Vorstellungen erscheinen insoweit schlüssig und sind – in Ansehung des Gleichheitssatzes – konsequent durchgesetzt worden.

Bei dieser Würdigung ist unbeachtlich, daß für die Lockerung nicht Gesichtspunkte der Gewaltenteilung maßgeblich gewesen waren, sondern die Sorge, ohne die vorgenommene Änderung kommunale Ämter nicht besetzen zu können; denn es kommt nicht primär auf das Motiv für die Ausnahme, sondern darauf an, ob die Regelung mit dem Grundsatz gleicher Wahl vereinbar geblieben ist und die Grundregelung (weiterhin) auf einem zulässigen Zweck beruht.

Eben dieser rechtliche Zusammenhang zwischen Grundregelung und Ausnahmebestimmung wurde durch die aus der Mitte des Parlaments in der zweiten Lesung eingebrachte Änderung aufgegeben. Zwar ist auch hier das Motiv (weitere Lockerung, um die Stellenbesetzungen nicht zu behindern) nicht zu beanstanden, wohl aber die Durchführung, die allein eine so empfundene Notsituation bei den Verwaltungsgemeinschaften in den Blick nahm, ohne deren Konstruktion und Aufgaben zu bedenken, so daß die frühere Stimmigkeit des Gesamtkonzepts nicht mehr gewahrt blieb.

Unvereinbarkeitsregelungen auf der Grundlage des Art. 91 Abs. 2 LVerf-LSA haben dem mit Rücksicht auf das Recht der Wahlbürger aus Art. 8 Abs. 1 LVerf-LSA Rechnung zu tragen. Lockerungen können deshalb nicht ausschließlich nach durch Art. 91 Abs. 2 LVerf-LSA zugelassenen Gesichtspunkten des öffentlichen Interesses festgelegt werden. Die angestrebte Regelung muß vielmehr auch berücksichtigen, daß die Grundsätze des Art. 8 Abs. 1 LVerf-LSA auf die Regelung des Art. 91 Abs. 2 LVerf-LSA einwirken (BVerfGE 48, 64, 90 für das Verhältnis von Art. 3 Abs. 1 GG zu Art. 137 Abs. 1 GG). Deshalb müssen die Regelungen für unterschiedliche Bürgervertretungen systemgerecht bleiben (zu diesem Begriff im Rahmen von Art. 137 Abs. 1 GG vgl. *Stober* BK Art. 137 Rdn. 216).

Da es sich um ein System der Unvereinbarkeiten handelt, hätte bedacht werden müssen, in welchem Umfang Verwaltungsgemeinschaften auch Aufgaben des eigenen gemeindlichen Wirkungskreises erfüllen.

Die Sorge um die Besetzung von Bürgermeisterstellen in Gemeinden innerhalb von Verwaltungsgemeinschaften ist kein ausreichender sachlicher Grund, um die Mitarbeiter im Bürgermeisteramt schlechter zu stellen als diejenigen im gemeinsamen Verwaltungsamt. Da Bürgermeisteramt und Verwaltungsamt im Verhältnis zur Gemeindevertretung gleichermaßen auf derselben Ebene liegen, genügte nicht die Erwägung, es sei zwischen der Geschlossenheit eines Konzepts und der Not bei den Verwaltungsgemeinschaften abgewogen worden; bei der Gleichheit der Verhältnisse konnte ein Abwägungsergebnis vielmehr dem (besonderen) Gleichheitssatz nur standhalten, wenn entweder die Lockerung im gemeinsamen Verwaltungsamt oder die Geschlossenheit als erforderlich angesehen wurde. Wer lockern wollte, mußte dies wegen des Gleichheitssatzes auch im Bürgermeisteramt tun; wer die Geschlossenheit vertrat, mußte sie auch im Verwaltungsamt durchhalten.

2.2 Der Verstoß gegen den Grundsatz gleicher staatsbürgerlicher Rechte (Art. 8 Abs. 1 LVerf-LSA) wirkt sich nicht nur auf das Verhältnis der Regelungen innerhalb des § 40 Abs. 1 Nr. 1 Buchst. a und b LSA-GO aus, sondern auf die Regelungen der §§ 40 Abs. 1; 59 Abs. 1 Satz 3 LSA-GO und § 29 Abs. 1 LSA-LKO insgesamt.

Die Verfassungswidrigkeit einer Einzelbestimmung kann auf andere Regelungen ausstrahlen (2.2.1). Die beanstandete Regelung ist Teil eines Gesamtkonzepts (2.2.2), dessen Gestaltung dem Gesetzgeber obliegt (2.2.3).

2.2.1 Ist eine einzelne Bestimmung eines Gesetzes nicht mit der Verfassung vereinbar, so wirkt sich dieser Umstand so weit auf die übrigen Regelungen aus, als die Vorschriften Teil einer Gesamtregelung sind, die ohne den verfassungswidrigen Teil ihren Sinn und ihre Rechtfertigung verlöre (BVerfG, Beschl. v. 5. 7. 1967 – 2 BvL 29/63 – BVerfGE 22, 134, 152, m. w. Nachw.; Beschl. v. 15. 2. 1978 – 2 BvR 134, 268/76 – BVerfGE 47, 253, 284). Ein solcher Zusammenhang ist insbesondere anzunehmen, wenn es dem Gesetzgeber überlassen bleiben muß, Konsequenzen aus der Verfassungswidrigkeit einzelner Bestimmungen für das von ihm zu verantwortende Gesamtkonzept zu ziehen (vgl. BVerfGE 47, 253, 284).

Diese Voraussetzungen sind im Umfang der in der Entscheidungsformel einzeln benannten Bestimmungen der Gemeinde- und der Landkreisordnung erfüllt.

2.2.2 § 40 Abs. 1 Nr. 1 Buchst. a und b LSA-GO sind Teile eines Gesamtkonzepts – eines Systems – zur Regelung von Unvereinbarkeiten auf kommunaler Ebene.

Das ergibt deutlich der Auftrag an die Arbeitsgruppe, deren vorgelegtes Ergebnis und der durch Sprecher der Arbeitsgruppe sowie des Ausschusses für Inneres betonte Wille einer Harmonisierung der einschlägigen Vorschriften. Diese Motivation liegt erkennbar folgenden Regelungen zugrunde:

§ 40 Abs. 1 Nr. 1 LSA-GO und § 29 Abs. 1 Nr. 1 LSA-LKO verfolgen das gemeinsame Anliegen, auf gleicher Stufe die Mitarbeiter der Kernverwaltung und der abhängigen Verbände bzw. Stiftungen sowie die leitenden Mitarbeiter der abhängigen Einrichtungen von Mandaten im Rat bzw. Kreistag auszuschließen.

§ 40 Abs. 1 Nr. 2 LSA-GO und § 29 Abs. 1 Nr. 2 LSA-LKO verfolgen das gemeinsame Anliegen, die auf höherer Stufe (in der Kernverwaltung) tätigen Mitarbeiter der für Kommunalaufsicht zuständigen Behörde auf der nächsthöheren Stufe vollständig, im übrigen auf die leitenden Mitarbeiter beschränkt, daran zu hindern, zugleich in der kommunalen Vertretung der niedrigeren Stufe tätig zu sein. Daß nur die Gemeindeordnung im Gegensatz zur Landkreisordnung zwischen Kernverwaltung und Einrichtungen unterscheidet, hängt damit zusammen, daß für vom Regierungspräsidium abhängige Einrichtungen kein Regelungsbedarf besteht. Systemgerecht ist, wenn im Verhältnis von Landkreisverwaltung zum Gemeinderat (höhere Stufe) keine anderen Einschränkungen bestehen als im Verhältnis von Rat und Verwaltung innerhalb der Gemeinde (auf derselben Stufe).

Die Bestimmungen über Bürgermeister (§ 59 Abs. 1 Satz 3 LSA-GO 1. Halbsatz) und Landrat (§ 48 Abs. 1 Satz 3 LSA-LKO) sind nicht in das System einzubeziehen, weil sie lediglich auf die für den Rat bzw. den Kreistag geltenden Hinderungsgründe verweisen; sie haben keinen eigenen Regelungsgehalt, wenn und soweit die Bezugsvorschriften nicht gelten. Anders liegt es bei § 59 Abs. 1 Satz 3 LSA-GO 2. Halbsatz; denn dieser enthält eine Ausnahme zu § 40 Abs. 1 LSA-GO, auf den der erste Halbsatz Bezug nimmt.

Ebenfalls ohne eigenen Regelungsgehalt ist § 86 Abs. 3 LSA-GO, der lediglich für Ortschaftsräte auf die für Gemeinderäte geltenden Bestimmungen verweist.

Obgleich auch andere Unvereinbarkeitsregelungen Gegenstand der Beratungen über das Änderungsgesetz gewesen sind, werden diese von der Verfassungswidrigkeit des § 40 Abs. 1 Nr. 1 Buchst. a und b LSA-GO nicht ergriffen, weil sie nicht in das System einbezogen werden müssen.

Das gilt insbesondere für die durch § 78 Abs. 2 Satz 1 LSA-GO – angelehnt an § 40 Abs. 1 LSA-GO – geregelte Unvereinbarkeit zwischen bestimmten hauptamtlichen Tätigkeiten und der Mitgliedschaft im Gemeinschaftsausschuß. Der tragende Unterschied zum Ratsmandat ist nämlich, daß sie nicht aufgrund direkter Wahl zu einer Volksvertretung erworben wird, sondern es handelt sich nur um eine Delegiertenstimme: der Bürgermeister ist kraft seines Amts Mitglied, und zwar als Vertreter seiner Gemeinde. Die Unvereinbarkeit nach § 78 Abs. 2 Satz 1 LSA-GO hat deshalb lediglich zur Folge, daß seine Gemeinde durch ein anderes Ratsmitglied vertreten werden muß (§ 78 Abs. 2 Satz 2 LSA-GO).

Die den §§ 75 ff LSA-GO entsprechenden Bestimmungen des Gesetzes über kommunale Gemeinschaftsarbeit (LSA-GKG) können nicht (mehr) betroffen sein, weil sie durch die Gemeindeordnung ersetzt sind.

Nicht erfaßt sind ferner die Regelungen, zu denen der Gesetzgeber nicht gerade durch Art. 91 Abs. 2 LSA-GO ermächtigt ist; sie können schon deshalb mit § 40 Abs. 1 LSA-GO kein System bilden. Dies gilt vor allem für § 59 Abs. 3 LSA-GO, wonach Angehörige nicht gleichzeitig ein Bürgermeisteramt und ein Ratsmandat wahrnehmen dürfen; ebenso sind § 67 Abs. 1 LSA-GO (Beigeordnete und Ratsmandat) sowie die entsprechenden Vorschriften der Landkreisordnung (§§ 48 Abs. 3; 56 Abs. 1 LSA-LKO: Verhältnis Landrat und Beigeordnete zum Kreistag) zu behandeln.

Soweit die obengenannten Bestimmungen ein System bilden, sind infolge der Ausnahme bei §§ 40 Abs. 1 Nr. 1 Buchst. b; 59 Abs. 1 Satz 3 LSA-GO erkennbar auch zwischen den Ebenen Ungleichheiten entstanden, worauf die Beschwerdeführer zu 1 und zu 2 zutreffend hingewiesen haben:

So kann der Beschwerdeführer zu 1 (Verfahren LVG 14/94) als Mitarbeiter der Landkreisverwaltung kein Mandat auf der unteren Ebene (Gemeinderat, Bürgermeister) ausüben, obgleich er bei derselben Tätigkeit in einem Verwaltungsamt nicht einmal auf gleicher Ebene ausgeschlossen wäre.

Gleiches gilt für den Beschwerdeführer zu 2 (Verfahren LVG 17/94), soweit sein Gemeindeamt in Frage steht; denn ein leitender Mitarbeiter der Kommunalaufsichtsbehörde höherer Stufe darf wegen § 40 Abs. 1 Nr. 2

Buchst. b LSA-GO kein Ratsmandat ausüben und auch wegen § 59 Abs. 1 Satz 3 LSA-GO nicht (ehrenamtlicher) Bürgermeister sein. Wäre er – auf gleicher Stufe – leitender Mitarbeiter im Verwaltungsamt, dann käme ihm die Sonderregelung der §§ 40 Abs. 1 Nr. 1 Buchst. b; 59 Abs. 1 Satz 3 2. Halbs. LSA-GO zugute, sofern er nicht Leiter des Verwaltungsamts wäre.

Gerade im Fall des Beschwerdeführers zu 3 (Verfahren LVG 19/94) ist die Ungleichheit deutlich: Er gehört nur einem Ortschaftsrat an, der die Gemeindeverwaltung nicht kontrolliert, sondern der lediglich berät, gehört wird und der Vorschläge machen kann (§ 87 Abs. 1 LSA-GO). Nur wenn und soweit die Hauptsatzung dies vorsieht, ist der Ortschaftsrat befugt, im Rahmen der ihm überwiesenen Mittel zu entscheiden (§ 87 Abs. 2 LSA-GO); aber auch dies geschieht gleichsam intern und ohne jeden Bezug zu einem Zweckverband, dem die Gemeinde angehört. Grund für die den Beschwerdeführer ausschließende Regelung des § 40 Abs. 1 Nr. 1 Buchst. c LSA-GO ist die Verflechtung der Gemeinde – und damit ihrer Organe Bürgermeister und Rat – mit einem Zweckverband, dem die Gemeinde angehört – und dadurch mit der Verwaltung dieses Verbands. Wäre Silstedt noch selbständig, gehörte der Ort einer Verwaltungsgemeinschaft an und hätte der Beschwerdeführer seine gegenwärtige berufliche Aufgabe nicht im (nicht gebildeten) Zweckverband, sondern im gemeinsamen Verwaltungsamt zu erfüllen, dann könnte er ohne weiteres dem Rat angehören und sogar Bürgermeister der Gemeinde sein, während er jetzt nicht einmal dem Ortschaftsrat angehören darf.

2.2.3 Die Neuregelung ist dem Gesetzgeber vorzubehalten, weil es einer Abwägung zwischen den Interessen bedarf, die zur weiteren Lockerung bei § 40 Abs. 1 Nr. 1 Buchst. b LSA-GO geführt haben, und den Belangen, welche für eine strenge Handhabung von Unvereinbarkeits-Bestimmungen auf gleicher Stufe und/oder unterschiedlichen Stufen sprechen.

Diese Gestaltung obliegt dem Gesetzgeber, weil ihm Art. 91 Abs. 2 LVerf-LSA prinzipiell die Freiheit einräumt, nach den von ihm zu beurteilenden Notwendigkeiten einzelne Unvereinbarkeiten festzulegen oder ein System zu bilden.

Da sich oben (bei Entscheidungsgründen, Nr. 2.1.1.2) ergeben hat, daß der Gesetzgeber durch Art. 91 Abs. 2 LVerf-LSA nicht verpflichtet wird, wenigstens Regelungen über Unvereinbarkeiten auf gleicher Stufe zu schaffen, kann das Landesverfassungsgericht die beanstandeten Bestimmungen auch nicht teilweise aufrechterhalten und sich darauf beschränken, die Bestimmungen für mit der Verfassung unvereinbar zu erklären, die unmittelbar dem besonderen Gleichheitssatz widersprechen.

Da der Gesetzgeber für sein System verantwortlich ist, prüft das Gericht nur, ob der Gesetzgeber systemgerecht verfahren ist. Verstößt er gegen die

Verfassung, dann ist ihm zu überlassen, die Korrektur selbst vorzunehmen und zu einer systemgerechten neuen Regelung zu finden. Das wird bei der Entstehungsgeschichte dieser Novelle besonders deutlich. Tragender Grund für die weitere Lockerung, die zur Systemabweichung führte, war der von der Mehrheit so empfundene Regelungsbedarf in bezug auf die Verwaltungsgemeinschaften.

Würde das Landesverfassungsgericht allein diesen Änderungsantrag zur Novelle aufheben, weil durch ihn die Ungleichheit verursacht worden war, dann würde es nicht nur den damaligen Entscheidungsprozeß anhalten, sondern darüber hinaus als Entscheidungsergebnis die Beschlußempfehlung des Ausschusses für Inneres Gesetz werden lassen. Der Eingriff in den Gestaltungsraum des Landesgesetzgebers läge deutlich darin, daß das Landesverfassungsgericht ein Ergebnis erzielt hätte, welches der Landesgesetzgeber bei Fortsetzung seines Entscheidungsprozesses evtl. so nicht gewollt hätte. Hätte die Mehrheit den Verstoß gegen den besonderen Gleichheitssatz erkannt, dann hätte sie gleichwohl eine Lockerung für die Verwaltungsgemeinschaften vorsehen können; sie hätte lediglich bedenken müssen, daß dies Auswirkungen auf andere Vorschriften haben könnte und teilweise mußte, die zum System gehören. Aufgabe des Gerichts ist aber allein, einen Verstoß gegen die Verfassung festzustellen, nicht auch, den dadurch entstandenen Konflikt anstelle des Gesetzgebers in bestimmter Weise zu lösen. Das Gericht kann nur den Entscheidungsprozeß neu in Gang setzen, nicht aber das Entscheidungsergebnis korrigieren.

Mit Rücksicht auf diesen sich aus dem Gewaltenteilungsprinzip (Art. 2 Abs. 2 LVerf-LSA) ergebenden Grundsatz ist auch nicht denkbar, das Änderungsgesetz vom 3. 2. 1994 zu beanstanden und zu prüfen, ob die ursprünglichen Fassungen ohne die Änderung dem (besonderen) Gleichheitssatz genügen.

Dagegen spricht schon, daß das Änderungsgesetz als Artikelgesetz eine Fülle von Korrekturen angebracht hat, die nicht alle zum System gehören, auf welches sich die gleichheitswidrige Änderung der Unvereinbarkeits-Vorschriften allein auswirken kann.

Aber auch einer teilweisen Aufhebung des Änderungsgesetzes – soweit es die Vorschriften innerhalb des „Systems" betrifft – müßte außer dem oben genannten Grundsatz ein zusätzliches Argument entgegenstehen:

Der Landesgesetzgeber hat die Gemeinde- und die Landkreisordnung zu einem Zeitpunkt geändert, als diese noch nicht in Kraft getreten waren. Er hat also beide Gesetze am 1. 7. 1994 in der geänderten Fassung in Kraft treten lassen. Dies weicht deutlich von dem Normalfall ab, in welchem das Änderungsgesetz auf eine Regelung bezogen wird, die bereits gilt. Hier hingegen handelt es sich um eine veränderte Erstfassung.

2.3 Die Feststellung, daß die zum System gehörenden Unvereinbarkeits-regelungen mit dem besonderen Gleichheitssatz unvereinbar sind, hat zur Folge, daß – während der durch §§ 40 Abs. 1 Nr. 1 Buchst. b; 59 Abs. 1 Satz 3 2. Halbsatz LSA-GO genannten Periode – keine dieser Vorschriften mehr an-zuwenden ist.

Dem Landesgesetzgeber ist überlassen, für den in §§ 40 Abs. 1 Nr. 1 Buchst. b; 59 Abs. 1 Satz 3 2. Halbsatz LSA-GO genannten Zeitraum neue Re-gelungen zu treffen, ohne daß er dazu allerdings verpflichtet wäre.

Dabei ist er in der Entscheidung insbesondere frei, ob er – im Vergleich zur bisher beschlossenen Regelung – auch die Unvereinbarkeiten für Beamte und Angestellte im Bürgermeister- und im Landratsamt lockert, um sein Gestal-tungsziel für das gemeinsame Verwaltungsamt beizubehalten, oder ob er sich für eine strengere Handhabung schon für die laufende Amtsperiode entscheidet und dieses System dann auch bei den Verwaltungsgemeinschaften verfolgt.

Bei dieser Bedeutung des Urteils bedarf es keiner einstweiligen Regelung durch das Gericht, bis der Gesetzgeber eine Neuregelung getroffen hat.

Andererseits besteht auch kein Anlaß, die zum System gehörenden Be-stimmungen nur zu beanstanden, dem Gesetzgeber eine Frist für die Beseiti-gung des Mangels zu setzen und gleichwohl einzelne Regelungen vorüberge-hend aufrechtzuerhalten (vgl. zur sog. Notkompetenz z. B.: BVerfG, Beschl. v. 13. 12. 1988 – 2 BvL 1/84 – BVerfGE 79, 245, 250 f, m. w. Nachw.); denn die Verfassung fordert auf keiner Stufe Unvereinbarkeitsregelungen, so daß der gegenwärtige Rechtszustand (unvereinbare, unanwendbare Regelungen) nicht der Verfassung ferner stehen kann als ein Rechtszustand, in welchem ein Teil des beanstandeten Systems noch Geltung behält.

## 3.

Die Kostenfreiheit folgt aus § 32 Abs. 1 LVerfGG-LSA.

Den Beschwerdeführern sind die notwendigen außergerichtlichen Kosten zu erstatten, weil sie mit ihrer Verfassungsbeschwerde in vollem Umfang durchdringen (§ 32 Abs. 2 LVerfGG-LSA).

## Nr. 5

**1. § 49 LVerfGG-LSA verlangt nur die Angabe des verletzten Verfas-sungsrechts, nicht auch die Angabe einer bestimmten Verfassungsbestim-mung.**

2. Landesgesetzliche Regelungen von Unvereinbarkeiten in bezug auf die Ausübung kommunaler Mandate greifen unmittelbar i. S. des Art. 75 Nr. 6 LVerf-LSA in staatsbürgerliche Rechte ein.

3. Aus Art. 89 LVerf-LSA, der auf Abs. 42 Abs. 1 LVerf-LSA verweist, ergibt sich in Verbindung mit dem besonderen Gleichheitssatz des Art. 8 Abs. 1 LVerf-LSA das subjektive Recht auf Gleichbehandlung im aktiven und passiven Wahlrecht zu kommunalen Körperschaften.

Unmittelbar aus Art. 89 LVerf-LSA und ergänzend aus Art. 42 Abs. 1 LVerf-LSA folgt ferner, daß der Betroffene keine Einschränkungen hinnehmen muß, welche die Allgemeinheit der Kommunalwahl in verfassungswidriger Weise einschränken.

4. Die Landesverfassung enthält keine Regelungen darüber, daß Gemeinderäte oder Kreistagsmitglieder wegen ihrer verwandtschaftlichen Beziehungen zum Bürgermeister, Landrat oder zu Beigeordneten aus der Vertretungskörperschaft ausscheiden müssen.

Eine solche Unvereinbarkeit läßt sich auch weder aus dem Wesen kommunaler Selbstverwaltung noch aus der historischen Entwicklung der Ausschlußgründe in Preußen oder im Land Sachsen-Anhalt oder in der Deutschen Demokratischen Republik herleiten.

5. Zum besonderen zwingenden Grund Funktionsfähigkeit.

6. Zur Erstreckung der Nichtigkeits-Feststellung auf gleichartige gesetzliche Bestimmungen.

Grundgesetz Art. 31, 142

Verfassung des Landes Sachsen-Anhalt Art. 2 Abs. 3, 7 Abs. 1, 8 Abs. 1, 42 Abs. 1, 75 Nr. 6, 89, 91 Abs. 2

Landesverfassungsgerichtsgesetz §§ 2 Nr. 7, 41, 47, 49, 50

Gemeindeordnung §§ 31, 59 Abs. 3, 67

Landkreisordnung §§ 31 Abs. 4, 48 Abs. 3, 56

Urteil vom 27. Oktober 1994 – LVG 18/94

in dem Verfassungsbeschwerdeverfahren wegen § 59 Abs. 3 der Gemeindeordnung.

Entscheidungsformel:

§ 59 Abs. 3 der Gemeindeordnung des Landes Sachsen-Anhalt – LSA-GO – vom 5. 10. 1993 (LSA-GVBl S. 568), geändert durch Art. 4 Nr. 10 des Gesetzes vom 3. 2. 1994 (LSA-GVBl S. 164), ist nichtig.

Die Nichtigkeitsfeststellung wird auf § 67 Abs. 1 LSA-GO, geändert durch Art. 4 Nr. 15 des Gesetzes vom 3. 2. 1994 (LSA-GVBl S. 164); sowie auf § 48 Abs. 3 der Landkreisordnung des Landes Sachsen-Anhalt – LSA-LKO – vom 5. 10. 1993 (LSA-GVBl S. 598), geändert durch Art. 5 Nrn. 11, 13 des Gesetzes vom 3. 2. 1994 (LSA-GVBl S. 164), und auf § 56 Abs. 1 LSA-LKO, geändert durch Art. 5 Nr. 17 des Gesetzes vom 3. 2. 1994 (LSA-GVBl S. 164), erstreckt.

Die Entscheidung ergeht gerichtskostenfrei.

Die dem Beschwerdeführer entstandenen außergerichtlichen notwendigen Auslagen sind zu ersetzen.

Tatbestand:

Gegenstand des Verfahrens ist die in Sachsen-Anhalt für Ehegatten und Verwandte (Angehörige) festgelegte Unvereinbarkeit, gleichzeitig kommunale Ämter und kommunale Mandate wahrzunehmen.

1.

Ende des Jahres 1993 löste der Landesgesetzgeber die von der Volkskammer der Deutschen Demokratischen Republik beschlossene Kommunalverfassung – KommVfG – (Gesetz über die Selbstverwaltung der Gemeinden und Landkreise in der Deutschen Demokratischen Republik vom 17. 5. 1990 DDR-GBl Teil I Nr. 28 S. 255, als Landesrecht für Sachsen-Anhalt übergeleitet durch Art. 9 Abs. 1 des Einigungsvertrags BGBl 1990 II 885, DDR-GBl Teil I Nr. 64 S. 1627, hier zuletzt geändert durch Gesetz vom 3. 2. 1994 LSA-GVBl S. 164, 166) ab durch:

die Gemeindeordnung für das Land Sachsen-Anhalt – LSA-GO – vom 5. 10. 1993 (LSA-GVBl S. 568), geändert durch Gesetz vom 3. 2. 1994 (LSA-GVBl S. 164, 166), und durch eine

Landkreisordnung für das Land Sachsen-Anhalt – LSA-LKO – vom 5. 10. 1993 (LSA-GVBl S. 598), geändert durch Gesetz vom 3. 2. 1994 (LSA-GVBl S. 164, 170).

Die neuen Vorschriften der Gemeinde- und Landkreisordnung traten zum 1. 7. 1994 in Kraft (§ 154 Satz 1 LSA-GO; § 75 LSA-LKO).

In den beiden Kommunalverfassungsgesetzen finden sich folgende Regelungen:

a) in der Gemeindeordnung:
innerhalb der Bestimmungen über den Bürgermeister:

§ 59: Wählbarkeit, Hintergründe

...

(3) Der Bürgermeister darf mit einem Gemeinderat nicht in einem familienrechtlichen Verhältnis als Ehegatte, Eltern, Kinder sowie Geschwister stehen. Besteht zwischen dem Bürgermeister oder Beigeordneten und einem Gemeinderat ein familienrechtliches Verhältnis im Sinne von Satz 1, so scheidet der Gemeinderat aus. Satz 1 steht auch einem Nachrücken in den Gemeinderat entgegen. Der Gemeinderat stellt die Hinderungsgründe fest.

innerhalb der Bestimmungen über Beigeordnete:

§ 67: Hinderungsgründe

(1) Beigeordnete dürfen mit einem Gemeinderat nicht in einem familienrechtlichen Verhältnis als Ehegatte, Eltern, Kinder sowie Geschwister stehen. § 59 Abs. 3 Satz 2 bis 4 findet entsprechende Anwendung.

(2) Beigeordnete dürfen weder miteinander noch mit dem Bürgermeister in einem familienrechtlichen Verhältnis nach Absatz 1 Satz 1 stehen oder als persönlich haftende Gesellschafter an derselben Handelsgesellschaft beteiligt sein. Entsteht ein solches Verhältnis zwischen dem Bürgermeister und einem Beigeordneten oder zwischen Beigeordneten, ist der Beigeordnete, im übrigen der an Dienstjahren Jüngere, in den einstweiligen Ruhestand zu versetzen.

b) in der Landkreisordnung:
innerhalb der Bestimmungen über den Landrat:

§ 48: Wählbarkeit, Hinderungsgründe

...

(3) Der Landrat darf mit einem Mitglied des Kreistages nicht in einem familienrechtlichen Verhältnis als Ehegatte, Eltern, Kinder sowie Geschwister stehen. Besteht zwischen dem Landrat und einem Mitglied des Kreistages ein familienrechtliches Verhältnis im Sinne von Satz 1, so scheidet das Mitglied des Kreistages aus. Satz 1 steht auch einem Nachrücken in den Kreistag entgegen. Der Kreistag stellt die Hinderungsgründe fest.

innerhalb der Bestimmungen über Beigeordnete:

§ 56: Hinderungsgründe

(1) Beigeordnete dürfen mit einem Mitglied des Kreistages nicht in einem familienrechtlichen Verhältnis als Ehegatte, Eltern, Kinder sowie Geschwister stehen. § 47 Abs. 3 Satz 2 bis 4 findet entsprechende Anwendung.

(2) Beigeordnete dürfen weder miteinander noch mit dem Landrat in einem familienrechtlichen Verhältnis nach Absatz 1 Satz 1 stehen oder als persönlich haftende Gesellschafter an derselben Handelsgesellschaft beteiligt sein. Entsteht ein solches Verhältnis zwischen dem Landrat und einem Beigeordneten oder zwischen Beigeordneten, ist der Beigeordnete, im übrigen der an Dienstjahren Jüngere, in den einstweiligen Ruhestand zu versetzen.

Die für Mitglieder der Gemeindevertretung geltende Regelung über das (konkrete) Mitwirkungsverbot lautet:

§ 31: Mitwirkungsverbot

(1) Wer ehrenamtlich tätig ist, darf bei Angelegenheiten nicht beratend oder entscheidend mitwirken, wenn die Entscheidung ihm selbst, seinem Ehegatten, seinen Verwandten bis zum dritten oder Verschwägerten bis zum zweiten Grade oder einer von ihm kraft Gesetzes oder Vollmacht vertretenen Person einen besonderen Vorteil oder Nachteil bringen kann. Dies gilt nicht, wenn er an der Entscheidung der Angelegenheit lediglich als Angehöriger einer Berufs- oder Bevölkerungsgruppe beteiligt ist, deren gemeinsame Interessen durch die Angelegenheit berührt werden.

(2) Wer in einer Angelegenheit in anderer als öffentlicher Eigenschaft ein Gutachten abgegeben hat oder sonst tätig geworden ist, darf bei dieser Angelegenheit nicht in ehrenamtlicher Tätigkeit beratend oder entscheidend mitwirken. Das gleiche gilt für denjenigen, der

1. bei einer natürlichen oder juristischen Person des öffentlichen oder privaten Rechts oder einer Vereinigung gegen Entgelt beschäftigt ist, oder

2. bei einer juristischen Person oder bei einem nichtrechtsfähigen Verein als Mitglied des Vorstandes, des Aufsichtsrates oder eines vergleichbaren Organs tätig ist, sofern er diesem Organ nicht als Vertreter der Gemeinde angehört, oder

3. Gesellschafter einer Gesellschaft des bürgerlichen Rechts ist, wenn die unter Nummern 1 bis 3 Bezeichneten ein wirtschaftliches oder besonderes persönliches Interesse an der Erledigung der Angelegenheit haben.

(3) Lehrer dürfen nicht mitwirken, wenn über Angelegenheiten der Schulträgerschaft der Schule, an der sie tätig sind, beraten oder entschieden wird.

...

Hierauf verweist § 31 Abs. 4 LSA-LKO für die Kreistagsmitglieder.

2.

Grundlagen der Beratungen für die Ursprungsfassung der neuen Gemeindeordnung waren Entwürfe einerseits der CDU-F.D.P.-Koalition (LdTgDrs
1/2222) und andererseits der PDS (LdTgDrs 1/1142). Die Beratungen im
Landtagsausschuß für Inneres legten den Entwurf der Koalition zugrunde.

§ 39 Abs. 2 hatte dort die Fassung:

Ehegatten, Eltern und Kinder sowie Geschwister dürfen nicht gleichzeitig
dem Gemeinderat angehören. ...

§ 56 Abs. 3 hatte im Koalitionsentwurf die Fassung:

Besteht zwischen einem Bürgermeister oder Beigeordneten und einem
Gemeinderat ein familienrechtliches Verhältnis im Sinne von § 39 Abs. 2 Satz 1,
so scheidet der Gemeinderat aus. ...

Bei den Beratungen des Ausschusses für Inneres zu § 39 Abs. 2 hielt dessen Vorsitzender (Abgeordneter J.) für fraglich, ob die Wählbarkeit von Ehe-
partnern und Familienangehörigen eingeschränkt werden könne; der Abgeordnete E. verwies auf die Möglichkeit, die Familienmitglieder könnten auf getrennten Listen kandidieren, was die Vorschrift zweifelhaft mache; der Abgeordnete L. hielt Familienmitglieder in der Regel für befangen; der Abgeordnete B. wies auf das Problem eheähnlicher Gemeinschaften hin; der Abgeordnete
Be. hielt für notwendig, der Gefahr vorzubeugen, daß ctwa ein kleiner Gemeinderat durch mehrere Familienmitglieder wesentlich oder gar maßgeblich
bestimmt werde. Der Ausschuß stellte dann in dieser 46. Sitzung vom
3. 9. 1992 die Entscheidung zunächst zurück und bat den Gesetzgebungs- und
Beratungsdienst sowie das Ministerium des Innern um eine rechtliche Prüfung
(Niederschrift über diese Sitzung, S. 18).

Die auch auf § 39 Abs. 2 verweisende Fassung des § 56 billigte der Ausschuß und änderte nur die Regelung zum Lebensalter (Niederschrift über die
47. Sitzung des Ausschusses für Inneres vom 4. 9. 1992 S. VII/3 f).

In der 60. Sitzung des Ausschusses für Inneres am 24. 3. 1993 wurde die
Unvereinbarkeitsregelung des § 39 erneut diskutiert. Sie wurde jedenfalls in
kleinen Gemeinden für notwendig gehalten (Abgeordneter Be., Abgeordneter
Dr. S.), teilweise unabhängig hiervon (Abgeordneter B.). Als Größenbegren-
zung war die Einwohnerzahl von 5.000 im Gespräch (Abgeordneter Dr. S.).
Andererseits wurde der starre Ausschluß kritisiert und eine Einigungsmög-
lichkeit erwogen (Abgeordneter Dr. P.). Bedenken wegen denkbarer unterschiedlicher politischer Auffassung zwischen den Eltern und Kindern (Abgeordneter Dr. S.) sowie das Problem eheähnlicher Gemeinschaften (Abgeord-

neter E.) wurden erneut erörtert (Niederschrift über diese Sitzung S. 22 ff). Zu
§ 56 diskutierte der Ausschuß in seiner 65. Sitzung am 9. 6. 1993 lediglich die
Altersbegrenzungen für das Bürgermeisteramt (Niederschrift über diese Sitzung S. 8 f).

Die Empfehlung des Ausschusses für Inneres (LdTgDrs 1/2798 v.
1. 7. 1993) schloß im § 39 Abs. 2 Satz 1 nur Ehegatten von der gleichzeitigen
Mitgliedschaft im Gemeinderat aus, sah für den Kollisionsfall in den folgenden
Sätzen eine Einigungsklausel und ersatzweise die Anknüpfung an die höhere
Stimmenzahl bzw. an einen Losentscheid vor. Als § 40 Abs. 4 wurde eine Regelung für den Nachrückfall vorgesehen, und § 56 Abs. 3 des Entwurfs blieb
unverändert.

Dieser Vorschlag wurde nicht Gesetz, weil der Änderungsantrag der Ko-
alition (LdTgDrs 1/2846) angenommen wurde, § 39 Abs. 2 ganz zu streichen.
Den so veränderten § 39 beschloß das Plenum dann mit Mehrheit (StenBer 1/
50 v. 8. 7. 1993 S. 5952). Es zog daraus allerdings für § 56 des Entwurfs keine
Konsequenzen und nahm diese Bestimmung unverändert an (StenBer 1/50
S. 5954).

Die Gesetz gewordene Ursprungsfassung des § 59 Abs. 3 Satz 1 LSA-GO
a. F. bezog sich deshalb auf einen § 40 Abs. 2 LSA-GO a. F., der in Wahrheit
der aufgerückte § 39 Abs. 3 des Koalitionsentwurfs gewesen war, während die
Regelung, auf die er sich hatte beziehen sollen, gestrichen worden war.

Die Beratungen zur Landkreisordnung verliefen parallel zu denen der Gemeindeordnung (vgl. insoweit zum Verfahren lediglich: LdTgDrs 1/1442
PDS-Entwurf, 1/1470 Koalitionsentwurf, 1/2797 Beschlußempfehlung des
Ausschusses für Inneres, 1/2851 Änderungsantrag der Koalition; StenBer 1/50
v. 8. 7. 1993 S. 5913 ff: zweite Lesung von Gemeinde- und Landkreisordnung).

Die Gesetz gewordene Ursprungsfassung der Landkreisordnung verwies
im § 47 Abs. 3 (für den Landrat) und im § 56 (für Beigeordnete) auf § 29
Abs. 2; dort war allerdings – wie in der Gemeindeordnung – die Unvereinbarkeitsregelung gestrichen worden.

Die Novelle vom 3. 2. 1994 enthält sowohl Änderungen der damals – vor
dem 1. 7. 1994 – noch gültigen Kommunalgesetze (Kommunalverfassung =
Art. 2 GVBl 1994 S. 166, Gesetz über kommunale Gemeinschaftsarbeit =
Art. 1 ab S. 164) als auch – anpassend – der jetzigen, aber damals noch nicht in
Kraft gewesenen Kommunalgesetze (Gemeindeordnung = Art. 4 ab S. 166,
Landkreisordnung = Art. 5 ab S. 170). Sie ging insoweit über die Vorstellun-
gen der ursprünglichen Regierungsvorlage hinaus, welche nur die Anpassung
des geltenden Rechts vorgesehen hatte (vgl. LdTgDrs 1/2567).

Wesentliche Vorarbeiten leistete – vor allem für die Änderungen der Ge-
meinde- und der Landkreisordnung – eine vom Landtagsausschuß für Inneres

eingesetzte Arbeitsgruppe aus den Fraktionsassistenten von CDU und SPD, Angehörigen des Gesetzgebungs- und Beratungsdienstes des Landtags sowie Mitarbeitern des Ministeriums des Innern (zum Beschluß über die Einsetzung dieser Gruppe vgl. Niederschrift über die 70. Sitzung des Ausschusses für Inneres vom 29. 9. 1993, S. 20, 22 f).

Die Vorschläge der Arbeitsgruppe für die hier maßgeblichen Vorschriften (vgl. Niederschrift über die 75. Sitzung des Ausschusses für Inneres am 8. 12. 1993 Anlage 2 S. 2 f, § 59 GO-ÄndEntw, Anlage 4, S. 3 f, §§ 47, 56 LKO-ÄndEntw) übernahm der Ausschuß als Beschlußempfehlung (LdTgDrs 1/3256 v. 9. 12. 1993, dort Art. 4 Nrn. 10, 15 = Gemeindeordnung und Art. 5 Nrn. 11, 13, 17 = Landkreisordnung).

Der als Drucksache Nr. 1/3297 (v. 16. 12. 1993) vorgelegte und vom Abgeordneten K. eingebrachte (StenBer 1/56 v. 16. 12. 1993, S. 6626 f) Änderungsantrag der Fraktionen der CDU und der F.D.P. schlug die Gesetz gewordenen Änderungen zu §§ 40 Abs. 1 Nr. 1 Buchst. b; 59 Abs. 1 Satz 3 der Gemeindeordnung vor; wegen der dabei verlangten Änderung zum Absatz 1 des § 59 nahm der Änderungsantrag die Empfehlungen des Ausschusses für Inneres zu § 59 Abs. 3 nur unter den Ordnungsbuchstaben auf, ohne sie inhaltlich zu verändern.

Die schriftliche Begründung (LdTgDrs 1/3297 S. 2) befaßt sich deshalb wie die spätere mündliche im Plenum (Abgeordneter K., F.D.P., StenBer 1/56 v. 16. 12. 1993 S. 6626, 6627) ausschließlich mit dem eigenen Änderungsbegehren.

In der vom Abgeordneten E. beantragten namentlichen Abstimmung (StenBer 1/56 v. 16. 12. 1993 S. 6625, 6630) nahm das Plenum den Änderungsantrag der LdTgDrs 1/3297 mit 48 gegen 40 Stimmen bei vier Enthaltungen an.

Die Empfehlungen des Ausschusses für Inneres zur Landkreisordnung wurden mit Mehrheit angenommen (StenBer 1/56 v. 16. 12. 1993 S. 6633 Art. 5).

## 3.

Der Beschwerdeführer gehört aufgrund der Kommunalwahl vom 12. 6. 1994 dem Gemeinderat von Wengelsdorf an, einer Gemeinde von weniger als 1.000 Einwohnern (vgl. Anlage zu § 33 Satz 3 des Gesetzes zur Kreisgebietsreform vom 13. 7. 1993 LSA-GVBl S. 351, geändert durch Gesetz vom 3. 2. 1994 LSA-GVBl S. 164, dort unter Nr. 16: Landkreis Weißenfels). Seine Mutter ist Bürgermeisterin derselben Gemeinde. Der Beschwerdeführer und seine Mutter sind Mitglieder verschiedener politischer Parteien.

Der Beschwerdeführer hat am 22. 7. 1994 Verfassungsbeschwerde erhoben. Er rügt die Verletzung seines passiven Wahlrechts durch § 59 Abs. 3 der Gemeindeordnung.

Der Beschwerdeführer beantragt sinngemäß,
§ 59 Abs. 3 der Gemeindeordnung des Landes Sachsen-Anhalt vom
5. 10. 1993 (LSA-GVBl S. 568) i. d. F. des Art. 4 Nr. 10 des Gesetzes vom
3. 2. 1994 (LSA-GVBl S. 164) für nichtig zu erklären.

4.

Landtag und Landesregierung hatten Gelegenheit zur Stellungnahme.

4.1 Der Landtag von Sachsen-Anhalt hat in Parallelverfahren am 10. 6.
1994 und am 7. 7. 1994 mitgeteilt, Stellungnahmen in den laufenden Verfassungsbeschwerdeverfahren wegen Unvereinbarkeiten würden nicht abgegeben, weil dies bei Wahrung des einzuhaltenden Verfahrens mit Rücksicht auf
die auslaufende Legislaturperiode nicht mehr möglich sei.

4. 2 Die Landesregierung (Ministerium des Innern) hat sich am 22. 9. 1994
wie folgt geäußert:

Das Bundesverfassungsgericht habe Unvereinbarkeitsregelungen und
sogar den faktischen Ausschluß von der Wahrnehmung kommunaler Mandate
für zulässig gehalten, wenn anders Interessenkollisionen nicht zu verhindern
seien. Sinn und Zweck der vom Beschwerdeführer beanstandeten Regelung sei
die Vermeidung von „Vettern- und Cliquenwirtschaft"; diese Gefahr bestehe
besonders in kleinen Gemeinden. In Sachsen-Anhalt hätten von 1.300 Gemeinden mehr als eintausend weniger als 1.000 Einwohner. Für den Neuauf-
bau sei besonders wichtig, daß jeglicher böse Schein vermieden werde; bei den
Beratungen habe den Abgeordneten ein Beispiel vor Augen gestanden, in welchem fünf von sieben Mitgliedern der Gemeindevertretung einer Familie angehört hätten, weil die bislang geltende Kommunalverfassung dies nicht ausgeschlossen habe. Die getroffene Regelung sei unerläßlich, zumal konkrete
Verhinderungen auf der Grundlage des Mitwirkungsverbots von der Öffentlichkeit nicht wahrgenommen würden.

Entscheidungsgründe:

Die Verfassungsbeschwerde ist zulässig (1) und begründet (2).

1.

Das Landesverfassungsgericht ist zur Entscheidung berufen (1.1). Der
Beschwerdeführer kann sich auf die Verletzung staatsbürgerlicher Rechte
stützen (1.2), in welche die beanstandete gesetzliche Vorschrift auch unmit-

telbar eingreift (1.3). Die übrigen Zulässigkeitsvoraussetzungen sind erfüllt (1.4).

1.1 Es handelt sich um eine allgemeine Verfassungsbeschwerde i. S. des Art. 75 Nr. 6 der Verfassung des Landes Sachsen-Anhalt – LVerf-LSA – vom 16. 7. 1992 (LSA-GVBl S. 600) und der §§ 2 Nr. 7; 47 ff des Gesetzes über das Landesverfassungsgericht – LVerfGG-LSA – vom 23. 8. 1993 (LSA-GVBl S. 441), geändert durch Gesetz vom 14. 6. 1994 (LSA-GVBl S. 700). Ohne Bedeutung ist, ob und in welchem Umfang auch eine Verfassungsbeschwerde zum Bundesverfassungsgericht mit der Erwägung möglich wäre, das passive Wahlrecht könne (auch) aus (Art. 3 mit) Art. 28 Abs. 1 Satz 2 des Grundgesetzes – GG – hergeleitet werden; denn das Landesverfassungsgericht ist jedenfalls berufen, über – gleichlautendes – Landesverfassungsrecht zu urteilen: Art. 89 LVerf-LSA verlangt für die Kommunen – das sind nach Art. 87 Abs. 1 LVerf-LSA Gemeinden und Landkreise – eine Vertretung, die aus allgemeinen und gleichen Wahlen hervorgegangen ist.

Die Bestimmungen über die allgemeine Verfassungsbeschwerde zum Bundesverfassungsgericht (vgl. Art. 93 Abs. 1 Nr. 4 a GG und §§ 90 ff des Bundesverfassungsgerichtsgesetzes – BVerfGG – i. d. F. d. Bek. v. 11. 8. 1993 BGBl I 1473) schließen die Kontrolle durch das Landesverfassungsgericht nicht aus; § 90 Abs. 3 BVerfGG läßt vielmehr ausdrücklich neben der bundesrechtlichen auch eine landesrechtliche Verfassungsbeschwerde zu, die ausschließlich Landesrecht beurteilt.

Das dem Bundesverfassungsrecht entsprechende Landesverfassungsrecht, welches hier die Zulässigkeit der Verfassungsbeschwerde zum Landesverfassungsgericht begründet, wird auch nicht durch Art. 31 GG verdrängt. Das hat das Landesverfassungsgericht bereits für die Garantie kommunaler Selbstverwaltung – Art. 28 Abs. 2 GG im Verhältnis zu Art. 2 Abs. 3 LVerf-LSA – anerkannt (vgl. Urteile vom 31. 5. 1994 – LVG 2/93 –, S. 22; – LVG 1/94 – S. 20). Gleiches gilt für Art. 28 Abs. 1 Satz 2 GG im Verhältnis zu Art. 89 LVerf-LSA; denn auch die Bestimmungen des Art. 28 Abs. 1 GG enthalten Vorgaben für die Landesorganisation (vgl. für alle: *Pieroth* in Jarass/Pieroth, GG, 2. Aufl., Art. 28 Rdn. 2, 4; BVerfG, Urt. v. 31. 10. 1990 – 2 BvF 3/89 –, BVerfGE 83, 60, 71). Art. 89 LVerf-LSA setzt dies für die Wahlen in den Kommunen um.

Für die Grundrechtsbestimmungen – hier für den Gleichheitssatz nach Art. 7 Abs. 1, 8 Abs. 1 LVerf-LSA – gilt: Art. 31 GG verdrängt insoweit nur mit Bundesrecht kollidierendes Landesverfassungsrecht, nicht aber den Grundrechten inhaltsgleiche Regelungen (vgl. Art. 142 GG). Art. 142 GG gilt auch für Grundrechte, die ein Bundesland erst nach Inkrafttreten des Grundgesetzes geschaffen hat (allg. Ansicht; vgl. etwa *Jarass* in Jarass/Pieroth, aaO

Art. 142 Rdn. 1; *Mahnke*, Die Verfassung des Landes Sachsen-Anhalt, Art. 75 Rdn. 22).

1.2 Die Verfassungsbeschwerde betrifft die Frage, ob die beanstandete Vorschrift mit dem sich aus Art. 89 LVerf-LSA ergebenden passiven Wahlrecht vereinbar ist. Hierbei handelt es sich um ein staatsbürgerliches Recht i. S. des Art. 75 Nr. 6 LVerf-LSA und des § 2 Nr. 7 LVerfGG-LSA. Umfaßt sind politische Mitwirkungsrechte, insbes. die von der Volkssouveränität vorausgesetzten Wahlrechte (vgl. insoweit auch Art. 2 Abs. 2 und Art. 8 LVerf-LSA; wie hier: *Mahnke*, LVerf-LSA, Art. 8 Rdn. 3, Art. 75 Rdn. 19; vgl. für das Bundeswahlrecht z. B.: BVerfG, Beschl. v. 21. 6. 1988 – 2 BvR 638/84 –, BVerfGE 78, 350, 357).

Das staatsbürgerliche Recht auf Gleichbehandlung im aktiven und passiven Wahlrecht folgt landesverfassungsrechtlich für Kommunalwahlen aus Art. 89 LVerf-LSA i. V. m. Art. 8 Abs. 1 LVerf-LSA.

Art. 89 LVerf-LSA verlangt in den Kommunen zwingend Volksvertretungen, die nach den Grundsätzen des Art. 42 Abs. 1 LVerf-LSA gewählt worden sind. Art. 89 LVerf-LSA enthält damit zugleich das subjektive Recht auf Teilhabe an Kommunalwahlen, wie es sich für die Landtagswahl aus Art. 42 Abs. 1 LVerf-LSA ergibt. Daß diese Rechte formal gleich allen Teilnehmern an Wahlen zustehen, folgt aus dem Grundsatz gleicher Wahl (Art. 42, 89 LVerf-LSA) sowie zusätzlich aus Art. 8 Abs. 1 LVerf-LSA. Soweit Art. 8 Abs. 1 LVerf-LSA gleiche staatsbürgerliche Rechte einräumt, handelt es sich um einen Sonderfall des allgemeinen Gleichheitssatzes (Art. 7 Abs. 1 LVerf-LSA).

Das entspricht der ständigen Rechtsprechung des Bundesverfassungsgerichts zur Wahlgleichheit (vgl. etwa: BVerfG, Beschl. v. 17. 1. 1961 – 2 BvR 547/60 –, BVerfGE 12, 73, 76; Beschl. v. 27. 10. 1964 – 2 BvR 319/61 –, BVerfGE 18, 172, 180; Beschl. [Teil-Entscheidung] v. 21. 1. 1975 – 2 BvR 193/74 –, BVerfGE 38, 326, 335; [Schluß-]Urt. v. 5. 11. 1975 – 2 BvR 193/74 –, BVerfGE 40, 296, 317 f – Diäten-Urteil; Beschl. v. 4. 4. 1978 – 2 BvR 1108/77 –, BVerfGE 48, 64, 79, 81, Beschl. v. 7. 4. 1981 – 2 BvR 1210/80 –, BVerfGE 57, 43, 54; Beschl. v. 6. 10. 1981 – 2 BvR 384/81 –, BVerfGE 58, 177, 188; Beschl. v. 12. 12. 1991 – 2 BvR 562/91 –, BVerfGE 85, 148, 157).

Der oben vorgenommenen Ableitung subjektiver Rechte direkt aus Art. 8 Abs. 1 und Art. 89 LVerf-LSA – als Sonderfall des Art. 7 Abs. 1 LVerf-LSA – steht nicht entgegen, daß das Bundesverfassungsgericht stets nur auf den allgemeinen Gleichheitssatz des Art. 3 Abs. 1 GG abstellt und die Wahlgleichheit als dessen Unterfall behandelt (vgl. etwa: BVerfGE 58, 177, 188). Ursache hierfür ist allein, daß – anders als bei der landesrechtlichen Verfassungsbeschwerde nach Art. 75 Nr. 6 LVerf-LSA – die Verfassungsbeschwerde zum Bundesverfassungsgericht nach Art. 93 Abs. 1 Nr. 4 a GG und § 90 Abs. 1 BVerfGG nur auf die Verletzung von Grundrechten oder ausdrücklich erwähnten Rechten gestützt werden kann; dort sind aber staatsbürgerliche Rechte nicht genannt.

Da (auch) das subjektive (Kommunal-)Wahlrecht bereits durch Art. 8 Abs. 1 und Art. 89 LVerf-LSA als Sonderfall des Gleichheitsgrundsatzes garantiert wird, ist der Rückgriff auf den allgemeinen Gleichheitssatz des Art. 7 Abs. 1 LVerf-LSA nicht mehr erforderlich.

Unmittelbar aus Art. 89 und ergänzend aus Art. 42 Abs. 1 LVerf-LSA folgt ferner, daß der Beschwerdeführer keine Einschränkungen hinnehmen muß, welche die Allgemeinheit der Kommunalwahl in verfassungswidriger Weise einschränken.

1.3 Die gesetzliche Bestimmung greift in das passive Wahlrecht des Beschwerdeführers unmittelbar i. S. des Art. 75 Nr. 6 LVerf-LSA und des §§ 2 Nr. 7; 47 LVerfGG-LSA ein.

Dem steht nicht entgegen, daß vorgesehen ist, die Unvereinbarkeit förmlich festzustellen (§ 59 Abs. 3 Satz 4 LSA-GO); denn nicht diese Feststellung bewirkt, daß der von ihr Betroffene (künftig) ausgeschlossen wird, sondern bereits das Gesetz selbst erklärt die gleichzeitige Ausübung der Mandate unter Angehörigen (von Anfang an) für unvereinbar und verdrängt bereits durch § 59 Abs. 3 Sätze 2 und 3 LSA-GO einen der Beteiligten. Der Feststellung kommt lediglich deklaratorische Bedeutung zu.

Diese Auslegung des Merkmals der Unmittelbarkeit in den landesrechtlichen Zulässigkeitsvoraussetzungen (Art. 75 Nr. 6 LVerf-LSA, §§ 2 Nr. 7; 47 LVerfGG-LSA) deckt sich mit derjenigen des Bundesverfassungsgerichts zu der bundesrechtlichen Fristenbestimmung (vgl. insoweit § 93 Abs. 1, 3, BVerfGG).

Das Bundesverfassungsgericht hat die auf die Verletzung des passiven Wahlrechts gestützten Verfassungsbeschwerden stets als unmittelbar gegen das Gesetz gerichtet angesehen (so vor allem: BVerfGE 12, 73, 76; 18, 172, 180, 38, 326, 335; 48, 64, 79; 57, 43, 55; 58, 177, 189).

Dabei hat es ausdrücklich darauf verwiesen, die Feststellungen und sonstigen Maßnahmen im Rahmen des Wahlverfahrens seien keine Vollzugsakte der Verwaltung (BVerfGE 48, 64, 80; 57, 43, 55; 58, 177, 190).

Auch der Hessische Staatsgerichtshof hat eine entsprechende Verfassungsbeschwerde als unmittelbar gegen das Wahlgesetz gerichtet behandelt (HessStGH, Urt. v. 7. 1. 1970 – P.St. 539 –, ESVGH 20, 206, 206 f).

Die Voraussetzungen des gesetzlichen Tatbestands (§ 59 Abs. 3 Satz 1 LSA-GO) sind im Fall des Beschwerdeführers erfüllt.

1.4 Die Beschwerde ist auch im übrigen zulässig.

Die (einfachgesetzliche) Vorschrift ist genannt, durch welche sich der Beschwerdeführer verletzt fühlt. Auch das Verfassungsrecht, welches er für beeinträchtigt hält, ist ausreichend bezeichnet. Hierfür ist nicht erforderlich, auf einen konkreten Artikel der Landesverfassung zu verweisen; denn § 49 LVerfGG-LSA verlangt nur die Angabe des Rechts, das verletzt sein soll. Dem ist genügt, wenn sich der Beschwerdeführer auf sein (passives) Wahlrecht beruft. Ob das verletzte Recht aus der Verfassung abgeleitet werden kann und welche Bestimmungen einschlägig sind, ist mitunter – wie in diesem Fall – nicht ganz einfach zu ermitteln, so daß die über den Wortlaut des § 49 LVerfGG-LSA hinausgehende und durch dessen Zweck nicht gebotene Auslegung als unverhältnismäßig nicht in Betracht kommt, weil sie die Rechtsverfolgung unnötig erschweren würde.

Die Jahresfrist des § 48 LVerfGG-LSA ist eingehalten.

## 2.

Die Verfassungsbeschwerde ist begründet.

Entsprechend dem Kontrollauftrag des Art. 75 Nr. 6 LVerf-LSA stellt das Landesverfassungsgericht nach § 50 LVerfGG-LSA i. V. m. § 41 LVerfGG-LSA die Nichtigkeit der gesetzlichen Bestimmung fest, die gegen die Landesverfassung verstößt (2.1). Da die Verfassungsbeschwerde erfolgreich ist, kann das Landesverfassungsgericht andere Vorschriften für nichtig erklären (§ 41 Satz 2 LVerfGG-LSA), welche gleichfalls und aus demselben Grund verfassungswidrige Regelungen treffen (2.2).

2.1 § 59 Abs. 3 Satz 1 LSA-GO und die aus seinen Voraussetzungen abgeleiteten Rechtsfolgen der übrigen Sätze des § 59 Abs. 3 LSA-GO verstoßen gegen die Grundsätze der Allgemeinheit und der Gleichheit von kommunalen Wahlen (2.1.1). Die vom Landesgesetzgeber in Anspruch genommene Abweichung ist nicht durch die Landesverfassung gedeckt (2.1.2).

2.1.1 Aus dem Wesen des Wahlrechts als eines politischen Grundrechts (BVerfG, Urt. v. 5. 4. 1952 – 2 BvH 1/52 –, BVerfGE 1, 208, 242) und seiner historischen Entwicklung zum Demokratisch-Egalitären hin (BVerfG, Beschl. v. 11. 10. 1972 – 2 BvR 912/71 –, BVerfGE 34, 81, 98) folgt, daß die Wahlgrundsätze der allgemeinen und gleichen Wahl durch ihren formalen Charakter gekennzeichnet und darin vom allgemeinen Gleichheitssatz unterschieden sind (BVerfGE 34, 81, 98). Der Grundsatz der Allgemeinheit verbietet, bestimmte Bevölkerungsgruppen aus politischen, wirtschaftlichen oder sozialen Gründen auszuschließen (BVerfG, Beschl. v. 23. 10. 1973 – 2 BvC 3/73 –, BVerfGE 36, 139, 141; Beschl. v. 7. 10. 1981 – 2 BvC 2/81 –, BVerfGE 58, 202, 205). Allgemeinheit und Gleichheit der Wahl verlangen, daß jedem das staatsbürgerliche Recht in formal möglichst gleicher Weise zusteht (BVerfGE 34, 81, 98; 36, 139, 141). Dem Gesetzgeber bleibt wegen dieser Formalisierung nur ein eng bemessener Spielraum für Differenzierungen, die jeweils eines besonderen rechtfertigenden zwingenden Grunds bedürfen (BVerfG, Beschl. v. 6. 5. 1970 – 2 BvR 158/70 –, BVerfGE 28, 220, 225; BVerfGE 34, 81, 99; 78, 350, 357 f).

Diese – überwiegend zum aktiven Wahlrecht entwickelten – Grundsätze gelten auch für das passive Wahlrecht (vgl. hierzu z. B.: BVerfGE 12, 73, 77; 48, 64, 81; 57, 43, 56; 58, 177, 190 f). Sie beanspruchen Beachtung nicht nur für die Wahlen zu den Vertretungskörperschaften des Staats, sondern wegen Art. 28 Abs. 1 Satz 2 GG und Art. 89 LVerf-LSA gerade auch im kommunalen Bereich (vgl. insoweit auch die Beispiele bei BVerfGE 48, 64, 81; 57, 43, 56; 58, 177, 190 f). Das Bundesverfassungsgericht hat sie als allgemeine Rechtsgrundsätze behandelt und auch auf Wahlen angewendet, die zum Bereich des öffentlichen Rechts zu rechnen sind (vgl. BVerfG, Beschl. v. 23. 3. 1982 – 2 BvL 1/81 –, BVerfGE 60, 162, 167 f – Personalvertretungswahlen; Beschl. v. 22. 10. 1985 – 1 BvL 44/83 –, BVerfGE 71, 81, 94 f – Arbeitnehmerkammern in Bremen).

2.1.2 Mandatsträger als Verwandte und Verschwägerte anderer Amtsträger auszuschließen, ist weder durch die Verfassung ausdrücklich zugelassen (2.1.2.1) noch durch einen zwingenden Grund geboten (2.1.2.2).

2.1.2.1 Art. 89 LVerf-LSA enthält in seinem Wortlaut keine Ermächtigung, „Vettern- und Cliquenwirtschaften" zu unterbinden.

Auch Art. 42 LVerf-LSA, auf dessen Grundsätze Art. 89 LVerf-LSA inhaltlich Bezug nimmt, bietet dafür seinem Wortlaut nach keine Grundlage.

Abs. 2 läßt nur Einschränkungen zu, welche Wohnsitz und Lebensalter betreffen, und Abs. 3 gestattet dem einfachen Landesgesetzgeber, das Entstehen der Wahlrechte von einer bestimmbaren Dauer der Ansässigkeit abhängig zu machen.

Art. 42 Abs. 3 Satz 1 LVerf-LSA ermächtigt den Gesetzgeber zwar, das Nähere durch Gesetz zu regeln; diese Bestimmung stellt die Wahlgrundsätze des Abs. 1 aber nicht etwa unter einen Gesetzesvorbehalt. Das ergibt sich aus einem Vergleich dieser Bestimmung mit Art. 38 Abs. 3 GG, dem sie nachgebildet ist. Die Regelung des Bundes bei der Auslegung der Landesverfassung mit zu berücksichtigen ist schon deshalb geboten, weil Art. 28 Abs. 1, 2 GG verlangt, die staatliche Organisation in den Ländern entsprechend den Grundsätzen des Art. 20 GG zu ordnen und für die Kommunen Volksvertretungen vorzusehen, die entsprechend den staatlichen Vertretungen gebildet sind.

Die Ermächtigung des Art. 38 Abs. 3 GG wird teilweise nur als sog. Regelungsvorbehalt angesehen (*Pieroth* in Jarass/Pieroth, GG, 2. Aufl., Art. 38

Rdn. 21; *v. Münch*, GG, 2. Aufl., Bd. 2, Art. 38 Rdn. 67), der dem Gesetzgeber zwar gestattet, das Wahlverfahren zu bestimmen, nicht aber die Wahlgrundsätze in Frage zu stellen. Für die Allgemeinheit und Gleichheit der Wahl wird die Auffassung des Bundesverfassungsgerichts allgemein gebilligt, Einschränkungen seien nur zulässig, soweit die Verfassung diese vorsehe oder soweit ein sachlich zwingender Grund bestehe (vgl. etwa: *Achterberg/Schulte* in v. Mangoldt/Klein, GG, 3. Aufl., Bd. 6, Art. 38 Rdn. 119, 128 ff; *v. Münch*, aaO, Art. 38 Rdn. 7 ff; *Pieroth*, aaO, Art. 38 Rdn. 18).

Schließlich ermächtigt Art. 91 Abs. 2 LVerf-LSA weder dazu, die gleichzeitige Mitgliedschaft Angehöriger in den Vertretungskörperschaften zu unterbinden, noch dazu, Angehörige von gleichzeitigen Mandaten in einerseits der Vertretungskörperschaft und andererseits dem Repräsentations- oder Verwaltungsorgan auszuschließen. Art. 91 Abs. 2 LVerf-LSA erfaßt – wie Art. 137 Abs. 1 GG – nach Wortlaut und Sinnzusammenhang nur die Fälle, in welchen Unvereinbarkeiten zwischen Amt und Mandat bei derselben Person bestehen.

Art. 91 Abs. 2 LVerf-LSA kann weder erweiternd noch entsprechend auf Fälle angewendet werden, in welchen zwischen Amt und Mandat nur familiäre Beziehungen bestehen. Das Bundesverfassungsgericht hat zu Art. 137 Abs. 1 GG eindeutig und unwidersprochen den abschließenden Charakter dieser Regelung betont und deshalb in bezug auf Amt und Mandat keine ungeschriebenen Inkompatibilitäten anerkannt (BVerfGE 38, 326, 336; 48, 64, 82; 57, 43, 57 f; 58, 177, 191).

2.1.2.2 Ein zwingender besonderer Grund für die beanstandete Regelung läßt sich weder aus den Besonderheiten des Kommunalrechts (2.1.2.2.1) noch aus dem Gesichtspunkt der Funktionsfähigkeit der kommunalen Körperschaften (2.1.2.2.2) gewinnen.

2.1.2.2.1 Die Berechtigung, Vettern- und Cliquenwirtschaft auszuschließen, kann nicht aus den Besonderheiten der kommunalen Selbstverwaltung hergeleitet werden.

Allerdings wird der Hauptunterschied der kommunalen Selbstverwaltung zur staatlichen Organisation darin gesehen, daß die Mandatsträger herkömmlich eine andere Stellung haben als Abgeordnete. So wird ihre Tätigkeit in der Regel als ehrenamtlich verstanden (so insbes. BVerfGE 48, 64, 89; vgl. auch *Gönnenwein*, Gemeinderecht, S. 261 f; *Gern*, Sächsisches Kommunalrecht, Rdn. 378 ff), ihnen Verschwiegenheit auferlegt und verboten, an der Beratung von Gegenständen mitzuwirken, die ihnen oder ihren Angehörigen unmittelbare Vor- bzw. Nachteile bringen (*Gönnenwein*, aaO, S. 266, 268; *Gern*, aaO, Rdn. 381). Von diesen Grundsätzen geht auch das Kommunalrecht in Sachsen-Anhalt aus:

§§ 36 Abs. 1 und 42 Abs. 1 LSA-GO sowie § 31 Abs. 1 LSA-LKO sehen die Tätigkeit in der Vertretungskörperschaft jeweils als Ehrenamt an. § 30 Abs. 2 LSA-GO verpflichtet die Mitglieder des Gemeinderats deshalb zur Verschwiegenheit, und § 31 LSA-GO verbietet die Mitwirkung bei Interessenkollisionen; diese Regelungen nimmt die Landkreisordnung in Bezug (§ 31 Abs. 4 LSA-LKO).

Ähnlich wie § 31 Abs. 1 LSA-GO bei der konkreten Interessenkollision auch Verwandtschaften und Schwägerschaften in die Regelung einbezieht, haben vor allem Bayern und Baden-Württemberg solche Beziehungen zusätzlich zum Anlaß für abstrakte Unvereinbarkeiten genommen. So sind Ehegatten und Verwandte in Bayern sowohl davon ausgeschlossen, gleichzeitig dem Gemeinderat anzugehören, als auch, gleichzeitig Gemeinderat und Erster Bürgermeister zu sein (Art. 31 Abs. 3 der Gemeindeordnung für den Freistaat Bayern i. d. F. d. Bek. vom 14. 6. 1972 – BayGO –, zitiert nach Sammelblatt, Jahrg. 1972, S. 1622, 1627). Die Gemeindeordnung für Baden-Württemberg (v. 25. 7. 1955 – BW-GO – zitiert nach SBl. 1955, 1003) erstreckt die konkreten Regelungen über Interessenkollisionen für selbst ehrenamtlich Tätige auf deren Ehegatten, Verlobte, Verwandte in gerader sowie in der Seitenlinie bis zum dritten Grad und auf Verschwägerte bis zum zweiten Grad (§ 18 Abs. 1 Nrn. 1 bis 3 BW-GO), schließt diesen Personenkreis von der gleichzeitigen Mitgliedschaft in der Vertretungskörperschaft aus (§ 29 Abs. 2 BW-GO) und verbietet zusätzlich die gleichzeitige Tätigkeit als Gemeinderat, Bürgermeister und Beigeordneter (§ 29 Abs. 4 BW-GO).

Diese Regelungen hält *Meyer* (in Handbuch der kommunalen Wissenschaft und Praxis, 2. Aufl., Kap. 5 § 27 B III, S. 63, 70) in ihrer Pauschalität für verfassungswidrig, weil die faktischen Wählbarkeitshindernisse jedenfalls in dieser Allgemeinheit der sozialen Wirklichkeit nicht mehr Rechnung trügen.

Der Staatsgerichtshof des Landes Baden-Württemberg (Urt. v. 10. 7. 1981 – GR 2/80 –, ESVGH 31, 167, 169) hat die dortige Landesregelung für verfassungsgemäß gehalten, weil sie an eine alte Tradition des Kommunalverfassungsrechts anknüpfe, die insbes. mit Vorschriften aus Württemberg von 1822 sowie aus Baden von 1831 belegt wird.

Der Bayerische Verfassungsgerichtshof hat die in seinem Land geltende Regelung gleichfalls für verfassungsgemäß gehalten (BayVfGH, Entscheidung v. 21. 7. 1976 – Vf. 16-V-74 –, VGHE n. F. 29 II 143, 148 = BayVBl 1976, 751, 752), einerseits auf seine frühere Rechtsprechung verwiesen und andererseits unentschieden gelassen, ob das Verbot der Vetternwirtschaft in Städten und großen Landgemeinden noch gerechtfertigt sei. Sein früheres Erkenntnis (BayVfGH, Entscheidung v. 25. 7. 1961 – Vf. 99-VII-60 –, VGH n. F. 14 II 77 ff) hingegen hatte das Verbot der Vetternwirtschaft als den triftigen Grund angesehen, die Grundsätze der allgemeinen und gleichen Wahl einzuschränken; dafür würdigt diese Entscheidung nicht nur die bayerische Gesetzgebung zwischen 1818 und 1927 sowie die Deutsche Gemeindeordnung von 1935, sondern leitet auch aus dem preußischen Kommunalrecht ab, daß herkömmliche Gründe für diese Einschränkung sprächen (BayVfGH, VGHE n. F. 14 II 77, 82 f).

Dieser historischen Ableitung kann – jedenfalls für die früher preußischen Landesteile – nicht gefolgt werden; das belegt die Entwicklung. Bei dieser Würdigung früherer Vorschriften ist zwischen solchen zu unterscheiden, welche nur Beziehungen zwischen Verwandten und Verschwägerten innerhalb des Magistrats (bzw. zwischen Bürgermeister und Schöffen) oder nur innerhalb der gewählten Volksvertretung betreffen, und solchen, welche dieses Verhältnis zwischen Mitgliedern der Vertretungskörperschaft und Mitgliedern der Verwaltung (Magistrat, Bürgermeister) regeln.

Die „Ordnung für sämtliche Städte der Preußischen Monarchie mit dazu gehöriger Instruktion, Behuf der Geschäftsführung der Stadtverordneten in ihren Versammlungen. Vom 19ten November 1808" (Pr-GS, S. 324) – Steinsche Städteordnung – (= StO-08) verbot nur innerhalb des Magistrats verwandtschaftliche sowie Schwägerschafts-Beziehungen bis zum dritten Grad (§ 150 StO-08) und traf keine Bestimmung für die Mitgliedschaft in der Stadtverordnetenversammlung. Die *Steinsche* Städteordnung, die nur im nördlichen Teil der ehemaligen Provinz Sachsen Geltung gehabt haben kann, weil der südliche, das „Herzogthum Sachsen", erst infolge des Friedensvertrags vom 18. 5. 1815 (Pr-GS S. 53) hinzugekommen und als neuer Regierungsbezirk organisiert worden war (vgl. § 1 der „Verordnung wegen verbesserter Einrichtung der Provinzial-Behörden. Vom 30ten April 1815" [Pr-GS S. 85] sowie die Anlage hierzu), ist einerseits durch ihren Kompromißcharakter gekennzeichnet und läßt andererseits deutliche Reserven der Krone gegenüber der örtlichen Autorität erkennen. In diesem Zusammenhang ist auch § 150 StO-08 zu würdigen, so daß nicht als Zufall erscheinen kann, wenn lediglich für den Magistrat, nicht aber für „das Parlament" Unvereinbarkeiten für „Familienverbände" geschaffen worden waren: Durch § 1 StO-08 behält sich der Staat (= die königliche staatliche Verwaltung) alle Rechte vor, „soweit nicht in der gegenwärtigen Ordnung auf eine Theilnahme an der Verwaltung ausdrücklich Verzicht geleistet ist". Die Stadtverordnetenversammlung darf „gefaßte Beschlüsse" nicht „mit öffentlicher Autorität selbst zur Ausführung bringen", sondern hierzu ist allein der Magistrat befugt „und haftet dafür, daß nichts gegen den Staat und gegen die Gesetze ausgeführt werde" (§ 127 StO-08).

Motiv für § 150 StO-08 dürfte deshalb weniger die Sorge um die Sauberkeit der Verwaltung als vielmehr die Furcht vor der Entstehung örtlicher „Parallel-Autoritäten" gewesen sein.

Die *Steinsche* Städteordnung, die gemeinhin als Beginn kommunaler Selbstverwaltung verstanden wird, verfiel alsbald wegen der von den Ständen gegen sie erhobenen Einwände der „Revision": Mit „Allerhöchster Kabinetsorder, vom 17ten März 1831., wegen Einführung der Städte-Ordnung" (Pr-GS S. 9) wurde eine „Revidirte Städte-Ordnung für die Preußische Monarchie" (Pr-GS S. 10) – revStO – verkündet, die entsprechend der Darstellung in der Präambel insbesondere in den neuen preußischen Gebietsteilen in Kraft gesetzt werden sollte.

Die Funktion des Magistrats ist nun deutlicher als in der *Steinschen* Städteordnung umschrieben mit einerseits „Verwalter der Gemeinde-Angelegenheiten" und andererseits „Organ der Staatsgewalt" (§ 84 revStO). § 86 revStO übernimmt dann die Einschränkungen für verwandtschaftliche und Schwägerschafts-Beziehungen bis zum dritten Grad innerhalb des Magistrats, läßt allerdings Ausnahmen zu: „jedoch kann die Regierung von diesem Hindernisse dispensiren". Der Stadtverordnetenversammlung kommt ausdrücklich ein Kontrollrecht zu (§ 126 Abs. 1 revStO). „Unvereinbarkeiten" im heutigen Sinn – Verwandtschaft und Schwägerschaft sind nicht genannt – schließen die Mitgliedschaft in der Vertretungskörperschaft nicht aus, sondern sind nur ein Grund, die durch § 128 revStO festgelegte Pflicht, das Stadtverordnetamt zu übernehmen, im Einzelfall ablehnen zu können (§ 130 revStO).

Mit der Ermächtigung des § 53 revStO, Statuten der Stadt könnten vorsehen, daß die Stadtverordneten in drei Klassen gewählt werden, ist bereits der Übergang zu dem Wahlrecht vollzogen, das auch in den kommunalen Körperschaften Preußens bis 1918 gelten soll.

Es wird durch die „Verfassungs-Urkunde für den Preußischen Staat. Vom 31. Januar 1850" (Pr-GS S. 17) – PreußVerf-50 – für die Wahlen zur „Zweiten Kammer" (Abgeordnetenhaus) eingeführt (Art. 71 PreußVerf-50). Die Abgeordneten dieser Volks-Kammer werden im übrigen indirekt durch Wahlmänner bestimmt (Art. 72 PreußVerf-50). Die Verfassung enthält in einem besonderen Titel Bestimmungen über die Vertretung und Verwaltung in den Gemeinden, Kreisen, Bezirken und Provinzen und geht dabei „insbesondere" für die Gemeinden von einer „selbständigen Verwaltung ihrer Gemeindeangelegenheiten unter gesetzlich geordneter Oberaufsicht des Staats" aus (Art. 105 Nr. 3 PreußVerf-50). Aussagen über Wahlgrundsätze für die Selbstverwaltungsorgane sind nicht getroffen.

Die spätere Verfassung des Deutschen Reichs vom 16. 4. 1871 (RGBl S. 64) – RVerf-71 – kennt keine Bestimmungen über die Selbstverwaltung, statuiert aber das allgemeine und direkte Wahlrecht zum Reichstag (Art. 20 Abs. 1 RVerf-71).

Für die Entwicklung im Kommunalrecht hingegen bleibt in Preußen allein dessen Verfassungslage maßgeblich.

Außer der (einheitlichen) „Gemeinde-Ordnung für den Preußischen Staat" vom 11. 3. 1850 (Pr-GS S. 213) – GO-50 – und einer (einheitlichen) Kreis-, Bezirks- und Provinzialordnung (vom 11. 3. 1850 [Pr-GS S. 251]) werden im wesentlichen partikulare Kommunalverfassungsgesetze erlassen – grundsätzlich unterschieden nach Rechten für „Städte" und „Gemeinden" –; für die Provinz Sachsen werden maßgeblich: die „Städte-Ordnung für die sechs östlichen Provinzen der Preußischen Monarchie" vom 30. 5. 1853 (Pr-GS S. 261) – StO-Ost –, die Kreisordnung für die Provinzen Ost- und Westpreußen, Brandenburg, Pommern, Schlesien und Sachsen vom 13. 12. 1872 / 19. 3. 1881 (Pr-GS 1881 S. 179) – KrsO-Ost – sowie eine neue Provinzialordnung für denselben Gebietsumfang – ProvO-Ost – vom 29. 6. 1875 / 22. 3. 1881 (Pr-GS 1881 S. 233) und die „Landgemeindeordnung für die sieben östlichen Provinzen der Monarchie" – LGO-Ost – vom 3. 7. 1891 (Pr-GS S. 233).

Zum erstenmal werden nunmehr Verwandtschaftshindernisse für die Vertretungskörperschaften geschaffen, wobei Vater und Sohn, teilweise zusätzlich auch Brüder nicht gleichzeitig tätig sein dürfen (vgl. §§ 15 Abs. 2, 73 Abs. 2 GO-50; § 17 Abs. 2 StO-Ost; § 53 Abs. 2 LGO-Ost).

Erhalten bleiben die Hindernisse bei Verwandtschaft und Schwägerschaft innerhalb der kollegial verfaßten Verwaltungen, der Magistrate, wobei für die Grenzen der Unvereinbarkeit nach der Größe der Gemeinden unterschieden ist (vgl. insoweit § 28 Abs. 2 GO-50; § 30 Abs. 2 StO-Ost; § 75 Abs. 3 LGO-Ost; § 23 Abs. 2 KrsO-Ost).

Gleichfalls neu ist, daß Verwandte und Verschwägerte (nach Graden gestaffelt und von der Größe der Gemeinde abhängig) nicht gleichzeitig in der „Verwaltung" und in der „Vertretungskörperschaft" tätig sein können (vgl. dazu: §§ 28 Abs. 3; 87 Abs. 2 GO-50; § 30 Abs. 3 StO-Ost).

Neben diesen generellen Regelungen bestehen „konkrete" Mitwirkungsverbote für Tätigkeiten in der Vertretung und in der Verwaltung (vgl. §§ 40, 100, GO-50; § 44 StO-Ost; §§ 122 Abs. 1; 139 KrsO-Ost; § 54 Abs. 1 ProvO-Ost; §§ 89 Abs. 3; 108 LGO-Ost).

Auch die generellen Bestimmungen über das Verbot gleichzeitiger Tätigkeit von Angehörigen dürfen nicht isoliert gesehen werden, sondern sind in dem Zusammenhang mit dem durchgängig von Grundbesitz, Gewerbebetrieb oder Vermögen abhängigen Drei-Klassen-Wahlrecht zu würdigen (vgl. etwa: § 87 KrsO-Ost; §§ 5, 12 StO-Ost; §§ 41, 48, 50 LGO-Ost), wobei Vermögen und Grundbesitz der Ehefrauen und minderjährigen Kinder teilweise dem Vater angerechnet oder von ihm „vertreten" werden (vgl. etwa: § 5 Abs. 3 StO-Ost; §§ 41 Abs. 4; 46 Abs. 1 Nr. 2 LGO-Ost; § 97 Abs. 1 Nr. 7 KrsO-Ost), so daß von einer (feudalen) „Familienrepräsentation" der „Vaterstimme" gesprochen werden kann.

Die Beurteilung dessen aber, was als historischer Grund gegenwärtig noch gelten darf – was also „tradiert" worden ist –, kann nicht vernachlässigen, daß diese aufgezeigte Entwicklung im 19. Jahrhundert in Preußen nach Ende des Weltkriegs von 1914 endgültig aufgegeben worden ist.

Das „Gesetz, betreffend vorläufige Regelung verschiedener Punkte des Gemeindeverfassungsrechts" vom 18. 7. 1919 (Pr-GS S. 118) – GemVerfG-19 – ging für die Neuwahlen zum 31. 8. 1919 (§ 4 Abs. 1 GemVerfG-19) vom Grundsatz der allgemeinen und direkten Verhältniswahl aus (§§ 1 Abs. 2, 7 Abs. 1 GemVerfG-19), hob durch § 10 GemVerfG-19 die Bestimmungen in sämtlichen Kommunalgesetzen Preußens auf, die Stadtverordneten verboten, zugleich dem Magistrat anzugehören, und bestimmte im § 9 Abs. 1 Gem-VerfG-19:

> Aufgehoben werden Bestimmungen der Gemeindeverfassungsgesetze, nach denen Verwandte oder Verschwägerte bestimmten Grades und Gesellschafter offener Handelsgesellschaften nicht zugleich Mitglieder der Gemeindevertretung (Stadtverordnetenversammlung), des Gemeindevorstands (Magistrats) oder beider Körperschaften sein dürfen.

Vorausgegangen waren im Reich der „Aufruf des Tages des Volksbeauftragten an das deutsche Volk" vom 12. 11. 1918 (RGBl S. 1303) mit dem Programm, alle Wahlen zu öffentlichen Körperschaften sollten künftig nach dem gleichen, geheimen, direkten, allgemeinen Wahlrecht aufgrund des „proportionalen Wahlsystems" für alle mindestens zwanzig Jahre alten männlichen und weiblichen Personen vorgenommen werden, sowie die „Verordnung über die Wahlen zur verfassunggebenden deutschen Nationalversammlung (Reichswahlgesetz)" vom 30. 11. 1918 (RGBl S. 1345), das diese Wahlgrundsätze in den §§ 1 und 2 niederlegte.

„Die Verfassung des Deutschen Reichs" vom 11. 8. 1919 (RGBl S. 1383) – „Weimarer Verfassung" (WV) – verpflichtete auf der Grundlage dieser Entwicklung die Länder zu „freistaatlichen Verfassungen" (Art. 17 Abs. 1 Satz 1 WV) und zum Einhalten der neuen Wahlgrundsätze (Art. 17 Abs. 1 Satz 2 WV). Außerdem verlangte die Verfassung des Zentralstaats, die durch Art. 127 WV die kommunale Selbstverwaltung garantierte, daß die Wahlgrundsätze des Art. 17 Abs. 1 Satz 2 WV nicht nur für die Wahlen zu den Länderparlamenten, sondern auch zu den kommunalen Vertretungskörperschaften zu gelten hätten (Art. 17 Abs. 2 WV).

Preußen hat diese Verpflichtung durch Art. 4 und 74 seiner „Verfassung des Freistaats Preußen" vom 30. 11. 1920 (Pr-GS S. 543) – PreußVerf-20 – erfüllt. Art. 70 PreußVerf-20 garantiert erneut die kommunale Selbstverwaltung.

Der „Aufruf der Preußischen Regierung an das preußische Volk" vom 13. 11. 1918 (Pr-GS S. 187) hatte sich zudem in ausdrücklicher Abkehr vom

„alten, reaktionären Preußen" zu einer „demokratischen Volksrepublik" bekannt und sich in diesem Zusammenhang für die „Demokratisierung aller Ver-
waltungskörperschaften" ausgesprochen.

Die verfassungsrechtliche Literatur ist schon in der Weimarer Republik
davon ausgegangen, die Umwälzung von 1918 habe neues Recht geschaffen
(*Anschütz*, WV, 14. Aufl., 1933, Einl., S. 3 ff, unter Hinweis S. 7 f auf RGZ 99,
287; 100, 27; RGSt 53, 66; 54, 157; 56, 259 ff); *Giese*, WV, 4. Aufl., Einl.,
S. 21 ff). Bei den Wahlgrundsätzen der „Allgemeinheit" und „Gleichheit"
wurden die Einschränkungen als verfassungsgemäß angesehen, die sich aus
dem späteren Reichswahlgesetz vom 27. 4. 1920 (RGBl S. 627) – RWahlG – ergaben, weil es mit verfassungsändernder Mehrheit beschlossen worden war
(vgl. insoweit Art. 76 WV), so daß es Art. 17 Abs. 1 WV „authentisch interpre-
tiert" habe (*Anschütz*, WV, Art. 17 Anm. 3 S. 132). Was das Reichswahlgesetz
zuließ, galt auch als Rahmen für die bindende Verpflichtung aus Art. 17 Abs. 1
WV für die Länder (*Anschütz*, aaO, m. w. Nachw.).

Die Bestimmungen des Reichswahlgesetzes lassen indessen beim „passiven Wahlrecht" nur Einschränkungen wegen Entmündigungen, Verlustes der
bürgerlichen Ehrenrechte (§ 2 Abs. 1 Nrn. 1, 2 RWahlG), bei Geistesschwäche
und für Gefangene (§ 2 Abs. 2, 3 RWahlG) zu; bei nachträglich eintretenden
Gründen dieser Art entfiel das Mandat (§ 5 RWahlG).

Die Anordnung, die Wahlrechtsgrundsätze des Staates hätten auch für die
Wahl der Volksvertretung in den Kommunen zu gelten, wird als entscheiden-
der Schritt zur Beseitigung feudaler und ständestaatlicher Einflüsse zugunsten
der egalitären Demokratie verstanden (*Gönnenwein*, Gemeinderecht S. 21;
*Faber* in Alternativ-Kommentar zum Grundgesetz, Art. 28 Rdn. 5 S. 74;
*Herzfeld*, Demokratie und Selbstverwaltung in der Weimarer Epoche, S. 18;
*Werner Weber*, Staats- und Selbstverwaltung in der Gegenwart, 2. Aufl.,
S. 61 f, 64; *Rebentisch* in Handbuch der kommunalen Wissenschaft und Praxis,
2. Aufl., Bd. 1: Grundlagen, S. 86, 88 f). Auch das Bundesverfassungsgericht
hat ausdrücklich eine historische Entwicklung des Wahlrechts zum „Demo-
kratisch-Egalitären" hin anerkannt (BVerfGE 34, 81, 98).

§ 9 Abs. 1 GemVerfG-19 hat vor diesem Hintergrund einen ganz bewuß-
ten „Traditionsbruch" bewirkt, zumal die Bestimmung bis 1933 nicht mehr revidiert worden war.

Eine Wiederaufnahme der „früheren Tradition" läßt sich nicht mit den
Bestimmungen Preußens und des Reichs nach dem 30. 1. 1933 belegen.

Die Vorschriften des mit „Vom Schutze gegen Vetternwirtschaft und
Eigennutz" überschriebenen 4. Abschnitts des Gemeindeverfassungsgesetzes
vom 15. 12. 1933 (Pr-GS S. 427) – GemVerfG-33 – brachten zwar erneut Unvereinbarkeitsvorschriften wegen verwandtschaftlicher und Schwägerschafts-
Beziehungen unter den „Schulzen, Schöffen, Bürgermeistern und Beigeordne-

ten" einer Gemeinde (§ 50 Abs. 1 GemVerfG-33), legten aber für die Mitglieder im Gemeinderat nur ein konkretes Mitwirkungsverbot fest (§ 51 GemVerfG-33). Ganz abgesehen davon soll bewußt nicht untersucht werden, ob jenes schon das „Führerprinzip" vorwegnehmende Gesetz, das dem Gemeinderat nur noch eine „beratende Funktion" beließ (vgl. §§ 5, 40, 43 GemVerfG-33), insgesamt oder nur teilweise mit der preußischen Verfassung unvereinbar gewesen wäre; denn das war seinerzeit ohne Bedeutung: Nachdem das „Gesetz zur Behebung der Not von Volk und Reich" – „Ermächtigungsgesetz" – vom 24. 3. 1933 (RGBl I S. 141) die Reichsregierung durch Art. 1 und 2 ermächtigt hatte, Gesetze zu beschließen, die sogar von der Reichsverfassung abweichen durften, hatte die Reichsregierung durch §§ 1, 2 des „Vorläufigen Gesetzes zur Gleichschaltung der Länder mit dem Reich" vom 31. 3. 1933 (RGBl I S. 153) die Landesregierungen ermächtigt, Landesgesetze zu beschließen, welche gleichfalls von den Landesverfassungen abweichen konnten.

§ 43 Abs. 1 Satz 1 der Deutschen Gemeindeordnung vom 30. 1. 1935 (RGBl I S. 49) – DGO – schloß dann gleichfalls nur aus, daß bis zum dritten Grad Verwandte oder bis zum zweiten Grad Verschwägerte gleichzeitig Bürgermeister und Beigeordnete sein konnten, ohne bei solchen Beziehungen Unvereinbarkeiten auch für Ratsmandate zu regeln. Außerdem ließ § 43 Abs. 1 Satz 2 DGO Ausnahmen für Gemeinden mit weniger als 1.000 Einwohnern zu.

Nach 1945 sind die auf dem Gebiet des durch Kontrollratsgesetz vom 25. 2. 1947 (vgl. ProvSAn-GABl 1947 Teil I S. 49) aufgelösten Staats Preußen entstandenen Länder unterschiedlich verfahren:

Die im Gebiet der Sowjetischen Besatzungszone zunächst in Brandenburg und danach auch in der Provinz, dem späteren Land Sachsen-Anhalt, als Landesrecht in Kraft gesetzte „Demokratische Gemeindeordnung" vom 5. 10. 1946 / 11. 1. 1947 (ProvSAn-GABl 1947 Teil I S. 20) – DemGO – bekannte sich zu einer Volksvertretung, die aus geheimen, gleichen und direkten Wahlen nach den Grundsätzen des Verhältniswahlrechts hervorgehen sollte (§ 9 Abs. 1 DemGO), kannte aber keine generellen Ausschlußgründe, sondern legte nur ein konkretes Mitwirkungsverbot für Gemeindevertreter fest, das für deren Angehörige auch galt, wenn diese einen besonderen wirtschaftlichen Vorteil haben konnten (§ 21 Satz 1 DemGO).

Im Gebiet der Britischen Besatzungszone wurde die Deutsche Gemeindeordnung einheitlich und länderübergreifend für die ganze Zone revidiert (Verordnung Nr. 21 der Britischen Militärregierung vom 1. 4. 1946 – Amtsblatt der Militärregierung, No. 7 S. 127) und als geänderte Anlage – revDGO – in Kraft gesetzt. §§ 6, 32 revDGO legten die „Führung der Gemeindeangelegenheiten" und die „Verwaltung" ausschließlich in die Hände des Gemeinderats, der die Gemeinde auch zu vertreten hatte (§ 37 Abs. 1 revDGO); dem Bürgermeister kam als einem Gleichen unter den Gemeinderäten nur der Vorsitz in diesem Gremium zu (§ 32 Abs. 2 revDGO). Vor diesem Hintergrund bestimmte § 38 Abs. 1 revDGO einerseits, das Amt des Bürgermeisters und seines Stellvertreters dürfe „in keinem Falle" durch einen Berufsbeamten verwaltet werden, und legte andererseits fest, der Bürgermeister dürfe auch mit dem Hauptgemeindebeamten nicht bis zum zweiten Grad verwandt oder verschwägert sein (§ 44 revDGO). Im übrigen war nur unvereinbar, daß der Hauptgemeindebeamte selbst oder ein Gesellschafter oder Arbeitnehmer von ihm zugleich Kämmerer ist (§ 41 Abs. 1 revDGO).

In der Folgezeit haben Schleswig-Holstein und Nordrhein-Westfalen ebensowenig wie Niedersachsen „familiäre Unvereinbarkeiten" derart geregelt, daß sie das Verhältnis zwischen Hauptverwaltungsbeamten und Ratsmitgliedschaft generell berühren. § 22 Abs. 4 der Gemeindeordnung für Schleswig-Holstein i. d. F. vom 2. 4. 1990 (SH-GVOBl S. 159) – SG-HO – enthält wie § 26 Abs. 1 der Nieders. Gemeindeordnung i. d. F. vom 22. 6. 1982 (NdsGVBl S. 229) – NGO – und § 23 Abs. 1 der Gemeindeordnung für das Land Nordrhein-Westfalen i. d. F. d. Bek. v. 13. 8. 1984 (GV-NW S. 475) – NW-GO – nur das „konkrete", auf „Angehörige" ausgedehnte Mitwirkungsverbot bei ehrenamtlichen Tätigkeiten, das auch für Mitglieder der Vertretungskörperschaft gilt. Schleswig-Holstein hat einen daran anknüpfenden Ausschlußgrund allein für Mitglieder des Magistrats untereinander geschaffen (§ 62 Abs. 2 SH-GO). Nordrhein-Westfalen verbietet die gleichzeitige Tätigkeit von solchen Angehörigen als Hauptverwaltungsbeamter (= Gemeindedirektor) und Beigeordneter (§ 50 NW-GO), und § 101 Abs. 3 NW-GO untersagt – der Tradition der revidierten Gemeindeordnung folgend (vgl. oben § 41 revDGO) – verwandtschaftliche Beziehungen zwischen Kämmerer, Leiter des Rechnungsprüfungsamts, Kassenverwalter und Hauptverwaltungsbeamtem sowie Bürgermeister.

§ 22 (DDR-)KommVfG regelte im Abs. 7 ausschließlich ein konkretes Mitwirkungsverbot.

Dieser Befund widerlegt für Sachsen-Anhalt eine Tradition, die Verwandte und/oder Verschwägerte hindert, gleichzeitig als Hauptverwaltungsbeamte und Mitglieder der Vertretungskörperschaft tätig zu sein. Allenfalls kann man für herkömmlich halten, daß konkrete Mitwirkungsverbote bestehen und daß diese dazu führen können, Verwandte und Verschwägerte innerhalb eines kollegialen Verwaltungsorgans der Kommune auszuschließen.

Abgesehen davon kann verfassungsrechtlich nicht gebilligt werden, daß ein Bürgermeister das zu seiner Familie gehörende Ratsmitglied verdrängt, weil dies einen nicht zulässigen völligen Ausschluß der Wählbarkeit bewirkt.

Das Bundesverfassungsgericht hat schon in seiner Rechtsprechung zu Art. 137 Abs. 1 GG, der Einschränkungen der Wählbarkeit durch die Verfassung selbst rechtfertigt, ständig betont, diese dürften die Wählbarkeit nicht ausschließen, sondern lediglich Unvereinbarkeiten festlegen (zuletzt: BVerfGE 48, 64, 88; 57, 43, 67; 58, 177, 192). Daran hat das Gericht auch für den Kommunalbereich festgehalten, obgleich es hier einen faktischen Ausschluß der Wählbarkeit gebilligt hat (BVerfG, aaO). Wesentliches Merkmal der Unvereinbarkeit im Verhältnis zur Unwählbarkeit ist aber auch hier, daß der Betroffene die Möglichkeit hat, den Hinderungsgrund durch eigenes Verhalten zu beseitigen und dadurch seine Wählbarkeit (wieder)herzustellen (BVerfG, aaO).

Dies ist bei der beanstandeten Regelung offenkundig ausgeschlossen; denn das Ratsmitglied wird immer und so lange ausgeschlossen, wie sein Angehöriger das Amt des Bürgermeisters wahrnimmt. Der so auf unbestimmte Dauer Verdrängte hat keinerlei Chance, seine Wählbarkeit aus eigener Kraft herbeizuführen, sondern ist davon abhängig, daß der Angehörige aus dem Amt ausscheidet.

Ist eine solche wie die beanstandete Regelung aber schon undenkbar, wenn eine Verfassungsbestimmung ausdrücklich zur Einschränkung ermächtigt, dann kann sie beim Fehlen einer solchen Befugnis erst recht nicht hingenommen werden.

Zu keinem anderen Ergebnis führt die Kritik eines Teils der Literatur am Ansatz des Bundesverfassungsgerichts, die nach Art. 137 Abs. 1 GG (eingeschränkt) auch Unwählbarkeiten für verfassungsgemäß hält (so etwa: *v. Campenhausen* in v. Mangoldt/Klein, GG, 3. Aufl., Bd. 14, Art. 137 Rdn. 9; *Schlaich*, Wählbarkeitsbeschränkungen für Beamte nach Art. 137 Abs. 1 GG und die Verantwortung des Gesetzgebers für die Zusammensetzung der Parlamente, AöR Bd. 105 [1980], S. 188, 213 ff; *Maunz* in Maunz/Dürig, GG, Art. 137 Rdn. 15); denn dann müßte die Konsequenz jedenfalls als unverhältnismäßig erscheinen, daß es allein von einer anderen Person abhängt, ob das Wahlrecht wahrgenommen werden kann, während dem betroffenen Ausgeschlossenen jede Einflußmöglichkeit genommen ist.

2.1.2.2.2 Auch die Funktionsfähigkeit der kommunalen Vertretung ist kein tauglicher Gesichtspunkt, die Mitgliedschaft von Angehörigen des Bürgermeisters auszuschließen.

Das Bundesverfassungsgericht hat zwar aus einer solchen Erwägung heraus beim aktiven Wahlrecht die Sperrklausel von 5 % der Stimmen gebilligt (BVerfGE 1, 208, 247 ff; 34, 81, 99 ff); beim passiven Wahlrecht erschiene ein gleichartig gewichtiger Grund aber nur denkbar, wenn das durch „Verwandtschaft" oder „Schwägerschaft" auf Dauer konkret nach § 31 LSA-GO verhinderte Ratsmitglied faktisch überhaupt nicht mehr mitwirken könnte, weil der konkrete Ausschlußgrund dauernd wirksam wäre, so daß es dann kein verbleibendes Schutzinteresse mehr haben könnte, dem Rat anzugehören, und deshalb ein genereller Ausschluß von der Mitwirkung sachgerecht erschiene.

Ob dieser Gedanke ausreicht, die Unwählbarkeit zu rechtfertigen, bleibt offen; denn die Voraussetzung ist schon nicht erfüllt.

Selbst wenn man annehmen wollte, daß jede Art von „Kontrollentscheidung" je nach Ausgang des Ratsbeschlusses als konkreter Vor- oder Nachteil für den Bürgermeister anzusehen wäre, verblieben allein nach § 44 Abs. 3 LSA-GO noch ausreichend Tätigkeitsfelder, in welchen eine Kollision von Interessen zwischen Ratsmitglied und Bürgermeister nicht vorgezeichnet ist.

Dem kann der Gesichtspunkt nicht entgegengehalten werden, gerade wegen der Besonderheiten im kommunalen Bereich und der denkbaren engen Interessenverflechtungen seien sogar faktische Ausschlüsse der Wählbarkeit zulässig (BVerfGE 48, 64, 89; 57, 43, 67; 58, 177, 193; denn diese zu Art. 137 Abs. 1 GG gemachte Aussage soll begründen, daß der Normzweck dieser Verfassungsbestimmung gewahrt und der Grundsatz der Gewaltenteilung durchgesetzt werden kann (BVerfGE 48, 64, 84, 87, 89; 57, 43, 62, 66 f). Gleichwohl hat das Bundesverfassungsgericht einschränkend gerade in diesem Zusammenhang betont, ein faktischer Ausschluß dürfe nicht in Betracht kommen, wenn und solange die konkreten Mitwirkungsverbote als ausreichende Sicherung anzusehen seien (BVerfGE 58, 177, 193, m. w. Nachw.).

2.2 Daß die Nichtigkeit nicht nur des § 59 Abs. 3 LSA-GO, sondern auch weiterer Regelungen festgestellt wird, beruht auf § 41 Satz 2 LVerfGG-LSA. Die zusätzlich benannten Bestimmungen verstoßen aus den gleichen Gründen wie die vom Beschwerdeführer beanstandete Bestimmung gegen die Grundsätze der Allgemeinheit und der Gleichheit kommunaler Wahlen und schließen potentiell Mitglieder der Vertretungskörperschaften in der Gemeinde und im Landkreis von deren weiterer Tätigkeit aus.

Das Landesverfassungsgericht kann seine Entscheidung auch auf die unten genannten Vorschriften der Landkreisordnung erstrecken; denn es handelt sich um dasselbe Gesetz i. S. des § 41 Satz 2 LVerfGG-LSA. Das folgt aus dem Sinn der Regelung. Verhindert werden soll eine weitere Verfassungsbeschwerde mit dem gleichen Anliegen, bezogen auf eine andere Bestimmung mit demselben Inhalt. Aus Gründen der Verfahrensökonomie soll das Gericht den sicheren Ausgang dieser Parallelbeschwerde schon beim ersten Fall in Rechnung stellen können. Daß diesem Zweck nicht genügt werden kann, wenn der Anwendungsbereich auf das formal einheitliche Gesetz beschränkt bleibt, zeigt sich deutlich im Fall der kommunalrechtlichen Vorschriften. Allein von Zweckmäßigkeitsentscheidungen bei der Gesetzgebung hängt ab, ob die Bestimmungen für die Gemeinden und für die Landkreise wie bislang in einem einheitlichen Gesetz geregelt werden oder wie jetzt in zwei formal getrennten Gesetzen. Die Motive des Gesetzgebers sind dabei nicht notwendig dieselben wie der Regelungszweck des § 41 Satz 2 LVerfGG-LSA.

§ 67 Abs. 1 LSA-GO (in der Fassung des Änderungsgesetzes) unterscheidet sich von § 59 Abs. 3 LSA-GO, auf den er zudem verweist, allein dadurch, daß hier der Beigeordnete und dort der Bürgermeister Bezugspunkt für die Anknüpfung der „familiären Beziehungen" ist. Der Beigeordnete gehört wie der Bürgermeister zur „Verwaltung" der Gemeinde (vgl. bes. § 66 LSA-GO), und beide „verdrängen" das Mitglied des Gemeinderats.

§ 48 Abs. 3 LSA-LKO (in der Fassung des Änderungsgesetzes; alte Benennung: § 47) trifft eine im Vergleich mit § 59 Abs. 3 LSA-GO identische Regelung, die sich von jeher nur dadurch unterscheidet, daß hier der Landrat und dort der Bürgermeister – beide als die Hauptverwaltungsbeamten der jeweiligen Kommune – Bezugspunkt für die Anknüpfung der familiären Beziehung ist; in beiden Fällen wird der Angehörige, welcher der Vertretungskörperschaft (Gemeinderat, Kreistag) angehört, verdrängt.

§ 56 Abs. 1 LSA-LKO (in der Fassung des Änderungsgesetzes) schließlich verhält sich zu der „Landratsregelung" in der Landkreisordnung wie die entsprechende Beigeordneten-Bestimmung der Gemeindeordnung zu der dortigen „Bürgermeisterregelung". Auch hier ist wie in der Gemeindeordnung auf die Hauptbestimmung (hier: der Landkreisordnung) verwiesen.

Die jeweiligen Absätze der genannten Bestimmungen sind in vollem Umfang nichtig. Zu beanstanden ist zwar in erster Linie die „Anknüpfung" an die „familiären" Verhältnisse im jeweiligen Satz 1. Die daran anschließenden oder in Bezug genommenen Regelungen enthalten aber Folgerungen aus der verfassungswidrigen Grundaussage.

Zur Klarstellung sei vermerkt:

In die (erweiterte) Nichtigkeitsfeststellung ausdrücklich nicht einbezogen werden § 67 Abs. 2 LSA-GO n. F. (= § 67 LSA-GO a. F.) und § 56 Abs. 2 LSA-LKO; denn diese Regelungen betreffen ausschließlich die Beziehungen zwischen Amtsträgern der Verwaltung der jeweiligen Kommune.

Die historische Ableitung hat ergeben, daß zwischen den Verhältnissen innerhalb „kollegialer Verwaltungsorgane" der Kommunen oder der Vertretungen und der Ebene zwischen beiden Tätigkeiten unterschieden werden muß. Im übrigen gilt Art. 28 Abs. 1 Satz 2 GG und ihm folgend Art. 89 LVerf-LSA nur für die Wahlen zur Volksvertretung und erstreckt sich nicht auf die Wahl der Verwaltungsspitze.

Soweit § 67 Abs. 2 LSA-GO und § 56 Abs. 2 LSA-LKO auf den jeweils für nichtig erklärten Abs. 1 derselben Bestimmung verweisen, bleibt der bisherige Regelungsgehalt für die Auslegung der erhalten gebliebenen Vorschrift bestehen. Dies bedarf nach Auffassung des Landesverfassungsgerichts keiner ausdrücklichen Klarstellung in der Urteilsformel, weil der wegen anderer Zusammenhänge für nichtig erklärte Teil nur Anknüpfung für eine eigenständige Regelung mit besonderen Rechtsfolgen ist.

## 3.

Die Kostenfreiheit folgt aus § 32 Abs. 1 LVerfGG-LSA.

Dem Beschwerdeführer sind die notwendigen außergerichtlichen Kosten zu erstatten, weil er mit seiner Verfassungsbeschwerde in vollem Umfang durchdringt (§ 32 Abs. 2 LVerfGG-LSA).

## Nr. 6

**Zur Bemessung des Gegenstandswerts für Verfassungsbeschwerden.**

Landesverfassungsgerichtsgesetz § 32

Bundesgebührenordnung für Rechtsanwälte §§ 10 Abs. 1, 113 Abs. 2

Beschluß vom 5. Dezember 1994 – LVG 17/94

in dem Verfassungsbeschwerdeverfahren wegen (§§ 40 Abs. 1 Nr. 2 Buchst. b), 59 Abs. 1 Satz 3 der Gemeindeordnung und) § 29 Abs. 1 Nr. 2 der Landkreisordnung; hier: Streitwerte für den einstweiligen Rechtsschutz und das Hauptverfahren.

Entscheidungsformel:

Der Streitwert für das Verfahren der Hauptsache (Verfassungsbeschwerde) wird auf 15.000,– DM (fünfzehntausend Deusche Mark), derjenige für das Verfahren auf einstweiligen Rechtsschutz auf 10.000,– DM (zehntausend Deutsche Mark) festgesetzt.

Gründe:

Der Beschwerdeführer hat mit seiner am 5. 7. 1994 erhobenen Verfassungsbeschwerde erfolgreich gerügt, durch gesetzliche Unvereinbarkeitsvorschriften der Gemeinde- und der Landkreisordnung in seinem (kommunalen) Wahlrecht verletzt zu sein (Urt. v. 27. 10. 1994 – LVG 14/94 u. a.). Auf den bereits am 27. 6. 1994 gestellten Antrag hin hatte das Landesverfassungsgericht durch einstweilge Anordnung bestimmt (Beschl. v. 11. 7. 1994 – LVG 17/94 –), die Regelung der Landkreisordnung dürfe nicht vollzogen werden.

Wegen der Einzelheiten wird auf die beiden Entscheidungen verwiesen. Ferner wird auf die bestimmenden Schriftsätze des Beschwerdeführers für die beiden Verfahrensarten und auf die Niederschrift über die Sitzung vom 29. 9. 1994 Bezug genommen.

Der Beschwerdeführer beantragt, den Streitwert für das Verfahren auf einstweiligen Rechtsschutz auf 25.000,– DM und für das Verfahren zur Hauptsache auf 50.000,– DM festzusetzen.

Der Beschluß beruht auf § 10 Abs. 1 der Bundesgebührenordnung für Rechtsanwälte – BRAGO – vom 26. 7. 1957 (BGBl I 907), zuletzt geändert durch Art. 7 (Nr. 47) des Kostenrechtsänderungsgesetzes 1994 – KostRÄndG –; denn für das gerichtliche Verfahren bedarf es keiner Wertfestsetzung, weil es kostenfrei ist (§ 32 Abs. 1 LVerfGG-LSA vom 23. 8. 1993 – LSA-GVBl S. 441 –, geändert durch Gesetz vom 14. 6. 1994 – LSA-GVBl S. 700).

Das Verfahren auf einstweiligen Rechtsschutz wird im Verhältnis zur Verfassungsbeschwerde als eigenständig behandelt (§ 113 Abs. 2 Satz 1 BRAGO i. V. m. § 40 Abs. 1 BRAGO).

Der Gegenstandswert ist gemäß § 113 Abs. 2 Satz 3 BRAGO nach Ermessen zu bestimmen, wobei ein Mindestwert festgelegt ist; dieser beträgt für Verfahren vor dem 1. 7. 1994 (vgl. Art. 12 KostRÄndG) 6.000,– DM und nach diesem Zeitpunkt 8.000,– DM (Art. 7 Nr. 41 KostRÄndG).

Der Gegenstandswert wird durch die in § 113 Abs. 2 Satz 3 BRAGO festgelegten Kriterien bestimmt, richtet sich dabei aber vor allem nach der Bedeutung der Sache sowohl für den Beschwerdeführer als auch für den formell nicht beteiligten, aber in der Sache betroffenen Verfahrensgegner (vgl. BVerfG, Beschl. v. 28. 2. 1989 – 1 BvR 1291/85 –, NJW 1989, 2047, 2047 r. Sp.).

Aus der Sicht des Beschwerdeführers beurteilt, ist die Bedeutung mit dem in § 113 Abs. 2 Satz 3 BRAGO benannten Wert zu veranschlagen. Das ergibt folgende Kontrollüberlegung:

Wäre Grundlage der Gebühren nicht ein ausnahmsweise nach der Rechtsanwaltsgebührenordnung besonders festzulegender Streitwert, sondern der nach dem Gerichtskostengesetz maßgebliche (§ 9 Abs. 1 BRAGO), dann entspräche dieser dem Mindestwert des § 113 Abs. 2 Satz 3 BRAGO. Da nach § 33 Abs. 2 LVerfGG-LSA für das Verfahren vor dem Landesverfassungsgericht ergänzend die für die Verwaltungsgerichtsbarkeit maßgeblichen Prozeßordnungen gelten und weil der Gegenstand auch der Sache nach dem allgemeinen öffentlichen Recht angehört, ist für die Kontrollüberlegung auf § 13 des Gerichtskostengesetzes i. d. F. d. Bek. v. 15. 12. 1975 (BGBl I 3047), zuletzt geändert durch Gesetz vom 27. 12. 1993 (BGBl I 2378) – GKG 1975 –, das

durch Art. 1 KostRÄndG mit Wirkung zum 1. 7. 1994 (vgl. Art. 12 Kost-
RÄndG) erneut und wesentlich geändert wurde, abzustellen.

Maßgeblich ist dann § 13 Abs. 1 Satz 2 GKG; denn konkrete Anhaltspunkte für bewertbares Interesse des Beschwerdeführers i. S. des § 13 Abs. 1
Satz 1 GKG sind nicht erkennbar. Insbesondere kann der Wert der ehrenamtlichen Tätigkeit im kommunalen Bereich, die nicht dem Erwerb von Lebens-
unterhalt dient (vgl. insbes. BVerfG, Beschl. v. 4. 4. 1978 – 2 BvR 1108/77 –,
BVerfGE 48, 64, 89), nicht in Geld gemessen werden. Der sog. Auffangwert
des § 13 Abs. 1 Satz 2 GKG betrug bis zum 30. 6. 1994 6.000,– DM und ist am
1. 7. 1994 auf 8.000,– DM erhöht worden (Art. 1 Nr. 7 Buchst. a, Art. 12 Kost-
RÄndG).

Wegen der Auswirkungen, welche die Entscheidung im einzelnen Verfahren auf die Unvereinbarkeitsvorschriften insgesamt gehabt hat, ist der Mindestwert des § 113 Abs. 2 Satz 3 BRAGO indessen zu erhöhen. Die Differenzierung zwischen Verfahren auf einstweiligen Rechtsschutz und Hauptsache
berücksichtigt dabei, daß wegen der Zeitpunkte, in welchen jedes dieser Verfahren anhängig geworden ist, unterschiedliche Mindestwerte gegolten haben
(Stichzeitpunkt: 1. 7. 1994).

Der Ansatz ist nicht weiter zu erhöhen mit Rücksicht auf die Tätigkeit des
Anwalts; sie beschränkte sich auf jeweils den bestimmenden Schriftsatz, in
welchem allein die wesentliche materielle Rüge erhoben wurde, und auf die
Vertretung des Beteiligten in der mündlichen Verhandlung beim Verfahren
der Hauptsache; diese Leistung wird durch eine besondere Gebühr abgegolten
(§ 31 Abs. 1 Nrn. 1, 2 BRAGO) und ist deshalb ohne Einfluß auf die Wertbe-
rechnung als Grundlage für die Bemessung der einzelnen Gebühr.

Auch die Vermögens- und Einkommensverhältnisse des Beschwerdeführ-
rers beeinflussen die Wertfestsetzung nicht, weil der Betroffene abhängig beschäftigt ist und allenfalls ein durchschnittliches Einkommen bezieht.

# Sachregister

# Gesetzesregister

## Bundesrecht

|  | Art. 1 | Nr. 4 (Bbg.) |
|--|--------|--------------|
|  | Art. 20 | Nr. 4 (Bbg.) |
|  | Art. 28 Abs. 2 | Nr. 3 (Bbg.) |
|  | Art. 31 | Nr. 3 (Bbg.) |
|  | Art. 70 | Nr. 7 (Bbg.) |
|  | Art. 72 Abs. 1 | Nr. 7 (Bbg.) |
|  | Art. 74 Nr. 12 | Nr. 7 (Bbg.) |
|  | Art. 75 Nr. 3 | Nr. 11 (Bbg.) |
|  | Art. 100 Abs. 1 | Nr. 3, 15 (Bbg.) |
|  |  |  |
|  | Art. 2 | Nr. 3 (LSA) |
|  | Art. 3 | Nr. 4, 5 (LSA) |
|  | Art. 20 | Nr. 1 (LSA) |
|  | Art. 28 | Nr. 1, 3, 4, 5 (LSA) |
|  | Art. 31 | Nr. 1, 4, 5 (LSA) |
|  | Art. 38 | Nr. 5 (LSA) |
|  | Art. 79 | Nr. 3 (LSA) |
|  | Art. 93 | Nr. 1, 5 (LSA) |
|  | Art. 137 | Nr. 4, 5 (LSA) |
|  | Art. 142 | Nr. 4, 5 (LSA) |
| Gesetz über die Kosten in Angelegenheiten der freiwilligen Gerichtsbarkeit – Kostenordnung – i. d. F. vom 26. 7. 1957 (BGBl. I S. 960) – KostO – | § 30 | Nr. 6 (B) |
| Strafgesetzbuch i. d. F. der Bekanntmachung vom 10. 3. 1987 (BGBl. I S. 945, ber. S. 1160) – StGB – | § 47 Abs. 1<br>§ 78<br>§ 79 | Nr. 2 (Bbg.)<br>Nr. 2 (Bbg.)<br>Nr. 2 (Bbg.) |
| Strafprozeßordnung i. d. F. der Bekanntmachung vom 7. 4. 1987 (BGBl. I S. 1074, ber. S. 1319) – StPO – | § 458 Abs. 3 Satz 2 | Nr. 2 (Bbg.) |
| Gesetz gegen den unlauteren Wettbewerb vom 7. 6. 1909 (RGBl. S. 499) – UWG – | § 3 | Nr. 15 (Bbg.) |
| Verwaltungsgerichtsordnung vom 21. 1. 1960 (BGBl. I S. 17) – VwGO – | § 92 Abs. 2<br>§ 164 | Nr. 1 (Bbg.)<br>Nr. 17 (Bbg.) |
| Zivilprozeßordnung i. d. F. der Bekanntmachung vom 12. 9. 1950 (BGBl. I S. 533) – ZPO – | § 78 Abs. 1<br>§ 85 Abs. 2<br>§ 447<br>§ 448 | Nr. 12 (Bbg.)<br>Nr. 12 (Bbg.)<br>Nr. 4 (B)<br>Nr. 4 (B) |

# Landesrecht

## Berlin

| | | |
|---|---|---|
| Geschäftsordnung des Abgeordnetenhauses von Berlin vom 4. 7. 1974 (GVBl. S. 1684) i. d. F. der Bekanntmachung vom 24. 1. 1984 (GVBl. S. 401) – GOAvB – | § 7 Abs. 1<br>§ 9 a<br>§ 20 Abs. 4<br>§ 39<br>§ 52 Abs. 3 | Nr. 8 (B)<br>Nr. 8 (B)<br>Nr. 8 (B)<br>Nr. 8 (B)<br>Nr. 8 (B) |
| Gesetz über die Anerkennung der politisch, rassisch oder religiös Verfolgten des Nationalsozialismus vom 20. 3. 1950 (VOBl. I S. 93) – PrVG – | § 10 | Nr. 13 (B) |
| Gesetz über die Rechtsstellung der Fraktionen des Abgeordnetenhauses von Berlin – Fraktionsgesetz – vom 8. 12. 1993 (GVBl. S. 591) – FraktG – | § 8 | Nr. 8 (B) |
| Gesetz über die Rechtsverhältnisse der Mitglieder des Abgeordnetenhauses von Berlin – Landesabgeordnetengesetz – vom 21. 7. 1978 (GVBl. S. 1497) – LAbgG – | § 35<br>§ 35 a | Nr. 8 (B)<br>Nr. 8 (B) |
| Gesetz über den Verfassungsgerichtshof vom 8. 11. 1990 (GVBl. S. 2246/GVABl. S. 510) – VerfGHG – | § 14 Nr. 1<br>§ 14 Nr. 6<br>§ 16 Abs. 1 Nr. 1<br>§ 31<br>§ 36<br>§ 49 Abs. 1<br>§ 49 Abs. 2<br>§ 50<br>§ 51 Abs. 1 Satz 1<br>§ 51 Abs. 2 | Nr. 8 (B)<br>Nr. 1 (B)<br>Nr. 6 (B)<br>Nr. 9 (B)<br>Nr. 8 (B)<br>Nr. 1, 5, 10 (B)<br>Nr. 9 (B)<br>Nr. 9, 10 (B)<br>Nr. 3 (B)<br>Nr. 13 (B) |
| Erstes Gesetz zur Änderung des Gesetzes über den Verfassungsgerichtshof vom 11. 12. 1991 (GVBl. S. 280) | Art. 2 Abs. 2 | Nr. 13 (B) |
| Verfassung von Berlin vom 1. 9. 1950 (VOBl. I S. 433) – VvB – | Art. 1 Abs. 3<br>Art. 6 Abs. 1 Satz 1<br>Art. 9 Abs. 1<br>Art. 11<br>Art. 15 Abs. 1 Satz 1<br>Art. 19 Abs. 1<br>Art. 21 c<br>Art. 23 Abs. 1<br>Art. 25 Abs. 2 und 3<br>Art. 27 Abs. 1 | Nr. 10, 12 (B)<br>Nr. 6, 10, 11, 13 (B)<br>Nr. 4 (B)<br>Nr. 6, 7, 10, 13 (B)<br>Nr. 4 (B)<br>Nr. 4 (B)<br>Nr. 2 (B)<br>Nr. 10 (B)<br>Nr. 8 (B)<br>Nr. 8 (B) |

| | Art. 43 Abs. 2 | Nr. 14 (B) |
| | Art. 45 Abs. 1 | Nr. 14 (B) |
| | Art. 62 | Nr. 4, 10, 11 (B) |
| | Art. 63 | Nr. 11 (B) |
| | Art. 64 | Nr. 10, 11 (B) |
| | Art. 71 | Nr. 10 (B) |
| | Art. 72 Abs. 2 Nr. 4 | Nr. 1, 5 (B) |
| | Art. 73 | Nr. 14 (B) |
| | Art. 74 | Nr. 14 (B) |
| | Art. 87 b | Nr. 8 (B) |

## Brandenburg

| | | |
|---|---|---|
| Amtsordnung für das Land Brandenburg vom 19. 12. 1991, verkündet als Art. I des Artikelgesetzes über kommunalrechtliche Vorschriften im Land Brandenburg vom 19. 12. 1991 (GVBl. S. 682) – AmtsO – | § 4 Abs. 3<br>§ 5 Abs. 1 Satz 1<br>§ 9 Abs. 4 Satz 1 | Nr. 18 (Bbg.)<br>Nr. 18 (Bbg.)<br>Nr. 18 (Bbg.) |
| Brandenburgisches Gesetz über Naturschutz und Landschaftspflege vom 25. 6. 1992 (GVBl. I S. 208) – BbgNatSchG – | § 44 Abs. 2<br>§ 51 Abs. 3<br>§ 73 Abs. 1 Nr. 26 | Nr. 11 (Bbg.)<br>Nr. 11 (Bbg.)<br>Nr. 11 (Bbg.) |
| Erstes Gesetz zur Änderung des Brandschutzgesetzes vom 14. 2. 1994 (GVBl. I S. 22) | Art. 1 Nr. 1 lit. b) | Nr. 18 (Bbg.) |
| Gesetz zur Bestimmung von Verwaltungssitz und Namen des Landkreises Elbe-Elster vom 22. 4. 1993 (GVBl. I S. 151) – ElbElstG – | § 2<br>§ 4 | Nr. 13 (Bbg.)<br>Nr. 13 (Bbg.) |
| Gesetz über die Durchführung der Wahlen zu Gemeindevertretungen, Stadtverordnetenversammlungen und Kreistagen sowie die unmittelbare Wahl der Bürgermeister und Oberbürgermeister am 5. 12. 1993 vom 22. 4. 1993, verkündet als Art. 2 des Gesetzes über die Neuordnung des Kommunalwahlrechts im Land Brandenburg, die Änderung der Kommunalverfassung sowie die Änderung der Amtsordnung vom 22. 4. 1993 (GVBl. I S. 110) – WahlDG – | § 1 | Nr. 9, 13 (Bbg.) |
| Gesetz über die Errichtung einer Brandenburgischen Ingenieurkammer und zum Schutz der Berufsbezeichnung „Beratender Ingenieur" und „Beratende Ingenieurin" vom 19. 10. 1993 (GVBl. I S. 462) – BbgIngkamG – | § 2 Abs. 1 Nr. 8<br>§ 17<br>§ 29 Abs. 2, 3 | Nr. 15 (Bbg.)<br>Nr. 15 (Bbg.)<br>Nr. 15 (Bbg.) |
| Gesetz über die Gewährung des Brandschutzes und die technische Hilfeleistung der Feuerwehren vom 14. 6. 1991 (GVBl. S. 192) – BschHLG – | § 1<br>§ 2<br>§ 4 | Nr. 18 (Bbg.)<br>Nr. 18 (Bbg.)<br>Nr. 18 (Bbg.) |

| | | |
|---|---|---|
| Gesetz zur Neugliederung der Kreise und kreisfreien Städte vom 24. 12. 1992, verkündet als Art. 1 des Gesetzes zur Neugliederung der Kreise und kreisfreien Städte sowie zur Änderung weiterer Gesetze vom 24. 12. 1992 (GVBl. I S. 546) – KNGBbg – | § 1 | Nr. 8 (Bbg.) |
| | § 2 | Nr. 8 (Bbg.) |
| | § 5 | Nr. 3 (Bbg.) |
| | § 10 | Nr. 13 (Bbg.) |
| | § 12 | Nr. 9 (Bbg.) |
| | § 13 | Nr. 9 (Bbg.) |
| | § 14 | Nr. 9 (Bbg.) |
| | § 16 | Nr. 3, 9, 13 (Bbg.) |
| | § 17 Abs. 1 | Nr. 3 (Bbg.) |
| | § 18 Abs. 2 Satz 2 und 3 | Nr. 8 (Bbg.) |
| | § 26 | Nr. 3, 14, 17 (Bbg.) |
| Gesetz zur Neugliederung der Kreise und kreisfreien Städte sowie zur Änderung weiterer Gesetze vom 24. 12. 1992 (GVBl. I S. 546) – KGNGBbg – | Art. 1 | Nr. 3, 8, 9, 14 (Bbg.) |
| | Art. 4 | Nr. 13 (Bbg.) |
| Gesetz über die Rechtsstellung und Finanzierung der Fraktionen im Landtag Brandenburg vom 29. 3. 1994 (GVBl. I S. 86) – FraktG – | § 1 Abs. 1 Satz 1 | Nr. 16 (Bbg.) |
| Gesetz zur Regelung und Förderung der Weiterbildung im Land Brandenburg vom 15. 12. 1993 (GVBl. I S. 498) – BbgWBG – | § 30 Abs. 1 | Nr. 7 (Bbg.) |
| Gesetz über den Rettungsdienst im Land Brandenburg vom 8. 5. 1992 (GVBl. I S. 170) – BbgRettG – | § 12 | Nr. 1 (Bbg.) |
| Gesetz über das Verfahren bei Volksinitiative, Volksbegehren und Volksentscheid vom 14. 4. 1993 (GVBl. I S. 94) – VAGBbg – | § 4 | Nr. 10 (Bbg.) |
| | § 5 Abs. 1 | Nr. 10 (Bbg.) |
| | § 6 | Nr. 10 (Bbg.) |
| | § 9 | Nr. 10 (Bbg.) |
| | § 11 | Nr. 10 (Bbg.) |
| | § 12 Abs. 2 Satz 1 | Nr. 10 (Bbg.) |
| Gesetz über das Verfassungsgericht des Landes Brandenburg vom 8. 7. 1993 (GVBl. I S. 322) – VerfGGBbg – | § 12 Nr. 5 | Nr. 8 (Bbg.) |
| | § 12 Nr. 9 | Nr. 10 (Bbg.) |
| | § 13 Abs. 1 | Nr. 1, 17 (Bbg.) |
| | § 15 Abs. 3, 4 | Nr. 5 (Bbg.) |
| | § 19 Abs. 1, 3 | Nr. 18 (Bbg.) |
| | § 30 | Nr. 18 (Bbg.) |
| | § 32 Abs. 1 | Nr. 14 (Bbg.) |
| | § 32 Abs. 7 | Nr. 3, 14 (Bbg.) |
| | § 39 | Nr. 7, 16 (Bbg.) |
| | § 45 Abs. 2 | Nr. 1, 2, 4, 11, 15 (Bbg.) |
| | § 47 Abs. 1 | Nr. 2, 4 (Bbg.) |
| | § 47 Abs. 2 | Nr. 4 (Bbg.) |

## Zwischenstaatliches Recht und Vertragsgesetze

| | | |
|---|---|---|
| Vertrag zwischen der Bundesrepublik Deutschland | Art. 18 | Nr. 2 (Bbg.) |
| und der Deutschen Demokratischen Republik | Kap. III Art. 9 Abs. 2 | Nr. 3 (Bbg.) |
| über die Herstellung der Einheit Deutschlands | Art. 19 | Nr. 15 (Bbg.) |
| – Einigungsvertrag – vom 31. 8. 1990 (BGBl. II | | |
| S. 889) | | |

## Früheres DDR-Recht

| | | |
|---|---|---|
| Gesetz über den Status und die Organisation | § 1 | Nr. 3 (Bbg.) |
| der Sparkassen vom 29. 6. 1990 (GBl. I S. 567) | | |
| – Sparkassengesetz – | | |
| Gesetz über die Selbstverwaltung der Gemeinden | § 91 Abs. 1 Satz 2 | Nr. 8, 9 (Bbg.) |
| und Landkreise in der DDR vom 17. 5. 1990 (GBl. I | | |
| S. 255) – Kommunalverfassung – | | |

## Europäisches Recht

| | | |
|---|---|---|
| Konvention zum Schutze der Menschenrechte | Art. 6 | Nr. 7 (B) |
| und Grundfreiheiten vom 4. 11. 1950 (BGBl. 1952 | | |
| II S. 685) – MRK – | | |